孙柏秋　池子华　主编

百年红十字

（修订本）

（上册）

池子华　等著

合肥工业大学出版社

孙柏秋，1963年毕业于哈尔滨医科大学医疗系。曾任哈尔滨医科大学附属第一医院教授、主任医师。1989年9月至1999年10月担任中国红十字会专职副会长。曾任中国优生科学协会常务副会长、民革中央常委、全国政协委员、人口资源环境委员会委员、全国妇联执委、美国世界儿童基金会亚洲区副主席、中国预防性病艾滋病基金会副会长、中国老年保健协会副会长、海峡两岸医药交流协会副会长等职。享受国务院特殊津贴。

池子华，1994年毕业于南京大学，获历史学博士学位。现为苏州大学红十字国际学院教授、博士生导师，浙大城市学院讲座教授，红十字运动研究中心主任，中国红十字会理事，江苏省红十字会常务理事。著有《红十字与近代中国》《红十字运动：历史与发展研究》《红十字运动：历史回顾与现实关怀》等近30部，主编红十字文化丛书等系列丛书，在海内外发表学术论文400余篇，多次主持国家社科基金项目，相关成果多次荣获江苏省社科优秀成果奖。

《百年红十字》编委名单

序

当我们以满怀喜悦的心情，迎来中国红十字会百年华诞的时候，由中国红十字会原副会长孙柏秋教授主编，池子华、杨国堂等合著的《百年红十字》一书与读者见面了，这是令人欣慰、值得庆贺的。

中国红十字会成立于1904年3月10日，历经清朝、中华民国、中华人民共和国三个历史时期，是近代以来历史最为悠久的社会团体。百年来，中国红十字会抱牺牲志愿，本博爱襟怀，救死扶伤，扶危济困，谱写出一曲曲人道赞歌，在中国近代史和中华人民共和国史上留下了闪光的足迹。然而，应该承认，我们过去对会史的研究是不够充分的。《百年红十字》的出版，弥补了会史研究的不足，实在是难能可贵。

《百年红十字》共11章，洋洋洒洒60余万言，堪称鸿篇巨制。不难想见的是，除了孙柏秋教授的鼎力相助与支持外，更耗费了几位作者大量的心血。通览全书，我感觉可称道之处甚多，其中以下几个方面尤其值得赞赏。

首先是完整性。本书从杜南精神"东渐"登陆中国切入，把中国红十字会从启蒙宣传，到成立后的起与伏、兴与衰、甘与苦、荣与辱、挫折与人事更迭，和盘托出，尽可能全面、完整地再现历史本来面貌，力求给读者以整体感和"全息"映象。这是本书孜孜以求的，事实上这一目的是达到了的。

其次是系统性。完整性与系统性总是联系在一起的。中国红十字会"发轫于俄日之战（日俄战争），而大彰于武汉之师（辛亥革命）"，战争救护赋予了红会天然本色。但红会业务不止于"救伤葬亡"，诸如在赈灾、济困、扶危、拯弱、国际救援等领域，都有红十字的人道关怀。"服务社会，博爱人群"本是中国红十字会一以贯之的行动指南，其活动范围之广泛，不言而喻。本书对中国红十字运动所及的各个领域，均有深入、细致的考察，凸显出"系统性"的特点。

再次是真实性。真实性是历史研究的生命之源，没有真实性，科学性无从谈起。由于占有丰富资料，加上作者严谨的治学态度，本书信而有征，言必有据，堪称"信史"。但因资料记载歧异，去伪存真，当所必求。在这方面，作者着实下了不少苦功。如中国红十字会首任会长，众所周知是吕海寰，谁都未曾怀疑过，但本书作者之一、苏州大学博士生导师池子华教授，通过对史料的梳理、考证，以无可辩驳的事实证明，首任会长是盛宣怀而非吕海寰，澄清了这一重要史实。类似的例子还有不少。这也启示我们，进行会史的研究，史学工作者的加盟是不可或缺的。“求真”是本书的出发点，而严谨的学风则是到达真理彼岸的先决条件。这是本书给我们的重要启迪。

第四是凝重性。历史研究贵在尊重历史，而要做到这一点，必须全力做好资料的搜求、积累，只有尽可能全面地占有史料，才能客观、公正地认识历史，诠释历史。从书中不难发现，本书对有关资料，从档案到报刊，从官修正史到稗官野史，广泛收集，不遗余力。据称，仅《申报》一项，复印的资料可达半米之厚。资料丰富、翔实，使本书没有浮漂之感，而显得厚重、扎实。尽管体例所限，没能“博引”，但言必有据。也正因为有丰富、翔实的史料做基础，本书才深沉而凝重，掩卷遐思，可以给人留下无尽的回味。

第五是可读性。本书虽为学术性著作，但丝毫没有艰涩呆滞之感；相反，文笔流畅，清新活泼，引人入胜，加之珍贵历史图片穿插其中，写得的确比较“好看”。这有利于红十字知识的传播。

《百年红十字》的优长之处还有很多，这里就不一一列举了。总之，这是第一部系统研究中国红十字会百年史的力作，值得广大读者尤其是红十字工作者认真研读。

1993 年 10 月 31 日，《中华人民共和国红十字会法》颁布实施，这是中国红十字运动史上新的里程碑。中国红十字事业蓬勃发展，前景广阔，作为一位老红十字会员，我感到由衷的高兴。“前事不忘，后事之师”，只有认真总结、吸取历史经验教训，才能推动中国红十字事业的可持续发展。希望红会同仁以《百年红十字》的出版为契机，强化对会史的研究，以史为鉴，与时俱进，开拓进取，不断创造新的辉煌。是为序。

钱信忠

2002 年 10 月 8 日

前　　言

在我国各种社会团体中，中国红十字会堪称历史悠久，影响深远。它从1904年成立，至今已走过整整一百个春夏秋冬。一百年来，中国红十字会历经坎坷，留给我们太多的思索、回味。

中国红十字会诞生于血雨腥风之时。1904年日俄战争爆发，白山黑水间硝烟弥漫，东北难胞“援手无从，呼天莫应”。为拯救难民出险，在沈敦和等慈善家的奔走呼吁下，3月10日，中、英、法、德、美五国代表集会于上海，发起成立上海万国红十字支会（3月17日定名为“上海万国红十字会”，万国即国际之意），中国红十字会由此诞生。1907年日俄战争救护结束，五国合办上海万国红十字会圆满完成自己的使命后功成“身退”，中国红十字会开始走上独立发展的道路。1910年2月27日，盛宣怀被任命为中国红十字会会长，6月5日启用大清红十字会关防，中国红十字会自然流变为大清红十字会。不久，改变中国命运的辛亥革命爆发，有着浓厚官办色彩的大清红十字会无法适应战地救护需要，有鉴于此，沈敦和抛开“大清红十字会”，1911年10月24日另行组建具有中立性、国际性的“中国红十字会万国董事会”；11月13日，清政府颁发谕旨，“命前外务部尚书吕海寰充中国红十字会会长”，把“大清红十字会”正名为“中国红十字会”。

1912年1月1日，孙中山在南京就任临时大总统，庄严宣告中华民国诞生。中国红十字会面临新的转折。旧王朝已不复存在，作为国际性的群众团体（1912年1月12日中国红十字会得到红十字国际委员会的正式承认），中国红十字会积极争取新政当局立案，维持它的合法存在。2月23日，孙中山先生电复黎元洪，“准予立案”。9月29日，中国红十字会在上海召开首届会员大会，推举常议员，完成董事会制向常议会制会内运作体制的转变。10月19日颁布大总统令，任命吕海寰为中国红十字会会长，沈敦和为副会长。中国红十字会由此实现由清朝向民国的平稳过渡。10月30日，在沪召开统一大会，标志着中国红十字会告别“散漫”，走向了“统一”。在此后的30多年中，中国红十字会出入于枪林弹雨中，救死扶伤，不遗余力，在自然灾害赈济、社会服务等方面，也颇有建树。在多事之秋的近代，中国红十字会弘扬杜南精神，把人道关怀洒满人间。

新中国建立后，总会迁京，在周恩来总理的亲切关怀下，1950 年 8 月成功改组，揭开了中国红十字会历史的新篇章。的确，“改组”后的中国红十字会朝气蓬勃，生机盎然，“在历次国际红十字会议上，对保卫世界和平的努力，抗美援朝的医疗救护工作，他如在治淮工程上，少数民族地区内以及各分会各就当地地方上的需要，都做了不少的医疗预防卫生宣传工作，并在全国性的爱国卫生运动方面起了一定的作用”（《新中国红十字》1954 年第 1 期第 9 页）。然而，随着“史无前例”的“红色风暴”——“无产阶级文化大革命”——的来临，中国红十字事业遭受到前所未有的挫折，国内工作完全停顿，总会国内工作各部门和各级地方红十字会组织机构被撤销，工作人员被当作“牛鬼蛇神”打倒，有的含冤自杀，种种惨状，不一而足，令人不堪回首。直到十一届三中全会后，中国红十字事业“春风吹又生”，焕发青春。1993 年 10 月 31 日，《中华人民共和国红十字会法》颁布施行，中国红十字事业步上了稳定、健康发展的轨道。

不难看出，百年来，中国红十字运动起伏萦回，曲曲折折，耐人寻味。

但对会史，以往的研究尚不够充分。1999 年，时任河北大学历史系教授的池子华博士，函致总会，提出强化会史研究，表示愿为此尽绵薄之力。子华教授治学严谨，著述颇丰，是国内著名青年史学家。对他的志趣和热情，本人极表赞赏，当即复函，邀其来京晤商。我们认为，着眼于未来，长远规划，陆续推出“中国红十字书系”系列著作，对会史进行全方位系统研究是可行的，而近期目标则是撰著《百年红十字》——“中国红十字书系”之一种，并争取在中国红会百年华诞到来之前出版。安徽人民出版社汪鹏生社长闻讯后，表示鼎力相助。2000 年 1 月 13、14 日，在京商谈《百年红十字》撰写事宜，决定由子华教授在尽可能多地占有文献资料基础上，拟出写作提纲；同年 6 月 25 至 27 日，我们再次相聚北京，对写作提纲反复讨论，仔细推敲。分工已定，正式进入撰写阶段。呈献给读者的这部《百年红十字》，就是我们三年来团结奋斗、精诚合作的结晶。

百年风雨，百年沧桑。在喜迎中国红十字会百年华诞之际，全面审视中国红十字会百年历程，总结历史的经验和教训，弘扬人道主义精神，这对推动中国红十字事业的可持续发展，该是有意义的。这是我们编写《百年红十字》一书的出发点。本书切入历史学、社会学视角，透析红十字会与中国社会的互动关系，特别是通过对红十字会从事的战地救护、赈济灾民、公益事业、国际援助、社会服务等人道主义活动及其社会影响的条分缕析，揭示“红十字精神”的深刻内涵，为社会主义精神文明建设提供有益的历史借鉴。这是我们的立足点。

本书共分十一章，第一、二、三章，第四章第一、四节由池子华撰写；第四章第二、三、五节由刘红燕撰写；第五章由吕志茹撰写；第六、七章由池子华、杨国堂、于清亚合撰；第八、九、十、十一章由杨国堂、池子华合撰；附录“中国红十字会百年大事记”由孙红播、刘红燕、吕志茹、王晚英、王银、崔家田合编。全书由孙柏秋修改定稿。

当然，由于红会历史纷繁复杂，多彩多姿，我们的研究不可能面面俱到、一览无余，加上时间比较仓促，疏漏、失当之处在所难免，敬请读者批评指正。

在本书付梓之时，我们要特别鸣谢深圳金活药业有限公司的鼎力资助，感谢原中国红十字会会长钱信忠、原台湾红十字会会长徐亨先生的关心，感谢河北大学、苏州大学以及中国红十字会总会的支持，感谢所有为本书贡献资料、才智的单位、同仁。

孙柏秋

2002 年 10 月 10 日

目　　录

（上册）

第一章

“问渠哪得清如许　为有源头活水来”

——中国红十字的起源

1904 年，在欧风美雨的浸灌下，在走向世界的时代潮中，红十字之花在上海绽放，旋即遍开大江南北、长城内外、白山黑水间……红十字在中国，落地生根，在灾难中成长。

第一节　杜南精神的“东渐”

一、亨利·杜南：红十字运动之父

中国红十字运动是国际红十字运动的组成部分。“问渠哪得清如许，为有源头活水来”。溯本求源，不能忘记红十字运动之父亨利·杜南先生，正如《联合国信使报》称：“瑞士人亨利·杜南的名字是同世界各国红十字会的肇始紧密联系在一起的。”①

亨利·杜南（Henry Dunant，1828—1910），1828 年 5 月 8 日生于瑞士日内瓦维尔丹纳大街一个中产阶级家庭，法国传教士后裔。雅克·杜南（1789—1875），系亨利·杜南之父，在 1827 年结婚之前边从事商业活动，边宣传基督教教义，同时兼任法院监护机构的督导员，管理并帮助穷苦的孤寡老人、弃儿和一些被剥夺了公民权的人。杜

---

① 《联合国信使报》，转引自尤德新编著：《闪光的红十字》，湖北科学技术出版社 1992 年版，第 6 页。

亨利・杜南

南的母亲安冬丽特・柯莱东出身名门，父亲是著名教授、牧师。她一生中的许多时间都奉献在慈善活动中。这种家庭环境，造就了杜南善良慈悲的品格。有两件杜南自己讲述的儿时往事是值得提及的：一件事情是他 4 岁时，母亲给他讲狼和羊的寓言，小杜南听着听着，禁不住热泪盈眶，他无法忍受小羊无辜的生命被狼吞食；第二件事是他在土伦所见，当时杜南 8 岁，和父亲一起去劳改所参观，那里有一些服刑的犯人，当他看到犯人遭虐待的情形，十分愤懑，发誓说："长大了，我要写一本书，反对这种极不公正的社会行为。"[①] 幼年时期的杜南，对于人世间的悲惨和痛苦，已经十分敏感。

1838 年，杜南进入加尔文中学，学业平平，除宗教课之外，其余各门功课均无建树。中学未读完，杜南辍学，积极投身于慈善活动，由于他乐善好施，很快赢得了社会上和宗教界的肯定。

从 18 岁起，杜南开始学习银行业务，但他并未放弃慈善事业，访贫问苦，差不多成了他的"职业"。1849 年，每逢星期四，杜南常与"施舍学会"的一些朋友聚会，有时在他家中，有时在"耶稣教徒学会"的活动场所。但他并不满足于"星期四聚会"，他希望把"施舍学会"变成一个国际性的组织，为此，他摒弃了"施舍学会"的名称，以"基督教青年会"取而代之，自任秘书。杜南"善于把大家拧成一股绳"。在他的奔走下，1852 年 11 月 30 日，日内瓦基督教青年会联盟正式宣告成立。到 1853 年，有近 150 个小组加盟。

杜南是一位不知疲倦的旅行家，法国、荷兰、比利时、瑞典、意大利、阿尔及利亚，都留下了他的足迹。他的理想终于实现了，1855 年 8 月，一个国际性的联盟——基督教青年会世界联合会在巴黎诞生，作为发起人和热情的参加者，杜南受到特别的欢迎。

传播福音固然重要，但杜南不能不考虑赚钱谋生，况且，"财富可转化为仁慈的德行"，其父斯言，杜南深信不疑。因此，他在开展宗教宣传的同时，商务活动也在进行之中，没有人怀疑，杜南，"这个精力充沛的年轻人在商业生涯上正走向成功并将拥有相当可观的财富"[②]。

---

① 马克・德斯贡伯：《亨利・杜南传》（苏兰媛、王庆侗译），见《中国红十字报》1992 年 1 月 3 日。

② 亨利・杜南：《索尔弗利诺回忆录》（杨小宏译），山东友谊出版社 1998 年版，第 2 页。

在鲁林·索德银行任职期间，杜南结识了日内瓦塞迪夫殖民地商社两位经营海外领地工作的人士，受他们委派，从 1853 年至 1856 年，他三次踏上非洲大陆，在法属阿尔及利亚监督实施 10 个移民村的建设工程。但他的事业并不顺利，马克·德斯贡伯著《亨利·杜南传》称：“他在阿尔及利亚活动中所遇到的一些困难，究其原因，可能是由于他不同意对待当地人民的一套殖民主义办法以及他对当地人过于人道的态度所引起的。”[①] 他，最终离开了塞迪夫商社。

挫折没有使杜南放弃他所从事的人道天职，1858 年，他创办了蒙-杰米拉金融工业公司，以造福于阿尔及利亚芸芸众生。为此，他拿着波弗尔将军的介绍信找到阿尔及利亚总督麦克·马洪将军，希望获得一块特许领地，结果只得到“等待”二字。总督难以指望，他准备长途跋涉，前往意大利北部的伦巴第，晋见在那里指挥作战的法国皇帝拿破仑三世，当面陈述他开发阿尔及利亚的种种设想，以求得到支持，而这一计划的付诸行动，成了他生命旅程的新起点，这是他始料未及的。

二、《索尔弗利诺回忆录》：红十字运动的源头

1859 年 6 月 25 日，杜南抵达意大利卡斯梯哥里昂镇，正巧一场自滑铁卢之战以来更为残酷的战斗刚刚在索尔弗利诺结束。冲突双方是拿破仑三世统率的约 15 万法国-意大利撒丁联军和弗朗索瓦·约瑟夫皇帝统率的数量相当的奥地利军队。联军凯旋，奥军也撤退而去，4 万多死伤士兵（其中法军 12000 人，意军 6000 人，奥军 22000 人）被遗弃在战场上，血腥弥漫。

索尔弗利诺战役

① 马克·德斯贡伯：《亨利·杜南传》（苏兰媛、王庆侗译），见《中国红十字报》1992 年 1 月 3 日。

伤兵呻吟哀号，痛苦地挣扎着。见此惨状，杜南立即组织当地妇女、儿童、医生，进行力所能及的救治。尽管杜南及其志愿者们竭尽全力，但只能救护小部分伤兵，更多的伤兵无助地等待死神的降临。杜南的心在滴血。

10天后，杜南回到日内瓦。他无法使自己平静下来，“别让我死”“我不想死啊我不想死”“如果能早点救护”的哀怨之声撕心裂肺。他不能缄默，他要向世人讲述在索尔弗利诺目睹的悲惨情景，向“文明世界”的良知呼吁呐喊。这是他著述《索尔弗利诺回忆录》一书的强大动力，正如他自己所说的那样：“在静下来写《索尔弗利诺回忆录》时，我被一种崇高的力量所驾驭……以便完成一项圣洁的有助于人类未来发展的事业。带着这种催我向前的预感，并受到一种外界强大力量的驱使，我不得不写出这本书，不得不回顾一下那段并不愉快的往事。”[①]

1862年11月，《索尔弗利诺回忆录》在日内瓦出版。书中对索尔弗利诺战役的惨烈作了细致入微的描写，如书中写道：“这是一场可怕的肉搏战：奥地利和法国-撒丁联军互相践踏着，在血淋淋的尸堆上你奔我来，他们毫不留情地用步枪射击敌人，用马刀劈向敌人的头颅，用刺刀刺向敌人的胸腹。这完全是一场屠杀，是残暴的野兽之间为血和愤怒而疯狂的搏斗。”“马蹄践踏着死了的和快要死了的人，使这场景变得更加可怕。一个可怜的伤兵下巴没了，另一个头碎了，第三个本来可以获救，可是他的胸膛被踩得凹了进去。这时愤怒的叫喊声，咒骂声，痛苦和绝望的呻吟声夹杂着马的嘶鸣声充斥着整个战场。”“枪炮打在散落遍地的死伤者身上，脑浆在车轮下涌出，四肢断裂，人体被残害得辨认不出原来的模样。泥土混拌着鲜血，尸横遍野。”[②] 如此等等，不一而足。似此细节的真实描写，不能不在人们的心灵深处产生强烈的震撼，不能不激起人们对人道、爱心的强烈呼唤。

的确，《索尔弗利诺回忆录》一经出版，立即引起轰动，法国记者龚古尔兄弟在他们主编的《新闻》杂志中评介：“读罢《索尔弗利诺回忆录》，每字每句都激起我深深的感触，给人以崇高的启迪。它的价值千百倍于荷马的‘史诗’，千百倍于其他一切名著。它是人类原始生活下为暴力摧残的真理的呼声，谁读过这本书，谁就会诅咒战争。”

世界著名作家雨果在看到此书后，致函作者：“你武装了人道主义，满足了人类自由。”

日内瓦公益会主席莫瓦尼埃说：“本书作者使瞎子也睁开了眼睛。”“使人类对世人的漠不关心变为热烈的相助。”[③]

然而，杜南并不是为了单纯追求“轰动效应”，他的崇高目标也是显而易见的，他

---

① 转引自马克·德斯贡伯：《亨利·杜南传》（苏兰媛、王庆侗译），见《中国红十字报》1992年2月21日。
② 亨利·杜南：《索尔弗利诺回忆录》（杨小宏译），山东友谊出版社1998年版，第5页。
③ 《一部影响世界的书》，见《博爱》1996年第3期，第44页。

希望能够在平时建立伤兵救护组织，一旦战争爆发，就可以“以真诚的博爱精神，全身心地投入战时的慈善工作中去”，实施有效的救治。战争难以避免，那么，为什么不利用相对安定平静的时期，在人道主义立场上去想办法解决这一世界性问题呢？“现在各国制造的更有威慑力和破坏性的新式武器注定会缩短未来战争持续的时间，那么同时在另一方面，它又可能使未来的战争变得越来越残酷。因此在这种令人震惊的事件时有发生的年代里，在这个地方或那个地方，战争以最突然，最难以预料的方式爆发难道是不可能的吗？只考虑这些，我们不就有足够的理由采取预防措施去抵御突发的事件吗？”人性和文明急切地呼唤着成立这样的伤员救护组织，实现这一美好愿望，绝不是纸上空谈，事实上，“世界上有哪个亲王或君主会拒绝支持这些组织的建立，会不愿意确保他们的士兵们在负伤后立刻得到妥善的照顾呢？有哪一个政府不愿意帮助这样的团体去保护人民的生命，确保为国负伤的士兵们得到国家的关怀？在那些把自己的部队视作‘他们的孩子们’的军官或将军中，有哪一个不渴望为志愿帮助人员提供便利呢？又有哪一个军需官、哪一个军医不感激这样一群有组织、有能力、聪明能干的人们给予的帮助呢？”

用人道之光驱散战争阴霾或至少减轻战争的恐怖，已成当务之急；同时，“制定一些国际准则，由一个不可侵犯的公约批准，一旦这些国际准则被同意并认可，就可能构成各个欧洲国家伤员救护协会的依据”，同样不可或缺，“因为一旦开始敌对，交战各方已互相怀有敌意，从此会在各自的立场上考虑所有的问题”①，博爱将无从谈起。

杜南的呼吁得到了回应。1863 年 2 月 9 日，在日内瓦公益会的支持下，成立了一个名叫“伤兵救护国际委员会”的团体，借以实施《索尔弗利诺回忆录》憧憬的伟大构想。委员会由 5 名成员组成：主席亨利·杜福尔将军是一位具有影响力的人物，他曾于 1847 年果断机智地处理了瑞士联邦面临的内战威胁，避免了一场大流血，因而不仅为对立集团所折服，更赢得国人的爱戴，他还是法国皇帝拿破仑三世在瑞士炮兵学校学习时的老师；居里达夫·莫瓦尼埃是位律师，也是瑞士统计学会的创始人，时任日内瓦公益会主席，他是一位有坚强性格和实际头脑的社会活动家，后担任五人委员会主席达半个世纪之久；路易·阿皮亚是在 1859 年 5 月第一个领导日内瓦民众为意大利战争中受伤者募捐的医生，并亲自到前线指导军医开展战场救护工作；黛奥多·莫诺瓦是阿皮亚的挚友，也是一位具有高尚品格的优秀外科医生。“五人委员会”理所当然包括了杜南，他担任委员会的秘书。他们是国际红十字运动的奠基人，被后人尊称为“日内瓦五君子”（1876 年或说 1880 年改称现名“红十字国际委员会”）。“伤兵救护

① 亨利·杜南：《索尔弗利诺回忆录》（杨小宏译），山东友谊出版社 1998 年版，第 60、65、66 页。

国际委员会”的成立，标志红十字的诞生。①

“伤兵救护国际委员会”成立后，立即着手筹备召开一个国际会议，以期“改善军事医务部门在战地上服务工作的缺陷”。1863 年 10 月 26 日至 29 日，在日内瓦雅典宫召开国际预备会议，16 个国家和 4 个慈善机构的非官方代表共 36 人参加。会议根据杜南的设想，通过了十项决议，强调：①敦促各国建立伤兵救护委员会；②救护伤兵机构、人员及伤兵的中立地位应得到全面绝对的确认；③这些工作人员及其使用的设备接受一种特别标志的保护，这个标志就是白底红十字。所有这些，为翌年签订日内瓦公约，为红十字运动在全世界范围的发展奠定了良好的基础。

1864 年 8 月 8 日至 22 日，由瑞士联邦委员会和法国政府共同发起，在日内瓦召开由瑞士、比利时、丹麦、西班牙、荷兰、意大利、葡萄牙、法国、美国、英国、瑞典、撒克逊 12 国全权代表参加的外交会议。经过几天的辩论，几乎不加修改地通过了五人委员会起草的十条公约文本，定名为《1864 年 8 月 22 日改善战地陆军伤者境遇之日内瓦公约》（第一个《日内瓦公约》）。国际红十字运动和其在武装冲突中的特殊作用，正式得到国际公约的承认。红十字运动由此蓬蓬勃勃地发展起来。

缕析国际红十字运动发生的历史轨迹，不难发现，整个运动导源于《索尔弗利诺回忆录》这本小册子，正如原红十字国际委员会主席亚历山大·海伊所说的：“整个红十字运动就起源于亨利·杜南在 1859 年到 1862 年之间写的这本小册子，书中描述了他在索尔弗利诺战后余波中的可怕经历。这本书激励了红十字会的创立者们并不断鼓舞着几代红十字运动的成员们。现在它仍能唤起我们的同情与宽容，帮助我们去了解曾在索尔弗利诺的居民们所理解的：即使是在一个被暴力摧残的世界里，所有的人也都是兄弟。”②

1901 年，亨利·杜南因其为国际红十字运动作出的巨大贡献而成为诺贝尔和平奖首位得主。1910 年 10 月 30 日，他于瑞士康斯坦斯湖畔的海登小镇逝世，享年 82 岁。而此时，他开创的红十字事业已在 20 多个国家开花结果，其中就有中国。

三、杜南精神的“东渐”

当红十字运动在西方兴起之时，中国社会还处在封闭半封闭状态。但近代中国毕

① 关于红十字诞生日问题，国际上尚未有统一认识。分歧有三：一种观点认为是 1863 年 2 月 9 日（红十字国际委员会前身伤兵救护国际委员会诞生日）；一种观点认为是 1864 年 8 月 22 日（日内瓦公约签订日）；还有一种观点认为它不是一个单一的日期，而是一个历时 22 个月的阶段，即从 1862 年 11 月杜南《索尔弗利诺回忆录》书中提出两条建议时起，直至 1864 年 8 月第一个日内瓦公约的签订，才标志着红十字运动的成熟。因为红十字的孕育和诞生经历了一系列的重要事件，这些事件相互关联，好似一个胚胎阶段，很难将其中一个事件的发生确定为红十字的诞生日。不过，大多数人倾向于第一种观点。（参见尤德新编著《闪光的红十字》，湖北科学技术出版社 1992 年版，第 4 页）

② 亨利·杜南：《索尔弗利诺回忆录》（杨小宏译），山东友谊出版社 1998 年版，第 2 页。

竟不同于传统社会，在西方列强入侵日益加深的时代条件下，中国已经不可能再闭目塞听，与世界隔绝。“睁眼看世界”，向西方学习，寻求富强，已成为时代的潮流。在世界走向中国、中国走向世界的历史大背景下，杜南精神犹如和煦的春风，“东渐”登陆中国。所谓“杜南精神”，简言之，就是以博爱恤兵、人道奉献为主旨的红十字事业。

在19世纪80年代之前，杜南开创的红十字事业并不为中国人所知，虽然1874年5月日本在中国台湾寻衅滋事，中日两国发生冲突，《字林西报》就战争救护问题发表评论，非常推崇红十字会的中立性原则。《申报》对《字林西报》的时评表示赞赏，认为这种救护组织“不分彼此，设法治伤，此亦仁义之行也”，希望中国加以效仿。[①] 遗憾的是，两报的评论都没有直接提及“红十字”这三字。当时的中国人，还不可能知道“红十字”究竟是什么。直到19世纪80年代后，红十字才走进中国。1898年5月9日，《申报》刊登鳜生《创兴红十字会说》，文章追忆说：“十余年前，英医梅威令君设伤科医院于台湾，广收台闽聪慧子弟数十人，教以临阵医伤之术，学成试可，挈之至申江演习于租界工部局广场，招余及西友往观。其人腰佩利刃，左手持红十字小旗，肩荷药笼医具，衣袖亦以红十字为证号，出入于白草黄沙之间，施其妙技，井井有条。后航海至天津谒当道之贵人，愿赴军营效力，当道者不用之，乃仍返台湾。”“十余年前”，也就是1888年前，具体说是1888年8月，英国医生梅威令在华组织红十字医疗队，要求赴军营服务，被天津地方官拒绝。这是目前我们所见红十字活动情况的最早记载。

梅威令（中间配红十字袖章者）

① 《交战时宜预筹保护人命》，《申报》1874年9月7日。

梅氏红十字医疗队是在国人没有任何心理准备的情况下突然“冒”出来的，太过新奇骤难接纳，昙花一现自在情理之中。看来，没有舆论准备，没有启蒙宣传，没有国人对杜南精神的一定了解，红十字运动不可能“夕发朝至”，一朝兴起。补上启蒙宣传这一课，对志士仁人而言，是绝对不可缺省的。在以后的 16 年中，有识之士为此做出了不懈的努力。

红十字运动的启蒙宣传，以甲午战争为嚆矢。战争中，日本红十字组织赤十字社成员“驰赴战地者多至十万人，不特日兵临阵受伤蒙其医疗，即华兵之中弹而仆者，亦不分畛域，一体留医”[①]。此情此景，深深打动了中国人，于是，红十字开始为社会舆论所关注。著名维新人士谭嗣同在 1894 年末所作《报贝元徵书》中，对日本赤十字社的博爱之举，大加赞赏，流露出效法之意。[②] 而《申报》《大公报》《中外日报》等权威报纸的宣传鼓动，影响面之广，非《报贝元徵书》所能比拟了。其中《申报》的宣布最具有感染力。

《申报》，1872 年 4 月 30 日在上海创刊，直到 1949 年 5 月上海解放时才停刊，是旧中国出版时间最久的报纸。从 1898 年 5 月到 1899 年 4 月间，《申报》先后发表《创兴红十字会说》《红十字会历史节译》《红十字会说》《中国亟宜创兴红十字会说》等一系列文章。这些文章对杜南开创红十字运动的业绩，红十字会的性质、宗旨、任务以及中国创兴红十字会的必要性、重要性、紧迫性作了合情入理、生动服人的论说。文章指出：“红十字会者何？泰西各国施医疗疾之善举也。”战时如此，平时亦然，这是红十字会的主要职能；红十字会具有中立性，在现代战争中具有独特的作用；红十字是国家文明、社会进步的标志，“今则合欧亚美诸邦，除野蛮外，凡有教化之邦，无不踵兴此会，所未兴者唯我国及朝鲜耳……若中国则声名文物照耀寰区，王者之师最重仁义，而坐令兵卒于效命疆场之际，断脰折胫，惨怛呼号，而无人焉为之尽力扶持，拯其困苦，不特中心有所不忍，且不将贻四邻之笑而鄙之为野蛮乎？”不创兴红十字会，不仅与中国礼仪之邦的声名地位极不相称，而且还有沦为“野蛮”之国的危险。《申报》不遗余力的宣传，使国人对红十字会由陌生到认知，这对中国红十字会的创立，无疑是强有力的推动。

在中国红十字的启蒙运动中，历史不会忘记“二孙”——孙中山、孙淦，其二人的竭力倡导和推动，功不可没。

孙中山（1866—1925），名文，号逸仙，化名中山，广东香山县（即今中山市）人，1887 年入香港西医书院学习医学，与红十字会结缘。在这里，他结识了终生难忘的良师益友康德黎。康德黎是英国名医，香港西医书院教务长。他是伦敦红会的创始

① 《中国亟宜创兴红十字会说》，《申报》1899 年 4 月 10 日。

② 参见刘松洲：《最早论及红十字会的历史名篇》，《博爱》1996 年第 3 期，第 33 页。

孙中山

人，又创建了香港红十字会。1892 年 7 月，孙中山以优异的成绩从香港西医书院毕业了，康德黎亲自为他颁发毕业执照，只是清政府的腐败无能，最终使他走上革命的道路。1894 年 11 月 24 日，孙中山在檀香山发起成立了革命团体“兴中会”，以推翻清政府的腐朽统治、振兴中华为职志。

1895 年 10 月，孙中山领导的广州起义失败，由此开始了他的“逃犯”之路。1896 年 10 月逃到伦敦的他，还是没有逃脱清政府的魔爪，他被绑架拘押。孙中山“伦敦蒙难”，轰动一时。在康德黎多方营救之下，10 月 23 日，被软禁 12 天的孙中山终于重见天日，获得了自由。

1897 年，孙中山客居伦敦期间，受伦敦红十字会总医员柯士宾之托，将他所著《红十字会救伤第一法》译成中文出版（中译本由伦敦红十字会初版发行，1898 年 2 月由《民报》社在日本东京再版发行）。

《红十字会救伤第一法》讲述的内容是“通行之知识”，即红十字会员必须掌握的现场初级救护的基本方法、技能。该书图文并茂，言简意赅，剖理精当，被孙中山誉为“济世之金针，救人之要术”。孙中山翻译此书的目的，意在宣传、推广红十字“济人之术”。他在译序中说：“恻隐之心人人有之，而济人之术则非人人知之。不知其术而切于救人，则误者恐变恻隐而为残忍矣，而疏者恐因救人而反害人矣。夫人当患难生死俄顷之际，施救之方，损益否当，间不容发，则其理不可不审求也。此泰西各国

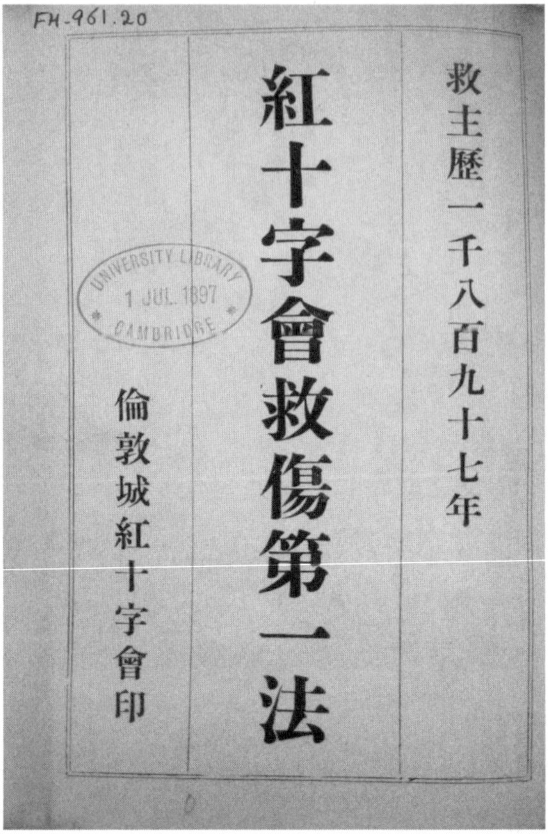

救主歷一千八百九十七年

紅十字會救傷第一法

倫敦城紅十字會印

《红十字会救伤第一法》初版扉页

通都大邑，所以有赤（红）十字会之设，延聘名师，专为讲授一切救伤拯危之法，使人人通晓，遇事知所措施；救济之功，成效殊溥。近年以来，推广益盛。”[①] 这本译著虽在海外发行，但在中国红十字会成立以前传入国内，使国人大开眼界。孙中山当之无愧成为中国红十字启蒙运动的先驱者之一。

《红十字会救伤第一法》首次被引进到中国时，深受欢迎。很长时间，是国内使用广泛的教材。而这本书，也是孙中山一生中唯一的一部译著。

与孙中山在海外的推动相呼应，孙淦则在国内奔走呼吁。

孙淦，字实甫，上海人，长期在日本大阪经商，热心于慈善事业，在日本加入了赤十字社，习见日人于陷阵冲锋时深获赤十字社之益，萌生了在中国创兴红十字会的理想。孙淦深知，要在中国创设红十字会，弘扬杜南精神，没有官方的支持，将一事无成。考虑再三，他于1897年冬在东京向驻日公使裕庚递上《大阪华商孙淦呈请裕钦使转咨总署奏设红十字会禀》（附有汉译日本赤十字章程），恳请裕庚咨明总理衙门，

① 《红十字会救伤第一法》，《孙中山全集》第1卷，中华书局1981年版，第108页。

代为上奏。禀文称，红十字会救灾恤兵，一视同仁，博施济众，意美法良，实为近世“至善之大政”，环视全球，除“野蛮”之邦外，莫不设有此会，“以亚洲文明之国，而万国共行之善政，我独阙如，坐令西方之人，以野蛮相待，蔑我滋甚，其于国体，所关匪轻。”中国要屹立于世界民族之林，与国际接轨，非创设红十字会不可。况且，创兴红十字会，益处甚多，孙淦在禀文中列举了“四利”：“疾伤有恃，军士气壮，鼓行而前，图功自易，一利也；万邦善政，是则是效，结盟诸国，人不敢轻，二利也；国有病疫，大凶大札，会众疗治，保全必多，三利也；我国医学，讲求未精，此会若成，研究益易，四利也。”有利无害，何乐而不为呢？裕庚见禀，表示赞同，当即批示：“查红十字会，西人谓之 Red Cross Society，拯灾济众，最称善举，本大臣亦曾目睹。该商所禀各节，具见心存利济。唯善举之设，事出众擎。允准之权，应听政府。仰候据情咨请总理衙门核夺，可否迟速，应俟覆到之日，再行饬遵。”[①] 孙淦的呼声，经过裕庚传递给清政府，使清政府对红十字会有了初步的认识。

孙淦的禀文在《时务报》刊出，1898 年 3 月 26 日又经《申报》披载，引起强烈反响，孙淦因此赢得“请准回国倡导红十字会第一人”的美誉。[②]

孙淦是中国红十字会的倡导者和积极推进者，他不仅在《申报》发表《红十字会说》，详细介绍红十字会的发轫、继起、定帜以及日本红十字会组织赤十字社的历史、现状，还出版《博爱》一书，为创立中国红十字会呼号奔走，“艰苦备尝”。筚路蓝缕之功，当载入红会史册。1911 年，他又与金韵梅等创立天津红十字会，这是后话。

杜南精神，以有识之士为载体，“东渐”登陆中国，在中国得以传播，这为中国红十字会的创建，奠定了社会心理基础。

第二节　从中国救济善会到上海万国红十字会

一、中国救济善会：红十字会的先声

随着红十字启蒙运动的兴起和推进，红十字被越来越多的人所认识、所理解、所接受。在近代中国人的观念中，红十字虽然来自大洋彼岸，但在中国社会可以轻而易举地找到生长点，因为红十字人道博爱理念，完全可以与中国传统之“仁”对接。“仁者爱人”，大凡中国人，对至圣先师孔子的这句名言，都有很深的体验。“仁”与“人道”“博爱”，名异实同，孔子的“泛爱众”是博爱，墨子的“兼爱”同样是博爱，韩

① 《大阪华商孙淦呈请裕钦使转咨总署奏设红十字会禀》，见中国红十字会总会编：《中国红十字会历史资料选编（1904—1949）》，南京大学出版社 1993 年版，第 5 页。

② 转引自何克明：《中国的红十字启蒙运动》，见《中国红十字》1991 年第 11 期，第 3 页。

愈在《原道》一文中更直截了当地说“博爱之谓仁”。“仁道”与“人道”名称不同，而对博爱理想的诉求却没有本质区别。

有趣的是，在日内瓦国际红十字与红新月会博物馆，一进门就有一块用隶书书写的警示牌：“子贡问曰：‘有一言而可以终身行之者乎?’子曰：‘其恕乎？己所不欲，勿施于人。’”这段话，中国人耳熟能详。孔子的“恕道”被视为红十字人道主义思想的一个来源，更能说明中国传统主流文化“仁爱”与红十字会秉持的博爱精神有共通之处。

既然“杜南精神”或者说“红十字精神”与中国传统主流文化“仁”并无轩轾，那么，红十字登陆中国，被中国人所接纳，就没有不可逾越的社会心理障碍。不言而喻，红十字较之于任何其他五花八门的“西学”，更容易在中国传播。这是红十字启蒙运动得以扩展的深层原因。

红十字启蒙宣传逐渐深入人心，创建红十字组织的尝试也在进行之中，构成宣传—实践—宣传的多彩画卷，同时也使启蒙运动显得跌宕起伏，引人瞩目。

自从1888年英国医生梅威令在华组织红十字医疗队不了了之之后，后继者颇不乏人，1899年春，上海绅士汪炳等人，经苏松太道批准，就创设了“中国施医局”。

中国施医局的出现，本不足为怪。施医局，属于善堂的一种。善堂是一种慈善组织，在中国有着源远流长的历史。中国是“仁”的国度，乐善好施、扶危济困为中华民族优秀传统。因此，历朝历代均设有慈善救济组织，实施“赈贫恤患”的工作，特别是明清以来，民间慈善事业兴起，各地善堂林立，蔚然成为人文景观。“善堂者，经理地方之善举也。”“所行善举，则育婴焉、恤嫠焉、施棺焉、掩埋焉，冬则施衣，夏则施药，地方之穷而无告者养生送死之事，皆于是赖焉，凡此善举，无论通都大邑、城乡市镇之间，皆大略相同。”① 在此背景之下，“中国施医局”的开办，寻常至极，不值得大惊小怪。

但是，中国施医局绝不是传统善堂的翻版，而是赋予了红十字精神的新内涵，其章程称：“同人酌照红十字会章程办理，有事施于军事，无事施于贫民。”② 战时救伤，平时济困，原本是红十字会的主要职能。去掉“中国施医局”的外包装，其实就是红十字性质的组织，至少也是中西合璧的新型慈善组织。不过，中国施医局局限于上海一隅，不具有普遍性和全国意义。而次年组建的中国救济善会，则成为中国红十字会的先声了。

1900年，旧历庚子年，是中国近代历史上最惨痛的一年。这一年，八国联军发动了旨在瓜分中国的侵略战争。6月17日，联军攻占大沽炮台，7月14日占领天津。义和团虽浴血鏖战，但无力阻止联军北进，8月14日首都北京沦陷，慈禧太后挟光绪皇帝仓皇西逃。

① 《论清查善堂事》，见《申报》1897年3月15日。

② 《照录中国施医局章程》，《中外日报》1899年5月5日，转引自闵杰：《近代中国社会文化变迁录》第2卷，浙江人民出版社1988年版，第184页。

战火在天子脚下蔓延，生灵涂炭，死伤累累。

血腥呼唤红十字的人道关怀。为救死扶伤，著名绅商陆树藩联络江浙人士在上海发起成立“中国救济善会”，遵照国际红十字会的基本精神，救护伤兵难民。这是国人自办红十字会的开端。

义和团民

陆树藩（1868—1926），字纯伯，号毅轩，浙江湖州人，时在上海经商办企业。其父陆心源是晚清著名的藏书家，所建藏书楼“皕宋楼”闻名遐迩。

1900年9月9日，陆树藩在《申报》上刊发《救济善会启》，决意“仿照泰西（指西方国家）红十字会章程”，创办中国救济善会，北上援救，呼吁社会各界伸出援手。官绅商民，纷纷响应，爱心款物，纷至沓来。尤其是李鸿章，对陆树藩的壮举鼎力支持，亲自联络盛宣怀，要求轮船招商局派拨轮船以供救济善会北上救援之用。

中国救济善会为何“仿照泰西红十字会章程”？因为战争救援非同自然灾害救助，更何况八个国家组成联合军队对华作战，贸然前往不啻自投罗网。“非常时期”，民间善会善堂等无济于事，唯有中立性的红十字组织才能得到交战双方认可，顺利出入战地。

陆心源

陆树藩

但中国人自办红十字会没有先例，事起仓促，一时难以组建起来，陆树藩决定成立中国救济善会，融入红十字“元素”。在他看来，只有“变通”，为善会赋予红十字内涵，救援行动才具有可行性。表面上看，中国救济善会与传统的善会善堂没什么两样，但经陆树藩“嫁接”红十字后其运作方式已经大不相同。《救济善会启》称，中国救济善会“亦如外国红十字会之例，为救各国难民及受伤兵士起见”[①]，正是对“旧瓶”装“新酒”或“移花接木”的诠释，也决定了中国救济善会的“红十字”性质。这是一个创举。

遵照红十字运动规则行事，还必须通过外交途径取得八国联军的认可。为此，陆树藩通过上海道台余联沅照会驻沪各国总领事，由德总领事代表颁发护照。

红十字人道主义精神的践行，使救济善会得到了中外人士广泛认可。清末著名书法家陶浚宣专门作诗，称“救济会原红十字，温拯宁止活千家，登高一啸群山应，大地回春顷刻花”[②]。在他笔下，救济善会就是红十字会的“中国版”。

在中外人士合力之下，救济善会最终从北方救回难民5000余人，运回棺柩近200具，向当地难民提供了大量米粮衣药，不仅稳定了战后京津地区的局面，还使得“南北海道亦因此而通”。毫无疑问，救援行动的成功，增强了红十字会的影响力。

难能可贵的是，陆树藩高瞻远瞩，特别拟定了《中国红十字会例条》（以下简称《例条》），这是第一份由国人制定的国家红十字会章程。《例条》共8条，对中国红十字会宗旨、性质、任务、会员发展、标志的使用、表彰奖励等，都有明确的规定，其中包括“本会设于上海，遇有兵事，亲入战地，专以救疗爱护战时之伤者、病者为要义”；“本会拟入瑞士总会，仿照各国红十字会章程办理”；“本会平时专练救护人员兼及收集物品，务令完全无缺，战时帮助随军医部尽力救护。至于民间因战事流离失所者，均一一妥为周恤”；“天灾流行死亡相继之际，本会亦当设法救护，如疗疫、施米、施衣、施棺、掩埋各项善举，以尽创办红十字会之初心”[③]；等等。显然他所要创建的中国红十字会，已不是一个应对突发灾难的临时组织，而是一个兼具战地救援与日常善举的全国性组织。为使设想落地，他又筹划“救济中西医学院”，并制定《章程》14条，对招考学生、修业年限、教师延聘、教学管理及医院、诊所、药房等方面的设施均有涉及。

陆树藩的设想，源于战争救护的实践，虽然因救援行动陆树藩深陷债务危机而无暇继续推进（为还债，1903年陆树藩甚至不得不将“皕宋楼”藏书出售日本静嘉堂文库，使他成为千夫所指的“历史罪人”，代价之沉重，难以想象；另一方面“皕宋楼事件”更凸显陆树藩人道行动的可贵），但为中国红十字会的创设勾画蓝图、创造条件，筚路蓝缕之功不容抹杀。1904年日俄战争中，沈敦和等“接棒”，以中国救济善会为蓝本创建“东三省红十字普济善会”“上海万国红十字会”（中国红十字会）以及日俄战

---

① 《救济善会启》，《申报》1900年9月9日。

② 《来函照登》，《申报》1900年11月14日。

③ 《救济文牍》第1卷，《中国红十字会例条》，苏省印刷局光绪三十三年铅印本。

争救护使命完成后兴办中国红十字会总医院，开办医学堂，发展会员等，都与陆树藩创设的具有浓厚红十字色彩的中国救济善会、《中国红十字会例条》的愿景一脉相承。从这个意义上说，陆树藩称得上中国红十字运动的先驱。

探赜索隐，可以发现历史：具有红十字会性质的慈善社团的组建，是红十字启蒙宣传的直接产物，而社团的不断出现，也扩大着红十字的社会影响，推动着启蒙宣传向纵深和宽广方向发展。人们有理由相信，在中国仁爱的沃壤中，红十字的幼苗定会茁壮成长。

二、日俄战争与东三省红十字普济善会

历史往往有惊人的相似之处。国际红十字的诞生源于战争的强力推动，那场战争就是前面叙述的索尔弗利诺之战。中国红十字会的诞生，同样源于战争的强力推动，这场战争就是发生在中国领土上的日俄战争。

日本和俄国都是掠夺中国、将近代中国一步步推向半殖民地深渊的恶魔。俄国曾通过逼签《瑷珲条约》《北京条约》《勘分西北界约记》等不平等条约，将中国北方150余万平方公里的领土划入俄国版图；日本则通过《马关条约》攫得两亿两的战争赔款和对台湾群岛等地的殖民统治。但欲壑难填，沙俄有“黄俄罗斯计划”，日本制定“大陆政策”，双方均想独占东北进而扩张殖民统治的“势力范围”，为此两国明争暗斗，剑拔弩张，随时准备厮杀。

1900年，沙俄在参加八国联军进攻京津的同时，单独出兵侵占东三省。战争结束后，沙俄借故拖延，拒不履行《俄国撤兵条约》，妄图独占，这激起日本强烈的敌对情绪。几经交涉无效，在英、美的怂恿支持下，日本不惜一战。1904年2月8日，日军突袭旅顺，日俄战争爆发。

漫画中的日俄战争

可悲的是，懦弱无能的清政府难以阻止战火在自己国土上燃烧，竟将辽东划为交战区，宣布“局外中立”，只呼吁交战双方尊重清皇朝在沈阳和盛京的陵寝。

战争意味着流血，意味着难民潮的汹涌澎湃。战前，各国侨民陆续撤离东北，交战双方伤病兵员均由两国红十字会救护。唯有我东三省同胞在滚滚硝烟中，在战火烧焦的土地上流离迁徙，“呼号宛转”，受尽磨难。

清政府可以严守“局外中立”，但对难民潮的涌起，地方官却不能视而不见，置身于事外。为此，直隶总督及山东巡抚曾派出船队前往旅顺等处，拟救难民出险，不料“俄人称，各口已经封闭，不准别国船只驶进”[①]。直督东抚诚恐阻格朝廷坚守中立之局，不敢轻举妄动，徒呼奈何。

日俄之役，战地在中国领土，受祸为中国人民，而中国政府却以“别国”无权施救，“不平之事，莫甚于此”。政府无能为力，民间善堂无济于事，看来，只有具独立、中立品格的红十字才能解燃眉之急。这样，沉寂了四年之久的红十字呼之欲出。而打破沉寂的便是在中国红会史上具有举足轻重地位的关键人物、时任上海记名海关道的沈敦和。

沈敦和

沈敦和（1857—1920），字仲礼，1857年（一说1866年）生于浙江宁波，早年留学英国，就读于剑桥大学，回国后历任江南水师学堂提调、上海自强军营机处总办、山西冀宁道洋务局、张家口洋务局总办、上海记名海关道等职。他是一位知名的社会活动家，“不独为军界之干材，也是外交界、慈善界、企业界出类拔萃的人物”[②]。1911年，上海集成图书公司出版茗水外史所编《沈敦和》一书，对其一生的活动记述甚详。[③]

日俄战事发生后，沈敦和激于义愤，与前四川川东道任锡汾、直隶候补道施则敬等奔走联络，“拟援万国红十字会

① 《施君肇基笔译上海创设万国红十字支会会议大旨》，中国红十字会总会编：《中国红十字会历史资料选编（1904—1949）》，南京大学出版社1993年版，第21页。

② 何克明：《中国红十字会创始人沈敦和先生事略》，中国红十字会总会编：《中国红十字会历史资料选编（1904—1949）》，南京大学出版社1993年版，第555页。

③ 《沈敦和》一书共八章：一绪论，二发迹，三兵家，四、五外交，六慈善，七教育，八结论，内附照片多幅，1912年再版时，引起日本商界的广泛关注，《申报》数度报道此事。

例，力筹赈救北方被难民人之策”。沈的呼号，得到上海绅商的积极响应。

1904 年 3 月 3 日，沈敦和、施则敬等 20 余人集会于上海英租界六马路仁济堂，发起成立“东三省红十字普济善会”并“商议开办之法”。会上，沈敦和首先介绍了万国（即国际）红十字会的缘起、章程等基本情况，接着与会同仁就东三省红十字普济善会的立会宗旨、救济方式、资金筹措等具体事宜，各抒己见，最后达成共识：关于立会宗旨，“本会援泰西红十字会例，名东三省红十字会普济善会，专以救济该省被难人民为事”；开办方式，由发起人“垫银十万两，以应急需”，“延请中西大善董，就近开办。在沪设立总局，专为筹款之所，而另设分局于京津，招留救援出难之人，以期一气贯注救之之法”，“各省如有助款入会者，不拘多寡，请寄上海总局，刊发征信录，并随时登报，以照核实”；救济宗旨及办法，“本会救济宗旨，无论南北方人，务先举令速离危地，以避大难”，而后“赈抚兼施，医药互治，用符西国红十字会之本旨”，参加救护的人员，“左袂缀有红十字旗式，以便行军一望而知，其制均归一律”，“建旗之处，与两国行军利害无碍，西国不得在此界线内，互施炮火”，“红十字旗所到之处，遇晚应即住宿，不得惊扰”，“遇救诸人，无论在舟在车，男女必分别，老幼必扶持，不得稍有陨越，以示慎恤”；组织架构，采用董事制，“公举才望夙著，熟悉中外以及北方情形大员为董事，总理局务”，“另举西董事，与东三省教士联络举行，以免外人拦阻”，“中西董事外，应另举筹款董事数人”。①

东三省红十字普济善会的成立，表明国人红十字意识增强，这是难能可贵的进步。不过，话又说回来，尽管东三省红十字普济善会的运作方式力图遵行国际红十字的基本规则，但“善会”二字，却给红十字蒙上一层浓重的传统善堂的阴影，不伦不类。实际上，它仍然不是真正意义上的红十字会，也很难取得交战双方的认可、享有红会本应享有的权利。东三省红十字普济善会刚一成立，就遇到了自身无法克服的难题。

东北难胞，嗷嗷待援，刻不容缓，而新成立的东三省红十字普济善会爱莫能助，面对如此尴尬的局面，沈敦和等慈善家们不得不改弦更张，另谋救护善策。

三、中国红十字会的诞生

日俄战争仍在激烈地进行中。难民欲逃无路，谋生无门，不死于刀兵，亦将成为饿殍。呼救之声响彻云际，救援急如星火。

东三省红十字普济善会，不是真正意义上的红会组织，不可能取得国际红会组织的确认，更得不到交战国的认可。但除了红十字会，没有更好的拯救之法。时论呼吁建立真正意义上的红会组织，1904 年 3 月 5 日，《申报》发表鲰生文章《中国宜入红十字会说》，指出，东三省红十字普济善会“特中国红十字会之先声耳”，言外之意，不

① 《东三省红十字普济善会章程并启》，载《申报》1904 年 3 月 3 日。

言而喻。鲰生建议创设红十字会，并请政府报请红十字国际委员会核准，使中国成为国际红会大家庭中的一员，让闪光的红十字真正“照耀于中国二十一行省”。

其实，清政府对中国加入国际红会组织一直表现出比较高的热情，一个最突出的例子即，1899 年 5 月派遣原驻俄公使杨儒赴荷兰海牙出席减兵保和大会（即“世界和平会议”）。杨儒代表清政府在 7 月 29 日通过的《推广日来弗原议行之于水战条约》（即《关于日内瓦公约原则推行于海战的海牙公约》）上画押。“日来弗”，即“日内瓦”的最初译名，“日来弗原议”是指《1864 年 8 月 22 日改善战地陆军伤者境遇之日内瓦公约》（又称“红十字公约”“蔷本公约”）。尽管杨儒在条约上画押，但荷兰外务部大臣提出：“日来弗原约，中国应先画押入会，方能将这次画押批准之件存储。”[①] 在此之前，中国并未加入红十字原约，由于 1900 年八国联军侵华的干戈扰攘，也没来得及补办加入原约手续。实际上，没有全国统一的红十字组织这一先决条件，其他一切努力，无异于缘木求鱼。不过，清政府加入国际红会组织的热情之高，可以想见。

救援急如星火，创办红会组织同样急如星火。红十字会是群众性组织，只能由民间发起，尽管清政府对中国加入国际红会态度积极，但不能一手包办。历史的重任还是落到沈敦和等慈善家身上。

东三省红十字普济善会，原是情急之中仓促成立的，所谓“俄日构兵，奉天告急，辽东各郡邑生灵涂炭，载道死亡。在俄日两军，各有会中人互相救疗，独我中国孑遗黎庶，不死于兵火，即死于疾病流离，援手无从，呼天莫应。同人爰拟变通其法，创兴普济善会，一面电商各国红十字会及瑞士万国总会准用红十字徽章，一面禀求俄日诸国驻沪领事官，准往辽东救援被难之黎庶，先自垫经费十万，然后四处募捐，仍公举朴实耐劳之人，亲身前赴战场，力行救护之事，此外恪守局外中立之旨，一切战务略不与闻，但使无损红十字旗声名”[②]。但正是“急中生智”的“变通其法”，使东三省红十字普济善会陷于窘境。沈敦和认识到这一点，立即加以补救。他找到李提摩太，请求臂助。

李提摩太（Timothy Richard，1845—1919），英国传教士，1870 年受英国浸礼会差会派遣来华，先后在山东、东北、山西等地传教，是有名的“中国通”。1890 年，他受李鸿章聘请出任天津《时报》主笔，1891 年任上海同文书会总干事后，大量出版中文报刊，传播西方文化；1895 年在北京参加康有为领导的强学会，为中国的维新运动推波助澜；1898 年 9 月拟出任光绪皇帝的顾问，因慈禧太后发动政变而成泡影。他是在华传教士中极具影响力的人物。

对沈敦和之请，李提摩太表示万苦不辞，鼎力襄助。令人振奋的是，李提摩太卓

---

① 转引自中国红十字会总会编：《红十字手册》，辽宁科学技术出版社 1988 年版，第 10 页。
② 《中国宜入红十字会说》，《申报》1904 年 3 月 5 日。

有成效的活动，使尴尬的局面出现转机，朝着成功的方向迈出关键的一步。李提摩太追述这一过程时，不无感慨地说：“上海华商绅宦，深念旅居北方华民之苦，故彼此筹谋拯救之法，特请沈敦和观察前来与余商量此事。查各国在东三省教士避难于牛庄。余遵沈观察之请，电商牛庄教士可否拯救难民？旋得复电，允许前往赶救，愿效力者甚众。因此设立红十字会之议始起。红十字会之用意，救被难民人与受伤兵士。遂往商英、法、德、美四国领事，佥以为然。然后又往商工部局董安特生，安特生因属余与总董培恩商议之后，始定。”[①]

1904 年 3 月 10 日，历史将永远记住这一天。下午五时一刻，中、英、法、德、美五国代表会集于上海英租界公共工部局议事。会议由工部局值年总董培恩主持。

李提摩太

培恩致开会词：“今日五国董事聚集于此，所为何事？我请李提摩太宣明。”

李提摩太起身，简明扼要述说沈敦和等急切救助东北难民请求援助情形，说：“今日之会拟先在中国设立红十字会分局，设局之意，首在筹款。唯所筹之款，并非交付俄人日人支用。且将来拯救难民，不分中外。”

接着，沈敦和介绍东北难民嗷嗷待救苦情，谓“上海拯救难民之诸华董，闻战地左近惨酷之状，预拟极力设法拯救。中国已有多人允资助华董，最妙者请诸洋董合力办理”。

对李提摩太在中国设立红十字会的提议及沈敦和合办红会的设想，与会者均无异议。

培恩请工部局董安特生“定议”。安特生提出，“所议创设红十字会，系局外之会”，“宜预举各董及派定办事之董事数人”，“共襄此举”。安特生宣布了他与李提摩太议定的 45 名董事会组成人员名单（其中西董 35 人，华董 10 人），大会以举手表决的方式通过，另从 45 名董事中推出 9 名组成办事董事（其中西董 7 人，华董 2 人），西董为英刑司威金生、公共租界工部局总董、法租界工部局总董、李提摩太、律师麦尼而、医生巴伦、傅密生，华董为沈敦和、施则敬（后增任锡汾），以举手表决方式通过。由于与会者多为洋人，会上使用的正式语言是英语，李提摩太“复将会议大旨，用华语

① 《中外日报》1904 年 3 月 14 日。

告知在场诸华董”。会议记录也是用英文，由精通英文的施肇基（字植之，浙江杭州县人，16 岁时随杨儒赴美，任使馆翻译，民国时期几度出任驻英、驻美公使）秉笔，经大会同意，由施译成中文，“分送在场各华董及来探问情形者”，会后以《施君肇基笔译上海创设万国红十字支会会议大旨》为题，登于《申报》《中外日报》等报。

这次集会，在中国红十字运动史上具有非同寻常的意义，它宣告上海万国红十字支会的成立①，它的成立，标志着中国红十字会的诞生。

第二节　初建功勋

一、筹款募捐

上海万国红十字会成立后，立即筹备救护事宜。3 月 11 日，也就是红会成立的第二天，施则敬、沈敦和诸华董聚集在上海盆汤弄丝业会馆，共商“及早开办”大计。会议决定，由与会董事筹垫白银 5 万两作为启动经费，然后，“电禀各省大宪，拨助捐款”。要做到这一点，与会同仁清楚地意识到，取得清政府的扶助支持，至关重要。

实际上，清政府对上海万国红十字会的创设动向，表示出极大的关注，时任驻沪商约大臣吕海寰、盛宣怀和会办电政大臣吴重熹，都与沈敦和、施则敬、任锡汾等上海名流时相过从，保持相当密切的联系，他们秉承清政府旨意，鼓动沈敦和等与寓沪英、法、德、美官商合办红十字会。上海万国红十字会的成立，从某种意义上说，得力于清政府的“暗箱操作”。上海万国红十字会为五国合办，但清政府并没走到前台，难怪在成立大会上有德商禅臣行总理质疑：“中国政府亦将合力办理否?”这样的疑问是极其自然的。碍于“局外中立”的制约因素，清政府不可能从幕后走出来，李提摩太作了一番解释，说：“中国政府未便与闻，盖恐违犯局外之义也。”② 这种情况，谁都可以理解。

上海万国红十字会成立后，清政府对红会的支持开始明朗化，一方面，命出使英国大臣张德彝赴瑞士补办加入红十字原约手续，争取尽早取得国际红会的承认；另一方面，在 3 月 29 日，由吕海寰领衔，盛宣怀、沈敦和、施则敬、任锡汾等联署的“拨助捐款”的通电就发向了全国，确认上海万国红十字会为政府承认之合法社团。5 月 24 日，清政府还拨出帑银 10 万两，资助上海万国红十字会的人道行动。清政府对红会量力支持，可以昭然，“合办”也在不言中了。

① “万国”，即国际之意，“支会”，即分会，以与瑞士总会相区别。7 天后，也就是 3 月 17 日，正式定名为“上海万国红十字会”。五国合办。日俄战争结束后由中国自办。

② 《施君肇基笔译上海创设万国红十字支会会议大旨》，《申报》1904 年 3 月 14 日。

红会之设，“首在筹款”，否则，救济行动无从谈起。清朝当局，从中央到地方，涓滴资助，已不在话下，海外捐款，也很踊跃，建立健全的筹款募捐机制，对上海万国红十字会而言，显得十分重要，这是赈救行动顺利实施的保障。

3 月 17 日，上海万国红十字会办事各董在英国按察使署议事，除决定将上海万国红十字会支会更名为上海万国红十字会、推举沈敦和与李提摩太为书记官外，中心议题即筹款募捐，商定具体操作事项为：“美国檀香山、日本横滨等处，华人捐助俄日恤款甚巨，现创红十字会，其中所救原系华人居多，故拟刊印捐册，请奉命出使美国之伦贝子及副监督黄开甲携往劝募，以期筹集巨款”；“驻扎各国钦差及领事，亦均寄捐册，请为劝募”；“各省督抚，由吕钦差领衔，电请分别捐助款项，仍由本会各寄捐册”；“各省各府善堂，均由本会商请代收捐项”；“中国电报局电报能到之处，奉电政大臣允准，凡系红十字会办事公电，概不收费，俟积有成数，即作为捐款”；“上海招商局能到各口岸，奉商部参议杨允准，凡系红十字会办事人来往，均给免票，俟积有成数，亦作为捐款”；“上海向收善捐之仁济堂、《申报》馆、《新闻报》馆及《中外日报》馆，均请代收捐款，本会在丝业会馆设立总收发所，所有华董办事劝捐等事，即以丝业会馆为总汇之区。”① 募捐办法，具体周详，具有很强的可操作性。

利用大众传媒“广而告之”，可以有效拓宽募捐渠道。在红十字精神的感召下，上海的《申报》《新闻报》《中外日报》，不仅代收捐款，而且利用自身独特的影响，不停地为人道救护呼吁。举一个例子：《劝捐万国红十字会经费〈申报〉馆协赈所谨启》，大声疾呼：“俄日兴兵，生灵涂炭，旷日持久，尚无已时。两国受伤之兵，例由泰西红十字会救治。独我东三省黎庶，连天烽火，骨折心惊，去住两难，死生莫卜，昊天不吊，何又降此鞠凶耶！沪上同仁，恻然悯之，商之各国乐善诸君，联为万国红十字会。派人前往战地，救援被难之人，寒则衣之，饥则食之，病则更为之药之。并特赁轮船载之出险。特是事关重大，所费不赀，刻虽集有五万余金，而来日大难，亟须补助。所望寰中义士，海内仁人，各解囊金，拯民水火，较之散财助赈，其功德更无可限量矣！如荷乐施，请交《申报》馆协赈所账房，自当掣奉收条，以昭凭信。率布寸臆伫盼，慈云敬叩，善安伏维，垂鉴。”② 这些新闻媒体的助赈宣传、号召产生了广泛的社会影响，捐款源源不断，同时也使红十字走近大众，为社会各界所认知。

筹款募捐，为的是赈救难胞。“救人如救火，刻不容缓”，沈敦和等办事各董，为此煞费苦心，毕竟上海距离东三省遥遥数千里，远水救不了近火，如何方便、快捷、速效采取救护行动，不能不殚精竭虑，筹措万端。按照国际惯例，红十字会可以根据

---

① 《二月初一日上海万国红十字会初次集议问答》，见中国红十字会总会编：《中国红十字会历史资料选编（1904—1949）》，南京大学出版社 1993 年版，第 24 - 25 页。

② 中国红十字会总会编：《中国红十字会历史资料选编（1904—1949）》，南京大学出版社 1993 年版，第 23 - 24 页。

需要，随时随地添设分会。有鉴于此，上海万国红十字会决定在“所有附近战地之紧要地方，由总董会议遴延中西绅董，缮给凭信，前往添设分会”。这一动议，写入7月12日制定的《上海万国红十字会暂行简明章程》之中。

最早添设的分会是牛庄（营口）分会[①]。

牛庄分会旧址

4月6日，旅居牛庄的魏伯诗德等人在教会牧师住宅聚会，宣布成立上海万国红十字会牛庄分会，推选中西董事10人，美国领事密勒为总董，传教士魏伯诗德负责办理文案。随后，辽阳、奉天、开原、铁岭、安暑河、沟帮子、新民屯、海城、山海关及塘沽、烟台、金陵等地分会相继成立。随着分会的次第添设，大规模的救济行动逐渐展开。

二、“出险”行动

4月6日牛庄分会设立后，救护行动开始真正付诸实施，而此时距日俄战争的爆发已有两个月，东北难民在隆隆炮声中挨过了惊惶不安的60个日日夜夜，度日如年。红十字的到来，使陷于水深火热之中的无辜百姓看到了生的希望。

救护行动由牛庄推开。这里切近战场，置身于此地，可以感觉到一股股硝烟掺着

① 牛庄分会又称营口分会。营口与牛庄，原本是两个地方，为什么两地“纠缠不清”？这是历史造成的。1858年6月，英、法、美、俄强迫清政府签订《天津条约》，开放牛庄、登州、台南、淡水、潮州、琼州、汉口、九江、南京、镇江为通商口岸。1861年5月23日，英国首任驻牛庄领事托马斯·泰勒·密迪乐（Tomas Tayeor Meadows），顺辽河前往牛庄巡视时发现，牛庄河道狭窄，大船无法进入，辽河入海口的营口则水深港阔，大船可以自由出入，有利于商船的往来，于是“灵机一动”，硬将营口说成牛庄。1861年4月营口正式代替牛庄对外开放，因《天津条约》内容无法更改，因而对外统称牛庄。这种“指鹿为马”的伎俩，造成了营口即牛庄、牛庄即营口的“互通”。

血腥扑面而来。救护行动由英国传教士魏伯诗德负责，他以爱尔兰会华医院作为上海万国红十字会牛庄分会的总医院，举该院经理白兰德主其事，有多位西医分担救护之责。医院设有专用床位 50 张，医药器械一应俱全，随时可以接纳伤病人员。牛庄分会租有客栈，可容纳 400 余人，为难民提供栖息饮食之所。

救护行动纲领是："医治战地因战被伤之战国及局外兵民，救护战地之无关战事因战被难人民。"① 但战场（地）有内外之别，战场之内，例由交战国红十字会实施救护，中立国一般在战场之外进行人道救助。上海万国红十字会及清政府外务部与日、俄几经交涉，没能获准进入战区救护的特许。这就决定了上海万国红十字会的救护行动以救护难民"出险"为主旨。

牛庄分会救护难民脱离险境的行动紧张而有条不紊地进行着。

在牛庄分会添设之初，曾遍告附近一带客籍商民："以兵事将临，地方危险，本会谊应救护，请各自酌量，如川资无着者，当由本会酌给并酌备零用，护送出险。"可是，"众情安土重迁，且海口轮船尚在出入，不无观望"。果不出所料，没过几日，俄国下令封港，驻防俄兵一夕数惊，看到中国民船以为日军已至，施放枪炮，误伤商民船户甚众，霎时人心惶骇，纷纷向牛庄红会寻求帮助，"恳照前说，设法出险"。魏伯诗德等一面电请北洋官绅按照上海万国红十字会定议赶办车船免票凭据，一面因免票手续未及办妥先于各人衣襟下、手掌内各盖红会印记，由西董分起送至车站，向车站管理人员说明，验有红会图记者可免费上车，载送入关，"自此内地得信者络绎而来"②。

牛庄分会的救护行动是卓有成绩的，到 8 月初旬，4 个月中拯救出险并资遣回籍的难民已达 4250 余人。

战事仍在继续。5 月 1 日日军强渡鸭绿江，4 日第二军在貔子窝登陆，19 日第三军在大孤山登陆，26 日在金州、南山击败俄军后，长驱直入，进逼辽阳，8 月 24 日拉开辽阳之战的序幕。

战线在延伸，军事碰撞在加剧，被炮火撵出家园的难胞日渐增多，红十字的救护行动不能不有所扩大。辽阳一线风鹤频惊，知州鲜俊英向魏伯诗德求救，但牛庄分会的救护力不从心，有鉴于此，特设辽阳分会，由英国医生魏司华德（又译为吴瓦德）主持救护工作。辽阳医院规模不大，只能接纳伤员 50 人，救护出险的难民无法安插。在地方官绅的支持下，魏司华德以红会名义"租得大屋一所设立医院"（实际上是栖流所），名为"英华同善会"，招集流亡。"难民闻城中有医院可以保护，搬进城中者络绎

① 《上海万国红十字会暂行简明章程》，见中国红十字会总会编：《中国红十字会历史资料选编（1904—1949）》，南京大学出版社 1993 年版，第 27 页。

② 《述营口分会情形》，《申报》1904 年 5 月 4 日。

不绝。”[①] 截至 9 月 12 日，医院治愈伤者 300 人，英华同善会栖留难民多至千人，接踵而至者尚不绝于道。

辽阳之战，俄军败北，溃退至奉天一带，奉天民众，惨遭蹂躏，“败兵退至奉天，遍地皆为戍守，田禾践踏之余，又收作军食。民居门窗椽槛一切木料，均被拆为炊具。贫民既受马足踏伤，又受饥饿，种种惨苦，殊堪怜悯”，逃到奉天的“难民不少，终不得安插之所，妇孺蹲踞，几满街巷”[②]。凄苦之状，令人不忍目睹。为救济难民，上海万国红十字会添设奉天分会。于是救护行动的重点转移到了奉天。

奉天分会设有医院、栖流所。由于日、俄在这一带展开拉锯战，伤兵、无家可归者，纷至沓来，多时达 3 万余人，奉天分会应接不暇，为此，上海万国红十字会特商请奉天将军知照地方官绅，竭力襄助，共渡难关。

开原、沟帮子、新民屯、铁岭等分会的救护工作同样出色，《申报》《大公报》等多有报道。

“博爱”没有国界。《上海万国红十字会暂行简明章程》承诺：“救护出险，无论华人西人何国人，均一体相待。”在救护行动中，牛庄、烟台等分会所救德、俄、韩等国人，或资遣回本国，或妥善安排，使各得其所。应该说，这是一场超越国界的行动。

红十字救护“出险”行动，历时一年挂零，千千万万身陷险境的落难同胞得以转危为安。在这场救护行动中，红十字会员的无私奉献精神谱写出一首震撼人心的人道金曲。1904 年 12 月 1 日《申报》刊登王震一的见闻录：《沈、锦红十字会护送难民事略》，向远离战祸的人们述说着作者的亲历：

今秋余因天一垦务公司收粮事特往查看，遂至荆州，既又以他事赴沈阳，行旅所经，凡难民困苦之状以及红十字会救恤之方，有触于目而动于心使余感叹敬佩而不能止焉者。余自九月十九日（阳历 10 月 27 日）由锦乘火车至沈，行三百六十里，过新民屯，是处为往来沈、锦要道，距沈尚百数十里，吾国之关外铁路至此而止。余下火车，投逆旅，拟雇骡车前进，暂止一宵，因见难民麇集，遍地皆是，囚首垢面，状皆如丐，询之，知俄、日战后凡在东省恃工业为生者均无所糊口，而囊中又无余资，故皆扶携流徙南下，幸此处已设有红十字会，会中皆按其籍贯送至山海关分别遣回。每日由火车运送六七百人，然相继而来者尚纷纷不已。当其遣送上车之时，余特往一视，时方子夜，会中总办任启人、许文卿及司事各友已皆莅止，至三点钟即呼集难民，点名给饼食、车票，按起赴车站。六点钟火车开行。任、许两君亲送上车，再派司事分段护送至榆关而后止。据人言，每日皆然，虽风雨霜雪不为或辍，其办事之实心实力

① 《万国红十字会来函》，《申报》1904 年 9 月 9 日。

② 《大清时期中国红十字会活动成绩》，中国红十字会总会编：《中国红十字会历史资料选编（1904—1949）》，南京大学出版社 1993 年版，第 35－36 页。

如此！至沟帮子车站，亦为要道，则有刘兰阶大令主理其事，勤恳诚笃与任、许二君殆无稍异。余在新民屯一宿，即波辽赴沈……沈城难民分为两起，一系本处乡人，……一为异地人，则由红十字会送至新民屯分送回籍，其办法之妥善，一如新民屯。……沈城距战地四十里，日夕屡闻泣声，盖俄自辽阳退后，拒日兵之进沙河铺，大小百战，已及月余。不知吾民何辜，横被殃及，亦可悲矣。又北地各红十字会竭力办理救护者，不知凡几。余亲历目睹，感于君子之存心行善，见义勇为，故书此以告我南方之人并请诸大善士共鉴焉。[①]

读完这段文字，不能不为红十字会员那种忘我的工作作风而感动。没有豪言壮语，而以“实心实力”的行动播洒着人道的甘霖。

三、赈济灾民

几乎与“出险”行动同时，赈济灾民的行动也在推进中。

日俄战争对于中国是一场巨大的灾难。在战争的摧残下，战区农民失业，耕种失时，商贾裹足，日用昂贵，耕畜、余粮被洗劫一空，饥荒接踵而至。如在奉天，据史书说：“自九月上旬，奉天东南乡建设大营后，乡民悉数入城，田禾践踏，一无余粒，屋内木料木器均作炊薪，妇女不敢居营之左近，均向奉天逃避，一身以外无长物，群谋安顿之法。……接英格利来信云，现今奉天难民三万余人，均属嗷嗷待哺。”[②] 其他城镇也是如此。他们既是难民，同时又是饥民。红会在救助难民“出险”的行动中，对旅居东北的关内人自然可以资遣回籍，而对失去家园流入城市的本地人，不能不设法赈抚。为此，上海万国红十字会在沈阳特设“东三省协赈总局”，以便扶危济困。协赈总局由陈艺主持，张琪昌、史纪常为会计，另派叶景葵前往会同商办，上海万国红十字会筹备赈粮，运送到新民屯红会所设转运所，转运至沈阳调拨各处。各分会设置粥厂（场），煮粥赈饥。

东北冬来早。10月份开始，已进入冰天雪地的冬季，北风呼啸，寒流滚滚。饥民衣不完具，难以御寒。此情此景，牵动亿万人心。上海万国红十字会接牛庄分会电讯后4日内赶办棉衣5000袭（内计女衣2000袭，童衣3000袭），运往东北散放；同时在《申报》等报刊发布《劝募东三省战地冬赈款项并棉衣启》《急募东三省棉衣启》《红十字会棉衣捐款》，加以劝募，引起广泛响应，天津妇女仁义会、牛庄妇女针线会建立起来，组织妇女穿针引线，为难胞送去温暖。

冬去春来，虽然战争没有结束，但战地北移，一些地区已平静下来，如不能让难

---

① 王震一：《沈、锦红十字会护送难民事略》，《申报》1904年12月1日。

② 《大清时期中国红十字会活动成绩》，中国红十字会总会编：《中国红十字会历史资料选编（1904—1949）》，南京大学出版社1993年版，第34页。

民尽快回归田园，及时耕作，“冻馁更所难料”，况难民拥挤局促于栖流所，一旦疫病暴发，后果堪忧，“尤宜早为遣散”。可是，难民一无庐舍堪蔽风雨，二无粮种耕具可供操作，且从播种以至收获，其间青黄不接之时，又将如何度日？所有这些，红会“不能不预为筹画（划）”。为此，红会筹拨银四万两，对栖流所留养的难民助以筑室、备耕、生活之费。奉天难民众多，人数超过 4 万，经与奉天将军增祺协商，由官府资助建房、置办农具，红会赈以粮食，共同安置。

出险和自发流入城镇的难民固然很多，但更多的灾民散布在关东广大的农村地区，据 1904 年 10 月 13 日《申报》报道：“由营口迤北至沈阳，中间纵约一千余里，横约六百余里，今年未下籽种，秋成颗粒无收。此外各地方类此者多。语云：大兵之后，必有凶年。今且不待兵后已有凶年矣。”① 受灾面积广，灾民众多，不言而喻。但灾轻灾重，程度不一，赈济也就有了缓急之别。要高效实施赈济，必须进行灾情勘查。

1904 年 10 月底，受上海万国红十字会重托，魏伯诗德在取得日本领事签发的赴岫岩、海城、盖州三地及各战地勘灾的护照后，乘上当地的骡车，顶着刺骨的寒风，离开牛庄，踏上勘灾之途。他首先到达海城，然后折向东南，行至岫岩，“择其遭难最重之区，逐村巡视，躬历兵过之地，阅视村中稻场，访问乡人、乡长暨地方官，所有禾稼损伤若干等情，均承一一见告”。自岫岩西行，到盖州，折而南行至大理寺、瓦坊店等处。考察完毕折回海城。又征得日本少佐约古拉同意，前往辽阳，“遂与魏司华德君暨本地查帐（赈）委员晤商一切。”②

魏伯诗德此行周历 60 余村。所到之处，大多是田园寥落，满目荒凉，乡人室如悬磬，饥寒交煎，待赈孔亟。为解倒悬，魏伯诗德采取两条应急措施：一、请该地将军于被难地方设立官米局数处，以资平粜；二、红会承办赈济极贫之户，发放米票，凭票到官米局领米，所需款项由红会清结。

鉴于东三省罹祸面积广，灾民众多，1905 年 1 月，清政府“电饬南洋大臣转饬本会总董，速拨巨款，多延绅员，迅速驰往，广施赈济”③。上海万国红十字会遵旨迅筹银两，增派史善诒、谢文虎、邓笠航等人前往东北，会同魏伯诗德等办理放赈事宜。

史善诒等到牛庄后，会晤魏伯诗德等，商定辽阳以南至牛庄，由知县刘芬会同魏伯诗德办理，辽阳以北至沈阳及附近一带赈务，由史善诒等办理。分工已定，分头放赈。从 1905 年 1 月起到 1906 年 9 月止，红会深入灾区各地，赈济难民。施赈范围共 27 处，计有沈阳、承德、兴仁、辽阳、牛庄、新民屯、沟帮子、彰武、海城、盖平、

① 《万国红十字会来启》，《申报》1904 年 10 月 13 日。

② 《译西历一千九百零四年十一月十七日字林西报所登牛庄魏伯诗德致上海红十字总会函》，《申报》1904 年 12 月 19 日。

③ 《大清时期中国红十字会活动成绩》，中国红十字会总会编：《中国红十字会历史资料选编（1904—1949）》，南京大学出版社 1993 年版，第 40 页。

开原、铁岭、昌图、怀德、奉化、康平、兴京、通化、怀仁、东平、西安、西丰、柳河、海龙、伊通、磐石、海参崴，受赈人数达225138人。

红会会员不畏艰难险阻，出生入死，赈救灾民，如此善举，连土匪也深受感动。据记载：“兵戈之际，盗贼纵横，禾稼长成时，彼辈匿迹其间，肆行剽掠，尤无忌惮。本会欲勘视各战地情形，代表人独毅然深入，归遇马贼一人，不唯不加损害，且为之保护过山，导入一村，遇以优礼。噫！善举竟能感动匪类，人性本善，信不诬也。”①

上海万国红十字会及战区各分会，救助战灾，历时三载，救护出险、收治伤病、留养资遣、赈济安置总人数达46.7万人，因伤重不治而亡者仅331人。红会中西办事各董及救难人员不支薪水，他们以崇高的奉献精神，救死扶伤、扶危济困，默默实践着红十字赋予的人道圣职。他们的业绩，赢得社会各界的普遍赞誉，也使红十字更加深入人心。

① 《大清时期中国红十字会活动成绩》，中国红十字会总会编：《中国红十字会历史资料选编（1904—1949）》，南京大学出版社1993年版，第40页。

第二章

辛亥战时的“救伤葬亡”

1905 年日俄战争结束，五国合办上海万国红十字会圆满完成自己的使命后功成“身退”，中国开始了自办红会的尝试。1910 年盛宣怀出任首任会长不久，改变中国命运的辛亥革命爆发，中国红十字会当即投入新的救援行动之中。

第一节　辛亥革命前的中国红十字

一、结万国红十字会之会局，巩中国红十字会之初基

日俄战争持续到 1905 年，交战双方都打得焦头烂额，筋疲力尽。战争难以继续下去，其他列强也都希望在远东恢复和平。6 月，美国总统罗斯福出面调停。8 月 9 日日俄在美国朴茨茅斯开始谈判，9 月 5 日签订《朴茨茅斯条约》，俄国同意将旅大租界地以及该租界地内的一切权益、公产等转让给日本，将长春（宽城子）至旅顺间的铁路连同其支路、利权、煤矿等无偿地转让给日本。经过一番搏杀，日本终于迫使俄国将其在东三省的势力范围重新划分，把长春以南地区吐了出来，转到自己手中。

《朴茨茅斯条约》的签订，标志着日俄战争的正式结束。适应战争救护需要而建立的由中、英、法、德、美五国合办的上海万国红十字会已经完成自己的历史使命，但战后赈济工作还在进行，加上其他突发事件，上海万国红十字会还有继续存在的理由。

尽管上海万国红十字会还在维持着，但已有今不如昔之慨：经费所剩无多，募捐

活动几近停止，随时准备“散伙”。

上海万国红十字会“经五中立国权宜联合，在中国地方创始承办，中国遂永有红十字会主权”[①]。正因为如此，人们才有理由把1904年3月10日上海万国红十字会组建日视为中国红十字会的诞生日。但联合毕竟是联合，非中国独自拥有。中国能否自办红会，成为人们所关心的问题。

上海万国红十字会应日俄战争救护之急而设，联合属“权宜”之举。事实上，这种联办的形式在日俄战灾救护中发挥了独特的作用，功勋卓著，有目共睹。不过，话又说回来了，以中国之大，而不能独任其事，令人不无郁郁。王熙普（即王钟声，中国话剧的先行者、同盟会会员）在《申报》发表《创设红十字会之理由》一文，一针见血地指出：“托英人（指李提摩太——引者）代办不能自救其生命，已耻不可言，不能自救反使救济权为外人所操，嘤嘤乞救于外人，耻莫甚焉。”[②] 认为，五国“合办”上海万国红十字会简直就是中国的奇耻大辱。牢骚发得过火，却值得省思。

王熙普

“合办”的方式不能令人满意，得到官方支持的具有全国统一性质的上海万国红十字会的地位也因此受到了挑战。如京师女学卫生医院院长廖太夫人，在1906年4月由扶桑归来后，即于5月在京发起成立“中国妇人红十字会”（又称中国妇人会）。5月10日《大公报》报道此事称，廖太夫人游历日本期间，“留学界中力劝太夫人归国竭力举办红十字会（中国独无此会，上海所办系万国红十字会——原注），为全国同胞爱国爱种之代表。太夫人担此责任，不惜牺牲一己，必欲达其目的。然创办伊始，头绪繁难，复以吾国风气初开，必举一二成效易著之事发其先端，则后此办理各事皆易得力。今不料适有旧金山地震之事，受灾之剧为今古环球所罕见，各国羁旅同遭是厄，而吾数万华侨房屋财产数百万金资亦完全被毁。太夫人窃计此等奇灾世界创见，此即为吾中国妇人红十字会成立之机关。于是立发大愿，于

① 《晚清关于红十字会开创之奏折》，见中国红十字会总会编：《中国红十字会历史资料选编（1904—1949）》，南京大学出版社1993年版，第9页。

② 王熙普：《创设红十字会之理由》，《申报》1907年7月3日。

京师创立中国妇人会，隐寓红十字会之意”。对廖太夫人之举，《大公报》大加赞赏，编辑所加按语云：“此件顷由沪江见寄，发函伸纸，灿烂夺目，读未终篇，蹲蹲起舞，不意以数千年幽闭昏黯不见天日之女界，一旦大放光明，如朝日之东升，如海潮之怒涌，光彩壮丽，气象万千，则虽盲者之有见，跛者之克走，哑者之能言，痿者之立起，不足以方兹畅快喻此欢欣。”[①] 中国妇人红十字会的成立，引起社会关注，是可以想见的。还有视“合办”为国耻的王熙普也发出挑战信号，他在《创设红十字会之理由》一文中表示，将以“蚊背负山”的气概，独出万金，作为开办红十字会经费，并借汪惕予医院，开办红十字会事务所，发展会员，独树一帜。

上述挑战，无可厚非，而其间流露出的爱国热情，更是难能可贵。

挑战和机遇并存。面对现实，上海万国红十字会的中方组织者们，深感任重道远。舆论的强烈关注，表明自办红会的条件已经成熟。经过一段时间的准备，1907 年 7 月 21 日，也就是光绪三十三年六月十二日，由吕海寰、盛宣怀联衔，上奏朝廷，缕陈上海万国红十字会办理情形及善后持久事宜。这份奏折，向我们传递一个重要信息，即中国红十字会开始走上独立发展的道路。奏折中有一段话格外重要：“各国红十字会各有佩章，重以国家之命，由会制备。今中国红十字会成立，西董亦愿得中国红十字会佩章以永纪念等语。臣等因饬总董仿照各国红十字会佩章式样，酌拟中国红十字会佩章。派员测绘各地设会办事情形，拟具图说，俟石印成册，咨送外务部核议呈进，并分送京外中西捐助之官绅士商，表明此次办法，即为中国红十字会商订专章之据。一面参考日本初创赤十字社情由，与西董订明，先就中国自筹之款酌拨以为基础，兼仿瑞士总会真奈瓦（即日内瓦——引者）地方之意，在上海购地，采取各国医院学堂医船医车之式样，筹措经费，次第仿办。另选聪颖华童，一面在沪附设医学堂，一面出洋学习会医，考求会医与军医之如何区别，本国看护人之如何储备招致，务期悉臻详备，以结万国红十字会之全（会）局，即以巩中国红十字会之初基。”[②] 本书的体例不容许详加考证，但对此重大问题，不能不稍作分析。在这段文字中，言及“今中国红十字会成立”，这个“今”字，当不是指三年以前成立的上海万国红十字会，那是“过去时”，“今”只能是“现在时”，至于具体时日，不得而知，在没有相应资料发现以前，我们有理由把 1907 年 7 月 21 日上奏之日视为中国红十字会步上独立发展之路的起点。至于“结万国红十字会之全（会）局，即以巩中国红十字会之初基”的种种设想，自然会次第付诸实施。

中国红十字会“自立”，走上自我发展之路，无疑是中国红十字运动史上新的里程碑。路漫漫其修远兮，如何推动中国红十字事业的进步，是摆在中国红十字会组织者

① 《中国妇人会之发起》，《大公报》1906 年 5 月 10 日。

② 《本会开创时之奏折》，《中国红十字会二十周年纪念册》，中国红十字会总办事处 1924 年编印，第 2-3 页。

面前的新课题。在此进程中，吕海寰、盛宣怀扮演着至关重要的角色。

二、并非首任会长的中国红会先师吕海寰

吕海寰是中国红十字运动史上举足轻重的关键人物，这里插叙其曲折的人生经历，该是必要而令人感兴趣的。

吕海寰（1842—1927），字镜宇，又字镜如，号敬舆，又号又伯，晚年号惺斋，1842 年生于山东莱州府掖县西南的一个小村庄。其家境贫寒，父亲晋陟出外游幕，幸母亲李氏精女红刺绣，勉强糊口。海寰幼时，随祖父课读，刻苦自励，勤于章句，后考中秀才。1861 年，祖父和母亲相继故去，海寰不得不以教书度日，窘困不堪。这年，捻军大举进攻山东，进逼掖县，人心惶惶。为抵御捻军的进攻，掖县组织团练乡兵，海寰也被拉去当差，办理文墨之外，还要值班守夜巡更，狼狈落魄，有不堪回首之叹。

雪上加霜，海寰又以“盗赃”而被指控。原来，海寰五岁时，母亲为其聘定其舅李同熙之女乃心为妻，后因家贫迄未成礼。1861 年年底，为度岁祭祀，海寰向其族叔吕十借到“五供”（铜或锡制的蜡台、香炉等）一份，用后因一时手边窘迫，将五供典当，转年上元节筹措银两赴当铺赎取，不料当铺诬指该物为盗赃，将其扭送到县署究办。实际是李同熙嫌吕氏家贫如洗，意图悔婚而勾结吕十及当铺老板合谋诬陷，构成罪状以为悔婚之借口。后经县学生员具保得释。经此磨难，海寰决意离家赴京谋生。①

吕海寰

1862 年，吕海寰到京师后，仍以舌耕为业，并以童生资格取得顺天府大兴县县籍；1863 年应府试名列第一，因外籍人入县籍应考不应首列被降为第五名。之后，他屡试屡败而不气馁，1867 年秋应乡试，终于得中第二百六十三名举人，虽无官可做，但可到官僚家教馆，生活有了保障。在以后的几年中，他在户部经承樊某家中教馆，得樊相助，捐官员外郎。关于此事，《凌霄一士随笔》中有一段轶闻，谓：“时咸丰间政府所发钞票，已等废纸，唯捐官上兑尚可用。樊家所存甚多，一日樊与海寰谈及，曰：‘先生何不捐一部曹？此间所存之钞票可作上兑也。’海寰唯唯。樊遂代为上兑，

① 李石孙：《吕海寰的一生》，《天津文史资料选辑》第 35 辑，天津人民出版社 1986 年版，第 117－118 页。

捐一员外郎，签分兵部，赀郎行走，仕途亦甚滞也。”[①]

吕海寰命运多舛，仕途坎坷，直到他 42 岁，才算有了出头之日。改变他命运的是一个人、一本书。1883 年，同寅举人裘叔和赠他新刊《洋务大全》一书，这本书详细记载外国史地及风俗习惯等知识。吕得此书，日夕翻览，如饥似渴，眼界大开。适逢总理各国事务衙门考章京，题为“为断乃成论”（语出韩愈《平淮西碑》），“与考各员多不知出处，海寰则源源本本，文特精彩，取列第一”。次日传见，询及欧美各国形势及军事商务等问题，吕据《洋务大全》所得知识，应对如流，受到主考官，即时任协办大学士、总理各国事务衙门大臣李鸿藻的赏识，视为“学贯中西，体用兼备”的难得人才。从此，吕海寰时来运转，迭膺优保，历任总理衙门总办章京、司务厅收掌、兵部员外郎、圣典馆协修官、清档房提调、记名海关道赏加二品衔等职。

1894 年，吕海寰外放任江苏常（州）镇（江）通海道，任内“首倡保婴局，开浚荷花塘船坞和京口救生会等社会福利事业，缴价承领镇江租界滨江滩地收租救生事，已属慈善之端倪”[②]。其间，办理泰安、淮阴两教案，有理有节，颇为得体，赢得善办外交的美誉。

1897 年，经李鸿章保荐，海寰被任命为出使德国大臣。使德四年，吕不负委任，“凡关于国体主权者，毅然力争也”。回国后著《庚子海外纪事》一书，记述使德始末，“盖隐寓忧殷启圣之意焉”[③]，表达了他对祖国前途命运的强烈关注。

1902 年 2 月 23 日，官至工部尚书的吕海寰又被委以重任——钦差办理商约大臣，另派工部左侍郎盛宣怀会办商约，协助吕海寰在沪与西方列强进行商约谈判，这使吕海寰感到如泰山压顶，责任重大。根据 1901 年《辛丑条约》第十一款“大清国国家允定，将通商行船各条约内诸国视为应行商改之处及有关通商各地事宜，均行商议”之规定，西方列强组成以马凯（J. L. Mackay）等为代表的谈判团，提出增开商埠、减税、扩大在华航运及投资权益等几十项侵略要求。弱国无外交，在极端尴尬的处境中，吕海寰竭尽全力，为维护国家民族利益而抗争。谈判从 1902 年年初开始，直到 1907 年仍在继续，从旷日持久中人们不难感觉到谈判桌上的紧张气氛和艰难情形。这场没有硝烟的拉锯战式的商约谈判，持续时间之久，在中国近代外交史上是罕见的，这与吕海寰的据理力争不无关系。虽然经吕海寰之手签订的《中英续议通商行船条约》《中美通商行船续订条约》《中葡通商条约》等约章仍以利权的丧失为代价，但与列强侵略要求相去甚远，则是史学界公认的。

---

① 徐凌霄、徐一士：《凌霄一士随笔·吕海寰轶事》，山西古籍出版社 1997 年版，第 1546 页。

② 转引自孙兴林：《血雨腥风聚正气，爱国救民献丹心——纪念中国红十字会先师吕海寰诞辰 150 周年》，《中国红十字》1992 年第 3 期，第 52 页。

③ 中国红十字会总会编：《中国红十字会历史资料选编（1904—1949）》，南京大学出版社 1993 年版，第 553、554 页。

由于办理商约的关系，吕海寰与中国红十字会结下了不解之缘。他的权威影响和积极努力，促成了上海万国红十字会的建立。至于“公同推举臣（吕）海寰、臣（盛）宣怀、臣（吴）重熹为领袖”[①]，是顺理成章的。在上海万国红十字会存在的几年中，吕海寰无疑是一面旗帜，在他的号召之下，善款源源不断，保证了日俄战灾赈救行动的顺利进行。在上海万国红十字会面临解体之时，又是他为中国红十字会的赓续与发展开辟道路，描绘蓝图。他被誉为中国红十字会先师，该是当之无愧的。

可是，吕海寰是中国红十字会的首任会长吗？提出这样的疑问，也许让人感到可笑，因为，红会历史早已盖棺定论，视为理所当然，红会正式的、非正式的出版物无一例外均作如是观，这是历史常识，笔者也曾深信不疑；但当我们溯本求源、检视这一说法的出处时，不免疑窦丛生。《中国红十字会二十年大事纲目》记 1907 年事说：“（纲）改名大清红十字会，吕海寰为会长。（目）吕海寰、盛宣怀、吴重熹奏上海创设红十字会，缕陈办理情形及善后持久事宜并请立案。该部知道，钦此。旋改名大清红十字会，政府颁发关防，派吕海寰充会长。”[②] 这是吕海寰为首任会长的最权威的原始资料。但这一记载，与史实颇有出入。一则本年并没有发现改名大清红十字会的正式文件，改名大清红十字会的事是有的，那是 1910 年 2 月 27 日盛宣怀出任会长以后的事（据二档馆外交部档案，该年 6 月 5 日正式启用大清红十字会关防），在此之前的近三年中，无论红会往来函件，还是最具权威影响的《申报》，均称中国红十字会或红十字会；二则遍检《吕海寰奏稿》及函电、《光绪朝东华录》《清实录》《光绪朝朱批奏折》等史籍，均没有找到吕为会长的记载，谓“派吕海寰充会长”之说，难以令人信服，而且，一“派”（即朝廷任命）字，根本不符合 1910 年前红会运作机制（董事会选举制）。官派会长也是从 1910 年任命盛宣怀开始的，《中国红十字会二十年大事纲目》对此也是肯定的，该《纲目》记 1910 年事说：“（纲）正月，盛宣怀为会长。（目）盖至是清政府派充会长，以前则称盛大臣，监临会务，不称会长。”这就等于否定了“派吕海寰充会长”的前说。由此条又引出了一个问题，1910 年前，会长不称会长，称“盛大臣”，更是不伦不类，翻检红会函件，有“盛大臣”的记载，那是对盛宣怀的称谓，相应地称吕海寰为“吕大臣”，吴重熹为“吴大臣”，从未见把“盛大臣”与“会长”等量齐观。这一错误产生的原因比较复杂，其中不排除一时疏忽的可能，如在 1910 年 5 月 12 日《申报》刊登的《中国红十字会医学堂添招新生》广告中，就有“本会奉旨派盛大臣为会长”之句，这是指清政府任命盛宣怀为会长事，《纲目》编者可能产生“盛大臣为会长”的错觉，臆断“以前则称盛大臣，监临会务，不称会长”，以致以讹

① 中国红十字会总会编：《中国红十字会历史资料选编（1904—1949）》，南京大学出版社 1993 年版，第 7 页。

② 《中国红十字会二十年大事纲目》，原载《中国红十字会二十周年纪念册》，见中国红十字会总会编：《中国红十字会历史资料选编（1904—1949）》，南京大学出版社 1993 年版，第 452－453 页。

传讹。

1910年前，红会会长照样称会长，会长由董事会推举，政府认可即可，无须另“派”。1907年7月中国红十字会从中、英、法、德、美五国合办的上海万国红十字会中“蜕变”出来，走上独立发展的道路，适应这一变革的需要，中国红十字会推举出首任会长。但首任会长究竟是谁呢？不是吕海寰，而是盛宣怀。这在《吕海寰往来电函录稿》中有明确的记载：“洎乎一千九百零四年创立之万国红十字会解散后，中国会员遂于上海开会，议决另行组织中国红十字会，以为久远之计。适商约大臣盛宣怀驻沪，遂公推为会长。一千九百零七年盛大臣将组织会务情形奏达朝廷，当奉谕旨，准照办理，并派盛大臣（盛宣怀）为会长。其时本会并未请领敕旨书，亦未订立规章，故其范围未见推广。”[①] 这是1912年中国红十字会向在美国举行的国际红十字会第九次大会提交的《中国红十字会中央部赴会报告》，经时任会长的吕海寰审核无误后寄呈，抄件则存《吕海寰往来电函录稿》中了。这份资料比《纲目》编写的时间要早得多，且吕海寰对此并无异议，它的可靠性是毋庸置疑的。就是说，盛宣怀才是中国红十字会的首任会长。正因为盛宣怀自1907年后一直担任着红会会长（公推）职务，故1910年清廷任命他为会长，才显得顺理成章，否则，倒有些不近情理了。

尽管吕海寰并非首任会长，但他在中国红会史上的地位和作用，不会因此而被抹杀。他依然是中国红十字会的先师。

三、盛宣怀与大清红十字会

东北战场上的硝烟已经散尽，中国红十字会按照吕海寰、盛宣怀描绘的蓝图从上海万国红十字会“蜕变”而出，开始走上了独立自主的发展道路。

不过，上海万国红十字会会局还没真正结束，历史在翻开新的一页的时候，还得为上海万国红十字会画上圆满的句号。1907年7月21日，吕海寰、盛宣怀联衔奏陈中国红十字会开办情形时，特为上海万国红十字会“在事尤为出力员绅”“奏请奖叙”。奏折称，上海万国红十字会“自开办迄今，阅时三年，各员绅出入兵火，九死一生，艰苦情形，难以尽述，实在救护至四十六万七千余人之多，兼及战国伤病兵士，借以昭示睦谊。核其劳绩，似合军营前敌中外交涉兼而有之，迥非寻常偏灾办赈可比……自应查照择尤（优）保奖，以资观感，如蒙俞允，应由现任东三省总督臣徐世昌查明具奏”[②]。朝廷照准。1908年4月，东三省总督徐世昌遵旨查明上海万国红十字会“在事出力中西员绅职名，奏给奖叙”。4月28日，《申报》登出《东督等奏保红十字会名

① 《吕海寰往来电函录稿》，见沈云龙主编：《近代中国史料丛刊》第3编第58辑，台北文海出版有限公司1990年版，第885页。

② 中国红十字会总会编：《中国红十字会历史资料选编（1904—1949）》，南京大学出版社1993年版，第9页。

单》，其中中国总董记名海关道沈敦和、前四川川东道任锡汾、直隶候补道施则敬、江西补用道任凤苞、江苏提学使毛庆蕃、江海关道梁如浩、前直隶通永道沈能虎、浙江候补道徐润等 12 名及西董威金生、李提摩太、魏伯诗德等 30 名“创始及办事人”被授予“中国红十字会一等金质勋章”，其余“异常出力人员”和“寻常出力人员”百余名也分别受到表彰。上海万国红十字会以“中外同称”的丰功伟绩走完了其光辉的历程。

上海万国红十字会画上圆满的句号，中国红十字会开始走向独立。

要“巩中国红十字会之初基”，在吕海寰、盛宣怀看来，应当建立医院，开办医学堂，培养、储备医疗救护人才，为中国红十字会的自立奠定坚实的基础。

建医院、办学堂，当然需要经费上的保障，好在用于救护日俄战灾的捐款尚有剩余，计 44500 余两，用来建医院、学堂、会所，还算充裕。1909 年，由沈敦和经手在徐家汇路购地 10 余亩，设计“建造高大洋房一所”作为总会总医院（现华山医院，为复旦大学附属医院）。一年后的 1910 年春，总医院落成，门诊、病房、解剖房（病理室）、割症房（手术室）、蒸洗器械房（消毒室）、X 光室、配药房（制剂室）、储药房、发药房、化学房（化验室）、锅炉房、浴室、殡殓所（太平间）等，一应俱全，设备之“精美，为沪之冠”[①]。医院延聘著名西医柯师为内科医生，解剖专家峨利生为外科医生，血液学专家亨司德为验血医生，克立天生女士为看护妇（护士），王培元为驻院医生，主持院务。

中国红十字会总医院

① 转引自养科：《中国红十字会早期在上海设立的医院》，载《中国红十字报》1987 年 8 月 5 日。

“本会恤兵救灾，首需救护人才。”中国红十字会在动工兴建总会医院时，没有忽略培养救护人才的头等大事。由于医学堂还没有上马，沈敦和等人准备采取“委托代培”的灵活方式，寻找培养途径。德国医生宝隆，这位上海万国红十字会的积极参与者和中国红十字会一等金质勋章的获得者，给予了热情支持。由他开办的同济德文医学堂，成为中国红十字会医护人才的培养基地。1908 年 8 月 31 日、9 月 4 日，红会连续在《申报》刊登《中国红十字会招考医学生广告》，招收 15～18 岁“身家清白，素无疾病”，英文、算学、中文有一定基础的“聪颖子弟”10 人，由红会支给学费，入同济德文医学堂学习医学，8 年卒业后“听凭红十字会委任”。

1910 年夏初，医学堂在总医院旁拔地而起，中国红十字会有了自己的人才培养基地。医学堂当年招生，定为 5 年卒业，首批招收具有英文基础的学生 20 人，专攻医学，以柯师、峨利生、亨司德、王培元为教员。近在咫尺的总会总医院，成为他们的实习之所。

中国红十字会医学堂

培养医生固然重要，但“看护人（护士）亦为救护所必需”。为此，红会选拔“天资灵敏”、谙熟英文者 20 人，分派到沈敦和所办各医院，学习护理。

总医院的建成、医学堂的开办，特别是医护人才的培养，为中国红十字会的自立和发展，创造了良好的条件，其中，包含着红会先驱者们几多甘苦，该是不难想象的。

没有规矩不成方圆。中国红十字事业的初步发展，呼唤规范化管理。1910 年 1 月，吕海寰、盛宣怀、吴重熹联衔会奏《酌拟中国红十字会试办章程请旨立案折》，陈述中国红十字会自“蜕变”以来所办各事，红会事业进一步发展的保障措施（筹款、征募会员、建造医船等）。鉴于“会务头绪繁多，关系中外交涉，可否简派大臣作为会长，以昭郑重，如蒙俞允，即由会长督率该董等妥为筹办，并将办事情形随时报部查核以期核实”，提出了“官派”会长的正式请求。同时，呈上由沈敦和等拟定的《中国红十字会试办章程》[①]，以期红会工作步上正轨。

要说明的是，红会史籍及今人著述均认为，吕、盛、吴此折为奏结上海万国红十字会而“试办中国红十字会”[②]，那意思是说，上海万国红十字会至此才算结束，中国开始试办红会。这在事实和逻辑上说不通，事实已如上述。逻辑上原本清清楚楚，怎能把“中国红十字会试办章程”理解为“试办中国红十字会章程”？《中国红十字会试办章程》仅 6 条，比较粗糙，多有挂漏，只是一个基本框架，称“试办”（相当于“试行”“暂行”），恰如其分。

朝廷揽奏，同意吕、盛、吴的请求，1910 年 2 月 27 日降旨“着派盛宣怀充红十字会会长，余依议”。盛宣怀因此成为政府任命的第一任会长。

盛宣怀（1844—1916），字杏荪，又字幼勖，号愚斋、止叟，1844 年 11 月生于江苏武进一个官宦之家。他在科举上没有光彩照人的记录，仅止县学生员而已，1870 年，经杨宗濂推荐入李鸿章幕府办文案。盛宣怀之父与李鸿章交谊甚厚，加上盛宣怀精明能干，深受李鸿章赏识，遂得大用，1873 年任轮船招商局会办（后升任督办）；1880 年筹办中国电报局，任总办；1893 年筹办华盛纺织总厂，任督办；1896 年从湖广总督张之洞处接办汉阳铁厂、大冶铁矿，经办芦汉铁路；1897 年在上海成立中国铁路总公司，开设中国通商银行。他一跃成为当时屈指可数的洋务企业家。上海是盛宣怀的大本营和活动中心，1900 年义和团运动期间，他参与“东南互保”，鼓动两江总督刘坤

① 《中国红十字会试办章程》共 6 条：“一、上海为通商总埠，中外交通便利。前经中西总董创办万国红十字会，现仍于上海徐家汇路设立中国红十字会总会、医院、学堂，附设事务所。应由中国总董仿照日本赤十字社酌拟规则呈候会长核议施行，并妥定集资入会章程，以垂永久。二、从前万国红十字会，由中西总董会议，刊刻中西合璧图记，钤用信守。现创设中国红十字会，拟请旨饬部铸造中国红十字会关防一颗，颁由会长执掌印用，以昭凭信。三、本会按照原约制用白地红十字旗，在会人员衣袖各缀白地红十字，以为标识外，又参酌日本等国会章，制备双龙嵌十字勋章，第一等金质，第二等银质，第三等铜质，均配用相称色带，拟定字样，并给发勋章凭照章程，呈请会长核明，请旨敕部核定，饬会制备通行。以上会旗、会衣、勋章，非在会人员，不得滥用，违者究治。四、上海徐家汇路总会，设立医院，定章施医。又设学堂定额招考华童，教习医学，均由总董厘订经理专章呈请会长核示报告于众认可施行，一面另选略晓德文聪颖华童每班十人先以两班分年送入上海德医学堂肄业，八年毕业得有高等文凭，回会由总董分派办事，仍轮派至德医院临诊以增长见闻胆识，并由总董分向各省各埠展设分会，力祛骛名弊混，以尽认真核实之主义。五、本会谨守瑞士原约十条，荷兰推广约十四条医伤救难宗旨。参酌万国红十字会暂行简明章程，日本赤十字社章程，因时因地以制宜。医车由总会陆续仿制备用，医船与战地医院临时商酌设法实行，借节靡费。其常年会集报告一切办法，暂照现下通行新章办理。六、以上系现在组织大纲，各项支（文）件，中国自相往来，均用华文，有关交涉者配用英文，仍以华文为准。组织完备后，应否改良，或原约推广约有所增删，及一切未尽事宜，随后由总董禀商会长妥酌办理。”（盛宣怀：《愚斋存稿》第 15 卷，《奏疏》）

② 中国红十字会总会编：《中国红十字会历史资料选编（1904—1949）》，南京大学出版社 1993 年版，第 453 页；周秋光：《晚清时期的中国红十字会述论》，《近代史研究》2000 年第 3 期，第 153 页。

一、湖广总督张之洞与驻沪各国领事订立“东南互保章程”，以避免因义和团运动和八国联军侵华战争而可能引发的社会震荡，事后受到慈禧太后的赞赏，目为“不可缺少之人”[①]。1901年，盛宣怀升任会办商约大臣、办理商税事务大臣，协助吕海寰与各国进行增加关税、改订商约的谈判，由此与红十字会结缘。作为上海万国红十字会的领袖人物之一，1907年他被推为中国红十字会首任会长，为中国红十字会的自立和发展起到了积极的推动作用。1910年2月27日的任命，自是情理中的事。

盛宣怀上任后，立即着手一项重大改革，那就是将“中国红十字会”易名为“大清红十字会”。

盛宣怀

本来盛宣怀对吕海寰主稿的由吕、盛、吴联衔会奏的《酌拟中国红十字会试办章程请旨立案折》的内容就不完全赞同，他有所保留。1910年2月26日，盛宣怀在给吕海寰的信中委婉表达了他的倾向，谓“红十字会稿，书奏寄上，关防‘中国’字样请酌，因近来对于各国皆书‘大清’。此事欲劝捐，恐难办”[②]。出于外交、筹款及迎合清政府等多方面的考虑，他提出易名主张。奉旨出任会长后，盛宣怀即于3月13日咨行礼部，请求添铸“大清红十字会”关防，以示郑重。4月30日，外务部咨复，告知“大清红十字会”关防已缮模具奏，俟铸妥后再行知照请领。据透露，“进呈印模系照参赞大臣关防，纯用铜质，长三寸二分，阔二寸，其文清汉合璧小篆文曰：大清帝国红十字会之关防”[③]。5月5日，盛宣怀札委山东补用直隶知州袁鉴赍文专程赴京候领。5月16日，礼部将新添铸的该关防粘贴印花发交袁鉴领取送往上海。6月5日，“大清红十字会”关防正式启用。中国红十字会自然流变为大清红十字会。这就给中国红十字会抹上浓厚的官办色彩。

① 盛宣怀：《愚斋存稿·附录·行述》。
② 盛宣怀：《愚斋存稿·第100卷·总补遗》。
③ 《奏请遵铸红十字会关防》，《大公报》1910年4月14日。

第二节　“发轫于俄日之战，而大彰于武汉之师”

——辛亥战时的“救伤葬亡”

一、辛亥革命爆发与红会万国董事会组建

盛宣怀把中国红十字会易名为大清红十字会，虽非曲意逢迎清政府，但迎合的意味也是显而易见的。1910 年 2 月，清廷将吕海寰、盛宣怀、吴重熹联衔会奏的《酌拟中国红十字会试办章程请旨立案折》发交军谘处详核。5 月 20 日，由“军谘处主稿，会同外务部、筹办海军事务处、陆军部办理，合并声明谨奏”之《详核红十字会原奏敬陈管见折》，提出将中国红十字会收归为官办的设想。折中称，“各国所设之红十字会，平时一切应行举办事宜，多就商于海陆军医员，而战时则归其指挥监督，方不致有妨军事，坐误机宜。……原奏并未声及，未免挂漏”；“上海虽系通商之埠，与京师相隔较远，虽倡设在先，自未便作为总会。拟请将总会移设京师”；陆军部拟将原军医学堂扩充，改为全国军医学堂，红会“如欲多造医材，尽可按年分送学生十人入堂附课，自不必舍近就远”，派往同济医院肄业；制备勋章，应由海军事务处、陆军部核准，“请旨颁发，以昭慎重”。奏折特别强调：“查东西各国红十字会均以亲贵为总裁，英、俄、德三国更由国后主持其事，诚以兹事体大，若非有亲贵总其成，则无以示提倡而资策励。今我国红十字会，时当创始，自应由该会长认真经理，俟办有成效，应否采择各国成法，请简派亲贵充当总裁以昭隆重之处，届时再行请旨办理。”① 军谘处的建议，有许多“合理内核”，不无可采择之处，而其欲将红会置于官府控制之下，也在不言中。盛宣怀奉旨出任会长，改名大清红十字会，不能说没有“迎合”之嫌。

军谘处奏折以及盛宣怀的易名之举，在朝中激起一股热情，1910 年 6 月 28 日《申报》报道说：“中国红十字会已由军谘处奏准成立，闻政府对于此事亦颇注重，将来有以振贝子充任总裁之说，并闻振贝子福晋因各国红十字会多由贵族妇人襄赞而成，拟即运动摄政王福晋及洵、涛、朗各贝勒福晋充作会员，以为提倡。”② 可是，中国红十字会的具体承办人沈敦和反应冷漠，1910 年 12 月 26 日在上海天津路 80 号设立红会总医院分院时，挂了一个“中国公立大清红十字会分医院”的牌子③，以及发布一下医学堂招生广告④，仅此而已。他表示不满。

① 《军谘处奏详核红十字会原奏敬陈管见折》，《申报》1910 年 6 月 19 日。

② 《京师近事》，《申报》1910 年 6 月 28 日。

③ 《大清红十字会中国公立医院分医院开幕广告》，《申报》1911 年 3 月 17 日。

④ 《上海大清红十字会医学堂招生》，《新闻报》1911 年 9 月 1 日。

大清红十字会开办不久，改变中国命运的辛亥革命爆发了。

自 1894 年 11 月 24 日兴中会成立后，以孙中山为首的资产阶级革命派走上了“驱逐鞑虏，恢复中华，建立民国，平均地权”的革命道路。经过长期酝酿、准备，1911 年 10 月 10 日，辛亥革命首先在号称“九省通衢”的武昌爆发，接着，各省纷纷响应，形成声势浩大的革命浪潮。

两军鏖战，“血飞肉裂，肢缺骸残”，惨不忍睹。在血腥与炮火中，人们渴望红十字从天而降。10 月 23 日，沈敦和接到由汉阳某国兵轮上发来的无线电报：“以两军死伤过多，请即亲率红十字会中西医队迅速前来战地，普救同胞。”[①]

面对突如其来的浩劫，沈敦和焦灼何似。战火在蔓延，救护任务繁重，而具有浓厚的官办色彩、内部体制尚不完备的大清红十字会将如何应付？

本来，沈敦和对盛宣怀的易名之举就颇不以为然。10 月 23 日，他在给吕海寰的一通电文中满腹牢骚，说：“查沪红十字会系民捐民办，甲辰四月、十二月两次奉旨嘉许，实称善举。上年夏钦派盛宫保（盛宣怀——引者）为会长，并拟改名大清红十字会，当经敦和力陈利害，按大清红会应归陆军部筹办，如遇战事，仅止随本国军队后救伤，与和等所办瑞士缔盟万国承认之中立红十字会宗旨不同，且沪会系募中外捐款而成，殊难归并。”[②] 由于沈敦和的抵制，红会内部关系没有理顺，“京会”“沪会”对峙，事业发展受到局限。而如今，面对新的救伤任务，如何招架？经费支绌，可以向社会募捐，难就难在救护人员的短缺。临渴掘井，缓不济急。要遂行救护任务，只有借助“外力”（在华西人之力），要借助“外力”，非破釜沉舟，抛开官办的“大清红十字会”，重组万国董事会不可，日俄战灾救护的巨大成功，已经证明这种组织方式的灵验，这是应急的最佳选择。如后来沈敦和追述：“武汉事起仓猝，响应甚速，不数日间，战祸已蔓延各省。彼时若仅恃本会救护人员，断断不敷调遣。欲求部署神速，机关完备，而经费又可节省者，唯有借重各国教会西医，及各该处原有之教会医院，以为本会临时救护机关，庶几朝发一电，夕已成立，可收事半功倍之效。然欲联合教会，又非借重西董不为功，此本会万国董事会所由设也。”[③]

救伤如救火，容不得犹豫徘徊。10 月 24 日，也就是收到呼救电报的第二天，沈敦和假上海大马路工部局议事厅召集特别大会，中外人士 700 余人与会。会上宣布成立“中国红十字会万国董事会”，推举古柏、麦尼尔、包克斯、吴板桥、马医生、爱德华医生、福医生、亨司德医生、施则敬、任锡汾、丁榕、江趋丹、汪汉溪、王西星为董

① 《红十字会医队定期启行》，《申报》1911 年 10 月 24 日。

② 《吕海寰往来电函录稿》，《近代中国史料丛刊》第 3 编第 58 辑，台北文海出版有限公司 1990 年版，第 605－606 页。

③ 《日本赤十字社社长来电》，见中国红十字会总会编：《中国红十字会历史资料选编（1904—1949）》，南京大学出版社 1993 年版，第 58 页。

事，沈敦和与英国按察使苏玛利为总董。特别大会决定：以三马路《新闻报》报馆楼上为红十字会事务所，以江趋丹为干事部长，正金银行大班儿（倪）玉、朱葆三为会计；组织甲乙丙三支救护医疗队驰赴战地救护；汉口设养病院，战地附近设临时野战病院，战线附近设绷带所；筹备上海总会，劝募捐款，采办药品、食物。特别大会是在热烈的气氛中进行的，当沈敦和宣布红十字会“救人宗旨不分革军（革命军）、官军”时，掌声如雷。沈敦和组建中国红十字会万国董事会的胆识，更赢得与会西董的交口称赞，李提摩太发表演说：“沈仲礼乃救苦救难之大元帅、救命军之大教主，组织此会，必能完全无缺，深望中西善士，随愿乐助，庶可扩大范围。”接着，《纽约报》驻华代表唐乃而演讲，他说：“沈公成立之红十字会，不特为中国人士所欢迎，即泰东西各国亦莫不馨祝，鄙人当立电本报报告成立并募捐款。”[①] 在阵阵雷鸣般的掌声中，来宾捐款迭起高潮，当场捐款合计洋 8339 元，银 4082 两，药品、衣物不计其数。

中国红十字会万国董事会的组建，保障了辛亥战事救护的有效实施。

二、救伤葬亡，仁声卓著

抛开钦定的“大清红十字会”，另行组建“中国红十字会万国董事会”，沈敦和如此胆大妄为，要是在平时，清廷极有可能治其“犯上”之罪。但此时的清政府，自觉末日将临，惶惶不可终日，无暇顾及，何况“万国”已使中国红十字会具有了国际性，弄不好，可能会招致外交上的麻烦。而“大清红十字会”会长盛宣怀，因坚持“铁路国有”政策，激起民愤，酿成声势浩大的“铁路风潮”——辛亥革命的导火线。陷于内外交困之中的清政府，恼羞成怒，把盛宣怀视为罪魁祸首。当沈敦和在上海发起成立中国红十字会万国董事会时，清廷不仅无意问罪，相反，10 月 26 日，也就是万国董事会成立的第三天，降旨革除“替罪羊”盛宣怀大清红十字会会长等所有职务，“永不叙用”。18 天后，11 月 13 日，颁发谕旨，“命前外务部尚书吕海寰充中国红十字会会长”[②]。把“大清红十字会”正名为“中国红十字会”，实际上是对既成事实的承认。

中国红十字会内部关系的调整，避免了可能出现的政出多门、号令不一的“梗阻”之弊，这有利于救援行动的展开，尽管“京会”“沪会”矛盾并没有烟消云散。

10 月 25 日晚，中国红十字会救护队 30 余人分编成甲、乙、丙三个医队，在总医院英国医生柯师的带领下，乘上“襄阳丸”号轮，由上海溯江西上，30 日抵汉口后，将俄国租界内“俄商新建三层楼大洋房一所作为战地本会事务所并养病院”。布置尚未就绪，“即有两军伤兵纷纷舁来求治”[③]。救护队员来不及喘息，立即投入救护行动。养病院切近战地，炮声隆隆，不绝耳际。救护队员不顾个人安危，抬着担架，前往战线内抢救伤兵，

① 《红十字会大会志盛》，《申报》1911 年 10 月 25 日。

② 《大清宣统政纪》第 64 卷。

③ 《红十字会医队战地来书》，《申报》1911 年 11 月 5 日。

“往返以数十次计，足茧肩肿，惫困万状”。汉口、汉阳交战时，他们特备红十字小轮驶入襄河，于硝烟弹雨中争救伤残，“尤为冒险”。伤兵入院后，裹伤敷药，不敢有丝毫懈怠，“女看护十人，悉中外闺秀，照料周至。伤兵目睹各情，人人感激。”[①]

战火在武汉蔓延。为及时救治伤兵，中国红十字会复在武昌、汉阳添设临时医院，“救护机关益臻完备”。

战地救伤，非同儿戏，人身安全时刻受到威胁——医护人员为流弹所伤在所难免，居所被炸事也有发生，更有甚者，清军多次阻击救伤队员，使救护行动险象环生。据1911年11月14日、16日《申报》报道：“红十字会医生过江抢救伤兵，官军放排枪阻之，飞弹如雨”；“前日红十字会医员王培元君乘萍发小轮过江上岸，方至武胜门外，对江旗兵忽向之放枪，王即高举十字旗，使之辨认，讵该旗兵不理，又发大炮，一弹掠面而过，相隔仅五寸许。”[②] 环境之险恶，超乎想象。就是在这枪林弹雨中，红会会员冒着九死一生的危险抢救伤兵。

武汉战地救护

救治伤兵，更是不遗余力，他们用回春之术，把许多垂危伤兵从死神手中夺回：“有伤兵弹从前胸洞穿而过，伤及心膜，气息奄奄，经柯师医生救治苏生。更有民军弹穿脑部垂毙，众皆束手，本会峨利生医生独出心裁设法救治，未几竟愈。又有伤及腿腹部者，血流殆尽，气仅属纩，亦由峨医治愈，于是有神医之称。”[③] 令人惋惜的是，

---

① 《辛亥革命时中国红十字会暨各分会活动成绩》，中国红十字会总会编：《中国红十字会历史资料选编（1904—1949）》，南京大学出版社1993年版，第288页。

② 《红十字会抢救伤兵》，《申报》1911年11月14日；《武汉闻闻见见》，《申报》1911年11月16日。

③ 中国红十字会总会编：《中国红十字会历史资料选编（1904—1949）》，南京大学出版社1993年版，第289页。

因积劳成疾，峨利生医生于12月12日不幸逝世，年仅35岁。

峨利生，丹麦人，解剖专家，为中国红十字会总医院医生兼医学堂教习，此次赴鄂，躬入战线，不避危险，“活人甚众”，“成绩优美，声誉鹊起”[①]，他的去世，是中国红十字事业的一大损失。12月21日下午四时，中国红十字会在上海圆明园路友宁礼拜堂召开追悼大会，“红十字会理事总长沈仲礼君、议长英按察司苏玛利君暨中西会员四百余人……冒雨莅会，咸表哀思”[②]，向这位国际友人表示沉痛的哀悼和深深的敬意。为铭记峨利生献身中国红十字事业的“盛德”，弘扬国际人道主义精神，中国红十字会武汉救护队员暨中西士绅将峨利生安葬汉口，“为立石碑，以志不朽”[③]。

峨利生医生

武汉救伤，持续月余，综计汉口医愈病兵576名，伤兵415名，病民31名，伤民106名，医治无效而死者34名；武昌治愈病兵860名，伤兵562名，病民18名，伤民116名，医治无效而死者25名；汉阳治愈病兵571名，伤兵120名[④]。

武汉开战不久，南京之役又拉开战幕。

11月8日，新军统制徐绍桢发动起义，率部进攻南京，攻城不下，撤至镇江，重整旗鼓，组织苏、浙、沪联军，徐为联军总司令，江苏都督程德全出山督师。11月24日，联军自镇江向南京挺进。

南京交战在即，中国红十字会特派救护医队，以侯逸如诸医士为救护医员，11月24日起程赴宁。南京开战后，与美国红十字会江安分会、旱西门金陵医院、螺丝湾贵格医院、鼓楼基督医院联手，救治伤病兵民，同时商请沪宁铁路医长齐福果医士、总办朴爱德，特备红十字医车，在镇江—南京区间往返抢救伤兵，“随到随医”，并借南

① 《红十字会特开峨利生医博士追悼大会》，《申报》1911年12月21日。

② 《红会追悼峨利生志盛》，《新闻报》1911年12月23日。

③ 池子华、崔龙健主编：《中国红十字运动史料选编》第1辑，合肥工业大学出版社2014年版，第322页。1912年，中国红十字会常议会做出决议，给峨利生家属“抚恤银三千五百两，以示景慕”。（池子华：《峨利生：把生命留在中国的“神医”》，《中国红十字报》2018年7月6日。）

④ 中国红十字会总会编：《中国红十字会历史资料选编（1904—1949）》，南京大学出版社1993年版，第289页。

京尧化门车站为战地医院、镇江金鸡岭医院为临时医院，以便救护医车运送伤兵留养，雇工百余人编为担架队，抬送伤员。大战期间，医车每日收容伤兵上百人，镇江医院容纳不下，则送往上海中国红十字会总医院、分医院。总计由医车收治的伤兵约500余人。[①]

“伤者先宜医治，死者急待掩埋。”汉、宁之役，惨烈异常，血战之余，伏尸遍地，鸟啄犬食，不忍目睹。为此，中国红十字会派出掩埋队，收葬忠魂义骨。

武汉开战以来，“死亡甚众，忠魂义骨，暴露郊原，肢骸残缺，狗雀争食，蝇蚋聚集，弃尸五六千具，不特目击者下泪，耳闻者酸鼻，热血男儿陈尸不葬，亦足灰勇士之心，隳从军之志”。沈敦和在接到汉口葬亡求援电后，即于11月19日《申报》刊登《聘请掩埋队干事董》的广告，从第一届征集会员内遴选年富力强、热心公益的会友为掩埋队干事，“川资、旅费、伙食、夫马悉由本会供应”[②]。20日，掩埋队在队长朱庆章（字殿卿）、副队长沈石农以及姜彰容、周际唐带领下，乘日清公司“大元丸”号轮出发，25日驶抵汉口，会两军复战，炮声动地，火光烛天，路断行人，掩埋队无从措手，幸蒙北京政府电饬前敌予以保护，掩埋队才得以进入战地收葬。

红十字会掩埋武昌起义死难者的遗体

① 中国红十字会总会编：《中国红十字会历史资料选编（1904—1949）》，南京大学出版社1993年版，第290页。

② 《聘请掩埋队干事董》，《申报》1911年11月19日。

关于武汉掩埋队葬亡情形，史书作了如下记述：“时北军力攻汉阳，弹雨枪林，奋勇前往。适红十字小轮由汉阳拖来炮船一艘，划子两叶，兵士舟子，统已击毙，血水满船，尸横其中，乃将尸骸拖至岸上，解其衣服，录取姓氏，用席裹葬计二十八具。旋至赫山，队员皆携干粮，褛被露宿山头，越三日而始竣事。在三山收葬亦多。在汉口由义门左右，则捞葬河中腐尸，又聚善堂所殓棺柩而葬之。至汉阳朝宗门外，见江滩黑点累累，皆军士号帽，因知江中遗尸甚多，雇工购长钩捞之，凡五日，得尸约五百具，爰卜地大别山之麓垒成三大冢，均树牌标识。至汉家墩，见群尸为群犬聚噬，血肉狼藉，秽气逼人，将石炭酸水遍洒尸身，然后裹埋。至大智门，见河中及粪坑中小河内，各有遗尸发现，乃合破柩残骨而聚葬之，计八穴。此外零肢残骸，散见荒郊，犬雀争食，为状至惨，乃复四处寻觅，聚葬无遗。渡江至武昌中和门外义冢界内，见所埋之尸覆土过浅，有被犬扒出者，有已暴露者，雇工重埋，共计八处。至梅家山，得尸益多，又二大坑填尸积压，上覆浮土，拨视则腐尸枕藉，乃雇工开地宣泄积水，将暴露者重埋，未暴露者亦加土成冢，计成十二处。复派人至城厢内外搜寻，遇暴尸移送该处，凡二十余具，并白骨乱发，汇理一处，复成二冢。壹是工竣。除树立木牌外，并勒石书上海红十字会掩埋队葬字样，以垂永久。”① 武汉掩埋队收葬改葬之尸，共计 2200 余具。

南京血战，死亡甚众，白骨嶙嶙，遍地皆是。中国红十字会理事总长沈敦和急电请宁督府、民政部及联军司令派人专事掩埋外，在 12 月 4 日《申报》登载《急聘南京掩埋队》启事，“聘请年富力强、热心慈善之干事员十余人，克日成队赴宁。”12 月 8 日，中国红十字会南京掩埋队在宋培之、于少彰的带领下起程向南京进发。掩埋队在南京凤台关、一枝园、五龙桥、将军署、后宰门、皇城、紫金山、雨花台等处收葬遗尸约 700 具，“均立本会石碑，永留纪念。”②

汉、宁之役，中国红十字会救伤葬亡，厥功甚伟，仁声卓著，理所当然受到社会各界的交口称颂。

三、善功所及

武昌首义成功，激起叛清“独立”狂飙。湖南、陕西首先响应，接着，江西、山西、云南、上海、贵州、江苏、浙江、安徽、广西、福建、四川等省区先后脱离清政府而独立。革命洪流，汹涌澎湃，席卷全国。

战火燎原，烽烟四起，“彼时若仅恃本会救护人员，断断不敷调遣”。为此，中国

---

① 《辛亥革命时中国红十字会暨各分会活动成绩》，中国红十字会总会编：《中国红十字会历史资料选编（1904—1949）》，南京大学出版社 1993 年版，第 290 - 291 页。

② 《辛亥革命时中国红十字会暨各分会活动成绩》，中国红十字会总会编：《中国红十字会历史资料选编（1904—1949）》，南京大学出版社 1993 年版，第 291 页。

中国红十字会救护车

红十字会万国董事会于 1911 年 11 月 2 日向通商各埠发出通电，要求各通商口岸教会医院改设红十字会临时医院，组织分会，以备缓急。这样，除武汉、南京及总会所在地上海之外，其他地方的救护任务主要由分会来承担了，而中国红十字会“善功所及，非特鄂省一役而已”[①] 了。

在上海，11 月 4 日，革命军猛攻制造局，由后院破门而入，据 11 月 5 日《申报》报道，“敢死队施放炸弹，伤亡人数颇多”。沈敦和闻讯，急派汽车两辆，延请洋医亨司德、华医侯光迪、周光松、王吉民、陈家恩及看护李安登女士驰赴现场救护，受到国民军的欢迎和优待，“由李平书君引导，特开制造局大厅作为红十字会临时医院”[②]。侯光迪医生驻守该院相机救援，另以徐家汇路中国红十字会总医院为总养病所、天津路分院为分养病所，收治伤兵。

在镇江，11 月 8 日，守将林述庆发动起义，镇江独立并成为苏浙沪联军进攻南京的基地。11 月底，联军围攻南京，伤痍遍野，救护无人。镇江近在咫尺，中外慈善家集议创设红十字会，推举瑞记洋行大班址茂生及吴某为董事。11 月 26 日，镇江红会救护队（21 人）、担架队（78 人）随都督林述庆军赴宁，在马群设立临时医院。南京光复时，镇江分会救治伤兵数百人。

在杭州，11 月 4 日，浙江光复，5 日杭州分会成立。实际上，在 4 日的激战中，杭州的慈善家们即组织了两支救护队，一赴城西，一赴城东，从事救护。分会成立后，

---

① 《武昌黎副总统转孙大总统致总会的电文》，见中国红十字会总会编：《中国红十字会历史资料选编（1904—1949）》，南京大学出版社 1993 年版，第 57 页。

② 《红十字会医队救伤》，《申报》1911 年 11 月 5 日。

救伤葬亡，不遗余力。南京光复，负伤军士 30 余人返浙，均由杭州分会救治。

宜昌、沙市、荆州等处，战事迭兴。中国红十字会就宜昌铁路医院设立临时医院，沙市则由商会捐资设立红十字会分医院。宜昌医院于 11 月 14 日开办，共治愈 1400 余人，沙市医院治愈伤兵病民 500 余人。

在滁州，“分会成立于阴历九月初，始以江防溃军过境，继以四乡土匪蜂起，淮镇之军又时驻于滁，故到院救治者踵相接，而尤以乡民殃及受伤者为多，计治愈人数共二千人”；在江阴，“分会成立于光复之后，救护人员悉借福音医院，军士之就医者达三千人，住院者二十有六，大割症多至数十起，而诸医士之心力交瘁矣”；在长沙，“分会设医院于东茅巷，收诊病兵及武汉运来伤兵都三百人。战事告终，即改为永久医院，医治疠疫等症，至今犹存”；在常熟，“苏沪光复后，常熟女医士周惠莲君，驰函总会愿设临时医院，义务医治伤兵。金陵光复时，伤兵之返常熟者，均由周女士医治之”；在福州，“分会既成立，即以福州大学为临时医院，由金雅丹医博士义务医治，光复时所伤兵民，俱由金医士手愈，成效颇著”；在南昌，“分会成立于辛亥十月十五日，集资设立医院，兵民并治。十一月初二日，联合九江分会组织救护团开赴汉口，当在战地及祁家湾设立临时医院。值两军休战，遂兼治平民，曾由各国红十字医院拨重伤军士数十人留院治愈”[①]。其他分会的救护成绩，亦足以彪炳史册。

辛亥革命是中国近代史上重大历史变革，短短的几个月中，翻天覆地，万象更新，中国红十字会也出现了蓬勃发展的局面，据统计，辛亥革命期间，先后设立分会 65 处，分会医院 30 余所，这是前所未有的，难怪有人说中国红十字事业“发轫于俄日之战，而大彰于武汉之师”[②] 了。

第三节　相得益彰：红十字与赤十字

辛亥革命，惊天动地，“此间无日不战，受伤兵民日必数百人”[③]。战事如此惨烈，伤亡如此惨重，令人揪心。中国红十字会全力以赴，救死扶伤，其他慈善团体也身体力行，纷纷投身于救护行动，战地慈善会、上海救恤公会、学生救伤社、中国赤十字社、学界救伤社、华洋义赈会、留日医药学界红十字团，……他们的义举与中国红十字会的善行交汇融通，使人道之歌，高亢激越，荡气回肠。特别是中国赤十字会，虽然自树一帜，但与中国红十字会协力共济，相映生辉，相得益彰。他们的“助力”，推

① 《辛亥革命时中国红十字会暨各分会活动成绩》，中国红十字会总会编：《中国红十字会历史资料选编（1904—1949）》，南京大学出版社 1993 年版，第 292—293 页。

② 沈敦和：《中国红十字会杂志》弁言，载《中国红十字会杂志》创刊号（1913 年 5 月）。

③ 《红十字医队战地来书》，《申报》1911 年 11 月 5 日。

动着中国红十字事业的发展，功不可没。

一、留日医药学界红十字团及其他

辛亥革命爆发后，人们期待着救援行动的迅速展开。10 月 25 日，也就是中国红十字会万国董事会成立的第二天，中国红十字会的创办人之一时任大清红十字会会长的盛宣怀上奏朝廷，建议设立“慈善救济会”，以救济被难军民，并要求派沈敦和、福开森前往武汉办理救济事宜。折上之后的第二天，盛宣怀被革除一切职务。11 月 13 日，清廷任命吕海寰为中国红十字会会长，兼办慈善救济会。慈善救济会显然是官办性质的慈善团体，并不能被普遍认同，因此，它在红十字面前黯然失色。武昌首义不久，民间社会涌动着一股认知、开办红会的激情。在中国红十字会办事处，索取红会章程的函件如雪片纷扬，旧有章程分送罄尽，紧急修订重印，恐延误时日，办事处于 11 月 5 日于在《申报》上刊登《红十字会分送试行章程广告》，决定“先将试行章程暂行分送”。此情此景，令红会办事人员热血沸腾。正是在人道力量的感召之下，辛亥革命期间才出现了分会林立的喜人景象。至于与中国红十字会保持直接、间接联系的慈善团体，也有不少，主要有：

上海救恤公会：由“四川恤济公会”与法国律师达商、帮办罗锐等发起成立的“战地慈善会”合并而成，10 月 22 日在爱文义路眉寿里中日医学院召开成立大会，中国红十字会万国董事会理事总长（部长）沈敦和为发起人之一。

学界救伤社：11 月初由俞凤宾、王立才、钱崇润三位医士发起成立，推举陆规亮为社长，4 日由 20 名男女学生组成的救伤队从上海出发，他们与红会会员携起手来，“同赴战地，颇为踊跃”。

华洋义赈会：为赈济中国水旱灾害而设立的具有国际性质的社团，沈敦和与传教士福开森为发起人。辛亥革命爆发后，华洋义赈会捐银万两，“救济汉口兵灾”。

中国赤十字社普济善会：简称中国赤十字社，由汪惕予、陆树藩、翁梅倩等发起成立，推举胡琪为社长，杨天骥为总董。赤十字社自 11 月上旬成立以来，“联络留学东西医界”，先后向武汉、上海、苏州、杭州、嘉兴、崇明、镇江等处派出救护医队，并在上海开办总医院，在苏州、镇江设立分医院，这在很大程度上弥补了中国红十字会、中国赤十字会救护力量的不足。

辛亥革命的爆发，举世瞩目。生活在海外的中国人更是牵肠挂肚。随着战火的蔓延，中国红十字会救伤葬亡，所费不赀。海外华人踊跃捐款，源源接济。特别令人感动的是，留学日本的医学生，以高昂的人道热情，组成红十字团，由东瀛归国，投身于火热的战地救护之中，大显身手。

日本是当时中国留学生最为集中的国家。中日一衣带水，路近费省，加上教育的发达和综合国力的强大，吸引着广大的中国青年前趋寻求救国救民、富国兴邦的真理。

从1903年起，每年都有成千上万的中国人漂洋过海，东渡扶桑。在留日学生中，有不少人学习医学，他们希望通过自己的努力，来改变中国“东亚病夫”的可悲形象。留日医学生，大多加入日本赤十字社，成为国际红十字大家庭中的一分子。辛亥战事发生后，他们以东京为中心，联络150名留学生，组成留日医药学界红十字团，11月18日由东京启程，19日在横滨登上“博爱丸”号轮，泛海驶沪。11月26日，以王曾宪为团长的留日医药学界红十字团到达上海，受到沈敦和等人的热烈欢迎和盛情款待。是时，苏浙沪联军由镇江进攻南京，来自大阪、长崎的留日医学生先赴镇江前线，其余分编甲乙两队，整装待发。12月11日，甲队以陈任梁为领队，乙队以孙家树为领队，开赴湖南、江北前线。甲队抵达湖南后，因长沙已有医院，遂分驻京口、岳州、常德三处，开办临时医院，先后治愈伤兵病民5000人。乙队原定赴金陵救伤，并于下关设立临时机关，因战局北移，“本会特派留日医药团编队往救，于是江北、皖北一带，沿津浦路线遍设临时医院。医生半属教士，而以美国宝琅医生总其成，犹恐救护队员不敷遣派，议定会旗随战旗而进，前敌增设一队，殿后即撤去一队，以其人员移调至前，用是递推递进，费省功溥，并借津浦铁道组织救护医车，机关愈形灵敏”①。1912年2月2日，为救护宿州之役伤兵，留日医药团乙队乘车驰往，不料火车途中出轨，据2月3日《申报》登载临淮关红十字会医长宝琅电称，“救护专车随同客车礼拜五（2月2日）午前赴宿州，行经北塘沙（译音）将近大高台（译音），忽出轨，幸中西会员无恙”。宿州之战正在进行，而“轨道业已阻塞不能前进”。无奈之下，医士高文明、宝琅等，迫不及待，舍车徒步，跋涉数十里抵宿州，使伤兵得到及时救护，“厥功尤伟”②。

救护工作圆满结束后，留日医药团返回日本，继续肄业。

留日医药学界红十字团及上述诸慈善团体，本人道情怀，出生入死，与中国红十字会协力同心，共抒国难，可歌可颂。而自树一帜、发起成立中国赤十字会的张竹君女士，虽与中国红十字会万国董事会理事部长沈敦和意见分歧，但救护行动，配合默契，更属难能可贵。

二、张竹君与中国赤十字会

中国赤十字会成立于1911年10月19日，比中国红十字会万国董事会的组建还要早5天。发起人张竹君女士出任赤十字会会长。作为女流，她的豪举，在上海滩引起轰动。

---

① 《辛亥革命时中国红十字会暨各分会活动成绩》，原载《中国红十字会杂志》创刊号，见中国红十字会总会编：《中国红十字会历史资料选编（1904—1949）》，南京大学出版社1993年版，第290页。

② 《中国红十字会首次统一大会·理事长江趋丹君报告》，原载《中国红十字会杂志》创刊号，见中国红十字会总会编：《中国红十字会历史资料选编（1904—1949）》，南京大学出版社1993年版，第276页。

张竹君

1878年，张竹君出生于广东番禺的一个富豪之家，1897年入美国长老会在广州开设的“南华医学校”（1904年改名为华南医学院，1949年以后合并其他医科学校成为广州中山医学院，现为中山医科大学）学习医学，1900年毕业后，在其父亲的资助下，开办禔福、南福两医院，一时名声大噪。

张竹君思想解放，对三纲五常深恶痛绝，她要冲决封建网罗，以自己的言行为妇女解放摇旗呐喊。在广州，人们经常可以看到，她“头戴礼帽，一身男式西装，乘坐无顶小轿，或滑竿，穿街过市，这在封建气息浓厚的当时是独一无二的”[①]。这种“非常”之举，惊世骇俗，不啻为“叛逆”。正因为如此，她被目为“穗城奇女”。

张竹君的确“出奇”，她还发起成立了“演说会”，批评时政，宣传维新思想；抨击封建纲常礼教，提倡男女平等。她振振有词地说：“人生要求自由，男子可以梳大鬆辫，穿学士装鞋，妇女为什么不可以！男子坐藤兜（轿子），可以把双脚提高，踏在杠上，妇女为什么做不得！做了，就要讥评她是‘男人婆，招摇过市’。我要做男女平权的运动，一切以身作则，要打破几千年禁锢妇女的封建枷锁，把不平等的旧思想，恶习惯，彻底扫除。那些头脑冬烘，思想陈腐的礼教奴隶，我要和他们搏斗，任何的耻辱牺牲，我都是不管的。”[②] 如此胆识，非一般人所能望其项背了。据说当时不少社会名流若胡汉民、朱执信、周自齐、卢少岐等对她肃然起敬，不仅成为“演说会”的常客，而且引为知己，时相过从。当时“一般志士咸称之曰妇女界之梁启超，其魔力可见”[③]。

1904年，张竹君来到上海。为募集善款，开展慈善工作，她攀上大富豪伍廷芳、李平书及犹太大富商哈同的夫人罗迦棱，倚为靠山。在他们的赞助、支持下，张竹君先后办起几家医院，并担任南市上海医院（今上海市第二人民医院）院长。她在上海站稳了脚跟，这为其从事人道救助奠定了厚实的基础。

---

① 刘松洲：《一片冰心——记我国红十字人道救助的先驱张竹君》，《博爱》1996年第1期，第14页。

② 陆丹林：《妇女运动先锋张竹君》，《茶话》1947年第9期，第170页。

③ 冯自由：《女医士张竹君》，载《革命逸史》第2集，中华书局1981年版，第40页。

辛亥之役，伤亡惨重，以救死扶伤为天职的张竹君心急如焚。上海虽是大清红十字会总部所在地，但红会官办色彩浓厚，不具有中立性，难以指望。她决定另辟蹊径，别图救护之法。经多方奔走、联络，终于促成中国赤十字会的成立。10月19日，在上海医院，张竹君召开赤十字会成立大会，约500人到会。会上，张竹君报告发起缘由、宗旨，宣布草章；接着，李平书、杨千里、陈继武等纷纷登台，发表演说。最后宣布董事会组成人员名单：会董伍廷芳、宋跃如、虞洽卿、李登辉、曹锡根、顾馨一、李平书、王一亭、莫子经、吴怀久、王培生、沈缦云，会长张竹君，汉口事务所长何乃全，上海事务所长王维廉，干事员田北湖、朱少屏、杨千里、王宝仑。

中国赤十字会的成立，在上海滩引起强烈反响，张竹君因此成为名重一时、令人敬仰的“焦点”人物。有两个例子可证赤十字会的成立所产生的震撼力：一个例子是10月20日《申报》报道张竹君发起成立赤十字会消息的第二天，上海五洲药房经理项松茂迅速做出反应，在21日发行的《申报》上刊登致张竹君的公开信，对张之义举大加赞赏：“顷读报章，知贵女士有赤十字会之发起，躬率高足驰赴战地施展仁术，救死扶伤，志虑宏远，宗趣正大，南丁格耳（尔）之再见，人道主义之日昌，诚足以上格天心，近回人祸，甚盛！甚盛！”①

信中提到的南丁格尔，是现代护理学和护理教育的奠基人，1820年5月12日出生于意大利佛罗伦萨，后随家移居英国。她自幼好学，兴趣广泛，多才多艺，完全可望跻身上流社会，但她不顾父母反对，毅然选择护理职业。在1854年至1856年的克里米亚战争中，南丁格尔率领38名护士从事伤兵护理，在她的精心呵护下，伤兵死亡率由50％下降到2.2％，创造出非凡业绩。每夜，她持油灯巡视伤病员，士兵们都亲切地称她为“提灯女士”。战后回国，这位传奇式人物，被尊为民族英雄。1860年，她用英国政府奖励的4400英镑，创建了世界上第一所正规护士学校——南丁格尔护士学校，随后又参与创建几所护士学校，对医院管理、军队卫生保健、护士教育培训等方面，都作出了卓越的贡献，被誉为现代护理教育的奠基人。1907年，她荣获英王颁发的功绩勋章，成为英国历史上第一位获此殊荣的妇女。她逝世后，世人为表示对她的崇敬与景仰，把她的生日（5月12日）作为国际护士节。

张竹君与南丁格尔确有相似的经历：均出生于富有家庭，均献身红十字事业，均终生未嫁……从张竹君身上，人们可以看到南丁格尔的影子。不过，项松茂把张竹君视为“南丁格耳（尔）之再见”，并非刻意比附，而是对她敢为天下先的开创精神的赞赏与折服。在妇女处于从属地位的时代条件下，张竹君之举的确出人意料，一鸣惊人，难怪项松茂有“不意贵女士竟有斯会之创”的感叹了。“仁风所被，顽懦为兴。”项松茂深为感动，慷慨捐赠军用药品10种、“自来血”5打，还表示，“此后贵会如有需用

① 《上海五洲药房经理项松茂致上海医院院长张竹君女士书》，《申报》1911年10月21日。

药料，仍望随时函示，本药房定当照本代办”。

另一个例子是中国赤十字会第二团的组建。10 月 24 日《申报》登出这样一份广告：“武汉用兵，伤痍必惨，敝同人心焉悯之，正在联合团体前往救疗，只以种种困难未及即时成立，适张竹君女士亦发起中国赤十字会，以第一团出发，尽女子看护救伤之职。敝同人力薄能鲜，益滋惭沮。唯以战事剧烈，战地散漫，断非一团足以济事，不得不组织男子第二团，即日起程，同赴战地，普救受伤之人。”[①] 这份《中国赤十字会第二团广告》，读来颇耐人寻味。赤十字会成立之时，陈继武演说时特别强调“男女医士宜联络一气，西人赤十字会无无男子，亦无无女了者”。所谓“第一团”（张竹君从未打出“中国赤十字会第一团”的旗号），也并非全是女子。组织“男团”即第二团的旨趣固然为救伤起见，但“不服气”和“争口气”情绪因素夹杂其中，未免偏激，也因此激起女界同胞的不满。作为回应，张善甫等 11 位女士发起成立了一个“中国赤十字会第二团女子协助会”，针锋相对，认为前敌救护裹创扶伤，固然以男子为优，而护理等事，女子占强，“且性情柔淑，操作耐劳，更较男子为胜，此为女界赤十字会第二团协助会所由发起者”[②]。巾帼不让须眉，这是近代中国妇女解放运动向前推进的重要标志。第二团的发起人是中国赤十字会干事员田北湖，他虽有“自立”意向，但隶属关系还是很清楚的。从中国赤十字会第二团的组建和中国赤十字会第二团女子协助会的成立这件事上，可见张竹君善举的冲击力之强，其意义也远远超出赤十字会成立本身而具有了妇女解放的深层蕴含。

为救护辛亥战伤，张竹君率先发起成立中国赤十字会，这对沈敦和等人更是强有力的刺激。红十字会再不能保持沉默、无动于衷了。于是沈敦和改弦更张，抛开大清红十字会，另组中国红十字会万国董事会。红十字会在中国毕竟有近十年的历史，在民众中有着良好的形象，其权威影响绝非赤十字会所能比拟的。因此，一旦抹去官办色彩，即具有强大的凝聚力，迅速取得普遍的社会认可。

但是，沈敦和改弦更张的举措，却遭到张竹君的指责，她在 10 月 26 日发行的《民立报》上公开发表《致沈仲礼书》，谓沈“窃慈善二字欺世盗名”，“将牛头马面之红十字会以混世人耳目”。她又说沈敦和“善变”，始则“以万国红十字会名义”，“未几而万国红十字会变为大清红十字会”，武昌起事后，“又将大清红十字会变为绅办红十字会”[③]，云云。对张竹君的非议，沈敦和进行公开反驳，云：“鄙人之办红十字会，始于光绪二十九年冬间俄日之战，其时战地华人遭池鱼之殃，企足以待援救，而中国尚未同瑞士红十字总会缔盟，照日来弗条约所载未能悬挂红十字旗以施战地救护之法，不得已商之旅沪西人，公同办理，创设上海万国红十字会，推举中西董事十二人，鄙

---

① 《中国赤十字会第二团广告》，《申报》1911 年 10 月 24 日。

② 《中国赤十字会第二团女子协助会广告》，《申报》1911 年 12 月 13 日。

③ 《张竹君致沈仲礼书》，《民立报》1911 年 10 月 26 日。

人与其列，皆绅也。光绪三十年中国政府允鄙人与各绅商之请，遣使臣张德彝至瑞士缔盟入会，由是中国得援用日来弗条约设立正式之红十字会，为总董者鄙人与任逢辛、施子英两观察，皆绅也。中国之有红十字会，于今八年，国家承认，全球承认，而始终不离乎绅办，本无所掩，更何所谓变乎？”[①] 对沽名钓誉，希图射利云，沈敦和均一一驳斥。应该说，张竹君对沈敦和的指责，大多言而无征，沈敦和的反驳，有理有据。

张、沈之争，属于个人恩怨，据《沈仲礼驳张竹君女士书》透露：“俄日之役，女士顾念同胞，抱冰而至，适值两国将次议和，鄙人在事言事，婉言谢之……不料开罪已在八年前也。”个人恩怨也好，意气之争也罢，不应该影响我们对历史事实的认定，沈敦和还是沈敦和，张竹君还是张竹君。

三、慈航同济，共纾国难

10 月 24 日午后，中国赤十字会会员男女数十人在派克路育贤女学校聚集后至寰球中国学生会，列坐草地，合影留念，之后，随会长张竹君女士一起来到怡和码头，登上“瑞和”号轮，“行时道旁观者皆惊为未见，而西人皆肃然尊敬”[②]。

与张竹君同行者，还有两位特殊的“会员”，那就是黄兴、徐宗汉夫妇。

黄兴，字廑午，号杞园，又号克强，1874 年出生于湖南善化。1902 年留学日本，次年回国从事革命活动。1904 年 2 月，他与陈天华、宋教仁在长沙成立华兴会，被举为会长，决定于慈禧太后七十岁生日（农历十月十日）那天在长沙发动起义，事泄，黄兴逃亡日本。1905 年，黄兴在日本与孙中山筹划成立中国同盟会，不久回国，参与指挥一系列反清起义。武昌起义爆发后，黄兴偕夫人由香港辗转来到上海，蒙张竹君帮助，以会员身份遮人耳目，前往武汉领导革命。

徐宗汉是张竹君的挚友、徐润的侄女，原名佩萱，1876 年生于上海，1894 年嫁与海丰巨富李庆青次子李晋一为妻，数年后夫亡孀居。徐宗汉追求进步，热心公益。作为挚友，她对张竹君在广州兴办医院、开办两粤最早女校——育贤女校极表支持，倾囊相助。1907 年，宗汉离开家乡赴南洋，在槟榔屿加入同盟会；次年受同盟会派遣回广州组织同盟会分会，开展革命活动；1910 年 2 月广州起义失败后避居香港。1911 年 4 月 27 日，黄兴在广州发动起义（黄花岗之役），她负责运输枪械弹药，起义失败后护送黄兴至香港雅丽氏医院疗伤。患难见真情，两位革命志士结为伴侣。

10 月 28 日，张竹君一行到达汉口。黄兴以战地总司令的头衔前往军中指挥作战，张竹君等乍到武汉，人地生疏，茫然不知所向。清军正进攻武昌，两军酣战，炮声隆隆，街上行人逃避一空。正当张竹君迷惘徘徊之际，“适有红十字会马医生来，谓现时

① 《沈仲礼驳张竹君女士书》，《申报》1911 年 10 月 28 日。

② 《欢送赤十字会》，《申报》1911 年 10 月 25 日。

伤者极多，幸得君等来，极为欢迎”①。红、赤名异色同，本无区别，无所谓此疆彼界。

在马医生和一外国传教士的帮助下，张竹君等找到栖身之处，并以美国圣经书会（圣公会）为事务所。尚未安顿就绪，即有军政分府遣人前来，请张竹君诊治受伤的某标统。分府距事务所有5里之遥，张竹君平素乘车坐轿，不惯行走，但她顾不上这些，二话没说，拎起药箱就走。沿途疮痍满目，哀号之声不绝于耳。张竹君边走边为伤员包扎，重伤者嘱送圣公会医治。到达军政分府，已治伤30余人，回到寓所，尚有50余名伤者候诊。正在疗伤之中，税务司来人，邀张竹君一行到邮政总局开办临时医院。局内“无一切用物，幸于印字馆假得茶炉方可烧水，然亦尽饮白开水而已，至各会友之赴大智门抬受伤者，则饮食皆无矣”②。正是在这样极端艰苦的条件下，赤十字会员在张竹君的带领下克服超乎常人想象的困难救死扶伤的。

武汉救伤一个多月，其间“无日不有受伤者送诊，称药量水，日夕大忙”。他们“在汉救疗受伤战士数百人，队中男女医士及看护员皆热心任事，饥渴劳瘁，虽苦不厌，军士感之，至为泣下”③。特别是会长张竹君女士，在救伤过程中几次遇险，但她没有因此而退缩，依然勇往直前。在一次手术中，她的左手被划破，伤口感染化脓，高烧不止，加上过度劳累，终于病倒。

辛亥革命中的张竹君

值得称颂的是，在武汉救护行动中，赤十字与红十字相互协助，无分彼此，照《赤十字会长张竹君女士演说词》中的话说，“此次为慈善事业而来，何分畛域？”大家目标一致，心愿相同：尽可能多地救治伤员，共纾国难。在行动中，双方互相配合，绝不会因张竹君、沈敦和之争的公开而相互推诿。张竹君在她的演说词中就提及：11月2日夜，战火烧进邮政总局，张竹君因在武昌医治某标统，夜深不能渡江，投宿一小客栈，第二天回到汉口，才知道局内病人均已安全转移到红十字会病院，她松了一口气。11月26日，汉阳激战时，张竹君和她的会友帮助红十字会将百余名伤员转

① 《赤十字会长张竹君女士演说词》，《申报》1911年12月27日。

② 《赤十字会长张竹君女士演说词》，《申报》1911年12月27日。

③ 《赤十字会赴镇记》，《申报》1911年11月20日。

移到汉口。相互配合，相得益彰，宛如并蒂莲，鲜艳夺目，光彩照人。他们在武汉战地，共同谱写了一曲人道主义赞歌。事实上，红十字、赤十字在伤兵病民眼中，并没有任何区别，都是同样的“红”十字。张竹君在她的演说词中深有感触地说：“一见到十字会三字，频送受伤者来。”本是同根生，理所当然。

战线在延伸，赤十字会的救护范围也在扩大。中国赤十字会第二团组建后，于11月5、6、9日陆续派出救护队分赴苏州、杭州、嘉兴、乍浦、崇明等处，建立事务所或支部。这些地方军事碰撞并不是很激烈，伤兵无多，但“军士抱病者要求疗治，几于日不暇给”①。南京开战后，第二团又于11月19日派出由20名男队员、21名女队员组成的救护队开赴战地，他们在南京西华门中西医院收治伤兵，成绩可观。

中国赤十字会的积极参与，毫无疑问，扩大了辛亥战事的救护范围，弥补了中国红十字会救护力量的不足。中国红十字会在辛亥革命中取得辉煌业绩，与中国赤十字会的有力配合是分不开的。作为中国近代妇女解放运动的先驱者，张竹君的创举，在中国红十字运动史上留下了闪光的一页。

① 《赤十字会第二团报告》，《申报》1911年11月16日。

第三章

在纷乱的年代里

1912 年，中华民国成立，中国社会跨入新时代。在新旧交替的过程中，政局动荡，干戈扰攘，各派军阀纵横捭阖，刀光剑影，尔争我斗，天下大乱。中国成为名副其实的“战国”，雪上加霜，天灾肆虐，饥荒连年，饿殍遍野。天灾人祸交煎，中国社会遍体鳞伤。在 1912—1930 年的纷乱年代里，中国红十字会恤兵拯弱，扶危济困，把人道关怀洒满人间。

第一节　“统一大会”前后

一、“立案”之请

1912 年 1 月 1 日，孙中山在南京就任临时大总统，庄严宣告中华民国诞生。统治中国两千多年的封建帝制时代一去不复返。中国历史开始了新纪元。

1912 年对中国红十字会来说，更是新征程的起点。1 月 12 日，瑞士日内瓦国际红会联合会会长阿铎尔致函中国红十字会万国董事会董事部长沈敦和，告知中国红会已得到国际红会的正式承认，享有与各国红会同等待遇，函称：“俱征贵大臣善与人同，友谊克敦，遵即分电寰球入会各国，皆已一律承认，合电奉告。”[①] 中国红会由此正式

① 《中国红十字会特别广告》，《申报》1912 年 2 月 7 日。

成为红十字“国际联合会”大家庭的一员①。这是对中国红十字会自1904年成立以来不断完善自我并在人道领域取得辉煌业绩的嘉勉。

孙中山

大清帝国灭亡，中华民国诞生，中国红十字会面临新的转折。吕海寰的会长职务为清政府所任命，如今等于自动作废，在没有选出正式会长之前，中国红十字会万国董事会董事部长（即总董）沈敦和、苏玛利就是理所当然的会长（实际上是代行会长之职）。2月3日《申报》刊登《中国红十字会谨谢美国波士顿中国学生会会长贺懋庆君洋五百九十五元》的广告落款仍为“部长沈敦和苏玛利同启”，但2月7日后的广告落款，就变成了“会长沈敦和苏玛利同启”了（2月6日南京临时参议院正式通过清帝退位的《优待条例》，清帝退位已不在话下）②。沈敦和为会长及沈敦和、苏玛利两位会长并列，都不值得大惊小怪，这是过渡时期的“过渡现象”。

民国建立，举国同庆，中国红十字会也向新政府表达了美好愿望，2月15日《红十字会致北京临时政府袁及孙大总统、黎副总统》电云：“统一已见明文，南北战祸永息，本会乐赞和平，曷胜额庆!”对中国红十字会的良好祝愿，即将接替孙中山的袁世凯及黎元洪表示赞赏，17日袁复电云：“中国红十字会沈会长暨全体中外会员同鉴：勘电悉。共和成立，战祸永息，贵会乐赞和平，今已幸告成功，谨代南北军界同胞叩谢。”18日黎元洪电复沈敦和，称：“诸公持人道主义，抱和平宗旨，不独中华民国所倚赖，亦天下万国所共仰。现南北战祸永息，为诸公庆，为贵会庆，更为民国庆。”③

旧王朝已不复存在，作为国际性的群众团体，中国红十字会理当争得新政当局立案，维持她的合法存在。为此，沈敦和向黎元洪提出立案请求，并于2月17日致电袁

① 红十字会与红新月会国际联合会的前身——国际红十字会协会于1919年5月5日才宣告成立，这里所说的“国际联合会”，是清末民初对红十字国际委员会（1880年由瑞士民间团体“伤兵救护国际委员会”即“五人委员会”演变而来）的习惯称呼，此处一仍其旧。红十字国际委员会在当时又译为万国红十字联合会、红十字会国际联盟等。其职责之一即承认符合条件的新成立或改组的红十字会，并通告他国红十字会或红新月会。

② 《中国红十字会谨谢三级鞋庄开市随润田君乐助洋一百元》，《申报》1912年2月7日。

③ 《红十字会圆满功德》，《申报》1912年2月21日。

世凯，吁请“维持保护”，谓“本会军兴以来，联合教会中西医士，设立分会医院六十五处，治愈伤兵万余，收葬鄂、宁遗骸各数千。中外会员三千余人，战地奔驰，业逾百日，险阻备尝，事迹已蒙万国红十字联合会采取宣布，公允联盟。先是甲辰冬业与瑞士日来弗缔约，基础已定。民国成立伊始，红会进行未敢稍懈，自应力任其艰，以期永久，庶侪于万国红会之林。敬乞垂念缔造艰难，加以维持保护，无任叩祷”①。

对中国红十字会“立案”之请，民国政要作出了积极回应。

副总统黎元洪，目睹红会武汉救护情形，感受颇深，他曾偕夫人前去慰问救伤队员，给予物质和精神上的鼓励。民国初建，黎元洪对红会工作，极表关心，2 月 21 日，他亲自致电孙中山，恳请予以立案。电文称：“鄂省自起义以来，血战数十日，尸骸枕藉，无算伤残，幸赖中国红十字会设立临时医院，救治被伤兵士，并施掩埋。兹查该会已由日本赤十字社社长松方侯爵特派法学博士有贺长雄来沪，商榷改修会章。复承日本介绍，得邀万国红十字联合会公认该会为中华民国正式红十字会。此次民军起义，东西南各省，均设立分会，（共）五十余处，所费不赀，其功甚巨。如此热心慈善事业，似不可不特别表彰，伏恳准予立案，揭诸报章，以资提倡而重观感，是为至要。”②

其实，学医出身的孙中山对红十字事业较之于其他政要当有更深的体验，如前所述，他是中国红十字启蒙运动的有力推动者之一。红会立案，孙中山当然支持，2 月 23 日，特电黎元洪，“准予立案”，并对红十字会救伤葬亡功德，高度赞扬，电文说：“查民国军兴以来，各战地将士赴义捐躯，伤亡不鲜，均赖红十字会救护、掩埋，善功所及，非特鄂省一役而已，文实德之。兹接电示，以该会前在武汉设立临时病院，救伤掩亡，厥功尤伟。复经日本有贺氏修改会章，已得万国红十字会公认，嘱予立案等因。该会热心毅力，诚不可无表彰之处，应即令由内务部准予立案，以昭奖劝。”③ 电文揭诸《临时政府公报》和 2 月 27 日《申报》，这对红会会员是一个巨大的鼓舞。

袁世凯是辛亥革命的最大受惠者，他在一步步抢夺革命成果的同时，也对中国红十字会的吁请表示出热切关注，并寄予厚望。2 月 19 日，他在给沈敦和的电函中称：“此次战事，承贵会联合中西会员，医伤收骸，仁省卓著，感佩同深。现在宣布共和，尤应扩充义举，维持保护，责无旁贷，总期与万国红十字会联盟共济，尚祈同志诸君协力进行，无任企祷。”④

政坛风云，变幻莫测，但政界要人对红十字事业的首肯和支持是始终如一的。

---

① 《公电——红十字会电》，《申报》1912 年 2 月 22 日。

② 《武昌黎副总统致南京孙大总统电》，见中国红十字会总会编：《中国红十字会历史资料选编（1904—1949）》，南京大学出版社 1993 年版，第 57 页。

③ 《复黎元洪电》，《孙中山全集》第 2 卷，中华书局 1982 年版，第 125 页。

④ 《公电——北京袁内阁电》，《申报》1912 年 2 月 22 日。

“立案”不在话下。而且，5月7日至17日，第九届红十字国际大会在华盛顿举行，中国红十字会推举驻美公使张荫棠、参赞容揆、留美学生监督黄鼎及中国红十字会顾问福开森等参加。中国红十字会代表团首次“亮相”国际大会，“为全场所极注意”[①]，中国红十字会也由此登上了红十字运动的国际舞台。接下来，红十字运动如何推进，倒是沈敦和等人面临的一个重要问题了。

二、万国董事会解散和首届会员大会召开

辛亥革命成功，民国建立，中国红十字会万国董事会已经圆满完成了自己的历史使命。万国董事会是应急而设的临时机构，“功成身退”乃自然之理。红会“立案”，其合法地位得到民国政府确认，处理辛亥革命这一遗留问题也就提上了议事日程。沈敦和会长、苏玛利会长为此忙碌了几个月。

1912年7月16日，中国红十字会万国董事会董事、名誉董事数十人在英国按察使署召开报告大会，苏玛利主持会议，报告辛亥起事以来万国董事会辅助红会救护概略、办事成绩、收支账目等。苏玛利宣布：“中国战事已息，董事会全体辞退，银钱存款经众议决仍由会计董事正金银行皃玉君、朱葆三君执管。”接着，沈敦和报告辛亥战时救护行动成绩，特别强调“此次战务红会得以有美满效果，西董之力是赖”，“分会至六十余处，办事手续虽有不同，而得教会西董之力居多”[②]。言语之中，表达了中国红十字会对西董鼎力相助的赞扬和款款谢意。大会商定，万国董事会解散后，从原董事中挽留沈敦和、李佳白、朱礼琦、亨司德、朱葆三、儿玉、施则敬7人办理会务，以便交接。

万国董事会解散，中国红十字会一时出现“虚脱”状况，没有正式会长、副会长（虽然沈敦和偶尔以会长的身份发布捐款致谢广告），没有理事。这是中国红十字会历史上短暂的“空档”期。这种局面维持了两个多月，直到首届会员大会召开后才恢复常态。

为尽快结束“虚脱”局面，沈敦和等“看守”人员在报告大会之后立即投入会员大会的筹备事宜。中国红十字会成立已近十个年头了，还从未召开过会员大会，意义重大而头绪繁多。

会期确定，红十字会事务所在8月7日、14日《申报》上登出《中国红十字会第一次会员大会广告》，向社会宣布：首届会员大会即将召开，并向全体会员发出邀请。广告称：“本会创始于日俄之战，已加入日来弗条约。去秋民军起义，添设分会及临时

---

① 《万国红十字会在美京华盛顿开第九次联合大会中国红十字会特派驻美公使张荫棠参赞容揆留美学生监督暨本会顾问福开森诸君为代表赴会事毕报告》，中国红十字会总会编：《中国红十字会历史资料选编（1904—1949）》，南京大学出版社1993年版，第389－392页。

② 《红十字报告大会详志》，《申报》1912年7月18日。

救护机关共六十余处，救伤葬亡，力任艰巨。蒙孙前总统、袁大总统及黎副总统奖许立案，并承日本赤十字社社长松方侯爵推荐加入万国红十字联合同盟，当经万国公认本会为中国正式红十字会。兹已拟订正式会章，择于阳历九月十五号（即旧历八月初五）准下午四点钟在上海英大马路小菜场议事厅开全体会员大会，报告会务、账目并正色选举常议员，再由常议员中选举会长、理事等职员，协力进行，以宏博爱恤兵宗旨。凡属会员均有选举被选举权。又曾纳捐或经募捐款者，本会亦概认为会员。务请分别携带佩章、凭照、收据等咸来与会，无任欢迎。俟常议员会成立，凡纳捐募捐诸君，照章应特赠特别或名誉会员者，再当会议推举，以重荣誉。红会为世界的慈善事业，万国均极推崇，具有选举被选举资格者，幸勿放弃，实深企祷。”会员大会关系到中国红十字事业的未来发展，理所当然受到社会各界特别是会员的关注。

会期迫近，而各种印刷品赶办不及，只好延期至 29 日举行。为方便外埠会员莅会，红会事务所经与沪宁铁路公司商妥，为会员乘车提供半价优惠。

9 月 29 日，天朗气清，风和日丽。下午三时，中国红十字会首届会员大会在英租界大马路议事厅隆重召开。到会会员共计 1352 人，可谓盛况空前。大会主席沈敦和报告开会宗旨，言辛亥革命一年来，中国红十字会声誉日隆，已有会员近 2000 人，纳捐善士数千人，捐款 155270 余元，分会 60 余处，进步迅速，诚非意料所及，“然以创办九年未经展发之红十字会一旦得见其旗帜飘扬于全国且与万国红十字会旗相映而增辉，固可博世界之荣誉增本会之光宠，而诸公博爱之仁声亦可永垂不朽矣。今日开会正欲申谢诸君之仁德，筹商进行方法，并推举议员，组织议会，以立永久之基础”。沈敦和

施则敬和家人合影

演说毕，王培元用白话演说武汉战地救护情形，“庄谐杂出，娓娓动听”[①]。施则敬报告收支账目，会员没有异议。会议推举英国按察使苏玛利、日本总领事有吉明、法学博士有贺长雄及美国在华传教士李佳白为顾问。

推举常议员、选出新一届红会领导，为此次会员大会的中心议题。经讨论，推举施则敬、洪毓麟、朱佩珍、席裕福、唐元湛、汪龙标、陈作霖、狄葆贤、张蕴和、周晋镰、童熙、李厚祐、金世和、蒋辉、何怀德、哈麟、何亮标、谢纶辉、丁榕、施肇曾、郁怀智、叶韶奎、桂运熙、徐镜澜、袁嘉熙、叶德鑫、邵廷松、贝致祥、王勋、林志道、朱礼琦、余之芹、洪肇基、江绍墀，计 34 人为常议员。

10 月 6 日，常议会成立，常议员集会，参照东西各国定章，公举大总统、副总统为名誉总裁；选举吕海寰为会长，沈敦和为副会长兼常议会议长，江绍墀为理事长。9 日公电政府，请以明令宣布正、副会长。19 日大总统令：“派吕海寰充中国红十字会正会长、沈敦和充中国红十字会副会长。”[②]

会员大会的召开，使中国红十字会摆脱了“虚脱”状态而步入正轨；完成了董事会制向常议会制会内运作体制的转变；特别是通过《京沪合并章程》[③]，化解了京会、沪会之间的隔膜，实现了“合并”，这有利于红会事业的协调发展。可以说，首届会员大会，意义深远。

三、“统一”大会

会员大会极一时之盛，但有一个重要问题没有解决，那就是“统一”问题。

中国红十字会自 1904 年成立以来，虽具有全国性质，但从未实现真正意义上的统一，从当时的报章杂志不难发现，红会组织随时可以“冒”出来，而与总会毫无关系，只要需要，似乎谁都可以创建红会组织。特别是辛亥革命时期，这种情况更为常见而普遍，名目繁多，五花八门，如广东就有广东红十字会、中华红十字会、粤东红十字会、济群红十字会、大汉红十字会、广东河南赞育红十字会等名目，许多慈善团体也

---

① 《红十字会开会纪》，《申报》1912 年 9 月 30 日。

② 《临时大总统令》，《政府公报》1912 年第 171 期。

③ 1912 年 9 月 19 日，沈敦和、福开森在上海达成《中国红十字会合并条议》12 款，内容包括中国红十字会总会设在都城；公请袁大总统、黎副总统为名誉总裁；公请吕公海寰为正会长，福开森君为顾问官，冯恩崐君为秘书长，驻于都城总会办事；公请沈敦和君为副会长，常驻上海管理会务；上海会所改名为中国红十字总会办事处，设在上海等（见《大公报》1912 年 11 月 3 日）。黎元洪《复上海中国红十字会》函件载《京沪合并章程》为 10 条：一、总会设于北京；二、聘请正副总统为（名誉）总裁；三、吕海寰为会长、福开森为顾问；四、总会除与政府各部会接洽外兼办外交；五、沈敦和为副会长，常驻上海管理事会务；六、上海红十字会定名为中国红十字会总会总办事处，举江趋丹为理事长；七、总办事处管理全国各分会事务、医务、募捐、赈济、防疫、执掌会中财产等事；八、全国代表大会定于 9 月 29 日在上海举行；九、各省统一大会之后亦于上海召开；十、京沪合并情形由正副会长以公函向全国宣布（见沈云龙主编：《近代中国史料丛刊》第 3 编第 67 辑《黎副总统政书》，台北文海出版有限公司 1978 年版，第 176－177 页）。

纷纷打出红十字旗号或赤十字会旗号，一时红会林立，蔚为壮观，正如沈敦和所说的："民军起义于武昌，战祸蔓延于全国，热心救济之士，投袂奋发，争先组织慈善团体，救死扶伤。或以赤十字会命名，或以红十字会命名，不下数十起，其博爱恤兵之大旨，与本会如出一辙，于是普通人民，始知红十字会关系之重要与其立会之精义，会务发达，遂有一日千里之势。"但"宗旨相同，而手续互歧"，造成一定程度的混乱。民国成立后，如沈敦和说："红十字会为世界万国唯一慈善事业，民国成立，一切政治机关莫不革故鼎新，期与东西各国并驾齐驱，则此重要之慈善团体，亦安可不正厥名义，求合乎世界大同？此本会之所以急谋统一也。"况且，对内对外关系也还没有理顺，需要有一个"统一"明确的界定，"就对外言之，则有与日来弗条约及万国红十字会规约之关系；就对内言之，则有与陆军、海军、外交、内务各部之关系。苟不谋统一，必至各自为政，办法纷歧，既无团结之精神，即无巩固之基础，对内对外，能力薄弱，如是而欲期发达，不其难欤？"有鉴于此，中国红十字会"特开统一大会，联合政府及各省分会，共筹进行。举凡对内对外之关系，与夫本会事业之必要，一一详加讨论，列为条件，俾共遵守，冀他日事业，可与万国红十字会相辉映"①。

为开统一大会，内务部在10月中旬即通电各省，要求各省红十字会派代表与会，"携带现时办事规则及一切成绩报告以备研究"②。《中国红十字会统一大会》的广告也在10月中下旬不时见诸报端，"凡各省已与本会联合或未与本会联合之红十字会或赤十字会以及其他慈善团体统祈一体莅会，光斯盛举"③。当局以"红十字会为全国唯一慈善事业，力任维持"，黎元洪副总统以及外交、内务、海陆军各部特派代表莅会，如此盛举，如10月16日《申报》评论员文章所说的，"必可为中国慈善界放一异彩也"④。

1912年10月30日，中国红十字会统一大会在上海大马路黄浦滩汇中旅馆五楼大会堂成功举行。参加会议的代表有黎元洪副总统代表赵俨葳（伯威），奉天都督代表司督阁，江苏都督代表许葆英（伯明），外交部代表陈懋鼎（征宇）、王继曾（述勤），内务部代表刘道仁（伯刚），陆军部代表汪行恕（植圃），海军部代表谢天保（卫臣）、温秉文，上海交涉使陈贻范（子安）以及总会、总办事处和厦门、常熟、南京等各分会的代表，多至数百人。北京国务院总理赵秉钧和中国红十字会名誉总裁黎元洪副总统发来贺电。

下午二时，统一大会开幕。会长吕海寰因重病缠身，不克莅临，由秘书长冯恩崑

---

① 《副会长沈敦和君宣布开会宗旨》，见中国红十字会总会编：《中国红十字会历史资料选编（1904—1949）》，南京大学出版社1993年版，第266页。

② 《北京电》，《申报》1912年10月13日。

③ 《中国红十字会统一大会》，《申报》1912年10月23日。

④ 《红十字会开会忙》，《申报》1912年10月16日。

（伯岩）代诵开会词。吕海寰充分肯定了中国红十字会自成立以来特别是辛亥战事救护中所取得的可观成绩，但“各会办事条件，大半临时拟订，不无缺点”，所以“特开此会，规定办事章程及应行筹备及推广各事，以固基础，以期统一”[①]。接着，沈敦和副会长宣布开会宗旨，他以日本赤十字社为例，“极言统一之万不可少”。他说：“考日本赤十字社发起之初，亦皆出自个人组织，未能全国统一，精神涣散，发达颇难。嗣后迭经战事，始群起而谋合并，且国民皆以入赤十字社尽力社会为荣，故通国之人不为社员者甚鲜。社员既多，基本金自富，现已积至二千万元。于是日本之赤十字社遂一跃而成为世界卓著之法团。是可见合则益，分则损，日本之事，前例具在。”因此，“务求同心协力，共赞厥成，庶几中国红十字会得与共和名义，同享世界上之荣誉焉！”[②] 沈敦和报告完毕，秘书长冯恩崑报告红会规条及章程；徐盅（森玉）、赵俨葳、谢恩增（隽甫）、江绍墀（趋丹）汇报红十字救护成绩；陈懋鼎、刘道仁、汪行恕、谢天保分别阐述红十字与外交、内务、陆军、海军各部之关系。31 日下午，会议继续进行，施则敬、石美玉等就《红十字会筹款方法》《女界赞助本会并筹款法》《红十字会应得医士之协助》《禁止滥用红十字会记章旗帜及袖章》《初级救伤》《分会组织法》《编辑红十字会印刷品鼓吹事业之发达》等问题发表见解或做解释说明。11 月 1 日，与会代表兴致勃勃地参观了总会医院，观赏医学生担架队演习和战地救护幻灯。统一大会就此结束。

统一大会，不言而喻，旨在“统一”，而要改变各自为政、涣散如一盘散沙的局面，实现统一，正如吕海寰所说的，就是要“规定办事章程”。

在中国红十字运动史上，曾有过《上海万国红十字会暂行简明章程》《中国红十字会试办章程》的施行，但要么是“暂行”，要么是“试办”，不免流于粗疏，无助于中国红十字事业的长远发展。有鉴于此，辛亥革命期间，沈敦和邀请有贺长雄博士对会章进行修订。会员大会及统一大会上通过的《中国红十字会章程》就是经过多年实践不断修订、完善的正式章程，这也是中国红会史上第一个正式会章。《章程》共 6 章 20 条，从内容到形式，均比较完备、规范，也更符合国际红会章程通例。特别值得注意的是，统一大会根据《章程》，制定、通过了《中国红十字会分会章程》，统一分会名称为“中国红十字会某某分会”，结束了分会名称杂乱无章的格局。分会与总会的关系、宗旨、义务等也都作了明确具体的规定。设立分会不再具有随意性，要履行《中国红十字会组织分会申愿书》规定的程序向总会提出申请（申愿），经总会审批后始能开办。总之，通过这一《章程》，中国红十字会向规范化管理迈出了重要一步。

---

① 《正会长吕海寰君宣布开会宗旨》，见中国红十字会总会编：《中国红十字会历史资料选编（1904—1949）》，南京大学出版社 1993 年版，第 265 页。

② 《副会长沈敦和君宣布开会宗旨》，见中国红十字会总会编：《中国红十字会历史资料选编（1904—1949）》，南京大学出版社 1993 年版，第 266 页。

统一大会的成功召开，使中国红十字会告别了“散漫”，走向了“统一”，中国红十字会“唯一”地位由此得到了真正确立，这在红会史上，具有里程碑意义，“实奠中国红十字会万年不拔之基”①。

统一大会之后，中国红十字会以新的姿态、新的面貌，开始了新的救援行动。

第二节 “二次革命”中的人道救援

一、救护行动的展开

天有不测风云。“统一”大会不久，政局突变，“二次革命”爆发，中国再次进入战争状态。

原来，孙中山让总统职位于袁世凯后，袁很快把“深愿竭其能力，发扬共和之精神，涤荡专制之瑕秽”的宏愿大誓抛到九霄云外，而走上专制独裁的道路。专制独裁与民主共和犹如冰炭水火。为扫清专制道路上的障碍，袁世凯不惜采用“铁血政策”，向国民党（1912 年 8 月组建，以孙中山为理事长）人开刀。1913 年 3 月 20 日，在上海火车站刺杀宋教仁，接着在 6 月 9 日、14 日、30 日相继免除江西都督李烈钧、广东都督胡汉民、安徽都督柏文蔚职务，公开向革命党人宣战。在袁世凯步步进逼之下，革命党人决定发动“二次革命”，用“铁血”捍卫共和。7 月 12 日，李烈钧在湖口起义，宣布江西独立，“二次革命”（即“讨袁之役”，1913 年为农历癸丑年，又称“癸丑之役”，因主战场为江西、南京，所以又称“赣宁之役”）爆发。

江西独立不久，7 月 14 日，江苏宣布独立，7 月 17、18 日，安徽、上海先后独立。接着，广东、福建、湖南、重庆等省区相继独立，纷纷组织讨袁军，举兵讨袁。袁世凯调兵遣将，南下攻伐，一时狼烟四起，天昏地暗。

共和民国，酿成变局；
煮豆燃萁，祸乱交作；
同胞无辜，横遭惨酷；
过山大炮，毛瑟来福；
兵连祸结，死亡枕藉；
玉石俱焚，暗无天日。

这是沈敦和副会长在 7 月 29 日《申报》上所发的广告词，读罢令人浩叹不止。

① 《统一大会记》，原载《中国红十字会杂志》第 1 号，见中国红十字会总会编：《中国红十字会历史资料选编（1904—1949）》，南京大学出版社 1993 年版，第 259 页。

杀机顿开，生灵涂炭。以救死扶伤为人道天职的中国红十字会迅速做出反应。7月18日，中国红十字会在上海召开常议会特别会议（第六次常议会），商讨救护事宜，决定："电泰东、西红十字同盟各国协助"；"本人道主义，不分畛域，一体救护"；"九江红会医院医生缺乏，星夜派医协助外，再发医队"；"沪南谣诼纷传，业由城内分会组织救护队外，本会亦预备二、三队，一遇警报，随时出发"；"急练救护、担架队教授初级救伤法四十人，招集青年子弟在本会教授，请王培元、希尔治医生主任"；"赶发掩埋队，以免腐尸为疫"；"邀集寓沪东、西绅商、医药界组织万国红十字协会协助进行"；"分电各军队，凡遇本会会员，一体优待保护"；"增设各省分会及临时医院"；"凡红十字徽章，禁止滥用，并严禁以红十字为作战机关"等①。常议会还推举王培元为救护队长，组织救护医队，实施战时救护。

事不宜迟。常议会特别会议后，中国红十字会迅速投入救援行动。

在江西战场，浔江血战，遍地伤痍。战事发生后，中国红十字会总会办事处立即电请九江分会、教会，组织救护队，开赴战地，设立临时医院，疗伤葬亡，克尽天职；同时，募集捐款，源源接济。

在上海战场，7月18日上海宣布独立，谣诼乍起，风声鹤唳，一夕数警。讨袁军、北军箭在弦上，冲突一触即发。中国红十字会迅速组织起救护队，添备救护马车、汽车、担架等，并改徐家汇路总医院为第一伤兵医院，收治重伤兵民，以天津路市医院为第二伤兵医院、时疫医院为第三伤兵医院，做好战地救护的准备。战斗一旦打响，什么样的情况都可能出现，为便于联络、协调救护行动，特设救护队召集机关，由邓笠航负责。23日凌晨，沪南开战，救护队闻警出发，深入战地，抢救伤兵。23、24、25日连夜剧战，28日搏战尤烈。救护队在王培元的指挥下，奋不顾身，出入枪林弹雨之中，四处救护。获救伤痍，可及时送伤兵医院，随到随治。8月10日，江湾开战，枪声大作，流弹纷飞。中国红十字会特派救护专车驰救，并引渡济良所、妇孺救济会妇孺出险。11日4时，王培元偕队员钱玉斋、陈德宝、李智让等乘汽车至江湾，又逢两军开战，"弹雨横飞，急如暴雨。培元身陷火线，进退维谷，蛇行汽车下，俯凫濠中，卒伏牛背渡河，始免于难。七时全队复往，救护伤兵三十余人回沪"②。开战以来到11月底，红会医院共收治伤员947人，重伤不治而死者仅11人。

战争是残酷的，倘能息兵罢战，当为"人道"所祈。上海是国际性的大都会，更是中国的经济重心，商务荟萃，一旦冲突升级，不仅会造成更大的人员伤亡，而且病商累民，贻害不可胜言。红十字会以博爱恤兵为宗旨，虽然他们无力制止战争，但有一线曙光，他们就会充当和平使者，斡旋于敌对双方，居间调停。在上海之战中，就

---

① 《红会紧要会议》，《申报》1913年7月20日。

② 中国红十字会总会编：《中国红十字会历史资料选编（1904—1949）》，南京大学出版社1993年版，第296页。

出现过这样的场面。7 月 23 日沪南开战的当天，据 7 月 25 日《申报》所载《中国红十字会临时通告》披露，红会“尊崇人道，力劝两军，声泪俱下”，结果“双方未能并给息战证书”。尽管如此，红会并没放弃和平努力。经沈敦和副会长和柯师医生往返交涉，两军答应休战 8 小时，以便红会拯救伤兵伤民。24 日，沈敦和、柯师医生“以红十字博爱恤兵名义分往两方面苦求”，又“往来两军总司令处，足不停趾，欲达博爱恤兵目的”，取得“城南闸北乃华洋交界且热闹之区，两军咸允勿用炮火击射”的承诺，两军并从 25 日晨 6 时起休战 10 小时，“决计不伤民居，不向热闹处射击”①。

沪南之战没有因红会调停化解干戈，只是减轻摩擦系数，但已属不易。在吴淞之战中，红会的和平“运动”（调停之意）大获成功，大大出乎人们的意料了。

沪南制造局之役失败后，讨袁军退据长江门户吴淞，7 月 26 日曾击退海军的进攻，俘获“联鲸”舰。8 月 11 日，北军进抵吴淞，将讨袁军围得水泄不通。据守吴淞炮台的钮永建部军心不稳，厌战情绪滋长。中国红十字会副会长沈敦和睹此情形，“商请柯师医生急乘红十字小轮赴宝山城内，先与钮铁生（永建）陈说利害，得一覆信，并接伤兵十二人于下午三时出城，仍登小轮，拟赴海圻兵舰。斯时炮弹横飞，进攻正亟。柯师急摇红十字旗阻止，得登海圻。与刘总长（冠雄）协商后，海圻仍开回三夹水。柯急折回海，筹与李总司令（鼎新）、郑镇守使（汝成）计议一时许，彼此已有允协希望”。双方约定，北军停止进攻，讨袁军撤出吴淞炮台，交还“联鲸”舰。13 日，炮台守军 2000 余人解甲投戈，交红会调和中立人管领，炮闩由红十字会执管，狮子林、南石塘炮台高悬红十字旗，暂由红十字会接管，“联鲸”舰作为红十字会医船归孟纳司暂管。这样，经过“红十字医队队长柯师奔驰枪林弹雨之中，昼夜不眠，唇焦舌敝”，终于“得达和平目的”②。

红会的和平“运动”不夹带政治倾向，而是“博爱恤兵”之举，尽管“运动”的客观效果加速了讨袁军的失败，但基于人道立场，亦无可厚非。

“二次革命”以江苏战场争战最为惨烈。江苏战场北以徐州为中心，南以南京为中心，北军与讨袁军展开激烈搏战。在徐州，从 7 月 17 日开始至 24 日，无日不战，冷遹所部讨袁军与北洋第五师方玉普部及张勋武卫军在徐州附近的利国驿、柳泉、韩庄逐鹿，炮弹横飞，伤亡枕藉。中国红十字会徐州分会紧急出动，并向总会发出求援急电。总会商请南京宝琅医生组织救护队，在徐州等地分会的协助下，在津浦铁路沿线的徐州、蚌埠、临淮、滁州、浦口等处设立临时医院，往返救护。天津分会组织医疗队，在徐镜澜医士的率领下，乘津浦车星夜南下，在利国驿、韩庄、宿州、蚌埠、临淮、

① 《中国红十字会临时通告二》、《中国红十字会临时通告三》，《申报》1913 年 7 月 26 日。

② 《吴淞炮台就降捷报》，《申报》1913 年 8 月 14 日。

滁州、浦口设临时医院，“冒暑遄往，深入险地，历尽艰苦”[①]。

7月24日，北军占领徐州，讨袁军向南京撤退，于是战事转移到南京地区。

从7月15日到8月11日不到一个月的时间里，南京经历了三次独立起义，讨袁战事复杂多变，可以想见。8月11日，激进的革命党人何海鸣宣布了第三次独立，南京讨袁之役进入最为残酷的阶段，讨袁军与张勋、冯国璋部北军鏖战兼旬，艰苦卓绝。中国红十字会的救援行动也因此进入最繁忙的阶段。

南京独立之初，救护工作主要由南京分会会长于少彰及宝琅医生组织实施。进入8月中旬，战事趋烈，伤亡惨重，分会虽不遗余力，但疲于应付，顾此失彼。总会总办事处遂于17日派王培元往援，分工合作，协力进行：“南京城内、下关由红十字会南京分会、宝琅医生带队拯救；掩埋归同善堂、南京分会主任；镇江以上由红十字沪宁救护专车王培元医生带甲乙两班救护队往来驰救；上海车站运伤兵则责任江趋丹、邓笠航两君。”[②] 布置周妥，保证了救护行动的高效、有序进行。

二、出险与瘗亡

争城之战不同于野战，在野战中，普通百姓可以四散逃避，但在争城之战中，老百姓就不会那么幸运。冲出“围城”，并非易事。南京之战就是如此，成千上万的民众被困城中，饱受战火的灼烤，逃生无路。他们麇集江边，餐风宿露，号呼泣吁，渴望红十字会救其出险。8月21日，如皋、镇江绅士杨鸿发、李耆卿、焦霭堂等也向沈敦和副会长发出乞援电报：“南京江边难民数万，无路逃生，轮船过境，难民哭跪求救，置之不理，乞速借轮船，并电镇（江）赁凑轮船、民船到宁飞救出险，送各处暂寄，免填沟壑。”[③]

难民凄惨愁苦，不能不牵动红十字会员的心弦。8月23日，承原中国红十字会会长盛宣怀慷慨捐助4500两，沈敦和副会长租得英国太古洋行商轮“大通”号作为红十字救护医船。同日，中国红十字会总办事处向社会公布《中国红十字会救护医船大通草章》，声明：

——本会将由沪赴宁。由宁抵沪日期，预先一、二日电海陆军部黎副总统转电各军长核准，并电镇江张镇抚使，船到镇江，派员上船稽查后再行启轮；一面知照上海郑镇守使，候船到沪即派员上船稽查后登岸。

——租船经费，蒙广仁堂善会捐助，事权均归红十字会专主办理。

---

① 《中国红十字会癸丑成绩撮要》，见中国红十字会总会编：《中国红十字会历史资料选编（1904—1949）》，南京大学出版社1993年版，第300页。

② 《红十字会纪事》，《申报》1913年8月19日。

③ 《如皋、镇江绅士杨鸿发等来电》，见中国红十字会总会编：《中国红十字会历史资料选编（1904—1949）》，南京大学出版社1993年版，第68页。

——救护医船专救受难人民或受伤兵，不载非受难或军界中人。

——难民上船后立刻开饭，每日三餐，伙食茶水，小轮驳船，种种费用，悉由本会核给。

——避难人民愿助捐款者，当时掣给收条，到沪后即登报征信。

——救护医船租船经费由广仁堂善会捐助，伙食赈粮医药种种费用，悉由本各善士捐款项下开支，无论何人，不得向搭客收取丝毫，如有讹索情事，立刻关照队长船主究罚。

——船上自船主及本会救护员，无论何人不得自由行动，须听王队长主裁。

——难民伤兵上船后，一切招待分派事宜归总干事员邓笠航君专办。

——轮船行动、停止事宜，归王队长作主，别人无权。

——总干事员有协同王队长办事责任，关于种种庶务银钱事宜，邓君专责。

——船到何处，先发电报或发无线电，知照总办事处及各机关。

——难民已满即开，沿途幸勿耽误，亦勿代人传递信息、载运物件商货。

——救护轮船上除装本会药料赈粮外，概不装货，亦不搭客。

——救护轮船上非本会穿制服之救护员外，凡职员之亲戚朋友恕不搭载。

——救护轮船由沪上驶经过各埠，概不停轮，亦不搭客。

——南京境内停轮后，当设法派小轮民船，插红十字旗救护难民，随机应变，总期达救人之目的。

——第一次由南京下驶之前，当通告下次到宁日期，并请税务司美领事及本会分会等各机关，预备船只趸船或邻近江边房屋，派员备办食物，不令失所，候下次轮到，先行引渡，或候下水之他公司江轮请其搭载，款由本会认缴。

——救护轮船人数满足后，用旗号知照接应员停止上轮。[①]

总而言之，“大通”是救伤救难的专用船，严格操作规程，才能达到“救人之目的”。

8月24日上午8时，王培元医生率领救护、医药各队排队由天津路红十字医院经大马路至太古码头，据8月25日《申报》报道，“沿途聚观者，途为之塞，拍掌欢送，各西商参观者，咸称美不止”[②]。南京绅士哈少甫、蒋星阶、陈彦清、李月生等在码头上恭候，沈敦和副会长以及沈鼎臣、江趋丹、吴敬仲前来送行。10时，“大通”号鼓轮起航，“停泊浦江之各国兵船见红十字救护船出口，一律升红十字旗致敬”。救护医船随带药料20箱，防疫药水、时疫药水、辟瘟药水等10箱，饼干4000磅，大米50石，面包、馒头等

① 《中国红十字会救护医船大通草章》，见中国红十字会总会编：《中国红十字会历史资料选编（1904—1949）》，南京大学出版社1993年版，第306—307页。

② 《红十字会纪事》，《新闻报》1913年8月25日。

食物亦复不少。25 日下午，“大通”抵宁，值两军鏖战正酣，弹越船身而过，至为惊险。下碇后，苏荔棠率队员乘民船四处引救难民，王培元“躬冒枪林弹雨”入城引渡难民出险。此次行动，救出难民 2000 余人，伤兵百余，28 日安全抵沪。来不及休息，第二天，“大通”再次由太古码头起碇，30 日抵南京下关，王培元复入城引渡难民，结果被困城中，“受五次危险，几不能生还”[①]。经与各方交涉，始允放行。9 月 1 日上午 11 时，“大通”返回上海，因封锁过严，获救难民仅 808 人，伤兵伤民 53 人。

王培元

与救伤拯弱同时并举的是瘗亡。癸丑之役中，死亡兵民成千累万，尸骸遍地，如不及时掩埋，无以慰亡灵，且极易引发疫病。因此，红会在救伤行动中，遇有遗尸，随时掩埋。江西、上海、江苏战场，都是如此。如在上海，红十字掩埋队先后掩埋尸骸 370 余具。在南京，瘗亡之任务最为艰巨。南京战时的葬亡事宜主要由南京分会会长于少彰（恩绂）负责实施，于少彰是中国红会史上值得骄傲的人物，《中国红十字会二十年大事纲目》记载：“南京分会会长于恩绂，善人也，自辛亥开办分会至民二癸丑七月二十二日总会电准成立，从未领基本金，亦无外捐，亦未受有官厅补助。辛亥战事发生，救护掩埋。至癸丑又发生战事，随阵掩埋，另具板棺，及城厢内外军民尸骸，合共掩埋计达七千三百余具，积为三千三百余冢，并就地随时摄影，共立碑一十八座，正项开支，总计一万零七百元零零九角。”[②] 筹款之艰辛，掩埋任务之艰巨，超乎想象。在这一过程中，总会给予了有力支持，据 9 月 2 日《申报》报道称：“红十字会据南京分会暨医队报告，宁城尸骸遍地，野犬争食，战争剧烈，掩埋为艰，适以酿成疫疠，特由上海制就厚重棺木，第一批五百具克乘江轮运宁，日后陆续装运，并请南京同善堂、红十字分会于少彰、陈履源、宋培之诸君专办掩埋事宜，一切费用由上海红十字会核拨。”[③] 9 月 7 日，总办事处又在《申报》上刊出《中国红十字会急募南京急赈、掩埋、善后捐启》，广募捐款，赶运棺木 2000 具。总会的鼎力支持和各界善士的热心捐助，保证了南京葬亡善举的顺利实施。

---

① 《救护医船二次抵沪纪事》，《申报》1913 年 9 月 2 日。
② 《中国红十字会二十年大事纲目》，中国红十字会总办事处 1924 年编印，第 10 页。
③ 《红十字会纪事》，《申报》1913 年 9 月 2 日。

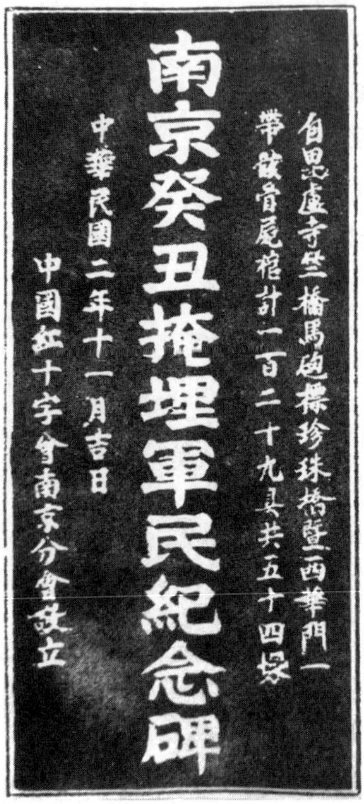

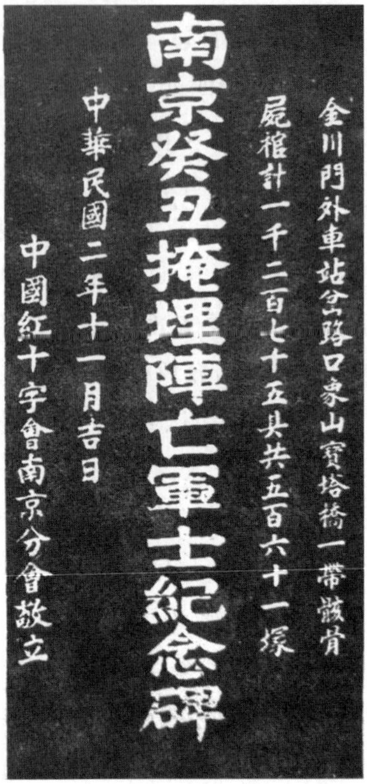

二次革命中南京分会所立纪念碑

三、赈济难民

救伤瘗亡之外，赈济难民工作贯穿于“癸丑之役”的始终。在炮火的驱赶下，战区民众流离失所，无所依归。特别是东南地区，难民潮涌，汹涌澎湃，给红会赈济工作带来沉重的压力。

上海是难民云集之地，本地难民、淮北难民、沿江江南难民，纷至沓来，如猬之集。他们突然被抛出惯常的生活轨道，无家可归，嗷嗷待哺。沪南开战时，被炮火撵出家园的难民群集租界，鸠形鹄面，露宿街头，总会总办事处在沪城分会的协助下，募集面包干粮，派员散放。这样的人道关怀，随时随地而施，不独租界为然。

难民越聚越多，中国红十字会罗掘俱尽，难以为继。7 月 31 日、8 月 2 日，总办事处连续在《申报》上发布《急募捐款、饼干、食物》广告，向社会发出劝捐呼吁：

天不厌乱，战祸猝兴，浔江肇衅，继及皖徐，近且弄兵沪渎，瓜蔓四延，烽火烛天，风云变色。一声炮震，遍野横尸，伤心惨目，有如是耶！而一般受伤军士以及被殃人民，断肢残体，肉薄血飞，呻吟枪弹之林，宛转沟壑之际，其颠连痛苦，尤为目不忍睹，耳不忍闻，矧吾沪贫苦小民，奚啻数万？平日既鲜盖藏，临难更形仓猝，栖身乏所，果腹无粮，莫不扶老携幼，觅子寻妻，孑立道隅，露宿檐下，愁云匝地，哭声震天。嗟嗟吾民何辜，罹此惨酷，有不为之椎心泣血痛哭流涕者乎？重以溽暑郁蒸，陈尸腐臭，酿成疫疠，固自易易，灾害之来，正未有艾。本会恪守万国约章，实行尊重人道天职，所在匪敢偶懈，业经飞电开战区域分会，组织医队，设立临时医院，一面赶派本部救护、掩埋等队，分头出发，并振抚沪上被难人民及溃散兵士一致进行，力尽救济。唯兹事体大，需款浩繁，来日方长，何能支持？务祈薄海内外乐善之士之痌瘝，念切恻隐心殷，缩食节衣，慷慨输助，俾本会得以始终其事，庶大江南北数百万流离失所之同胞出水火而登衽席，咸拜仁人之赐矣。专此布启，曷胜企祷。[①]

红会的呼吁得到广泛的回应，捐款、食物源源而来。特别值得一提的是，袁世凯作为中国红十字会的名誉总裁，特捐银洋 20000 元，既是对红会人道主义行动的褒奖，也是身体力行的倡议之举。

为赈济难民，中国红十字会筹措万端，采取多种方式给予救助，其中最具有特色乃设平粜局和开办难民留养院。

受战争影响，上海供应紧张，物价腾涨，加之难民如潮而至，人心惶惶，大有“绝粟之虑”。为此，中国红十字会在南市特设临时平粜局三所：第一平粜局设龙德桥龙王庙内，8 月 5 日开局，局长朱鉴生；第二平粜局设沪南码头商船会馆，8 月 7 日开局，局长唐星垣；第三平粜局设沪西万生桥西首西方庵，8 月 9 日开局，局长邵子奋。平粜局每日晨 8 点开局，下午 5 点止，每人以 5 升为度，每升 1.96 斤，取价 65 文、60 文不等。平粜局开办两个多月，大大缓解因战祸而引起的“绝粟”恐慌，为沪上穷民及难民排解购粮之难。而此中红十字会会员所付出的辛苦，是常人难以想象的，8 月 23 日《新闻报》报道说，红十字会三处平粜局“日来拥挤异常，龙华、曹河泾、浦东穷民来粜者纷至，每日共需米二百数十石。而局长以下诸执事，终日操作，手为之折，而对于贫民和颜悦色，亦足见道德心之发达云”[②]。他们身上所体现的正是红十字无私奉献的精神。

对中国红十字会来说，最难招架的还是难民潮的蜂拥而至。上海本埠难民已难以应付，外埠难民络绎不绝，被红十字会营救出险的难民也在上海集中，层层叠加，为数众多，如果不能得到妥善安置，一旦引起骚乱，后果堪忧。他们是战争的受害者，无辜遭殃，身心本已受到严重伤害，红十字天职攸关，给他们以人道关怀，是义不容辞的责任。妇女儿童是异常脆弱的群体，所谓：“烽火云霄，生灵涂炭，流离转徙，困苦颠连。最堪怜者，青年妇女，黄发儿童，风餐露宿，粟六饥肠，啼哭终宵，酸人心

① 《中国红十字会急募捐款、饼干、食物》，《申报》1913 年 7 月 31 日、8 月 2 日。
② 《红十字会纪事》，《新闻报》1913 年 8 月 23 日。

肺，盖以家室荡然，依靠俱无，行见鬻子卖女，演成惨剧，人道之谓何?”[①] 给妇女儿童格外关注，是理所当然的。8 月 9 日，中国红十字会在上海南市十六铺新舞台旧址开办了临时妇孺留养院——院长沈敦和、张乐君，总理事叶庚三，副理事杨菊生，稽查沈鼎臣、江趋丹，发起人顾馨一、袁祝三等——“专收贫苦无依之避难妇孺”。妇孺留养院“首重卫生，兼教兼养，一日三餐，以时沐浴，更换衣裳，病者医之，死者殓之”[②]，并派员代访亲属，以便事平之后资遣回籍与家人团聚。“大通”首次返沪后，中国红十字会在爱而近路纱业公所特开第二留养院，留养南京难民，举闻兰亭、哈少甫为院长，沈鼎臣为总理事，田资民为理事。南京难民中，有不少人信奉回教，习俗异，饮食歧，于是中国红十字会常议员蒋星阶、哈少甫开办第三留养院，专门安置回教难民。

沈敦和

赈济、留养、资遣以及战后徐州、南京等地的放赈等，中国红十字会应接不暇。特别是沈敦和副会长，总揽全局，日夕奔波，废寝忘食，身心交困，以至于病倒。9 月 2 日《新闻报》报道说：“红十字会副会长沈仲礼君自赣乱发生蔓延淞沪以来，布置调度，寝食俱废，且有时亲历战地，督饬救护队冒险抢救，而一切掩埋、拯济、善后、防疫种种机关以及有战地各省组织分会医队，日夜筹划，精力交疲，形神俱困。月前患失眠心悸之症，迭请西医诊治，力劝静养，不预外事，闻以入医院养病云。”[③]

睹遍地之尸横，叹疮痍之满目，但于惨云愁雾中，必见有红十字旗飞扬空际。在整个“癸丑之役”救护中，中国红十字会“闻警报早经出发，则部署唯恐不先；赴战地收拾伤残，则救护唯恐不勇；葬骸骼消弭疫疠，则掩埋唯恐不周；设医院以疗损伤，则救治唯恐不力”[④]。至于无辜被难人民，则运以火车，济以轮船，居以留养，

① 《中国红十字会临时妇孺留养院阳历八月九号旧历七月初八开院》，《申报》1913 年 8 月 9 日。

② 《中国红十字会临时妇孺留养院阳历八月九号旧历七月初八开院》，《申报》1913 年 8 月 9 日；《中国红十字会妇孺留养院募捐通告》，《申报》1913 年 8 月 20 日。

③ 《沈会长积劳成疾》，《新闻报》1913 年 9 月 2 日。

④ 中国红十字会总会编：《中国红十字会历史资料选编（1904—1949）》，南京大学出版社 1993 年版，第 303 页。

散放衣食以拯饥寒，尽心尽力，堪称人道保障。在整个救护过程中，各种人道设施以及赈救款项，所费甚巨，粗略计算，“上海一隅设医院五处，吴淞设临时病院一所，疗治受伤军民，前后计九百四十七人，伤重不治者只十一人，平均计算每百人中死一人，耗费一万五千元，平均每人十七元；又救护队救护九百人，耗费约二千五六百元，平均每人三元左右；留养院三处，留养男妇婴孺三千三百十余人，耗费约四千七百元，平均每人约一元有奇；救护难民出险（大通轮船、汉源、江元、致远等小轮五艘，民船、汽车、沪宁免费专车，前会长盛杏荪善士独助大通船费四千五百两），共五千数百人，耗费约万元之谱，平均每人二元；上海江湾、吴淞掩埋尸骸三百七十一具，耗费一千二百数十元（棺木大半系捐助者）；平粜局三处，平粜五十日，采米共五千二百十三石有奇，计价洋二万九千五百三十元有奇，除收入平粜价外，耗费五千二百八十三元；防疫治病药料药水等费约千元；赈济露宿难民（闸北、英界、南市、浦东、六里桥、西乡、大场、镇江、南京、大胜关、新河口），面包、食物、饼干、痧药等费约三千元（面包等物半有善士捐助者）；资遣伤军、难民、溃勇、败兵回籍一万四百人，费五千五百元（有时招商局捐助免票，江永卓达吾君、江宽林晓泉君、江孚袁仲蔚君、江新许楚卿君、江华施子芗君、江裕黄毓斋君，竭诚赞助，时蒙慨免船费，又沪宁铁路惠给难民半价票）；南京分会医院（鼓楼医院、基督医院、金陵医院）宝琅医士，救护疗治受伤兵民一千九百数十人（轻伤入院即去者不计），耗费八千数百元，平均每人约计五元；镇江医院白廉医士主任救护疗治受伤兵民六百十二人，耗费二千数百元，平均每人不足五元；南京分会于少彰君主任救护难民甚伙，掩埋尸骸计七千三百数十具，由于君独立捐垫六千元”，加上其他开销，共支出 13 万余元。虽然开支浩繁，但海内外捐款源源不绝，从上海开战至 11 月底，各界善士共捐洋 165700 余元，这就使得红会“虽日处困难之中，尚无陨越之累”，保证了救援行动的实施。所谓木本泉源，发生有自，中国红十字会所以取得癸丑战事救援的丰功伟绩，“皆赖大善士捐输之力，我同胞协赞之功”①。红会历史，不会忘却。

第三节　硝烟中的救护神

辛亥革命成功，民国建立，并没有如人们期待的那样“战祸永息”；相反，杀机大开，战祸迭起。二次革命后，中国社会兵燹时闻，特别是护国战争后，军阀主义甚嚣尘上，大动干戈，据不完全统计，1917 年至 1930 年历年被战争殃及的省份为：1917

① 中国红十字会总会编：《中国红十字会历史资料选编（1904—1949）》，南京大学出版社 1993 年版，第 303 -305 页。

年 5 省，1918 年 9 省，1919 年 2 省，1920 年 7 省，1921 年 7 省，1922 年 10 省，1923 年 6 省，1924 年 8 省，1925 年 13 省，1926 年 15 省，1927 年 14 省，1928 年 16 省，1929 年 14 省，1930 年 16 省。[①] 中国成为一个名副其实的“战国”。

《中国红十字会杂志》1913 年第 1 期所载中国红十字会宗旨

兵连祸结，烽火不熄。在弥漫的硝烟中，中国红十字会高擎人道主义旗帜，开展广泛的救护。本节中，我们剪辑几个侧影，可以窥见一斑。

一、红十字在 1914 年

1914 年，农历甲寅年。新年伊始，中国红十字会刚刚卸下癸丑战事救护的重负，又不得不投入新的救援行动——白朗之乱所引发的豫皖兵灾。

白朗（1873—1914），官书称“白狼”，字明心，河南宝丰县大刘庄人，曾投巡防营当兵，后因“犯律潜逃”回乡，“拉杆”啸聚山林，因其“性豪爽，善驭人，疏财仗义，以是能得众，先奔走于汝、鲁、宝之间，结识豪侠，渐成规模。但以武器缺乏，未能大举，乃将宝丰县长的儿子劫去勒赎，索价新式五响钢枪十支，械到手后即有很

① 池子华：《中国流民史·近代卷》，安徽人民出版社 2001 年版，第 74 页。

快的发展”[①]，一跃成为豫西“土匪王国”屈指可数的绿林头目。他以舞阳母猪峡一带为基地，以“打家劫舍”为旗号，掀起了一场反对权贵的“复仇运动”，到1913年，众至数千，成为“声振豫西”的“中州真主。”

白朗攻城略地，已成尾大不掉之势，河南都督张镇芳疲于奔命，无力控制局面。9月底，白朗率军南下攻占鄂北枣阳县城，10月6日弃城回返，11月12日攻占宝丰县城。面对如此严重的局面，袁世凯不得不增派重兵会剿（进入豫西的总兵力达三万人）。当大兵云集之时，白朗避实击虚，跳出包围圈，于1914年1月11日、15日、16日连克光山、光州（即潢川）、商城三县城，接着兵进安徽，24日陷六安，2月6日克霍山，鄂豫皖三省震动。

战祸在蔓延，战灾在扩大，中国红十字会当然不能坐视不救。2月2日，沈敦和副会长分电固始、颍州、庐州、正阳、临淮等地分会，请即组队前往战地救护。但分会势单力薄，兼顾为难，仍不得不向总会请援：固始分会求援急电云：“光、潢、商、六惨状剧烈，由潢两次电闻。现匪踞县南，大兵集县，开仗在即。前战积尸暴露，恐酿时疫，伤兵病民，分会治疗难给，刻正筹备救护器物，唯款项支绌，地方隔膜，仍请总会速拨医药，克日来县，以纾危难，无任翘企”[②]；“六安破后，匪窜固境叶家集，拱卫军迎敌失利，死伤兵民甚众，分会勉事其难，现大兵逾万，战线密迩，开仗在即，待援甚急，仍请速发医队及他种救护，以纾危急，万众亟盼”[③]；“廿日之战，积尸遍野，受创兵民，呼号痛苦，医不暇给，且大兵云集，已逾万人，大战在即，医药、银钱均甚缺乏”[④]。又安徽六安、颍州、寿州分会报告称：“六安全城被焚，几无完土，焚死被杀及自经者达二千五六百人，被难居民达八万人，逃往山中乡下者悉无人色。而正阳关红十字会会员刘君驰赴救济受伤民人，设临时救伤机关。讵白狼党徒犹敢勒索银钱，甚将刘君严刑拷逼，刀折其腿，弹穿左目，幸遇匪魁释放，护送至庐州医治，可保性命。唯遍地饥民，负伤抱病者尤居多数，非有巨款，曷克救济？且徐州、江北春荒已成，兵燹余生，急待救援。”[⑤]

“皖豫两省兵灾之重，为洪杨以来所未有。”民众呻吟号呼，救援迫在眉睫。沈敦和一面电请庐州、芜湖等地分会派员冒险遄往调查灾情，一面筹组救济队克日前往救援。唯款项支绌，中国红十字会不得不先行筹款募捐。

3月14日，沈敦和副会长以中国红十字会总会总办事处的名义，在《申报》上登出《劝捐公启》，呼吁海内外善士解囊惠助。中国红十字会前会长盛宣怀首先响应，捐

① 乔叙五：《记白狼事》，转引自李新、李宗一主编：《中华民国史》第2编第1卷，中华书局1987年版，第356页。

② 《固始分会来电》，《申报》1914年2月17日。

③ 《固始分会电》，《申报》1914年2月18日。

④ 《红会救护之困难》，《新闻报》1914年2月24日。

⑤ 《红会救护之困难》，《申报》1914年2月24日。

银万两，再次作出表率，安徽旅沪同乡会也伸出救援之手。但据红会派出的灾情调查员余荫庭、朱应璋、张星槎报告，难民不下 10 万之众，无衣无食，嗷嗷待赈。沈敦和商请安徽旅沪同乡会张瑞臣、朱星五、周谷生携款二万元赴六安、霍山散放急赈；同时，不得不托钵四出，劝募捐款，否则，难以为继。

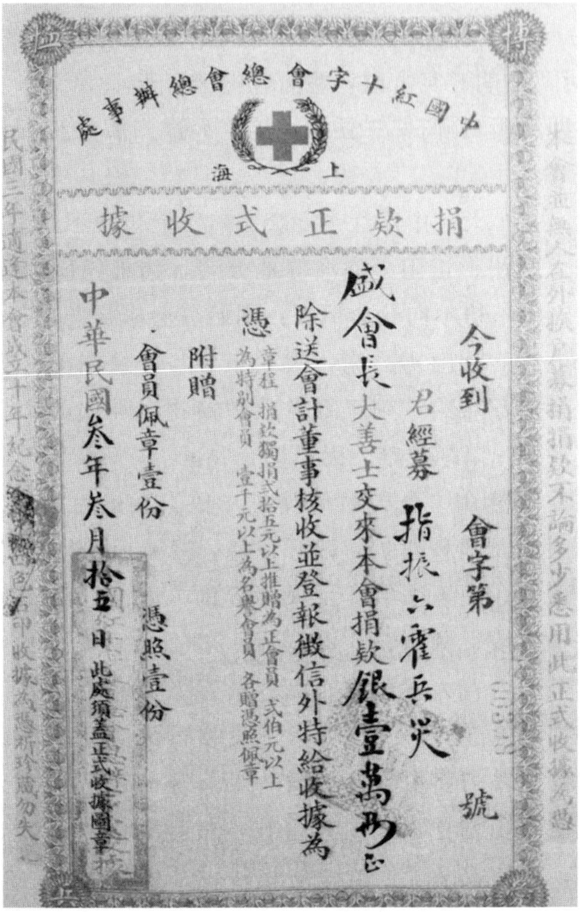
中國紅十字會總會辦事處
上海
捐款正式收據
今收到　會字第　號
君經募　指振六霍兵災
盛會長大善士交來本會捐款銀壹萬兩正
除送會計董事核收並登報徵信外特給收據為
憑
章程　捐款獨捐式拾五元以上推贈為正會員　式伯元以上為特別會員　壹千元以上為名譽會員　各贈憑照佩章
附贈
會員佩章壹份　憑照壹份
中華民國叁年叁月拾五日　此處須蓋正式收據圖章

盛宣怀捐款收据

4 月 12 日，沈敦和再次以中国红十字会总会总办事处的名义在《申报》上刊登《急募皖豫两省匪灾赈款》，言辞之凄切，感天动地："天不厌祸，狼氛四扰，警电传来，多于雪片。综计被匪地点，河南则商城、潢川、光山，安徽则六安、霍山、英山，境跨两省，地占六邑，繁盛市廛，焚掠一空，富豪巨室，蹂躏殆遍。尤可惨者，青年妇女奸淫之后，辄毙以枪，因而投河入井以求免者累累皆是。骸骨满地，膏血殷渠，腥秽之气，远腾数里。少壮之民幸免掳役，则流转四方，骨肉离散；老弱妇孺穷无所归，则麇集呼号，嗷嗷待哺。败壁颓垣之畔，风雨交侵，茆檐廊屋之中，炊烟久断，困苦颠连，哀哀莫告。甚有以数日不食，饥饿难忍，勉割道旁陈尸挥涕下咽者，实令人见者堕泪，闻者伤心。嗟我豫皖同胞抑何奇惨极酷一至于斯耶！本会天职攸关，责无旁贷，业电固始分会就近赶组医队，出发六安、霍山等处，尽力救护，除疗伤瘗亡外，并请安徽旅沪同乡会公举张瑞臣君、朱星五君赴六安、霍山等处散放银洋衣米等物急赈，一面调查被灾各邑人户确数，亟筹赈济方策。唯灾区既广，灾民众多，计非集筹巨款，不足以宏救济而起疮痍。本会经费竭蹶，心力相违，远望江云，弥深焦灼，敢申托钵之求，发棠之请，冀薄海内外诸慈善家笃念痌瘝，仁囊慨解，多施一金即多活一命，早惠一日即早救一人。谨代豫皖两省数百万哀鸿九顿以俟，幸公鉴焉。"①

盛宣怀的表率和沈敦和的"乞募"之请，引起广泛的社会反响，善款源源不断，《申报》所刊中国红十字会捐款"致谢"，连篇累牍，可见一斑。

豫皖战灾的救济在分会和地方官绅的配合下紧张而有序地进行着。在安徽，根据受灾程度，分福、禄、寿三项，择要散放钱粮；在河南，1913 年 10 月 25 日经总会审批正式成立的固始分会在理事长张玉缜的领率下，不仅奉总会之命集队出发战地，疗治伤残，掩埋遗骼（据《中国红十字会固始分会十二年大事纲目》所载，在白朗之乱中，计医病伤 374 人，瘗亡 230 余具），而且自筹经费，担负起赈济灾民的重任（总会总办事处协济大洋千元），查灾放赈，一丝不苟。皖豫救济，历时数月，直到 5 月底才算结束，据史书记载，此次行动"全活数万人"②。

白朗之乱直到 8 月初才最终平息。其间，中国红十字会时刻关注着事态的变化，组织救援。

"狼祸"未已，而山东半岛风云突变。中国红十字会随即将救护的重点转向胶东。

山东半岛原系德国的"势力范围"，但日本对这块富饶的土地垂涎已久，必欲据为己有而后快。第一次世界大战的爆发，恰好为日本取德国而代之，推行其"大陆政策"提供了可乘之机。

1914 年 7 月 28 日，以英、法、俄等协约国为一方，和以德、意、奥等同盟国为另一方，在欧洲大动干戈，两大军事集团忙于欧战，无暇东顾，日本便跃跃欲试。8 月 15 日，日本政府以"日英同盟""确保东亚和平"为借口，向德国政府发出最后通牒，要求德国解除驻华武装，将胶州湾租借地转交日本，8 月 23 日如无满意答复，日本将采取军事行动。德国同意将青岛"交还中国"，条件是日本也应将台湾交还中国。这当然是日本难以接受的。8 月 23 日，日本即以德国无满意答复为由，正式对德宣战，并派出军舰 20 艘向威海卫集结，准备向驻鲁德军发起进攻。

战争阴云密布，而北洋政府忍看列强为争夺中国领土在中国厮杀，严守所谓"中立"。

---

① 《中国红十字会急募皖豫两省匪灾赈款》，《申报》1914 年 4 月 12 日。

② 《中国红十字会二十年大事纲目》，中国红十字会总办事处 1924 年编印，第 12 页。

战争一触即发，中国红十字会不能不为大战救护预作准备。

早在8月初，中国红十字会理事长江趋丹在请辞理事长职务时向会长、常议会《条陈十则》中就提出："中国处中立国地位，而列强于中国领海及海口租借地区域内，设有战端，各该国红会断难超越重洋从事救援，应如何预筹救护方法组织救护船驰赴战域救护以尽地主而崇人道。"[1] 8月9日，沈敦和以总会总办事处名义在《申报》上刊出《中国红十字会召集救护队员》的广告，准备组建救护队。8月21日，中国红十字会举行常议员会议，决定：预筹海战救护船和陆战救护队及临时医院，以便青岛如有战事即可出发救济，并预备渔船救护难民，筹募临时救济经费，由常议员分头劝募；与北洋政府、日内瓦国际红十字总会"接洽一切"[2]。

青岛战事日迫，中国红十字会救援准备也在紧锣密鼓地进行着。会长吕海寰久寓青岛，就近组织红十字会医院以备战时救护；烟台接近战地，交通便利，烟台分会奉命组建临时医院，作为疗治伤兵的基地。同时，总办事处招集惯历风涛之人编成海面救护队，教以初级救伤法，以便在水上开展救护；红会各省分会不下数十处，大多经历战事，不乏救护有素之人，沈敦和电请各分会，派出富有经验的会员来沪，以便组编一支精干的救护大队。

无款寸步难行。除常议员分头劝募善款外，总会总办事处仍以沈敦和的名义在8月27日、28日、9月1日《申报》刊登《中国红十字会立募救护急捐请海内外同胞公鉴》广告，号召海内外同胞"念切痌瘝，情殷赞助"。

战事急迫，风声鹤唳。中国红十字会准备就绪，整装待发。为规范救护行动，特制定《临时章程》和《临时要则》，对"组织""队员""遵守规则""津贴川资""奖恤惩罚"等均作出具体规定，要求救护队员谨遵勿违。救护队分编成水、陆两组，9月1日陆路组先行。天有不测风云，医队行进不远，忽接胶州电报："即墨一带大雨旬日，积水盈渠，途中淤泥三尺，不便进行。"[3] 医队不得不折回上海待命。

9月13日，水陆两组合二为一，搭乘"新济"号轮，前赴胶东。救护医队由43人组成，队长为上海南市医院医生陈杰初，副队长为吴丽山、邓笠航，另以金幼香为掩埋队队长、吴凯为担架队教练、金汉声等3人为医员。临行前，沈敦和副会长假座群雅菜馆为医队饯行，"以人道主义及博爱恤兵等旨为临别赠言"。沪城分会、南市医院各备筵饯别，而后医队"整队登轮。队员服制全系黄色，臂系红十字袖章，由陆军部及该会盖关防以为识别。队员之等级以帽上金线之道数及阔狭为区别，并均执有证书，且悬救护记章，随带药料、医具、食物等项不下二百余件"[4]。船行三日，16日到达烟

---

① 《红十字会江理事之意见》，《申报》1914年8月7日。

② 《红十字会纪事》，《新闻报》1914年8月22日。

③ 《红十字会纪事》，《申报》1914年9月6日。

④ 《红十字会医队出发》，《申报》1914年9月13日。

中国红十字会救护医队开赴胶东

台，而此时距战争爆发已整整两个星期了。

9 月 2 日，日军突然在龙口及莱州附近登陆，以对德宣战为名，侵犯中国领土。北洋政府无力阻挡日军的军事行动，只好援引日俄战争时的做法，把潍县车站以东划为日德交战区，其他地区仍为中立区，在中立区，中国的领土主权以及官民生命财产必须得到尊重，但日军对中国政府的严正声明置若罔闻，9 月 10 日侵占平度，12 日兵临即墨、高密，13 日占领胶州，日军后续部队也陆续从崂山湾登陆，直攻青岛。战火燃起，中国红十字会在鲁各分会在会长吕海寰指挥下开始力所能及的战伤救护。吕海寰本拟在青岛设立临时医院，因青岛为战地，只好移往潍县（吕海寰不久离开山东进京），同时扩组鲁省分会，推定陈绮垣为烟台分会理事长、尉礼贤为青岛分会理事长、傅稚谷为莱州平度理事医长、艾体伟为黄县分会理事医长、顾林森为海阳临时分会医长、庄钰为济南分会理事长（不久因滥用红十字标志而被辞退），其余接近战线之处由各该分会分驻救护医队。16 日总办事处派出的救护医队到达山东后，救护力量大增。

战争在继续，中国红十字会的战伤救护也在有条不紊地进行着，直到 11 月 7 日德军战败投降。

1914 年是中国红十字会成立十周年大庆，从 1913 年开始，总会总办事处即着手筹备十周年的庆祝活动，但终于 1914 年，庆典活动无暇举办。事实上，他们以人道主义行动为十周年大庆献上一份厚礼，为中国红十字运动增色不少。

二、在“护国”之役中

日本完成了对山东的军事进攻后，不仅要继承德国在山东的一切特权，而且要把整个中国置于日本的“保护”之下。11 月 11 日，日本内阁通过了旨在变中国为日本的独占殖民地的所谓《对华交涉案》（即“二十一条”），并于 12 月 2 日上奏天皇批准。1915 年 1 月 18 日，日本公使日置益将“二十一条”面呈袁世凯，谓“日本政府向大总统表示诚意，希望中日悬案能够早日解决。同时也是大总统向日本表示善意的一个良好的机会。中日悬案解决，中日两国的亲善关系加强，日本政府希望贵大总统高升一步”[①]。所谓“高升一步”，就是以支持袁世凯称帝为交换条件，诱使袁世凯出卖国家主权，承认“二十一条”。

原来，袁世凯虽于 1913 年 10 月 10 日宣誓就任正式大总统，但并没有因此而满足，“称帝”的欲望火焰时时在他胸中燃烧，其不顾一切追求目标的实现，于 1914 年抛弃《中华民国临时约法》，炮制《中华民国约法》，把总统的权力扩大到几乎与专制君主等量齐观的地步，而后鼓起尊孔复古逆流，借尊孔之名，行复辟之实；同时，极力寻求帝国主义的支持。日本的“承诺”，正中其怀。1915 年 5 月 9 日，袁世凯接受“二十一条”，半年后完成了称帝的准备，遂于 12 月 13 日在居仁堂公然称帝，31 日又下令改第二年为“洪宪”元年，决定在元旦举行“登极”大典。

袁世凯出卖国家主权、复辟帝制的行为，激起国民的普遍反对，孙中山、梁启超、蔡锷等人纷纷发表通电，号召民众行动起来，用武力捍卫共和，讨袁护国。“护国”战争因此爆发，于是中国红十字会投入“护国”之役的救护之中。

蔡　锷

1915 年 12 月 19 日，原云南都督蔡锷间关万里辗转潜返昆明，联络云南督军唐继尧于 25 日通电反袁，宣布云南独立，成立讨袁“护国军”。1916 年元旦，云南军政府宣告成立，举唐继尧为都督，组织三路讨袁军：蔡锷任第一军总司令，出兵四川；李烈钧任第二军总司令，进军两广；唐继尧兼第三军总司令，坐镇云南。1 月 10 日，讨袁军誓师出征，“护国”战争爆发。

滇事发生后，袁世凯派虎威将军曹锟为总司令，率兵南下。中国红十字会睹此情景，预料到“滇边各省必有战事”，因此，专电成都、梧州各分会，组织救护医队，于涪州、泸州、重庆等处设临时救护

① 陶菊隐：《北洋军阀统治时期史话》第 2 册，三联书店 1957 年版，第 55 页。

机关或固定医院，作好战地救护的充分准备。上海距战地太过遥远，有鞭长莫及之慨，如总办事处组织派出救护医队，恐远水近火，缓不济急。为此，采取灵活变通的方式，总会不再派出医队而充分发挥分会的作用，看来是必要的。2 月 11 日，总办事处致电北京总会转咨陆军部，明确表示："此次滇事猝起，谣诼繁兴，且闻中央三路遣师，诚恐干戈蔓延。本医队追随鞭镫，实力未逮，且稍有不慎，尤易滋生流弊。兹本会为杜渐防微起见，拟通电各处一律就地备设救护机关及固定医院，万一当地起有战事，均由该军队就近送往医治，本会各救护队概不出发，以昭慎重。"[①]

总会虽不似从前那样派出医队奔赴战地，但担负着指挥调度和筹款募捐的重任。分会及临时救护机关在四川、云南、广西、贵州、湖南纷纷设立，据 3 月 7 日《申报》，计有四川成都、宁远、雅州、嘉定、叙州、泸州、自流井、荣县、重庆、涪州、忠州，湖南长沙、常德、辰州、洪江、麻阳，贵州铜仁、安顺，云南昭通，广西梧州、百色，共 21 处。分会及临时机关继起，需款浩繁，总会总办事处多方筹措。受欧战影响，正如沈敦和所说的，"百物俱昂，即东西各药品其价值亦日进而不已，需款之巨已可概见"[②]，筹款募捐，诚非易事。

战争在持续，各地分会及临时救护机关"请速接济"的电报如雪片纷飞。总会总办事处不敢怠慢，不停地向海内外发出募捐呼吁。还在 2 月 15 日，总办事处就在《申报》上发布了《中国红十字会急募兵灾救护经费》广告，3 月 7 日《申报》刊登《中国红十字会总办事处沈仲礼启事》，12 日发表《红十字会募捐通函》，4 月 2 日、6 日、10 日、12 日、14 日、16 日、18 日、20 日接续在《申报》上刊发《中国红十字急募兵灾救护经费》广告，大声疾呼："滇黔事起，祸结兵连。目下湘蜀等省战哄日紧，满目戈铤，一般兵士枪伤弹击，体折肢残，痛苦呼号，情殊可惨。而战线以内，浩浩居民，或缘贫乏，或迫时机不及逃避者，辄多遭池鱼之殃，疮痍遍地，尤为痛心。本会职司救护，义不容辞，已经组织临时医院二十余处，一律委托中外教会医士分头疗治，药值既极昂贵，杂用又极浩繁。至如阵殁军民，尸骸狼藉，血肉模糊，亦断难任其暴露，则掩埋需费也。劫后余生，饥馑满道，哭泣盈野，亦何忍听其流离，则赈恤需费也。凡兹重任，独立奚支？近据各该省分会报告，泸、叙一带医院疗治被伤军民，病榻皆满，广需药品、经费，纷纷催请前来，竭蹶情形非言可喻。用敢吁恳薄海内外大慈善家本恻隐以为心，悯伤痍之满目，仁囊争解，义举同襄，行见一滴甘霖洒遍大千世界，其功德容有涯量耶！大旱云霓，无任跂祷。"[③] 红会的呼吁获得社会各界的广泛回应，从《申报》所载《中国红十字会敬谢隐名氏大善士捐助四川兵灾洋一百元》《中国红十

① 《红十字会之审慎》，《申报》1916 年 2 月 12 日。

② 《中国红十字会急募兵灾救护经费》，《申报》1916 年 2 月 15 日。

③ 《中国红十字会急募兵灾救护经费》，《申报》1916 年 4 月 2 日、6 日、10 日、12 日、14 日、16 日、18 日、20 日。

字会谨谢许邦兴大善士捐助洋二百元》《中国红十字会敬谢重庆分会魏诩丞君介绍会员交来会费洋二千五十元》《中国红十字会谨谢浙宁槐廷居士捐助救济兵灾洋一百元》《中国红十字会敬谢瑞唐号春筵资移助兵灾洋二百元》《中国红十字会敬谢郭子彬大善士捐助兵灾洋五百元》《中国红十字会谨谢刘老太太指捐兵灾洋一百元》《中国红十字会敬谢尤葛民大善士生孙之喜筵资拨助洋一百元》《中国红十字会谨谢晚悔斋同志诸公捐助兵灾救护经费银一千元》《中国红十字会谨谢杨富臣大善士令郎弥月移助亲友礼洋一百零一元》等感谢广告中，可以想见各界热心善士捐款的踊跃。集腋成裘，聚沙成塔，捐款的源源不断，成为分会广施救援行动的坚强后盾。

1916 年 6 月 6 日，袁世凯在四面楚歌中撒手归西，护国军取得了讨袁战争的最后胜利。在整个“护国之役”的救护中，据《中国红十字会二十年大事纲目》记载：“凡战事所经之地，各医院无不伤痍满院，药物为罄，函电交驰，请药请款本会者无日无之。未几而粤战又起，复电广东分会即日出队救护，疗伤瘗亡，厥功尤著。是役也，本会分设机关多至数十处，用款至十余万元。”总会筹款，分会救援，上下同心，通力合作，取得护国之役救援行动的圆满成功。[①]

三、从“护法”到“北伐”

袁世凯死后，中国出现了军阀割据的局面，段祺瑞皖系、冯国璋直系、张作霖奉系、阎锡山晋系、唐继尧滇系、陆荣廷桂系，还有遍布全国的小军阀，把整个中国分割得七零八落。各派军阀，朝秦暮楚，纵横捭阖，相互攻伐，中国由此陷入军阀混战的大动乱年代。在战乱迭起的时代下，中国红十字会一如既往，蹈锋镝，冒奇险，扶伤瘗亡，克尽天职。

“护国”之战救援行动结束不久，1917 年 6—7 月又有张勋“复辟之役”，中国红十字会北京总会、天津分会竭力救护，“虽为日无多，而成绩昭然，京津人士交口翕颂”[②]。喘息未定，护法战争爆发了。

段祺瑞驱逐张勋后，再次出任国务总理兼陆军总长，黎元洪辞职，冯国璋虽继任大总统，但徒具虚名，实权已完全为段祺瑞操纵。段祺瑞为建立军事独裁，8 月 14 日对德奥宣战，以编练“参战军”为名，以苛刻的政治条件向日本大借外债。段政府“对外宣而不战，对内战而不宣”，积极扩军备战，以实现其“武力统一”的野心。为建立专制独裁统治，段祺瑞“一不要约法，二不要国会，三不要旧总统”，拒绝恢复作为共和象征的《中华民国临时约法》和国会，招致国民党人的强烈反对。1917 年 8 月，孙中山在广州举起“护法”旗帜，成立以“勘定叛乱，恢复临时约法”为职责的军政

---

① 《中国红十字会二十年大事纲目》，中国红十字会总办事处 1924 年编印，第 16 页。
② 《中国红十字会二十年大事纲目》，中国红十字会总办事处 1924 年编印，第 16 页。

府，并出任海陆军大元帅，依恃西南军阀发动“护法战争”。段祺瑞调兵南下，入湘作战。段祺瑞“武力统一”的战略目标虽是护法军政府所在地广东，但非取湖南不易收功，段祺瑞的心腹徐树铮道出个中底蕴：“欲定大局，非谋统一不可；欲谋统一，非川粤同受政府节制不可。以川较粤，川可稍缓，而粤宜急。粤定川或随之而自定。我之争湘者，为图粤计耳。粤不定，湘即危，湘有事，鄂亦不安，大局则时有摇动之虞。”湖南战略地位如此重要，理所当然成为北洋军的首攻目标。护法军也清楚，“湘省为两粤门户，又系滇黔咽喉，湘失则西南腹被（背）受敌，不特进取之机全无，且（北军）得湘实足以制西南之死命而有余”[①]，湖南力所必争。10 月，两军在湖南交火，护法战争开始。

护法战争爆发后，中国红十字会正全力赈济北京、直隶水灾，焦头烂额，疲惫不堪，“值此天灾人祸相逼而来，本会正办京、直水灾，区内之武清、天津、文安、沧县、东光、徐水及获鹿之石家庄等七县春冬急赈，并担任天津被灾妇孺留养经费至明春二月为度，需款数十万，业已力竭声嘶，实无余力兼顾”[②]。但天职攸关，岂忍坐视？战争爆发后，红会总办事处急电长沙、岳阳、常德、衡州、永州、汉口、重庆、威远、樊城、潜江、富顺、自流井、灌县、析津等分会分别组织救护医队向战地进发，设临时医院救护病伤兵民，同时募集捐款，量力接济。1918 年 2 月 3 日，总办事处还应通城分会之请，派刘月如、曹晨涛医生偕药剂员李安福、看护唐永年、职员鲍康宁、鲍康祚等携带药品、器具乘招商局“江宽”轮前往通城协助救护。

孙中山大元帅

1918 年 5 月 21 日，受西南军阀排挤，孙中山愤而离开广州前往上海，护法运动失败。在整个“护法战争”中，湖南始终是双方争逐的“角斗场”。战灾蹂躏已深，水患继之，天灾人祸交乘，陷湘省民众于水深火热之中。以救灾恤难为天职的中国红十字会也把赈济的重点投向湖南，不仅筹集巨款给予救助，且特设湘赈干部处，举交通部专门学校校长唐慰芝为部长，驰赴湘省办赈。据《中国红十字会二十年大事纲目》统

---

① 李新、李宗一主编：《中华民国史》第 2 编第 2 卷，中华书局 1987 年版，第 156－157 页。
② 《中国红十字会办理川湘兵灾救护敬募捐款》，《申报》1917 年 10 月 29 日、11 月 2 日。

计："湘赈款项共计一万四千元，连南洋公学经募七千二百元，共二万一千二百元；运往新旧棉衣二万四千六百六十五件。又查八年四月四日议案，报告结束，前后用款总计六万元左右。"[①] 该款项有效缓解了人祸天灾带给湖南民众的苦痛。

护法战争后，直到北伐战争，干戈林立，遍地烽烟。中国红十字会不敢有丝毫懈怠，救护、掩埋、留养，马不停蹄。

1918 年 8 月，粤军向福建北军发起进攻，连拔龙岩、宁津、汀州、武平、清流、上杭、永定、平和、连城、宁洋、安溪、漳平、永春、大田、德化、仙游、龙溪、延平等地，福州大震。福州分会组织救护医队紧急出动，频电总会总办事处，凡医队所需药品、敷料等，请总办事处筹措速寄福州以应急需。总办事处立即照办，并组织延平、莆田等处分会开赴战地。

1919 年，零星的战灾救助仍在进行中。相对平静的时局实际上正酝酿着更大规模的灾难。中国红十字会一方面完成新与旧的交替——沈敦和辞职，蔡廷干出任副会长[②]，唐元湛（露园）为理事长；一方面进行自身建设，以提高救护能力。

1920 年 7 月，直皖战争爆发，这是北洋军阀集团内部发生的首次大规模武装冲突。

1919 年 12 月冯国璋死后，曹锟、吴佩孚成为直系领袖。曹、吴对皖系段祺瑞的"武力统一"予以抵制，由此激起直皖矛盾的白热化。为了对付皖系，直系与西南军阀、奉系军阀结成"三角同盟"。1920 年 5 月，吴佩孚置段祺瑞"不准撤防"的命令于不顾，从湖南撤军北上（6 月撤至河南布防）。在撤防中，湘军赵恒惕根据与直系达成的默契，捷足先登接防，武力驱逐皖系湖南督军兼省长的张敬尧的势力。"湖南战局重开，浩劫当头，灾情过重。"中国红十字会组织常德、衡山、耒阳、衡阳、宁乡、宝庆、湘潭、长沙、岳州分会协力救护。吴佩孚由湘撤防北归"实为直皖战争的起点"[③]。7 月 14 日，直皖大战在京郊正式展开，北京分会、天津分会全力投入救护。在这次救护行动中，北京女界红十字会也积极参与，除组织救护队外，还设立妇孺救济会、妇孺收容所等，成绩突出，赢得社会各界的普遍赞誉。

在 1920 年动荡不安的时局中，中国红十字会内部发生了两件大事：一是 7 月 9 日沈敦和逝世。沈敦和是中国红十字会的缔造者，办理会务前后 17 载，功勋卓著，诚如《中国红十字会二十年大事纲目》所评："论开创则百世不祧之祖，论慈善则万家生佛之宗。"他的去世，是中国红十字事业的巨大损失。二是 10 月 2 日发布大总统令，同

---

① 《中国红十字会二十年大事纲目》，中国红十字会总办事处 1924 年编印，第 18 页。

② 蔡廷干，字耀堂，1861 年出生于广东香山。曾留学美国，回国后入天津水雷学堂，1911 年任海军部军制司长，1912 年任袁世凯总统府高等军事顾问，授海军中将。1913 年 9 月任税务处会办，1919 年 4 月任中国红十字会副会长，1921 年任华盛顿会议中国代表团顾问，1924 年任税务处督办，1926 年 7 月署杜锡圭内阁外交总长，1927 年解职，1935 年于北京逝世。

③ 濑江浊物：《直皖战争始末记》，转引自李新、李宗一主编：《中华民国史》第 2 编第 2 卷，中华书局 1987 年版，第 503 页。

意吕海寰辞去中国红十字会会长职务，派汪大燮为中国红十字会会长。[①] 吕海寰是红会先师，对推动中国红十字事业的发展有着不可磨灭的历史功绩。

直皖大战，直胜皖败，直系开始主宰中国政坛，但军阀之间的纷争恶斗并没有因此而停歇。

1921 年 6 月，第二次粤桂战争爆发。1920 年第一次粤桂战争中，桂系军阀战败，陆荣廷撤出广东，陈兵梧州，准备反攻。6 月 13 日桂军沈鸿英部进攻广州，粤军陈炯明指挥反击，连战皆胜，8 月 5 日进入南宁。陆荣廷逃亡，战争结束。战争期间，桂林等处分会奔赴战地，救护伤兵，掩埋弃尸。总会总办事处筹资洋 500 元汇桂林分会，给予支持。

1922 年，直系、奉系利益之争加剧，导致第一次直奉战争发生。4 月 29 日，吴佩孚、张作霖各投入 10 余万兵力，在马厂、固安、长辛店展开激烈战斗。保定分会筹备救济会 21 处；救护队 2 队，第一队由副队长景受川带领，于 28 日开赴霸县，第二队由保定分会会长钱启嘉亲自带队开赴大城。29 日，第一救护队到达霸县，恰逢两军开战，救护队不顾个人安危，冒险救护伤兵 80 余名，除送军医院外，余下 36 人送分会医院调治。5 月 4 日，直奉两军在大城一带交火，第二救护队于枪林弹雨中救护伤兵 300 余名。次日，奉军全线溃退。奉军退时，天津分会组织 3 支救护队，竭力救护。此外，南海、番禺、顺德等分会联合救护队于湘战，赤水分会于黔战，南昌、赣州、吉安、吴城分会于赣战等，均组织救护队，实施救护。总会总办事处一方面筹款补助，一方面知照前敌各军，对红会救护行动予以保护。

1923 年，战灾救护仍在进行。四川久战不息，成都、隆昌、万县、简阳、罗江、崇庆、威远、乐山、梁山、大竹、渠县、新都、华阳等分会，于川战救护，勤劳不息。而广东番禺、高要、顺德、南海等分会于滇桂之战，贵阳分会于黔战，广西桂林、梧州等分会于粤桂之战，江西黎川分会、福建厦门分会于闽战，湖南常德、醴陵等分会于湘战等，也都积极投入救援。中国红十字会总会总办事处在筹款募捐资助分会的同时，组织了对临城劫车案的直接救援。

5 月 6 日，一列由浦口开往天津的火车，行驶在齐鲁大地上。当列车行至沙沟、临城间，被山东著名劫匪孙美瑶、孙美珠截劫。据交通总长吴毓麟报告称："本月六日三时，由浦口北来特别快车，行至沙沟、临城站间，突被匪徒预先拆毁轨道，夜深未能瞭见，司机察觉，赶紧停驶，已将机车、邮车及三等客车二辆颠出轨外。土匪千余，

① 汪大燮，字伯唐，1860 年生于浙江钱塘（今杭州），举人出身，曾任总理各国事务衙门章京。1902 年任留日学生监督，次年充外务部参议。1905 年受命为出使英国大臣，1907 年回国，旋授考察宪政大臣，出使英、德等国，1908 年任邮传部左侍郎。1910 年出使日本，1913 年回国后任熊希龄内阁教育总长，1914 年任平政院院长、参政院参政。1916 年任交通总长，次年任外交总长，代国务总理。第一次世界大战结束后，任巴黎和会外交后援会委员长。1922 年再次出任平政院院长，1925 年兼任全国防灾委员会和外交委员会委员长。1929 年去世。

开始肆劫，搭客纷纷逃避，枪伤搭客英人1名，即时惨毙；华人搭客1人，路警1名，均受重伤。其余中外搭客被俘者，约百余人。旅客随身行旅被劫一空。”① 这就是震惊中外的“临城劫车案”。被劫往抱犊崮山中的百余名乘客中，有26名“洋票”，分别来自美、英、法、意大利、墨西哥和罗马尼亚。“该匪以外人为质，挟持官府与之交涉，要求改编官军，给饷给械。”事关外交交涉，北洋政府不得不与孙匪举行和平谈判。中国红十字会出于人道主义，为尽救护天职，庄理事长特请牛惠霖院长率领医队，由上海出发，前往山东，“始则暂驻枣庄车中，组织临时医院，旋即借中兴煤矿公司新医院，终则达其入山救疗之目的。中外旅客，除始被掳时，一外人在车拒匪被匪枪击毙命，一华人被掳上山，年老不能攀登被匪击死，一华人坠崖跌死，共死三人外，均于六月十二日、二十四日前后释放，完全出险”②。

1924年，战争阴云密布。新当选的中国红十字会会长颜惠庆③、驻京副会长蔡廷干、驻沪副会长杨晟预作准备。9月3日，“齐卢之战”（又称江浙战争）爆发。皖系浙江督军卢永祥因通电反对曹锟贿选总统为直系所不容，在曹锟、吴佩孚授意下，直系江苏督军齐燮元、安徽督军马联甲、江西督军蔡成勋、福建督军周荫人结成攻浙联盟。双方投入的兵力各近10万人。9月3日，苏军向浙军发起攻击。战事发生前夜，“战区以内之各处红十字分会，纷纷筹备救护，……本埠（上海）红会方面，业经派队四出布置，于救伤、收容、妇孺等事，多所规画，……故该会职员，益形忙迫，夜以继日，不得稍息。至各处救护应用物品，则均由该会置办妥当，分别寄运各地，以备临时应用”④。战争爆发后，中国红十字会总会总办事处、沪城分会之外，战区各地纷纷组织分会，犹如“遍地开花”，吴淞分会、嘉定分会、娄塘分会、南翔分会、青浦分会、大场分会、宝山分会、泗泾分会、闽行分会、南汇分会、鲁家汇镇分会、莘庄分会、胡家镇分会、胡家桥分会、三林塘分会等分会先后建立并投入紧张的战事救护之中。10月12日，卢永祥宣布下野，齐卢之战结束，而红会善后疗伤、掩埋、赈济工作仍在进行，直到11月初方告一段落。两个月中，中国红十字会总会总办事处先后在沪设立医院12处，向昆山、常州、浏河等处派出6支救护队，参与战地救护的医生、男女看护等400余人，规模空前。沪城分会及昆山、吴县等地分会也投入大量人力、物力、财

① 中国第二历史档案馆藏：《交通部致内务部咨》，1923年5月8日，转引自蔡少卿主编：《民国时期的土匪》，中国人民大学出版社1993年版，第163页。

② 中国红十字会总会编：《中国红十字会历史资料选编（1904—1949）》，南京大学出版社1993年版，第492页。

③ 颜惠庆，字骏人，1877年生于上海。早年毕业于上海同文馆，后留学美国。回国后任圣约翰大学英文教授。1909年任外交部股长，1910年兼清华学校总办。1912年后历任北洋政府外交总长、内务总长等职。1924年4月29日被任命为中国红十字会会长。国民政府成立后，先后出任驻英、苏大使。抗战爆发后在上海从事慈善和教育事业。解放后任华东军政委员会副主席、中央人民政府政治法律委员会委员等职。1950年在上海病逝。

④ 《红十字会之昨讯》，《申报》1924年9月2日。

力协力救援，卓有劳绩。在这场大规模的军事冲突中，中国红十字会走过了二十周年的风雨历程。

1925 年元旦刚过，第二次江浙战争爆发了。原来，1924 年 10 月北京政变后，中央政权转移到奉系军阀手中。12 月，被张作霖、冯玉祥捧为中华民国临时执政的段祺瑞，任命卢永祥为苏皖宣抚使，免去齐燮元苏皖赣巡阅使兼江苏督军职务。张作霖为扩展地盘，派张宗昌随卢永祥南下。齐燮元先发制人，与孙传芳联合组织江浙联军，于 1 月 9 日进攻北京政府派来上海的淞沪军使张允明部获胜。接着与南下奉军交战于无锡、苏州等地。战事持续到月底，以齐军的失败而告终。战火突起，伤亡惨重，被灾难民，颠连无告。中国红十字会总会总办事处以及沪城分会立即组织救援。淞沪之战中，红会第五疗养所在松江设立 9 处收容所，三日内收容难民 3000 余人。莘庄、七宝等地成立红十字事务所，协助救护。苏州附近战火燃起，红会总办事处于 13 日派沈金涛率救护队乘"大利"号轮船前往苏州施救难民，14 日入城，救出避难妇孺 310 人。至 27 日，救护船已 7 次往返苏州、上海，救出难民数千人。

第二次江浙战争结束，奉浙战争又起。张作霖奉系为了向南方渗透，8 月 29 日，要求段祺瑞任命杨宇霆为江苏督军、姜登选为安徽督军。孙传芳先发制人，联络苏军旧部及鄂、皖、赣三省直系军阀，组成浙闽皖赣苏五省联军（孙传芳自称联军总司令），于 10 月 15 日兵分五路，进逼上海。杨宇霆、姜登选不战而败，放弃沪、宁等地。奉系山东督军张宗昌奉命固守徐州，与联军展开激战，11 月 7 日奉军战败回鲁，战争结束。在持续近两个月的争战中，中国红十字会总会总办事处进行了广泛的救护动员，分会积极响应，据《申报》报道，参与救护的有镇江、泗泾、松江、高邮、南京、常州、扬州、昆山、丹阳、宝应、仪征、阜宁、宿迁、泰县、武邑、清江浦、徐州、盐城、惠民、涟水、淮安、明光、滁州、临淮、蚌埠、宿县、泗县、江阴、郾城、永城、渑池、虞城等地分会。有一些乡镇如三河镇、刘庄、板浦、楚旺、众兴、高资、窑湾等也组建分会，参与救护，救护成绩也很显著，如安徽宿县分会，据 1925 年 11 月 16 日《申报》所载，该分会致总办事处函称："此次联军与奉军旬日大战，均在宿县境内，前次分会向南出发，所有救护掩埋实在情形，业经呈报在案。县北战事，尤为剧烈，兹于十一月一日黎明，第一救护队长赵良璧、副队长张秉钊率队役二十名，掩埋队长李景堂率队役三十名，医务长任冠五、医生任玉杰、刘汉三、齐载三、李济柔、庶务长胡寿山等，向东北出发；本日下午第二队救护队长任梅村、副队长柏运生率队役十六名，掩埋队长王永清率队（役）二十四名，医务长蔡黎堂、庶务长李绍成等率员向正北出发。第三（一）队经历单庄、王家场、万渡口、顺河集、黄家嘴、王家寨、鹤山集等处，救出伤兵三百六十八名、掩埋亡兵二百四十七名；第二队经历九空桥、符离集、黄山头、丁家寨、褚庄、离山铺等处，救出伤兵二百八十三名，掩埋亡兵二百五十七名。战地居民逃避不及为流弹所中者，两队共救治四十一名。至于伤兵，除即时治愈不计外，共载送四百九十五名于城内医院，所有伤兵，一概安置妥帖。”① 由此可见分会救护情形之一斑。分会的广泛参与，使奉浙战事救护取得了圆满的成功。

北洋军阀穷兵黩武，闹得时局不靖，天下大乱。人们渴望结束战争，社会各界包括中国红十字会不断呼唤和平，声嘶力竭。1926 年，一场结束战争的战争——北伐战争拉开了序幕。

北伐战争分为两个阶段。第一期北伐是国共两党联手遂行的。自 1924 年第一次国共合作以来，两党为北伐作战做了充分的准备。北伐的目的是结束军阀割据局面，实现统一。北伐的对象是盘踞两湖、河南的吴佩孚集团，割据苏浙皖赣闽的孙传芳集团和据有东北、直隶、山东、热河、察哈尔等地的张作霖集团。1926 年 7 月 9 日，国民革命军在广州举行北伐誓师大会，北伐战争正式开始。

北伐战争在两湖战场、江西战场、福建战场、浙皖苏战场、河南战场展开。战火燎原，生灵涂炭。罹兵各省分会，组织救援。如湖南平江分会，在 8 月 19 日北伐军攻克平江时，派队掩埋阵亡兵士尸体 53 具，收容伤兵 370 余人，设临时医院 3 所；湖北蕲春分会设妇孺收容所 3 处，派出由 40 名队员组成的救护队开赴战地；武汉战役中，汉口分会设临时医院 2 处，收治伤兵千余名，分设妇孺救济所 47 处，收容难民妇孺 50000 余人。江西南昌临时红十字会自 9 月开办月余，掩埋尸骸多达 2000 余具，收容难民伤兵 4000 余人。其他分会的救护工作也在开展之中。

特别值得一提的是，在北伐战争中，宋庆龄发起的中国国民党党立红十字会（简称党红十字会、党立红十字会），组织起女子北伐救护宣传队（又称北伐妇女救护队，简称北伐救护队），国民党中央妇女部干事高恬波担任救护队长。② 她率领 13 名救护队员，辗转湘、鄂、赣三省，随军救护。而宋庆龄则在 1926 年 9 月 29 日接受党立红十字

---

① 《宿县红会来函》，《申报》1925 年 11 月 16 日。

② 《中央妇女部七八月份工作报告书》，《妇女之声》第 25 期（1926 年 11 月 15 日）。高恬波（1898—1929），原名慕德，广东惠阳县（现惠州市惠阳区）人。父亲高若汉是当地受人尊重的名医。受家庭的熏陶，高恬波从小就有悬壶济世、治病救人的仁心。1915 年，高恬波如愿以偿，考入广州妇孺产科学校，成为一名医学生。1923 年春，高恬波加入中国社会主义青年团（1922 年 5 月在广州成立，1925 年 1 月 26 日改称中国共产主义青年团）。6 月，“新学生社”成立，这是广州青年团外围组织，高恬波出任执行委员会常委，书记则是共产党员阮啸仙，共同的理想使他们走到了一起，不久经组织批准，二人喜结连理，成为一对“革命夫妻”。1924 年春，高恬波加入中国共产党，成为广东省第一位女党员。也正是在这一年，国共两党第一次合作建立，高恬波以个人身份加入国民党，任国民党中央妇女部干事，成为国民党左派妇女部长何香凝的得力助手，妇女运动的积极分子。1925 年冬，为配合国民革命军北伐，何香凝、邓颖超等人在广东大学医科学院（1926 年改名中山大学医学院）组织“军人家属妇女救护员传习所”，培训战地救护人员。学员 120 余人，高恬波担任培训教师，讲授止血、固定、搬运、包扎“四大技术”中的包扎技能以及传习所管理事务。北伐军辗转湖南、湖北、江西三省之间，行军强度高，战事密集。高恬波不负众望，率着救护队随军进退，行程万里。她的事迹在北伐军中广为流传，官兵们亲切地称她是北伐救护队的“女将军”。1927 年 12 月 11 日，在中共广东省委书记张太雷以及叶挺、叶剑英、聂荣臻、徐向前等的领导下，广州起义爆发。高恬波动员妇女，组织救护队，抢救伤员，三天三夜未曾合眼。起义失败后，高恬波随部队转移到鄱阳湖，不久被派到南昌担任中共江西省委特派员，恢复党组织，开展秘密活动，江西革命形势逐渐好转。遗憾的是，1929 年 12 月 25 日，高恬波在南昌市区执行任务时，不幸被捕，被残忍杀害，年仅 31 岁。

会聘任的征募部部长职务[①]，筹款募捐，为北伐救护事业提供后援支持。

但总的来说，中国红十字会的救护行动显得比较沉寂，正因为如此，国民革命军总司令部专门成立“彻查上海红十字会委员会”，对红会进行“彻查”，在 1927 年 8 月 13 日彻查委二次会议上，总司令部军医处处长陈方之表示：“彻查原因，为红会历年积弊太深，并此次前方救护工作，不但不予协助，竟敢置若罔闻，殊失创办红会宗旨。”[②]“彻查”后，红会先后派出 5 支医队前往南京、常州、镇江等地救护沪宁战伤，救护工作稍有起色。

高恬波

1927 年 4 月，南京国民政府建立，完成形式上的“国家统一”。但“四一二”、“七一五”政变后，国共两党关系破裂，“十年内战”（1927—1937 年）爆发。而 1928 年 4 月 4 日开始的第二期北伐则由国民党独自进行。12 月 29 日，张学良“东北易帜”，标志着北洋军阀统治的终结。在此过程中，直到 1931 年，中国红十字会虽然采取了一些救护措施，但内战救护效果并不显著，一则经费枯竭，再则缺乏热情，这是否是对“彻查”后加浓的官办色彩的一种“抗拒”，不得而知。不过，中国红十字会并没有忘记自己的人道天职，他们把注意的目光转向社会救助和社会服务方面。

第四节　雪中送炭　情暖人间

拯灾赈饥，扶危济困，乃中国红十字会宗旨，从事社会救济及社会服务原是红会分内的事。晚清时期，除了直接赈济罹兵难民灾民外，旱魃、水灾、时疫等灾害的赈

① 《广州民国日报》1926 年 9 月 30 日，转引自简海燕、池子华主编：《〈红十字会救伤第一法〉——孙中山唯一译著的整理与研究》，合肥工业大学出版社 2014 年版，第 203 页。

② 《彻查红十字会昨日集会》，《申报》1927 年 8 月 14 日。

济活动也时有举办，据《中国红十字会二十年大事纲目》所载，1908年夏秋之间，“时疫流行。本会于是年创设临时救疫医院，自开幕至闭幕，凡三四阅月。嗣后岁以为常，全活无算，成绩最著。院址在天津路三百十六号”；1910年夏，“皖北旱灾（应为水灾——引者），继以大疫，死亡枕藉。本会急派医士学生，携带救疫药物器具，组织救疫医队，为甲乙丙丁四队，冒暑驰往皖北之临淮、寿州、凤阳、正阳、凤台、怀远、宿州、蚌埠，及苏省之清江、海州、桃源等处，竭力拯救，治愈者六万七千五百余人。于时办理急赈者，为本会组织之华洋义赈会，集款至百七十万，全活无算，成绩昭然，故本会得以全力专任救疫”①。民国建立至1930年的近二十年间，战乱频仍，灾荒不断，中国红十字会在救伤葬亡的同时，广泛参与自然灾害及其他意外灾害的救济活动，把博爱洒满人间。

一、水灾的救济

“天灾”——水、旱等自然灾害具有不可避免性。一旦大灾来临，饥荒就随之而至，陷芸芸众生于水深火热之中。近代中国被称为“饥荒的中国”，灾荒连年，不绝如缕。黄泽苍在《中国天灾问题》一书中说：“西人喻中国之内战为‘秋操’，以其循环不息也。某君则以天灾流行，譬为中国之‘例行故事’。”一语“例行故事”，昭示出灾荒“莅临”之常。这在民国时期，更是见惯不怪。

水火无情。水灾为害之烈，令人心胆俱裂。在各种“天灾”中，水灾称得上祸首。因此，中国红十字会对“天灾”的赈济行动，以水灾救济最为经常。

民国纪元的第一年，中国红十字会便遭遇顺直和浙江温处特大水灾。1912年夏，顺直淫雨不断，酿成“数十年未有之奇灾”，永定、大清、滹沱、子牙等河“相继泛决，一望无涯，可数百里。灾区有三十六州县之广，灾民达一百四十余万之多。非随流漂泊，即露宿风栖”②。灾情发生后，天津红分会代表杨宝恒、卞荫昌、刘家桢、刘孟扬4人利用参加“统一大会”之机，与总会总办事处“协商筹赈事宜”。总办事处对顺直水灾十分重视。统一大会结束后，沈敦和立即在《申报》上发布劝募顺直赈捐启事；接着，专程赴京“商顺直赈务”，并“亲往顺直灾区，调查月余”，“尚有未到之处，请代表朱静波、姚廷薰亲历调查”。③ 返沪后，除募集棉衣60000套、粮食数万石运往灾区散放急赈外，“分电各省团体、英荷各属华侨、万国红十字会等处告急募捐。而常议员、赞助团亦分头劝募，不遗余力”④。

北方顺直水祸未已，东南温处又告陆沉。1912年秋，浙江温州、处州大水为灾，

① 《中国红十字会二十年大事纲目》，中国红十字会总办事处1924年编印，第3-4页。

② 李文海等：《近代中国灾荒纪年》，湖南教育出版社1990年版，第806页。

③ 《报告灾区惨状》，《申报》1913年1月16日。

④ 《红十字会之筹赈忙》，《申报》1913年1月12日。

处州府“水灾异常奇重，实为数百年所未有。顷悉该处共有十县，青田、云和等五县漂没无存，共计淹毙人口至二十二万有奇”。浙东温州水灾本已严重，又遭飓风袭击，溺毙无算。两处“未经淹毙者数几百万，但家室荡然，饥寒交迫，无住无食，何以为生”[①]。中国红十字会副会长沈敦和“悯之”，特举陆军第一军军医司长柏栋臣医士为队长，陈士芬医士为副队长，连同看护、配药20余人，组成救疫医队；掩埋队一队，专埋沙掩水冲及暴露之尸骸；查赈队随带棉衣2000套、白米数百担、洋银数千元为医赈兼施之需。唐锡晋善士敦请赈务专家10余人，以“中国红十字会协济青田义赈局”的名义，带旧棉衣万余套，小包面粉20000袋，于11月5日乘“普济船”赴温处办理赈务。温处赈济1913年春结束，据史书所载：“灾民受赈者二万余人，疗治伤病数千人，掩埋尸棺数百具。”[②]

1914年，对胶东半岛的民众来说，可谓祸不单行。日德之战，无辜百姓惨遭池鱼之殃，而水灾接踵，更使他们不堪其苦，据1914年9月17日《申报》报道，福山、即墨、胶县、高密、潍县、昌邑等县，“暴雨河溢，损失人民生命财产甚巨，实为近年罕见之灾”。水灾发生后，鲁省当局急电沈敦和副会长：“贵会系慈善性质，原不必限于军事，可否商请在会诸君就近遇有灾民一视同仁，量力赈济，尤为造福不浅。”[③] 中国红十字会莱州分会傅医长9月17日致电总办事处乞赈：“莱州西、北两境被水极酷，竹筏冲散，村庄水淹者百余处，死亡何止数千人，水势浩涨，较之三年前淮灾尤高数尺。就近境而言，被水之区广五十里，袤二百里，秋收全毁，由此至平度，非舟不行，食物已尽，需赈极巨且急，即请速筹款项，以惠灾黎。”[④] 9月22日，中国红十字会召开第九次常议会，鉴于“此次鲁省水灾有六、七县之广，生命财产损失甚巨，水势之大较之三年前皖灾尤烈，哀鸿嗷嗷待哺，本会迭经该省将军、巡按使及各分会来电告灾乞赈”，决定“筹募捐款，酌量放赈”[⑤]。沈敦和当场捐出200元，常议员蒋星阶、江趋丹等亦纷纷解囊。9月28日，总办事处在《申报》发布《中国红十字会急募山东水灾赈捐并新旧棉衣广告》，劝募赈款寒衣。

哀鸿遍野，待哺嗷嗷，乞赈之声，不绝于耳。沈敦和急灾民之所急，常议会后即携款万元、棉衣5000件驰赴胶东，散放急赈。但灾区既广，灾民众多，所携之款，杯水车薪，沈敦和旋即赴京求助。由于沈副会长“不远数千里，奔走呼号于冰天雪地之中，且又自垫巨款以为之倡”，“至诚足以动人”，终使大总统命令财政部会议特别筹划，并得陇海铁路督办施省之、交通银行行长任振采“慨然允代筹募”。部拨及捐款陆

① 《杭垣筹办水灾急振会纪事》，《申报》1912年9月24日。
② 《中国红十字会二十年大事纲目》，中国红十字会总办事处1924年编印，第7页。
③ 《胶澳战云中之水灾》，《新闻报》1914年9月17日。
④ 《红十字会之鲁省救济》，《申报》1914年9月20日。
⑤ 《红十字会常议会纪事》，《申报》1914年9月24。

续汇往山东。赈务持续到1915年春，据《中国红十字会二十年大事纲目》记载，此次放赈，计用款约32000余元，由于“事前先派救护队邓笠航携书记及摄影者实地调查，故灾区沾惠无虚”①。1915年，中国红十字会还筹款数万元，助赈浙江、江西水灾。

1916年夏秋之交，安徽、江苏大水。据8月17日《申报》报道：“江淮一带，上而豫之固始、光、息，皖之阜阳、颍上、霍邱、寿县、凤台、淮远以迄于临淮、五河、盱眙等县，汪洋千里，一望无际。而沿村庐舍、大地、禾黍悉浸入洪涛骇浪之中，累累浮尸，触目皆是，甚者森森树木，竟如沿岸芦柴漂摇水面，孑余穷黎，无家可归，无食可觅，类都穴山巢树，露宿风餐，号哭之声，昼夜不绝。一种惨酷情形，断非郑侠流民图所能曲绘。他如江苏之江浦等县，亦皆圩堤破溃，田舍淹没，巨万哀鸿，宛转沟壑，浩浩沉灾，实为近五十年来所未有。”② 告灾乞赈，函电交驰。总会总办事处一方面通过传媒向社会各界劝募急赈；另一方面于9月17日与安徽旅沪同乡会合组中国红十字会安徽义赈会，沈敦和、余诚格、李经方任干事部长，共筹皖赈。9月23日，召开第一次干事会，决定由义赈会垫洋20000元，分请灾区传教士会同义赈会查赈员择被灾尤重之户先为酌放，而后募集捐款，次第放赈。12月中旬，根据查赈员报告，此次沿淮淮北被灾各县以淮远、凤台、五河为最重，凤阳之淮北岸、寿州之正阳关、颍上之东乡、霍邱之三河尖、灵璧之南四区、盱眙之水七堡、阜阳之南八保为次。中国红十字会安徽义赈会决议，购白米3000石、棉衣3000件，克日运抵蚌埠转运淮远、凤台、五河三县，又购买高粱万石、黄豆3000石，分散被灾各县以为籽种。冬去春来，中国红十字会赶办春赈，派员赴灾区分别轻重，核实散放，直到1917年夏初，皖北赈务始告结束，据透露，“灾民获沾实惠者，数逾十万”③。

1917年夏秋之际，直隶连降淫雨，永定、潮白、南北运河等河相继溃决，洪水泛滥，百余县受灾，灾民达560余万人。这又是一场大浩劫。

大灾发生后，乞赈函电，雪片飞来，纷纷向沈敦和求助。8月27日《申报》报道说：“直隶水灾之巨为近年所未有，本埠红十字会前接曹（锟）督军来电乞赈，业经电请政府将前岁青岛兵灾救济批准未拨之二万元如数拨交，以便赶办急赈。嗣又接旅津浙绅来函，详述灾状，惨不忍闻，已先筹垫款项电汇至津散放。刻又接京兆尹王达君来电，云京兆于七月十五日后淫雨积旬，黄流盛涨，永定、北运及各县河流同时漫决，致近河十数县尽成泽国，淹毙人口无算，幸存者岩栖露宿，无衣无食，朝不谋夕，现虽请款赶放急赈，唯灾区过广，普及为难，诚恐迁延，道馑相望。我公恫瘝在抱，夙所钦心。京兆为中央根本，必蒙休戚相关，代为呼吁，为此驰电，为民请命，务乞仁

① 《中国红十字会二十年大事纲目》，中国红十字会总办事处1924年编印，第13页。

② 《中国红十字会敬募江皖水灾急赈》，《申报》1916年8月17日。

③ 中国红十字会总会：《中国红十字会历史资料选编（1904—1949）》，南京大学出版社1993年版，第466页。

掩埋溺骸及被水冲去之尸骨

施立沛，救此孑遗云云。于此可见灾状之重矣。”① 中国红十字会闻讯，立即在《申报》上刊发《谨募直隶水灾急赈》广告。8 月 31 日，沈敦和在总办事处召开职员会，决议“赶紧设法筹捐并多制痢疾、疟病、疥疮药品携往散放”②。会后，假座上海大世界特开“京直水灾救护灯会”，广募赈资。9 月 15 日，中国红十字会派蔡吉逢、朱仲宾、邓笠航、姚衢笙为放赈员，携粮款药品北上，分赴京兆、天津、石家庄、文安等被灾尤重区域散放急赈。由急赈而继以冬赈，计共散放赈款 112000 余元，棉衣 104000 余件，连同药品、面粉等，共合洋 220000 有奇。“后复力筹款项，散放春赈，拯彼青黄不接之厄，以达救人救彻之旨”，赈务持续到 1918 年春夏之交。在此过程中，中国红十字会副会长沈敦和筹措万端，“日临总办事处，与理事长、各职员规划一切，募捐放赈兼营并筹，几逾半载，诚以京直水灾之重为百七十年来所未尝有也”③。

1918 年 5 月下旬，湖南连降暴雨，湘江漫溢，长沙、株州、醴陵、湘潭、宁乡、湘阴、湘乡各县，均被水灾。兵灾、水灾交织，中国红十字会不得不双管齐下，成立湘赈干事部，组织赈济。湘赈从 6 月开始到年底结束，前后用款约 60000 元。

1919 年入夏以后，湖北雨水过多，江水暴涨，以致泛滥成灾。总会总办事处急电

① 《乞赈函电雪片飞来》，《申报》1917 年 8 月 27 日。

② 《红十字开职员会》，《申报》1917 年 9 月 1 日。

③ 中国红十字会总会编：《中国红十字会历史资料选编（1904—1949）》，南京大学出版社 1993 年版，第 466 页。

湖北各分会调查灾情，并商请南洋烟草公司先行筹垫洋万元，“以应急赈”[①]。特别值得一提的是，刚刚卸任副会长职务的沈敦和在沪发起成立湖北义赈会，继续为慈善事业挥洒热血。

1920 年，湖北再告水灾。8 月 14 日，石首县属西区藕池口被上游来水冲决，洪水泛滥，桑田沧海，灾民饥寒交迫，待哺孔殷。9 月 1 日，总办事处接沙市分会“水灾乞赈”电后，即于 9 月 3 日在《申报》上刊登《中国红十字会劝募湖北上游水灾急赈启》，赶办急赈。

1921 年夏、秋，安徽、江苏、湖北、浙江等省大水为灾，总会量力援济。7 月 20 日，安徽凤台分会电告水灾，总办事处汇洋 500 元、空白章照 20 份由分会征收会费；7 月 25 日汇安徽正阳分会洋 500 元；8 月 19 日汇安徽寿县现洋 500 元并于 10 月间派出由黄禹九医生率领的医队前往寿县疗治疫病；8 月 19 日汇安徽太和分会洋 500 元；8 月间，寄安徽泗县空白章照 40 份，由分会劝募会费；寄江苏建阳分会空白章照 50 份，现洋 500 元；8 月 19 日筹洋 500 元汇湖北樊城分会；8 月 30 日筹洋 500 元助赈浙江宁波水灾；10 月 12 日寄江苏阜宁分会空白章照 30 份；11 月续拨江苏常州水灾药品，12 月筹拨洋 500 元、棉衣 200 件助赈；12 月 2 日汇江苏盐城分会洋 500 元。

1922 年浙江水灾，其中温州所属缙云、丽水“水灾甚重”，兼之“疠疫丛生，死亡相继”[②]。总办事处于 9 月 20 日派出救护队乘“飞鲸”轮赶赴温州赈救。

1924 年夏，总会对湖南水灾表示关注。

1926 年，山东济宁水灾，济宁分会在总会的支持下全力救济。

1930 年秋，辽宁大雨兼旬，山洪暴发，各河漫溢，辽西诸属一片汪洋，据媒体报道，灾区西起绥中、锦县、义县、北镇、盘山、黑山、彰武，东迄新民、辽中、台安，长六七百里，宽二三百里，一片汪洋，“淹毙之人民万余口，冲倒之房屋数万间，被水围困无食无褐之难民，更不下四、五十万”。东三省各分会纷纷致电总会告灾。总会总办事处立即将《中国红十字会筹募辽西绥中水灾急赈》广告揭载报端。11 月 20 日，总办事处特派台安分会会长李振邦携带棉衣 1000 件、棉被 200 条，乘“联星”轮海道赴辽，会同各该地分会核实散放。[③]

二、旱灾的救济

旱灾也是近代中国人的“常客”。旱魃为祸之烈，有时较水灾尤过之。天干地燥，烈日如焚，大地龟裂，赤地千里，为大旱之年常见的惨象。旱魃肆虐之下，哀鸿遍野，

---

① 《红十字会筹办鄂赈》，《申报》1919 年 8 月 26 日。

② 《晨报》1922 年 9 月 8 日。参见李文海等：《近代中国灾荒纪年续编》，湖南教育出版社 1993 年版，第 56 页。

③ 《红会散放辽西急赈》，《申报》1930 年 11 月 21 日。

饿殍满地，饥民荡析流离，相属于道，不堪言状。人道攸关，中国红十字会对旱灾的救济亦尽力为之。

1913年，徐州利国驿及山东韩庄等处，兵燹之后，继以旱荒，十室九空，哀鸿无告。中国红十字会常议员施则敬“戚焉悯之，爰垫巨款，征募棉衣”，派员驰赴灾区“核实散放，全活灾民甚众”①。

1920年，黄河流域亢旱异常，直、鲁、豫、晋、秦5省发生“四十年未有之奇荒”。东起海岱，西达关陇，南至洛阳，北抵京畿，禾苗枯槁，赤地千里。灾民“统计亦不下三千余万人。而此等灾民生活状况，始犹采摘树叶，参（掺）杂粗粮以为食；继则剥掘草根树皮，和秕糠以为生；近则草根树皮搜掘殆尽，耕牛牲畜屠鬻无遗，遂至典卖儿女，青年女子不过十数元，不及岁者仅值二、三元。又其甚者，或因出外逃荒，将幼儿抛弃，或因饥饿不能出门户，合家投缳自尽。此外逃赴未被灾各地者，经过京汉、津浦、京奉、京绥各路站，日有数起，扶老携幼，露宿风栖，嗷嗷待哺之声，尤属惨不忍闻”②。

如此奇灾大荒，举世震惊。灾民众多，办赈至少“须有二万万元”，单靠红会自身显然力不从心，只有动员所能动员的一切力量投入赈灾行动才能战胜灾荒。为此，中国红十字会“为三千万灾民含泪乞赈”，其歌云：

北方旱灾遍五省，蔓延直鲁豫陕晋，
饥民数达三千万，四五十年耳未听。
说起灾情实惨伤，玉米豆麦棉高粱，
颗粒无收不得食，树皮草根争相鬻。
农民无力养妻子，投井悬梁自寻死，
牛羊驴马价最廉，儿女贱卖不值钱。
饥躯奔走将远徙，旅费缺乏坐待毙。
我今且说避灾民，夫携妻妹到天津，
三人饥饿四五日，路途叫卖馍馍人。
其夫取出四铜子，买得馍馍夫妇分，
阿妹饿极无钱买，夺取数个忙咽下，
卖主争论向索钱，旁有好善代付价。
三人幸得腹一饱，小妹哭啼牵衣道，
哥哥不能养活我，请君慈悲一援救。

---

① 中国红十字会总会编：《中国红十字会历史资料选编（1904—1949）》，南京大学出版社1993年版，第461页。

② 李文海等：《近代中国灾荒纪年续编》，湖南教育出版社1993年版，第1-2页。

道旁太息更咨嗟，力劝善人携还家。
又闻灾民两夫妇，手携孩童年四五，
父欲弃儿不一顾，母不忍抛抱持哭，
霎时将身悬高树，夫不见妻猛回看，
伤心妻命已黄泉，可怜夫亦同时缢树下，
仅留一童稚，叫号跳踯不忍闻。
灾民情况类如是，呜呼此言过路人。
灾区情形实更炽，北京筹设救济会，
外人亦开赈灾议，海上不乏慈善家，
好善之诚岂独后？我思豪富极奢侈，
酒肴动辄百金费，更有杂项可省处，
日日销（消）耗不少钱，诸公苟能稍节省，
灾民已可活多命，奉劝男女各同胞，
大发善心与宏愿，不论金钱或衣饰，
慷慨解囊毋吝惜，众擎易举腋成裘，
施舍灾民都得食，此中造福实靡穷，
功德无量万口同。[①]

这首《红十字会为三千万灾民含泪乞赈歌》，如泣如诉，震撼人心，产生强烈的社会效应，这对动员社会各界参与赈灾无疑是有力的推动。

动员民众的同时，中国红十字会总会于9月23日向各分会发出号召："红十字分会鉴：直鲁豫陕晋北五省，亢旱成灾，赤地千里，草根树皮，剥食殆尽，哀鸿遍野，待哺嗷嗷，……本会天职所在，自应协济，唯灾深地广，非有大宗捐款，难期普及，务望我分会同仁，大发慈悲，就地协力劝募，源源解沪，以便汇送灾区，借资散放，分电特达，立盼鸿施。"[②] 同时要求灾区各分会调查灾情，以为放赈张本。

作为慈善机构，中国红十字会一方面与其他慈善团体精诚合作，参与发起国际救灾总会、北方救灾总会、北五省灾区协济会，采取联合行动；另一方面组织救灾调查队、救济队，赴灾区考察、救济，并在通州、保定、大名开办临时诊疗所，为罹病灾民服务。

赈款是灾害救济的基石。为筹集赈资，总会总办事处借助传媒向海内外劝募，并多次延请上海四大舞台艺员义演助赈。"从我做起"的示范也很重要，据9月26日《申报》报道，中秋佳节，红会医院同人特省节宴折资作为赈捐，"住院病人亦受感应，

① 《红十字会为三千万灾民含泪乞赈歌》，《申报》1920年9月22日。
② 《各方面之筹赈声——红十字会》，《申报》1920年9月24日。

嗷嗷待哺之饥民

多节其家庭宴饮，将费助赈。”9 月 28 日《申报》报道《红十字会时疫医院定期闭幕》说：“该院同人并以灾民待赈孔亟，将例有节宴二桌折资移作赈款，闭幕时所有费用，亦求节省，以之捐入赈项中。”红会身体力行，经传媒报道，赢得社会各界的交口称颂，产生良好的“感应”之效是理所当然的。在社会各界的支持下，红会募捐赈灾打出高潮，据《中国红十字会二十年大事纲目》记载：“计是年共拨过救护兵灾国币五千六百五十元，水旱灾七万七千一百元，救护药品一千五百元，共计灾赈实款八万四千一百五十元（应为 84250 元——引者），棉衣裤八千件。”[①] 其中十之八九用于北五省旱灾的赈济。

1921 年夏，湖南旱灾。6 月 30 日，总会拨永顺、宝庆分会各 2000 元；8 月 30 日拨耒阳、平江分会各 500 元助赈。

① 《中国红十字会二十年大事纲目》，中国红十字会总办事处 1924 年编印，第 27 页。

1922年秋，湖北亢旱，米珠薪桂。总会总办事处从沙市云锦碾米公司购米4000袋，运宜昌平粜。

1923年，河南灵宝旱荒，总办事处应灵宝分会之请，特电山西河东道尹暂驰米禁移粟济赈。

1925年，贵州旱灾，总会拨助赈款1000元。

1929年，西北、华北继上年奇旱之后旱情发展到无以复加的程度，其中甘肃、陕西、山西、绥远、河南、察哈尔最为严重，据李文海等著《近代中国灾荒纪年续编》记载，甘肃旱情较上年愈烈，60余县绝粮，饥民骤增至500余万，每日饿毙者恒数千人，甚至发生烹煮幼童、捕食生人的惨象；陕西入夏后无县不旱，田野如焚，尤以关中渭北为甚，全省灾民达700余万，流民78万，饿殍50万，食人惨剧时有发生；绥远人口约250万，灾民达190万，"甚至大人食小孩，活人食死尸，至食树皮草根，在绥省不以为奇"；山西灾民数百万，"树皮草根，尽食无余，服毒自杀，辄毁全家，人将相食，惨状极苦"；河南112县，无县不灾，饥民达1500余万，死亡载道。① 无须过多引述，那是怎样一幅"奇惨活地狱"图，已不难想见。

饥荒愈演愈烈，整个社会焦灼不安。各慈善团体奔走呼吁，号召社会各界伸出救援之手。中国红十字会更是推波助澜，垫款5000元，拨棉衣2000套急赈。杯水车薪，无济于事。为筹巨款，从2月4日始，中国红十字会特在《申报》上刊发《中国红十字会总办事处为豫陕甘晋冀察绥灾民乞赈启事》《中国红十字会代陕西甘肃河南晋冀察绥数百万嗷嗷待哺早不保暮灾民求赈》《中国红十字会谨代陕西甘肃河南及晋冀察绥七省数百万灾民叩求大慈善家随缘乐助以救垂毙灾民生命》《中国红十字会谨代河南甘肃陕西及晋冀察绥数百万灾民叩求大善士大发慈悲救此垂毙饥民性命》《中国红十字会代陕甘豫晋冀察绥数百万灾黎劝募赈款》《中国红十字会为奄奄一息河南陕西绥远等处灾民求救》《谨求国内仁人国外侨胞大发慈悲以救陕甘豫晋冀察绥七省同胞浩劫一元可救一命十元可救一家百元可救一村为百万将死饥民救命恩人》《中国红十字会谨告海内外大善士捐户会员各省分会乞赈》等乞赈广告，声嘶力竭。

中国红十字会的"叩求"激起共振共鸣，每日前往二马路望平街东首红会总办事处捐款者络绎不绝，但这远远不够。5月10日，新任第五届会长颜惠庆、副会长王正廷、虞洽卿（1928年9月改选）就职后，决定另设筹赈处，成立筹赈委员会作为该处立法监督机关，完善筹款募捐程序。6月15日假座"一枝香"召开筹赈委员会成立大会，"宣布另设筹赈处及委员会之主旨，有集成巨款之可能"。欲筹巨款，"尚须公推声望隆重中外钦敬之人为委员长"。与会者共识，李鸿章之孙李国杰（字伟侯）"学问道德，为世所崇，应推为委员长"。筹赈处主任江绍墀（趋丹）"宣告近来陕、甘、豫、

① 李文海等：《近代中国灾荒纪年续编》，湖南教育出版社1993年版，第231－246页。

绥奇惨极酷情形，非得巨款及时救济，必致酿成灭种弱国之祸”。要募集巨款，应更新募捐办法。与会者认为，红会所编《救命功德》一书，“文义浅显，动人恻隐，为轻而易举聚沙成塔之募捐办法，以及百两赤金宝塔，与真金表、观音像种种赠品，尤足增助捐款人兴趣。”① 因此，决定发行“宝塔捐”（类似于福利彩票，1913 年春曾经发行过，可视为中国红十字会发售福利彩票之始）。为动员社会广泛参与，中国红十字会组织“募赈宣传队”，宣传鼓动，分送宝塔捐“宝号”（抽奖号码）。这一创造性举措在上海滩产生强烈的“轰动效应”。6 月 22 日《申报》报道《红会组织募赈宣传队》说：“本埠中国红十字会筹赈处因陕甘灾情奇重，灾深款绌，特印救命功德宝塔捐为轻而易举聚气（沙）成塔之法，又以增助输捐人兴趣鼓励劝募者劳苦起见，另制真金宝塔、红十字真金表、观音像等赠品，颇邀社会嘉许。昨由该会总医院、市医院、南市医院、时疫医院男女看护数人，组织宣传队，赴公共租界及南市、闸北分送与字号居户，并拟将一切赠品陈列于大马路杨庆和银楼，以备参观。曾函知工部局巡捕房、公安局等处，随时稽查冒收捐款敛钱肥己者。日来该会捐款，颇形踊跃。”② 这也使红会会员信心倍增。

的确，自宝塔捐开办以来，日进千元以上，“为红十字会有史以来未有之盛况”。随着赈款的日聚日多，6 月底，红会“治标治本”的救灾计划出台。“治标”办法：在北平、开封、西安各设临时灾童留养院、灾女教养院 6 处，每处额定 1000 人，开办费共约 20000 元，月支衣食每处 5000 元，共需 30000 元；在西安、郑州、张家口、南口等要地各设灾民流亡接济所，凡遇逃荒者，给以干粮、零用钱及护照使其赴丰足之省做工，减少饿殍；邮汇救急赈款，交红十字分会，留养老弱儿女，勿落匪手。至于“治本”办法，俟集有巨款，开河、筑路，以工代赈。7 月 14 日，放陕甘赈款各 15000 元，汇北平收容灾童费 5000 元，前后用款已达 50000 元。

灾难还在延续，成千累万的饥民在被旱魃吞噬。红会会员忧心如焚。7 月 15 日，筹赈委员会召开第三次委员会，决定工作重点“侧重逃荒妇孺勿令倒毙，收养灾童造就成材，并防甘陕有灭种之祸”③，议决在上海开办“中国红十字会灾童留养院”，公举杜月笙为名誉院长；接着，在 7 月 24 日《申报》上发布《征求灾童留养院房屋家具衣履、收容运送费用、管理教养人才、临时常年基金》广告，并向社会广泛征求收养灾童“善策”。

宝塔捐依然火爆，红会计划得以次第实施，但举步维艰。9 月 2 日《申报》报道《红会收养灾区妇孺现况》：“甘陕豫绥被灾两年，死亡更众。红十字会筹赈处以灾深款绌，赖此积少成多之宝塔捐，两月以来，募集十一万元，亦已力竭声嘶，除将七万五

① 《红会筹赈委员会集会记》，《申报》1929 年 6 月 17 日。

② 《红会组织募赈宣传队》，《申报》1929 年 6 月 22 日。

③ 《红十字会昨开第三次委员会》，《申报》1929 年 7 月 16 日。

千元电汇甘肃、陕西、河南等赈务会、红十字会（分会）散放急赈，专赈逃荒妇孺，以两万元收容灾童灾妇。而灾区遗弃之无父儿女，触目皆是，特电请西安红十字分会、洛阳红十字分会、开封总商会、刘海楼、绥远等处成立妇孺收容所，在北平设甘陕绥察灾童收容所，公聘周敬甫为总干事。陕省宋主席派员护送灾童二百名于28日到北平，大都骨瘦如柴，面无人色者，甘肃、绥远省政府送五百名，已过包头镇，大约中秋前如数抵平，8月下旬悉数送至上海，于开封收容所选送灾童三百名、洛阳收容所选送百五十名。约八月底，上海骤增灾童数百名，江趋丹主任以负担过重，合计陕、豫洛阳、绥远六处妇孺收容所及北平、上海灾童留养院，总数达七千名，月计衣食需洋四万元，加以收容护送川旅费、上海灾童留养院开办费约二万元，甘、陕等妇孺棉衣共计二万件，……非有赈款十万元、棉衣三万件，不能度此深秋，至为焦急。”① 尽管困难重重，但为九死一生千里求生灾童争一日之生存，中国红十字会日夜筹备，废寝忘食。

救济工作仍在进行中。中国红十字会灾童留养院经多方努力也在上海天津路开办，并于10月29日迎来第一批123名灾童，11月14日第二批灾童123名亦由北平抵达上海。他们得到中国红会的精心呵护。

宝塔捐从1929年6月发行，到1930年2月21日截止，筹集赈款近25万元，这在时局蜩螗、金融枯涸的时代条件下，实属不易。虽然这笔款项仍系杯水车薪，无补沉灾，但对红会“救灾保种”，意义重大，如时论所评，宝塔捐款“于陕甘豫绥皖浙苏滇各省散放急赈，设粥厂多所，设逃荒接济所八处，西安、洛阳、开封设妇孺收容所常养妇孺三千数百名，又备棉衣裤三万数千套，出发豫西战地赈济队，种种设施，亦已力竭声嘶矣。而最为辛苦艰难者，厥唯收容灾区遗弃之灾童。尝闻有合家自尽、全家逃亡、烹婴宰孩诸说。竭……各省赈务会、红十字分会、北平周敬甫、熊希龄、朱庆澜之力，护送至北平收容所者达九百数十人，移运来沪天津路新新公司后背灾童留养院者二百四十六人，医治宿疾、种痘、洗剃，三月以来，恢复健康。每日教以初小功课及西乐歌曲，活泼其天真。新春列队，赴李伟侯、杜月笙、江趋丹、张啸林、林康侯、黄楚久、谭蓉圃公馆，考试训话。兹正订立承领灾童章程，请各工厂各公司各学堂善团，任意承领，教以工艺学业，为他日成人立业之举，俾得将北平、洛阳、开封各收容所多数之童，分别运沪，一面再电陕甘绥豫善会，托其四处搜罗，陆续护送至北平、开封，集中留养，诚救灾保种之良谋也”②。

众擎易举。红会创造性的募捐方式，激起国人高昂持久的救灾热情。据统计，《申报》刊登红会宝塔捐征信广告上海本埠60次，外埠23次，赞助委员代收宝塔捐31次，

---

① 《红会收养大批灾区妇孺》，《申报》1929年9月2日。

② 《红会救灾保种之成绩》，《申报》1930年2月10日。

加上其他捐款，几乎每天都有，的确收到"聚沙成塔"之效，保证了中国红十字会1929—1930年旱灾救济的巨大成功。

三、其他灾患的救济

近代中国多灾多难，水旱之外，其他自然灾害连绵不断，加之疾病流行，民众苦不堪言。灾难不期而至，中国红十字会总是迅速作出反应，给予物质上的量力接济，也给不幸的人们以精神上的慰藉。

1915年7月27日晚，上海东北风大作，骤雨继之，"既而狂风益烈，屋瓦为震，浦水汹涌，覆舟甚众。闸北茅棚向为苦力所栖止，倾圮殆尽，沪南茅棚亦多卷没"，"风灾之大为数十年所未有"①。急风暴雨中，中国红十字救护医队分南北两队，随带粮食、药物，奔赴现场，散放急赈，"伤者为之医疗，并送本会医院留治，死者为之棺殓掩埋以妥魂魄，并清查被毁草房以筹善后方法"②。善后救济工作在第二天下午风停雨止后展开，除继续散放急赈外，还发给灾民赈票，大口每名钱400文，小口减半，被毁草棚每座赈洋4元，从8月2日起发放。放赈、平粜，被风灾民赖此渡过难关。

1918年2月13日，广东潮梅各属"惨遭地震，汕头一隅民房商店圮坍十之六七，人民压毙及伤残者不可胜数"③。2月21日，中国红十字会总会总办事处接潮梅镇守使刘志陆"巧（2月18日）电"，沈敦和副会长当即拨垫银2000元汇刘镇守使散放急赈，并致电汕头分会"调查详细灾情并设法劝募，冀集有巨款以谋善后"④。

本年入秋以来，疫病流行，浙江宁波、绍兴一带疫患尤烈，据10月19日《申报》报道说，该疫"初起时类似伤风，如带咳嗽，命尚可延，否则一经腹泻，旋即毙命"，绍兴有的地方"自发现是疫以来，死亡人数已占百分之十，棺木石板，所售一空，枕尸待装，不知其数"，令人不寒而栗。10月24日，中国红十字会派出以王培元为总干事的治疫医队驰往浙江，分赴上虞、余姚、湖州、宁波，前后20余日，共治愈疫病患者6000余人。安徽凤台、祁门等地时疫流行，红会寄去"济生丸"予以救助。

1920年9月，浙江南浔霍乱流行，"死亡日众"。9月15日，总会总办事处接南浔自治办事处"速组临时救疫队莅浔施救"求援电后，立即派出以北市医院徐兆蓉医士为领队的救护医队附轮前往南浔施救。

1921年11月12日，上海闸北邢家木桥一带发生火灾，数千间棚屋顷刻化为灰烬，烧死22人。中国红十字会闻讯即派员赶赴火场调查，景象之惨，令人目不忍睹，至于

---

① 中国红十字会总会编：《中国红十字会历史资料选编（1904—1949）》，南京大学出版社1993年版，第464页。

② 《中国红十字会筹办上海风灾贫民急赈广告》，《申报》1915年7月29日。

③ 《中国红十字会敬募广东潮梅地震急赈》，《申报》1918年2月26日。

④ 《红会拨垫地震赈款》，《申报》1918年2月23日。

烬余之民无家可归者不下三万众。17 日，红会散放银圆、棉衣救赈，21 日在《申报》上刊登《中国红十字会劝募闸北火灾急赈启》，呼吁上海市民伸出援助之手。

1922 年 3 月 20 日，上海虹口分水庙火灾，77 家 341 口被灾；22 日，胡家木桥火灾，103 家 471 口被灾。两处居民，多为苦力，突遭变故，立即陷入困境。红会总办事处及时救助，按名放赈，共施现银 2000 余元，“灾民各沾实惠，颇为感激”[①]。

赈济胡家木桥火灾

同年夏秋，皖北亳县、蒙城、涡阳霍乱流行，中国红十字会派出“防疫团”前往救治，蚌埠分会会长邓愚山（拙斋）协助尤力，“备著勤劳”，皖北地方官绅均具函申谢，如《亳县各公团致上海中国红十字会总办事处函》称：“天祸亳民，疫氛蔓延，因而致死者，日难屈数。嗣经蚌埠贵分会邓（拙斋）、李（振九）诸先生到亳，旬日之内，全活者何止千百。敝县感戴大德，莫可名言。兹谨略述数语，乞转致各报登载，用当奉扬仁风耳。”《蒙城谢蚌埠分会防疫团函》亦称：“今值盛夏，瘟疫时行，大概情形，不外霍乱瘪螺等类，或朝染而夕死，或暮染而朝亡，踵不及旋，医药罔效，以致死亡枕藉，目不忍睹。敝邑之中，人人自危，无法可施，幸蒙贵分会会长邓、医长李两先生大驾来蒙，施药诊治，每日户限为穿，昏夜求诊者尤众，计来蒙数日，治活大小男女五百人，诚为有脚之阳春施以无形之甘露也，谨此鸣谢。”[②] 为表彰邓拙斋救疫

① 《红会赈济被火灾民纪》，《申报》1922 年 3 月 30 日。

② 见中国红十字会总办事处编：《慈善近录》，1924 年刊，第 45、47 页。

殊勋，中国红十字会常议会决定授予其头等纪念章，以昭激劝。

8月2日，潮州、汕头遭飓风袭击，损失惨重，“铺屋倒塌，船艇漂陆，死亡枕藉，哀鸿遍地，耳闻目见，不寒而栗，诚亘古未有之奇殃，阖潮弥天之浩劫也”①。澄海分会（即岭东分会）整组救伤队救护“八二风灾”，中国红十字会总办事处特遣医队前往支援，总会、分会相互配合，救治伤病数千人。

1923年春，皖北蒙城、太和“天痘流行，死亡无数”。红会仍以蚌埠分会会长邓愚山为首率医队前往防治。这年秋，邓愚山还在宿州组织第三支医队，前往涡阳等县防治疫病。

12月21日，红会总办事处得悉苏州阊门外横马路火灾，被灾者有百余家之多，“均属贫民，甚为凄惨”。庄箓理事长特派职员沈金涛赴苏调查，拨棉衣400件救助。

1924年1月，上海闸北邢家宅大火，数百户人家遭焚，朔风凛冽，灾户无家可归，啼饥号寒，惨不忍闻。18日，红会总办事处特派职员多人会同该地警察前往勘灾，按户计口，发给领米票证，“灾户得此莫不喜形于色”②。

3月10日午夜，上海闸北川公路祥经织绸厂发生重大火灾，救火不及，百余女工葬身火海，数十人受伤，300余人幸免于难。“死者吴江、震泽人十居其九”，生者由厂方发给每名15元，小孩5元，“着其回籍”。死者魂归故里，“生者虽有十五元在手，从此无衣无食。死别生离，不归何往，归不生全”，人间悲剧，莫此为甚。闸北公学校长冯明权为被难工人鸣冤叫屈，“该厂门狭上锁，遇险不开，事后复草草安排，在工人虽曰天命，工厂方面，人道何在?”③ 祥经织绸厂“被火焚毙女工案”如石投水，在上海滩激起层层波澜（如抬棺游行，酿成冲突），也引起社会各界的严重关切。事发后，作为人道载体的中国红十字会，派职员鲍康宁、夏凤池前往调查，登记幸存者年龄、籍贯；13日，携带棉衣170套、现洋数百元前往赈济，并按照水陆路程，分别给以船票车票，分批资遣回籍。中国红十字会可谓恪尽天职。本年广东顺德分会对大南沙风灾的救护、重庆分会对涪陵火灾的救助等，都得到总会的赞扬。

上海闸北简直遍地干柴，遇有星火即可燎原。1926年4月1日，闸北广肇路、裕通路烈火熊熊，延烧数千户，灾民达3700余人之多。火灾发生后，中国红十字会一面派员散放急赈以济燃眉，一面在4月3日《申报》上刊登《中国红十字会为闸北火灾急赈募捐启》，向社会募集捐款。

还是上海闸北，1928年10月5日晚，邢家宅草棚不慎起火，焚毁棚屋百余间，被难灾民190余户，大小人口400余名，“衣被悉成灰烬。当此秋风峻厉，灾民瑟缩不堪”。中国红十字会特备“棉夹衣裳大小数百件，装载救护汽车，由职员鲍康宁等，驰

① 中国红十字会总办事处编：《慈善近录》，1924年刊行，第82页。

② 《红会救济邢家宅烬余灾户》，《申报》1924年1月19日。

③ 《闸北公学之报告》，《申报》1924年3月13日。

往灾地，按民施放，以资御寒之用”①。

以上所述，当然不是中国红十字博爱事业的全部，其他如每年春天的种痘，夏季时疫医院定期为普通民众防治疫病以及各分会救伤葬亡、扶危济困的自觉行动等，不断拓宽人道主义服务领域。仁风远被，情暖人间。红十字在多灾多难的近代中国，丰姿绰约，闪耀着多彩的光辉。

① 《闸北大火后》，《申报》1928年10月7日。

第四章

十四年间——抗日战争时期的中国红十字

1931年9月18日，日本悍然发动侵华战争，中国的抗日战争也由此拉开序幕，直到1945年取得完全胜利。14年间，中国红十字会以抗战救护为中心，以巨大的牺牲精神，全力组织、投入战争救援，谱写出一曲曲动人心弦的华章。

第一节　另换一番新气象，重开一个新纪元

一、抗战初期的救护行动

1931年9月18日夜10时15分左右，日本关东军炸毁沈阳北郊柳条湖铁道，并以此为借口向中国驻军发动进攻，拉开蓄谋已久的侵华战争的序幕，史称“九一八事变”。在“中国方面绝对采取不抵抗主义”的消极避战决策的“激励”下，日军横冲直撞，如入无人之境，在不到四个半月的时间内即占领整个东北。1932年3月9日，傀儡政权——伪满州国开张。

“九一八事变”后，中国红十字会准备“组织救护队出发前方工作，当时因山海关交通梗阻，迟迟未发”[①]。不久，沪战爆发，中国红十字会开始了抗战救护的伟大事业。

① 胡兰生：《中华民国红十字会历史与工作概述》，见中国红十字会总会编：《中国红十字会历史资料选编(1904—1949)》，南京大学出版社1993年版，第503页。

1932 年 1 月 28 日，日军向上海发起大规模的军事进攻，“一・二八事变”爆发。蔡廷锴所部十九路军誓与上海共存亡，英勇抵抗，从 1 月 28 日到 3 月 2 日，激战数十次，战斗之惨烈，可以想见。

沪战发生后，中国红十字会急行组织救护队，以王培元为总队长，于 29 日晨开赴战地，冒着枪林弹雨，抢救伤兵。

救护队不断组织起来，临时伤兵医院纷纷组建，战地救护紧张地进行着。国难当头，社会各界响应红会号召捐款捐物，支援抗战。张竹君女士向红会请求救治伤兵，何香凝女士也加入红会的行列，据《申报》报道《何香凝加入红会》消息说：“中委何香凝女士，原设有‘国难妇女救护训练班’，现已改称‘国难战士救护队’，计队员六十人，假新闸路江海关监督公署为办公处所，昨特倩由刘毅夫夫人持函前往红十字会接洽合作，当经该会允许，指为第七救护队，专任官兵救护事宜，并函复何氏请纯粹办理救护事宜，切勿与任何方面发生关系，以期完全遵照日来弗万国红十字会条约，其所救伤兵可分送红会各医院云。”[①] 她“除组织救护队，创设伤兵医院，捐款输物之外，复至再至三，不辞劳瘁亲至前线及伤兵医院散物慰劳，使将士忘身，伤兵忘痛，敌忾同仇，都愿得一光荣的死所。这样的热烈的情景，实为中国空前所未有”[②]。万众一心，共赴国难，这种高昂的爱国热情，也给红会救护行动以巨大的推动。

何香凝

战区扩大，伤亡枕藉，中国红十字会救伤队员无分昼夜，往来穿梭于炮火之中。

红十字会是中立性、国际性人道主义团体，根据《日内瓦公约》之规定，在为战争受难者提供救援服务时，红会人员、设施、车辆等，在任何情况下，都应得到充分的尊重和保护。但日军置国际公法于不顾，不仅肆意屠杀平民百姓，而且连红十字会也不放过，枪击红会会员，炸毁红会运输车辆。2 月 29 日，日机公然轰炸江湾中国红十字会第十五伤兵医院；红会会员前往真茹、大场、江湾等处救护伤兵及被难难民，“当工作进行中，忽有大队日兵驶至开枪，向红十字会队员射击，所有

① 《何香凝加入红会》，《申报》1932 年 2 月 2 日。

② 《十九路军抗日血战史料》，《民国丛书》第 3 编之“二十九”，上海书店 1991 年版，第 475 页。

救护车内伤兵、灾民四百余人，均遭屠杀，无一生还”[①]。这种残暴行径激起国人的极大愤慨，中国红十字会电告日内瓦红十字国际委员会，强烈要求各友邦主持公道。遭日军残害、击毙的红会会员有多少，因资料所限，我们无法做出精确统计，其中有第二救护队队长薛振翼（2 月 3 日在闸北遭日军枪击）、第七救护队队员刘祁瑞（2 月 15 日在闸北战区身中十余弹，次日不治而亡）、第一救护队队员郁鸿章（2 月 29 日在邢家桥被日军枪杀）、第十九救护队队员陆春华、陈祖德、潘家吉（三人于 3 月 1 日在南翔救伤时被日军俘获残害）等，他们用一腔热血捍卫人道，使血染的红十字更加鲜艳夺目。

日军肆意践踏国际公法的野蛮行径，使红会的救护行动变得愈加险恶，但这丝毫没有影响红十字会救护工作。在 2 月 18 日为刘祁瑞举行的葬礼上，800 余名救伤队员打出了“为国牺牲”的巨幅标语，这既是对死难者的褒扬，同时也表达了他们不畏艰险的凌云壮志。

3 月 1 日晚，十九路军因后援不继，全军撤退至第二道防线——嘉定、黄渡一线。中国红十字会在沪救伤工作于 3 日结束，而队员激于义愤，决心随军前往战地救护。从 4 日晨起，中国红十字会先后派出第七、第四、第二十救护队前往苏州等地，设立伤兵医院，施行救护。为办理救护事宜，中国红十字会特组“前方办事处”，下设医务、运输、交涉、总务四股，委派张箴言为主任、沈金涛为副主任。3 月 8 日，上海各救护队又抽调队员混合组织一大队，计 67 人，以张箴言为队长、沈金涛为副队长，随带大批药品向前线进发。虽然前方战事因战略变更而趋于平静，伤兵无多，但救护队员没有丝毫懈怠，他们以饱满的热情，随时准备大战救护，直到 5 月 5 日中日达成“淞沪停战协定”，战事告一段落，救护队才于 5 月 10 日从前线撤回。在长达 3 个多月的救护行动中，据不完全统计，中国红十字会先后出发救护队 20 余队，设立临时伤兵医院 40 余所，难民收容所 5 处，共救伤兵 8600 余名，收容难民 53100 余人。这次救护行动，用款达 283000 余元之巨，药品、食物、衣服等不计其数，“全仗临时捐助，尤以海外侨胞，迭捐巨款为最踊跃”[②]。正是在海内外爱国同胞的慷慨资助下，中国红十字会抗战救护的首次行动取得圆满成功。

1933 年 1 月 3 日，被称为“天下第一关”的山海关（榆关）被日军攻陷，战火在长城脚下蔓延。中国红十字会虽远在千里之外，但天职攸关，责无旁贷。经多方筹备，一支由 50 余人组成的“东北救护队”成立，并于 2 月 3 日由总队长王培元率领，乘车北上，暂驻天津。2 月下旬，日军大举进攻热河，中国红十字会总会“以日军进犯热

---

① 佚名辑：《国军淞沪抗日记》，沈云龙主编：《近代中国史料丛刊》第 3 编第 21 辑第 210 册，台湾文海出版有限公司印行，第 192 页。

② 胡兰生：《中华民国红十字会历史与工作概述》，中国红十字会总会编：《中国红十字会历史资料选编（1904—1949）》，南京大学出版社 1993 年版，第 503 页。

河，大战爆发，派王培元率大队救护人员驰赴前方救护，请行政院速令铁道部按照万国红十字会章程，速拨车辆，免费载运，以救伤亡”①。为协调救护力量，中国红十字会东北救护队与刘瑞恒、颜福庆、林可胜发起成立的北平各界前方救护队合组“中国红十字会华北救护委员会”，负责华北前敌救护事宜。热河沦陷，中国军队退守长城各口。3 月，长城抗战，华北救护委员会所隶各队不遑喘息，迅即奔赴战地。由于战线的延长，红会救护队分编成 13 组，分别前往康庄、喜峰口、通州、三屯营、遵化、蓟州、密云、帅府园、冯大、广化寺等处救护伤员。长城抗战于 5 月结束。两个多月以来，中国红十字会华北救护委员会所隶各救护队“热血奔放，工作极佳”②。

1936 年 11 月 12 日，日伪军向绥远红格而图发起进攻，绥远省主席兼第三十五军军长傅作义率军迎头痛击，苦战 7 昼夜，重创来犯之敌。

绥远初战告捷，举国欢腾。11 月 18 日，上海市商会、上海市地方协会与中国红十字会总会三团体联合发起成立“绥远剿匪慰劳救护委员会”（简称慰劳会），表示全力支持绥远抗战。慰劳会致傅作义将军电称：“公（傅作义）率将士，冒雪剿匪，风声所播，举国振奋。海上各团体，现已合组绥远剿匪慰劳救护委员会，募集捐款，实力援助。绥居国防前线，为西北屏障，关系至大，务祈督饬所部，继续杀贼，大张挞伐，永固边圉。”③ 11 月 20 日，《申报》刊登《上海市商会、中国红十字会总会、上海市地方协会合组绥远剿匪慰劳救护委员会公告》，号召“各界人士，慷慨输将，踊跃捐纳，坚将士卫国之心，作同胞将伯之助，仁心义举，胥在于此”。慰劳会的号召，得到社会各界的广泛响应，据 12 月 14 日《申报》报道，不到一个月，即筹集款项 74323 元。

绥远抗战仍在继续。11 月 24 日，收复百灵庙。12 月 3 日日伪军反攻百灵庙被击退。12 月 9 日，绥远守军乘胜追击，收复被日伪军盘踞的大庙。

守土将士挥洒热血，作为救护团体的中国红十字会倍感责任重大。除参与慰劳会的工作外，总会于 11 月 19 日特设绥远经济委员会，邀请杜月笙、刘鸿生、虞洽卿等社会名流 43 人加盟，以筹集救助物资。同时，由中国红十字会救护委员会华北分会派出救护医队驰赴绥远办理救护事宜，“前线一带，已布遍红十字会之旗帜”。秘书长庞京周等多人飞往前线视察伤兵医院。从 12 月 25 日起，总会将募集的药械医品 433 件、急救包 20 余万只运往绥远。中国红十字会、慰劳会等社会各界的“后援”，激发了前方将士高昂的斗志，他们顶风冒雪，浴血奋战，赢得绥远抗战的辉煌胜利。

抗日战争关系到中华民族的生死存亡，那是一场旷日持久的艰苦鏖战。要保证抗战救护的顺利实施，必须强化红会自身建设。中国红十字会第一次全国会员代表大会

---

① 《红十字会请拨车辆》，《申报》1933 年 2 月 22 日。

② 胡兰生：《中华民国红十字会历史与工作概述》，中国红十字会总会编：《中国红十字会历史资料选编(1904—1949)》，南京大学出版社 1993 年版，第 503 页。

③ 《全沪各重要团体一致奋起援绥》，《申报》1936 年 11 月 19 日。

在这种情况下召开了。

二、“重开一个新纪元”

中国红十字会第一次全国会员代表大会于 1934 年 9 月 24 日召开，这是中国红会史上具有转折意义的会议，对红会自身建设，至关重要。

红会建设是一个不断自我完善的过程。继第一次会员大会和统一大会之后，1922 年 6 月 25 日在上海召开了第二次会员大会，通过了《中国红十字会修正章程》，确立了“免受政府非法命令所束缚，反致不能发展”的自立自主原则（针对当局屡次欲将红会纳入“官办”系统）。

但是，官方对红会施加的影响与日俱增。1930 年 4 月 20 日，中国红十字会在上海天后宫桥上海商人团体整理委员会（前上海总商会）召开第三届会员大会，决定修改章程，将会长制改为委员制，但改选委员“虽经投票而无结果”（因发生暴徒持械捣乱会场的恶性事件而被迫中止），不得不在三个月后举行临时会员代表大会予以补救。8 月 19 日，临时大会召开，鉴于“旧有章程已不适用，又不完备，议决设立修改章程委员会”[①]，推定委员 11 人，修订章程。经过 16 轮的反复推敲，章程修改完毕，9 月 22 日常议会通过后呈报国民政府备案。值得注意的是，中国红十字会这一通用名称“更为中华民国红十字会”，“章程名称改为《中华民国红十字会章程》。第一条改为：本会为国际上慈善法团，由本会会员组织之，定名为中华民国红十字会，简称为中国红十字会”[②]。把中国红十字会改称中华民国红十字会（尽管简称中国红十字会）显然加浓了官办色彩。1932 年 12 月 6 日，国民政府公布《中华民国红十字会管理条例》。1933 年 6 月 3 日，行政院长汪兆铭、内政部长黄绍竑、外交部长罗文干、军政部长何应钦、海军部长陈绍宽联衔以训令的形式颁布《中华民国红十字会管理条例施行细则》（43 条），明定：“中华民国红十字会依军政、海军两部之指定，辅助陆海空军战时后方卫生勤务，并依内政外交两部之指定，分任国内外赈灾施疗及其他救护事宜。又规定设总会及分会。总会以内政部为主管官署，并受外交、军政、海军三部之监督；分会隶属总会，以所在地地方行政官署为主管官署。又规定总会之理事及监事，由部转呈国民政府聘任。”[③] 强化官方对红会的影响。

为适应战时需要，开创抗战救护的新局面，经内政部核准，红会决定于 1934 年 9 月 24 日至 28 日召开直辖内政部后第一次会员代表大会，“讨论总会、分会遵照条例、细则实行改组，修订各项章则，选举总会理事、监事，审查总会预算决算，讨论设立

① 《红会临时大会》，《申报》1930 年 8 月 21 日。
② 《红会修改会章委员会五次会议》，《申报》1930 年 9 月 6 日。
③ 《中国红十字会全国代表会昨开幕》，《申报》1934 年 9 月 25 日。

医院储备救护材料及造就救护人材详细计划草案等重要事项”①。

1934年9月24日，首次全国会员代表大会在上海召开，会场设于天后宫桥市商会大礼堂内，大门悬挂“中国红十字会第一次全国会员代表大会”横幅。会场内主席台正中悬挂总理遗像，党旗、国旗交叉两旁，并分置部派代表席、常议员席、新闻记者席、记录席等座位，中悬万国旗呈十字形；会场四周遍悬红十字白布旗，布置简洁而壮观。内政部代表甘乃光、军政部代表陈辉、海军部代表陈泰鳌、外交部代表赵铁章及总、分会代表共164人与会（报道人数200余人）。会议由闻兰亭主持，甘乃光、陈辉、陈泰鳌、赵铁章等依次致训词。会议完成各项议事日程后于28日闭幕。在这次会议上，代表依法选举出林康侯、王培元、王晓籁、虞洽卿、关炯之、闻兰亭、杜月笙、王一亭、王正廷、朱子桥、颜惠庆、许世英、史量才、王振川、刘鸿生等15人为理事；劳敬修、汪伯奇、黄涵之、沈联芳、叶恭绰、钱新之、穆藕初、姚慕莲、狄楚青、陆伯鸿、袁履登、宋汉章、赵晋卿、徐新六、胡孟嘉等15人为监事。会议还讨论通过征求会员案、舟车免费案、发行月刊案、章程修正案等诸多议案，其要点有：“（一）遵照国民政府公布《中华民国红十字会管理条例》及行政院公布《中华民国红十字会管理条例施行细则》，修改本会总、分各会章程，以期组织完密，俾得增进办事之效率；（二）减低会员会费，多收青年会员，增设妇女部，并训练救护及看护人材，预储救护材料，以便平日得以充实内部，遇变亦可应付裕如；（三）于首都及各区埠设立规模完善之医院，并附设赈济及救济等机关，以便平日得以治疗平民之疾病，及拯救贫民之疾苦，遇变亦可救治中外伤兵，以重人道，庶不至临时新设，效力不充。”大会发表了《宣言》，表示“际兹第二次世界大战空气弥漫之顷”，以首次全国会员代表大会为契机，改弦更张，不断完善自我，以期“从此另换一番新气象，重开一个新纪元”②。

10月1日，中国红十字会第一届理监事会假座巨籁达路刘公馆举行联席会议，公推蒋介石为名誉会长，内政部部长黄绍竑、上海市市长吴铁城为名誉副会长（10月11日第二次理监事会添聘颜惠庆、虞洽卿为名誉副会长），王正廷为会长，史量才、刘鸿生为副会长（史氏被刺后改推杜月笙为副会长），王一亭、闻兰亭、林康侯、杜月笙、王晓籁为常务理事，黄涵之、钱新之、陆伯鸿为常务监事。10月3日上午10时，新任红会领导成员正式就职。

三、“应变”举措

首届全国会员代表大会是在国际、国内局势日趋恶化的形势下召开的，照《中国红十字会第一次全国会员代表大会宣言》中的话说：“世界局势之不安，未有更甚于今

---

① 《中国红十字会总会为举行第一次全国会员代表大会通告在总会入会之各级会员》，《申报》1934年9月6日。

② 《中国红十字会全国会员代表大会宣言》，中国第二历史档案馆档案，全宗号476，卷号1471。

日者也。回溯十六年前欧洲大战，以全世界企望和平而结束；国际联盟以全世界企望和平而产生。所有直接参战各国，已各有悔祸（过）之心；其未经参战而间接受战事之影响者，已各憬然于战事之太伤人道。于是弭战缩军之论，亦随之而起，一时和平之空气，弥漫于全世界，此诚可谓人类之幸运、国际之福音矣！讵为时不久，国际间又以利害之新冲突，渐发生杌陧不安之象。各国相互间虽仍阳为和平之运动，而实阴为军备之扩张，于是有时局观测家突发表一种一九三六年将发生第二次世界大战之推论。前之企望和平者，缘兹已为之短气，乃忽又发生'九·一八'之东北事变，全世界更为之震动，以为此即第二次世界大战之征兆。各国间遂各从事于大战之准备，揭了其和平假面具，愈进行其扩张军备之竞争，如此则第二次世界大战，虽未必果于一九三六年发生，恐终不过为时间问题耳！我以积弱之国，介处其间，倘果不幸而遭逢此变，试问将何以应付？岂忍坐视地方糜烂，军民死伤而不思所以拯救之？际此时期，借以保全我国在国际间之地位者，其唯我红十字会乎！"① 这种时局，要求中国红十字会必须作好应付大战救护的准备，而要在大规模武装冲突中应付裕如，未雨绸缪显得格外重要，但是"所不能无遗憾者，红十字会在我国事属创举，人民之认识，尚有未真，以故会员无多，资力薄弱，所办种种事业，终不免有力不从心之慨！此在平日间尚可勉为应付，际兹第二次世界大战空气弥漫之顷，若仍因陋就简，不思所以改进，倘一旦遭逢较欧战尤烈之巨变，我华北及东南沿海一带，恐将陷于不堪闻问之境，即全国通商巨埠，恐亦难保其安全。以此等规模狭小设备不完全之红十字会，将何以尽其博爱恤兵、救苦救难之天职"②？当务之急，对中国红十字会而言，就是开发人力资源，壮大救护队伍，这是"另换一番新气象，重开一个新纪元"的关键所在。

为扩充会员，增强救护力量，总会决定发起征求会员运动。奉内政部"批令"，红会在第一次全国会员代表大会召开前即着手征求会员工作。1934 年 3 月 1 日，为第一次征求会员开始之日，"依据各国先例及查照中华民国红十字会管理条例施行细则征求会员章程之规定，聘请林主席、蒋委员长、汪院长暨各院长、部长、各委员长为名誉总队长，各省市长、厅长、社会局长、县长为各分会征求会员委员会委员长，全国各分会同时举行，凡赞成本会宗旨者不分国籍与性别，请向总会及各地分会踊跃入会，以襄善举"③。会员种类有名誉会员（一次缴入会费洋 1000 元）、特别会员（一次缴入会费洋 200 元）、正会员（一次缴入会费洋 25 元），以上三种会员为终身会员；普通会员（一次缴入会费洋 10 元，有效期 10 年）、学生会员（一次缴入会费洋 1 元，限于在校学生）。征求会员的期限为两个月，4 月 30 日截止，因边远分会筹备不及，纷纷请求

① 《中国红十字会全国会员代表大会宣言》，中国第二历史档案馆档案，全宗号 476，卷号 1471。

② 中国红十字会总会编：《中国红十字会历史资料选编（1904—1949）》，南京大学出版社 1993 年版，第 100 页。

③ 《中国红十字会第一次征求会员委员会启事》，《申报》1934 年 3 月 1 日。

展期。经内政部核准，延期一个月，而实际截止日期则是全国会员代表大会之后，9月30日才全部结束。在这7个月中，全国仅征得新会员5055名，征得会费约8万元。在全国会员代表大会上，内政部次长甘乃光致训词说："红十字会应以全力普遍征求会员，为完成其一切计划之根本要件。中华民国红十字会现仅有会员十万余人，为数过少，应于最近期间，努力征求会员，至少一百万人以上，尤须注意于青年会员之征求，使青年人认识红十字会之精神，养成其个人之健康习惯与服务社会之训练。"① 看来首次征求会员成效不佳，距离所期望的目标相去甚远。

的确，与邻邦相比，中国红十字会的发展显得过于缓慢，如暹罗（泰国），人口约800万，会员有9万之多；日本红会会员388万，占总人口的20%。中国号称四万万同胞，入会人数仅10万挂零，未免相形见绌了。

鉴于征求会员工作成绩不能尽如人意，经内务部批准，中国红十字会于1935年8月1日至9月30日（后又展期）发起第二次大规模的征求会员活动，成立以王正廷会长为委员长，杜月笙、刘鸿生为副委员长的征求会员委员会，仍聘请各级行政长官为总队长。根据全国会员代表大会议定降低会费精神，各类会员除正会员一次缴入会费10元外，其余均按第一次征求会员入会收费标准的一半核收。这次征求会员活动，打出了"为国人谋福利，为国际增光荣"的响亮口号。② 为推进征求会员活动的展开，中国红十字会通过电台播放"特别节目"，进行社会动员，还聘请沪上名票名角演戏激发市民入会热情。经过几个月的宣传鼓动，征得会员68326名，征得会费70151元。虽然距既定目标尚远，但较上次差强人意。

战争阴云密布，中国进入全面抗战的战争状态，而征求会员工作仍是"路漫漫"。经过一个月的筹备，中国红十字会于1937年1月1日至2月28日举行第三次征求会员活动，会费标准依旧。在御侮求存、保家卫国时代精神的感召下，在红会声嘶力竭不遗余力的奔走呼吁下，征求会员工作取得可喜成绩，征得会员138418名。这时全国分会发展到464处，红十字医疗机构262处。

三次大规模征求会员运动，使会员人数增加到30余万人，这是抗战救护的基本力量。

会员人数的扩充固然重要，但仅追求数量上的增多，并不能实现救护效益的最大化，提高会员的素质尤为紧要。为此，中国红十字会总会自1936年始，开设救护训练班，聘请专家传授《战时外科学》《实地护病学》《毒气学》《担架学》等实用性、"应变"性强的课程，培训战时救护人员。到1937年，训练班仍开办不辍，4月22日《申报》报道说："中国红十字会总会自上年开办救护训练（班）以来，毕业者已有数班。

---

① 《中国红十字会全国代表会昨开幕》，《申报》1934年9月25日。

② 《欢迎各界入会中国红十字会第二次征求会员开幕——为国人谋福利，为国际增光荣》，《申报》1935年8月12日。

该会为欲完成伟大使命起见，不断推进，决不中止，以期造就多量人材，而备非常时期之需要。”① 不少分会如上海分会、松江分会等，与总会呼应，开班训练战地救护人员，讲授“救护常识”“初步治疗”“防毒法”“担架术”“人口（工）呼吸法”等初级救伤之法。1936 年 11 月 18 日，虞洽卿等发起成立“上海市救护事业协进会”（1937 年 7 月 20 日改名为“上海市救护委员会”），该会在红十字会总会支持下，先后开办 4 期救护训练班，培训 200 余人。人员的扩充与培训以及基础设施的建设，为抗战救护准备了条件。

第二节　救护总队的光辉业绩

一、危难之秋

1937 年 7 月 7 日，宛平城的枪声拉开了日本全面侵华的战幕。战争以迅雷不及掩耳之势迅速祸及平津乃至整个华北，中华民族处于生死存亡的危急关头。驻守平津的宋哲元所部第二十九军全体将士，“宁为战死鬼，不作亡国奴”，誓死抵抗。仓促间，中国红十字会等 20 多个团体，组织了庞大的救护队，开赴战地。救护队员们一次次穿过枪林弹雨，将受伤官兵抬下火线，送往后方或野战医院救治。②

战事亟急，负责华北战区救护的中国红十字会华北救护委员会“于仓猝间筹划布置”③，7 月中下旬，组织以协和医院和山东齐鲁大学医科学生为基本人员的重伤手术组和救护组各一，立派前线协助军医开展救护工作。在上海的中国红十字会总会时刻关注华北战场，购买前线需要的裹伤包及大宗药品等及时运往保定、沧县等地。7 月 27 日，红会理监事会议听取华北战区救护报告后，分电北平分会及华北救护委员会加紧前线救护。7 月 29 日、30 日，平津相继陷落，华北深陷战火之中。中国红十字会总会为增强华北救护力量，令清苑分会协力合作，并促华北救护委员会驻保定人员从河北省立医学院抽组手术组以应急需；同时，加派中央和中大医院合组的救护队到平汉线某军中服务，齐鲁大学所组救护医队到津浦线协助军医工作。其他如小站、武清、沧县、蠡县、任邱、饶阳、宣化、洛阳、定兴等地分会均积极筹备救护。总会设法将药品器械等物资运往华北，鼓励各地筹建伤兵医院。

华北战事未已，华东战火又起。1937 年 8 月 13 日，上海这个国际性大都会再次笼罩在日军侵略炮火中。日方先后增派 12 个师团 20 多万兵力进攻上海，同时觊觎南京，

① 《红会续办救护训练班》，《申报》1937 年 4 月 22 日。
② 武月星：《卢沟桥事变风云篇》，中国人民大学出版社 1987 年版，第 237 页。
③ 《抗战中救护事业底一个断面》，《申报》1937 年 9 月 7 日。

妄图摧毁中国军民的战斗意志，迅速灭亡中国。淞沪地区炮声隆隆，硝烟蔽日。主权被侮，国土沦丧，激起国人强烈的爱国情怀，上海驻军及各界民众同仇敌忾，与日军展开殊死搏战。中国红十字会立即行动，全力救护。

沪战爆发前，也就是同年 7 月 20 日，中国红十字会、上海市地方协会、社会局、卫生局、市党部以及一些医药团体，将救护事业协进会改组为上海救护委员会，作为中国红十字会总会在上海的协助机构。总会及其协助机构未雨绸缪，多次举办救护训练班，为战地救护储备和输送人才。沪战爆发当天，上海救护委员会将接受救护训练人员集合编队，编队方法为："第一批就各人住址相近、编入某地防护队，共需六队，每队十人，举队长一人；第二批编入红十字会救护队，约编十队，每队十人；第三批预备队，所有未编入前两批者，悉数编如。"①

救护伤兵

担任淞沪战区救护工作的有急救队和救护队两种。前者每队 53 人，车 5 辆；后者每队 15～20 人，车 3 辆。救护工作机动灵活，行动迅速，救护能力有了较大的提高。

日军在吴淞等处登陆后便四面出击，闸北、江湾、浦东、太仓、吴淞、南市以及苏州、杭州等地烽火连天，受伤军民为数惊人。红十字会在京沪线各地均派驻救护队，设立伤兵医院 24 所，特约公私医院 16 所，征集救护汽车 98 辆。此外，其他团体或热心人士设立的医院，虽不直属红十字会或救护委员会管辖，但收治遣送工作与救护委员会发生关系的共有 6 所。作为临时输送中转伤兵的"临时分发站"有 4 处。至于租界内私人创设的医院，因各行其是，工作效率不高，所以移交红十字会办理的间或有

① 《救护组织已有头绪》，《申报》1937 年 8 月 13 日。

之。综合起来，受红会直接或间接管理的医院达 40 余所。淞沪会战中，红十字救护组织夜以继日，不避危险，疲于奔忙。自沪战开始到次年 4 月 30 日，由上海各医院收治的伤兵伤民共 19539 名，由伤兵分发站运送后方各地者 7128 名，由前线直接送往后方各地者 17722 名，总计救治伤兵伤民 44389 人。[①] 其中中共地下党领导的上海红十字会煤业救护队，在红十字旗帜下穿梭于枪林弹雨之中，救护伤兵难民，建立了卓越功勋。上海沦陷后，煤业救护队继续转运伤兵，并于 1938 年 1 月百余人集体加入新四军，堪称壮举，被誉为“三十年代青年的光辉榜样”[②]。

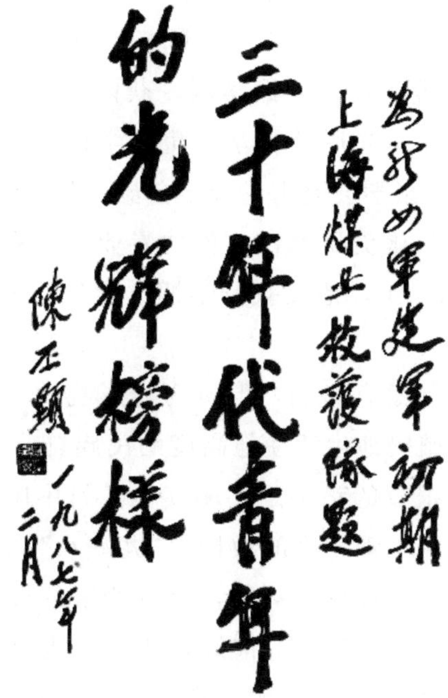

陈丕显题字

战火在蔓延，战地救护力量仍很薄弱。战争呼唤红十字的关爱，而主要以募捐为救护经济基础的中国红十字会，因受军部约束，为避免“透露和军情有关的消息，所以工作情形，对社会绝少报告”，无法求得社会各界的最广泛的同情和支持。甚至有“把红会旗帜作不正当的用途”，使红十字会工作受到怀疑。[③] 战区不断扩大，适应中国战场需要的超然独立的统一的救护机构的出现，成为人道救援的强音。这种必要因上海、南京失陷后，红十字原有救护力量受到冲击而更显迫切。1938 年春，中国红十字

① 《中华民国红十字会战时工作概要》，中国红十字会总会编：《中国红十字会历史资料选编（1904—1949）》，南京大学出版社 1993 年版，第 521 页。

② 陈丕显题字，见中共上海市委党史资料征集委员会主编：《皖南从军纪实——上海红十字会煤业救护队抗战史料选编》插页，1987 年编印。

③ 庞京周：《抗战中救护事业底一个断面》，《申报》1937 年 9 月 7 日。

会救护总队部应时而生，在此过程中，林可胜起了关键作用。

二、救护总队长林可胜

林可胜（1897—1969），西名 Robert Khoseng Lim，祖籍福建海澄（今属福建龙海市）。1897 年 10 月 15 日生于新加坡一个华侨家庭。其父林文庆是厦门大学第一任校长。林可胜自幼就读于英国。第一次世界大战爆发时，正在爱丁堡大学攻读医科的他应征入伍，以印度远征军廓尔喀团准尉军医在法服役两年，主要从事新兵的战地救护训练工作。新兵中印度大君的公子们不把林可胜这个华裔教官放在眼里。华人到处受鄙视的现实深深刺痛了林可胜。他要用事实证明华人并不比其他任何民族的人逊色。

1919 年，林可胜毕业于爱丁堡大学医学院，获内、外科学士学位，并受聘该校生理学系组织学讲师；之后两年，先后获哲学和生理学博士学位，被授予“好先生奖学金”；1923 年，当选为英国皇家学会爱丁堡分会会员，并得到美国罗氏基金会资助，赴芝加哥大学留学一年。一年的旅美研修，使他的专业技术有了更大的提高，其自身也展现出不凡的创造才能。1924 年，他又获科学博士学位。国外多年的经历为其回国创业打下了坚实的基础。

林可胜在国际生理学界已颇有影响，但资历与影响没有使他追慕和留恋优越的工作环境。长期在英帝国及其殖民地生活使他高度的民族自尊心强烈冲击着爱国的神经，华裔血脉所存驻的那颗为国报效的拳拳之心驱使他注目中国。1925 年，心系祖国的他毅然回国，担任北京协和医院生理学系的教授。“九一八”事变后，在协和医院任教的他将学生组织成一支装备精良的抗日救护队，进行严格的战地救护训练。“长城抗战”期间，他又率救护队到古北口、喜峰口等前线，从事战地救护。日本侵华，蓄谋已久，战事既起便不会短期作罢。林可胜已清醒地意识到这一点，因而以饱满的爱国热忱，在协和组建军官救护训练队，进行战地急救训练，并制定了标准手术器械箱。“实践证明，这是以后红会救护总队的一次小型预演。”[①] 卢沟桥事变前，他曾建议协和校方派医疗队南下待命，未被采纳。建议遭拒绝后，林可胜以赴英度假为由，转道南京，置身抗战救护事业。年底，他以他人难以望其项背的学识和享誉欧美医界的声望，担任中国红十字会救护委员会总干事职务，并成为组织红十字会救护总队的首推人选。

中国红十字会在 1937 年抗日战场上竭尽所能，进行了广泛的救护，颇有成绩。但是战线逐渐拉长，国民党正面战场屡屡失利，使本来并不很完善的中国红十字会战地救护系统难以维持下去。上海陷落，四面交通阻断，势成孤悬中的中国红十字会总会几乎失去活动能力，无法有效指挥全部救护工作。因此，总会由沪迁汉，上海、南京

---

① 薛庆煜：《记中国红十字会救护总队与战时卫生人员训练所》，《中国科技史料》1999 年第 2 期，第162 页。

一带医疗机构的人员和器械也部分随迁汉口。红会在苏州、杭州、松江、昆山、保定等处医院中的人员也迫于形势集中西安、南昌、汉口待命。为了集中一切救护力量，中国红十字会救护委员会对救护工作作了适应新形势的重新调整。

1937 年 12 月 6 日，中国红十字会救护委员会召开会议，从而翻开了战地救护新的一页。会上，红会救护委员会主席王正廷，委员杜月笙、刘鸿生、王晓籁、林康侯、钱新之、刘月如等一致同意，“聘林可胜为救护委员会总干事，负责全面综理医疗救护事宜”，筹组救护总队部，林氏兼任总队长。同时认定七位干事，协理各主管事项。机构设置为“一室四股”，即干事室及其下设的总务、医务、材料、运输四股，总务股下设文书、人事、庶务三课。[①] 林可胜由此脱颖而出，成为抗战救护的领率人物。鉴于当时战地重心不定，战线延长，红会资金不敷且运输条件较差，继续维持医院显得力不从心，而且各地伤兵医院小而散，无法发挥规模效应，宜应合并，总会无再设医院的必要。为配合军事行动，红会决定“组织机动性之医疗队”，“俾随时适应战机深入前线，并求技术设备之充实，以辅军医所不逮”。[②]

林可胜

当务之急是与各伤兵医疗机构合作，将红会医护人员编队，派往前线专司救护工作，这样使人力、物力各得所用，经济合理。所组医疗队以每队 20 人为准，内有技术人员 15 人，其余为医护及事务员。其中一人为队长，直接受各区正副医队长指挥。经林可胜整编，初为两种医疗队，共 16 队，担负手术和绷扎任务。编组后，各队即刻被派往各战区。这种规模的救护队正是林可胜所办协和学生医疗队以及华北、华东战地救护队的借鉴。

改编后的这种医疗队有许多优点：人数少，便于移动；男女分工合作，前后方配合适当；需费较省而易于举办；运输、材料、医务各股分工负责，大大提高了救护效率。各队人员素质高，运转补给及时，恰好弥补了各战区伤兵医院的不足。[③] 林可胜所倡导的这种编组方法是一种实事求

① 《红十字会首次报告书》，《申报》1938 年 3 月 10 日。

② 中华民国红十字会总会编宣股：《中华民国红十字会战时工作概况》（1942 年内部印行），第 5 页。

③ 《红会成立医疗队》，《大公报》1937 年 12 月 15 日。

是的科学组合。实质意义上的红十字会救护总队肇始于此。

1938 年春，中国红十字会救护总队部在汉口诞生。在国难深重、资财匮乏情况下，红十字救护队员们在总队旗帜下，冒腥风血雨，共树抗日丰碑，广播人道圣歌。尤其是林可胜，倡导于前，躬行于后，运筹帷幄，惨淡经营，使救护总队功绩卓著，虽屡有毁损却不断壮大，展现了以“救死扶伤，博爱恤兵”为宗旨的人道主义精神。

三、责无旁贷

“好雨知时节，当春乃发生”，中国红十字会救护总队正是应抗日战场救护之需而生的“春雨”。自其诞生，林可胜总队长便与之休戚与共，撑起红十字战争救护的风帆。

中国红十字会救护总队在创建之初，就确立了“组建具有相当技术力量和设施的医疗、医护队”的目标，而资金不足、药械短缺、人手不敷成为事业发展的障碍因素。其中，资金问题贯穿始终。救护总队是群众性救护组织，资金主要靠募集。救护总队在战场上兢兢业业、恪尽天职的业绩和林可胜在海内外医界的崇高声望，使得诸多人士，尤其是海外侨胞认同并慷慨捐输。1938 年年初，第一、三、四小队的经常费用，按每队每月 1200 元计算，由香港捐助。江海关同人捐助 4 个队 4 个月经费，共计国币 23541 元；香港妇女慰劳会认捐第四、十、十一 3 个队；香港政府华员会、香港国际医学筹赈会、香港中华医学会救伤筹赈会、香港妇女兵灾会、荷属巴达维亚华侨救护队等 9 个团体各捐助一个医疗队。[①] 如此捐输之例举不胜举。在太平洋战争爆发前，香港同胞及海外华侨总是将款物源源捐送救护总队，支援抗战救护。甚至华侨直接组队回国服务。林可胜每年都携带救护总队工作资料，在国际上广泛宣传，以求得国际组织的援助。国际红十字组织以及华侨十分敬仰和信赖林可胜克己奉献于人道救护的作风和磊落人格，因此许多救援物资直接汇总队长收。由于国内外人士的支援，红十字会救护总队救护工作得以不断开展下去。

战事绵延，需要更多的医界人才源源加入救护队伍。最初，林可胜曾给驻华医社的格兰特去信，希望通过他向协和医院求援，更希望协和改变办学方针，为抗战服务，并派教职员南下帮助抗战。其在信中慷慨呈辞：“我的初衷是为四万万人服务，而不仅仅是华北的一万万人”，“相信，许多教职员是（或可能是）不愿在这种情况下无动于衷的。”[②] 林可胜对自己祖国的挚爱和其声望深深感召了协和医护人员及学生。尽管校方没有接受林可胜的要求而改变教学方针，但是仍有大量协和人义无反顾地支持救护总队，他们中有许多人成为各救护队的领导和骨干。为了充实救护技术队伍，总队将

---

① 《港团体捐款维持红十字会医疗队》，《新华日报》1938 年 1 月 15 日。

② 曹育：《中国现代生理学奠基人林可胜博士》，《中国科技史料》1998 年第 1 期，第 35 页。

救护与医务培训相结合，不断征训人才，经救护培训合格者即编入救护队工作。

1938 年，日军攻势仍十分猛烈。以广州、武汉为中心的华南、华中成为战略前沿。救护总队组建未久却发展迅速，截至 1938 年 3 月底，总队已派往各战区 47 个医疗队。长沙有运输大队 1 个，共有救护车辆 20 多辆。同时还专门组编一支拥有新式 X 光机 20 多部的 X 光队，按需流动到各队服务。救护总队在抗战救护中的作用已令人刮目相看。

同年初，日军发动了对徐州的围攻，为进攻武汉作铺垫。国民党最高当局的游移情绪与指挥失当使正面作战连连失利。除台儿庄战役中，李宗仁部付出巨大损失后取得胜利外，其他战场几乎一律败退。长久的消耗中，伤兵病员数量很多。战场上，红十字急救队在炮火稍息后便冲上前线，将受伤者抢救下来，骨折或其他轻伤立即给以包扎止血和简单救治。随后迅速转送野战医院或后方医院进一步治疗。尽管战场救护力量较前有所增强，但仍有许多受伤者无人照料；有的因交通不便，未来得及转至医院即撒手人寰。这是红十字人道救护事业所不能坐视的。会战期间，总队长林可胜和总会秘书长庞京周，亲自到徐州、开封、西安等战区进行实地考察，决定恢复野战救护队，使受伤者可以得到更为及时的救治，挽救更多的生命。

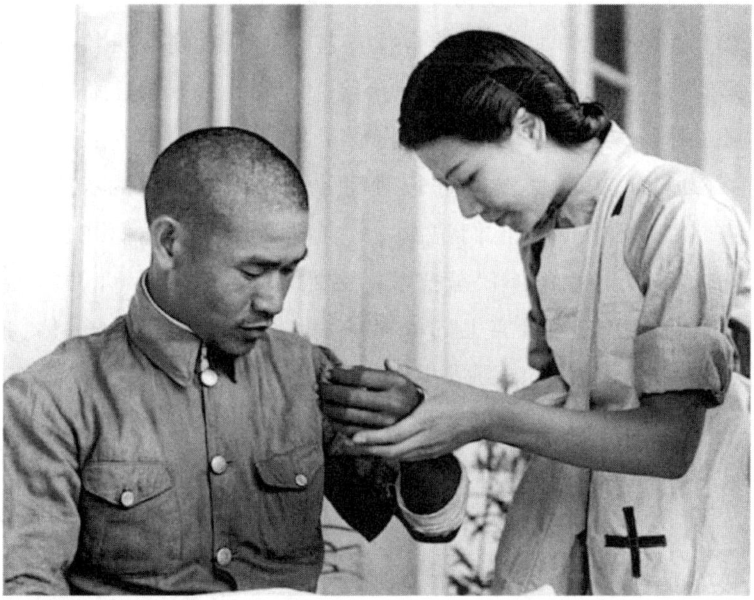

武汉救护

5 月，日军开始向武汉地区逼近，战斗一触即发。救护总队部派以林竟成、祖张祺为正副队长的第 49 医疗队担负起救护任务。该队先赴长沙进行一个月的救护防疫训练后开赴战区，先在难民收容所从事医疗环境卫生和防疫工作；战事发生后，调到武昌小朝街兵站医院进行医疗服务。兵火相接的战场之外，日机时时轰然临空，到处投掷炸弹，几乎没有一处可以安全避身。兵站医院赫然可见。一次空袭过后，第 49 队人员迅速将受伤兵民抢救到医院。正当医护人员紧张地为受伤者包扎和进行剥取子弹的手术时，日机投掷数枚炸弹再次轰炸兵站医院。长达几个小时中，他们一直坚持工作，毫不退缩。[①] 红十字医疗队在救护中，遭日军枪弹袭击之例不胜枚举。当紧急救护完成后，他们会发现原本完好的医院、兵站已成断壁残垣，甚至许多手术就是在露天下完成的。红十字救护队就是在战争的噩梦中寻找美好的希望。

武汉会战的同时，日军又发动闽粤战役，对广州多次轰炸。红十字医疗队在华南战场的救护也十分努力。

经过战地实践，红十字救护总队在人员训练、各股协调运作、队伍发展等方面有了一个良好的开端。

武汉形势日趋严峻，中国红十字会救护总队部不得不于 6 月迁往长沙，开始新的征程。在长沙北门外广雅中学办公约 4 个月左右后，总队部又于 11 月长沙大火前夕，西迁到 300 公里外的祁阳。

祁阳城内有一所陆军医院，救护总队部到后即派一个医疗队协助军医工作。医院中伤病兵患斑疹伤寒和回归热者颇多。为防止疾疫蔓延，一个根本的措施就是灭虱。红十字第 49 医防队被派往陆军医院协助灭虱工作。工作之初，由于陆军医院院长及副官与总队部专家们言语不合，院方不予合作，甚至还挑拨伤病员捣毁灭虱站。面对这种尴尬局面，第 49 医防队队员不厌其烦地给院领导和伤病员做工作，使他们了解灭虱站的意义，灭虱工作得以继续进行。先给伤病员洗澡，然后对其衣服彻底除虱。由于灭虱器温度不够，所以伤病员需要等好长时间才能拿出处理后的衣服。为了不让伤病员着急，医防队员们边唱歌边给他们洗澡，气氛非常活跃。他们往往要一直工作到天亮。[②] 红十字救护总队所付出的不仅是技术，更是无私的爱心。

武汉会战结束，湖南成为事实上的战略前沿。民国政府消极抗日，将长沙付之一炬，进行所谓焦土抗战，湖南的正面战场败局几定。为了更好地推进工作，1939 年春，中国红十字会救护总队部再次撤往千里之外的贵阳。一行人携带医药器材和简单行李，一路颠沛，穿过重重战线，第一站到达桂林，责任与疲劳使他们对甲天下的桂林山水也无暇顾及。两天整顿完毕后，救护总队继续前行，于 1939 年 2 月到达贵阳城东 5 公里的目的地图云关。这次大“转移”开始了救护总队的二次创业。

图云关地处山区，原来是一片植林场地，桂黔公路贯穿其中。曲径通幽的宜人佳境与通往湘桂的门户地位使救护总队部“落户”于此。他们就地取材，平地起家，用芦苇或秫秸代瓦铺盖房顶，用竹片编成墙板，用泥土加石灰砸实成“地板”，建成一间

---

① 林竟成：《参加红会救护总队部工作的回忆》，《贵阳文史资料选辑》第 22 辑，第 65 页。
② 林竟成：《参加红会救护总队部工作的回忆》，《贵阳文史资料选辑》第 22 辑，第 65 页。

图云关旧址纪念碑

间房屋。贵州“天无三日晴”，这样独特建材的屋子，往往外雨内漏，御寒极差。总队部一切设施——办公室、材料库、义肢工厂、门诊部、167 后方医院……几乎都是这样清一色的茅棚，星罗棋布，漫山遍野，成为一大人文景观。抗日战争时期全国的医疗基地就这样拔地而起。

红十字救护总队是中国红十字会下设的一个具有相对独立性的群众性组织，它因具有较好的医疗条件成为各战区军医系统的补充。为便于配合军医工作，红十字会救护总队部下属的救护大队按国民党战区来配备，但只是合作关系而没有隶属成分。救护总队部与其配置于全国各战区的医疗、医防队组成一个完整的红会医护系统。救护总队部下设医务、材料、运输、总务四个股，各有所司，并以图云关总部为中心形成有机的协作模式。

医务股在总队部中人员最多。下分医疗大队、中队、区队，逐级负责。此外还有手术队、防疫队、灭虱队等专业队。初设三个医疗大队：第一大队派赴八路军中服务，大队长万福恩；第二大队设湖南邵阳，大队长彭达谋；第三大队队长汤蠡舟；撤离武汉后，增设第四大队，驻江西，大队长尹弈声。1939 年，增编为 10 个大队。第三大队驻福建邵武，大队长刘培；第四大队驻广西柳州，大队长舒道隆；第五大队驻湖北均县，大队长马家骥；第六大队驻湖北恩施，大队长董奎先；第七大队驻广东曲江，大队长钱惠伦；第八大队驻四川重庆，大队长王先麟；第九大队驻湖南长沙，大队长林竟成；第十大队驻云南昆明，大队长钱崇恩；驻贵阳总部的预备大队，大队长冯玉汝。

各大队分别与各战区对应。总队部医务股主任荣独山，负责各战区医疗队的调配。[①]“本诸军中工作之经验，深以病兵人数多于伤兵，尤以传染病之流行，最为可虑，而军医之作业，又以野战卫生亟待加强。”1939年始，“综合医疗、医护、医防、急救各队之性能，一律改编为医务队，尽其可能推进至野战区，协助军师卫生机关，从事手术、绷带、急救，并指导办理灭虱、治疥、抗疟、改进环境卫生及兵食营养等军阵卫生工作”。医务工作不断改进，成就辉煌，“誉满三军”[②]。

材料股负责医药及卫生器材的收发、管理和制造等工作。主任汤蠡舟（先）、陈璞（后）。材料总库设在图云关，负责各战区材料分库的药品器械等的供给。驻有医疗大队的战区设有材料分库，如长沙、祁阳、西安、衡阳、桂林等分库，就近支援战区医疗队或部队和地方医疗机构。大部分药械由海外华侨捐赠，或海路或经滇缅公路运抵图云关。海陆所经之地的腊戍也设有分库。由林可胜倡导的卫生器材药品标准化，不仅使材料库管理井井有条，而且包装的标准化给救护工作带来很大的便利。《中国红十字会卫生材料标准表》对如何整理、装备标准箱作了详细规定。以不同字母作标记的不同用途的“标准包”，便于医疗队申请、携带、分发。可以说，材料股是整个救护系统的物质命脉。

运输股负责药品等物资和医务股、各医疗队工作人员的转运，必要时承担部队伤病员的运送。因各地的地理环境不同，运输工具也有所差别，大体有汽车队、船队、骡马队等。运输股是救护总队的动力系统，维系着总部与各战区之间的联系，将医药、人员送往所需之处。

总务股负责总队部各部门和全部工作人员的事务工作，包括衣、食、住等，是救护总队的后勤保障系统。

各股各司其职，相互配合，和衷共济，俨然是一个有机整体。总队部在股下设科、队，层层负责，形成较严密的组织网络，使医生、药械、生活用品能各达所用。在战争年代，这种体系争取的不仅仅是时间，更重要的是生命。救护总队完善的系统化组织状况以及具有博爱无私情怀的成员，某种程度上，在今天也不失其优长之处。

四、第九大队与湘北会战

1939年，无论对于救护总队自身发展还是其战争救护，都可算是梅开二度。1938年10月，广州、武汉相继失陷，至此胜败双方都已筋疲力尽，战争进入相持阶段。为了争取战略主动权，日军仍攻势不辍，企图将大陆战线向南推进，实现其海陆兵力的会合，从而切断中国的海上供给线。1939年3月27日，日军攻陷南昌，获得了武汉安

① 王化棠：《红会救护总队的组织简况》，《贵阳文史资料选辑》第22辑，第100页。
② 中华民国红十字会总会编宣股：《中华民国红十字会战时工作概况》（1942年内部印行），第6－7页。

全圈的东南屏障。中国军队在4月下旬到5月初为收复南昌发起“四月攻势”，可惜收效甚微。后中日双方军队又在随枣地区展开争夺战，在中国守军顽强抵抗下，日军徒劳而返。战役主要在第三、五、六、九等战区展开，中国红十字会救护总队在这些战区的各队积极救护，与军队共进退，实践着“中国部队所能到的地方，我们中国红十字会救护人员也应该能到”[①] 的诺言。

1939年9月，日军第十一军制定了“湘赣作战”方针：短期内奔袭湘赣北部，歼灭第九战区主力，打通粤汉路，呼应鄂中日军西进。14日，第一次长沙会战开始，湘北是主攻方向。第九大队第49医防队被派往前线。医务队面临的巨大考验便是随军进退中的跋涉。在10多天的步行中，队长和队员挑担推车。由于缺乏经验，医防队所携公私物件几乎散失殆尽。500多里的路程，他们多少次夜间爬越山岭，多少次闯火线遭日军扫射，然而这种“危险行军”被他们当作“最好的锻炼”。之后，整个第九战区烽火连天，又有更多的医务队源源走向前线。

第九医务大队在林竟成队长带领下，满怀热忱地投入“博爱恤兵，救死扶伤”的工作。第一次湘北会战期间，负责医防的第49医疗队将灭虱站设于距前线5公里处，就近为士兵灭虱防疫。他们首创的酒灶式灭虱器，由于构造简单、易于操作且价格低廉，所以很快推广开来，收到了很好的灭虱效果。一定程度上控制了斑疹伤寒和回归热的流行。

第九大队下属的第64医疗队，一部分驻湘阴一所师野战医院，同时有两组深入前线协助军医。军队环境卫生差，士兵有时长时间处在阴暗潮湿的地方，故患疥疮者很多。64医疗队人员深入战壕为官兵治疥。经红十字医护人员精心护理，疥疮患病率大大下降。

士兵所患流行性疾病，许多都是环境卫生差和营养不良引起的，但改良部队环境卫生、改善伙食并非轻而易举之事。为此医防队亲自下到连队，宣传环境卫生知识。第64医疗队便经常到营区及附近地方消毒饮水，清洁厕所，还到食堂监督指导。他们在士兵中宣传个人卫生的重要意义，督促他们养成勤换洗衣服等卫生习惯，不厌其烦，不厌其脏。深受裨益的士兵们发自内心感激红十字医务人员，亲切地称他们“开澡堂的伙计和厨房司务”。由于红十字人员无微不至的关怀，第九战区内军队中天花、麻疹、斑疹伤寒、回归热、痢疾、下腿溃疡等患者显著减少。

救护总队部经常派技术人员到各战区指导，总队长林可胜也不例外，他经常赴前线视察、督导，果敢、认真、严谨的性格与作风，带动所有医务人员兢兢业业、孜孜不倦。救护总队努力于“救死扶伤，博爱恤兵”事业，成效卓著，不仅誉满三军，而且远播海外，很多海外华侨及英美红十字会等组织将药品、器械、救护车、运输汽车

---

① 林竟成：《第九大队与四次湘北会战》，《会务通讯》第30期，第47页。

等源源捐赠中国红十字会救护总队。总队队伍与力量不断壮大。

林竟成

第一次湘北会战历时一个月，后日军撤走，战事暂息。1940 年的正面战场几乎没有大的战役发生。1941 年 9 月，日军集中约 10 万兵力进行纵深突破，湘北再次被犯。红十字会救护总队下辖的第三、六、九等医疗大队均开往战区，进行救护工作，以第九大队为主。第九人队共有 10 多个医疗区队，分布在衡阳、衡山、湘潭、长沙、益阳等地。第九大队所属第四中队队部驻长沙卫生实验处内，而第四中队直属的第 33、49、53、64 医疗队分别驻湘雅医院、湘北花桥第四军野战医院、平江 19 集团军野战医院、湘阴 99 军野战医院。医疗队各尽所能，士兵们时刻处于这样庞大的红十字“保护网”中。在持续一个月的战役中，中国方面参战的四个军屡有败绩，但战斗仍十分激烈。曾经是“救护总队部中最先推进前方部队工作”的第九大队在林竟成队长的率领下深入各军随军救护。

战役进行期间，总队部根据救护需要在第三、六、九战区各设一战区医院。战区医院直属总队部，由医疗大队部及战区司令长官卫生处监督指挥。第九战区医院设于新墙河畔，日机经常在医院上空轰鸣，医院竟也成了攻击对象，伤病员必须撤出才能保证安全。医务队护送伤病员到安全地带时曾几次遇险。一次，红十字医务队女护士畅革新在撤退途中，乘机夺获日军战马两匹，将一重伤兵护送到后方，一时传为佳话。同年 10 月中旬，长沙被陷，第二次湘北会战结束。第九战区的红十字医务队作好准备，在下次会战中重临战地。

太平洋战争爆发约一个星期后，日军阿南惟几指挥军队第三次会攻长沙。这次湘北战役之初，雨雪纷落，道路泥泞，行军艰难。中国军队与日军顽强激战一个多星期。战斗中，第九战区的红十字各队奔赴战地，协助野战医院军医工作。经历了多次血与火的考验后，他们已能预知伤兵退路，并在适当地方设裹伤站，其行动之迅速令人赞叹。这次会战中，第九大队各队救护是“最有效，最痛快”的。

值得一提的是，在每次战斗间歇之时，红十字医防队都会立即深入战区防疫，从不畏艰险。日军退出长沙后，疫疠滋生，第 33 医疗队队长唐文铭率队员不顾湘江布有水雷，乘汽船回到长沙，为伤病兵民疗伤治病，进行防疫工作。难怪美国医药援华会主席柯尔波到湘北战场视察期间感慨地说“愈到前线，环境卫生愈优良”[①] 了。红十字医务队的防疫、环境卫生工作持续不断进行着，努力为战区兵民创造一个比较良好的生存空间。

第四次湘北会战在 1944 年 5 月底爆发。日军时已精疲力竭，处于盟军与中国军队的包围中。为摆脱孤立困境，实现海陆兵力贯通，日军发动豫湘桂战役，欲作困兽之斗。湘北成为战场的一部分。日军攻势猛烈，中国军队屡战屡败，陷于被动。红十字救护队连同材料库、汽车队不得不由湘北战区撤出。经过多次出生入死的锻炼，红十字救护队员已练就了“饿得、冻得、晒得和走得”四大“本领”。面对恶劣形势，他们镇定自如，将存放在衡阳、邵阳两个材料库中的价值一亿元的器材抢运出来。

从长沙撤出的红十字医务人员携带物品，一路到达湘西，另一路开往总部。后者行至金城江，正遇该地霍乱流行，他们便停下来，为当地百姓治病防疫。待疫气平息，他们昼夜兼程，终于到达图云关总队部。6 个月辗转，他们越过数道“死亡的闸门”，用生命完好保存了一部分珍贵仪器。[②]

四次湘北会战，中国红十字会救护总队以第九医疗大队为先锋和主力，立定疆场，救伤瘗亡，竭尽全力。红十字医疗队中不分男女都十分珍惜为前线服务的“权利”。即使危险迫在眉睫，仍井井有条，坚定自若。第九大队以他们共同的信念，同甘共苦，共创辉煌，树立了典范。一些队员在执行任务时，被无情的战争夺去生命，或在为战士们防疫时染上疫病，如护士王孝义小姐即患斑疹伤寒而殉职。大队长林竟成也在一次战役中患上疟疾。一切行动均在证明着“抱牺牲精神”“保伤病安全，增人类幸福”的人道信条。第九大队如此，其他战区红十字医疗队也如此。

鄂西是入川门户、陪都重庆的外围，也是江防要冲。1943 年 5、6 月间，日军发动鄂西战役。红十字会救护总队第六医疗大队配合野战医院救护伤兵。他们临危不惧、忠勇奋发的精神，令人钦佩不已。

救护总队部是红十字会救护总队工作系统的另一部分，它是整个红十字战场救护的指挥中心，根据战势发展重新调整各战区人员配置，使应需互济，协调运作。同时总队部还积极从事附近地区军民的救治防疫工作。总队部中比较繁忙的是 X 光队。该队在荣独山医师的直接领导下工作。这支特殊的队伍，一部分留总部，另一部分巡回各战区、医疗队。凡有需 X 光机检查的伤病员，可随时得到服务并较快得到诊断结果，大大提高了诊病效率。X 光机数量有限，因此 X 光队被频繁调遣。X 光机及发电机的运输工作非常艰巨，但队员们遇水而涉，遇山而越，风雨无阻。无论身处何地，队员们都深知 X 光机的医疗价值，不惜一切代价保护机体。图云关总部有 X 光队队部和 X

---

① 林竟成：《第九大队与四次湘北会战》，《会务通讯》第 30 期，第 49 页。

② 参见林竟成：《参加红会救护总队部工作之回忆》，《贵阳文史资料选辑》第 22 辑，第 71 – 75 页。

光学组，共同负责X光医疗事务。总部X光队的工作任务繁重，前方或后方医院危重伤员经常转到总部治疗。X光队在荣独山领导下，有着完善的制度和极高的效率以及令人满意的服务。总队X光科也和其他各科一样，是全国X光科中心[①]。

红十字会救护总队部迁图云关，可以说是二度创业。在林可胜的苦心经营和引导下，许多医界精英共同努力于救护总队的人道工作，使其事业欣欣向荣。他们英勇无畏，无私奉献于"救死扶伤"事业的精神和"博爱恤兵"的人道情怀，不仅获得了社会各界的交口称誉，而且深深激励着海外华侨和红十字组织，如英美医药援华会，英、法、美、菲律宾等国的红十字组织，荷属侨胞、越南侨胞等，不断将药品、钱款、运输工具等输往中国。1940—1942年，红十字会救护总队出现了"鼎盛"局面，医疗队扩充到114个，医护人员达3420人。

正当中国红十字会救护总队蓬勃发展之时，国民党内某些人将林可胜支援共产党军队及敌后战场污蔑为"左倾""共产主义"，红十字人道救护工作受到阻挠。林可胜不得不于1942年下半年辞去总队长职务。继任者改变了总队为战地军民服务的宗旨而倾向于在大城市办大医院，这一时期救护总队发展平平，进入尾声阶段。1942—1945年，作为一个插曲的是救护总队"出征"缅甸，在域外与中国远征军共进退。

五、域外救护

欢跃声中发浩歌，
迎来绝域异闻多。
林林壮志怀诸葛，
总总雄心迈伏波。
队伍伤残蜀道苦，
长官慈爱醉颜酡。
回春妙手膏肓起，
国才无双一笑呵。[②]

以上这首诗是1943年林可胜率部分医疗队员由缅北战场归来后，中文秘书詹汝嘉所作的一首备含爱戴之情的诗。诗的首字组成"欢迎林总队长回国"，它表达的不仅是对林可胜孜孜奉献于人道事业的崇敬，而且是对救护医疗队远征域外、跋山涉水历尽艰辛后的深深敬意。

太平洋战争爆发，日本蓄谋于东南亚各国，欲切断中国与盟国在海上的联系，而

---

① 丁春华：《参加红会X光队工作的一点回忆》，《贵阳文史资料选辑》第22辑，第164－166页。

② 薛庆煜：《记中国红十字会救护总队与战时卫生人员训练所》，《中国科技史料》1999年第2期，第173页。

此举威胁到英国在印支的殖民利益。为保卫滇缅公路，并援助盟国作战，1942 年 1 月下旬开始，中国派军队陆续入缅作战。

国民党第六、九、六六军在史迪威将军的指挥下进入缅甸。不久，中国红十字会救护总队部即抽调人员组成 3 个医疗队，由林可胜以军医视察总监名义亲自率领，于 1942 年 3 月 20 日由筑（贵阳）出发赴缅。中国入缅军队与日军展开激战。3 月 17—29 日，历时 12 天的同古之战，中国军队与四倍于己的日军激战，沉重打击了日军的嚣张气焰。之后双方又在平满纳、仁安羌等地交锋。战事激烈，救护总队部又增派 3 支医疗队和 1 个救护车队支援缅甸战场救护工作。①

先期由林可胜率领下的医务队兼程而至腊戍，受到中国红十字会腊戍办事处主任曾大钧的接待。随后，林可胜按中国战区统帅部参谋长兼总指挥史迪威的指示，安排了工作：将医疗队推进至西保，在附近一土司别墅设临时收容医院，并与西保当地官商洽商招标建造几个简易医院。当林可胜与红十字会仰光办事处取得联系后准备启动各项工作时，军情突变，一些计划只得搁浅。

盟军指挥各方，各行其是，因而屡失战机。中国远征军虽取得一些战果，但无力扭转被动的局面。日军利用盟军各谋自保、孤立作战之机，迅速增派机械化快速部队，4 月末从缅东部绕道北进腊戍畹町，以切断中国远征军的退路。战事日非，5 月中国远征军一部由缅退回滇西，另一部分进入印度。已深入前线的 3 支医疗队准备返国，后派的 3 支医疗队无法前进，暂留滇边工作。

准备回国的中国红十字会医疗队，由眉苗取道密支那到云南腾冲。途中渡伊洛瓦底江，过那巴、喀什，一路险象环生。将到密支那时又因日军堵截而“上野人山，去印度”，然后转道回国。经过 26 天的艰难跋涉、风餐露宿，林可胜率医疗队穿越了被日军封锁、无路可循的缅甸丛林，到达印度阿萨姆省的利多火车站。这次出色的转移，完好保存了入缅的 3 支医疗队，使之继续为战场服务，林可胜也因此获得了美军高级勋章。②

中国远征军在缅作战失利后，一部分由司令官罗卓英与中国远征军最高统帅部参谋长史迪威中将带领退往印度，1942 年 5 月 20 日到达英帕尔。根据史迪威与印度当局达成的协议，在加尔各答的蓝珈（莱姆加）建立中国军队训练营，以提高中国在印军队素质。蓝珈中美新兵训练中心一直是中国驻印的军事训练基地。林可胜到达那里，主持卫生救护训练。此刻，林可胜已被迫辞去救护总队长职，但他无怨无悔地为军医救护事业奉献一己之力。林可胜调图云关卫生训练总所的马安权和戴根法工程师率医疗环境卫生工程队 20 多人去蓝珈，这大大提高了教学质量和效率。同时，留在滇西的

① 《红十字会半年工作概况》，《新华日报》1942 年 10 月 2 日；汪犹春：《难忘的岁月——记中国红十字会贵阳医疗队在缅甸》，《贵阳文史资料选辑》第 22 辑，第 177－186 页。

② 曹育：《中国现代生理学奠基人林可胜博士》，《中国科技史料》1998 年第 1 期，第 35 页。

林可胜率队参与远征军救护工作

中国军队，由陈诚任司令长官，组成滇西远征军。林可胜又派杨文达、汪凯熙和虞颂庭等 20 多人组成医疗队到昆明黑林铺，协助军医军护的培训。1943 年夏，林可胜以卫训总所主任身份调防疫学组代理主任薛庆煜去印度阿萨姆的雷多，任驻印新 38 军军医处长。红十字会医疗队的军医训练和战场救护为中国远征军官兵的健康作出了贡献。

第一次缅甸作战，中国远征军遇挫而返，滇缅公路交通中断。为了改善中国战区军需运输状况，罗斯福与丘吉尔于 1943 年 8 月举行“魁北克会谈”，决定 1943 年冬发动缅北攻势。中国驻印军和滇西远征军承担主要军事任务。1943 年 10 月下旬，中国远征军联合英、美盟军一部开始了缅北攻势。

战事又起，中国红十字会救护总队部调第十大队赴滇缅远征军中服务。1944 年 4、5 两个月，辖于第十大队的 011、012、021、022、031、032、041、042、051 九个支队及附属英国公谊三队、新运会四队到达前线，未及喘息，便被平均分配到各军师野战医院，担负起繁重的救伤任务。

前线战斗激烈，伤亡较多，医务队所需药品往往超过预算应用量。第十大队所属的第六分库尽量供给，“有十日九空之慨”。再加上运输困难，接济不及，常有捉襟见肘之感。幸得美国红十字会及美军供应局拨助，救护工作得以顺利展开。

第十大队所属医疗队、手术队分别配置到滇缅各战线，他们深入前方军队，协助军师部推进医疗、防疫卫生工作，此外，还为民众治病防疫。第十大队队长徐崇恩对当时战区疾疫有所记载：“滇区气候特殊，四季温和，适宜微菌繁殖，以致各种疾病，同时流行，脑膜炎、疟疾、痢疾、回归热、斑疹伤寒，以及霍乱、白喉应有尽有。”军队环境卫生差，营养不良者特多，疥疮、溃疡时有发生。红十字会昆明办事处在楚雄、下关、昆明、曲靖等处设灭虱站，凡经过的军队、一般民众一律给以免费灭虱。但由于经费所限，一切工作只能“尽所有经费而已”。楚雄灭虱站每日治疗数百人。到战区的几个月中，“公谊四队之试验斑疹伤寒苗经注射一万余人，尚期观效”[①]。他们还计划在 1945 年春接种天花、伤寒、霍乱疫苗。

1944 年 8 月，救护总队部成立 052 队并派往前线，11 月第一到第六手术队报道。第十大队救护力量逐渐充实。

野战救护对于红十字会医疗队不仅意味着面临枪弹之险，而且还得经历辛苦备尝的行军，陡转的山岳地势与多雨的气候，使他们经常陷于窘境。深入前线而又没有便捷的运输条件，补给非常困难，红十字医护人员往往不能及时得到给养而挨饿受冻。但千辛万苦在伤病员的哀叹声中变得微不足道，每有伤兵出现，他们便不顾一切地为之医治。第 051 医疗队队长甘理安在黎贡山施行急救手术时，对面突然有排炮飞来，而他仍镇定自若地将手术做完。红十字医疗队临危不惧的事例在战地上举不胜举。至于在医治疾疫过程中被传染者更是屡见不鲜，“本部人员中在职时得斑疹伤寒者九人，得疟疾者超过百分之五十”[②]。所有这些，没有使红十字医务人员有丝毫动摇。

野战救护

1945 年年初，缅北密支那仍激烈作战时，中国远征军开始渡过怒江，发起滇西反击战。保山是怒江东岸的“伤运集转地”，滇西反攻以此为基点，因此保山在卫生勤务

① 徐崇恩：《远征军救护概况》，见中国红十字会总会编：《中国红十字会历史资料选编（1904—1949）》，南京大学出版社 1993 年版，第 359 页。

② 徐崇恩：《第十大队与滇缅反攻》，《会务通讯》第 30 期。

上占有重要地位。011医疗队驻保山某预备医院，第七手术队驻保山以西的瓦房街，担任怒江西岸的野战救护。滇西缅北反攻同时进行，中国远征军渡怒江，长驱直入滇西。原驻保山的011、012、022等医疗队及第一、第四、第九手术队和受红十字会昆明办事处指挥的公谊第三、四、五等救护队随军渡江，继续野战救护。其他各队留守怒江东岸，待机而发。战场救护力量按战势需要统筹安排，救护工作有条不紊。在队员坚持不懈努力下，战场救护成绩斐然且多有信誉。1944年5月以后的几个月中，第十大队有这样的工作统计：内科住院52058人，外科住院86936人，门诊106266人，手术1140人，化验13544例，特别营养44414例，预防接种18300人，X光检查176人次。[①]“具博爱襟怀”“抱牺牲精神”“保伤病安全”……救护总队人道主义信条在域外得到发扬光大。

如果说，抗战是士兵们一枪一弹打赢的，那么其胜利的脚步声中也有红十字会救护总队的回响。1945年抗战胜利前夕，中国红十字会救护总队遵照总会裁编令，重新调整。调整后，全国设4个医疗大队：第一大队驻昆明，任西南区救护指挥；第二大队驻湖北恩施，任西北区救护指挥；第三大队驻福建邵武，任东南区救护指挥；第四大队驻贵州独山，任中区救护指挥；预备大队设贵阳，策应支援各部。抗战胜利后，总队部迁重庆，历史任务完成，不久即解散。历史离今天越来越远，翻开抗战史籍，我们总不忘重新回味红十字救护总队的篇章。

六、军医的摇篮：战时卫生人员训练所

红十字会救护总队载入史籍的是其与军队同履战场的惊险经历和被人们认同的红十字人道主义精神。相比之下，救护总队的军医教育系统似乎应是副产品，事实上其有着特殊的影响。

近代中国军医制度素不健全，军医缺乏，无法适应大规模军事冲突对军医的需求。林可胜在筹组救护总队时，由于他在国外及协和医院有多年的学者经历，故很快注意到这个问题，设想在中国发展军医教育。1938年6月，中国红十字会救护总队与卫生署在长沙合办战时卫生人员训练所，对军医官兵进行分期分批的培训，不久更名为军政部内政部战时卫生人员训练所。“卫训所”培养了很多军队医护人员。

1939年春，“卫训所”随总队部迁图云关，定名为军政部战时卫生人员训练所，主任林可胜。“卫训所”培训计划和管理等方面由中国红十字会救护总队和贵阳陆军总医院负责，经林可胜励精图治后，形成了以卫训所为中心的军医训练体系。

图云关卫训总所中专科专设，门类分明，体现出一个庞大的医疗技术组合。总所下设若干学组：组织学组（主任汪凯熙医师）、内科学组（主任周寿恺医师）、外科学

① 中国红十字会总会编：《中国红十字会历史资料选编（1904—1949）》，南京大学出版社1993年版，第359页。

组（主任张先林医师）、防疫学组（主任先后：启荣、施正信、薛荫）、X线物理学组（主任荣独山）、微生物学组、生物学组、生化学组、环境卫生工程学组、护理学组、理疗科、复健学组等。门类齐全，技术力量比较雄厚。担任各学组、科主任、教官的都是国内外知名的医界人士。除以上所提医师外，还有如陈文贵、柳安昌、周美玉等医界名流。各科都由该科专家或医师对口指导。

卫训所内分学员大队和学生大队：前者是战区兵站或后方医院的医护人员，一般培训1～3个月，再回原单位；后者属养成教育，分军医、军护、检验等班，受教育时间也较长。

最初，可用作课本的中文教材很少，卫训所专家们便自己编写或翻译，为统一教学和作业，林可胜制订了各科作业规程，各科专家据此撰写教材，最后由林可胜审定并转香港付印，出版后运回，分发给总所、分所的各学组和科室以及有关军医机构、救护队。各规程列举必要的诊视规定以及处理程序与方法，其中内容都与战地实际对照后几经修改，实用性强，对战地救护具有指导性作用。卫训所先后“为部队培训各级医护人员数万人”①，是战时全国最大的救护人员培训基地。

抗日战争进入相持阶段后，卫训总所将军医教育向更大范围拓展，以培养军队急需的医护人才。1941年，在林可胜主持下，在陕西、江西、湖北、四川、湖南建立了5个卫生训练分所。第一分所在陕西褒城，陈韬医师为主任；第二、三、四、五分所分别在江西上饶、湖北老河口、四川黔江、湖南东安，负责人分别为刘经邦、马家骥、彭达谋、林竟成医师。每个分所驻地同时驻有红十字医疗大队，大队长即为分所主任。各分所利用健全完善的设备和教育系统为所在战区不断培训医护人才，并对各战区医护工作予以就近指导。卫训总所与分所，构成了一个网络式的教育体系，成为抗战时期军医的摇篮。

图云关军医教育系统中，另一个有机部分便是成立于1943年6月的卫训所实习医院，这是林可胜亲手创办的一所综合性教学医院。主要是配合卫训所教学、供受训军医护人员临床实习。在林可胜惨淡经营下，该院形成一套严格的规章制度、严谨的工作作风和浓厚的学术氛围。专家们时常组织学生进行病案研讨会、读书报告会。学员们通过这些途径逐步加深医学理论修养并积累了诊断经验。由于实习医院负责解决战时后方医院无法诊疗的疑难病症以及开设一般门诊服务，所以院中也有病房等设施。贯穿于教学中的“查房”培养了学生们尽职敬业、一丝不苟的工作作风。在这里接受培训的年轻人在优良教育思想的影响下，积极进取，业务上精益求精。据记载，从这一“摇篮”中走出的人才：结业的军医、军护人员四五千人，各种技术人员如检验员、

① 曹育：《中国现代生理学奠基人林可胜博士》，《中国科技史料》1998年第1期，第35页。

X 射线技术员、环境卫生工程技术员、卫生员等四五百人。[①] 他们不仅在当时发挥了重要作用，而且为新中国医疗卫生事业积累了有生力量。

第三节　在敌后战场

全面抗战以中国的最后胜利而告终。在此过程中，中国共产党领导下的人民武装和敌后战场有着不可替代的作用。哪里有战场，哪里就会有白底红十字旗的飘扬。中国红十字会救护总队将人道关怀同样施与八路军和新四军。

一、“歧路”先锋：第 23 医疗队在陕北

抗日战争时期，中国国民党旗帜下的军队和中国共产党麾下的武装是两支既相互联系又各自独立的军事力量。当日军践踏中国国土、中华民族旦夕存亡之际，中国共产党倡导的全民族抗战使“两种力量”一致对外，共赴国难。然而，国民党消极抗战的总体战略思想，导致正面战场败多胜少。广州、武汉失陷后，国民党战区更加被动。共产党领导下的敌后战场成为日军进攻的重点。八路军、新四军抛头颅，洒热血，付出沉重的生命代价。遗憾的是，“国民党，正如孙中山夫人一语道破，它划了一条横贯中国的虚构线，在虚构线一边的抗日战争伤兵能受到照顾，在另一边的伤兵则不然”[②]。八路军、新四军从国民政府那里几乎得不到应有的给养与医疗保障，只能依靠自给和国内外人士的援助。天职攸关，中国红十字会救护总队冲破人为阻禁，派出医疗队，给予敌后战场——那个似乎被遗忘的“空间”以力所能及的人道救援。

在红十字会救护队救护视野中，抗日战场只有一个，因此他们不怕山高路远，几次将医疗队派往八路军所在的西北敌后战场，而其中作为先锋的是第 23 医疗队。

抗战初期，八路军取得平型关大捷，赫赫战功使其富有传奇色彩。当周恩来向红十字总会要求派医疗队到延安为八路军服务时，奉派的第 23 医疗队怀着崇敬之情欣然前往。

1937 年 12 月 20 日，第 23 医疗队由汉口乘车北上西安。途中几经周折，颠簸五六天终于到达中国红十字会西安第一医疗大队部。八路军驻西安办事处中共中央代表林伯渠在七贤庄驻地接见了第 23 医疗队和同去的第 7、第 39 医疗队。随后，三个队在侯道之率领下向延安进发。时届寒冬，渭河平原和黄土高原苍凉的景象令人望而却步。由于汽油匮乏，汽车燃料由木炭替代，动力不足，医疗队蜗行三天，到达三十里铺，

① 薛庆煜：《记中国红十字会救护总队与战时卫生人员训练所》，《中国科技史料》1999 年第 2 期，第169 页。
② 爱泼斯坦：《宋庆龄传》（中译本）下卷，日臻出版社 1983 年版，第 459 页。

受到八路军留守处首长肖劲光，中共联络员姬鹏飞，后勤部卫生部副部长饶正锡、孙仪之和边区医院院长傅连暲等的热烈欢迎和盛情款待。队员们被深深地鼓舞。延安蓬勃向上的气息激励他们尽早投入工作。

第23医疗队是1937年12月汉口整编时，由中央大学、齐鲁大学联合医疗队改编而成，队长是外科医师侯道之，队员有内科医师谢景奎，妇产科医师金茂岳，外科医师李汇文、姜传习、张伯英以及护士朱朝政、朱芹、王学礼、王金泉、朱朝城（后改名朱朝成），事务员吕起润，工人李福淮和刘长山。其中6名医师均是齐鲁大学七年制医疗系毕业，护士是四年制高级护校毕业。医护实力总体较强。侯道之队长与卫生部两位部长、姬鹏飞共同商定：第23医疗队到距离前线最近的第二后方医院协助工作，负责手术治疗；妇产科医师金茂岳、内科医师谢景奎及第7、第39医疗队留在边区医院。从部署初定直到1940年5月，第23医疗队辗转于陕北，为边区军民疗伤治病。

第二后方医院位于延安东80里的甘谷驿，条件非常简陋，这意味着“加盟”于此的红十字第23医疗队要付出更多的努力，面临更多的挑战。院部原是一个旧天主堂，依山穴洞而成，灰砖铺地，石灰粉墙，倒也显得整洁、明亮。手术室、药房、消毒室、办公室、食宿地都在这“山洞医院”。医院的仓库、病区设在院部后面的山坡上。一切因地制宜。红十字医疗队与当地医疗机构一样，只能因陋就简。

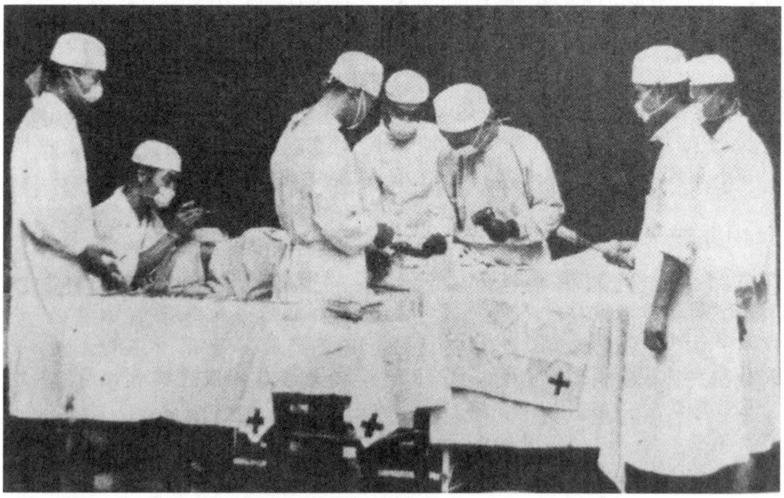

中国红十字会医疗队在陕北工作情形

陕北山区物质贫乏，百姓散居各处，无法为较多的伤员提供集中的住地，因此，伤兵病民只能就近收容，分散救治。第二后方医院除院部外，还设有四个医疗所：一所在甘谷驿东延水边上的杨家湾，距院部10余里；二所在延川县禹居镇，距院部上百里；三所在延长县交口镇，距离院部近百里；四所在院部西北数十里。这种布局固然便于及时收治伤病人员，在特殊情况下可以及时、安全转移伤员，但不便之处也是显而易见的，队员要不辞辛劳地到各医疗所为伤兵敷药、疗伤。无论刮风下雨，还是军情紧张的时刻，他们都必须克服一切困难将温暖带给伤兵。

另一个较为棘手的问题是后方医院医疗器械缺乏，原有医护人员素质低，这更加重了第 23 医疗队的负担。后方医疗机构中主要使用的外伤处理器材止于“三大件”：镊子、探针、剪子。至于原有的医护人员，大多是未受正规训练的、文化程度较低的四川女子，真正的医生屈指可数。一切表明，困难所在，任重而道远。

八路军司令部、一二九师、一一五师、一二〇师、山西新军分进合击，对同蒲、石太沿线的日军形成包围之势。进入相持阶段，日军不断对敌后抗日根据地进行“扫荡”。双方频频激战。后方医院救护工作因此非常繁重。根据紧迫形势和后方医院状况，第 23 医疗队全体医师一律先转外科，集中力量协助外伤处置和相应的手术治疗。1938 年和 1939 年，在保证院部手术治疗工作的前提下，第 23 医疗队先后抽组两个手术小组分别由侯道之和谢景奎率领到延长县交口镇第三医疗所和延川县禹居镇第二医疗所开展流动手术治疗。所到之处，没有现成的手术室，手术队便将空窑洞除尘消菌后改造为手术室。他们用白布挂在窑洞壁及顶上用来防尘和增加亮度。由于没有电，手术只能赶在白天做，医疗器械缺乏，他们便自制或找代用品。为提高诊疗准确率，又请求西安第一大队部派于保良带一台 X 光机协助。当受伤的战士被抬下前线，痛苦地挣扎、呻吟，红十字医疗队员因不能马上为他们驱除伤痛而焦急难过；当伤病员得到医治后露出感激的笑容时，他们也感到莫大的安慰。

他们也经常为部队首长疗伤治病。1938 年春，正在延长县巡回手术的侯道之被邀为一一五师师长林彪治疗胸部弹伤。受弹伤的林彪经常咯血、疼痛、睡眠不好，被折磨得面色苍白，虚弱无力。侯道之队长为之清疮诊断后，进行了手术。两周后伤口痊愈。1939 年，中共中央副主席周恩来从马背上摔下，右臂骨折。接电后，侯道之队长与技术员于保良带 X 光机兼程至延安。经诊视，发现右肘关节的尺骨鹰嘴骨折，限于条件，只好用夹板包扎固定，稍后转赴莫斯科进行手术治疗。

红十字医疗队中除外科医师外，还有妇产科医师、内科医师，技术水平高，他们被延安的边区医院、中央医院、白求恩医院邀请参加会诊是理所当然的。谢景奎医师就曾参加甘谷驿后方医院对王稼祥病情的会诊。

后方医院原有医务人员技术素质较差，红十字医疗队在疗伤之余，对他们进行正规的训练。

根据地深处陕北农村，红十字第 23 医疗队在为军队服务的同时，也在农民中进行卫生知识宣传，还免费为他们施医送药。

第 23 医疗队在延安第二后方医院的八百个日日夜夜，兢兢业业，把满腔热情毫无保留地献给人道救护事业：完成各类大小手术 3000 余例（次），效果令人满意。经救治的伤病员，除少数留有残疾外，绝大多数康复重返前线。“做精密准备”，“献科学身

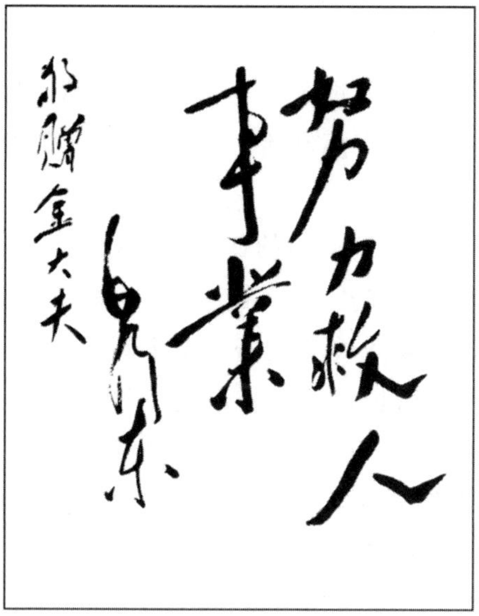

毛泽东主席为妇产科医生金茂岳题字

手”，既是红十字医疗队的信条，亦是对他们工作实绩的贴切评价。成功与欢笑是他们汗水与人道真情的凝结。

红十字人道奉献是不图回报的，而延安军民用特有的方式对给予他们关爱的红十字医疗队表达了朴素的感激之情。陕北贫穷落后，生活艰苦。战时供给制对党、政、军、学各界都有严格限制，对红十字医疗队员却给以特殊待遇，允许他们单独起灶，并设法使他们吃上面食。延安军民艰苦朴素、蓬勃向上的精神风貌时时感染着红十字医疗队员。在浓厚的革命氛围中，队员们聆听当时中国最先进的声音，这也使他们对自己所从事的人道主义事业更有信心。

1940 年 5 月，驻西安的中国红十字会救护总队第一大队部调第 23 医疗队到第五战区的湖北老河口前线。中共中央副主席周恩来、八路军总司令朱德等各级领导以及有关团体对即将离去的红十字医疗队或致词或赠旗赠物，表达边区军民对医疗队衷心的谢意。曾经的外乡人，带着延安的气息踏上新的人道旅程。[①]

二、人道与人情的风景线

被派往敌后战场的红十字医疗队不只有第 23、7、39 医疗队，还有第 13、40、61 等 20 多支医疗队陆续开赴敌后。[②] 敌后战场在抗战中的作用以及那里活动着的人群显

① 侯道之、朱朝政、朱朝成：《中国红十字会第 23 医疗队在延安》，《中国红十字》1992 年第 1 期，第 44－47 页。

② 郭绍兴：《回忆抗战时期党在中国红十字会救护总队的工作》，《贵阳文史资料选辑》第 22 辑，第 6 页。

示的特殊性决定了红十字医疗队所进行的是别开生面的救护。

1938 年，中国红十字会救护总队部派齐清心率两个医疗队和一个医护队到延安的八路军战区服务，同时派往的还有姚浩然率领的 X 光队。医疗队从西安大队部出发，行三日到达延安。军民真诚的欢迎感动着红十字医疗队的每个人，仿佛始自一刹那，他们便将为这片土地奉献出一切。

“求迅速效率”是红十字救护队一向的作风。医疗队到延安后立即对下一步工作作出安排：其中一个医疗队被安排在边区医院，另一个医疗队被分配到甘谷驿兵站医院，医护队到市内门诊部服务；两架 X 光机配备到两个医疗队。[①]

延安边区医疗条件极差，医护人员十分缺乏。红十字医疗队的到来不啻为“及时雨”。他们与边区医院的医生肩并肩，默契合作，为伤兵诊疗、手术。躺在病床上痛苦不堪的战士因伤痛解除露出笑容时，心中荡漾着的是对红十字医护人员的无限感激，而这些对红十字医疗队来说，是最大的安慰和莫大的激励。

X 光机是医疗队员的得力“帮手”，在医疗救护中功不可没。

负责边区医院和甘谷驿后方医院 X 光机的分别是齐鲁医学院毕业生刘筠和山东医专毕业的于保良。只要诊疗需要，X 光队队员便会不辞辛劳地及时赶到。由于他们的认真负责，X 光机诊疗大大提高了诊断的准确率。X 光队西北区负责人姚浩然，经常往返于延安与西安之间，视察工作。在延安时，他曾见过抗战初期便来华的加拿大医生白求恩和印度援华医疗队的柯棣华大夫等，就 X 光机工作与他们进行过切磋交流。

抗日民族统一战线下，国民党政府仍不忘“剿共”。中立、独立性的红十字会救护总队履行人道职责，向八路军、新四军处派送救护人员，也屡受阻挠，但救护总队没有因此改变自己的宗旨。1938 年抗战进入相持阶段后，西北敌后战场逐渐成为日军进攻的重点之一。根据战区需要，救护总队几次将医疗队和医药物资输送陕西和山西等地。1938 年 6、7 月间，林可胜在长沙组织了四个医疗队，连同一批药械一起运往延安。[②]

山西是中国红十字会的另一个救护中心。1938 年 9 月，救护总队部组织了三个医疗队——第 61 医疗队、第 13 医疗队和“驴马队”——前往山西。红十字会总会的汽车将三个队送到平汉路，之后队员转乘火车到西安。车到车煌店时，前面的线路被日军炸断，队员遂折返八路军汉口办事处。叶剑英主任招待了他们，并派副官许光庭送他们返长沙，再由红会派车送他们到西安红十字会大队部。经商，红十字医疗队趁冬雪时节，向目的地进发。医疗队穿过枪弹横飞的日军封锁线，翻越了冰雪覆盖又陡又

① 姚浩然：《去延安》，《贵阳文史资料选辑》第 22 辑，第 21 页。

② 朱崇演、张建军：《荣独山教授谈红会救护总队》，《贵阳文史资料选辑》第 22 辑，第 87 页。

滑的太行山，于1939年1月到达山西潞城落脚。与所有到达敌后战场的红十字医疗队一样，他们受到了热烈的欢迎与热情的款待。几天后，他们便到沁县八路军野战医院走马上任了。①

野战医院条件同样很差，红十字医疗队工作同样艰巨，而这些“同样”没有动摇红十字医疗队的工作热情。为伤病员、骨折复位、手术剥取弹片等都是医疗队经常的工作。医疗器械不足，他们设法自制，伤病员需要补充营养，他们便自己出钱购买。在野战医院工作之余，他们还经常给周围百姓治病、接种疫苗等。在人们心目中，“红十字”就是健康的使者。红十字医疗队员与军民互相关心，形成了融洽的人道与人情的风景线。1939年7、8月间，怀着对这片土地一草一木的深深眷恋，三支医疗队离开此地，调往西安红十字会医疗大队部休整。

医院是医疗基地。在边区开办医院的过程中，红会给予了有力支持。

延安限于条件，无法筹建具有现代化气派的医院，但为了方便战场上负伤的战士就医和为周边民众提供医疗服务，1938年年初边区政府凿山开洞，建成临时伤兵医院一所。到这年秋天，“临时伤兵医院，现已扩为中国最大之山洞医院。此等山洞开筑在峻峭之山壁间，山洞皆广大而舒适，且干燥得宜，壁上皆涂有石灰，阳光亦能充分射入，故施行手术绝无困难”②。一些国际组织和华侨不断将医疗设备运往边区医院，宋庆龄主持下的“保卫中国同盟”也几次捐输，特别是中国红十字会和国际联盟派专人到陕北，给以技术援助。这样，边区医院设施逐渐得以完备，医务人员素质不断提高。在各方共同努力下，边区医院在延安发挥了重要的作用。

1938年，经巴黎反轰炸不设防城市恢复和平大会决议，英国援华会在中国设国际和平医院，救治中国伤兵难民。次年，国际和平医院在晋南一所教会医院落定。中国红十字会承担每月经费中的50镑。这座医院自然也就成为国际援华医疗队与红十字会医疗队共建的基地。③

红十字医疗队救护工作仍在进行，而友好人士的加盟为敌后人道主义行动增色不少。

1939年年底，宋庆龄到香港接应一批华侨的捐献品，恰与从德国留学归来的细菌学家江涛声及其妻希尔达护理员等不期而遇。江涛声从宋庆龄那里了解到一些敌后战场的情况。当宋庆龄将约翰·桑尼克罗夫特勋爵送给她的特制救护车和满载物资的卡车队托新西兰友好人士詹姆斯·贝特兰送往延安时，江涛声等也要求同往。④

---

① 梁钧铤：《抗战时期我在红会医疗队的一段经历》，《贵阳文史资料选辑》第22辑，第12-13页。

② 《延安之山洞医院》，中国红十字会总会编：《中国红十字会历史资料选编（1904—1949）》，南京大学出版社1993年版，第357页。

③ 《援华运动：国际和平医院设晋南》，《新华日报》1939年3月5日。

④ 詹姆斯·贝特兰：《战争的影子》（节译），参见《贵阳文史资料选辑》第22辑，第29-33页。

宋庆龄查验运往前线的医药物资

经过千辛万苦，一行人到达目的地。江涛声决心留在敌后战场服务，他请求西安中国红十字会救护总队第一大队部派其到五台山白求恩医院为八路军服务，得到嘉许。第一大队部将要求去敌后为八路军服务的人员组合在一起，编为第40医疗队，队长即江涛声，成员有：护理员希尔达，外科医师奥地利人纪瑞德以及护士赵春霞、郭步洲、梁钧铤和事务员张自中等。

第40医疗队于1939年冬离开西安赴五台山白求恩医院，几经波折，渡河到了桓曲。由于中条山战役将波及这里，原八路军留守处已撤走，所以他们只得上太行山，继续寻找队伍。风雪交加下的太行山路漫漫而令人生畏。“上四十里，下四十里，没有月亮，没有星光”①，稍不留意便有丢掉性命的危险。这种考验几乎是所有来到敌后战场的红十字医疗队都经历过的，而救死扶伤是不因地而异的，困难面前的红十字医疗队表现出的是坚定。

第40医疗队经过山西新军即抗日决死队独三旅驻地时，得知其后方医院有许多重伤员急需手术取弹。情况万分紧急，第40医疗队立即协助手术。手术需在无菌环境下才能保证安全。没有手术室，医疗队便把白布制的大号方形蚊帐式帐篷用蒸锅消毒后当手术室。手术刻不容缓，江队长与纪瑞德大夫连日“作战”。护理员自己出钱买藕粉给伤病员喝。在红十字医护人员的治疗与精心护理下，许多伤病员恢复健康。在独三

① 梁钧铤：《抗战时期我在红会医疗队的一段经历》，《贵阳文史资料选辑》第22辑，第16页。

旅后方医院短暂停留期间，第 40 医疗队还办了一个培训班，为院方培训医务人员[①]。

正当第 40 医疗队协助独三旅后方医院完成紧急任务，准备向五台山进发时，阎锡山军队对山西新军发起进攻，制造反共摩擦。

原来抗战进入相持阶段后，敌后战场日益成为抗日战场的重心，同时共产党领导下的抗日武装力量不断壮大，而国民党却日益消极抗日、积极“反共”。“反共”摩擦事件屡有发生。红十字医疗队出于人道本职，在共产党领导的军队中的救护工作也因此被抹上政治色彩，受到阻挠甚至袭击。救护工作困难重重。

山西新军被阎锡山军队围困，第 40 医疗队也“在劫难逃”。江涛声队长出面交涉，严正指出红十字会是国际性组织，阻碍和破坏红十字会医疗队的救护工作是违反国际公约的。围攻的阎军不为所动，直到看见医疗队中的外国医生才悻悻而退。

一波未平，一波又起。当第 40 医疗队步行到东路地区时，再次遭到国民党第二十七军范汉杰部的围困。范汉杰部将第 40 医疗队队员押往军部，一再阻止其到五台山而准备强行留下为二十七军服务。医疗队坚持此行是奉红十字会第一大队部命令，要求范汉杰放行或准返西安大队部。被围当夜，日军轰炸第二十七军军部。军部转移，第 40 医疗队被挟往。雪上加霜，途中纪瑞德大夫染上斑疹伤寒。药械被没收，医疗队简直束手无策。护士梁钧铤以与范汉杰广东老乡身份劝范考虑国际影响，准予一部分药械，这样纪大夫才得以“死里逃生”。不久，在多次强烈要求下，第 40 医疗队终于获准，由二十七军押送过黄河，返回西安大队部。

第 40 医疗队返回西安后，江涛声、郭步洲分别向中国红十字会第一大队部和西安八路军办事处汇报了情况。医疗队重新整编，人员扩增到 19 人，内有 5 位医师，其中还有国际友人。江涛声续任新编第 40 医疗队队长。整编完毕，该队又被派往湖北老河口第五战区，为新四军服务。

皖南事变前，新四军主要活动在江南。根据战区需要，中国红十字会救护总队部将医疗队派往皖北和江南的新四军中。美国作家、民主人士史沫特莱女士在此过程中“穿针引线”，起到了重要的桥梁作用。正如埃德加·斯诺《西行漫记》使更多的人了解到陕北中国共产党领导下的军队和革命一样，史沫特莱以她对八路军、新四军战场的真切报道，向世界展现抗日战争时期敌后战场的战斗和生活。史沫特莱“自有生以来仅有一个挚念，一个信心，那就是为解放那些贫苦和受压迫者而努力工作”。1938 年，她同中国红十字会救护总队长林可胜取得联系，获准加入中国红十字会救护总队医疗队。当时，她以《曼彻斯特卫报》特约通讯员身份深入新四军战地。她每周向外邮寄两篇通讯，报道中国陆军医疗工作和红十字医疗队救护实况；向国际组织写报告呼吁医药、救护车辆等物资的援助。同时，她将战地调查随时寄送红十字会救护总队

① 梁钧铤：《抗战时期我在红会医疗队的一段经历》，《贵阳文史资料选辑》第 22 辑，第 16－17 页。

部，作为总队部了解敌后战场、调整救护力量的依据。1938 年，在她的建议、邀请下，“红十字会医疗队派了两个巡回医疗工作组到新四军协助工作”①。

史沫特莱

1938 年噩梦般地过去了，新的一年同样痛苦难熬。每次战斗结束，新四军伤病员痛楚地呻吟挣扎，“肢体不全伤势严重”的“活活地死去”。伤亡惨重，新四军医疗队沈其震队长赶赴上海向中外团体争取救济资金和医疗药品。与此同时，史沫特莱女士向英国基金会和美国红十字会特别监督委员会提出报告和申请书，要求给予人道援助。虽然争取到的援助只是“一小笔钱”，“总数从未超过五千元”②，但对新四军医疗队不无小补。

史沫特莱女士随新四军穿梭于各战场。她像一根纽带，把新四军与红十字会救护总队联结起来。每到一处，她都会将那里的伤兵难民状况写成报告寄到中国红十字会救护总队部，以求得林可胜总队长的帮助。她在应邀到五十军军长郭嵩岐那里访问时，有这样一段记述：“我在五十军向红十字会医务团写了一个报告，敦请林可胜博士速送应急医药物资来前方医院，并给医务工作人员颁发医疗手册。最后我应郭军长的请求，催促林博士视察一次五十军医务工作并进行内部整顿。”“新四军来电催我速返会晤刚到的红十字会医务视察员。于是，我对五十军的访问遂告中断，急忙动身回去报告我这次视察所得的种种印象。”③ 这样的记录很多。在皖南事变前，新四军就是通过史沫特莱女士多次得到中国红十字会救护总队部的无私援助。

到新四军敌后战场服务的红十字医疗队同样展现出“抱牺牲精神”“保伤病安全”的克己奉职的风范。史沫特莱女士随新四军经南昌时，目睹了一次红十字医疗队的紧急救护：“第二天又遇到一次吓人的空袭，过后，我走过硝烟滚滚的街巷，前往红十字会医疗队工作的一〇九战地医院，……刘医生告诉我：空袭警报响了。红十字会外科手术队在动大手术。炸弹在头顶下落，他们不为所动。我们穿好白工作服戴上白帽后进入手术室。一个伤兵躺在手术台上，一个美国医生坐在床头边在打麻药，一个瘦弱的外科中国女医生弯腰倚靠病人在切腿，她和她的助手们目不转睛一直低着头把手术

① 史沫特莱：《中国的战歌》，新华出版社 1985 年版，第 235 页。
② 史沫特莱：《中国的战歌》，新华出版社 1985 年版，第 251－254 页。
③ 史沫特莱：《中国的战歌》，新华出版社 1985 年版，第 263－264 页。

作完。……医生护士们赶紧作下一次手术的准备工作。"[①] 无声的工作，无声的关爱，红十字医疗队珍惜每一个生命！当目睹战场上已成残缺的依稀可辨的有红十字徽章的救护车辆，或者倾于炮火中的后方医院的狼藉惨状……噩梦般的惊心动魄中生发出对红十字医疗队深深的敬意！

新四军游击战区供应困难，为使伤病员恢复健康，医护人员设法保证他们的特别营养。"菜饭按病者性质而不同，大部分早晨都喝到新鲜豆汁、鸡蛋和粥；午餐和晚餐，菜的作法都不同……"[②] 这样的食谱似乎有点难以和当时食不果腹的战区生活联系起来，却是确凿无疑的事实。

红十字医疗队只是为战地军民服务的力量之一，而他们代表了温暖和无私的爱心，给予人们的是一种生的灵光。相信，所有受过红十字医疗队回春"妙手"爱抚的人们都会与美国路德会挪威籍牧师史金斯涅士医生表达同样的心愿——史金斯涅士医生在驻马店确山县城外的一所坐落于山丘上的医院中工作，主要为平汉线一带的新四军游击队服务，史氏自己是"一个献身为人民服务的传教牧师医生"——他在一次祷告会上作了如此挚诚的祈祷："慈悲的父，保佑中华红十字会医疗队的会员们，他们正在前线各地救死扶伤活人济众。请主上帝，给他们勇气继续工作战斗下去……引导中国最高当局不要偏心狭隘，对为国家作战的一切军队都要一律对待。"[③]

抗战时期，中国红十字会救护总队在林可胜领导下，"基于道义及职责关系，给予中共所指挥的军队以医药援助"[④]。无论是陕北，还是江南，都有红十字医疗队员的身影，他们所到之处，都会有"博爱"之声的高亢激越。

第四节　一曲国际人道主义精神的颂歌

一、"为支援中国抗战"

1945 年在日内瓦举行的第 17 届国际红十字大会上，中国红十字会秘书长胡兰生感慨万千地说："吾人身经中国遭受战祸之苦难，而我国红十字会于此大苦难中，历经八年之奋斗，使能于内求民族生存，外维世界和平之抗战过程中，完成战时救护工作之重大使命，首应代表中国全体遭受苦难之军民，向各友邦红十字会致衷心感谢之忱。"[⑤]

---

① 史沫特莱：《中国的战歌》，新华出版社 1985 年版，第 220－221 页。

② 韦冷：《江南游击区的医药建设》，《新华日报》1939 年 11 月 27 日。

③ 史沫特莱：《中国的战歌》，新华出版社 1985 年版，第 335 页。

④ 周谷：《胡适为林可胜辨冤白谤》，《传记文学》（台湾）1999 年第 9 期，第 20 页。

⑤ 胡兰生：《贡献抗日贡献和平》，转引自中国红十字会总会：《中国红十字会的九十年》，中国友谊出版公司 1994 年版，第 89－90 页。

的确，中国红十字会之取得抗战救护的伟绩，与国际红十字组织的援助是分不开的，饱受战争蹂躏的中国人民不会忘记。

红十字会是国际性的组织，没有种族歧见，无分政治畛域，在人道主义旗帜下，各国红会互相援助，是义不容辞的。在中国红十字运动史上，“援外”行动也是屡见不鲜的：

1906 年美国旧金山地震，中国红十字会捐银 20000 元。

1914 年日本鹿儿岛地震，中国红十字会捐款 2000 元；欧战爆发后，向瑞士万国红十字会联合会电汇 8000 元，支持救伤工作的展开。

1918 年，中国红十字会派出救护医疗队 19 人，赴海参崴参加国际救护工作。

1919 年，为救济西伯利亚俄国难民，中国红十字会募款 7700 元、棉衣 1500 套，托美国红十字会驻沪办事处携往施赈。

1922 年，据《中国红十字会二十年大事纲目》记载：“是年春间俄国旱灾，上海设立俄灾赈济会分部，为募捐起见，组织游行运动队，本救灾恤患之谋，寓亲仁善邻之意。本会加入队团，尽国民外交义务，为灾民请命出水火而解倒悬。事后由俄灾赈济会上海部，赠纪念状。”本年，中国红会还向土耳其红新月会捐 2000 法郎的难民救助款。

1923 年日本关东大地震，中国红十字会组织 26 人的医疗队携带药品、器械、担架、帐篷等泛海东渡，参加救护并与神户中华会馆合作资助受灾华侨回国。医疗队用款计 17000 余元。

“援外”例子固然可以举出很多，其实，在中国红十字会历次大规模救护行动中，也都有“外援”的支持，前文已经述及。而在抗日战争这场关系到中华民族生死存亡的大搏战中，国际红十字组织给予人道援助，是理所当然的。

“七七事变”后，中国进入全面抗战阶段，军事碰撞之剧烈，“为远东有史以来所未有，城郭化为灰烬，田园夷为平地，兵士死于沙场者以百万计，平民妇孺被炸罹难者，流血成池，悲惨之状，罄竹难书”，引起国际社会前所未有的广泛关注。红十字国际委员会“为之呼吁，计响应者有十二国，其中有两国红会，更形努力，募捐结果几两倍于救济西乱（西班牙内乱）之捐款。中国红会，又单独提出巨额资金，辅助红委会办理救济工作，达总数百分之八十，红委会因此派员驻华，以利进行”①。

国际红会组织的对华援助，与中国红十字会利用各种场合呼吁、争取是分不开的，如 1938 年 6 月 22 日，中国红十字代表团在第十六届国际红十字会大会上慷慨陈词，一方面“谨以至诚，代表中国全体人民，向各友邦红十字会及其他慈善团体，表示万分

---

① 中国红十字会总会：《中国红十字会历史资料选编（1904—1949）》，南京大学出版社 1993 年版，第 404、402 页。

感激之意。中日战事爆发以来，倏已一载，荷蒙各国人士，鉴其因求民族生存及因维护世界和平而抗战，予以深切同情，或则慨解仁囊，或则慨助药品，仁风义举，感佩无既”；另一方面，鉴于“最近战事又有扩大趋势，不特华中腹地之陇海路线，早被波及，华南各地之天空轰炸，亦变本加厉，屠杀之惨，非言语所能形容，同时黄河水患，大有不可收拾之势，将来救护工作之种种困难，可以想见”；真诚“敬愿国际同情之士，继续援助，并予以指导，诚不独中国人民之幸，亦世界和平之福也”。中国代表的报告，赢得“全场鼓掌，颇为热烈”。英、美、法、比、荷、澳、捷、加、埃及等国代表于散会后“亲来握手道贺，表示同情，并愿回国报告，继续作有效之援助”①。援华行动由此得到强有力的推动。1938 年 6 月以后，《申报》有关“外援”报道很多，如 1938 年 7 月至 1939 年 7 月一年中有关报道有：

1938 年 7 月 7 日，《饶神父电称美捐金百万救济中国难民》；

1938 年 8 月 6 日，《菲红十字会赠我霍乱药剂》；

1938 年 10 月 3 日，《印度救护队即将出发前方服务》；

1938 年 10 月 20 日，《美红会捐难民碎麦》；

1938 年 12 月 30 日，《美红会同情中国难民捐赠美麦运华》；

1939 年 1 月 24 日，《捷克卫生局长夫人冒险制药援华》；

1939 年 2 月 22 日，《瑞典医师霍尔曼将来华襄助救护工作》；

1939 年 3 月 12 日，《檀香山医药救护会继续捐助医药费》；

1939 年 3 月 20 日，《美红会馈赠难民》；

1939 年 4 月 15 日，《美红会续捐二批美麦》；

1939 年 4 月 19 日，《瑞士同情我抗战派两医生携药物来华》；

1939 年 6 月 9 日，《美医药援华会募捐运动》；

1939 年 6 月 19 日，《外籍医师纷纷来华参加救护工作》；

1939 年 7 月 4 日，《美红会捐美麦救济难民第三批月底运港》。

我们无须详列其内容，单从报道的题目就可以想象到援华运动的波澜壮阔。据不完全统计，1942 年至 1945 年，中国红十字会收入约 685000000 元（法币），其中 90％以上为外援，“英国红十字会等所提供的援助主要是款项，美国红十字会主要援助医药器械。据计算，接受外援的医药器械，70％来自美国红十字会和英国医药助华会。在外援物品中，大部分为药品，其余为敷料和器械”②。

“物力”的援助外，“人力”的“外援”使抗战救护事业大放异彩，国际人道主义精神得以弘扬，其中国际援华医疗队厥功甚伟。

---

① 林康侯：《中国红十字会代表参加第十六届万国红十字会大会报告书》，见中国红十字会总会：《中国红十字会历史资料选编（1904—1949）》，南京大学出版社 1993 年版，第 404－407 页。

② 中国红十字会总会：《中国红十字会的九十年》，中国友谊出版公司 1994 年版，第 84 页。

二、国际医疗队的中国之旅

全面抗战爆发后，国际红十字医疗卫生组织纷纷派遣救护队来华“为正义而服务”。

1937 年 7 月全面抗战爆发后，宋庆龄前往香港筹建保卫中国同盟（“保盟”），向全世界介绍中国抗战情况并呼吁国际社会给予人道援助。被誉为“北美洲的四大名医之一”的加拿大医生白求恩了解到中国抗战情况，坚定了他前往中国的想法。在一次晚宴上他向陶行知表示：“如果需要，我愿意到中国去同你们一起战斗。”这年年底，他前往纽约向国际援华委员会报名，主动请求组建一个医疗队到中国服务，得到批准，不久一支由白求恩任队长，加拿大女护士琼·尤恩、美国外科医生帕森斯为队员的“加美医疗队”组建起来。

青年时代的白求恩

1938 年 1 月 2 日，白求恩率领医疗队并携带大量医药物资前往中国。1 月 23 日到达汉口之后，左翼人士同时也是中国红十字会志愿者的艾格尼丝·史沫特莱前来迎接。中共中央军委副书记周恩来和八路军医疗服务协调人博古希望医疗队能前往共产党的革命根据地工作。医疗队与中国红十字会取得联系，中国红十字会救护委员会总干事林可胜正在筹建救护总队部，为国共两党的军队提供医疗服务，他征询白求恩的意见，白求恩认为共产党领导的八路军更需要医疗援助，于是决定北上延安。2 月 22 日白求恩一行离开了汉口。

1938 年 3 月 31 日，白求恩一到延安就受到毛泽东的接见。他们兴味盎然地谈了 3 个小时，毛泽东表示会大力支持他的工作，并决定由白求恩组织一支战地医疗队，去往战争的前线——晋察冀抗日根据地。

1938 年 4 月 24 日，白求恩离开延安前往晋察冀敌后抗日根据地，6 月 17 日到达五台山，并在晋察冀军区司令员聂荣臻以及“保盟”支持下建立了一所模范医院，对八路军伤兵进行救治。

不久之后的 1938 年秋，印度国民大会“以我国此次发动全面抗战，不特为争取中华民族之生存，且为维护远东和平，打击世界侵略者之抗战，极表同情，特组织印度救护队来华服务”[①]。

1938年9月1日，印度救护队首批5人——爱德（又译称亚特、雅图、亚达尔、阿塔尔、阿泰尔）医生、巴苏（又译称巴素、巴森、巴士）医生、卓克（又译称高路拿、乔尔克古）医生、柯棣尼斯（又译称吉尼士、德巴斯、考尼斯，即人们熟知的柯棣华）医生、木克吉（又译称摩卡治、莫克介尔）医生——备救护车2辆、医药仪器55箱，以爱德医生为领队，乘英邮轮兰浦丹拿号自孟买起航，9月14日抵达香港，受到中国红十字会、香港中华医学会的隆重欢迎。15日下午，中国红十字会驻港办事处、香港中华医学会联合假座华商俱乐部举行欢迎大会，中国红十字会副会长杜月笙、中华医学会会长李树培以及何香凝、倪士钦、黄炎培、王晓籁、伍长耀等社会名流共百余人参加欢迎大会，“情形异常热闹，济济一堂，极一时之盛”[②]。

9月17日，援华医疗队到达广州，宋庆龄亲自到码头迎接，这使医疗队员深受感动。

印度救护队在广州停留数日，即赴汉口，9月30日抵达，参加中国红十字会救护总队的工作，并被编入第15救护队。

印度援华医疗队在八路军武汉办事处屋顶花园留影，后排右起：李克农、叶剑英、罗瑞卿、何凯丰；前排左起：木克吉、柯棣尼斯、爱德、卓克、巴苏

武汉沦陷后，印度救护队于11月21日撤至重庆待命，受到重庆各界“盛大欢迎”。医疗队员要求去延安为八路军伤兵难民服务，却遭到国民党的阻挠。印度救护队

① 《为正义而服务之印度救护队昨抵港》，《申报》1938年9月15日。

② 《中华医会红会欢迎印护队盛况》，《申报》1938年9月16日。

据理力争，国民党只好妥协。队员们还特意请中印文化协会创办人、著名佛学家谭云山为他们每个人都起了一个中国名字：爱德华、卓克华、巴苏华、柯棣华、木克华，即取印度名字前两个字，后面加上中华的“华”字，这就是柯棣华名字的由来。随后，该队奔赴华北敌后救护八路军伤兵难民。

继印度救护队之后，“西班牙大夫”接踵而至。

1939年秋，中国红十字会救护总队部图云关迎来了一支“国际援华医疗队”，他们来自欧洲，因来华之前曾参加过1936—1939年西班牙内战共和国派国际医务纵队，所以图云关人士称他们为“西班牙大夫”。他们共有9个国籍，通过伦敦的英国援华会组合而成“国际援华医疗队”。

根据中国人民对外友好协会提供的资料，国际援华医疗队部分人员名单如下①：

Dr. S. FLATO　斯·弗拉托医生（波兰，傅拉都）

Dr. V. TAUBENFLIGEL　维·陶本弗利盖尔医生（波兰，陶维德）

Dr. F. KRIEGEL　弗·克里格尔医生（波兰，柯理格）

Dr. W. JUNGERMAN　沃·云格尔曼医生（波兰，戎格曼）

Dr. L. KAMIENIECKI　列·卡梅涅茨基医生（波兰，甘理安）

Mrs. M. KAMIENIECKI　玛·卡梅涅茨基夫人（波兰，甘曼妮）

Dr. Y. KRANZDORF　雅·克兰兹多尔夫医生（罗马尼亚，柯烈然）

Mrs. KRANZDORF　克兰兹多尔夫夫人（罗马尼亚，柯芝兰，1944年病逝于中国）

Miss. E. MARKUS　艾·玛库斯小姐（德国）

Dr. G. SCHON　捷·舍恩医生（匈牙利，沈恩）

Dr. J. KANETTI　杨·卡内蒂医生（保加利亚，甘扬道）

Dr. H. BAER　赫·贝尔医生（德国，贝尔）

Dr. D. JANCU　达·杨库医生（罗马尼亚，杨固）

Dr. W. FREUDMANN　沃·弗雷德曼医生（奥地利，富华德）

Dr. A. VOLOKINE　亚·沃罗金医生（苏联，何乐经）

Dr. C. COUTELLE　卡·考泰勒医生（德国，顾泰尔）

Dr. H. KENT　亨·肯特医生（奥地利，肯德）

Dr. R. BECKER　罗·贝克尔医生（德国，白乐夫）

Dr. F. KISCH　弗·基什医生（捷克）

Dr. F. JENSEN　弗·严森医生（奥地利，严斐德）

---

① 中国人民对外友好协会提供《国际援华医疗队名单》，见《贵阳文史资料选辑》第22辑《红会救护总队》，第36-37页。

Dr. WANTOCH　王道医生（奥地利）

部分“西班牙医生”在图云关合影

他们分三批陆续到达中国。第一批出发的是白乐夫、严斐德及纪瑞德，1939 年 5 月 1 日从英国利物浦出发，6 月抵达中国。第二批是贝尔、富华德、杨固及甘扬道，他们于 1939 年 8 月 5 日从伦敦乘船抵达法国马赛港口，与傅拉都、戎格曼、甘理安夫妇、柯理格、陶维德、柯烈然（柯让道）、沈恩、何乐经以及戎格曼太太汇合，9 月 13 日一同抵达香港，10 月 16 日抵达贵阳图云关。第三批医生是顾泰尔及肯德（肯特），直到 1940 年才抵达中国。他们陆续被派往前线，以新的姿态投身到抗日战争救护事业之中。

除印度救护队、“西班牙大夫”之外，英美等国援华医疗队纷至沓来。

1939 年 4 月，瑞士红十字会派遣伯尔乐医生、何尔姆（又译称贺木、霍尔曼）医生，携带药品来到中国红十字会总会驻香港办事处，23 日起程前往贵阳图云关中国红十字会救护总队部，听候调遣。不久被分配到长沙某士兵医院中服务。

1939 年夏初，据报道：“由美国自动来华加入红会工作之外科医生有五名，同时自德国被驱逐出境的犹太籍医生多名，亦已加入。”[①]

1941 年，由英、美、加合组的救护队来华，有队员 50 人，救护车 10 辆，并有流动手术室、消毒器、发电机及 X 光机等设备。

1941 年 9 月 4 日，柯恩女士乘轮抵达香港，而后前往贵阳中国红十字会救护总队部服务，她被称为“美国赴自由中国服务女医生之第一人”[②]。

1942 年 4 月 20 日，美国医药助华会宣布，将派遣一支由内外科医生、护士、技术

① 《外籍医师纷纷来华参加救护工作》，《申报》1939 年 6 月 19 日。
② 《美医药助华会派女医来华服务》，《新华日报》1941 年 9 月 5 日。

人员组成的医疗队赴华，与中国红十字会救护总队合作，担任医药指导及医师双重职务。

1942 年 5 月 4 日，中国驻英大使顾维钧在大使馆设宴，欢送即将赴华的由 24 位队员组成的英国援华医疗队全体队员。另据 10 月 15 日《新华日报》报道："为响应救治中国伤兵，英国红十字会特派遣医院工作人员一队来华，现已抵达长沙，即将在该处设立后方医院一所，以应需要。该队包括医生八人，看护十二人，X 光技术员一人，会计一人。该队除长沙之后方医院外，并计划在湘潭设立医院，且已成立流动医疗队，以便在前线附近工作。"① 这支医疗队应该就是顾维钧大使设宴欢送的医疗队。

国际红十字组织的"人力"援华，从 1938 年以来，持续不断，到 1942 年达到高潮。来华服务的医护人员虽然缺乏可靠的资料统计，但仅从上述罗列的不完全的史实看，也已超过百人。这在当时的历史条件下是一支相当可观的救护力量。

外籍医疗队员在红十字旗帜下，与中国红会救护队员甘苦与共，在反法西斯战争中建立了不朽的丰碑。

三、不朽的丰碑

国际援华医疗组织遵照中国红十字会制定的《外籍医生服务办法》，前往各战区，致力于"毫不利己，专门利人"的神圣职业，鞠躬尽瘁，一往无前。他们为抗战救护所作出的伟大贡献，是有口皆碑的。

1983 年 5 月的一天，中国红十字会总会迎来了两位远方的客人，男的是位身体健壮、面孔红润的欧洲老人，他就是国际援华医疗队领队保加利亚医生杨托·卡内蒂（中国名字甘扬道）；女的是位头发花白的保籍中国老太太、甘扬道夫人张荪芬女士。访问期间，他们两次来到贵阳图云关总队部，去"过去战斗过的地方走一走，看一看"。旧地重游，甘扬道夫妇浮想联翩。

1937 年，甘扬道刚从医学院毕业即响应第三国际的号召，奔赴西班牙，参加国际纵队；1939 年被俘，经英国援华医学会保释，才得以出狱。不久率国际援华医疗队，不远万里，来到中国，被分配到中国红十字会救护总队部工作，担任救护总队第三中队队长和救护总队部顾问。回忆起在救护总队部的日日夜夜，甘扬道犹历历在目：战时的医疗条件是非常差的，在救护总队部里设有许多医疗小组，由于医务人员很少，每个组只有一个医生。从前线抬下来的伤兵，80% 的人都由于回归热、疟疾、营养不良等病而死亡。尽管如此，甘扬道和他的战友们还是尽自己的最大努力而工作。对于军队里没有受过训练的医务人员，他们就开办医疗训练班进行教学。他们还训练担架队。没有医院，他们就和中国军民一道，用竹子、茅草搭起了战地医院。他们还向老

① 《英籍医师来华服务》，《新华日报》1942 年 10 月 15 日。

甘扬道和张荪芬结婚照

百姓和士兵宣传卫生知识，让他们知道怎样灭虱，怎样进行食用水的消毒。甘扬道和他的战友们就是这样忘我地工作着。①

援华医疗队以图云关救护总队部为基地，分赴各个战区医疗大队，参加实地救护，为抗日前线战士做了大量救死扶伤、博爱恤兵的工作，留下不少佳话。

一支由外籍人员组成的医疗队开到第四大队所在的金城江。队长是德国籍医生贝尔，还有三个外籍医生，每人配一个翻译，另配一名炊事员和一名壮族翻译。医疗队分乘 4 辆卡车，带着药品和医疗器械，从贵阳出发，经独山进入广西。当时部队食品不足，士兵营养不良，药品缺乏，疥疮蔓延。他们利用当地物产，卓有成效地开展了工作。桂西、滇东南盛产毛竹，他们用竹子做成简易病床、竹夹、竹碗，还在用竹子搭成的低矮结实的竹架上面覆盖竹编的篱笆，做成洗澡间，再把竹筒一头接到热水桶旁，热水便可从竹筒小孔喷出。洗澡间配有自配的硫黄凡士林药膏。在短短半个月的时间里，就控制了部队疥疮的蔓延。他们起早贪黑，废寝忘食地工作着。每到一地，便忙着看护伤病员，抓紧时间做手术。他们由广西百色到云南富宁，因没有同驻军联系上，步行 300 多里，一路荒山野洼，荆棘遍地，受尽磨难。担任翻译的苏永苏感到吃不消了。这时，贝尔大夫语重心长地对他说：“密斯特苏，我们到中国来就是为了工作，如果没有你，我们就成了哑巴，就寸步难行啦！我们要工作，我们希望我们的事业与你们的事业都获得成功，可这一切无论如何离不开你的帮助啊！”这番话深深地鼓舞和激励着他，使他和他们一道坚持工作到胜利。②

1940 年 7 月，日军占领越南，滇、桂边境告急。国民政府派国军第 50 师开往靖西

① 孙燕：《为了中国人民的解放事业》，《中国红十字》1983 年第 8 期，第 8 - 9 页。

② 中国红十字会总会：《中国红十字会的九十年》，中国友谊出版公司 1994 年版，第 84 - 85 页。

县桂越边境布防。这里环境恶劣，恶性疟疾流行，士兵患病者颇多，幸而红会派来一个医生，他就是30多岁的波兰人陶本杰（维·陶本弗利盖尔，中文名字又称陶维德）。他白天下连队，巡回看门诊，夜间给部队医护人员讲课，对预防、治疗、隔离、消毒、扑灭蚊蝇、处理粪便等，一样一样地从理论上讲解，并亲到现场实地去做。“他成天工作，不事休息，夜晚也只有五六小时的睡眠，而脸上总是笑呵呵的。对病人不论官兵一视同仁，用热情的手势，表达了他对病人的关心。由于陶医生不怕脏，不怕累。态度亲切和蔼，大大带动了我军医护人员，更教育了他们，使他们不再呵斥病兵，病兵也愿意接受治疗。陶医生在3个多月时间里，从这个连到那个连，辛勤地、热情地、精心地治好了上千的病人。痢疾扑灭了，恶性疟疾势头减弱了，他还是那样不知疲倦地笑呵呵地从事工作。”①

国际援华医疗队的每个人都有不平凡的经历，都在那个惊心动魄的时代大舞台大显身手，建功立业。他们中有的甚至奉献出了年轻的生命。白求恩、柯棣华、高田宜等就是如此。

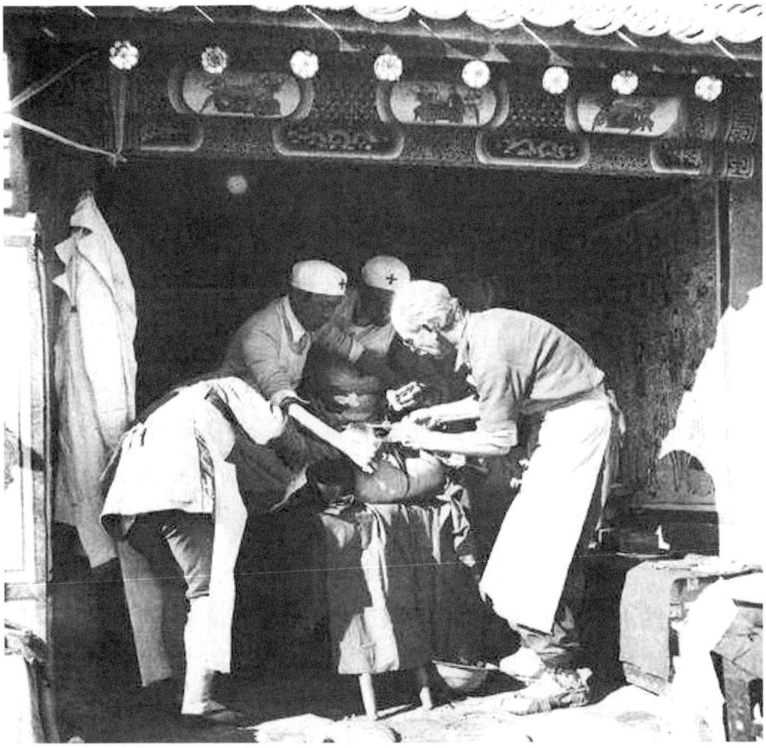

白求恩在做手术

① 鲁止渊：《援助我国抗战的国际友人事迹拾遗》，《成都文史资料选辑》第27辑，第163－164页。

1939 年 2 月，白求恩率 18 人的“东征医疗队”到冀中前线救治伤员，他们不顾日军炮火威胁，连续工作 69 小时，给 115 名伤员做了手术。1939 年 10 月，白求恩在涞源摩天岭战斗中，因抢救伤员左手中指被手术刀割破，又在后来的手术中感染，11 月 12 日，病情恶化，抢救无效，逝世于河北唐县黄石口村，终年 49 岁。12 月 1 日，中共中央、八路军、边区主要领导人以及延安各界举行追悼大会，数万群众参加。毛泽东送了花圈并写了挽联：“学习白求恩同志的国际精神，学习他的牺牲精神，责任心与工作热忱。”挽联高度概括了白求恩身上所体现的精神和品格。

柯棣华于 1938 年到中国后，在前线救护伤兵。1939 年 2 月，他前往延安参加了八路军医疗队，在晋察冀边区全力抢救和日本军队作战的伤员，并以自己的身体试验治疗当时在边区流行的传染病；1941 年接替牺牲的白求恩大夫，成为白求恩国际和平医院的院长。1941 年他和卫生学校的教员郭庆兰结婚，婚后生有一子，由当时晋察冀边区司令员聂荣臻起名为柯印华。柯棣华于 1942 年 7 月 7 日加入了中国共产党；同年 12 月，由于癫痫病发作在前线逝世，年仅 32 岁。他被誉为“第二个白求恩”。12 月 30 日，柯棣华追悼会在延安中央大礼堂举行。毛泽东主席送了亲笔挽词：“印度友人柯棣华大夫远道来华，援助抗日，在延安华北工作五年之久，医治伤员，积劳病逝，全军失一臂助，民族失一友人。柯棣华大夫的国际主义精神，是我们永远不应该忘记的。”宋庆龄发去唁电，表达了对他的无限哀思。

柯棣华大夫

高田宜，英国人，曾在印度热带病研究所工作，来华后被分配到救护总队部。当得知日本侵略军投掷细菌弹给中国人民造成巨大灾难时，她要求参加到广西的医疗队去治疗传染病，临行前因感冒她匆忙地打了防疫针，不料引起反应，不到二十四小时就不幸去世。当晚正是 1942 年“三八”国际妇女节前夕。图云关有“英国女医生高田宜之墓”。墓的两侧有中英文对照的碑文，中文是：“英国女医生高田宜，1941 年来华支援我国抗战。翌年，侵华日军投掷细菌弹，她为防治菌疫，不幸以身殉职。兹刻碑以志不忘。”

第 31 医疗队的罗马尼亚籍女医生柯芝兰（克兰兹多尔夫夫人），1944 年在云南昆明参加防疫时，她和丈夫柯列然双双被感染。柯列然闯过了“鬼门关”，而柯芝兰病情时轻时重，终因心力衰竭于1944年3月14日殉职，献出年仅39岁的宝贵生命。临终前，柯芝兰嘱咐丈夫："我死后就葬在建水，我的灵魂会感受到中国抗战胜利的欢庆气氛，死而无憾。"柯烈然遵从她的遗愿。第20师官兵特别为她举行葬礼，挽联云"淋惠遽云亡，南国同声失慈母；伤残未尽起，西方何处觅美人"，表达了抗日军民对她的爱戴和崇敬。

王道医师来自奥地利，维也纳大学毕业，是第二批抵达救护总队部的"西班牙医生"。1939年第40医疗队本拟前往五台山为八路军服务，但因阎锡山部的阻挠，1940年被迫折返西安中国红十字会救护总队第一大队部。医疗队重新整编，王道医师和他的夫人苏珊被编入第40医疗队。整编完毕，医疗队被派往湖北老河口第五战区为新四军服务。在湖北前线，王道和中国同伴互帮互助，受到大家的爱戴。"王道医师在郧阳后方医院工作时，认真负责，对伤病员非常热情。学起中国话来很快，为人和蔼可亲，大家与他开玩笑他从不生气。他们夫妻非常恩爱，大家仿照'玉堂春'这出戏，叫他（她）们是'王公子'和'苏三'。"[①] 遗憾的是，由于工作太过劳累，生活条件又差，王道医师的肺结核病复发，大量吐血，后住进襄阳医院治疗，1945年不幸逝世于重庆，葬于南岸墓地。

英国红十字会配属红会救护总队部昆明办事处指挥的医疗队，队长韩正义，在抗战间殉职。据《救护通讯》第16期记载，国民政府曾于1944年6月2日下令褒扬。原文是："英国红十字会医疗队队长韩正义，以外籍人员在华从事医疗队工作有年，急难扶伤，忠勇任职，于湘豫等省早著令誉，远近受其惠者，为数非其少，博爱存心，良深嘉尚。迩因调动繁剧，积劳病逝，特予明令褒扬，以彰异绩而永仁声。此令。"[②]

他们不愧为白求恩、柯棣华式的人物。他们无私的奉献、可贵的国际人道主义精神在中国人的心目中竖起了不朽的丰碑。

1985年，在纪念反法西斯战争胜利40周年的日子里，中共贵阳市委、贵阳市人民政府做出决定，在图云关竖立国际援华医疗队纪念碑，碑文是："为支援中国抗战，英国伦敦医药援华会组成医疗队，于1939年来贵阳，为中国人民抗击日本侵略者作出贡献。兹刻碑以志不忘。"对所有来华服务的国际友人，中国人民都会永志不忘的。

---

① 梁钧铤：《抗战时期我在"红会"医疗队的一段经历》，《贵阳文史资料选辑》第22辑《红会救护总队》，第15－19页。

② 《外籍医师韩正义来华服务七年积劳病故本会呈请国府予以褒扬》，《会务通讯》第29期（1944年6月），第30页。

国际援华医疗队纪念碑

第五节　乱世真情

抗战14年间，兵戈扰攘，而天灾接踵。人祸天灾交乘，中国满目疮痍，民生凋敝。中国红十字会于抗战救护之外，也把温暖和爱心施与饱受离乱之苦的灾民、难民。

一、赈灾济众

在中国灾荒史上，1931—1945年这14年并不苍白。水、旱、风、雹、蝗灾不断侵蚀着中华大地。每遇灾患，本已破败的社会经济每况愈下，中国老百姓在死亡线上苦苦挣扎，疲惫不堪。

黄河、长江作为中华民族古老文明的起源，生生不息，然而，由于水利不修以及生态环境的破坏，经常泛滥成灾。1931 年夏秋之交，全国大部分地区淫雨不绝，江、淮、汉、运、黄诸水泛滥。受灾最重的是沿江滨淮的鄂、苏、皖、湘、浙、赣及黄河下游的豫、鲁等省。水灾之惨重以金陵大学农业经济系对江淮流域 6 省所作调查可见一斑："淹倒之房屋，占总数 45%，入冬以来农民流离失所者达 40%。"这次全国性大水灾波及 23 省，灾民逾亿，死亡人口 370 多万。[①]

水深火热中的老百姓啼饥号寒，辗转流徙。中国红十字会以救灾为己任，积极筹办赈务，不敢一日懈怠。灾区日广，灾情日惨，迫在眉睫的是无量赈款的筹集。为此，中国红十字会总会及各地分会派员广为募集或在报刊上登乞赈启事："国之不幸，人祸接踵，天灾又降，全国各省无地无之，益以连日大雨，各省水灾又成，来电乞赈急如星火，灾成难至，唯望国内外各大慈善家群起挽此浩劫，速解仁囊，汇交本会分头散放，以拯救民命，不唯企盼之至"[②]；"此次淫雨连绵，洪水暴涨，人口、牲畜惨被漂流；田园横遭倾圮者，不计其数，受灾达十七八省，灾民近数千万众，露宿餐风，嗷嗷待哺。死生须臾，存亡顷刻，乞赈文电雪片飞来。敬恳海内外各慈善家推己饥己溺之心，作缨冠往救之举。节省一元之费可救一人之命，百元之费可救一村之命。聚沙作塔，集腋成裘，人之好善谁不如我？"[③] 乞赈启真情满蘸，如泣如诉，显示出中国红十字会普济众生的博爱情怀。乞赈吁请，得到海内外人士的纷起响应，汇款捐物不绝如缕。

筹款的同时，中国红十字总会派员到各省灾区视察灾情，以为放赈张本。5 月底，总会得江西红分会灾情报告后，在上海召开赣赈联席会议，以"赣灾紧急，救济刻不容缓"，敦请各慈善家"务须大家努力"[④]。随后，总会派卫锐锋、吴甲三等实地勘察。赣省累日雨注河涨，哀鸿遍野，尸骸满河，待赈灾民 20 多万而又有增数。于是，总会先期拨款 5000 元作为急赈，并将赣省划分为 9 个区，分区救济。

与江西毗邻的湖北，号称"千湖之省"，地形低洼。夏雨连降后，境内各河涨溢，漫堤成灾，全境尽陆沉，灾民达 950 万。地处江汉交汇处的武汉三镇更是一片汪洋，"白天像火炉似地闷热，积水里漂浮的人畜尸体、污秽垃圾发出阵阵恶臭。入夜全市一片黑暗，蚊蝇鼠蚁，翔集攀缘，与人争地"[⑤]。瘟疫四处蔓延。中国红十字会立即派出

① 见李文海等：《近代中国灾荒纪年续编》，湖南教育出版社 1993 年版，第 291－293 页。

② 《中国红十字会为各省水灾乞赈》，《申报》1931 年 7 月 28 日。

③ 《中国红十字会乞赈启事》，《申报》1931 年 8 月 5 日。

④ 《赣赈会昨开联席会议》，《申报》1931 年 5 月 30 日。

⑤ 李文海等：《中国近代十大灾荒》，上海人民出版社 1994 年版，第 210 页。

防疫救护队到汉口，拯救民命。据在赫山一带服务的防疫队报告称，该区灾民患痢疾、疟疾等传染性疾病者颇多，红会防疫队平均每天医治千余人，虽水势日涨，“队员工作，仍晨出晚归，虽辛苦备尝，职责所在，焉敢怠荒（慢）？故该队连日工作异常努力”[①]。灾民众多，所需经费日绌，汉口分会向总会求助，当即经总会常议会核议准拨，由上海银行汇洋 2000 元。

武汉水灾惨状

洪波浩荡中，长江下游以及太湖流域，灾情严重。中国红十字会与《时报》馆合组救济队到扬中、兴化一带救济灾民；同时，运往灾区药品 20 余箱，面粉 4000 包，饼干 90000 镑。红会秘书嵇鹤琴和《时报》记者黄兰荪等亲自到镇江，将所运赈济物品散放灾民。散赈时“按名给以领照签字式印指纹为凭”，“不容有重复及遗漏之弊，以示公允”[②]。

中国红十字会在赈救灾民的同时，不断筹资募款，并根据各灾区情况进行适当分配。9 月 24 日，红会对所筹赈款进行划拨：江苏、安徽、湖北、湖南各 7500 元，江西 3000 元，河南 5000 元，浙江、广东、四川各 2000 元。款到各地后，总会派人协同当地公私团体按手续散放，保证灾民真正得到实惠。

1931 年过去了，中国老百姓别无选择地进入新的灾荒、饥馑的循环中。1932 年没

① 《红会汉口救护队要讯》，《申报》1931 年 9 月 19 日。

② 《红会救济队抵镇》，《申报》1931 年 9 月 18 日。

有大灾发生，这种“相对顺态的气候”确属“少有的偶然”。正当多灾多难的中国百姓在无灾的“准荒年”中稍作喘息时，1933 年夏，黄河咆哮，20 世纪 30 年代最大的一次河患发生了。陕、晋、豫、鲁、冀等省及苏北部分地区受灾，面积约 8600 平方公里，灾民 364 万。中国红十字会急灾民之所急，筹款募捐，将赈灾物资源源运往灾区。

河患稍息，“无年无灾”的长江在 1935 年 7 月再次发水，同年旱灾、风灾、雹灾诸灾并发。鲁、冀、晋、豫、鄂、皖、赣、苏八省受灾奇重。长江中下游平原计有 2264 万亩农田受淹，406000 间房屋被毁，灾民上千万人，死亡 142000 人。鲁省全境有一半被水，灾民 500 余万。河南仅新野一县就有 20 多万无衣无食灾民嗷嗷待赈。其他各省受灾情形，不一而足。告灾乞赈电屡见报端。

大灾面前，纾难济困责无旁贷。8 月 8 日，中国红十字会召开记者招待会，大声疾呼：“本会旨专博爱，贵在救人。睹此艰危，难安缄默。只以独木难支，愧失绸缪之计，窃愿众擎易举，敢效将伯之呼，不避临渴掘井……作集腋成裘之请……海内外诸大善士，慨解仁囊，……多多益善，源源而来，共济时艰。”[①] 在中国红十字会的倡导下，社会各界踊跃捐款捐物。美国、拉脱维亚、俄国等国红十字会也伸出援助之手。

筹资募物工作一直在进行。9 月 27 日下午 5 时，中国红十字会总会救济各省水灾放赈委员会召开会议，议决先其所急，对受灾最重的湘、鄂、鲁、苏四省给予赈济，每省赈款洋 10000 元，面粉 2000 包，衣服 2500 件，治疫药水 500 匣，共计洋 40000 元。另拨面粉 8000 包，衣服 10000 件，治疫药水 2000 匣，委托中国华洋义赈会救灾总会代为散放。10 月下旬，中国红十字会再拨洋 40000 元，棉衣 10000 件，面粉 8000 包以及一部分药品，付托华洋义赈会。赈济火急，不容拖沓，华洋义赈会受托后，立即执行工作，到 11 月初，“除苏省尚待支配外”，其余各省赈灾物资已基本到位。天气渐寒，几近隆冬，灾民得到红会赈济粮款衣物，得“免冻馁之虞”[②]。

同年浙江春旱，灾民四散，“先后逃松者不下数千人，大街小巷，触目皆是，饥寒交迫，厥状殊惨”[③]。1935 年 1 月 27 日，红十字会松江分会召开第八次议事会，通过设立“救济浙江旱灾过境难民收容所”议案。31 日临时浙江旱灾难民收容所开办。

松江分会“遇有浙籍灾民，一律送所收容”。灾民日增，又增设第二收容所。开办一个多月，前后收容灾民 5000 余人。松江分会每天供给灾民饮食，仅食粮日需 25 石，不堪重负。总会量力支持，先后拨米三次计 320 包之多。

1935 年，中国灾荒史上刻骨铭心的一页终于翻过去了，然而“无年不灾，无灾不烈”百年浇铸的历史“规律”没有停止发挥作用，1936—1945 十年间较为严重的自然

---

① 《红十字会昨招待新闻界》，《申报》1935 年 8 月 9 日。

② 《红会水灾放赈》，《申报》1935 年 9 月 28 日；《红十字会拨助大宗现洋物品赈灾》，《申报》1935 年 10 月 18 日；《华洋义赈总会赈务记》，《申报》1935 年 11 月 9 日。

③ 《红十字会松江分会救济浙江过境难民》，《申报》1935 年 12 月 9 日。

灾害就有1939年海河大水，1942—1943年黄河中下游特大旱灾。中国红十字会不曾停顿救灾义举，但随着日军侵华战争的日益加深，难民蜂拥，他们同样渴望中国红十字会的人道关怀。

二、战中恤难

1931—1945年，十四年间，烽火相望，鼓角相闻，人们生息的净壤被战争吞噬，田园遭毁，有家难归，流落道途。

1932年1月28日，刚从水灾肆虐中挣脱的中国，又被沪战席卷。“市街到处起火，火焰漫天，战场极为凄惨。”日机不断空袭上海市区，房屋倾倒，残破不堪。行动迟缓的老人，躺在母亲怀里因饥饿而嘤嘤哭泣的孩子……未及走出屋门便被倒塌的房屋压死或压伤。被占区内，日本浪人四处杀人放火，残暴至极。战火熏天，凄惨的哭喊回荡天宇。战火将“失乐园”的人们逼到死亡的边缘。

难民如潮，亟待救护。1932年1月30日，中国红十字会总办事处发布紧急启事：“本埠不幸发生战事，本会职责所在，急行组织救护队出发救护伤残兵民。业经准备数队及疗养院等均已就绪。并拟救济贫苦出险难民等。以素乏基金之本会，难为无米之炊，唯有叩乞各界。”[①] 红十字会救护队队长王培元积极筹备难民救护事宜。没有抵御能力的难民，遇险即盲目四逃，因此救难出险并给以栖身避命之所是一项紧迫而繁重的任务。

救护工作从闸北开始。2月3日，中国红十字会救护队第二队在薛振翼率领下，到梵王渡—中山路—青云路前线救护，“救得枪伤兵民四十余人，即送海格路红十字总医院。一路至闸北宝山路商务印书馆附近一带。甫近防线，遽遭日兵射击”[②]。日军竟毫不顾及红十字标志，对红会人员射击，致使王志芳、纪文卫等队员受伤。日军这样公然违背国际公法、枪击红会人员的恶性事件时有发生，同时也给救难出险行动带来困难。

战线在2月初已延至真茹、虹口、江湾等地。难民与日俱增，救难工作更加繁忙。中国红十字会与上海战地临时难民救济会合作派队在虹口一带救护。2月6日，红会救护队佘曙云、吴桂荣会同李组绅、汪楚生等，率中国搬场公司汽车6辆和日商团1人（为顺利通过日军阵地），出发到前线，救出难民200多人。次日上午9点，该队由三马路工部局领照出发，到吴淞路、沈家湾、日本司令部、狭司威路、宝安路、其美路、杨家浜路等处，穿过重重火线，救出难民300多人。大场、江湾、昆山、真茹等地的红会救护队也奔忙不息。

---

① 《中国红十字会紧急启事》，《申报》1932年1月30日。

② 《日军不顾国际公法枪击红会人员》，《申报》1932年2月4日。

2月12日8点到12点，日军暂停对闸北的进攻。利用这一间歇，中国红十字会、上海战区难民临时救济会等团体联合行动，“纷谋扩充收容所，预租救护车。一面讨论分工合作”。红十字会担任引救吴淞、江湾难民。从7点到11点，红十字会全部救护队员实行总动员，救护战区内尚未逃出的难民。第三队在八字桥、横浜桥一带救出难民50余人。第一队由海宗启率领，在真茹、闸北救出难民70余人。其他如第二、六、八、九、十二、十五等支队分赴大场、罗店、闸北等处救出难民近300人。受伤者即被送往医院，其余除自投亲友外，一律送收容所。停战四小时，红十字会等团体共救出难民3000人。① 到2月中旬，总计“本会自沪上发生变乱以来，设医院二十一处，救护队二十队。从火线上救出受伤兵民一千数百人，难民二万以上”②。

3月初，上海守军奉命撤离。上海停战。真茹、大场、南翔一带乡民聚集曹家渡。红十字会又在此设立收容所，收容无家可归的难民。5月5日，《淞沪停战协定》的签订，标志着此次沪战的最终结束。

黄浦江硝烟刚散，长城狼烟又起。1933年年初，日军进犯山海关等长城一线各口。战火所及的长城一线及东北地区难民蜂拥入关逃难，食宿无着。中国红十字会闻讯，委派委员闻兰亭负责筹措难民赈济事宜。2月26日，闻兰亭等带着责任与嘱托乘车北上。之前，上海各慈善团体救济东北难民联合会电请驻北平常董冯仰山等协助红会施赈。战事趋烈，红十字会救难工作逐渐加紧。5月初，日军攻克喜峰口、冷口、古北口等长城要隘，进逼冀东。月底，《塘沽协定》一纸协议，华北门户洞开。平津乃至整个华北陷入魔窟。停战后，天津红分会电告总会：“前方战事虽停，而关内难民日益加众。扶老携幼，蜂拥来津者，已达三万余人，亟待拨款救济。”总会总办事处接电后立即拨助赈米400大袋，赈衣100箱，以解燃眉之急。此外，拨款5000元，交由天津分会救助难胞。③

陕西天灾兵燹俱至，灾情惨重。朱子桥将军为民求乞。中国红十字会闻电响应，拨赈米1100大袋，赈衣157箱，由沪轮运至海州，再由铁道部专车免费运陕，并应陕西儿童教养院之请，捐单夹衣60箱，约万余件，交陕省绥靖公署驻京办事处，由其负责运达。

“七七事变”后，华北民众再陷炮火中，难民络绎道途。中国红十字会设所收容妇孺老弱。8月初，平津陷落，天津20万难民枵腹流离。中国红十字会与其他慈善团体筹措50000元，派代表驰送天津散放。为发挥更大的救难能力，红十字会与其他团体多方联合。7月底，红会理监事会议决定加入上海市各界抗敌后援会、救护委员会，协助上海慈善团体联合会设计委员会设计救护事宜。该设计委员会将绥远抗战募捐款项

① 《昨日上午停战救出三千难民》，《申报》1932年2月13日。

② 《中国红十字会为受伤兵民难民乞捐启事》，《申报》1932年2月18日。

③ 《红会赈济华北难民》，《申报》1933年6月10日。

所余全部充作平津难民救济费，先期汇 5000 元由赈务委员会驻北平办事处及专员扬子功查放，并“广事收容处于危难中之难民”[①]。不久，红十字会、上海慈联会等 6 团体向天津汇款 40000 元，作为难民救济费用。

“八一三”淞沪会战开始，红十字会救难工作更加繁重。枪炮轰击和空袭交替下的淞沪战区，浓烟弥漫，难民奔迸流移，悲惨之状，不忍目睹。中国红十字会快速组织救护队和救急队，奔赴战区救援。第七救护队驻南市，共 48 人，分两支队伍流动救护，以救济难民为主，“盖日机频施轰炸，无辜难民被击死伤者颇多。同时，原有医院大都迁避一空，故该队除分别视察巡救外，又在该地大佛厂设门诊部，专事治疗贫苦难民”[②]。20 多个救护、急救队无不恪尽天职，万苦不辞。

南市难民区升旗仪式

战区日广，锋镝余生的难民猬集上海，“群相奔集，如水就壑”。红十字会与其他慈善团体联合竭力收容，但仍不足以容纳源源而来的难胞。“流离失所，遍布街头，冻馁堪虞，流弹伤亡，触目皆是。”中国红十字会、上海地方协会等团体设法将难民移送后方，妥善安置。

收容所内难民“多则数千，少亦数百”，仅维持数十万难民饮食就可谓“洋洋大观”。为上海难民收容所代办分送难民饭食的民生简便食堂，每日耗粮甚巨，多时达 71500 斤。困难之大，超乎想象。

11 月 12 日，上海陷落，淞沪会战结束。天气渐寒，难民仍漂泊无依，饥寒交迫。中国红十字会及其他慈善团体又努力为难民征募棉衣、棉裤、棉被等御寒物品，继续

① 《本市各界救护工作》，《申报》1937 年 7 月 31 日。

② 《急救、救护队工作概况之个别记述》，《中国红十字月刊》1939 年第 43－44 期，第 49－50 页。

着救难工作。

1938年，华中、华南成为战争重心。年初，武汉地区难民云集，武汉红分会捐20000元救济难民。武昌、汉阳两地13处收容所中有两处由红十字会经办。虽广事收容，但汉地难民仍不绝于途。红十字会、慈联会等7团体资助下的武汉非常时期疏散人民委员会划出难民区，搭盖棚屋，加以收容、疏散。

华南沿海难民虽处偏远，但同样得到红十字会的呵护。5月28日，70多架日机狂轰广州城，投弹数百枚，顿时烟焰冲天，伤毙平民甚多。6月6日，日机再次空袭广州，造成2000多无辜平民伤亡。[①] 几次轰炸后，广州一片狼藉，断壁残垣中哭喊声不绝于耳，恐惧冲走了夏的韵味，街头随处可见游荡乞食者。难民收容所拥挤不堪。中国红十字会广州分会与其他慈善团体联手救助难民出险，提供安全保障。中国红十字会总会补助国币10000元救济粤地难民。海外华侨及红十字会驻港办事处纷纷捐输款物。荷属华侨慈善会6月中旬捐5000元和药品70多箱给中国红十字会，用于粤难救济。[②]

日军的残酷暴行，使无数民众痛苦挣扎。中国红十字会在战火中一如既往地奔忙，为了中国难民心中的那一点微弱的求生欲望。武汉失陷后，重庆成为战时陪都。日军不断空袭山城，许多民众失去贫苦的生活而流离失所。1939年年初，重庆红分会设粥厂，施粥3个月，暂解难民腹枵之苦。[③] 豫湘桂战役中，红十字会又将温情送给华南及西南战区的难民。

被炮火撵出家园的难民在中国红十字会等团体的不懈努力以及海外侨胞、国际红十字组织的源源接济下，得以苟延生息。但接济毕竟不是长久之计，倘能为难民创造自食其力的条件，较之于单纯的收容更有价值。为此，红十字会作过有益的尝试，上海难民收容的“职业化”就是一个典型的例子。收容所采取收容给养与自救相结合的办法，为难民提供谋生的机会。如上海国际红十字会办理职业介绍，就难民所长向工厂、商店推介。但难民众多，全部推荐工作是不可能的，况且其中技能低或未经训练的难民就更不受业主欢迎了。为广开谋生门路，各慈善团体筹设简易工场，聘请技师，监督指导难民制造各种产品，使之食己之力。上海国际救济会所属难民收容所开办纸花、草绳、绣花、裁缝、拖布、铅桶等工场，难民可在其中利用一技之长，自食其力。无技术者，由该会垫付资本，批进国货，令其四出推销，以求得提成收入。[④] 另外，慈联会在浦东设实验收容所，所中难民从事农业生产，也可在工场中劳作，从中获取收益。

---

① 《广州灾场纪实》，《申报》1938年6月7日。

② 《救济灾黎各界捐款热》，《申报》1938年6月14日。

③ 《本市简讯》，《新华日报》1939年1月12日。

④ 《檀岛医药协济会汇到医药费五万元》，《申报》1938年10月26日。

1939年以后，“自给收容所”逐渐出现。相对于原来的收容所，自给所在于难民取酬于工、自食其力的自给性质。自给所只提供住宿，衣食自谋，这较之于仅有“消费”的“收容所”是一种更为行之有效的救济方式，也是难民救济工作更加成熟的表现。

太平洋战争爆发后，中国红十字会又多出了一项救济工作，即救侨。《中国红十字会战时工作概况》中提到1942年开始的救侨工作时不无感慨地说：“本会战时工作经费，仰赖侨胞捐助者甚多，故侨胞亦堪称‘中国红十字会之母’。”对于这一点，史沫特莱女士也毫不讳言：“其实中国的医药物品和救护车辆，主要依靠海外华侨的捐助。我们美国同胞的援助，同海外华侨相比，是微乎其微少得可怜。”[①] 由于有华侨的鼎力相助，中国红十字会在抗日战争中的救护救济工作才能得到应有的开展，如是说并非言过其实。

东南亚、南亚一带侨胞在太平洋战争爆发后陆续归国者不少。中国红十字会与中央赈济委员会合作，担任难侨接护工作。中国红十字会在贵阳救护总队部专设归侨招待所，表达对忠诚于祖国的海外赤子的爱戴与慰藉之情。经长途跋涉归国的侨胞，难免生病，救治病侨成为当务之急。为了配合救侨工作，1942年3月间，中国红十字会在曲江设医防第二大队部，分组第21、22等队，与赈济委员会第九办事处协同救治经粤归来的病侨，其工作地点随归侨所经路线随时变更。

入缅作战移至滇边时，部分侨胞移向滇边。设于昆明的中国红十字会医防服务第一大队部及所属第13队、驻大理的第14队自动为病侨服务。1942年夏，红十字会又与赈济委员会合作，在昆明开办传染病院一所，“是以本会于侨胞福利及地方疫患，曾已再三致意”[②]。

迁往重庆的病侨，途经桂、黔，沿途都得到红十字医疗机构的特殊照料。桂林、柳州、河池、遵义、綦江分别有第23、20、18、16等医疗队。在渝所设各医疗机构都为病侨提供周到服务。

中国红十字会给予华侨的关爱是叶落归根游子得到的一片馨香。

随着抗战的胜利，国土逐渐收复，红十字会的工作也逐渐转向收复区善后救济。

三、医疗卫生与社会服务

旧中国公共卫生事业几乎无从谈起，缺医少药，百姓无钱就医或有病无医比比皆是。大灾大疫面前，人们只能听天由命。1931—1945年间，中国红十字会在战场救护之外，给平民百姓送医送药，服务社会，并且兴建了许多医疗设施，为公共卫生事业的发展作出一定的努力。

---

① 史沫特莱：《中国的战歌》，新华出版社1985年版，第442页。

② 《中华民国红十字会战时工作概况》（内部资料），1942年编印，第13页。

无医无药条件下，疫病直接威胁着平民百姓的生命，其危害与自然之灾无分伯仲。而在疫疾之前能防患于未然或疫疠当头能进行有效控制，在当时战争环境下，可以说是难能可贵的。

中国红十字会在疫疠面前毫不犹豫地负起一分责任，为百姓撑起一顶防护伞。就1931年2月6日《申报》上“警告民众预防流行性脑膜炎及流行性重伤风”启事可知，中国红十字会为民防病有责有序。“须注意饮食、起居，凡含有刺激性各种食物均须免食，宜早睡早起；预防受寒，衣服须烘热，在房间时须去帽，出外时须加帽；每日有日光时须在日光中至少暴晒一小时……”十条内容，从生活起居、饮食卫生细微处谆谆告诫。同年4月，上海脑膜炎、感冒流行，中国红十字会派出医护人员，乘救护车“插以红十字旗帜，附以传单多份”，对市民进行防疫宣传并免费为其注射防疫针、接种牛痘。从4月6日起的三天内，在望平街、马立同、哈同路、曹家渡、小沙渡路等处注射防疫针，男女165名；种痘，男42名，女36名。①

上海华洋杂处，人口密集，疫疠时有发生。1931年水灾后，疫疠迅猛。中国红十字会时疫医院负起沪地民众的疫病救治任务。对贫者，均给以义务诊治。“一·二八”后的上海纷乱无序。兵灾后，疫疠滋生，红十字会特开设两处时疫医院：第一时疫医院在闸北新民路，第二时疫医院在梅白格路，两院在6月下旬分别开幕营业，“不分昼夜，随到随诊，以济病黎，不取分文”②，疫疠来势凶猛，红十字时疫医院亦筹建及时。

红会第一时疫医院开办以来，求治者络绎，一周之内救治“计真性霍乱108人，防疫362人，门诊1674人”。第二时疫医院开办一个月就诊人数已超6000人。医护人员及病床也因需多次增添。③ 每有瘟疫发生，红十字会从未中断时疫医院的开设，到1933年已25年，“救治病人二十余万之谱，成绩卓著，素为中外人士所信仰”④。

红十字会不仅在疫病防治方面不懈努力，而且不遗余力于固定医疗设施、医疗体系的完善，体现出社会化服务特点。

1934年的上海，市民已达300多万，医疗卫生设施难以满足社会需要。况且，“一般中产阶级，月入在百元左右者，一旦患病，欲入贵族式之医院，势有不办。即普通医生，收费亦昂。如果必须住院，每月所费不下百元，生活方面，自感困难。”社会下层，情状更惨。有鉴于此，1934年6月，中国红十字会第一医院特设“医诊社”，专为中产以下者服务。按每年交12元和5元分为特别社员和普通社员。特别社员和普通社员一年内，可享受免费检查身体一次，免费注射防疫针，免除普通门诊挂号费。若出

---

① 《红会免费注射及种痘》，《申报》1931年4月7日；《中国红会之卫生工作》，《申报》1931年4月9日。

② 《红会开办时疫医院》，《申报》1931年6月11日、7月7日。

③ 《红会第一时疫医院近状》，《申报》1932年7月17日；《红会第二时疫医院近状》，《申报》1932年7月27日。

④ 《中国红十字会时疫医院通告》，《申报》1933年6月29日。

诊、外科手术、化验等照章打 8～9 折。该院还设“家庭接生部”，派医护人员上门服务。[①] 这样，既缓解了医院设备不足，又解决了普通市民求医难的问题。可以说，医诊社是一种医疗卫生服务社会化的典型。

全面抗战爆发后，难民卫生服务成为中国红十字会一项繁重的任务。中国红十字会及其参与组建的上海市救济会、国际救济委员会等团体所设收容所中的难民健康问题时刻受到关注。医务股或防疫股经常巡视，如有重病患者即被送往医院诊治。红会特别注意改善收容所环境卫生，还定期为难民种痘、注射防疫针。

难民中许多疾病是由于营养不良所致。红十字会等团体设法给难民改善饮食。另一个较为普遍的困扰是虱子。红十字会组织灭虱队，深入难民中，为其灭虱，使疟疾、斑疹伤寒得以控制。

湖南民众赠送锦旗

1938 年 11 月，中国红十字会总会医务委员会接收中国红十字会上海国际委员会医务工作后，按需设固定诊疗队和巡回诊疗队，使所有收容所的难民都能得到服务。同时设有面向全体难民的难民医院、牙科诊疗所等。红十字会卫生工作进一步向社会化服务发展。

中国红十字会总会随国民政府迁渝后，在西南地区公共医疗方面开展了卓有成效的工作。1939 年 8 月 29 日，总会在重庆沙坪坝建成重庆时疫医院。院中设备完善，病

① 《红会第一医院设立医诊社》，《申报》1934 年 6 月 4 日；《红会第一医院产妇科近讯》，《申报》1934 年 8 月 23 日。

人一律免费。除正常门诊外，住院病人随到随收。同年 11 月又在重庆近郊设 4 处诊疗站，每天免费为平民诊病。

致力于后方民众医药救济的重庆时疫医院为陪都地区民众服务了两年多，不幸在 1941 年秋日机的一次空袭中被炸毁。这年冬天，“因鉴渝市医药高昂，病而苦于医药负担者日众，特于市中心新运模范区设立诊疗所，免费服务。附设 X 光部、检验室，以助诊查。因地点适中，治疗认真，门诊户限为穿，受惠病众，咸加额庆”。为更好地防治传染性疾病，隔离医院的建设十分必要。红十字会所接收的重庆市红分会的一所医院“地处南岸，远离市廛，极合设置隔离病院之用”。为“协赞中枢及地方卫生之建设”，红十字会将此院改为隔离医院，“期适合陪都之需要”[①]。

尽管红十字会为公共卫生建设锲而不舍，但到 1941 年，重庆还没有一所相当规模的医院，“全市公私医院，床位不满一千”，而且在频繁的空袭下，原有固定医疗设施屡遭破坏，不能满足重庆众多人口的需要。1941 年 10 月，红十字会开始前期筹备，选定高滩岩为院址，计划营建占地 72.89 公亩的重庆医院。次年秋建成开业。院内设门诊部、手术室、特别营养室、头二等及普通病房，其他如宿舍、浴室、饭厅、汽车间、招待所等一应俱全。此院的特点是，对于各科人才设备“力求充实完善，借供教学，以期储备人才。对于战时安全设备，力求周到适宜。对于病家服务，力求亲切便利。尤对于医药救济，尽可能范围内以免费为原则。深可以告慰爱护红十字会事业之人士”[②]。该院在 1943 年 7 月改为重庆中央医院，在院长陈宗寿的努力下，得到了进一步完善。

重庆中央医院在重庆市内开设了门诊部，更加方便了病人及时就医。据门诊部社会服务科统计，从 1943 年 7 月 15 日到 1944 年 2 月 12 日，门诊病人 13041 人，免减药费诊病的贫民、荣誉军人、难童、公教人员等为 175516 人。[③]

战争年代，纷乱无定的环境和流动不居的人口，使固定医疗设施所能发挥的作用非常有限。1939 年后，红十字会组织诸多医疗或医防服务队深入民间扩大社会服务范围。他们以免费服务为宗旨，办理普通民众的医疗防疫。4 年内，医防队由 8 队增为 30 队，足迹遍及川、滇、桂、粤、湘、赣、闽、浙等省。

中国红十字会深入民众施医送药或开办医院、诊疗所等卫生设施，为公共卫生事业和社会服务作出了应有的贡献，谱写了一曲社会服务与战地救护的协奏曲。

---

① 《中华民国红十字会战时工作概况》（内部资料），1942 年编印，第 8－9 页。
② 《中华民国红十字会战时工作概况》（1942 年），第 9－10 页。
③ 《中央医院扩充设备》，《新华日报》1944 年 3 月 8 日。

第五章

“复员时期”的中国红十字

红十字的光辉旗帜伴随着中国走过了坎坷的十四年，它曾飘扬在尸骨遍野的战场上，也曾飘扬在流离失所、无衣无食的灾民中，它伴随着中国度过了最苦难的日子，自身也在磨难中成熟、壮大。抗战胜利，和平肇始，红会又以崭新的姿态，开始了向新领域开拓的努力。复员时期，“服务社会，博爱人群”成为红十字会工作的宗旨。

第一节　抗战胜利与红会“复员”

一、服务社会，博爱人群——红会工作重心的转移

1945 年 8 月 15 日，对长期处于苦难之中的中国人民来说，是不平凡的一天。当日本投降的消息传遍长城内外、大江南北的时候，全国上下沉浸在欢乐的海洋中。中国的抗日战争是“战争史上的奇观，中华民族的壮举，惊天动地的伟业”①。抗战期间，无数仁人志士英勇斗争的业绩，将永存史册。当全国民众缅怀先烈、追溯抗日将士丰功伟绩的时候，人民也不会忘记随部队出生入死、以全力开展战场救护、为难民排忧解难的另一面伟大的旗帜：那就是白底红十字大旗。

抗日战争时期，是中国红十字会发展史上的一个重要时期。自抗战开始，红十字

① 毛泽东：《论持久战》，《毛泽东选集》第 2 卷，人民出版社 1956 年版，第 463 页。

会就急组救护队，奔赴抗日前线，救护队员们以“博爱恤兵，救死扶伤”为宗旨，置个人安危于度外，出入枪林弹雨，为受伤将士医治伤痛，收埋烈士遗骨。在备受苦难的难民群中，也经常出现他们的身影，他们为失去家园、颠沛流离的民众办理医疗救济。人道博爱的高尚事业，召唤着众多有爱心的医护人员加入他们的行列。救护总队部下设的医疗救护队，“由最初的 37 个逐步发展到 150 个，救护队的人员达 3400 余人”[①]。他们活跃在战地内外，辛勤工作，在此期间，红十字会同仁“以全力从事军民之救护，血汗交织，艰苦卓绝，救治军民达一千六百万人，其贡献于国家者殊大”[②]。红会的光辉业绩，得到各界人士的交口赞誉。1947 年 7 月，蒋介石在为红会募集事业基金题词中，曾赞颂红十字会在成立后的 40 多年中，“其伟绩宏效，历八年抗日战事而益显”[③]。抗战期间，中国红十字会的救护事业也得到了众多国家与友好人士的同情与支持，他们有的输财捐物，赞助红会的事业；有的亲赴中国战场，贡献自己的一份力量。由于红十字会在抗战期间有突出贡献，其在国际上声誉日增。抗战胜利后，胡兰生秘书长曾多次出席国际红十字会议，“深感本会在国际间之地位，业因抗战艰苦光荣之贡献，已具增高”[④]。

抗战胜利了，回溯往事，各界民众永远铭记那些为救护抗日军民作出巨大贡献，甚至献出宝贵生命的红十字会工作者。据统计，抗战期间因公殉职的红会工作人员有 47 人，积劳病故者 67 人，对红会工作有突出贡献者更不可胜数。为表彰成绩卓著的有功人员，总会制定了《奖励参加抗战有功人员暂行办法》，根据贡献之性质与大小分别由政府、红十字会给予奖励，或报请国史馆或红十字会国际联合会载入史册。

根据此项规章的规定，总会与分会分别对符合条件的红会人员给予了适当的奖励。经总会报请，获得国民政府颁发抗日战争勋章的有胡兰生、曾大钧、印公田等 27 名优秀红十字工作者。

云南大理分会，在抗战期间，成绩优异，对防治霍乱贡献殊大，红十字总会特颁与奖状：壮志赴国难，英名垂青史。

1946 年 10 月，一座雄伟的红十字纪念碑在上海罗店拔地而起。这是红十字会上海区办事处及上海市分会为纪念红会因参加抗战救护牺牲之第一人——总会第一救护队副队长苏克己医师，以及护士谢惠贤、刘中武、陈秀芳四位烈士而树立的。碑址所在地——罗店，即为烈士的殉难处。四烈士是在“八一三”淞沪抗战中，因冒险救护被迫降落战地的空军飞行员苑金函而遭日军残酷杀害的。当时，如果弃伤员于不顾，他

① 中国红十字会总会编：《红十字手册》，辽宁科学技术出版社 1988 年版，第 18 页。

② 沈怡：《本会募集事业基金——人人有帮助红十字的义务》，《红十字月刊》第 20 期，第 1 页。

③ 《红十字会筹集基金　蒋主席题词》，《申报》1947 年 7 月 18 日。

④ 《蒋会长报告》，中华民国红十字会总会编印：《复员期间中华民国红十字总会第一次常务理事会议事录》（1946 年 8 月）。

位于罗店陈伯吹中学的红十字纪念碑

们有充足的时间安全转移，但以苏克己为首的四位医护人员，胸怀救死扶伤的人道博爱精神，在情况万分危急之下，平静地为伤员做好手术，并将其安全隐蔽起来，而此时撤退为时已晚。他们把生的希望留给了伤员，自己却牺牲在敌人的屠刀之下。事件发生后，各界人士强烈谴责日军枪杀红会工作人员，残暴践踏国际公法的行为，盛赞四烈士英勇无畏的献身精神。纪念碑于 1946 年 10 月 12 日举行揭幕仪式，上海市政府、医师公会等机关团体，上海各界代表及伞兵代表等数百人参加致祭。巍峨耸立的纪念碑，寄托着人们无限的哀思。

娄云鹤，曾为河北省正定县红十字分会会长，服务该会长达九年之久。任内创立医院，举办救济事业，颇具成绩。抗日战争爆发后，日军攻正定县城，娄会长积极联络当地驻军，坚守城池，并亲率担架队，出入枪林弹雨抢救受伤官兵。该城于 1937 年 10 月 9 日（红会史书所载“9 月 6 日”为农历）被敌攻陷。娄会长“身中七刃，壮烈殉国”，同时罹难的还有其子娄家骥（红会史书有作“娄家骧”者，根据其后人口述，应为“娄家骥”[①]），时任红会救护队长。为缅怀烈士，经总会报请，行政院于1947年12月6日颁发“忠烈成仁”匾额一方。[②]

“世界各国的红十字会，试一追溯其历史，无不因战争而生，因战争而成长，更因战争而发达。”[③] 中国红十字会的道路自非特例，如今抗战胜利了，中国红十字会该走向哪里去？这是红十字同仁所共同思考的问题。

当曙光初现，人们以愉快的心情来迎接新的一天的时候，每个人的心中都会充满美好的憧憬。以此来描绘胜利初期中国绝大多数民众的心态，是再恰当不过的了。红会工作者在欢庆胜利、总结工作的同时，也为自己未来的发展绘制了宏伟的蓝图。

可以说，战争给予了红十字会发展壮大的机会，战后初期相对和平的到来，亦给予红十字会努力开拓的新机遇。红十字会“厥为人群服务”，以减少人类的不幸，增进人群福利。红会以前的工作领域多限于战争和灾变范围，抗战期间，全力从事救护工作，重在医疗救济，其他方面难以兼顾；抗战胜利，和平伊始，给了红十字会弥补过去工作不足、壮大自己力量、开展广泛的社会服务的契机。红会拟以“服务社会，博爱人群”为宗旨，努力扩展工作领域。

为指导新时期工作，总会首先制定《复员期间中华民国红十字会总会初步工作实施计划纲要》，工作目标第二条规定：复员期间红十字会初步工作之实施，须能适应社会福利之需要，免人群生活之匮乏，从事积极性、保育性、集体性之服务工作，以期奠定永久事业之基础。红会工作范围大大扩展了，简言之，红会工作已“突破救护的藩篱”，而开展广泛的社会服务了。

复员期间工作目标，蒋梦麟会长概括为两点：“一，打定会的基础；二，促进社会安全。”[④]

“打定会的基础”，指调整组织，刷新会务，加大工作力度，树红会永久工作之基。中国为世界东方大国，红十字会在中国落地生根四十余年来，自身工作虽不断拓展，但发展速度较为迟缓，较之于先进国家，组织薄弱，体制尚未健全，工作范围小。抗战胜利，红会复员，中国红十字会拟抓住这一有利时机，努力革新，大胆开拓，壮大组织，增强实力，扩展工作范围，以赶超欧美先进国家，在东方放一异彩，为世界和平作出贡献。

---

① 豆兴林：《永远难忘的日子》，池子华、王国忠、吴玉林主编：《红十字运动研究》2016年卷，合肥工业大学出版社2016年版，第386页。

② 池子华：《鲜血染就人道之“红”——纪念抗日战争中为人道事业捐躯的红十字英烈》，《中国红十字报》2015年9月8日。

③ 蒋梦麟：《复员期间的中国红十字会》，《大公报》1946年2月17日。

④ 蒋梦麟：《复员期间的中国红十字会》，《大公报》1946年2月17日。

"促进社会安定"，是具体工作实施后所达之目的。红会所开展的社会服务，要随时适应社会之需要，"以发展人群生活，增进社会福利"为准绳，不断开拓工作新领域。凡有利于社会安全，有利于民生者，均属红会工作范围。就工作对象而言，"举凡儿童、青年妇女、荣军及天下无告者，皆属之"[①]。可以说，红会的工作已延伸到社会的方方面面。为避免与政府工作重叠，红会领导多次强调：红十字会的工作，为补政府工作之不足，而不是与政府争工作。以美国红十字会为例，一战期间，军医已足以胜任战地救护，红十字会转而倡导输血运动，使全国义务捐献之血仍能造福于战士。至于平时工作，例如政府负责公共卫生，红十字会则设计家庭卫生。因此，红会工作者要尽其才智，勇于创新，"随时有尽善之变"，以选择适当工作领域，使红会时时推进社会进步。

蒋梦麟

总而言之，复员时期，红会工作重心转移，社会服务范围大大扩展。红会同仁希望红十字会的工作，"在复员期间，为一最大之转折点，另言之，须使本会一切之事业，变消极性为积极性，变慈善性为社会性，变局部性为普遍性，成为划时代一大转变。将从量的扩充，质的改进，以达成一切皆合于现代化之标准"[②]。

目标确定，为开展工作，红十字会定出复员初期 11 条工作项目："一，调整总会组织；二，增进分会机能；三，推广征募运动；四，建立服务中心；五，扩大医药救济；六，推行全员保健；七，训练专业人才；八，加强国际联络；九，出版宣传书刊；十，整理本会会史；十一，搜集服务资料。"[③]

为推进新工作的开展，红会同仁以《红十字月刊》《申报》《大公报》等报刊为喉舌，发表文章，介绍国外先进经验，解释政策法规，为工作的改进摇旗呐喊。

宣传鼓动的同时，红十字会社会服务第一件工作——重庆沙坪坝中央大学服务站正式设立。服务站的开办，意在为社会服务工作树立一典范。服务站成立后，"暂以卫生保健工作为主，着重营养补助，环境卫生，健康咨询，卫生讲座，及其它迫切需要

① 曾大钧：《中国红十字会之新机运》，《红十字月刊》第 1 期，第 2 页。

② 《曾副秘书长大钧报告》，中华民国红十字会总会编：《复员期间中华民国红十字第一届理事会议事录》（内部资料）。

③ 《复员期间中华民国红十字会总会初步工作实施计划纲要》，《红十字月刊》第 1 期，第 8 页。

工作"[①]。应当时校内同学的需要，服务站办理了肺病疗养室，"室内共有患肺病之师生计七十三人"[②]。患者每日享有营养补助，根据每人病情需要，供给奶粉、鱼肝油、维生素丸等肺病患者需要之补品。服务站每日为病人搞好环境卫生，并举办卫生讲座，讲解疗养知识，还设置书报供应部，汇集杂志书报，以供阅览。每逢周末，服务站则要举办幻灯片放映、音乐欣赏等娱乐节目，调剂病人生活。中央大学服务站的开办是红会社会服务工作的试验。

纵观整个复员时期，中国红十字会在"服务社会，博爱人群"的精神指导下，除扩大医疗服务、进行传统的救济工作外，还开办了儿童营养站、儿童同乐会、失学儿童补习班、会员业余补习班、妇女职业训练班、乡村服务站、沙眼防治所、图书阅览室等一系列积极性的业务，其中不乏较有成绩者，在第三节中将重点述及。

中国红十字会，结束了战时轰轰烈烈的救护事业，继续着"服务"与"博爱"的精神，"奠基础，辟新径"，开展了艰苦而富有创新的工作，在惠及大众的同时，自身在民众中的影响亦逐步扩大。社会服务的广泛开展，是复员时期中国红十字会工作的一大特色。虽然受政治经济等诸多原因的限制，中国红十字会的社会服务效果并不能尽如人意，但工作新境的开辟，仍为以后的工作积累了丰富的经验。

二、重新奠基的努力：组织与会务调整

新时期的到来，工作重心的转移，带动着组织、会务等诸多方面的变动。

1945 年 12 月 8 日，行政院颁布了《复员期间管理中华民国红十字会办法》，第三条规定："中华民国红十字会设总会于首都，以行政院为主管官署，并依其业务性质，受社会部、卫生署、善后救济总署之指挥监督。"[③] 此次改隶，适应了红会工作重心的转移，标志了红会业务性质的转变。回溯红十字会历史，战前侧重医药救济，以卫生署为主管官署。战争期间，因侧重军事救护，工作受军事委员会监督。复员时期，红会工作范围扩展，改隶政务总汇的行政院是顺理成章的，至于医药卫生、社会服务、灾害救济等各种具体业务，则分承卫生署、社会部、善后救济总署指导。

为具体指导复员时期红会工作，根据新时期工作的指导思想，《复员期间中华民国红十字总会组织规程》《复员期间中华民国红十字会分会组织规程》等各项新型法规相继出台。

根据新法规的规定，红十字会自身会务相应调整。复员期间，总会机构仍实行会长、副会长制，以会长、副会长综理一切会务。以理事会为最高权力机构，取消监事

---

① 《中华民国红十字中央大学服务站工作大纲》，《红十字月刊》第 2 期，第 11 页。

② 陈蕙君：《红十字会的社会服务》，《红十字月刊》第 9 期，第 18 页。

③ 《复员期间管理中华民国红十字会办法》，中国红十字会总会编：《中国红十字会历史资料选编（1904—1949）》，南京大学出版社 1993 年版，第 242 页。

会，以秘书长、副秘书长主持日常事务。办事机构由原来的二处扩充为四处二室。第一处主总务，下设人文、事务两课；第二处主会务，下设分会、编宣两课；第三处主社会服务，下设青年、妇女两课；第四处主医务，下设医务、材料两课；秘书室下设机要、视导两课；会计室下设账务、审计两课。以上处室除第三处外，其他各处室均系就原有组织及救护总队部编并充实，第三处为复员时期红会所新设，社会服务设专处办理，足以表明红会对此项工作的重视。第三处于1946年1月1日正式成立。

同月，行政院聘请蒋梦麟为会长，杜月笙、刘鸿生为副会长，秘书长为胡兰生。

1946年年初，国民政府各机构皆由渝返宁，办理还都重建。红十字会亦在宁购得中山路275号新会址。新厦巍峨耸立，素有“白屋”之称，屋脊两端高树红十字标帜，颇为赏心悦目。红会还都人员，分两批自渝东下，部分人员乘飞机抵南京；其余工作人员组“轻舟还都队”携文卷档案顺江而下，途中历经艰险，全体人员齐心协力，风雨同舟，发挥高度红十字精神，于五月中旬平安抵宁。

伴随着总会的还都，各项工作也在紧张有序地进行着。

值得注意的是，复员时期，总会与分会的关系有一重大的转变。此前，红会各项业务，多集中于总会办理。实践证明，此项体制存在诸多弊端。由于分会缺少发展锻炼的机会，会务发展较为迟缓，因而红会事业难以普及与扩展，红会缺乏坚固的基础。新时期伊始，红会同仁为除弊兴利，拟进行一番大刀阔斧的改革。查“各国红十字会之通例，皆以分会反哺总会，使分会为总会根深蒂固之基础”①。中国红十字会欲壮大发展，理当借鉴国外红会的先进经验，壮大分会组织，为中国红十字会“树立一个基础稳定的金字塔”。基于此，在复员时期红十字会第一届理事会议上，副秘书长曾大钧在报告中即已明确提出：“本会工作，决以全力健全分会，各种业务，一反从前，不再集中总会办理，总会只不过居于领导地位，督促分会事业之开展。”② 因此，总会性能发生转变，为指导和计划的机构，工作着重于业务设计；各地分会，负起实际执行的责任。分会的恢复与发展已成当务之急。

从数量上看，抗战期间，由于大片国土沦陷，地方支离破碎，中国红十字会的工作仅限于大后方和前方的随军救护，地方分会大量减少。“战前共有五百一十二个分会，抗战期间，多数分会无法支持，在渝登记仅九十一个分会。”③ 有的分会与总会失去联系，有的为敌伪所劫持，有的则工作完全陷于停顿。

从性质上来说，战前的分会有相当浓的善堂色彩。复员后，为广泛开展工作，“使一律成为现代化之社会服务团体，须具有（一）高度募集基金与征求会员之能力；

① 曾大钧：《中国红十字会之新机运》，《红十字月刊》第1期，第2页。

② 《曾副秘书长大钧报告》，中华民国红十字会总会编：《复员期间中华民国红十字会第一届理事会议事录》（内部资料）。

③ 《复员期间中华民国红十字总会第一次会务座谈会记录》，《红十字月刊》第6期，第12页。

（二）相当社会服务之才学及经验之干部；（三）现代社会服务之事业”①。

因此，健全分会的工作颇为艰巨。

经策划研讨，总会制定《复员期间调整及管理分会办法》，对战时后方分会、收复区分会的恢复以及新设分会的程序进行了规范。此外，相继设立上海、汉口、北平、重庆、广州五个办事处，划分区域，督促分会的恢复、设立及实施新的业务。区办事处的成立，总会可谓颇费苦心，在预筹设立之初，总会就已公开征求人才，并给予短期训练。各区办事处成立后，均积极开展活动，为会务的发展不遗余力。分会调整较快，至1946年12月，鉴于经费拮据等原因，除上海外，各区办事处宣告结束。由于上海国际事务频繁，区办事处予以保留，改为上海办事处。

各类分会的恢复与调整，以北平分会、天津分会、广州分会较为典型。

北平分会，全面抗战爆发后，即为伪华北临时政府所劫持，名称一度变更，初为伪中国红十字会总会，后改为伪华北救护委员会。抗战胜利后，由原任该会副会长王正黼、理事全绍清等积极筹备，于1945年12月11日召开大会，选举理监事，正式复会。当时尚未接到总会的新精神，体制依旧。因复员期间分会组织规程已废监事制，且理事名额也与新章程有出入，总会遂派北平办事处主任舒敏杰协同该会于1946年4月26日开基本会员大会，即席说明会务变更状况，并代表总会致诚挚慰问，旋即依规定进行了调整。

红十字会天津市分会历史悠久，抗战前对救济救护、贫民施疗等均努力开展。“抗战期间，因在沦陷区域，故毫无活动。”② 复员后奉总会之命改组，于1946年10月20日召开全体大会，选举理事，中国红十字会总会北平区办事处主任舒敏杰莅会传达总会精神，该会领导人亦表示出重整旗鼓、扩大发展的决心。

广州市分会“素极健全”，抗战期间，曾随政府转进曲江、枫湾，始终于艰苦环境中进行救护及恤难工作，成绩甚佳。广州光复，总干事张宗象、副总干事黄能彰、救护队长吴文伟等兼程返回广州，规复会务，对分会进行了重新改组。总会在广州另设广州区办事处，辅助其推行新的工作，工作进行较为顺利。

分会的恢复，以东北与台湾分会情形最为特殊。

东北与台湾长期处于日本帝国主义的铁蹄蹂躏之下。为达到长期统治的目的，日本对两地的建设颇为用心。东北赤十字社创始于1938年10月，由伪满洲国皇帝溥仪颁布赤十字法，由日人理事长掌理全权，事业庞大，会务发达，会员共计655031人。总部设在长春，支部分设沈阳、哈尔滨、锦州、四平、佳木斯，以至于遍及各县。医疗机构计有长春医院、沈阳医院、锦州医院、哈尔滨医院等12所，此外尚有医学院、

---

① 《复员期间中华民国红十字会总会初步工作实施计划纲要》，《红十字月刊》第1期，第8页。

② 《红十字会津会改组》，《大公报》1946年10月21日。

恤兵院、聋哑学校、助产士学校、护士养成所、民众诊疗所等附属机构。抗战胜利后，曾由东北人士张益三等组织中华民国东北红十字会总本部，呈请中国红十字总会办理接收。当时事业“自从日寇败降以来，因财源枯竭，陷于极大的困难中”[①]。总会遂于1946年4月拨款30万元，同时商请东北善后救济分署拨助流通券10万元，嘱其暂予维持。此后，红会曾多次商议解决办法，并从九月起连续三月按月补助国币150万元。1947年1月9日，总会派视导于恩德赴东北。5月28日，于沈阳正式成立“接管东北敌伪赤十字社事业资产委员会”，由东北各省地方行政长官及各分会会长25人充任委员，接管工作因东北战事复起而受到影响，改组者仅有长春、沈阳、铁岭、绥中、山海关、北镇等6个分会。

甲午战后，台湾即成为日本的殖民地，为达到长期控制的目的，日本依本国体制对台湾实施了各种“改造”，其中包括赤十字社之设，称日本赤十字社台湾支部。支部之下有台南、台中、台北、高雄、新竹五个州部。台南、台北、高雄各有会所一所，台北有医院一所，“共有社员五十万人”[②]。台湾光复后，总会曾托请台湾大学校长罗宗洛先生推动当地人士进行接收改组。1947年7月，总会派视导于恩德前往筹组资产接管委员会。经多方努力筹备，“业于十一月二十八日在郑州街职会会址召开第一届理事会讨论会务进展办法，并宣告正式成立台湾分会”[③]。会长蔡培火，其他各县市，则整理为支会。

东北、台湾“赤十字”团体的改组回归，增强了中国红十字会的实力。

复员时期，中国红十字会的基层组织又多一新成员——支会，因东北赤十字社、台湾赤十字社于“各市县均有分会组织，其下各乡镇亦设有机构，辅助所隶分会推行征募工作，深入民间，成绩卓著，极可仿行”[④]。总会于1947年4月通过支会组织规程。条件具备的地方相继成立了支会组织，以推进乡村服务。

在调整恢复原有分会的同时，总会积极督促策动各地按章程的规定设立符合标准的新分会。其间，涌现出如孝感分会等一批成绩卓越的生力军。

经过调整，到1948年年底，全国有分会194个，支会10个，为社会服务的开展奠定了一定基础。在调整分会工作的同时，红会工作已全面铺开。

三、征募运动的推广

会员、基金是红十字会的细胞与营养，是红十字事业的生命之源。

---

① 江声镳：《中国红十字会的经济复员》，《红十字月刊》第9期，第23页。

② 《中国红十字会新闻》，《红十字月刊》第20期，第40页。

③ 《中华民国红十字会台湾分会呈　呈为呈报台湾分会成立事案奉》，《中国红十字会历史资料选编（1904—1949）》，南京大学出版社1993年版，第217页。

④ 蒋梦麟：《拟具支会组织规程请核定施行案》，中华民国红十字总会编印：《复员时期中华民国红十字第二次常务理事会议事录》。

战时红会为救济救护事业作出了卓越贡献，自身影响逐步扩大。但放眼全球，中国红十字会是国际红十字会中的一员，在国际红会这一大家庭中，中国红十字会的力量仍是微薄的，与先进国家红会的实力无法同日而语。“美国红十字会之所以发达，因为美国平均每四人中就有一个人是红十字会会员，而我们中国红十字会呢，差不多平均每一千五百人中才有一个红十字会会员，这是中国红十字会的事业不如人家的最大原因。”[①]“多一个会员，多一份力量；多一份力量，多一件善举”，这也是众人皆知的道理。从自身发展看，复员期间，红十字会的使命扩大了，它以“服务社会，博爱人群”为宗旨，“所定之服务对象，广及于儿童、青年、妇女、荣军与平民，所定之服务范围，广及于灾难、伤害、贫困、疾病与愚弱，所定之服务目的，广及于保健、乐育、安全、助人与益世，…其任务即如此重大，其业务自更加广泛，而其所需开辟财源，实至殷切”[②]。会务的发展必须有强大的基金做后盾，因此征求会员和募集基金成为红会壮大实力、达到其服务目的的关键。

复员之初，相对和平的到来，红会宏伟蓝图的筹划将征募运动的开展首先提上日程，《复员时期分会组织规程》规定：“复员期间分会办理之事务，以征求会员、筹募基金为中心工作。”征得会员的多寡，成为评定分会工作一重要准绳。红十字会在章程中明文规定：征得会员在三万人以上者为甲级分会，一万人以上三万人以下者为乙级分会，在一千人以上一万人以下者为丙级分会。各地分会亦积极努力，把征募运动作为增强自身实力、提高等级的重要工作来抓。

复员时期，红会会员的种类分团体会员、名誉会员、特别会员、普通会员、青年会员五种。其中团体会员、名誉会员、特别会员为永久会员，发给总会统一制定和编号的会员证书和证章，会费一次性缴纳。初期，缴纳标准为：团体会员国币十万元以上，名誉会员五万元以上，特别会员一万元以上。普通会员与青年会员为非永久会员，以一年为限，每年缴纳会费，普通会员一千元，青年会员五百元。会费半数缴总会，半数留分会为备用金。此后，会费因物价上涨酌有增加。

依总会精神，自 1946 年 2 月以后，各地相继开展了轰轰烈烈的征募运动，这一时期的征募运动，一明显的特征是红会注重了宣传，且多聘当地各界名流带头领导征募。除举行随时、定期征募外，还于每年的红十字周期间广为宣传、扩大征求。

南京市分会的征募运动极具声色，分会特聘南京市市长马超俊为征募总队长，市党部主任委员萧赞育、副市长马元放、市参议会议长陈裕光、首都警察厅长韩文焕、市银行公会理事长程觉民、市商会理事长王纬齐为副总队长，各机关、公会、银行、学校负责人任队长，于 1946 年 9 月 12 日正式揭幕，中国红十字会会长蒋梦麟出席指

① 朱子会：《红十字周与征募运动》，《红十字月刊》第 32 期，第 4 页。
② 金宝善：《慷慨解囊捐助红会》，《红十字月刊》第 20 期。第 2 页。

导。征募运动得到了工商界、银行界、教育界、卫生界、妇女界的热烈拥护，“入会者极为踊跃”①。为扩大影响，该会在第五届红十字周期间加大宣传力度，每天安排固定日程，计第一日为新闻日，第二日为广播日，第三日为教师联谊日，第四日为康乐活动日，第五日为征募日，第六日为音乐日，第七日为妇婴运动日，第八日为体格检查日，第九日为慰劳日，第十日为庆祝国庆日。活动盛况空前，影响范围广，收到了极好的效果。“截至十二月底止，已征得会员六九九五九人，合计会费八二二八二四零零元，捐款一九四一七四一八八零元，均超出预定目标。”②

上海市分会的征募工作同样别出新意，仅举一例便可窥见一斑。

盛夏酷暑，上海市霍乱流行，严重威胁着市民的健康。上海市分会为了帮助扑灭时疫的蔓延，同时为了扩大宣传，特举办了一个流动服务站。这是一辆披上了美丽外衣的大卡车，周身布满红十字标识和布标语，车顶前后装置了两个广播器作为宣传的喉舌。流动服务站由服务股和医务股两部分组成，医务股负责为市民免费注射预防针、指导环境卫生和答复医药咨询，服务股则负责宣传。

每日清晨，服务站便“像救火车一样”，出动到霍乱发生最严重的地方，如曹家渡、闸北、梵皇渡、徐家汇、南市、虹口等人口密集的地带，进行流动服务。每到一处，服务股首先开始注意预防霍乱的宣传，广播防疫的重要性、霍乱的危险性。随着播音器声浪的传递，市民蜂拥而至，医务股即进行街头免费注射防疫针。接着，播音器首先用国语，然后用上海话开展了宣传：“中国红十字会上海市分会，现在正在举办征求会员大会，因为中国红十字会上海市分会是上海市市民的红十字会，所以希望全上海的市民都去参加做一个会员。”宣传员详细介绍了红十字会的使命，指出红十字会的会员越多，服务社会的力量就越大，受益的人也就越广。最后，服务人员介绍了入会的地点，声明如有愿意入会者，可以马上来填志愿书。“于是有好多人走到车旁陈设着笔砚的写字桌前，填写入会的志愿书。”③ 流动服务站影响日广，这种与实际工作相结合的征募宣传，取得了较好的效果。

1946 年度，上海市分会征得会员共计 68450。征募成绩较好的还有重庆市分会，征得会员共计 45710。此外，广州分会还开展了向香港地区的劝募活动。

红十字会征求会员工作，时时均在进行，每期《红十字月刊》都刊布本月征募状况，以昭示社会。定期扩大征求期间，红会工作者则更为努力，但由于各种原因限制，大多数分会征募结果，与预定目标仍有一段距离。至 1948 年 10 月，全国共征得会员 376315 人，红会实力有所增强。

---

① 《红会谋发展工作》，《大公报》1946 年 10 月 3 日。

② 《中华民国红十字会南京分会三十五年度工作简报》（内部资料），第 2 页。

③ 《记流动服务站怎样服务了一天》，《中华民国红十字会上海市分会三十五年度工作特辑》（内部资料），第 41、42 页。

“经费为事业之母”，没有资金，一切社会服务均无从谈起。复员时期，从红十字会召开第一届理事会起，基金便成为每会必谈的话题。红会之经济来源，“向无一定基础，历年收入几全仰给于国外捐款及政府补助”①。复员时期，国外援助减少，政府补助亦不固定，加之业务扩大，开支浩繁，常常入不敷出。鉴于这种情况，第一届理事会上，会长蒋梦麟就提出《积极筹募基金稳定本会财源案》，由于当时经济状况不景气，理事们讨论后深感难以实行，未获通过，但为广泛开展社会福利及医药救济工作，经费问题必须解决。经第三次理事会决定筹募事业基金 50 亿元，在全国各地及向海外侨胞劝募，捐额分配为政府 5 亿元，各大城市 33 亿元，其中上海 10 亿元，南京 3 亿元，其他各分会根据实际情况从 2 亿元至 100 万元不等，义卖 2 亿元，国外募捐 10 亿元。

自 8 月始，总会印制捐册、标语及征募特辑分发各地办理筹募，各地纷纷组织筹募事业基金委员会及劝募总队。南京区筹募委员会由沈怡市长担任主任委员兼总队长，党政金融及各业公会领袖为劝募队长，共 150 余人。8 月 20 日，于南京洪武路介寿堂举行茶会，招待劝募队及新闻记者。总会胡兰生秘书长及分会会长沈慧莲亲自招待，情景至为热烈。沈怡市长发表文章指出：“红十字会为人人而服务，故人人有帮助红十字会之义务。”② 同日，上海市筹募委员会亦于新生活俱乐部举行茶会，招待各界人士。为筹基金，上海市分会特请名画家许士骐教授，发动大规模征集京沪名作家捐助作品运动，以成都路中国画苑为西会场，南京路国货公司楼上中国艺苑为东会场，分别陈列古代画家真迹及当代名画家作品，举行古今书画展览义卖。其他各地筹募方式也各出新裁。

筹募事业基金运动，得到国民政府的支持，蒋中正为筹募基金题词，称红十字会事业“盖为今日人类精神之最高活动。……复员以来，工作加强，灾难救济而外，兼及社会服务；而举办永久事业，奠定财源基础，遂为当务之急，……凡我邦人，岂弟君子，幸抒慈抱，共掬同情”③。

募集事业基金运动，除中原地区由于军事影响难以举办外，红会同仁做了极大的努力。此次运动，原定三个月，但自 8 月 20 日开始至 12 月底，南京区募得 311259500 元，已超预定目标外，多数地区未达期望。至 1947 年 12 月底，共募得 1547049510 元④，尚不到三分之一。

---

① 蒋梦麟：《积极筹募基金稳定本会财源案》，中华民国红十字总会编印：《复员期间中华民国红十字会第一届理事会议事录》（内部资料）。

② 沈怡：《本会筹募基金——人人有帮助红十字义务》，《红十字月刊》第 20 期，第 1 页。

③ 《国民政府蒋主席为中国红十字会筹募事业基金题词》，中国红十字会总会编：《中国红十字历史资料选编（1904—1949）》，南京大学出版社 1993 年版，第 99 页。

④ 《中华民国红十字总会卅五卅六年度工作简报》，《红十字月刊》第 28 期，第 3 页。

为达到一个良好的经济状况，红会对募捐方法也进行了一番改革。自创始起，红会的募捐一直是零零落落地举行，做法上存在许多缺点，效果不佳。为改正这些缺点，红会参酌先进国家的经验，于1948年公布了《中华民国红十字会统一募捐办法》，规定募捐统一以总会名义举行。募捐分定期的——每年10月红十字周时统一举行，以及不定期的——每遇国内外发生重大灾变及特殊需要时，随时由总会通知分会举行。对募款的方法、数额、募款的管理亦有详细规定。还要特别指出的是，红会随时接受社会人士及会员自动捐献。这种募捐方法，较以前完美，但由于当时政局动荡，已无法认真执行。

征求会员，募集基金，是红十字会壮大实力的基础，是红十字会开展工作的保障。所以征募运动的开展，受到极大重视，贯穿始终，可谓轰轰烈烈。红会工作者努力倡导，各界人士广泛参与，以期达到良好的效果。由于红会同仁的努力，征募工作取得了一定成绩。但综合来看，运动所达到的效果，与期望相差甚远，这与当时的社会状况有关。抗战胜利之初的中国社会，历十数年战争的浩劫，民生相当疲敝，民众大多无力参与红会的高尚事业，而等待的是政府、红十字会等机构的援助。简言之，他们是被救者，而无力充当施救人。

相对和平历时短暂，不久，战争阴霾重新漫布。人们没有得到渴望的长久和平。战争复起，对中国社会经济不啻为雪上加霜。战争的直接破坏，军队的浩繁开支都落到人民头上。国民政府无力维持局面，以滥发纸币解决濒于崩溃的财政问题。国统区的物价“像断了线的风筝飞入云霄”，政局的动荡、经济的不稳定，使众多普通民众的生活日益艰难，“许许多多的工人只好在吃光、当光、卖光的悲惨情况下，在饥饿线上挣扎”①。

基于如此状况，何以参加社会福利事业？而在1947年上海分会的征募大会开幕礼上，王正廷曾情绪热烈地表示：“上海工人号称八十万，愿在‘有力出力’的原则下，悉力以赴”，“美国工人之加入红十字会者，人出美金一元，积少成多，故希望八十万工人中，每人出一万二千元，则总数即有九十亿元以上矣。”② 他过高估计了工人的经济实力。不管红会人员热情有多高，由于经济的衰败，征募运动难达所望势所必然。

中国是“仁”的国度，乐善好施是中国人传统的美德。而当时的经济状况，却使人无力做到。“钱，为一切事业之母，尤行舟之须水也。”资金的缺乏，使红十字会事业步履维艰。

红会的征募运动，一直是复员时期一项重要工作，虽然总会和分会都做了巨大的努力，但由于当时政治动荡、经济凋敝，征募结果远达不到所定目标。尤其是基金问题，始终成为困扰红会发展的一大难题。但红十字会的事业，仍在艰难中跋涉着。

---

① 张平等：《解放战争史话》，中国青年出版社1987年版，第143页。
② 《红十字会沪分会征募大会开幕礼》，《申报》1947年6月2日。

第二节　红会的新兴事业——红十字青少年组织

一、红十字青少年运动的缘起

复员时期，红十字运动又有一新力量的崛起，为红十字事业发展注入新鲜血液，那就是红十字青少年组织。这一组织成为红会“服务社会，博爱人群”的一支重要的生力军，是绘制红会“服务社会”多彩画卷的一支生动活泼、引人注目的新兴力量。

红十字青少年组织，西方国家称之为Junior Red Gross，在中国尚属首次出现，但在西方国家已有较长的历史。因此，它并非凭空冒出来的“新事物”，溯本求源，我们还须从欧美发达国家的红十字会中寻其源头。

早在1892年，在罗马举行的第五次国际红十字大会上，意大利莫赖维省的妇女委员会就提出一项新建议，即红十字会工作须与学校青年谋取联系。当时赞赏者颇不乏人，但此议案未获通过，不过这一提议已引起有识之士的注意。后来，此类小规模的组织相继出现，较有影响的是南非战争（1899—1902）时，加拿大昂达利的圣曼丽城出现的枫叶社（The Maple Leagues），枫叶社的成员是在校的青年学生，他们在教师的领导之下为红十字会工作，“枫叶社可说是近代红十字青年会员组织的前锋”①。此后，学校学生协助红十字会的工作屡见不鲜，至第一次世界大战发生后，形成正式的红十字青少年组织。

红十字会的创始，源于战争；红十字青少年组织的出现，同样源自战争的推动。

1914年，以萨拉热窝事件为导火线，第一次世界大战爆发。战火迅速蔓延，范围逐步扩大，血腥与苦难召唤着众多有爱心的人加入红十字会救死扶伤的行列。由于人手的缺乏，少年儿童也进入服务的队伍，最初协助红十字会的团体出现在澳大利亚和加拿大。1914年澳大利亚新南威尔士的学校儿童组成一个团体，制造慰问品送给前线的士兵。同时，加拿大沙加起环的学校儿童也有同样性质的服务团体组成。这些儿童协助红十字会工作，到伤兵医院服务，协助包扎、慰劳伤员，并从事缝纫、编织、制作绷带等工作，取得了极好的成绩。

战争进行到第三年，欧战正处于异常激烈的时期，德国为打击英国的海上力量，发动了无限制潜艇战，但结果是树敌日众。由于无限制潜艇战袭击了美国商船，引起了美国参战。美国遂动员百万雄师跨海远征。为协助救济救护，美国红十字会随之紧

① 袁可尚：《红十字青年会员组织之目的和活动》，《红十字月刊》第13期，第4页。

急行动，以备战时之需。为适应战时工作，1917 年 9 月 15 日，威尔逊总统发出呼吁，号召公私学校学生参加美国红十字会工作，“结果有一千二百万学校儿童应召，在贤明的指导之下，制作约一千六百万件物品以供给武装部队和海外儿童，此外他们为救济工作征募了三百万元美金”[①]。红十字青少年组织轰轰烈烈地发展起来。

一战结束后，美国的红十字青少年组织并未停止工作，他们利用征募的一百万美元对欧洲儿童做了大规模的战后救济工作，并派遣许多青少年会员亲赴欧洲各国分发救济物资，美国红会的举动赢得了欧洲人的好感，一些国家纷起仿效，开始发展青少年会员。

青少年是未来世界的主人翁，号召他们参加红十字运动具有极重要的现实意义与教育价值。从现实来说，它可以动员广大的年轻一代参加社会服务，为社会做更多有意义的事，为社会服务，为人类造福，有利于社会的发展与进步。从教育方面说，它的积极意义更加深长。少年儿童正处于品质性格的形成时期，具有极强的可塑性，从小就对其进行人道博爱、服务社会的思想教育与加强服务技术的培养，有利于未来世界的和平与安定，有利于儿童养成良好的思想品质与服务精神，提高少年儿童服务社会的能力，对将来社会的发展大有裨益，这是显而易见的。

鉴于美、加、澳等国组织红十字青少年的良好效果，各国遂争相仿效举办，中国当然不甘瞠乎其后。

我国“关于红十字青少年运动，远自民国八年即已萌芽”[②]。当时一战已经结束，对红十字青少年组织所取得的成绩各国已有目共睹。是年，红十字会国际联合会第一次大会于日内瓦召开，中国红会派王培元出席，此时红十字青年运动开始提倡，我国称其为学生会员，但当时没有进行宣传，也未达成妥善的组织管理办法，只是徒有学生会员名目而已，并未形成正式的组织。

1933 年，中国红十字会召开第二次会员代表大会，在通过的中国红十字会管理条例及施行细则草案中，规定在理事会下设青年、妇女两部。1935 年开始实行的中国红十字总会理事会及监事会组织规程中，则正式提出设青年部、妇女部。青年部“以推广学校卫生，发展儿童博爱精神，训练公众服务并增进国际间友谊为目的”，并对组织的方法作了详细的规定。“这可以说是提倡红十字青年运动的有力证明。”但因全面抗战爆发，红十字会把全部精力用于开展救死扶伤的医护工作，无暇顾及青少年组训问题，因此仍仅有青年会员名目，除会费有所变更外，工作未有进展，会员人数甚少。

战争给人类造成的损失和痛苦是巨大而惨痛的。当世界反法西斯战争取得胜利之

① 吴耀麟：《红十字青年运动》，中国红十字会总会编：《中国红十字会历史资料选编（1904—1949）》，南京大学出版社 1993 年版，第 366 页。

② 吴耀麟：《红十字青年运动》，中国红十字会总会编：《中国红十字会历史资料选编（1904—1949）》，南京大学出版社 1993 年版，第 371 页。

后，根绝战争、争取永久和平成为全世界人民共同的呼声，人们为确立长期的安定而奋斗着。在这一方面，红十字会更做出了不懈的努力。1945 年 10 月 15 日至 11 月 2 日，红十字会国际联合会在日内瓦召开了各国红十字会代表咨询会议，讨论红十字会由战时转向和平时期的工作。会议有 39 个国家的红十字会代表 59 人参加，共举行 24 次讨论会，关于红十字青年会员组织的讨论就有三次。“与会各代表几乎一致认为推行红十字青年会员运动，确系灌输红十字会的博爱人道思想和根绝战争保障和平最彻底最有效的方法。”[①] 未来世界的方向盘由青年一代来把握，如果在青少年人生观、世界观形成之前对其施以人道和平教育，提倡合作与服务，使他们从小接受红十字精神的熏陶，在博爱的阳光下成长，那么未来的世界应该是一个温暖、友爱、和平的世界。所以，红十字青少年运动得到极高的重视。十九届理事会决议指示，已有红十字青年部之各国红十字会，应立即增加其人员、经费，精心组织，使红十字青年运动能吸收全部学校儿童，接受红十字会真正理想的熏陶，为社会、国家及世界服务。未有红十字青年部之各国红十字会应立即开始组织。

提倡红十字青少年运动，可以说是国际社会的共同呼声，而此时的中国社会也已具备了红十字青少年运动生根发芽的沃土。

抗战胜利，相对和平的到来为红十字青少年运动的发展提供了有利的契机。

一方面，红会工作重心转移，由着重于医疗救护转向为和平建设而服务，社会服务范围逐渐扩大，渗透到社会生活的各个角落。减免灾难、预防疾病、增加健康成为这一时期的主题。这就与青少年的日常生活发生密切的联系，而且红会工作以预防胜救济，以积极代消极，许多工作不惜从点点滴滴做起，许多项目也是少年儿童的能力所及的。为此，应给予新生一代以充分学习的机会，锻炼其身心，以养成良好习惯，培养实践能力，发扬博爱牺牲精神，同时又增强了服务社会的力量。于是，红会不再忽略这“朝气蓬勃”的一族，倡导红十字青少年组训成为这一时期的重点工作。

另一方面，增强自身的力量也是红会所注重的。战时忙于伤病救护，抗战结束，中国红会在歇下来稍事喘息的片刻，也发现了国外红会的强大与自己的羸弱。为迎头赶上友邦，红会必须壮大发展自己的力量，红十字青少年组织的发展成为其中重要的一项。根据红十字会国际联合会的报告，“截至一九四五年十一月止，共有四十九个国家有此种组织，会员三千万人”[②]。面对如此庞大的数字，中国显然是大大落伍了。为改变这一局面，红会根据《复员期间总会组织规程》重新调整的四处二室中，特设第三处，分管青年、妇女两课，以努力督促。在 1946 年的征募运动中，中国红十字会注意了青年会员的征求。因青年会员多以在学儿童青年为主，集中于学校领域，红会遂

① 胡兰生：《红十字青年会员组织的新动向》，《红十字月刊》第 13 期，第 1 页。

② 吴耀麟：《红十字青年运动》，中国红十字会总会编：《中国红十字会历史资料选编（1904—1949）》，南京大学出版社 1993 年版，第 366 页。

与教育行政当局联络，并聘各学校校长为征募队长，收到良好效果，“据本会月刊第二十二期已发表统计，三十五年度全国各地已征得会员一九七三七一人中，青年会员为一二一一三九人，占三分之二，此乃复员以后红十字会之新气象，亦即红十字会之新生命泉所在”①。

红会注重了青年会员的征求，同时也开始了青年会员的组训，红十字青年服务团与红十字少年会是复员时期红会所办的两大青少年组织。

二、红十字青年服务团

谈及红十字青年服务团，首先应提到的是南京市玄武湖服务站的创立。作为复员时期红十字会服务中心试验区典型示范，玄武湖服务站无疑是青少年康乐活动的中心基地，被称为“青年人的乐园”。总会视导吴耀麟把玄武湖服务站与红十字青年服务团并称为总会提倡红十字青少年运动中首先产生的一对姊妹花。

玄武湖服务站的建立，耗费了南京分会同仁大量的心血。

1946 年 5 月 4 日，南京分会举行复员后第一届理事会，会上正式提出了建立玄武湖服务站的计划，随后制定了《中华民国红十字会南京市分会玄武湖服务站组织规程》，在总会热心支持下，开始了积极的筹备。

经多方物色，最终选定了“环洲”半岛的一块园地。“环洲”为玄武湖中的半岛，环境优美，立足岛上，足览全湖之胜，远眺钟山灵秀，湖光山色，风景如画，如入仙境。这本是一块果蔬菜圃之地，经与主人协商，南京分会以 64 万元的代价租用该地。

7 月 10 日，经南京分会第二次理事会商议，正式决定南京分会会长沈慧莲女士兼服务站主任，总会视导兼南京分会总干事吴耀麟为副主任。服务站加紧筹办，边搭建房屋边制备物品，以价廉实用为宗旨，如总会发下四座帐幕，南京分会配上四副炊具，如此合力为之。南京分会还积极发起向社会各界认捐游艇的倡议，沈慧莲会长首先认捐一艘。至 1946 年年底，共捐得游艇 8 艘，分别命名为吉林、安东、长春、松花江、辽宁、兴安、合江、黑龙江。以东北地名命名，给人以深刻印象，使不忘东北之意。

8 月 15 日，玄武湖服务站正式开幕，由沈慧莲会长主持，举行了盛大的开幕仪式。走进服务站，中间为草顶平房，为诊疗办公及工作人员休息之用；两旁有两根旗杆，一侧是国旗，另一侧是红十字旗帜。边上安设竹篱，直达湖畔。场地宽大，可供露营、游戏之用。后来又设置篮球场、秋千、轩轾板（跷跷板）等，供成人及儿童锻炼身体。

玄武湖服务站成立之后，首先从康乐活动做起，时常接待青少年团体来站露营，并免费供给游艇娱乐等。更重要的，玄武湖服务站成为南京市红十字青年服务团成立后重要的活动基地。

① 吴耀麟：《如何发动中小学教师倡导红十字青年工作》，《红十字月刊》第 13 期，第 11 页。

复员后，红十字会一直注重着青少年工作的开展，多次进行酝酿、研讨、交流。第五届红十字周期间，南京分会正式向学校提出倡议。

10 月 3 日，是南京市红十字宣传周的第三天，依进行日程，这一天是教师联谊日，南京分会于玄武湖举行了全市中小学校长招待会。席间，协助分会工作的总会视导吴耀麟正式发出了组织红十字青年服务团的呼声，并希望各学校鼓励青年会员应征。组织红十字青年服务团的目的为“训练青年会员养成服务社会能力，培育博爱人群精神”①。

建立红十字青年服务团的倡议很快得到各学校的呼应。不到两周，就有 10 所学校先后报名。经过精心筹备，红十字青年服务团于 10 月 31 日正式成立。该团由 42 名青年会员组成，其中男 23 人，女 19 人，团员均系初中二、三年级及高中一年级学生，年龄为 15～18 岁。服务团成立这天，团员们个个精神抖擞，以崭新的姿态出现在人们面前。他们统一着装，无论男女一律短装长裤船形帽，左胸佩戴蓝底红十字白梅花证章。团员们在各自所在学校均系学习优异的学生，是经学校推荐及家长的同意，自愿参加红十字学习与服务的。南京市红会红十字青年服务团的创立，是红十字事业中的新气象，“是南京市分会今后展开社会服务的新生命，也是中国红十字青年运动的初页”②。

服务团创立后，初设四队，每队设队长一名，以松、竹、兰、菊命名。队名之设意味深长，代表了组织者的良苦用心以及对团员所抱的深切期望。依服务团的总教练、发起人吴耀麟总干事的解释，松象征如松之茋，指体育；竹象征如竹有节，指德育；兰象征王者之香，指美育；菊象征隐逸之士，指智育；证章上的白梅花是国花，指群育。这些暗指对团员的训练及要求是五育并重的。

服务团成立后，开展了多种多样的学习与服务活动，因事属初创，无成例可循，南京分会负责人只能参酌国外红会的先进经验，边摸索边实践，进行了诸多有益的尝试。我们可以选择其中几件活动，来审视一下青年服务团活动的情况。

1947 年 6 月 29 日，风和日丽，天气晴朗，经过修缮整理的南京市分会玄武湖服务站焕然一新。这天，服务站前人头攒动，湖面一派热闹景象。此时，该站与社会部南京市社会服务处合办的首都划船比赛在这里举行，参加者众多，多为市民及中学、大学学生。人群中穿梭着一些佩戴红十字标志的青年学生，他们就是南京市分会青年服务团成员。团员们怀着满腔热忱，秉承红十字会的服务精神，凭借所学服务知识与技能为比赛的顺利进行而忙碌着。

---

① 吴耀麟：《玄武湖服务站与红十字青年服务团——中国红十字会青年运动的前奏》，《红十字月刊》第 11 期，第 25 页。

② 吴耀麟：《玄武湖服务站与红十字青年服务团——中国红十字会青年运动的前奏》，《红十字月刊》第 11 期，第 26 页。

吴耀麟著《青年训练之理论与实际》封面

这是红十字青年服务团成立后的镜头之一。

镜头之二：重阳节后的一天，斜风细雨，一辆带有红十字标志的汽车载着十七八个年轻的朋友，驶向南京市挹江门外“首都过境军人招待所”，这是南京分会红十字青年服务团的成员去访问首都过境军人。到达目的地后，团员们在管营的周中校带领下参观了营地，并与军人联欢，玩起了掷镖、掷环、掷彩、钓鱼等游戏。团员们与士兵个个兴高采烈，场面热闹异常。招待所内设有红十字会服务处，为士兵分发药品，代写书信等。孩子们的到来，为军人带来了欢乐，带来了红十字的关怀。

流光易逝，转眼一年过去了。一年中，服务团集会不下 30 次。为展现其全貌，我们从该团创始至 1947 年 10 月为例，把红十字青年服务团的活动归纳如下：

一是康乐活动。此类活动比较多。康乐活动是红十字青年服务团活动的主要内容之一。青年是国家的希望，红十字会“增进健康”首先注意从年轻一代做起，只有具备健全的体格和饱满的精神，才能胜任履行红十字会人道博爱理想所寄托之任务。该团成立后，多次进行旅行、野餐、划船、赏梅等野外活动，还举办室内娱乐、同乐会等，以增进青年的身心健康与体格素质。同时，红十字青年服务团是以服务社会为目的的，为养成必要的技能，服务团加强了团员卫生、救护知识的传授与训练，红会专门聘请专家为青年团员讲解公共卫生知识，领导团员进行救护实习，以培养团员的实际动手能力。康乐活动包括公共卫生讲座、举行团会做室内娱乐、举行同乐会庆祝元旦、举行青年节联欢会、举办划船运动、举行救护实习等。此类活动在服务团的活动中占首要位置，为社会服务活动的开展作了必要的准备。

二是社会服务。社会服务是红十字会之宗旨所在，红十字青年服务团成立也以此为目标，在服务中培养团员人道、博爱的红十字精神。因为“红十字青年会员组织的使命为一种实践性的教育，就是用服务来达到教育的目的”[1]，以净化年轻一代的心灵。在第一年的集体活动中，该团多次参加服务活动，例如：参加母婴保健会慈善游园会服务、划船比赛服务、为过境军人服务等，青年会中学、市立一中的同学还利用所学技能，在校内担起急救的任务，为教师、学生处置意外伤害，受到了校方的赞誉。

三是国际友谊工作。“国际通讯始创自欧洲儿童向美国儿童表示感谢的通信，其后形成为红十字青年的一种主要活动”[3]，成为各国儿童交往的一座桥梁纽带，使各国儿童建立经常的联系，彼此交换经验，交流感情，促进了解，“收到合作同情的效果”。服务团成立后，组织团员制作国际交谊纪念册，参加国际交谊纪念册展览，与美国童军做联谊游湖野餐活动。服务团制作的纪念册同其他青少年制作的纪念册一同参加了展览，最后选定 226 册寄赠美国红十字会。

此外，青年修养讲话、团务总结与红十字会务知识的讲演是青年服务团活动中不可或缺的话题。

斗转星移，南京市分会的红十字青年服务团在摸索中前进着，自身取得一定的成绩，不足之处也有所显现。为改进组织形式，同时鉴于团员转校等实际情况，南京分会遂于 1948 年 3 月 6 日召集团员于玄武湖服务站集合，对服务团进行了整编。整编后，新队以博爱人群，服务社会为名，设博、爱、人、群、服五队，每队设队长一人、副队长一人。为便于联络，采用分队联络的方法，由各队正副队长直接负责。

实践证明，红十字青年服务团是取得一定成绩的，在学习与服务中，团员们增长了知识，培养了服务社会的技能。尤其不可忽视的是思想变化，现实的教育给予团员较强的思想震撼，激发了青年一代的同情心与使命感。在访问邓府山难民营归来后，鉴于难民的悲惨状况，一名团员曾由衷地向社会发出呼吁：“希望中国的富翁们，启发慈善心，给予难民最低度的援助。”[3] 他还提出救济的方法，开办“才艺所”“教养并重”等，在汤山陆空军医院，团员们慰问了住院官兵，“分发慰劳品 350 份，代写家信 200 封”[4]，给予这些受伤军人一些爱的抚慰。

红十字青年服务团成立之后，成绩斐然。因初步尝试，虽有一些不足，但瑕不掩瑜，继之而起的红十字少年委员会，是红十字青少年组训中的又一壮丽景观。

---

① 胡兰生：《红十字青年组织的新动向》，《红十字月刊》第 13 期，第 2 页。

② 袁可尚：《红十字青年会员组织之目的和活动》，《红十字月刊》第 13 期，第 4 页。

③ 朱明霖：《访问邓府山难民营》，《红十字月刊》第 30 期，第 29 页。

④ 帆影：《南京分会的社会服务》，《红十字月刊》第 33 期，第 13 页。

三、试办红十字少年会

南京分会的红十字青年服务团充当了我国首创红十字青少年运动的拓荒者。试办一年，取得了一定成绩，为这一新兴事业积累了一些宝贵经验。为进一步开展红十字青少年活动，发扬红十字会的社会服务事业，也为了迎头赶上欧美先进国家，红十字会又迈出了新的一步——试办红十字少年会。

自 1947 年冬季以来，红十字会就决定积极发动红十字少年组训工作，作为 1948 年度主要工作之一。“既以发扬此新的教育工作，巩固本会事业根基，抑且迎合世界潮流，勿再还落人后。”[①] 从 1948 年 1 月起，总会开始倡组红十字少年委员会，以拟订红十字少年规程方案，指导分会组织红十字少年工作。委员会由 11 人组成，由总会高级职员担任，以胡兰生秘书长为主任委员，视导吴耀麟为委员兼总干事，“专责推动，共策进行”。委员会成立后，马上着手制定规章。经仔细研讨，统筹规划，先后制定《中国红十字会总会红十字少年委员会组织暂行简则》《中华民国红十字会各地分会推行红十字少年工作办法》等。这些规章对组织红十字少年会的目的、任务、组织程序作了详细的规定。红十字会同仁还积极在《红十字月刊》上发表文章，介绍国外先进经验，以推动红十字少年会的顺利组织与发展。

2 月 4 日，总会分别向南京、上海、江都、武进四分会下发通知，指定四处先行试办。“由各该分会在理事会之下，组织红十字少年委员会，并选举当地中小学校若干所筹组红十字少年会。”[②] 章程规定，组织红十字少年委员会的目的为：辅助少年公民教育，增进其身心健康，培养其服务能力，发扬其博爱精神。要求各地分会在理事会之下设立红十字青少年委员会，由理事会一人或数人，并聘请当地社教机关团体领袖、富有少年工作兴趣者 7 至 11 人组织之，制订当地红十字少年工作计划，指导推进当地红十字少年工作。至于具体实施方法，规定：“凡各学校团体有红十字少年会员二十人以上并由合格之指导人员及活动场所，经申请当地分会认可后得依法组织红十字少年会。”[③] 各学校由校长担任指导员，校方推荐朝气蓬勃且热心从事青少年工作的 1 至 3 名教师为导师。

接总会通知后，南京市分会进行了积极的筹办，南京分会领导人热心其事，积极倡导呼吁。南京市教育发达，学校林立，一经倡导，响应者甚多。3 月 20 日，南京市分会召开各校指导员及导师座谈会，已取得联系的 10 余所中小学分派代表参加。总会

---

① 吴耀麟：《红十字少年活动六个月》，《红十字月刊》第 30 期，第 12 页。

② 《中华民国红十字会总会关于筹组红十字少年会的电文》，中国红十字会总会编：《中国红十字会历史资料选编（1904—1949）》，南京大学出版社 1993 年版，第 101 页。

③ 《学校团体组织红十字少年办法》，中国红十字会总会编：《中国红十字会历史资料选编（1904—1949）》，南京大学出版社 1993 年版，第 252 页。

视导吴耀麟、南京市分会业务组职员参加了座谈会。大家会聚一堂，共同商讨红十字青少年工作大计，贡献意见颇多，决定按总会颁布的各项办法于最短时间内成立。总会散发了一些书刊与资料，其中多为有关红十字少年工作与活动的说明。会议决定，正式筹办红十字少年会。

因事属创举，尚属实践摸索阶段，南京市分会对参加的人数进行了限制，规定会员数目在 20 至 40 人，但学生报名极为踊跃，最终仍有 4 所学校即三牌楼国民学校（50 人）、第一区中心国民学校（56 人）、老虎桥国民学校（50 人）、私立中华女子中学（48 人），突破了此项限制。从 3 月下旬至 6 月，南京市共有 14 所学校建立了红十字少年会，会员 565 人，其中男 331 人、女 234 人。① 各校依章程规定，在会员中选拔品学能力兼优的 5 至 9 名少年担任干事，分别负责事务、文书、会计、康乐、服务、卫生等各项工作，再在其中选拔一人为干事会主席。选拔干部过程中，学校也注意到了选拔有组织经验的学生起领导带头作用。如青年会中学选拔的干事会主席叶公炘，亦是红十字青年服务团的成员，曾担任过松队的队长，现仍任服务团博队队长，这一类学生干部成为红十字青少年运动中的核心骨干。

对于红十字少年的培养，首先要求他们努力学习，在不妨碍教育当局教学计划施行的基础上，使他们明了红十字博爱人道事业之宗旨及历史，增加卫生健康及急救知识，学习社会服务知识，培养国际情谊及合作精神。对少年会成员的训练，尽量利用课余时间不断实习，不断活动，培养实际工作技能，在服务活动中陶冶其精神。

少年会的训练由总会供给教材与活动材料，指导员给予支持，导师负实际责任。分会首先对导师给予培训。自 5 月 7 日开始开办急救训练班，每星期二、五下午在分会阅览室讲习，由处长马玉汝主讲。“参加者共二十人，其中小学红十字少年会导师十五人，红十字会职员三人，女青年会民校教员一人。”② 本班共上课 14 次，每次上课风雨无阻，无论教员学员均异常努力，教者负责，听者认真，取得了较好的效果。导师一般都能回校转教学生。

红十字少年会自创始之日起，就得到南京分会领导者的极大重视，在各校导师的积极配合下，取得了一定的成果。但由于为时短暂，一些预定的工作尚未开展。归纳少年会的活动，大体分为三种：

——健康卫生宣传与服务。会员们根据所学知识，积极宣传夏令卫生知识，预防传染病发生，协助学校搞好环境卫生，监督学校厨房卫生清洁，参加卫生室服务，包括协助制棉球、协助防疫注射、协助种痘、协助全校体格检查以及帮助贫苦平民处置损伤等。会员们皆严格履行个人卫生，来促进家庭卫生及校内外的公共卫生。

---

① 吴耀麟：《红十字少年活动六个月》，《红十字月刊》第 30 期，第 12 – 13 页。

② 吴耀麟：《红十字少年活动六个月》，《红十字月刊》第 30 期，第 13 页。

——手工劳作实践活动。分会发借劳作器材，由会员制作蝇拍、毛巾、围嘴、童衣等，以制成品交还分会，作慰劳或救济之用。

——红十字少年知识的宣传。各少年会采取出版壁报、讲演等方式，发布红十字少年会消息，宣传红十字少年应参加的活动与应掌握的知识，讲解各国之间学校的通讯办法。借此宣传，扩大影响。

少年会的活动，虽多为琐碎小事，但组织者的用意是明显的，即在实际活动中，使新生一代养成良好的习惯，学习服务的技能，陶冶少年会员的精神，培养其服务社会的信念。

除南京外，上海市分会也积极创办了红十字少年会组织。六月份，私立麦伦中学、市立戏剧学校、私立储能中学先后成立了红十字少年会，共有会员 245 人。相较于南京市而言，上海成立的少年会规模较大，其中两校会员在 90 人以上。

1948 年下半年，正当红会准备大力推行红十字少年工作之际，国内局势发生了重大变化，战事激烈，局势动荡，国民党统治处于风雨飘摇之中。由于局面的混乱，红十字少年会工作陷于停顿。

我国红十字青少年组织，以复员时期为嚆矢。是时，因处草创试验时期，无成例可循，只能在参酌国外红会组训方法的同时，结合我国实际情况进行变通创造。红十字会各级领导在百般困难中，努力倡导，积极探索实践，对此项工作进行了有益的尝试，虽为期短暂，但为新中国成立后红十字青少年工作的推行提供了有益的借鉴。复员时期在我国红十字青少年运动史上，是至为重要的开创时期。

红十字青少年运动的推行，首功当属总会视导吴耀麟，他不仅是这一运动的热心倡导者，而且为此项组训的积极实践者。为积极推进此项工作，他被派去兼任南京市分会总干事。为这一运动的顺利开展，他可谓茹苦含辛，呕心沥血，不仅多次发表文章积极倡导、摇旗呐喊，给予理论上的指导，而且热心参与，积极奔走，先后担任玄武湖服务站副主任、红十字青年服务团总教练以及红十字少年委员会委员兼总干事。因事属首创，所遇艰难困苦比比皆是，吴总干事凭其一腔热忱，尽心从之，为活动的开展铺垫道路，红十字青少年运动发展到今天，吴总干事功不可没。

第三节 社会服务新园地

一、儿童营养站：献给孩子的爱

复员时期，红会的工作“已突破救济的藩篱”，开展广泛的社会服务。红会同仁以人道为宗旨，以博爱为己任，涉猎社会更为广博的层面。红十字会的工作范围已遍及社会生活的方方面面。红会同仁不避琐碎，积极开辟工作新境。其中，儿童营养站的举办，成为红会社会服务百花园中一枝耀眼的奇葩。

近代以来，在与西方列强的角逐中，中国已明显地落后了。反映在社会生活上，反映在衣食住行中，中国人的生活水准与西方资本主义国家人民的生活水平已无法同日而语。历史再翻到 20 世纪 40 年代的第六个年头，刚刚经历过战争的重创，中国大地到处残破不堪，千疮百孔，饿殍载道。人民的生活水平处于极低下的境地。不必说营养，能求一温饱不致挨饿已是极幸运的事了。损害极大的是处于生长期的儿童，本该活泼可爱的孩子们，由于营养的缺乏，面黄肌瘦，瘦骨嶙峋，脸上失去了光彩，贫穷损害着他们的健康。

抗战结束后，联合国善后救济总署（简称联总）与行政院善后救济总署（简称行总）对战后难民实施了一定程度上的救济。在联总与行总的救济物资中备有部分牛奶、奶粉等营养品，红十字会遂与之合作，向孩子们伸出援助之手。帮助儿童关系国家前途命运至巨。“要建立一个强大的国家，必须要培植下一代健全的国民，因为今日的儿童，是明日的主人，所以要健全今日儿童的体格，来培植明日强盛国家的基础，这是一个远大而积极的建国工作之一。”①

从 1946 年 7 月起，红十字会开始与行总各地分署合作，办理儿童营养站，“站内所需的牛奶、奶粉、代汤粉、鱼肝油、面包等营养品的来源，概由行总所在地的各分署负责供给，经费则由所在地的分署及承办分会各负其半”②。儿童营养站的服务对象为 12 岁以下的贫苦儿童、贫穷的孕妇及乳母。“二岁以下婴儿每日可领淡奶一磅，二岁以上及孕妇、乳母均为半磅，至医师证明需要特别营养者，另行增发之。”③

开路先锋为南京市分会，应行总苏宁分署之邀，南京分会首办第五儿童营养站。经多方联络，站址定在中华路 354 号基督教会内。营养站主任由南京市分会会长沈慧莲兼任。站内设顾问 5 人，分别为总会副秘书长汤蠡舟、第三处处长陈蕙君、南京分会会长沈慧莲、中华路基督教会堂惠牧师及卫生署保健处处长施正信，下设 7 名干事，由专任干事一人主持站务，义务干事协助之。

自 7 月 11 日起，分会工作人员开展了艰苦的调查工作，“每一幢贫民簇居的街巷，每一幢破坏的房子，以及那些拖着鼻涕、光着两脚流浪在街头的孩子们，贫穷的乳母和孕妇们”④，都成了他们工作的对象。始料未及的是，这不取分文、惠及大众的福利工作，却遇到了意想不到的困难。因为贫苦的人们不相信这“天上掉下来的好事”，不

---

① 吴逸樵：《武进分会的营养服务》，《红十字月刊》第 27 期，第 17 页。

② 中国红十字会总会编：《中国红十字会历史资料选编（1904—1949）》，南京大学出版社 1993 年版，第 377 页。

③ 《本会儿童工作之回顾》，《红十字月刊》第 23 期，第 5 页。

④ 胡道珂：《孩子们笑了》，《红十字月刊》第 8 期，第 30 页。

知这群陌生的造访者的用意为何？都瞪着怀疑与恐惧的眼睛来迎接他们。一工作人员这样描述：“有些经过我们解释来意后，便欣然登记，有些经过反复耐心的说服以后用半信半疑的眼光，带着冒险尝试的态度让我们给登记，有些却顽固的不愿为自己亟需营养的孩子花费自己每天半小时的时间，还有些以仇视的眼光和恶狠狠的声调不问来由硬享我们以闭门羹。”①

开路工作，筚路蓝缕，艰苦备尝。

经工作人员不避酷暑，辛苦奔波十余天，初步登记工作完成。22 日开始体格检查，25 日南京市分会第五儿童营养站在孩子们的欢笑声中开幕了。这天，已收到领奶证的孩子在家长的带领下齐集营养站，他们个个兴奋异常，脸上绽放着开心的笑容。经工作人员的耐心教育，孩子们都能依次序排队。营养站的日程安排为每日清晨发奶前进行 15 分钟的教育活动，内容包括简单的卫生常识、保健方法及精神讲话，由几个工作人员每周轮流担任。这些活动，对缺乏卫生教育的孩子们来说是至为重要的。

讲话结束后，在工作人员的维持下，孩子们依次进入饮奶室，一碗碗经过消毒处理的温热牛奶已摆在铺着洁白台布的桌子上。年龄大些的孩子自己坐在桌边喝奶，小点的孩子由母亲用自带的汤匙小心地喂着。牛奶味道鲜美，营养丰富，是儿童营养站的主要营养品。另外，尚有奶粉、冰激凌粉、鱼肝油等。营养站定期进行体格检查，以确定供给营养品的种类与数量，身体特别虚弱者，酌情加发鱼肝油、维生素丸等。第五儿童营养站开办后，成绩颇佳。最初每日孕妇儿童 400 余人，后多至 600 余人。“截至十二月底已供应 51928 人，供奶 36818 听。”②

上海市分会于 1946 年 9 月向行总领得淡奶三百箱，初在诊疗所办理营养补助，主要供给对象为肺结核患者与营养不良者。后来改在分会二楼设立儿童营养服务站一所，以补充贫弱儿童营养，“登记营养不良儿童四百人，每日上午八时至十时，凭登记证至服务站饮奶一杯”③。

儿童营养站的开办，对素来贫困、无法兼顾营养的中国普通民众的孩子来说，是非常需要的。继南京、上海之后，各地儿童营养站纷纷设立。10 月，安阳县分会与行总河南分署合办营养站一所，每日平均到站饮奶者 280 至 300 人。广州市分会于 11 月 1 日成立营养站，因地点狭小，开办之初，每日供应牛奶以百人为限。郾城分会与行总河南分署合办营养站一所，11 月 5 日开幕，每日供应 150 人。成绩最为突出者当数武进县分会。

自 10 月份起，武进分会便开始筹划与行总苏宁分署一起合办儿童营养站事宜。自 10 月 27 日开始登记，一个月内便成立儿童营养站 5 所。“每日有两千多营养不良的儿

① 胡道珂：《孩子们笑了》，《红十字月刊》第 8 期，第 30 页。
② 《中华民国红十字会南京市分会三十五年度工作简报》（内部资料），第 3 页。
③ 《三十五年度工作简报》，《中华民国红十字会上海分会三十五年度工作特辑》（内部资料），第 6 页。

童无条件的享受着牛乳的特别营养。"[①] 武进分会的营养补助，人数多，涉及范围广，开办效果好。其中，设在城外西郊的第二站最为合理，饮奶人数最多，而第一站与第三站则独具特色。第一站设在分会内，专以 1 岁至 5 岁的贫弱婴儿与幼孩为对象，这是专为那些不能亲自到站来饮奶的儿童所设，营养站每次发给他们 5 天的奶，允许他们领回家吃。第二次来领奶时带回空听以验证。第五站设在前黄镇，这是红十字会唯一设在乡村的儿童营养站。较之于城市，乡村的生活更艰苦，农民的孩子更急需营养。分会同仁以高度的服务精神，不避辛劳，在提倡服务下乡的同时，也首倡了营养下乡。他们热情周到的服务，得到了美籍专家韩美如夫人及总会陈蕙君处长等的肯定。

儿童是民族的幼苗，是国家未来的主人翁，是社会生命的延续者。儿童营养站，这积极而富有教育价值的工作，得到了越来越多有识之士的重视。

1947 年年初，服务于行总苏宁分署的联总职员汉尼夫人（Mrs. Madge Hanly）曾莅江都分会视察，"认为该会所在地点适中，环境亦佳，颇适宜办理一儿童营养站"[②]。美红会驻华代表马迪成氏亦表示设法补助，经与总会协商筹办，江都分会儿童营养站于 3 月 3 日正式开幕，当月共有饮奶者"儿童 294 人，婴儿 134 人，孕妇 9 人，乳母 7 人，产妇 4 人，病弱者 3 人，共计 451 人，供应淡奶 3360 听"[③]。

为扩大营养补助，1947 年 3 月 1 日，南京市分会又与行总苏宁分署合作，于南京玄武门国民小学内合办第二十七儿童营养站。此地学校林立，服务对象为缺乏营养的小学生。营养站利用课余时间供给小学生营养品，收到了非常好的效果。

至 1947 年 3 月，共有南京、上海、广州、武进、郾城、安阳、江都七个分会建儿童营养站 12 所。营养站的举办，"颇具成效，深受人民爱戴及外人好感"[④]，且"大有供不应求之势"[⑤]。这一方面肯定了红会工作人员的服务精神，也体现出在当时社会民生凋敝的状况下，营养的补助是非常急需而迫切的。儿童营养站的举办，在一定程度上帮助了苦难的孩子们，但无法回避的事实是，由于当时社会经济条件的限制，儿童营养站供应的范围非常有限，规模小，不能满足需要，一句话概括即为"粥少僧多"。至 1947 年年底，由于行总物资储备有限，一些营养站不得不停办或缩小规模，这也体现出没有强大的物资力量做后盾，仅凭红会工作人员的热忱，社会服务效果仍是力不从心的。

二、时代新知之源：图书阅览室与流动图书供应站

中国是崇尚文化、崇尚知识的国度。古代社会，"士"即列为四民之首，知识分子

---

① 吴逸樵：《武进分会的营养服务》，《红十字月刊》第 27 期，第 17 页。

② 《扬州红十字分会筹设儿童营养站》，《申报》1947 年 2 月 13 日。

③ 《中国红十字会新闻》，《红十字月刊》第 16 期，第 41 页。

④ 《中国红十字会新闻》，《红十字月刊》第 13 期，第 40 页。

⑤ 《中国红十字会新闻》，《红十字月刊》第 14 期，第 42 页。

备受推崇，图书也相应地成为一种特殊的商品。图书既有一般商品的属性，可以交换，可以买卖，又是知识的载体。中国的知识分子自古以来尚读书，并把拥有一定数量的图书看作财富的象征、知识的象征。

近代以来，随着帝国主义的入侵，中国被迫对外开放，中国人的眼界开阔了，科技新知不断涌入。近代报刊业、出版业蓬勃兴起，读书求知蔚然成风。但是，随着历史车轮的演进，连年的战争却破坏了人们安然求知的条件与环境。“兵乱年荒，物价加速度地往上涨，订一份报、买几本新书，在贫困阶级的公教人员，是一种奢侈的开支。”① 人们迫切需要知识，但无力承担购买书籍的昂贵费用。

复员时期的中国社会文化，“因受战乱与战乱后经济的侵蚀，患了很严重的贫血症”。人们面临着精神文化的饥渴，有志求学者渴望着适合人们需要的公众文化设施的举办。

中国红十字会以服务社会为己任，把工作范围扩展到文化领域。

为了满足大众的需要，也同时为了使更多的人了解红会、支持红会，在 1946 年 8 月 13 日召开的复员期间第一次常务理事会上，副秘书长汤蠡舟就已提出：“另设书报阅览室，专供会内外人士阅读，借以介绍本会思想，及时代新知。”②

阅览室设在总会二楼，房间面积虽小，但经过大家的精心布置，却也窗明几净，幽静典雅，实为读书的好去处。

9 月 17 日，总会图书阅览室正式开幕，最先开放杂志与报纸两部。为使公众进一步了解红会，开幕之初举办了一个小型的展览，展出了红会历史上具有纪念意义的奖章、奖旗、各种会员的徽章以及抗战时期救护救济工作的照片。中国红十字会自创建以后，“历经肇建民国，推翻满清，完成北伐，终于欣按为正义而战之胜利，递嬗之间，本会各种章证图案，亦多演变，正反映一般中华民国缔造艰难之史话也”③。红会的展览，极富历史意义与教育价值，而图书阅览室的开办，亦渐渐引起人们的注意。

“山不在高，有仙则名；水不在深，有龙则灵。”小小阅览室，在以鼓楼为中心的南京市城北，“还是唯一供给众人阅览的场所”，所以成立不久，即被人们发觉，阅览室白天晚上都对外开放，吸引了大量的读者。冬天到来之后，由于红会同仁服务周到，室内“炭火熊熊，不虑寒冷，晚间阅览人数尤见拥挤”④。

开办之初，阅览室多利用总会库内所存图书及已订报纸杂志，计有图书 300 册，报纸 7 种，医学杂志 1 种，西文杂志 6 种，国内杂志 24 种。从开办后的状况来看，远

---

① 《加强精神食粮供应，为文化服务辟一角》，《红十字月刊》第 22 期，第 19 页。

② 《汤秘书长蠡舟报告》，中华民国红十字会总会编印：《复员时期中华民国红十字总会第一次常务理事会议事录》(1946 年 8 月)。

③ 《中国红十字新闻》，《红十字月刊》第 9 期，第 37 页。

④ 《中国红十字新闻》，《红十字月刊》第 13 期，第 41 页。

远不能满足人们的需要。除报纸杂志按月常年订购外，红会用有限的资金，不断购进新书，几乎月月添进。书籍的添购，也承蒙美国红十字会的资助。至 1947 年 10 月，“库内存书共有一千四百九十五册，文艺及科学杂志六十八种，医学杂志百种，西文杂志十二种，报纸十二种，画报六种”，比起初成立时，“书籍已超增四倍，杂志画报亦已超出一二倍不等”[①]。

红十字会图书阅览室，吸引了大量的读书士子与有志求学者。除了星期天及节假日外，“平均每日有 110 人，在最初数月，每月阅览人数约两千六七百人，至今年（1947 年）六月间已超过三千两百余人”[②]。此后，阅览人数有一定程度下滑，溯其原因，部分由于社会不安，时局动荡。但每月阅览人数均在二千人以上。图书阅览室成为人们读书求知、普及文化的理想之地，“极受社会人士之欢迎”[③]。

图书阅览室开办状况，几乎每月都在《红十字月刊》上公布，就总会阅览室阅览状况可以看出，阅览者以男性居多，约占百分之九十以上，而女性则低于百分之十。除女性家务繁重等原因外，在一定程度上也反映当时男女受教育机会不均等的社会状况。

图书阅览室自开办以来受到了大家的欢迎，但存在的缺点也是明显的。由于地点狭小，远远不能满足公众的需要。为了扩大社会受益面，让更多的人获得读书的机会，红十字会又推出一项新举措，即举办流动图书供应业务，定期供应图书，定期调换。但很多事“想似简单”，真正做起来却是比较困难的，需要供应的地方太多了，供应的范围与对象又成为一大问题。

经再三商议，红会同仁把眼光落在医院的患者身上。患病之人，在身体上忍受着病痛折磨的同时，精神上更感寂寞难耐，空虚乏味，“尤应给以精神上之安慰与营养”。

自 1947 年 4 月 15 日开始，红十字会流动图书供应站正式开始供应，最先选定中央医院与鼓楼医院两处，先以住院的外科病人为对象，先行试办。供应的书籍以小说、画报、杂志为主，每两周调换一次，由红十字会服务人员直接送往。第一批共送往中央医院 51 本，鼓楼医院 20 本，至 4 月底半个月的时间内，阅览人数统计为“中央医院九十人，鼓楼医院二十三人”。

流动图书供应业务受到了患者的欢迎，开办后，“极为病人需要，尤以画报及文艺小说供不应求”[④]，但鼓楼医院因缺乏管理人员，自 9 月份停止供应，红会将此项书报供应给中央大学附属医院。

即使在物资匮乏的时代，精神食粮依然不可或缺。有感于公众对知识的渴求，总

① 《本会新闻》，《红十字月刊》第 22 期，第 20 页。

② 《本会新闻》，《红十字月刊》第 22 期，第 20 页。

③ 中华民国红十字会总会编印：《中华民国红十字会总会三十五年十一月份工作简报》（内部资料）。

④ 《中国红十字新闻》，《红十字月刊》第 16 期，第 40 页。

会还特向南京市第六区区公所、南京分会会员交谊室、下关过境军人招待所及联勤总部特勤部处流动图书馆捐赠书刊共 170 本，以推动文化事业的进步。

图书阅览业务并非总会一枝独秀。在总会阅览室成立前一个月，北平区办事处阅览室已向公众开放，每天平均阅览人数达 40 人左右，区办事处停办后，阅览室转交分会主管。

1947 年 10 月，章丘分会阅览室正式设立，每天阅览人数平均 30 人。

另外，设有图书阅览室的还有丰顺、邻水等分会。上海、南京、郾城等分会虽没有专设图书阅览室，但在他们开办的会员交谊室内都有书报供应一项，以供会内外人士阅览。

为推动教育的发展，临汝、泸县、灌县等分会则特设了儿童阅览室，专供儿童免费阅览。

经筹备妥当，泸县分会儿童阅览室于 1947 年 6 月 1 日正式成立。所需图书杂志由该县教育用品社代为捐募而来，计图书 350 册，杂志 24 册。阅览室的开办受到了孩子及家长们的热烈欢迎。仅 6 月份，就有 512 名儿童到阅览室阅览。

同月，临汝县红十字分会儿童阅览室也正式设立，当月有阅览者 251 人。

图书阅览室的开办，得到了社会各界人士的支持。总会与各地分会图书阅览室均经常收到热心人士的捐赠。灌县分会所设的儿童阅览室，仅 1947 年 7、8、9 三个月份就收到社会各界捐赠图书 485 册、刊物 140 册、物品 44 件。①

图书阅览服务算是红会办得比较成功的一项社会服务事业。虽然各地条件所限，所办规模不一，但无论大小，均受到社会人士的广泛好评。许多机关与热心人士慷慨捐助，给予了有力的支持，图书供应开办的时间也比较长。总之，普及文化知识，是一项功德千秋的事业，红十字会图书阅览室的开办是及时而且急需的。

三、留住光明：沙眼防治所

红十字会社会服务中另一颇有成效者当推沙眼防治所。

沙眼的防治，在当时的中国还算是一项新兴的事业。沙眼属一慢性疾病，是由沙眼衣原体引起的慢性传染性结膜角膜炎。沙眼初期一般不被人们所重视，但其危害性极强。沙眼可根据症状轻重分为三期：初期，沙眼颗粒摩擦角膜，使角膜产生溃疡，愈合后便留下白斑，妨碍患者视力；中期症状剧烈时，颗粒明晰可见，如不及时治疗，可能产生并发症；后期，症状更为明显，眼部感觉刺痛、多泪、严重妨碍视力，甚至失明。“据一般的估计，三个盲人至少有一个是因为沙眼所致。”当时我国患沙眼的人

① 《中国红十字会新闻》，《红十字月刊》第 21 期，第 37 页。

数“约占五分之二以上”[①]。更为可怕的是，沙眼属传染性疾病，一人患病，如果不及时采取有效的预防保护措施，很快便会波及全家及周围人。因此，给予患者有效的治疗，扑灭沙眼蔓延的工作刻不容缓。

“红十字会工作之准绳，在本人生服务之目的，博爱为怀之精神，以发展人群生活，增进社会福利。”[②] 哪里有需要，哪里就有红十字的旗帜。红会同仁急民众所需，早就预筹设立沙眼防治所。但由于经费等客观条件的限制，未能尽早开办。后经多方联络，商得美国红十字会的支持，美红会允给经费，并供给所需器械设备。协议达成后，红十字会开始了开办前的筹备工作。

为领导分会有效地进行沙眼防治工作，总会分别于1947年2月18日、3月15日、4月1日三次邀请眼科专家，对开办的技术、组织及防治的对象问题进行了细心的研讨，最后决定对除一般平民外，防治工作还要同时在小学校展开。

在等待美国红会医药器械的时间里，南京分会的预备工作已提前展开。南京分会最初商定两个地点，预设南北两个沙眼防治所，估衣廊城中会堂为北区防治中心，夫子庙布道所为南区防治中心。北区与南京市国民教育实验区合作，商定琅琊路小学、玄武门小学、汉口路小学、鼓楼小学、三牌楼小学、渊深巷小学、北阴阳营小学7所小学的学生为防治对象。自3月11起，南京分会先后委任医师2人、公共卫生护士3人、护士2人、医护员2人，开展卫生工作。检查结果，以三牌楼小学为例，检查学生1544人，其中患沙眼病898人，占58%以上。[③] 可以看出，在当时的小学生中沙眼患者相当普遍。体格检查过程中，还进行了灭虱、治疥等工作，发现其他病症，如肺病的小学生，便送往南京市分会诊疗所治疗。南区方面，南京分会与中央卫生中心区合作，对该区小学校进行了一般体格检查，并特聘著名眼科专家潘作新医师进行沙眼病的检查。仅三月份，南区学生受检查者共2450名，“有沙眼者为百分之五十强”[④]。

在此期间，南京分会同仁还多次举行工作讨论会，与学校负责人员进行卫生座谈会等。筹备工作细致入微，可谓“万事俱备，只欠东风”了。

1947年5月底，美红会捐赠的医药器械终于运到南京。因每地只有一份，且经费有限，南京市分会的沙眼防治所只能设立一处，于是分会选择了北区。南区的工作无法同时兼顾，只得取消。

6月12日，南京市沙眼防治所正式开幕，学校的卫生工作仍继续进行，因此沙眼的防治工作分两组同时进行，一为门诊治疗组，一为学校卫生组。

---

① 陈一：《沙眼护理》，《红十字月刊》第30期，第14页。

② 《复员期间中华民国红十字会总会初步工作实施计划纲要》，中华民国红十字会总会编印：《复员期间中华民国红十字会法规模辑要》（内部资料），1946年编印。

③ 《中国红十字会新闻》，《红十字月刊》第13期，第41页。

④ 《中国红十字新闻》，《红十字月刊》第15期，第38页。

“沙眼防治”，顾名思义，一曰防，一曰治，因沙眼是慢性病，在治疗上不易立即见效，所以预防工作极为重要。为预防沙眼，总会极重视宣传工作，曾印彩色挂图15幅，挂图中包含图画、歌曲与说明，图文并茂，通俗易懂，还编有沙眼概要一册，一并分发各地分会作宣传与参考之用。

南京市分会沙眼防治所的预防工作做得极为出色。学校卫生组由公共卫生护士负责预防知识的宣传，形式活泼多样，曾举办沙眼防治讲座，除给小学生讲解外，同时邀请家长参加。教小学生唱沙眼防治歌曲，进行卫生训练等。从1947年6月至1948年5月，南京分会沙眼防治所学校卫生组共进行卫生座谈会7次，卫生训练27次，卫生讲座154次，家长座谈会8次。[①] 门诊部则利用候诊时间对患者进行候诊教育，讲解沙眼的形成、危害、传播途径、治疗与预防措施等，并时常结合挂图进行讲解，收到较好的效果。沙眼因传染性强，一人患沙眼，常传给家人。于是沙眼防治所经常派出公共卫生护士进行家庭访视，指导预防治疗工作，如脸盆、毛巾等分开使用，以截断传播途径等。

门诊部开诊后，看病者甚为拥挤，“每天平均都在三百人以上”[②]。实际上，来看病者远不止这些，因为只有两名医生，再多的病人，已没有时间兼顾。即使在大雨倾盆的日子，仍见男男女女在那儿等着看病，诊所门前常见“老的抱着小的，小的扶着老的”，全家一起来看病。因门诊部医生少，且地点狭小，求医者甚多，病人之间难免发生摩擦，防治所专门派人维持秩序。为解决人员拥挤问题，曾有人建议酌收挂号费，但是红会同仁再三考虑，本着“服务社会，博爱人群”的宗旨，仍继续实行医药费全免的政策。防治概况，以1947年11月一个月为例，南京市沙眼防治所治疗组，初诊1064人，复诊7474人，施行手术34次。该所学校卫生组举行卫生讲话18次，参加听讲学生3289人，改善环境卫生8次，医治沙眼18016人，医治其他疾病333次。[③]

沙眼防治所本专门为沙眼患者所设，但在治疗过程中，常发现其他眼病患者，对于这类患者本该拒诊的，但经病人再三请求，防治所医护人员只得定于每周星期五专看其他眼病，并兼做重症眼病的手术及其他工作。红会医护人员的服务精神受到众多患者的称颂。

学校卫生组每日在学校中担任沙眼的防治工作，主要侧重于轻度沙眼的矫治，遇有重症沙眼的学生，“均介绍至沙眼防治所治疗或开刀”。1948年年初，国民教育试验区改组，虽然沙眼防治所开展工作的学校有所变化，但工作仍加紧继续进行。

南京市分会沙眼防治所开办以来，为沙眼的防治作出了较大的贡献，至1948年6月，共计初诊9898人，复诊56012人，实施沙眼手术602次。[④] 为众多的沙眼患者减

---

① 马玉汝：《一年来的南京沙眼防治所》，《红十字月刊》第30期，第3页。
② 马玉汝：《南京沙眼防治所》，《红十字月刊》第19期，第24页。
③ 《本会新闻》，《红十字月刊》第23期，第24页。
④ 马玉汝：《一年来的南京沙眼防治所》，《红十字月刊》第30期，第3页。

轻了病痛。

南京分会鸣锣开道，其他分会紧随其后。南京分会沙眼防治所开办的第四天，西安沙眼防治所亦正式成立。8月11日，上海市分会在《申报》上登出消息，“拟成立沙眼防治所一所”，亟望“热心公益人士，如有相当房屋愿意供用者，可函新闸路该会接洽”[①]。复员期间，红十字会举办的沙眼防治所有南京、西安、上海、北平、昆明5处。另外，郾城、永嘉等分会诊疗所特聘请眼科医师，进行沙眼防治工作。

北平市沙眼防治所系与市卫生教育机关及各学校合作，工作地点分别设在医院、分会诊疗所、市立第一医院及市立第一、二、三、四卫生所七处。该分会还特设一沙眼运动委员会，以分会会长王正黼为主任委员，北平各眼科医师及医药机关负责人为委员，并推美红会杜乐文、行总白乐夫为顾问，以推动沙眼防治工作的进行。

西安市分会沙眼防治所成立后，“每日上午为一般门诊，下午举行沙眼手术，每周二、四、六三日清晨由医师护士赴市立第一区第二区小学为该校师生防治沙眼”[②]。

昆明市分会则与基督教锡安圣堂及扶伦社诊所合作，代为免费施行沙眼手术，分会还常派医生轮流前往昆明市各小学为学生检查体格，诊治沙眼。

沙眼防治所的举办，虽各地形式不一，但也有共同之处，即免费诊治，同时重点开展小学的沙眼防治工作。各地在为患者治疗的同时，均努力开展预防宣传活动。在小学普遍进行卫生讲话、卫生座谈会，对患者进行候诊教育，出动医生、护士进行家庭访视等，以使民众对沙眼有深刻的认识，及早预防。作为造福大众的公益事业，各地防治工作的开展，在一定程度上，防治了沙眼的快速蔓延，为民众减轻了痛苦。

第四节　救济与救护——传统工作的延续

一、施医给药：红十字会平民诊疗

红十字会的医疗服务，一向具有雄厚的基础。抗战时期，有救护总队之设，主要从事战场救护工作，为争取抗日战争的胜利立下了汗马功劳。红十字会的医疗救护事业，经14年抗战之磨炼，日臻成熟完善。抗战胜利，复员伊始，红十字会的医务工作重点开始由战场伤兵救护转为办理平民医疗服务。在总会的领导下，平民医疗服务逐渐展开。

和平伊始，在各地流离失所的难民，亟待重返家园。为解决民众运输途中的医疗

---

① 《本市简讯》，《申报》1947年8月11日。

② 《红十字月刊》第30期，第7页。

问题，红十字会将救护总队裁并为40个医疗队，与行政院善后救济总署合作，配合该署进行平民医疗及运输途中之难民医疗服务。40个医疗队，广布10个省，计浙江4、江苏2、江西2、湖北3、湖南5、四川7、福建3、广东2、广西6、贵州6。40个医疗队中，共有9个区队配合行总执行难民还乡工作。行程以重庆为起点，至汉口为终点，每次护送木船1～3艘，计送难胞“共约达万余人，尤以船中传染病之救治，及助产等工作，极为难胞交口称誉”①。其他各区队则分别在京沪、京芜、京杭、汉宜、衡邵、鄂汉等沿线及赣闽豫黔等地与行总合作办理平民诊所，为民众实施医药服务。至1946年6月，红十字会与行总合同届满，虽亟需办理之医疗事项颇多，但因红会复员后组织变更，需对医药事业重新整顿，经由总会研究决定，“将此八年配合抗战神圣工作之救护总队部，于胜利后第一个‘七七’纪念之前夕，宣告结束”②。自1945年11月份开始至1946年6月救护总队部解散，诊治人数共达587749人。40个医疗队中，择其成绩优良者，改为具现代化规模的分会诊疗所。

复员时期，为适应新情况的需要，红十字会对所属医疗机构进行了新的调整，制定了《复员期间中华民国红十字会医院疗诊所调整管理办法》，规定“各院所以分会设立为原则”，总会已设之院所得视情况与分会合办，或移交分会主管，其经费、药品器械等均由总会适当给予补助，并制定《中华民国红十字会分会医院诊疗所编制表》，将医院与诊疗所均分为甲、乙两级，对各级的人员编制、医院病床数目进行了详细的规定。根据章程的规定，各地分会对已有医疗机构进行了新的调整与充实。总会给予了适当的补助，仅1946年，总会就给南京、长春、北平、汉口、上海、广州、重庆等地分会补助经费17294万元。此后，经常补助各地医药经费，充实各医疗机构仪器设备等。各地还根据实际情况，广泛设立新型诊疗所。

新型诊疗所成为红十字会服务平民的主要机构，1946年年初，各地分会调整或新设的新型诊疗所纷纷开业。诊疗所以“服务社会，博爱人群”为宗旨，开展了广泛的医疗保健及社会服务工作。为惠及广大民众，诊疗所从事的医疗服务，“除酌收挂号费外，医药以免费为原则，其他如有必须收费者须呈报总会核定之，但均以低于当地公共卫生机关者为原则”③。较早成立的上海市分会诊疗所，最初“挂号费初诊一百元，复诊五十元，医药费全免”④。赤贫者还可免去挂号费，后因物价上涨，除挂号费稍有变更外，医药一直免费，诊疗所成为贫病人民的救星，来看病者“开诊以来每日自二

① 中华民国红十字会总会编印：《中华民国红十字总会三十五年三四月份工作简报》（内部资料）。

② 《中国红十字会新闻》，《红十字月刊》第6期，第21页。

③ 《复员期间中华民国红十字会诊疗所暂行通则》，中国红十字会总会编《中国红十字历史资料选编（1904—1949）》，南京大学出版社1993年版，第250页。

④ 《本市简讯》，《申报》1946年4月21日。

十余人增至四百人左右”[1]。诊疗所设内、外、妇产等科，有相当完备的检查设备，医药器械优良，医护人员服务周到，开业不久便享有很高声誉。诊疗所门前门庭若市，求医者络绎不绝，就诊者由附近人家逐渐向外延伸，许多患者不顾路途遥远，慕名而来。开诊后五六月份统计，各科门诊 5829 人，施行手术 28 人，注射霍乱、伤寒疫苗 25015 人，接种牛痘 98 人。

复员时期，经济残破，贫民诊病尤为不易，由于患者苦于无钱医治，以至小病变大病，轻病变重病，甚至危及生命。这不仅威胁着他们的生命健康，而且增加了其他人被传染的概率。红十字会为救治这贫困的一族，各大医院均对贫民实施优惠及免费的政策。

重庆中央医院，曾在抗战时期为救治军民作出了巨大贡献。红十字会总会还都以后，把医院交由重庆分会接办。虽然重庆市政府与总会在经费与器材药品方面仍给予补助，但由于开支浩繁，费用仍感支绌。即便如此，他们对患者的收费与公立医院相比仍是很低的，而且为解决穷苦人看病的困难，三等病床的收费远远低于头等、二等病床，且三等病床数目是头等病床的 4 倍以上，所以他们服务的对象，“主要是穷人”。此外，“减免费的规定也很广泛，经保甲长证明或自己要求，主治医师批准，即可减免医药或住院费”[2]。

为帮助患者，许多医院特设有社会服务部，如南京中央医院的社会服务部，为赤贫者办理免费手续，为患者治疗，给予营养补助等。1947 年 10 月，中央大学医院社会服务部成立，一年中，“对于住院及门诊患者，尽力设法予以免费之服务。病愈患者，资助旅费，使之返籍，或代介绍适当工作，或贷予小数资本，使之谋生，患者如需输血，则代设法接洽让血人”[3]，服务工作至为周到。

以上所举之上海市分会诊疗所、重庆中央医院、南京中央医院及中央大学医院，只是红十字会遍及各地的医疗机构中几个典型的例子。各地分会的医院与诊疗所，虽具体设备与服务方式不尽相同，但为民众服务均不遗余力。“复员期间红十字医院诊疗所成了各地分会进行社会服务的重要设施之一，是民众迫切需要且受益人数众多的仁爱设施，成为这一时期红十字会工作的一大特色。”[4] 至 1948 年年底，全国共有红十字医院 46 个，红十字诊疗所 89 个。

除医院费用低廉，红十字会医护人员的服务精神也备受广大患者的赞誉。他们本着红会博爱人群宗旨，向贫病人们伸出救援之手。“他们和病家彼此之间，没有商业的意味，也没有政治联络的色彩，更没有施惠者的矜骄与受惠者的怯懦，他们只认定这

---

① 侯崧生：《上海市分会诊疗所业务概括》，《红十字月刊》第 20 期，第 33 页。

② 《艰苦挣扎中的红十字医院》，《新华日报》1946 年 11 月 8 日。

③ 《中央大学医院社会服务部》，《红十字月刊》第 33 期，第 20 页。

④ 中国红十字会总会编：《中国红十字会的九十年》，中国友谊出版公司 1994 年版，第 108 页。

是合理的服务工作。”[①] 他们以自己的服务，赢得了社会的信赖，许多医护人员，自抗战起就已从事红十字会的救护事业，他们摒弃了许多赚钱的机会，完全基于一种人道主义的社会责任感，从事这种广泛而艰苦的社会服务工作。医生、护士除日常工作外，还常抽出时间走入贫病民众家中，进行家庭访视与助产工作。他们的热忱服务，受到了社会的广泛好评。红十字会的事业，也因此更加深入人心。

红十字会的医疗服务工作，得到了社会各界人士越来越多的认可，也因此获得越来越多的支持与同情，从而更加广泛地扩大了社会服务。流动诊疗车的开办就是一个典型的范例。

上海市分会流动诊疗车

1947 年 6 月间，亚美电台的陈子桢先生到红十字会参观诊疗所后，认为红会诊疗所只收挂号费免收医药费的做法，“对于平民医疗工作是极可推崇的”，但是许多患者系远道而来，仅路费一项，便多出挂号费好几倍，凭空增加了病人的经济负担。后经陈子桢、红会汪涵万二位先生的联络，决定由红十字会与上海市民营电台同业公会合办流动诊车，“送诊给药，不取分文，作为彻底的救济贫病的一件事业”。9 月 15 日至 17 日，上海 18 家民营电台联合举行空中劝募，请评剧、越剧、弹词等名票名伶举行精彩节目大会串，气氛尤为热烈，听众踊跃输将，三天共“计募得一亿二千余万元”[②]，作为流动诊疗车事业基金。

① 松城：《访问了红十字会上海市分会的诊疗所》，中国红十字会上海市分会：《中华民国红十字会上海市分会三十五年度工作特辑》（内部资料），第 33 页。

② 申屠长真：《三个月来流动诊疗车》，《红十字月刊》第 25 期，第 15 页。

流动诊疗车辆，由美国红十字会捐赠的救护车改装而成。10月10日，装饰一新的救护车驶出红十字会大门，开始了形式活泼的流动诊疗。车身披上洁白的颜色，车外漆有鲜红的红十字标志，并注明“中国红十字会上海市分会”及“上海市民营广播电台工会”合办“流动诊疗车。”答谢方式亦新颖别致，除每天在各地电台的节目中由主持人向捐款人致谢外，“个人捐助一百万以上者将姓名刻在车上留念，五百万元以上者除刻姓名于车上留念外并赠红十字会总会奖状一张，团体捐助一千万元以上者，除刻团体名称于车上外并赠红十字会总会荣誉奖状一张”①。流动诊疗车在上海市有东南西北四个站点，诊疗车以固定时间轮流到各站点为民众服务。此外，流动诊疗车还利用假期，开到乡间，深入农村“给那些毫无近代医药设备的农民去服务”，并于冬令救济期间开往庇寒所，去为贫苦的难民解除疾病的痛苦。流动诊疗车的开办，受到了大众的欢迎，捐款者极为踊跃。1949年5月8日世界红十字日，由捐款兴建的一座备有病床的中心诊疗站在上海落成，多了一条医疗服务的渠道。

复员时期，红十字会医疗工作在城市开展的同时，也兼顾了乡村。由于乡村经济落后、交通不便等，常常成为被人遗忘的角落。较好的医药设备，高素质的医护人员多集中在城市，而广大的乡村则很少有人问津，许多贫苦的农民长期忍受着病痛的折磨而无力求医问药，红十字会亦向农民伸出温暖的手。自1948年7月始，红会利用美国援华经费设置了上海、南京、武进、砀山、灌县、邕宁、长泾、青浦、江都、孝感、开封、长春12个乡村巡回医务队，深入民间，为民众服务。同时，许多分会自身亦有巡回医疗队之设，如凤台、昆明、重庆等，实施保健防疫，救治灾害病民。

在服务乡村方面，特别需要提出的是武进分会的乡村服务站。

自1947年2月始，武进分会先后设立了前黄镇、湟里镇、寨桥镇、厚余镇、西夏墅、马迹山、湖塘桥、雪堰桥和坂上镇9个乡村服务站，各服务站成立后，以医疗工作为重点，兼及赈济及其他社会服务，为农民做了大量好事。医疗工作尤为突出，仅前黄镇服务站，就设有疗养室、待产室、手术室、门诊室等，设置了8张病床、2张产床，备有检查台、检查床等，一般医疗器械全部具备。站内有医护人员4名。自1947年2月成立后至1948年4月，“共计诊治病人四九九五二人，其中内科五八五八人，外科七五二二人，预防接种二零四九三人次，接生一五四次”②。在贫苦的乡村，给予了农民红十字的关怀。

纵观复员时期的红十字会平民诊疗工作，广泛、普及是这一时期的明显特点，嘉惠贫病、延及乡里成为一大特色。苦难中的中国民众，连年遭受着战火与灾难的侵蚀，民生凋敝，痛苦日深。而红十字会那里，一直保有一方清澄的空间，无条件地为他们

---

① 《中国红十字会上海市分会与上海市民营电台同业公会合办流动诊疗车空中劝募大会》，《申报》1947年9月15日。

② 《本会新闻》，《红十字月刊》第29期，第27页。

抚去创伤，为他们解除病痛。

二、济危救困——红十字会灾变救济与冬令救济

灾害，破坏着社会安定与人民生活。

灾害救济是红十字会社会服务工作中重要的一环。

中国自古就是一个灾害频仍的国度。历经十四年抗战，土地荒废，水利失修，人祸更加重了天灾。人民生活困顿，疾苦备尝。抗战刚刚胜利，内战又全面爆发，国内政局混乱，天灾亦伴随而来。“1946 年至少有六百万亩的耕地遭水灾，受灾人口达三千万以上，1947 年，山东、四川、广西、广东等十六省受水、旱、蝗、雹等灾农田达九千八百万亩。1948 年，河南、福建、广东等省也都有大水灾。1949 年受灾农田达一亿二千一百五十六万亩，灾民约四千万人。全年粮食总产量只有二千二百六十亿六千万斤。”[①] 由于政局动荡，政府救灾力度不够，人民生活无着，处于水深火热之中。中国红十字会一贯以救灾恤难为己任，克服种种困难，以有限的财力物力，努力投入对灾民的救济中去。

复员时期，总会及灾区各地分会均积极参与到灾区的施救工作中。救济工作，一般由总会积极督促，以灾区所在分会办理实际救济工作。灾难救济，零散琐碎，兹以 1946 年至 1947 年的水灾及火灾为例，来洞察一下总会与各级分会的具体活动。

自 1946 年始，两广等地水灾频繁，丰顺、苍梧、邕宁等十余处分会就当地灾害状况进行了形式多样的救济活动。有的拨发赈米，有的设立施粥站，还有的拨发赈款，发放赈衣，有的则派救护队救治收容灾民等，受益灾民颇多。物资来源方式不一，有的由行政院善后救济总署拨发，有的由总会捐助，有的则为分会自行筹募。在筹募灾害救济中，丰顺红十字会的成绩尤为突出。

1946 年夏秋间，丰顺遭水灾，民生困苦，饿殍载道。为救民于水火，丰顺红十字分会于 1946 年 12 月向旅暹（泰国）侨胞发动捐米救乡运动，号召丰顺旅暹同乡会积极行动，踊跃捐输，挽救家乡灾黎。丰顺红十字会的倡议，得到了身在异地心系故土的爱国侨胞的热烈响应。12 月份，满载侨胞款款深情的 280 余包赈米运到丰顺红十字会。丰顺分会同仁立即行动起来，从 12 月 10 起开始施粥。饥民云集红会施粥站来接收这无偿的赐予。他们既感谢侨胞的慷慨捐赠，亦感激红十字会工作人员的热忱服务。不久，另有华侨无名氏所捐 30 余包赈米运到，委托该会办理施粥。这对于挣扎在饥饿线上的灾民来说，无异于“黑暗中的明灯，照亮人们生的希望”。

1947 年，两广与四川地区普遍遭水灾，丰顺一带灾情较去年更为严重。该分会再次发动泰国华侨开展寄米回乡运动。经征得华侨同意，寄回之米由红十字会托运，除

① 《中国大百科全书·中国历史》第 2 册，中国大百科全书出版社 1992 年版，第 660 页。

红十字会赈济灾民

转交侨胞家属外，另抽出30%赈济灾民。“卅六年全年受托运米八百四十大包，配发侨胞家属外，放赈贫户四千八余户，受赈人数，二万七千余人。”① 9月下旬，该分会又从韩江水灾救济会领到赈米29大包（计重4652磅），麦片3大包（计300磅），于10月上旬制发米证，向该县部分乡镇放赈，每户发赈米（或麦片）5磅，“共赈九百九十户”②。

丰顺红十字会为水灾救济做出了不懈努力，但该县灾情严重，亟需扩大救济。8月份，大水“毁屋二千余间，溺死一百余人”。如此状况，令分会同仁无比焦虑。经多次协商并呈报总会同意，丰顺红十字会发起募集名人书画义卖活动，“分请国府部门首长，当代名流，惠赠书画”。中国红十字会会长蒋梦麟首起响应，为此活动题字一幅。之后先后收到于右任、居正、李宗仁等政界首脑及名画家罗晓帆、蔡澄安等书画作品113件。由于邮寄途中耽搁等，至1948年4月4日方于汕头广州会馆正式展览，举行现场捐募，以书画为酬谢品，共“募得二亿二千九百五十万元”③。此项捐款，由红十字会电请丰顺县政府填发白米采购证后，到兴宁购买白米，运回为灾民施粥。至6月底，共动用208735000元，受惠人数12311人④。

灾情的发生同样牵动着每个红会工作人员的心。1947年6月，由于粤江上游河水

① 《中华民国红十字会总会卅五卅六年度工作简报》，《红十字月刊》第28期，第6页。

② 《本会新闻》，《红十字月刊》第23期，第22页。

③ 《本会新闻》，《红十字月刊》第29期，第28页。

④ 《本会新闻》，《红十字月刊》第30期，第28页。

暴涨，苍梧全城“尽成泽国”，受灾灾民人数近万。灾民荡析离居，情境至惨。苍梧分会立即行动，一面进行劝募，一面与当地慈善会堂联合设立粥厂办理施粥。他们派出会员80人，分6处施粥。自6月19日至30日，“每天平均施粥一百五十担，每日就食灾民六千人”①。同月，“潦水倾汜，西江上游至邕宁首当其冲，市区浸水，房屋被冲倒八百余间，流离失所踯躅街头者，比比皆是”②。为救助被困灾民，苍梧分会急组救护队，乘小艇奔赴受灾严重地带救治灾民。另腾出部分房屋给灾民居住。共计收容灾民2600余人。9月份，该分会向灾民发赈米2646斤，以每人一斤为标准共赈灾民2646人。

四川，素称“天府之国”，以繁荣富庶著称。而1947年的大水灾，数十年所未有。夏初，川西一带大雨倾盆，“延十余日不止”，加以泯沱江上游山洪暴发，沿江“田地庐舍，冲毁无数，桥梁折毁，交通断绝”，悠闲安定的成都社会变成了一幅哀鸿遍野的悲惨流民图。汛情发生，急如星火，总会接到报告后，一面募集捐款施救灾区，一面拨助药品给灌县分会，令其就近办理医疗服务。灌县属重灾区，灌县分会在办理本县救济救护工作的同时，亦接总会命令：驰援成都。分会人员紧急动员，立即组织了以灌县分会医院院长欧阳健堃为队长的巡回医疗队赴蓉援救，巡回医疗队在蓉工作九日，“医治二千八百二十四人，预防接种七十五人”③。

为救助两广及四川水灾，总会于7月份特在京沪两地举行水灾救济捐募一次，此次募捐历时两个月，共得捐款11811000元。总会以900万汇交广州分会，以280万汇交灌县分会，令其办理救济事宜。另外，总会还向国防救济会洽借药品一吨交由广州分会，命其联合附近分会实施医疗救济。又向灌县分会拨发药品42种。总会还与行总进行交涉，得布匹20捆，交南京女青年会缝制单衣2719套，分别分发灾民。

人称“水火无情”，红会除进行水灾救济外，亦对火灾进行了大量救济工作，分会中有邕宁、安庆、苍梧三个分会有消防队，遇有火灾，消防队便及时出动施救。1946年5月至1947年11月间，有镇远、灌县、南京、邕宁、江都、遂宁、安庆七个分会参加火灾救济达12次，发放赈款累计17894000元。④ 此批赈款中，除镇远县350000元中有200000元由县府拨给外，其他款项均系该分会自行筹募，有的分会还向灾民施粥，发放棉衣、粮食等物品。

红十字会的灾难救济工作，帮助了众多的被灾百姓渡过难关。

冬季，对贫苦人来说，是最可怕的季节。衣食无着的贫民，一到气候酷寒、冰雪交加的时令，生命所受的威胁骤然加大。为救民于冻馁，红十字会每年都举办冬令救

---

① 《中国红十字新闻》，《红十字月刊》第19期，第32页。

② 《粤桂水灾区域扩大》，《申报》1947年6月22日。

③ 《本会新闻》，《红十字月刊》第23期，第22页。

④ 《各地分会火灾救济概况表》，《红十字月刊》第28期，第14页。

济，他们的工作的确是一种真正意义上的“雪中送炭”。

复员时期的冬令救济工作至为艰巨，“十年来战火频仍，毁家遭难的日益加增”，人民生活极端困苦。社会学家吴景超曾于1946年对贵州、广西、湖南、广东、江西五省战后灾情进行考察，在他所著《劫后灾黎》中曾这样描述广西一地的人民生活状况：“敌寇搜掠未尽之谷，我军（国民党）一至，复将余粮搜括搬去。苍徒四壁，室如悬磬，人民敢怒而不敢言，向隅饮泣而已。”[①] 历经战争的浩劫，人民生活困苦到何种地步，由此可见一斑。各地需要救济的灾民，实在太多了。由于经济不景气，红十字会的捐募工作也遇到很大的困难，但红会同仁竭尽所能，给饥寒交迫的人们一丝温暖的抚慰。

复员时期的红会冬令救济工作，物资来源形式多样，有的由红会酌情筹募，有的由行总拨发，有的则由友邦红十字会捐赠。红十字会的冬赈工作一般是根据实际需要与自身经济状况，补政府救济之不足。

上海红十字分会在市内向难民施粥

自1946年10月起，南京分会就开始办理冬赈工作。该分会利用美国红十字会捐赠的一批童衣，向贫苦公教人员子女发放1000件，向孤儿院发放660件，向儿童营养站发放60件，共1720件。12月，又利用总会拨发衣物，向南京市第一区、第五区发放棉衣537件，向孤儿院难童发放棉衣50件。

为配合冬令救济，总会特于1947年冬募得款物，发动基督教女青年会缝纫班赶制

① 吴景超：《劫后灾黎》，商务印书馆1947年版，第16页。

棉衣1000件，分发砀山、亳县、凤台等分会，转发急需救济的难民。又从行总处领到一批毛线，交徐州、江都、安庆三个分会，联络附近分会办理赈济。各地分会联络当地女会员及女学生编织成衣，下发贫苦民众。

武进分会为救助贫民，特于1947年冬季发起“一衣运动”，号召民众捐助衣物，救济赤贫者。自1947年12月28日起至1948年1月7日止，共收到各方捐来寒衣2850余件，鞋帽280余件，现款2091000元，待义卖书画13件。[①] 其中，涌现出许多感人之事。五金商人高九如先生因家无余衣，特脱下自己八成新的呢大衣送至分会以应善举。运动进行中，私立常州中学的高一学生蒋顺震当即脱下自己的大衣捐献出来，这种“解衣衣人”的行动，令人感佩。武进分会把所捐寒衣，迅速分类发给贫苦民众。发放过程中，目睹贫民惨状，为责任心所驱使，继“一衣运动”之后，复发起“一升运动”。会长程俊观与总干事吴逸樵亲自出面发出呼吁：希望每户捐出一升白米，以挽救挣扎在饥饿线上的民众。在人人都献出一份爱心的精神感召下，不知有多少民众因得此救济而渡过难关。

以上所举，只是红十字会冬令救济中的片段，因事件之多，概不赘述。仅1946年至1947年，总会就与南京、江都、宝应等26个分会参加冬令救济，赈品除现款外，多为衣物、粮食。计有童衣5396件，棉衣2822件，毛衣210件，毛线910磅，袜子及手套3209件，米粮13587市斤。[②]

复员时期红十字会的救济工作，所遇困难至多，主要是经济萧条而导致的经费困难。由于款物缺乏，红十字会对灾民、难民的救济只能是杯水车薪，难以普及。但红会工作者基于社会的责任感，对救济工作均恪尽所能。红十字精神温暖着众多的民众，红十字会的救济工作仍然成为调节社会不可缺少的力量。

救济工作是红十字会长盛不衰的事业。直到今天，哪里有灾难，哪里就有红十字的足迹，但红十字会的救济工作，需要社会的支持，需要民众的同情，只有以丰厚的物质资源作后盾，红十字会才能放开手脚，把她博爱的甘露普洒人间。

三、内战中的红十字旗帜

十四年抗战，中国人民终于取得了辉煌的胜利，饱受战乱之苦的民众渴望得到永久的和平。但是，由于国民党政府顽固坚持反共反人民的内战独裁政策，抗战胜利的曙光一闪即逝，战争的阴影再次笼罩中国大地。

1946年6月，以国民党大举进攻中原解放区为起点，全面内战爆发。苦难的中国人民再次被置于炮火威胁下，流离迁徙，处于水深火热之中。人民何其不幸，长期遭

① 《本会新闻》，《红十字月刊》第25期，第20页。
② 杨宝煌：《红十字会冬令救济》，《红十字月刊》第25期，第9页。

此战争的劫难。

中国红十字会，以无政治之目的，无宗教、党派、种族之分别，秉承完全中立之立场，对广大士兵及被难难民进行了力所能及的救护与救济，“硝烟中的救护神”一如既往地为广大兵民服务。

自内战爆发起，有章丘、亳县、即墨、宣化、武清、固始、平度、砀山、郾城、洛阳、潢川、凤台、绥中、长春等分会参加了战争救济救护工作。各地分会多就已有医疗机构设立救护队，救护受伤兵民，设掩埋队埋葬战殁遗尸。对被难难民的救助，包括赈款粮食的发放及收容所服务站的设立等。

烽火连天，遮天蔽日。伴随战争而来的是血腥与苦难。遍野的尸骨、呻吟的伤兵、流离失所的难民，让人何忍坐视？濒临战区的部分分会，投入艰苦的救济救护工作中。

解放战争中，山东战场战火尤烈。

山东章丘县分会自 1946 年 7 月复会，由于附近战事时起，兵火不熄，特组织救护队。救护队备有担架 50 副，队员们冒着生命危险，出入枪林弹雨，抢救负伤官兵。11 月份，分会又设立临时收容所 5 所，收容伤兵军民，三月内救治 281 人。“该分会以救护成绩优异，曾获山东省政府颁电嘉奖。”①

平度，位于青岛西部。1947 年 6 月，青岛外围战事不断发生，平度县分会特组织救护队，由分会队长徐墨林、吴德宽率领，深入战地，救治负伤军民。6 月份，救治负伤患病军民 228 名，注射防疫针 1625 人。② 对于前线伤兵，一般予以敷药绷扎后，再输送安全地点治疗。此外，鉴于青岛难民收容所医药缺乏，分会于 12 月份起派全体救护队员每日赴难民收容所，携带药品，免费为患者难民施医送药。

战争意味着流血与苦难，“红十字会之最初出发点，为博爱恤兵”③。各地分会人员在条件极度艰苦的情况下，克服种种困难，以全力施救战地兵民。

1947 年 2 月，安徽省亳县发生战事，亳县红十字分会立即行动，迅速组织起救护队、担架队、掩埋队，设立难民收容所 3 处，疗伤葬亡，救助难胞。计收容难民 3000 余名，收容伤兵 210 名，掩埋尸体 1050 余具。

地处苏北鲁西的江苏省砀山县，由于附近战事频仍，常被波及，红十字分会对难民伤兵救护，均不遗余力。1947 年 9 月，砀山分会在县城东门内设立临时负伤军民收容所 1 处，内有病床 20 张，以救治负伤军民。11 月 8 日，战火延及砀山，死伤军民甚多。砀山分会人员立即行动起来，将救护队分为 4 个分队，分别在四门裹伤，并在东西门内外设立收容所 5 处，收容负伤军民。此次战役，总计“掩埋死尸四百四十一具，

---

① 《中国红十字会新闻》，《红十字月刊》第 14 期，第 43 页。

② 《中国红十字新闻》，《红十字月刊》第 19 期，第 33 页。

③ 蒋梦麟：《中国红十字会之新生》，《红十字月刊》第 3、4 期合刊封面。

马尸三四，治疗负伤民众三百六十人，收容负伤官兵六十一人”①。

天津市分会为适应战争的需要，于1948年5月1日起组织巡回医疗队三队，奔赴天津西三十里的杨村前线。救护双方受伤士兵，计163人。

战争中，参加救护的分会很多，如长春分会有救护队8队，商丘分有救护队5队，风台县有救护队4队，潢川分会组织的伤兵救护站，特聘请14名义务医师，为伤兵实施医药救护，仅1947年9月份，就收容国共双方伤兵200余人。红十字会救护队本着人道博爱精神，对每一位伤病兵民给予必要的帮助与治疗。平凉分会对落入国民党之手的解放军战士，每月进行探视，对伤者给予敷药治疗，得到了39名战士的联名致函感谢。

救护活动中，许多医务人员忘我工作，再次发扬光大了红十字精神。

1947年年底，豫西一带战事尤为激烈，伤亡颇多。洛阳分会在分会医院设立伤兵治疗站，在郊外设立伤病治疗所。由于医药人员缺乏，伤兵太多，分会特发动义务医师奔赴战地医院为伤兵服务。医务人员不顾辛苦，竭力为伤员敷伤裹创，得到广大军民赞誉。

各地红会医务人员，都为减轻伤军民的痛苦贡献了自己的一份力量。

战争的爆发，也给无辜百姓带来了深重的苦难。多少民众被毁灭家园，多少田地荒芜绝产。战区所在地，满目疮痍，生灵涂炭。难民们流离迁徙，风餐露宿，凄苦万状。为救济处于水深火热中的被难难民，红十字会各地分会竭力施救，为苦难的民众贡献自己的绵薄之力。

随着战争的逐步扩大，失去家园、流离失所的难民逐日增多。难民们衣食无着、居无定所，境状十分悲惨。至1947年，流亡陕西的河北难民越来越多。2月20日，西安市分会开始协助西安市政府调查河北籍难民。至3月20日一个月的时间内，“共登记难民七千九百二十人，三月二十九日发款，每大口发四千元，小口发二千元”②。

同时，洛阳分会也在办理难民登记工作，该分会系协助洛阳救济协会办理赈济，至4月底，共登记难民3550人。10月，由于豫西战事紧急，逃往洛阳的难民更多。洛阳分会设立临时妇孺避难所，收容无家可归的难民前来住宿。由于负伤民众甚多，该分会又特设巡回医疗队，免费为难民医治伤痛。

砀山县分会于1947年3月协助该县善后救济协会工作，向难民发放急赈，受赈难民2万余人。6月份，副会长阚炯光向徐州绥靖难民急赈大队领来部分赈济款物，当即发放当地难民，“计救济难民二三三二人”③。

另外，亳县、如山、平度、绥中、济宁、鄄城、连城等多个分会均以力量所及参

① 《本会新闻》，《红十字月刊》第24期，第25页。
② 《中国红十字会新闻》，《红十字月刊》第16期，第41页。
③ 《中国红十字会新闻》，《红十字月刊》第18期，第36页。

加了难民的救济工作。

各地分会虽努力参加了伤兵难民的救济救护工作，但由于兵燹长久不息，经费极度困难，红会工作力不从心，“仅能救助于一时，实难维护于普及”。为此，1949 年 2 月 11 日，蚌埠市分会向社会各界人士发出呼救书，号召“各机关团体首长、社会贤达及仁人善士，代作将伯之呼，仰祈垂念劫后生灵，如临水火，发广大慈悲，作慈航普渡，或请拨给赈粮，或为募赐捐款，以为冬赈之资，而施普遍救济”[①]。呼声代表了道义与仁爱，反映了红十字会同仁欲挽救处于灾难痛苦中的芸芸众生的强烈愿望，表达了红十字会鲜明的人道主义立场。

1948 年年底至 1949 年年初，在人民解放军的强大攻势面前，国民党统治已岌岌可危，社会不安，政局动荡。南京政府要员纷纷逃离，国民政府诸多部门已处于瘫痪状态。中国红十字会的部分领导人已经离职，红会工作难以开展与普及，总会与各地分会基本上是在困难中勉强维持局面。鉴于这种情况，日内瓦国际红十字会总部向中国伸出援助之手。在上海解放前夕，总部“对于上海无数市民面临之危险威胁，极为关切，激于纯粹人道主义及希望尽可能减轻将来之艰难痛苦”[②]，希望征得双方同意，对战事期间的上海市市民给予任何方式的救济。国际红十字会总部的人道倡议，得到了交战双方的欢迎。

1949 年 5 月，全国大部分地区已经解放，“因社会制度及会内人士多有变更”，红十字会总会特颁发《解放区分会目前会务注意要点》，对过渡阶段会务进行规范，并要求“分会应尽量参加当地人民政府发动之防疫救灾工作”，所办训练工作，“暂限于急救及职业训练，并应事先通知当地人民政府”[③]。

红十字会的工作原则上无党派、宗教、种族、国界之分，在各种媒体中，我们常见到对此种立场的申明。如《大公报》载：“红十字会为一超然的、中立的、国际性的服务团体，不分党派、宗教、国籍、人种，而是天下一家，世界大同，决不参加任何带有政治性的活动。”[④] 基于这种立场，红十字会在解放战争中，对国共双方伤员均予以救护帮助，双方也都保护支持了该会的救护工作。但纵观整个时期，由于中国红十字会尚未形成完善的自我调控与运行机制，与国民党政府联系相当密切，包括上层官员须由行政院聘任，部分资金须由政府拨助，业务受政府监督等，所聘之上级官员多数兼任政府部门工作，因此红十字工作受政治气候影响在所难免。红会对于战场救护，

---

① 《蚌埠市分会为救急淮河战役兵民向各界人士发出呼救书》，中国红十字会总会编：《中国红十字历史资料选编》，南京大学出版社 1993 年版，第 387 页。

② 《市民可能遭受灾难，红十字会愿予援助》，《申报》1949 年 5 月 19 日。

③ 中国红十字会总会编：《中国红十字会历史资料选编（1904—1949）》，南京大学出版社 1993 年版，第 254、256 页。

④ 《中华民国红十字会天津市分会启事》，《大公报》1947 年 6 月 8 日。

多集中于国民党军方面，而且随着国民党统治的崩溃，红会会务无法正常开展。红会毕竟属于国际性服务团体，对解放军伤亡士兵，也施与了人道主义的援助，虽然由于人力物力等的限制，救济救护工作是零星的、无统一组织的，但绝大多数分会对伤兵难民的救护赈济均力所能及，总而言之，红十字会的事业仍是以人道为宗旨、为大众谋福利的。

第六章

“新的转变　新的开始”

中华人民共和国的建立，给红十字会工作的新发展开辟了广阔的道路。随着国民经济的恢复发展，社会各界对发展红十字会事业的要求也日感迫切。1950年8月，经各有关方面所组成的协商会议的努力，中国红十字会完成了改组工作，选出了具有广泛代表性的新的理事会；通过了新会章，明确了中国红十字会为“中央政府领导下的人民卫生救护团体”。这个决定性的具有伟大历史意义的转折，给中国红十字会带来了新的生机，带来了新的任务，这是她“转向新生的开始”。中国红十字会“珍惜这个美好的开始，不断的奋斗，不断的改造，去掉旧的，迎接新的，努力奔向那广阔的道路”①。

第一节　“改组”——历史性的转折

一、众望所归盼“新生”

1949年4月23日，南京解放，毛主席写下了著名诗句：“虎踞龙盘今胜昔，天翻地覆慨而慷。”国民政府首都南京的解放，宣告了国民党政权即将彻底垮台。面对这“天翻地覆”的变化，中国红十字会何去何从，成为南京总会工作人员考虑的焦点。总

① 《新的转变，新的开始——记中国红十字会总会改组经过》，《新中国红十字》创刊号，第2页。

会会长蒋梦麟已随国民党政府逃往台湾，秘书长胡兰生留驻上海，副秘书长汤蠡舟回东南医学院任职，副秘书长曾大钧参加上海洋行的工作，总会在南京已是“群龙无首”，境况尴尬，总会的中青年职工不得不“变通”组织职工会，并以职工会的名义对外联络。革命即将成功，他们盼望红十字会获得新生，成为即将诞生的新中国的红十字会，因此，积极要求中国人民解放军南京市军管会予以接管。但因红十字会属国际性组织，涉及对外关系，军管会未便接管。

1949年5月30日，中国红十字会总会向解放区分会发出《解放区分会目前会务注意要点》的通知，要求：“解放区各地分会在新的工作纲领未公布前，应恪守博爱人群、服务社会之宗旨”；“要特别重视为劳动大众服务”；“分会不得迁离所在市县”；“分会所有土地依照人民政府法令办理”；“分会得向当地人民政府登记，并接受其领导……”[①] 表达了中国红十字会渴望向人民政府靠拢的一片赤诚之心。

1949年5月28日上海解放后，秘书长胡兰生令南京的总会人员全部迁往上海，与上海办事处合并。8月总会迁上海办公。总会中青年职工组成的职工会正式加入上海医务工会的行列，通过工会组织系统参与了上海市的卫生救护活动，同时积极要求上海军管会接管红十字会，但同样涉及对外关系问题，未能解决。

1949年10月1日中华人民共和国宣告成立，从此中国历史进入了一个新的时期。“一切都在向新的转变”，有着45年历史的中国红十字会，也面临着新的抉择。

1950年3月间，总会在上海召集各地分会代表40余人，举行工作检讨（研讨）会，讨论中国红十字会的前途命运。上海市军管会外事处、卫生处各派代表参加会议。这次工作检讨会“可以说是改组工作的发动点。经过了这次会议，我们才毅勇的走向人民，那就是推举代表团来北京，向政府反映改组的要求”[②]。代表团团长即红会“支柱”人物胡兰生秘书长。

胡兰生秘书长是红会的“主心骨”，虽年届花甲，但中国红十字会的发展前景，成为时时困扰着他的一块“心病”。作为老红会会员，胡兰生与红会休戚与共，结缘甚深，也比他人更多了几分感慨。1951年9月，他在庆祝中国红十字会改组一周年所作的“感言”中回首往事，坦言：“我早年做红十字会会员，只认识红十字会与医药作业者之关系，除付会费外并没有其他义务，更谈不到有什么权利，根本不清楚红十字会性质与组织。在一九二六年前曾参加一次动员，就是在江浙齐卢之战作普通救护治疗工作，三个月就完了，聚了一次餐说了几句话。在北伐时期，一九二七年冬，总会曾派一个医疗大队到开封帮忙两个月，经费与药械均系自备的。抗战时期，红十字会也做了一些工作。”1943年红会进行改组，“而我就在那个时候被糊里糊涂的扔进了红十

① 中国红十字会总会：《中国红十字会的九十年》，中国友谊出版公司1994年版，第121页。
② 《新的转变，新的开始——记中国红十字会总会改组经过》，《新中国红十字》创刊号，第2页。

胡兰生

字会，于是在多少年有接触无认识的东西落到我一个不会行政的人手里来了，一切都不摸头，经过短期了解即到贵阳、昆明视察，借以更进一步的了解实情，到处搜集意见，满允尽力改善，但当时经费半由反动政府津贴，半由外国红十字会捐助，会费收入实等于无，故非但事业费不足发展，即经常费亦是东拉西扯，寅吃卯粮，人事更加复杂，制度残缺不全，勉勉强强的达到一些任务。”“一九四五年胜利后，我被派到日内瓦等处参加国际红十字会会议，直到一九四六年冬天方回国，当时总会已迁南京，理事已经改选，一九四七年春天大病，未能出国参加会议，一九四八年秋天又去欧洲开会，回国后直至解放前夕完全在‘自生自灭’中。”[①] 这段坦诚的自白，道出了他对旧中国红十字事业的无可奈何的复杂心情。宁沪解放，蒋梦麟出走，“胡老留下来，没有跑”[②]。他对人民政府充满信心。新中国的成立更使他看到新的希望，他毅然冲破国际红十字协会驻远东代表的干预，组团进京。

3 月，春风拂面，生机盎然。胡兰生与代表团成员职工会主席朱子会、南京分会会长杨登瀛、西安分会会长马彦翀、重庆分会会长黄次咸、武汉分会会长宋镜如、天津分会会长舒敏杰一行 7 人，来到北京，拜访中央卫生部、内务部、外交部。卫生部李德全部长、苏井观副部长等接见了代表团，并听取了胡兰生秘书长关于红十字会历史、现状的汇报以及红会同仁要求人民政府接管红会的意见。接着卫生部党组书记、副部长贺诚专门接见了胡兰生秘书长，并应允将代表团的意见转报周恩来总理。4 月初，总会接到上海军管会卫生处转来的卫生部的通知：周总理指示，红十字会迁北京改组，由卫生部和中国人民救济总会负责领导改组工作，具体筹备工作由救济总会负责。5 月初，胡兰生秘书长再次进京商谈总会迁京和改组事宜，中国人民救济总会秘书长伍云甫接见胡兰生并告：根据周总理指示，经卫生部、外交部商议，提出四点意见：（一）鉴于红十字会的特点及历史状况，采取改组方式而不是接管方式，将旧中国红十字会改组为中国红十字会；（二）总会搬迁北京，现有职工除不愿赴北京者外，全部留用；

① 胡兰生：《感言——为庆祝中国红十字会总会改组一周年而作》，《新中国红十字》1951 年第 2 期，第 11 页。

② 周健英：《忆胡老》，《中国红十字》1991 年第 10 期，第 4 页。

（三）总会所有资产妥善保管，不得随意处理；（四）将北京市民政局幼儿园占用的北京东城干面胡同22号房屋腾出来作为总会迁京后的会址。

1950年7月总会全部人员陆续到达北京，“迈出了改组的第一步”[①]。

二、同心协力商改组

在旧中国的诸多社会团体中，中国红十字会是唯一被“改组”的，因为中国红十字会在过去的45年里，尽管“身不由己”置于官方控制之下，但它始终本着人道主义和慈善为怀的理念处理战伤救护及灾难救济工作，给人民减轻了不少痛苦，为大众做了不少好事，在人民革命取得基本胜利后，国家开始经济建设这一新情况下，人民大众仍然需要她发挥更大的服务效能。中国红十字会的改组正是在这样基础上进行的。

1950年8月2日至3日，中国红十字会协商改组会议在北京召开，这也是新中国成立后中国红十字会第一次全国代表大会。会议由中国人民救济总会和中央人民政府卫生部主持召开，由于事前经过充分的酝酿和多方面的协商，所以会议开得非常迅速和顺利。为了扩大红十字会的群众基础和加强与群众的联系，这次协商会的组成人员是全国性的和多方面的：政府方面参加的有中央人民政府卫生部、外交部、内务部、民族事务委员会、华侨事务委员会、军委卫生部和北京市人民政府等机关的代表李德全、苏井观、龚普生、谭锡三、高伯玉、王士方、傅连暲、丁执中；群众团体方面参加协商会议的有中国人民救济总会、中华全国总工会、中华全国民主妇女联合会、中华全国民主青年联合会、中华全国文学艺术工作者联合会的代表伍云甫、林仲、朱学范、张元、黄振声、陈企霞；中国红十字会原有人员参加协商会议的有旧中国红十字会理事刘鸿生、吴有训、金宝善、徐国懋、徐寄庼、王晓未及职工会代表胡兰生、朱子会、傅况麟等9人，所以这次会议有足够的代表性，因之也就决定了她在全国会员代表大会召开之前有足够的权力代行全国会员代表大会的职权。

协商改组会议气氛热烈，体现出高度的民主性。“协商会议虽然开得迅速和顺利，但代表们认真和负责的精神是值得特别宣扬的，不说别的，单只短短一二千字的会章就足足讨论了七八个钟点，一点滴的问题都不放松，翻来覆去，修改了好几遍，念念又改，改改再念，这里决没有形式的拘束，已经通过了的条文，如有人想起某处尚不满意，又可拉回讨论，总使每个人都没有意见的时候，这个条文才算真正的通过”；“协商会议的主席是由苏井观、伍云甫、胡兰生三位代表轮流担任，他们做到了充分的民主，照顾到每个人的意见，哪怕这个意见是已经提过或者是与多数人的意见相反的，也让他慢慢的提出请大家再考虑，经过大家再次的辩驳由原提意见人自动收回意见为止。这一方面说明人民的代表对人民事情真正的负责，另一方面说明代表们对红十字

① 周辑：《改组》，《中国红十字》1983年第9期，第8页。

会的重视和关心。"①

在协商改组会议上，胡兰生秘书长作了《中国红十字会总会会务报告》。报告概括了中国红十字会过去46年的历史沿革和以往各个历史时期的工作概况，在肯定过去46年为中国人民做了大量有益工作的同时，也对思想、观点和组织、工作、经济等方面存在的问题作了检讨。他在报告的最后说："为了红十字会事业的开展，更好的为人民服务，上面这些问题，必须彻底的解决，同时我们也相信在我们人民自己的政府领导和帮助之下，这些问题也必定可以解决的，我们庆祝着这个团体的新生，我们企望着这个团体的发展。"②

李德全部长在会上作了《中国红十字会今后工作的任务》的报告，肯定了中国红十字会过去的工作成绩，并从民众对医疗救护的需要出发，对改组后中国红十字会的任务，提出了明确的要求。她指出："为了使新型的红十字会能发挥其应有的极大的作用，它一定应该改变旧的一套，所谓慈善的或是中立的，而实际上不是为人民服务的思想作风，要建立起新的革命的人道主义思想，全心全意的为广大工农兵群众服务。"③李德全的报告，为中国红十字事业的发展指明了方向。

救济总会秘书长伍云甫在会上作了《对调整中国红十字会有关问题的报告》。报告指出："中国红十字会目前组织机构是极不健全的，许多工作也在停顿状态中。但中国目前状况需要红十字会这样的民间组织来医治战争创伤及救济人民的灾难，急需要有在人民政府领导下的新的红十字会的出现，因此有改组旧红十字会的必要。务必使其组织健全，工作加强，以适应新的需要。从长远着想，这与全国人民的经济建设工作也有密切关系。"④ 报告对红十字会工作有关问题提出了若干意见供大会讨论参考。

协商改组会议8月3日闭幕。由于会议代表广泛和协商意见集中，所以会议主席团将改组经过、新会章、新会长、理事名单呈报政务院周总理处，很快就得到总理的批准。9月6日中央人民政府政务院批准公布的新的《中国红十字会会章》，共6章25条，对中国红十字会的名称、性质、宗旨、任务、标志、会址、职权、责任、分会设置等都做了明确规定。《会章》规定中国红十字会为"中央人民政府领导下的人民卫生救护团体。根据'预防为主'的卫生工作总方针及'动员和组织人民实行自救助人'的救济福利方针，以协助各级人民政府，面向人民大众，宣传并推广防疫、卫生、医药及救济福利事业为宗旨"。其任务：团结群众，担任救护训练及宣传公共卫生；推广卫生防疫工作，进行医疗服务；办理灾害救助及救济性医药卫生工作；在必要情形下，经中央人民政府政务院批准，担负国际性救助及医疗服务。中国红十字会以白底红十

---

① 《新的转变，新的开始——记中国红十字会总会改组经过》，《新中国红十字》创刊号，第2页。

② 胡兰生：《中国红十字会总会会务报告》，《新中国红十字》创刊号，第3-5页。

③ 李德全：《中国红十字会今后工作的任务》，《新中国红十字》创刊号，第6页。

④ 伍云甫：《对调整中国红十字会有关问题的报告》，《新中国红十字》创刊号，第7页。

字为标志，总会设于首都。[①]

会议选出正副会长、理事、常务理事为：

会长：李德全（中央人民政府卫生部部长）

副会长：彭泽民（华侨事务委员会委员）、刘鸿生（工商界事务委员会委员）、熊瑾玎（中国人民救济总会监察委员会副主任）、胡兰生（原中国红十字会总会秘书长）

常务理事：金善宝（中央卫生部技术室主任）、苏井观（中央卫生部副部长）、陈其瑗（内务部副部长）、龚普生（外交部国际司司长）、伍云甫（救济总会秘书长）、林仲（救济总会副秘书长）

理事：吴有训（华东教育部长、交通大学校长）、徐国懋（金城银行总经理）、王晓耒（工商界）、朱子会（中国红十字会总会组织组主任）、傅况麒（中国红十字会总会宣传组主任）、徐寄庼（浙江兴业银行董事长）、傅连暲（军委会卫生部副部长）、杨静仁（民族事务委员会办公厅主任）、朱学范（总工会副主席、邮电部部长）、曹孟君（全国妇联妇女部部长）、吴晗（全国青联秘书长，北京市人民政府副市长）、梅兰芳（文艺界）、康克清（全国妇联儿童福利院院长）、周鲠生（外交部顾问）、谢雪红（台湾自治同盟会主席）、邓裕志（女青年会全国协会总干事）

秘书长：胡兰生（兼）

副秘书长：林士笑（卫生部办公厅副主任）、倪斐君（救济总会副秘书长）

这次协商改组会议的顺利召开并取得圆满成功，揭开了中国红十字会历史的新篇章，为新中国红十字事业的发展奠定了基础。

应该特别值得“备忘”的是，中国红十字会的成功改组，与周恩来总理的直接关怀是分不开的。从“改组”的酝酿，到总会迁京、协商改组会议的召开，每一个环节，总理都倾注了特别关照，日理万机中，总理还为中国红十字会亲笔修改会章，这在中外红十字与红新月运动史上是罕见的。当时任外交部国际司司长、参与红会改组工作并被选为中国红十字会常务理事的龚普生在回忆起这段历史时满怀深情地说：“新中国的红十字会可以说是在周总理亲自关怀下成立起来的”，“或者可以说旧中国红十字会是在周总理的帮助下获得了新生。”[②] 揆诸史实，诚然。

改组完成后，1950 年 8 月 21 日周总理亲笔致毛泽东、刘少奇等《中国红十字会改组已完成》：“送上伍云甫同志关于中国红十字会改组的报告，拟予以批准。中国红十字会尚有些社会基础，特别是医院及卫生人员，我们必须予以接管和维持，而国际红十字会的组织，苏联及东欧国家也都在内，他们需要我们参加进去，故我们在开全国人民救济代表会议时，即决定改组该会，胡兰生当表示接受。现改组已完成，拟推李

① 《中国红十字会会章》，《新中国红十字》创刊号，第 8 页。

② 晓尉、刘峰：《龚普生访谈录》，《中国红十字》1992 年第 1 期，第 17 页。

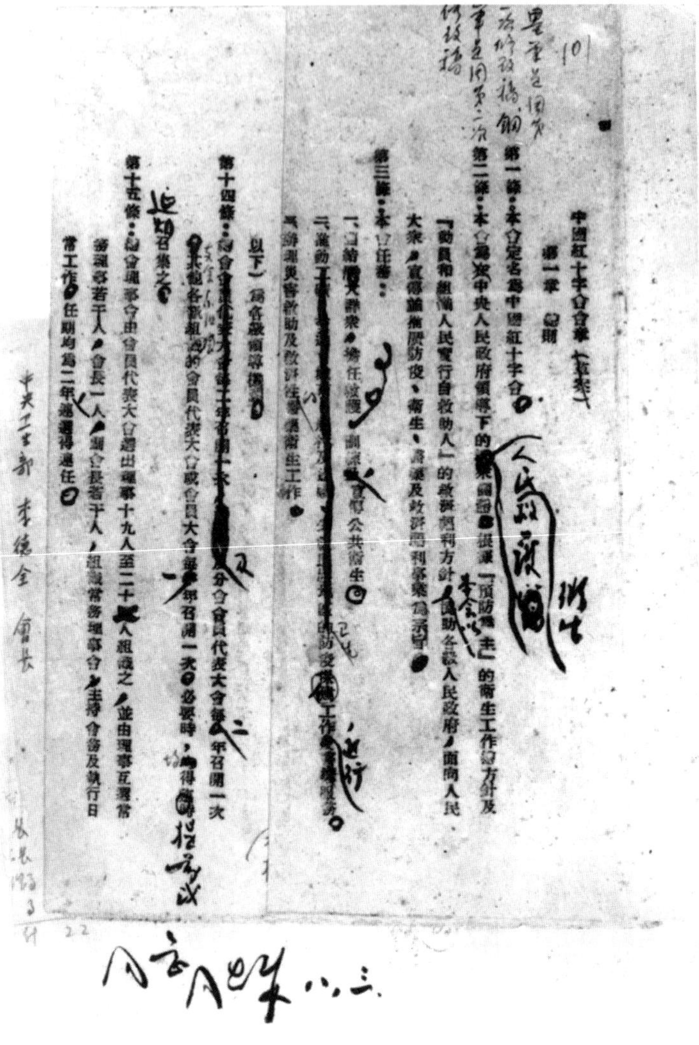

周总理亲笔修改会章

德全、伍云甫二人前往出席日内瓦国际红十字大会。特报。”①

三、新中国首任红会会长李德全

“改组”，也意味着“换届”。经协商改组会议推举，李德全，这位中国妇女运动的先驱、杰出的社会活动家、中央人民政府卫生部部长，出任中国红十字会会长，她由此成为中国红十字运动承先启后的关键人物。

1896 年，李德全出生于北京通县德兴庄草房村，家境清贫，父亲挽舟拉纤，奔波于运河沿线。通州为基督教盛传之区，教堂林立。李德全父母因此成为虔诚的基督徒，

① 《周恩来书信选集》，中央文献出版社 1988 年版，第 431 页。

李德全也于三岁时便受洗入教了。在教会的帮助下，她进入通县富育小学读书，毕业时以优异的成绩升入北京贝满女中。积贫积弱任人宰割的现实，启发了李德全的爱国思想。她的姐姐做阑尾炎手术时，粗心的医生竟把手术剪子遗在体内，病发后二次手术时不幸丧生，这对李德全是一个强烈的刺激。她认识到，要想救国救民，必须发奋求学，掌握知识。中学毕业时，她以大学毕业后逐年偿还贷金以及回母校贝满女中任教为条件申请教会的资助，升入北京私立女子协和大学（即燕京大学前身的一部分）[①]，从此开始了她“追随真理，奉献人民”[②] 的生涯。

1924 年 2 月 19 日，年近 30 时任北京女青年会总干事的李德全经人撮合，与“基督将军”冯玉祥永结同心。婚后，她随冯玉祥“辗转军旅，传播科学知识，破除封建习俗”[③]，为妇女解放和社会进步奔走呐喊。

李德全不仅在生活中，而且在政治活动中，“都是冯玉祥的贤内助”。孙中山改组国民党，制定联俄、联共、扶助农工三大政策，重新解释三民主义，冯、李极表拥护。1924 年，冯玉祥将爱新觉罗·溥仪赶出皇宫，邀孙中山北上，孙中山抵京时，冯将军适在外地，李德全代表他到北京欢迎。孙中山病重，又是李德全代表冯先生，带着冯先生的亲笔信去慰问。20 世纪 30 年代初，冯玉祥隐居泰山，请人讲学，其中也有共产党人，李德全均参与其事。冯先生办学，李德全竟当卖结婚时的全部首饰资助，共办了十几所小学。[④] 这些都充分表现出李德全新思想新女性的英姿。

冯玉祥“自滦州起义起，中经反对帝制，讨伐张勋，推翻贿选，首都革命，五原誓师，参加北伐，直至张垣抗战，坚持御侮，在在表现出先生的革命精神。其中，尤以杀李彦青，赶走溥仪，骂汪精卫，反对投降，呼吁团结，致力联苏，更为人所不敢为，说人不敢说”[⑤]。而作为妇女运动的领袖人物之一，李德全同样表现出了不畏强暴的铮铮铁骨。1946 年 2 月 10 日，陪都（重庆）各界在较场口举行庆祝政协成立大会，反对国民党独裁内战之倒行，遭到国民党特务组织的破坏，李公朴、郭沫若、马寅初等被殴伤，大会领导人之一的李德全自然也未能幸免，这就是震惊中外的“较场口血案”。血腥不仅没有使她屈服，反而更加坚定了她跟着中国共产党走向光明的决心。

1946 年，世界妇女大会在美国召开，李德全受邓颖超之托，代表中国妇女组织参加会议，会上痛斥蒋介石政府的暴行，宣扬了中国共产党的主张。

1948 年，李德全和冯玉祥响应中共召开新的政治协商会议的号召，从美国取道苏联回国，不料，9 月 1 日，轮船在黑海途中失火，冯将军和他们的爱女冯晓达不幸遇

---

① 周健英：《新中国红十字会第一任会长李德全》，《中国红十字》1992 年第 1 期，第 21 页。
② 陈敏章：《追随真理，奉献人民——纪念新中国首任卫生部部长李德全》，《人民日报》1996 年 9 月 2 日。
③ 晓秋：《她属于人民——记原卫生部部长、中国红十字会会长李德全》，《博爱》1995 年第 4 期，第 62 页。
④ 周健英：《新中国红十字会第一任会长李德全》，《中国红十字》1992 年第 1 期，第 21－22 页。
⑤ 周恩来：《寿冯焕章先生六十大庆》，《新华日报》1941 年 11 月 14 日。

李德全冯玉祥夫妇

难，李德全痛不欲生。毛泽东、朱德、周恩来、董必武向她发了唁电，对冯先生的不幸去世表示沉重的哀悼。李德全深为感动，她在复电中表示："我俟健康恢复后即返中国，继续为民主而奋斗。"[①]

1949年2月，李德全回到她熟悉的北平，10月1日参加了开国大典，与其他民主人士一起分享着新中国诞生的喜悦。随后，她被任命为中央人民政府卫生部部长，她和史良，是新中国最初的两位女部长。

1950年8月，在周恩来总理的亲切关怀下，中国红十字会总会进行改组，她当选为中国红十字会会长。在协商改组会议上，她作了《中国红十字会今后工作的任务》的报告，强调指出，中国红十字会"在中国是很有基础的，就其历来所作的工作来看，它对于战争救护或救灾赈济，曾经作了不少的工作，获得了相当的成绩。……现在中国革命基本上已经取得了全面胜利，并且开始转入和平建设时期，为了保证生产任务的完成，推广卫生医疗事业，已成为围绕经济建设的重要工作之一。在目前这样的情

① 晓秋：《她属于人民——记原卫生部部长、中国红十字会会长李德全》，《博爱》1995年第4期，第63页。

况下，中国红十字会的一套旧的机构和旧的工作方针和任务，已经不适合今天新民主主义的需要，和不能满足群众的要求了”①，因此，必须改组，使之全心全意为广大工农兵群众服务，这是中国红十字会今后工作的任务。根据“预防为主”的卫生方针，以及“动员和组织人民实行自救助人”的救济福利方针，中国红十字会要协助各级人民政府，面向人民大众，宣传、推广防疫、卫生、医药及救济福利事业。

但是，具体工作如何开展？究竟应做哪些事、怎样做？归根到底，红会工作方向与发展步骤究竟怎样，成为李德全上任后必须面对和解决的问题。经过几个月的实践和深入细致的调查研究，1951 年年初，她在《新中国红十字》第 5 期发表《新中国红十字会的工作方向与发展步骤》的文章，对上述问题作了明确回答。文章指出，根据我国当前的社会情况，应该是站在人民立场，围绕人民尤其是工农群众及少数民族的现实需要，参照苏联红十字及红新月联合会的发展道路，配合政府推行卫生工作及救济福利，逐步实现共同纲领第四十八条——提倡国民体育推广卫生医药事业，并注意保护母亲婴儿和儿童的健康——的任务。因此，当前的具体工作，就必须：（一）把现有的业务整顿起来，改被动为主动的，并以这些业务为基础，结合新的力量，培养卫生人员并开展妇婴保健及一般医防工作，并在发展过程中特别注意工矿、农村、少数民族地区及灾难地区等急需医药的地方。（二）组织机动的医疗队，配合政府政策，完成一定的政治任务。如目前即应发动组织各分会医护人员，在自觉自愿的基础上成立抗美援朝志愿医疗队，从事战伤救护及难民医疗等工作，并成立医防队配合生产救灾、修河工程等建设事业，推进防疫卫生及医疗工作，并在医防队的地区结合各地人民，创设条件，建立红十字会基层组织，发展会务。（三）各地红会组织在各级人民政府领导下，与工、青、妇、农各人民团体取得密切联系，先从有组织的群众中做起，开展救护教育及一般卫生常识宣传，而后吸收他们为红十字会会员建立红十字组织，并逐渐普及到一般人民，使卫生保健工作真正成为广大的群众性运动，在这三项工作做有相当成效并打下基础之后，再进一步地在工厂学校及农村中普及设立“卫生站”及“救护中心”以及其他救济福利组织，协助政府普遍提高人民的卫生文化水平。但为了保证这些工作在坚实的基础上进行，因此它的发展步骤，应该是由小到大，由点到面，先做好业务而后发展会务，先整顿旧组织而后推设新组织，先由政府给予经费补助，将业务充实之后而后走向半自给与全自给。② 李德全会长的工作计划，毫无疑问，具有很强的现实针对性。根据这一工作方向和发展步骤，中国红十字事业健康、稳步地开展起来。

① 李德全：《中国红十字会今后工作的任务》，《新中国红十字》创刊号，第 6 页。
② 李德全：《新中国红十字会的工作方向与发展步骤》，《新中国红十字》1951 年第 5 期，第 15 页。

第二节　群众性医防服务别开生面

改组之后，中国红十字会在李德全会长的领导下，进行思想建设和组织建设，积极整顿和发展组织。1950年10月16日，内务部、卫生部联合通令各省市人民政府协助中国红十字会整顿各地分会。10月23日总会通告各地分会："希你会即将此项通令向当地人民政府反映，依照本会各地分会整理办法进行协商改组是为至盼。"[①] 在各地政府协助下，到1952年年底先后完成改组的分会有北京分会、天津分会、上海分会、武汉分会、广州分会、重庆分会、西安分会等51个。

1952年12月5日，中国红十字会全国工作会议在北京开幕，这是自总会改组以后举行的第二次全国性会议，全国绝大多数分会，不论是改组还是未改组的，都选派人员出席这次会议，这对新中国红十字事业的发展是有着重大意义的。到会的有71个红十字分会的人员共94人，并有政法委员会、内务部、邮电部、水利部等政府部门和中国人民保卫世界和平委员会、全国总工会、全国妇联、中国人民救济总会等人民团体的来宾参加。会议在总结两年来红十字工作经验的同时着重讨论如何发展红十字会组织和会员的工作，以及关于今后推行急救训练等项工作。经过这次会议后，到1957年各地共建立分会75个，并将分会名称取消，改称为市、县红十字会。总会直接领导分会的体制也在逐步地改变为业务工作上的指导关系，总会和各地分会工作人员均列入国家编制，此时国家给红十字会系统的编制人数已达1200人。

到1964年，除西藏、青海、宁夏、甘肃、新疆、贵州六省（区）外，普遍建立了省级红十字会，市、县级红十字会达300多个，会员人数达500多万。各地红十字会在基层普遍建立和发展组织，在厂矿、街道、学校、农村设立红十字基层委员会，委员会下设红十字卫生站和会员小组。

随着组织的整顿与发展，红十字各项业务也迅速开展起来，特别是在各条战线广泛开展的医防服务受到广大群众的赞誉。

一、深受农民欢迎的"农村巡回医防服务队"

协商改组会议刚刚结束，中国红十字会总会便制订了《一九五零年九月至十二月工作计划大纲》，提出组织"农村巡回医防服务队"，到缺医少药、疾病流行、卫生状况差的农村地区开展巡回医疗服务。[②] 实际上，在此之前，为配合政府开展群众性的卫

① 《中国红十字会总会给各地分会的通告》，《新中国红十字》1950年第2期，第1页。

② 《中国红十字会总会一九五零年九月至十二月工作计划大纲》，《新中国红十字》创刊号，第11页。

生运动和救护卫生教育，总会于 1950 年 6 月 1 日组织了一个农村巡回医防服务队（11 人），经过短时间的学习后，6 月 20 日在队长何嘉明医师率领下赴苏南农村进行巡回医防服务。这个农村巡回医防服务队不是单纯的医疗机构，它还负有防疫工作和卫生宣传教育的任务。围绕“预防为主”的方针，医防队在农村首先开展防疫注射与环境卫生清理工作。在农村极其艰苦的条件下，队员们克服人员少、条件差的许多困难，以饱满的热情，开展卫生宣传，使群众了解防疫知识，并为 2 万余人进行 4 万多次的预防霍乱、伤寒的注射，门诊看病人数每天多达数百人。在苏南武进县短短的 3 个月内，医防队共为农民群众医病 21813 人次，取得可嘉的医防效果。

医防队员还为当地产妇接生，挽救了许多产妇和孩子的生命。有一次，医防队外出巡诊刚刚回来，已经十分疲劳的队员正端起饭碗，饭还没吃上一口，就望见一位渔民上气不接下气地从外面跑了进来，说有急诊求救。队员们立刻放下碗筷，背上急救箱，动身就走。那位渔民满头大汗，急忙引导队员奔向十多里外的船家。此刻的医防队员们，早已忘记疲劳和饥饿，像冲锋似的冲到产妇朱俞氏的家中。朱俞氏是异位难产，当地接生的产婆已折腾了 20 多个小时，产妇仍然不能分娩。见势不妙，接生婆早已溜走。一位白发苍苍的老人站在门口，望见医防队员们奔来的身影竟失声痛哭。生命垂危的产妇，见医防队员们赶到，微微睁了一下眼睛，眼角流出一串串泪珠。医防队员迅速穿好无菌衣，戴上无菌手套，鼓励产妇积极配合，终于使分娩顺利完成，母子平安。朱俞氏一家喜出望外，船家群众也十分感激医防队员，要准备酒菜，盛情款待。医防队员婉言谢绝了亲人般的挽留，背起急救箱，星夜赶回住地。“由于这个产例，我们把握机会深入妇女群众，宣传妇婴保健，工作有了进展。”①

总会农村巡回医防服务队卓有成绩的工作，受到肯定，1950 年 7 月 14 日《苏南日报》、8 月 3 日《大公报》、10 月 11 日《解放日报》，均发表文章，加以赞扬。8 月 3 日上海《大公报》刊登武进县郑陆桥镇读者祁和鸣来信，信中说：“编者先生：我们一乡，而且旁及澄属邻地，今年太幸运了。正当农村经济非常艰苦，炎夏季节疫病容易侵袭时期，‘中国红十字会总会农村巡回医防服务队’却于六月二十六日起进驻本镇东街的姚家大厅上，开始为农民完全免费施诊给药了。该队工作同志原计十一位，后因病人众多又添了二位。由队长何嘉明医师率领，分内外两大科，且有显微镜等化验设备。护士邹、白两小姐并义务为人接生。门诊时间上午八点至十二点，下午二点到五点，平均每天有二百五十个病人享受免费治疗。在乡村里有这样规模的医药治疗，而且从诊察、针药、包扎、化验到接生、手术等完全免费，是有史以来所未有的。他们工作认真，态度和蔼，病人如有言语不明，他们虽在百忙时也很耐心的对待病人。大厅内贴了许多标语，内有一张是：‘诚诚恳恳为亲爱的劳动农民们服务。’他们施诊一

① 《总会农村巡回医防服务队在苏南农村三个月的工作总结》，《新中国红十字》1950 年第 3 期，第 15 页。

个多月来，已挽救不少危急病人。由于功效确实，使新知识不甚发达的农村对新医药得了更进一步的认识；对当局这个赐予也无不歌颂；对该队何嘉明、王述炎、周中行、杨凌泉、陆树人、孙德培等诸同志和邹、白两位小姐也都敬佩。他们对病人太亲爱了，我和他们是贴邻，也曾去就诊多次，见到他们的黑板上每天还写着业务报告，工作之余还在学习《社会发展史》。他们这种诚恳服务努力学习的精神，使人感动不已，所以我写这封信给你，希望披露表扬，更希望其他的医院与诊所都向他们看齐。"[①] 从这位读者来信，我们看到了当年医防队员忘我工作、一心一意为农民群众服务的精神和深受农民欢迎的情景。

总会农村巡回医防服务队的成功"实验"，证明了"号召医生下乡，面对农村大众，这是一个正确的任务，是人民所急切需要的"[②]，这就为农村医防服务工作的开展树立了"榜样"。在总会农村巡回医防服务队的"示范"影响下，各地分会积极行动，组织医防队"下乡"，巡回服务，涌现出不少"典型"。

1952 年 5 月，西安市分会在办完第三期卫生讲习班之后，组织"乡区巡回卫生医防队"（共 14 人），到岳家寨等地开展工作。至 7 月，医疗方面，门诊 4000 余人，出诊 240 余次。宣传教育方面，进行 20 次幻灯宣传，观者 6120 余人；卫生画展 2 天，参观者 610 人；办黑板报 17 处，共更换 3 次；配合各村卫生行政干部检查卫生 30 次；在各小学作卫生讲座 18 次；召开卫生小组长会议 15 次、各村干部会 52 次、群众会 14 次、妇女会 6 次；在夜校作妇幼卫生宣传 2 次。通过"宣传、教育与检查，基本上提醒了群众对卫生工作的重视"[③]。

柳州市分会根据当地需要，1952 年 10 月组织"爱国卫生运动巡回医防宣传队"（23 人组成），深入郊区农村。在工作中，他们把医疗疾病与宣传卫生常识结合起来，10 多天中，不仅免费为 1237 位农民医治疾病，还开办接生人员训练班，宣传新法接生的优越性；召开群众大会 10 次，参加的农民 4800 多人。通过宣传教育，农民普遍认识到"四灭"（灭蝇、蚊、虱、鼠）"五净"（道路净、房屋净、锅碗净、衣被净、身体净）工作的重要性。[④]

1952 年 12 月间，南昌分会根据"预防为主""面向工农兵"的卫生工作方针以及进一步推行爱国卫生运动，组成 4 个巡回医防队（每队包括医师、护士、司药、化验及会务宣传干部 10 余人），利用星期天到市郊七区的唐山、闸口等乡进行巡回医防工作。医防队在当地乡政府、农会、妇女会及卫生部门的配合下，上门为病人免费医疗和检查，宣传卫生常识。一村又一村，一户又一户，不知疲倦地为农民"送健康"。所

---

① 上海《大公报》1950 年 8 月 3 日。

② 《总会农村巡回医防服务队在苏南农村三个月的工作总结》，《新中国红十字》1950 年第 3 期，第 13 页。

③ 艾庄：《西安市分会的乡区巡回卫生医防队》，《新中国红十字》1952 年第 10 期，第 22 页。

④ 《柳州市分会爱国卫生运动巡回医防宣传队的工作总结》，《新中国红十字》1952 年第 12 期，第 24－25 页。

到之处，但见农民“面孔上都洋溢着感激的表情”，他们也从忘我的工作中“深切体会到为劳动人民服务的愉快”[①]。

1953年夏，福州、杭州、麻城、内江、垫江、高密、永城等地分会，组织小型巡回医防队深入农村为“抗旱保秋”“抗旱除虫”的农民群众服务，天津、开封、广州分会的巡回医防队则到附近水灾地区对受灾群众进行“医疗慰问”。他们抵达农村后，“不管烈日当头，天天在田野里、在水车旁，在有农民劳动的地方巡回”，“他们利用晚间乘凉时间放映幻灯，利用中午吃饭时间或休息时间到农民家里去串门”，进行卫生常识宣传，为农民送医送药。

例子可以举出很多。巡回医防队可大可小，可暂可久，机动灵活，随时可以组织起来“上山下乡”。在爱国卫生运动中，这是一支不可忽视的力量。巡回医防队的活动，超越了送医送药的价值而具有更深远的意义，它“教育了医防队的同志们，使他们进一步体会到自己的任务是光荣的，劳动人民是多么欢迎全心全意为人民服务的医务工作者，同时，他们为劳动人民服务的具体事实，也教育了群众，使他们进一步认识今天的政府的确是人民自己的政府，今天的红十字会，是人民自己的团体”[②]。这是耐人寻味、发人深省的。

二、跃在治淮工地上

中国红十字会医防队不仅巡回服务在广大农村，而且在国家重点工程建设中建功立业，特别在治淮工地上，更显红会“本色”。

淮河“冠带中土，流贯百川”，以博大宽广的胸怀负载着中国文化的辉煌。在中国历史上，淮河两岸曾经是一方令人神往的乐土，宋代有“走千走万不如淮河两岸”之美谈。但宋明以后，淮河儿女生存环境迅速恶化，其主要表现就是自然灾害连年不断。据统计，从明初到1840年，凤阳府所辖淮北地区发生自然灾害不下百次。清末民国时期，淮河流域间隔不到一年就发生一次灾害[③]，频率之高，诚属惊人。淮河成为举世闻名的“害河”。

说凤阳，道凤阳，凤阳本是好地方；
自从出了朱皇帝，十年倒有九年荒。
大户人家卖田地，小户人家卖儿郎；
奴家没有儿郎卖，背着花鼓走四方。

这首家喻户晓的“凤阳花鼓”歌词，唱出了灾害肆虐下淮民的辛酸与无奈。曾几

---

① 周久俊：《南昌市分会的巡回医防队活跃在农村中》，《新中国红十字》1953年第5·6期合刊，第8－9页。
② 《受群众欢迎的小型巡回医防队》，《新中国红十字》1953年第11期，第24页。
③ 池子华：《中国近代流民》，浙江人民出版社1996年版，第72页。

何时，淮河两岸人民多少次发出“若要治民先治河”的呼声。曾几何时，“导淮建议，何止十数，其中有详细记载暨各种应用图表，而可为科学上研究者，厥为美国红十字会工程团计划，前江淮水利局计划，前安徽测量水利局计划，美工程师费礼门计划，以及全国水利局计划等五种。俱未能见诸实行”，“纵有小试，但无裨全局”。①

新中国成立后的第二年，淮河再施淫威，大水为灾，受灾人口1339万。淮河流域的洪水，牵动着新中国领导人的心。7月20日，毛泽东看到华东防汛总指挥部的灾情报告后，当即批示：“除目前防救外，须考虑根治办法，现在开始准备，秋起即组织大规模导淮工程，期以一年完成导淮，免去明年水患。请邀请有关人员讨论：（一）目前防救。（二）根本导淮问题。”8月5日他又在电报上批示：“请水利部限日作出导淮计划，送我一阅。此计划八月份务必作好，由政务院通过，秋初即开始动工。”8月31日又作出批示：“导淮必须苏、皖、豫三省同时动手，三省党委工作计划，均须以此为中心。”9月21日，又批示：“现已九月底，治淮开工期不宜久延，请督促早日勘测，早日做好计划，早日开工。”② 根据毛泽东的指示，10月14日，中央人民政府政务院发布了《关于治理淮河的决定》，根治淮河的战役由此打响。

根治淮河是一项造福子孙的巨大工程，参加这一工程的民工达220多万。这支劳动大军在工地卫生条件不佳的情况下，投入紧张劳累的工作当中，医疗防疫变得十分重要。保障民工健康成为根治淮河的重要任务。为配合治淮工程，做好民工防疫保健工作，1950年12月18日，中国红十字会总会从西安、济南、汉口、上海、南京等分会抽调精干人员，在南京开办“中国红十字会医防服务干部训练班”。训练班经过思想教育、业务学习，于1951年1月13日结束后，成立“中国红十字会第一医防服务大队”，接受总会直接领导与指导。第一医防服务大队共175人，成立大队部和5个队，其中一队是原来的农村巡回医防服务队扩充组成的，其他四队是由经过专门训练的医师、医士、护士、助产士、药剂师、检验人员组编的。医防服务队为配合治淮工程，与中央卫生部、中央救灾委员会、中央水利部以及华东军政委员会卫生部、治淮委员会等有关机关联系，各队被分配到颍上、临淮关、正阳关、凤台等工作地段。③ 这支为保障治淮民工健康而工作的队伍，于1951年1月19日从南京出发，分赴指定地段，开展以民工为主的医防工作。这年4月，从朝鲜归来的63名医护人员加盟第一医防服务大队，大队也由原来的5个队扩大为8个队，人数增至298人。他们在工地上以门诊和巡回医疗相结合的办法，给民工种痘、防疫注射、工伤医疗，改善工地环境卫生，还为当地建立基层卫生组织，举办接生员训练班……总之，“在长达千里的淮河干支堤

① 《民国江苏乡土志》上册，第172页；郑肇经：《中国水利史》，上海书店1984年影印本，第161页。

② 陈广忠：《淮河传》，河北大学出版社2001年版，第248－249页。

③ 《中国红十字会医防服务干部训练班结业，成立医防大队配合治淮工作》；《中国红十字会医防服务大队组织规程》，见《新中国红十字》1951年第5期，第19页。

上，无论是在晴和的日子或是风雪交加的大冷天，民工们都可看到来自中央、华东和中国红十字总会的防疫队，配合着东南医学院、皖北治淮各县区的中西医务人员，在堤上，在工棚里，聚精会神的为生病民工治疗，同时进行苦口婆心的卫生预防宣传教育工作"[①]。医防队员用他们辛勤的汗水，创造出辉煌业绩。据统计，从1951年1月下旬到6月5个月中，在防疫工作上：各队共注射160001人，种痘613542人，为136851人灭虱；在治疗工作方面：门诊人数内科46433人，外科66796人；环境卫生方面：改良与新建厕所12198个，改良与新建水井4070个。[②]

对中国红十字会第一医防服务大队在治理淮河工作中所创佳绩，中央水利部给予了高度评价和称赞："承蒙中国红十字会组织医防服务大队，开赴淮河担任民工医防工作，给我们以极大的支援，保障了民工的健康，使胜利地完成治淮工作，我们是非常感激的。此外参加治淮医防工作的还有中央卫生部的中央防疫队、华东防疫队等单位，同样给我们以很大的支持，在此并致谢意。"[③]

从1950年到1954年的4年中，中国红十字会医防服务队参加了为根治水旱灾害的各项水利工程，在治淮、荆江分洪、河南的治黄、岳阳的南洞庭湖整修、澄锡运河拓浚以及金盆浴鲤水库等各项水利建设中，都发挥了忘我的工作精神，贡献了自己的力量。特别是在伟大的治淮工程中，他们在淮河流域巡回工作了4年，为根治淮河作出了突出贡献。

三、多彩的画卷

中国红十字会医防服务遍地开花，不仅香飘淮河两岸，而且生根于各行各业，特别对易于"被遗忘的角落"——老少边穷地区，给予了特殊的关爱。

革命老区和边疆少数民族地区，贫穷落后，医疗卫生几乎无从谈起，"各少数民族，极端缺乏科学的医药卫生设备，他们有了疾病，只靠打卦、念经、祭鬼、求神，因此常至倾家荡产。……少数民族生活艰苦，疾病很多，特别是藏区流行的性病，云南、西康一带的麻风和云南边境的瘴气病为害最大。此外沙眼、胃病、肠寄生虫、甲状腺肿、风湿性疾病等各地都很普遍。婴儿死亡率一般很高，云南、贵州有的地区竟达百分之八十"。至于革命老区，"因为过去历受国民党反动派的严重摧残，全国解放后，虽然已经恢复了不少元气，但是人民的生活还是比较艰苦的，医疗卫生的设备，也非常需要"。有鉴于此，中国红十字会除在老少边穷地区普遍建立医疗卫生机构之

---

① 周世民：《治淮线上的医务工作者》，《新中国红十字》1951年第9期，第24页。

② 李德全：《中国红十字会总会改组一年来的工作总结》，《新中国红十字·庆祝总会改组一周年纪念特大号》，第28页。

③ 《保障民工健康是根治淮河的重要工作——中央水利部办公厅郝执斋在欢迎会上的讲话》，《新中国红十字》1951年第11期，第13页。

外，于1951年11月，专门成立了第二医防服务大队，“这是新中国红十字会在‘动员和组织人民实行自救助人’救济福利方针下，‘协助各级人民政府，面向人民大众，宣传并推广防疫、卫生、医药及救济福利事业’的又一个具体的表现；也是继治淮第一医防服务大队组成、生长、壮大后又一支医防工作生力军的出现”。

第二医防服务大队以刚从朝鲜前线归来的国际医防服务第一大队的队员为主体扩充而成，共有医护、后勤人员249人。大队长黄超汉、副大队长胥继昌，即原国际医防第一大队的正、副大队长。“他们通过了抗美援朝这一伟大工作的实际锻炼，政治认识大大提高了，爱祖国、爱人民的热情大大增长了。回国汇报和总结工作后，全体队员，不愿休息，即一致在自觉自愿的基础上，签名要求到少数民族地区和老解放区去工作。中国红十字会总会根据了人民的需要，同时也满足了群众的要求，所以决定组织第二医防服务大队。”① 1951年年底，第二医防服务大队兵分两路，开赴江西革命老区和海南岛少数民族聚居地区，开展医防服务。

江西队于12月9日到达目的地，分发到瑞金、井冈山、上饶及七个专区从事妇幼卫生、医疗防疫、卫生宣教等工作。由于队员“具备着高度服务热情及吃苦耐劳精神，颇得群众爱护与好评”。海南岛队到达目的地后，即分赴保亭、乐东、白沙三县及五指山区开展医疗防疫工作。他们不辞艰苦，跋山涉水，深入五指山为黎、苗两族同胞普遍种了牛痘，还举办助产员、卫生员训练班，共培训出公共卫生员1046人，助产员1273人，同时经常向黎、苗两族同胞作卫生宣传教育，发动他们整理环境卫生。医防队员“艰苦的生活和努力工作的表现，深深地使黎、苗两族同胞感到只有在毛主席的领导下，才能有这样为他们服务的医生”②。

第二医防服务大队的工作于1952年10月结束。根据当地群众的要求，医防大队撤离时江西队65名队员、海南岛队34名队员自愿留在当地继续进行医疗防疫工作，其余队员整编为7个中队，由黄超汉队长率领至河南为治淮民工服务。

为适应新的形势，发挥医防队员更大的作用，总会根据中央人民政府卫生部的指示，1953年12月，将第一、第二医防服务大队集中开封，改编为三个医防服务大队，分赴华北、西北、中南三大行政区工作，“由各该大区卫生部门负责领导、使用和掌握，工作重点将放在工矿区，以便积极为生产服务”③。1954年1月，三个医防大队分别向所属各大区报到。

为保障基本建设工人的健康，消灭传染病，减少伤病率，提高出勤率，西北区医

① 《为少数民族及老解放区群众服务——祝第二医防服务大队出发》，《新中国红十字》1951年第4期，第3页。

② 《第二医防大队江西队工作暂告一段落》《第二医防队海南岛队返抵北京》，《新中国红十字》1952年第11期，第19、35页。

③ 《本会新编三个医防大队愉快地走上新岗位》，《新中国红十字》1954年第2期，第16页。

防大队所属三个分队，于 1954 年 3 月先后到达西安、兰州等地基本建设工地开展卫生防疫工作。

中南区医防大队分编为 6 个分队，除第一分队担任治淮工地医疗防疫外，其余 5 队分别担任 5 个厂矿的卫生工作。

华北区医防服务大队，在 1954 年 5 月份先后派遣了两个工作组至丰沙铁路新线及官厅水库水力发电工程处协助开展民工卫生工作；另派一个小组至河北省鼠疫防治所配合开展消毒、检疫和打扫环境卫生、灭鼠、灭蚤等群众性防疫工作。

从 1950 年到 1954 年的 4 年中，中国红十字会总会团结了广大的医务工作者，组织了各种形式的医防服务队，深入各条战线，广泛开展医防服务，为新中国社会主义建设事业作出了不可磨灭的贡献。

在总会组织医防服务队的同时，各地分会也组织了各种类型的医防队，如常州、江阴、开封、永城的农村巡回医防队，青浦的防治血吸虫病医防服务队，昆明的个旧矿区和丽江震灾医防服务队，内江为修筑成渝铁路民工组织的医防服务队，岳阳的荆江分洪医防服务队，垫江为运粮民工组织的医防服务队，南宁的为少数民族组织的医防服务队，等等。这些医防服务队，在他们的工作地区，对促进人民卫生保健事业，支援国家建设都作出了重要贡献。[①]

中国红十字会的医防服务遍地开花，呈现出多姿多彩的画卷。医防队员的足迹遍布祖国的大江南北、长城内外，他们的光辉业绩，在共和国史上留下闪光的一页。

第三节 国际医防服务队纪实

当中国红十字会在国内广泛开展医防服务之时，1950 年 6 月 25 日，朝鲜战争爆发。战火迅速烧到鸭绿江边，中国面临“唇亡齿寒”的危险。10 月 8 日，毛泽东主席发布命令，将东北边防军组成中国人民志愿军出国支援朝鲜人民军作战，以抗击美国侵略者。抗美援朝、保家卫国成为当时全国人民的中心任务，也理所当然成为新生的中国红十字会的中心工作。国际医防服务队组织起来，肩负着神圣的使命，开赴朝鲜战场。

一、医防服务队的组织经过

朝鲜战争爆发后，1950 年 7 月 26 日及 8 月 22 日，中国红十字会总会为抗议美帝

① 兰于树：《活跃在祖国各地的医防服务队》，《中国红十字》1983 年第 11 期，第 5 页。

滥炸朝鲜、侵犯中国领空，先后发表声明："美帝国主义的侵略行为，无疑地是破坏了联合国宪章，而这种兽性轰炸，更是蔑视一九四九年十二月八日的日内瓦战时平民保护公约。我们中国红十字会总会特代表中国的三十八万会员，坚决地拥护我国周外长的声明，并严重抗议美帝国主义的犯罪行为。我们号召美国和其他各国的红十字会会员，团结本国人民，一致奋起，为制止美帝国主义者对朝鲜人民的侵略与暴行而奋斗!"① 这声明充分表明了中国红十字会坚决维护日内瓦公约、反对战争、保卫世界和平的立场。

抗美援朝保家卫国运动是爱国主义和国际主义的伟大实践，是世界人民保卫持久和平争取人民民主的反帝反侵略运动的一个重要组成部分。中国红十字会总会决定并号召各地分会医务工作人员组织志愿医防队，担任抗美援朝战争战伤救护工作和朝鲜难民救济工作。1951 年 1 月 14 日"中国人民保卫世界和平反对美国侵略委员会"（简称"中国和大"或"和大"）发出通知，号召全国行动起来，捐款捐物，慰劳中朝人民战士及救济朝鲜难民。此后中国红十字会一面与中国救济总会联合指示各地分会协助此项募捐工作，一面发动组织救济朝鲜伤兵难民医防队，并于 1 月 22 日向全国各地分会发出通知，号召本会全体会员和工作人员在自觉自愿的基础上踊跃参加，担任朝鲜难民医药救济工作。为使各地志愿报名参加抗美援朝的医务工作人员有统一的组织领导，中国人民保卫世界和平反对美国侵略委员会与中国红十字会联合制定统一组织全国各地志愿医务队的办法于 2 月 9 日正式发布，于是这项工作在全国范围内深入地开展起来。由于这一号召是以全国人民抗美援朝的情绪日益高涨为基础的，所以在短时间内掀起了报名的热潮，各地大多数分会积极与当地人民政府有关部门进行协商联系，如重庆市分会与各界成立了"重庆市人民抗美援朝志愿医疗队筹委会"，迅速发动了志愿报名工作。由城市到乡村、由内地到边疆，全国各地红十字会员、医务工作者踊跃参加，到 3 月 5 日止，向总会报名的单位依次有南京分会（19 人）、广州分会（28 人）、汉口分会（24 人）、重庆分会（12 人）、万县分会（12 人）、南宁分会（15 人）、江门分会（9 人）、即墨分会（19 人）、安庆分会（12 人）……共计 50 多个分会 833 人（其中以个人名义报名的 51 人）。报名的热烈、广泛程度上充分显示了新中国成立初期广大医务工作人员和红十字会员高度的爱国主义、国际主义和人道主义精神，不能不为今天的人们所赞叹。

在"报名运动"中，涌现出许多生动感人的典型范例，例如："安庆张宝友同志咬破了手指写了血书，保证他坚决地完成任务。济南张运枢医师费了很大力量，说服了他八十三岁的母亲，而且带了儿子和侄女，一起到了北京。无锡胡立人医师的父亲是盲人，他说他看不到毛主席，但他体会了新中国的无限光明，鼓励儿子去朝鲜。长泾

① 《中国红十字会抗议美机滥炸朝鲜、侵犯中国领空》，《新中国红十字》创刊号，第 15 页。

张宇和医师撇下了一个小孩坚决赴朝。好几对夫妇联袂报了名，好多医务工作者曾经多次请求参加医防队未准，在这次坚决要求下获得了组织的批准，他们生怕在火热的革命运动中失去了战斗的机会。如常州分会有撇下了不到一个半月婴儿的母亲，有向病中的母亲跪泣请求的女同志，南宁分会因为报名助理护士的较多，因之有些女同志恐怕淘汰，夜间失眠，甚至吃不下饭和暗泣的。如即墨有四十几位医护人员全部争取报名参加，后来用民主方式推定了十二位，其余落选的很多痛哭流涕，自恨条件不够；而决定参加者就把自己诊所的门一锁就出发了，什么都没有留恋。这许多实例都足以说明，在新的历史条件下，我们面向真理，拥护正义，为广大人民服务的医务工作者，已经在爱国主义和国际主义的光荣旗帜下站立起来，团结起来，从四面八方，集中到人民的首都，汇成伟大的洪流，把他们科学的技术，把他们的力量与生命，贡献给祖国的号召，贡献给人民的事业，贡献给抗美援朝的神圣庄严的任务!”①

自愿报名的志愿抗美援朝的医务工作者经中国红十字会的初步审核批准，先后来北京报到的单位和人数：常州分会 3 人、洛阳分会 5 人、济宁分会 3 人、青岛分会 10 人、即墨分会 12 人、广州分会 28 人、北京分会 12 人……共计男 181 人，女 102 人。其中医师 67 人，医助 32 人，护士 62 人，助产士 12 人，助理护士 53 人，X 光技术员 1 人，检验员 8 人，调剂员 20 人……为了加强医防队的思想准备，优化技术条件，在集中北京编改期间，举行了短期的补充教育，包括政治学习和业务学习两个方面，其中业务学习方面以防疫和救护为中心，以战伤的急救为重点。

医防队本拟定名为“抗美援朝医防服务队”，但由于这个医防队不仅为中朝人民战士服务，同时还要（主要的）为朝鲜难民服务，也就是说它是国际人道主义的体现，所以最后决定采用“国际医防服务队”的名称。经组织学习后，编为两个国际医防服务大队：第一大队担任一般的医疗及防疫工作，下辖 10 个队，大队长周立新，副大队长黄超汉、王庆春；第二大队担任手术工作，下辖 4 个队，大队长冯雁忱，副大队长王训颎、王滋才。医防队员以饱满的热情，随时准备跨过鸭绿江，接受血与火的洗礼。

二、欢送光荣的队伍赴朝

1951 年 3 月 10 日下午，为欢送光荣的队伍——中国红十字会国际医防服务队，中国人民保卫世界和平反对美国侵略委员会等单位在北京饭店举行了盛大的欢送会，到会的单位包括各民主党派、各人民团体及中央政府有关机关代表千余人。全体队员在庄严的军乐声中和群众的热烈掌声中步入了会场。大会由“中国和大”副主席陈叔通主持并致开会词：“中国人民保卫世界和平反对美国侵略委员会，今天在这里举行大会

① 李德全：《中国红十字会国际医防服务队的组织经过及其任务》，《新中国红十字》1951 年第 7 期，第 2－3 页。

欢送中国红十字会国际医防服务队到朝鲜去工作，我代表委员会向光荣的国际医防服务队全体同志们致以崇高的敬礼。‘国际医防服务队’的组成，是中国人民的深厚的国际主义精神的具体表现，是中国医务工作者的革命的人道主义的伟大实践。……现在即将远离祖国到朝鲜去，为英勇反抗美国侵略者的中朝人民部队和朝鲜难民全心全意地服务。这种伟大的行动，不但将大大鼓舞全中国人民抗美援朝的爱国热情，并且将会大大加强前方将士和我们兄弟国家的苦难人民的斗争勇气和力量。”①

继由中国红十字会会长李德全宣读了国际医防服务队全体成员名单，把队旗授给2位大队长和14位队长，16面红十字大旗在雄壮的军乐声中显得格外光彩夺目，欢送群众以长久热烈的掌声来映现了一个无比生动的场景。李会长在授旗致词时说：“今天我以中国红十字会会长的名义向你们授旗，同时宣布中国红十字会国际医防服务队的组织正式成立。由于这一个组织的成立，不但证明了中国和大和中国红十字会联合向全国医务工作者发出的号召，获得了普遍的响应，而且证明了：抗美援朝爱国运动的新高潮已经扩展到辽远的边疆，已经深入到广大的农村，也已经推动了我们追求真理、拥护正义、服务人民的医务工作者。我们中华人民的好儿女，更进一步的发挥了革命的人道主义精神……由于这个组织的成立，不但使医务工作者能够发挥出伟大的团结力量，而且也标记出新生的人民的中国红十字会，在改组不久的时间内，已经迈上了一个新的阶段，能够依靠群众，组织群众的力量，来担负新中国红十字会的中心任务，来实现祖国的建设方针，来为人民的崇高的理想而斗争。同志们！我现在要授给你们一面光荣的旗帜，它代表我们新中国红十字会的爱国主义、国际主义和革命人道主义的伟大精神；它代表中国人民保卫世界和平的信心和反对帝国主义侵略的正义力量；它凝结着祖国人民对于兄弟国家朝鲜人民的伟大的友谊和真诚的热爱；它象征着科学技术与政治觉悟相结合的真理的光辉；因此它就代表着正义、代表着胜利。同志们！愿你们发扬祖国的光荣，高举起这面为祖国人民的热爱和朝鲜人民的希望所集中的旗帜……全心全意地为朝鲜前方英勇的战士，为后方苦难的朝鲜人民而服务。为了医治战争创伤、预防疫疠灾害，为了疗治伤员、救护难民，贡献出你们最大的力量，发挥出你们最高的技术，……来争取全世界人民的持久和平和民主解放。……我衷心地预祝你们接受了这面旗帜以后，能用你们集体的努力，使它变成更光辉更荣誉的旗帜！”②

中国国民党革命委员会主席李济深、朝鲜驻华大使李周渊、民盟中央政治局秘书长章伯钧、全国妇联主席蔡畅、中华医学会理事长傅连暲、中华护士学会理事长沈元晖、北京市医药卫生界抗美援朝联合委员会主任委员方石珊等都讲了话。朝鲜大使馆、中央卫生部、军委卫生部、北大医学院、协和医学院、国立第一助产学校、中央卫生

① 陈叔通：《医务工作者与全国人民并肩前进》，《新中国红十字》1951年第7期，第5页。
② 《李德全会长向国际医防服务队献旗致词》，《新中国红十字》1951年第7期，第6页。

部防疫总部、中国红十字会总会工会及红十字会北京市分会等单位向国际医防服务队献花、献旗并献词。国际医防服务队第一大队队长周立新、第二大队队长冯雁忱致答词：“刚才承李会长授给我们一面光辉的旗帜，又听到各位首长各位来宾的许多宝贵的指示和鼓励，使我们更认识到我们所负的责任是多么重大！多么为全国人民所关心注目！我们决不辜负这面光荣的旗帜，也决不辜负人民对我们的希望。……我们所从事的事业，是真理的事业，是正义的事业，是推动历史的事业，是服务于人民的事业！我们的行动有着亿万人民的支持，有着光辉的共产党的思想领导，这使我们增加了无限勇气，能够不怕任何困难地走到光荣的岗位上去！为这个伟大的事业而奋斗！同时也是为新中国红十字会的崇高理想而奋斗！”“为了热爱我们的祖国，为保卫和巩固世界和平，为了祖国人民对我们殷切的期待，我们愿意坚决的学习白求恩的精神，救死扶伤，发扬革命的人道主义走到与帝国主义斗争的最前线去。”[①]

授旗仪式

盛大的欢送大会后，当晚七时中国人民抗美援朝总会、中国人民救济总会、中央卫生部、军委卫生部和中国红十字会总会等5个单位联合举行热烈的送别晚宴，宴请国际医防服务队的全体队员，陈叔通、李济深、贺诚、李德全、陈其瑗等领导向队员们表示敬意和祝贺，队员们深受鼓舞，表示将坚决地克服一切艰难险阻完成祖国人民的重托。

3月17日，国际医防服务队出发赴朝，中国人民抗美援朝总会在车站举行了隆重

① 《国际医防服务队第一大队大队长周立新答词》、《第二大队冯雁忱大队长答词》，《新中国红十字》1951年第7期，第10页。

的送行仪式，陈叔通、李德全、彭泽民、陈其瑗、伍云甫、曹孟君、龚普生、林士笑等领导及各人民团体的代表和朝鲜驻华大使馆参赞等400余人到车站送行。下午1点，医防服务队队员们在热烈欢送的掌声中走上列车，奔赴朝鲜。

歌声在嘹亮，
热情在奔放，
走向前去吧！
高举着光荣的红十字旗帜，
去发挥国际友爱的光芒！①

这首《欢送国际医防服务队》的诗，表达出祖国人民对国际医防服务队队员的殷切希望。

国际医防服务队第一、二大队是在全国抗美援朝的高潮中响应"中国和大"和中国红十字会总会的号召，在自觉自愿的基础上迅速地组织起来的，队员来自全国各地，从北京到南宁、从青岛到平凉，他们都有着爱祖国爱和平的炽热情怀，他们以自己的行动又一次对全世界表示出中国人民热爱祖国、保卫世界和平的坚强意志。组织国际医防服务队的过程实际上是一次爱国主义、国际主义和人道主义的伟大实践。随着抗美援朝运动的发展和朝鲜战场救护的需要，中国红十字会又相继组织和派出了5支国际医防服务队，即由天津市医务工作者108人组成的第三国际医防服务大队，于1951年5月25日从天津出发赴朝；由155名医护工作者组成的第四、第五国际医防服务队于6月28日离京出发，陈叔通主持欢送仪式；由55人组成的第六国际医防服务大队于7月11日从北京出发，李德全会长等到车站送行；9月27日国际医防服务队第七大队117人由天津出发，天津各界代表举行了隆重的欢送会。至此参加这7个国际医防大队的工作人员共666人，各队在前方工作时间一般都在半年以上，有的长达一年多。他们在极其艰苦的条件下工作，胜利完成了任务。

三、国际医防服务队在朝鲜

中国红十字会国际医防服务队，在人道主义精神的鼓舞下，先后组成了包括内科、骨科、胸腔科、腹腔外科、口腔外科、五官科、普通外科、矫形外科、传染病科、防疫科的7支医防大队走上抗美援朝的前线。在近一年半艰苦时日中，队员们发挥了高度的爱国主义、国际主义和人道主义的精神，夜以继日地以全部精力、技术和智慧为朝鲜人民、朝鲜人民军和中国人民志愿军伤病员服务，他们卓越的工作鼓舞了反侵略战士的战斗意志，挽救了伤病员的生命，加强了中朝人民牢不可破的友谊，对抗美援

① 《新中国红十字》1951年第7期封底。

朝运动和保卫世界和平的事业作出了巨大的贡献。

1951 年 3 月第一、二大队首先“雄赳赳，气昂昂，跨过鸭绿江”，紧接着一队又一队参加了朝鲜前后方的防疫和医疗工作，他们克服了一个接一个的困难，白天敌机不时轰炸和扫射，他们就在夜间行动；公路和桥梁被敌人破坏了，他们就绕道涉过刺骨的溪河；城市被炸成了废墟，他们就搭起帐篷住在田地里和森林里。朝鲜人民军和中国人民志愿军英勇战斗感动着他们，正义和真理支持着他们，反侵略战争的必胜信念鼓舞着他们忘我地工作。

在接近火线的战地里，在“一切为了伤病员”的口号下，队员们利用每天工作中仅有的空余时间搬运石块、砍伐树木，用自己的双手修建起手术室、升降手术台、治疗室、洗浴室、输液架以及许许多多的医疗用具和设备。第七大队建筑起可以容纳一千余名伤病员的病室。

战地救护

前线的护理工作同样是极其艰苦的，护士们每天给伤病员洗澡、漱口、洗脸、接屎接尿、换被裤、喂水、喂饭，在寒冷的夜间还为他们烧火取暖。女队员们在紧张的工作之后，在零下 30℃的天气里，到河边为伤员们拆洗衣服和敷料，深夜里她们还坐在灯下为伤员们缝补着鞋袜，他们待战士如同亲人一样温暖。“中国人民优秀的女儿李伟英”，就“像慈母般的日夜看护着伤病员。……在战斗中，更充分地发挥了白求恩大夫的服务精神，她在敌机发疯似的盲目轰炸下，以自我牺牲的精神，勇敢地将伤病员们抬到安全的场所，予以救护。在八月十三和十四两日，约四百架敌机乱炸平壤城郊的和平居民区时，她勇敢地将重患者背到安全地区，因此被她的英雄行为所感动的其他工作人员和轻伤患者，也全都出动抢救重患者，得以安然避难。以后又好几次在夜间被炸时，她以同样的行动，抢救了许多伤病员。”① 许许多多“李伟英”，用实际行动实践着“一切为了伤病员”的庄严承诺。

队员们总是想尽一切办法把生命危在旦夕的战士从死神的手中抢救出来，如在七大队的一个病房里，一个年轻的朝鲜人民军伤员李洁洙，因失血过多而处于濒死状态。护士部静霞伸出了胳膊向医师要求献血，但由于她皮下脂肪过厚，血管找不到，部静霞毫不迟疑地要求切开，医师不能拒绝她那种强烈的要求，切开皮肤，两次共抽鲜血450毫升，这样及时的挽救，使李洁洙转危为安。第五大队的青年团员徐道安、吴德杭．王一之、黄仙华等队员也集体献血1000毫升，挽救了伤员苏元祥的生命。医防服务队的每个队员都随时准备着一次、两次以至更多次地把自己的鲜血献给为保卫祖国、保卫世界和平而流血的朝鲜人民和中国人民志愿军。在手术室里，医生和护士们不分昼夜地忙着做急救手术，抢救伤病员。王庆春医生为了抢救重伤员从平壤徒步赶到前方，没有休息就参加抢救伤员的工作，在十天十夜里进行了大小手术40多次。诸如此类事例不胜枚举。

碧潼战俘营总医院

① 《致本会李会长函表扬第一大队队员李伟英》，《新中国红十字》1951年第4期，第17页。

中国红十字会国际医防服务队，同样以人道主义的精神对待战争中的罹难者、病人和战俘。有一部分队员深入战俘营里，为那些失去了抵抗力的战俘服务。他们不仅对营地里的环境卫生和传染病的管理予以极大的注意，并且供给战俘以丰富的饮食和其他生活必需品。他们还帮助和教育战俘搞好个人卫生，纠正他们偷懒、依赖、自私和随地便溺的恶习。营地里发现了传染病他们就马上为战俘蒸洗衣服、被褥，实行隔离，并治愈了他们的战伤或年久未愈的痼疾，生活在俘虏营里的战俘都深切感到中国医生护士的人道关怀。战俘汤姆生离开病院时说：“我一生一世从未见过任何一个美国医生像中国医生这样的仁慈和负责任，更未见过对战俘这样宽大的军队。”[①] 有的战俘如英俘哈洛宾还写信感谢中国红十字会，他在信中写道：“我得到最好的药品、照顾和治疗，这是一个战俘所不能期望得到的，我还可以在医院场地的四周自由地行走，而没有人监视着；凡是我所想做的事情，差不多都已被批准，所以我要趁这个机会来向中国红十字会的林医生和曾医生道谢，感谢他们的非常周到的待遇，我将把许多愉快的回忆带回去，告诉我们英国的人民；并且把中国人民的高尚品德和善意也告诉他们，中国人民对任何人都没有宿恨，我希望他们在未来的年代里将继续进行这种对世界人民的良好工作。”[②] 战俘们为国际医防服务队员们的人道主义精神所感动。

四、载誉凯旋

国际医防服务队在完成任务后陆续由前方回国。1952 年 10 月 24 日，第一大队 139 人由黄超汉大队长率领首批胜利归来（其余 30 余人仍留朝鲜继续工作），备受各界热烈欢迎。当日下午 4 时许，中国人民抗美援朝总会、中国人民救济总会、中央人民政府卫生部、内务部、军委总政、军委卫生部、北大医学院、中国红十字会总会及首都医药卫生界人士 200 余人，在北京车站举行盛大的欢迎会。会上由中国人民抗美援朝总会代表彭泽民、中国红十字会会长李德全、朝鲜驻华大使馆参赞崔英、救济总会秘书长伍云甫等分别致欢迎词，热烈欢迎首批医防服务队员载誉归来。

国际医防服务队第一大队在朝鲜工作半年多，在“一切为了伤病员”的口号下，为朝鲜人民军、朝鲜老百姓和中国人民志愿军作医防服务，涌现出许多模范典型事迹，获得朝鲜人民与伤病员的热爱与称誉，在完成任务整队归国前，许多队员坚决要求继续留朝工作，但终因人数限制，除 30 多人获准留朝外，多数队员服从安排，以十分留恋的心情，带着朝鲜人民和伤病员的热爱以及赠予的锦旗、绢书，在抗美援朝周年纪念日的前夕回到了祖国首都北京，受到各界及总会的热烈欢迎。10 月 29 日，北京市医药卫生界抗美援朝委员会又在协和礼堂召开了欢迎大会，到会 400 余人，李德全会长

① 东方明：《中国红十字会国际医防服务队在朝鲜》，《新中国红十字》1952 年第 9 期，第 14－15 页。
② 《英美战俘感谢我们的宽待·英俘哈洛宾的感谢信》，《新中国红十字》1952 年第 1 期，第 11 页。

在会上讲话，对队员进行谆勉与嘉奖。大队长黄超汉、副大队长胥继昌在欢迎会上报告了在朝鲜工作的情况："大队第一阶段七十五天分散在朝鲜的前后方共作一般治疗二四七六二人，传染病治疗九〇五八人，预防注射二八八二三人。其他如消毒、灭虱、改良厕所等都有良好成绩。在前方曾在最前线进行急救，在后方除作预防治疗工作外，并进行政治宣教工作，在工作上发挥积极创造性，对中朝团结友谊和交流方面也作了许多工作。"第二阶段的工作，主要是在病院负责治疗和配合治疗，两病院共治疗5474人，获院方传令嘉奖。在急救方面，医防队员"英勇地从烟雾里抢救烧伤百姓，立刻实行急救治疗，……踊跃为伤病员输血，深深感动了伤病员。"①

中国红十字会国际医防服务队，在朝鲜前后方艰苦工作，获得朝鲜人民普遍的尊敬与爱戴。当队员们回国时，接受了许多朝鲜人民的感谢信或其他的纪念品。这些信中洋溢着中朝人民火一般的团结热情与朝鲜人民坚强的斗争意志。朝鲜人民军第37号病院第一病栋全体伤兵在给李德全会长的信中写道："我们是由于中国国际医防服务队第一大队同志们热诚救护之下，得以快要恢复健康的朝鲜人民军伤病员。我们正以依依不舍的心情欢送着他们。他们在这里发挥了白求恩大夫的高度国际主义精神，在这里我们以十二万分感激的心情，将向大队……致敬。……全体工作同志们留下的模范事迹，将在我们祖国的革命史上，记下光辉灿烂的一页。我们三十七号病院第一病栋的伤病员是永远永远的刻骨不忘你们给我们的恩情的。"②

在国际医防服务大队，涌现出许多模范，总会曾以京〔51〕宣字第400号通报致各单位，表扬其中17名成绩特优的队员，原文如下："本会国际医防服务队第一大队在朝鲜前后方由于全体同志刻苦耐劳忘我工作，高度的发扬了国际主义、爱国主义、革命人道主义精神，因此，他们已做出了不少的成绩，也创造了不少典型事迹，在该大队的评功选模运动中，评选出成绩最优者有薛炳坤、张书绅、邢玉亭、柴元庆、祖厚吾、昊云田、张大焰、任志勤、唐少甫、郜静霞、韩文娟、定淑敏、陈玲直、杨荣恩、刘大汉、苏经美、徐培君等十七位同志，他们在工作中表现了高度的积极性与主动性，想各种办法，克服困难。……这是我们中国红十字会的光荣，这也是我们医务工作的光荣和榜样，我们将为巩固和发展抗美援朝的伟大胜利而继续努力。"③

《朝鲜人民军报》记者张景周曾采访过中国红十字会国际医防服务队第七大队，并在1952年2月14日《朝鲜人民军报》上发表了《高贵的生命之恩人们!》的报道。他在文章中写道："当我去访问在平壤附近工作的中国红十字会国际医防服务队第七大队时，王昌来大队长向我介绍了第七大队工作上的具体活动情况，并且谦逊地说：我们工作上的一些初步成果是非常微不足道的。"

---

① 《国际医防服务队第一大队胜利归来》，《新中国红十字》1951年第4期，第8页。

② 《新中国红十字》1951年第4期，第17－18页。

③ 《国际医防第一大队涌现大批工作模范》，《新中国红十字》1951年第2期，第20页。

第七大队在中国人民抗美援朝的伟大旗帜下来到朝鲜，为战斗的朝鲜人民军伤病员服务，已经5个多月了。在伟大的人道主义精神感召之下，队员们一致志愿要求参加抗美援朝的医疗工作，并且向全国人民表示了决心，在决心书上写下了他们坚定不移的意志：“一定治好为和平而战斗的朝鲜人民军伤病员，不完成任务，决不返国!”他们一到朝鲜，是处在不可能有一个设备较完整的病室和手术室遭受严重破坏的情况之下，不管做什么工作都有一连串的困难摆在面前，可是他们全体动员起来，从队长到护士们都毫不犹豫地亲自上山砍木料、挑土，搭起了手术台，建筑起治疗室、洗浴室、治疗室等。队员们在忠实地实践着向祖国人民的誓言，为伤病员献出了自己的精力、技术和宝贵的青春的爱。伤病员都叫他们是“血肉相连的父母也比不上他们，他们是我们最高贵的生命之恩人”。148名中国红十字会国际医防服务队第七大队队员“为帮助朝鲜人民消灭灾难，无视敌机的轰炸扫射，坚强地克服了重重困难，一贯的以活泼、坚持的精神向一切恶劣的条件和环境展开了不调和的斗争。在过去的五个月中，队员们共进行了二百余个大手术，六百余名伤病员痊愈而出院；为挽救许多伤病员们可宝贵的生命，吴志远、曹伦等许多同志们一共输出了三千余西西高度友爱的鲜血”①。他们是朝鲜人民“高贵的生命之恩人”。

五、最崇高的荣誉

对“高贵的生命之恩人”，朝鲜人民当然不会忘记。1952年12月19日朝鲜驻华大使权五稷代表朝鲜民主主义人民共和国最高人民会议常任委员会将“朝鲜最高人民会议功劳章”授予为朝鲜军民服务的中国红十字会国际医防服务队第一和第七两大队的模范工作者30人，两大队在京的模范工作者柴元庆等6人出席受奖。参加授奖仪式的有中国红十字会副会长彭泽民及外交部亚洲司副司长何英等。朝鲜大使馆秘书金东现宣读朝鲜最高人民会议常任委员会关于授予功劳章的政令后，权五稷大使将功劳章授予模范工作者并致以热烈的祝贺。他在致词中说：“朝鲜人民一定要更加巩固朝中人民的友谊，为战胜美国侵略者而奋斗到底。”继由受奖的模范工作者代表柴元庆致答词，他代表30名受奖者向朝鲜人民致谢，并表示将继续站在红十字事业的岗位上，为人民服务。最后彭泽民副会长讲话，表示要以国际主义精神继续为和平事业而努力。授奖仪式在热烈友好的气氛中结束。

荣获功劳章的国际医防服务队队员是：

第一大队：薛炳坤（化验员）、吴云田（护士）、祖厚吾（环卫员）、张书绅（护士）、张大焰（医师）、任志勤（化验员）、徐培君（助理护士）、杨荣恩（护士）、定淑敏（护士）、韩文娟（护士）、刘大汉（医士）、陈玲直（助理护士）、苏经美（通讯员）。

① 张景周：《高贵的生命之恩人们!》，《新中国红十字》1952年第7期，第18－19页。

第七大队：张兴樵（调剂员）、朱四维（护士）、高玲珍（护士）、李鸿驹（护士）、黄崇诚（护士）、顾雅珣（检验员）、雷新宝（护士）、杨濂儒（助理护士）、孙宗贻（化验员）、胡国治（调剂员）、刘毓秀（护士）、何玉琴（护士）、谢宝义（事务员）、柴元庆（医士）、唐兆甫（通讯员）、郜静霞（护士）、邢玉亭（调剂员）。[①]

这30名队员能够获得具有伟大国际意义的特殊荣誉，是由于他们经常地以积极负责的态度为和平事业而努力工作。热爱伤病员是他们共同的特点，几乎每一个人都是昼夜不分地守护在伤病员的身边，像19岁的护理员高玲珍，在严冬的寒夜里去巡视病房，给伤病员盖毯子，察看火炕，有时将自己的棉大衣脱下来给伤员盖，自己情愿受冻。他们把伤病员的健康、安全放在第一位，忠实地履行着所有医防队员立下的“一切为了伤病员”和“伤病员需要什么，就献出什么”的誓言。他们热爱朝鲜人民，热爱工作，爱惜人民的财产。在和朝鲜人民相处的日子里，他们发挥了国际主义精神。在一次敌机轰炸中，事务员唐兆甫抢救被炸伤的朝鲜居民到医院医治，还送钱帮助他们，还有一次在雨季里，朝鲜居民的房屋倒塌了，他冒雨去抢救，将自己的棉衣送给灾民。化验员孙宗贻背着显微镜挨家挨户到朝鲜居民家中去做化验工作。他们时常到病院附近居民中去帮助解决居民家中的困难，想尽一切办法给朝鲜人民解除疾病痛苦。一次，张大焰被敌机炸伤了，但听到一朝鲜家庭六口人误食毒蕈而中毒晕倒，他立即挣扎起来，一拐一拐地赶去，给他们注射了强心剂，一个一个地洗了胃，直到他们转危为安。护理员李鸿驹为使消毒敷料不致被雪沾湿，脱下自己的雨衣包着，自己冒着狂风大雪走了好几里路[②]……一桩桩、一件件，平凡而又伟大。这种国际友爱精神使每个医防队员都与朝鲜人民结下了深厚的友谊。朝鲜民主主义人民共和国最高人民会议常任委员会授予功劳章的荣誉应该属于这30名国际医防服务队的队员，也是中国红十字工作者、全国卫生医药工作者的光荣。

30名荣获功劳章的国际医防队员于1952年12月21日上书毛泽东主席致敬：“保证在不同的岗位上，加倍努力，珍爱与发扬朝鲜人民所赠予我们的荣誉，保卫祖国人民的健康，增强祖国和平建设的力量，支援朝鲜人民争取解放与独立自由的斗争，以答谢朝鲜人民和您像对待自己的子女样对我们的教导和培养。”[③]

《朝鲜人民军报》记者张景周撰文高度赞扬中国红十字会医防服务队，说：“所有的队员都在为争取每一个伤病员重返前线这一光荣的任务而忘我地艰苦地工作着。一种使伤病员忘却伤口痛楚的恳挚而慈祥的作风与精神，充满在全病院里。我们对中国

---

① 《本会国际医防服务队第一、第七两大队模范工作者荣获朝鲜最高人民会议功劳章》，《新中国红十字》1953年第1期，第30页。

② 东方明：《荣获朝鲜最高人民会议功劳章的国际医防服务队员》，《新中国红十字》1953年第1期，第31页。

③ 《荣获功劳章的国际医防队员上书毛主席致敬》，《新中国红十字》1953年第1期，第32页。

人民所给予我们的这种伟大的医疗援助，表示崇高的敬意，我们要赞扬这些满怀着国际主义与革命人道主义精神的中国红十字会国际医防服务队的队员们，因为他们是朝鲜人民的‘高贵的生命之恩人’!”①

这位记者所表达的心情，代表了朝鲜人民对作出卓越成绩的医防队员的高度评价和赞誉。

中国红十字会在新中国建立初期，为配合当时抗美援朝的中心任务，先后14次发表严正声明，抗议美国的侵略行径和违反日内瓦公约的非人道行为，并以实际行动大规模地组织国际医防服务队，在国内和国际上产生了广泛的影响，它一方面扩大了红十字会和医药卫生界参加抗美援朝工作的范围，把全国医务工作的爱国主义精神，通过医防服务队的组织具体地表现出来，对鼓舞朝鲜人民的抗战和生产起了积极作用；另一方面扩大了中国红十字会的社会影响，使社会各方面对红会的基本方针、任务及其作用有了进一步的认识，为今后群众性的会务和业务的开展打下了基础。毫无疑问，国际医防服务队是中国红十字运动史上的一次壮举，对中国红十字会的发展有着深远的影响，同时为维护和保卫世界和平的伟大事业作出了应有的贡献。

2020年10月23日，在纪念中国人民志愿军抗美援朝出国作战70周年大会上，习近平总书记盛赞：伟大的抗美援朝战争，抵御了帝国主义侵略扩张，捍卫了新中国安全，保卫了中国人民和平生活，稳定了朝鲜半岛局势，维护了亚洲和世界和平。抗美援朝战争伟大胜利，将永远铭刻在中华民族的史册上！永远铭刻在人类和平、发展、进步的史册上！抗美援朝战争伟大胜利，是中国人民站起来后屹立于世界东方的宣言书，是中华民族走向伟大复兴的重要里程碑，对中国和世界都有着重大而深远的意义。② 当我们在缅怀用鲜血浇灌和平之花、用生命捍卫人类正义的志愿军指战员，以及所有为这场斗争的胜利作出贡献的人们的时候，不会忘记中国红十字会国际医防服务队在抗美援朝中作出的贡献和医防队员们的无私奉献精神。

第四节 架起中日友谊之桥的访问

“改组”后的中国红十字会，外事活动频繁，其中对日访问更具有非同一般的意义。

1972年9月29日，中日两国政府发表联合声明，宣布从即日起正式建立外交关

① 张景周：《高贵的生命之恩人们!》，《新中国红十字》1952年第7期，第19页。

② 习近平：《论中国共产党历史》，中央文献出版社2021年版，第292、295页。

系，从而结束了两国间27年的不正常状态，开始了中日关系史上的新纪元。但是人们怎能忘记中国红十字会为恢复中日关系正常化“铺路架桥”所发挥的历史作用，特别是1954年10月中国红十字会代表团首次访问日本，揭开了中日关系史上的新篇章。

一、背景——协助日侨归国的人道之举

中国红十字会被邀访日，基于协助日侨归国的人道之举。

抗战胜利后不久，国内战争爆发，大批日本侨民流落中国，忍受着骨肉分离的痛苦。新中国建立之初，居留中国的日本侨民有34000多人，其中东北地区23000人，华北地区4700多人，华东地区1200多人，中南地区3800多人，西北地区1000多人，西南地区80多人。其中有5000多名妇女已与中国人结婚，还有一大批失去父母的日本孤儿，为善良的中国人民收养。[①] 他们多数有回国的愿望，日夜思念故乡，思念亲人，但因两国间并无外交关系，归国成为奢望中的难圆之梦。出于人道关怀，中国红十字会对这一历史遗留问题倾注了一腔热血，从1949年到1952年，共协助日侨520人分批回国，但绝大多数日本侨民仍然滞留中国，梦难成真。

1952年7月，由中国红十字会、外交部、公安部、总理办公室等部门组成了日侨事务委员会，拟定出协助日侨归国的计划。《政务院关于处理日侨若干问题的规定》，对有关问题作了明确规定，其中包括归国日侨在中国境内的食宿、路费等，由中国政府负担，个人财产允许带走等内容。日本政府委托日本红十字会、日本和平联络委员会和日中友好协会三团体组成代表团来华洽商有关事宜。1953年1月31日，代表团抵达北京，受到中国红十字会的热情款待。

1953年2月15日，中日双方就日侨归国问题在中国红十字会总会举行第一次正式会谈。中国红十字会方面出席的有：首席代表廖承志，代表伍云甫、赵安博、林士笑、倪斐君、纪锋等6人；由日本三团体组成的日方代表团出席的有：团长岛津忠承，副团长平野义太郎、高良富等7人。会谈开始后，中国红十字会首席代表廖承志首先发言。他说：“日本军国主义政府过去的八年侵华战争，对于我国人民曾经造成了令人难忘的灾害，而其结果对于日本人民更造成了至今未能解脱的重重苦难。现在日本的吉田政府，正在企图复活日本军国主义，……敌视中华人民共和国，以致直到今天，中日两国的战争状态尚未结束，因而威胁着远东及世界的和平，所有这些，是中国人民所坚决反对的。但是，我们相信，中日两国的人民都是爱好和平的，是愿意相互友好的。我们同情日本人民今天的处境及其为争取独立、民主、和平而奋斗的努力。日本人民的这种努力，已有许多事实表现。因此，我们把一切爱好和平的日本人民看做是自己的朋友，把他们和吉田政府区别开来”；“在全中国大陆解放之后，留在中国的守

① 中国红十字会总会编：《中国红十字会的九十年》，中国友谊出版公司1994年版，第164页。

法的日本侨民得到了我国人民政府的保护。他们过着和平的生活，他们可以和日本国内自由通讯。随着中国人民生活的日益改善，他们的收入也逐渐增加了，他们可以汇款回国，赡养其在日本的家属。凡是愿意回国的日侨，我国人民政府都会协助他们返回日本；凡是愿意留下来的日侨，我国政府是准许的，只要他们遵守中国人民政府的法令”；“我们已请求我国政府批准了使用天津、秦皇岛、上海三地作为日侨归国的出境港口，并已做好了每批集中三千人至五千人同时分由上述三个港口出发的准备”；“关于日侨出境所携带的物品，除了我国政府所规定的禁止出口品及违禁品外，凡属日侨私人的东西在按照规定向海关办理手续后都可带走，不加限制。此外，中国红十字会为了照顾日侨的困难，对他们从开始集中到上船前的费用愿意帮助解决。”①

日本代表团岛津团长“对中国红十字会以真正人道主义的精神协助日侨归国及对此次给予他们的招待表示衷心的感谢”。他说：“日本对中国的战争使中国人民遭受了很大的牺牲，现在回想起来，感到非常难过。尤其对中国红十字会首席代表廖承志发言中提到的中国红十字会为照顾日侨的困难，对归国日侨携带物品的处理，和从开始集中到上船前的费用，中国红十字会愿意帮助解决，认为是很宽大的措施，表示十分感激。……这种措施，将有助于中日两国人民的友好。”② 中日双方代表团还就来船手续和各项具体问题举行了两次会议，达成共识。3 月 5 日，第四次会谈通过了《关于商洽协助日侨回国问题的公报》，会谈取得了圆满成功。为感谢中国红十字会对日侨归国的协助，日方代表团团长、日本红十字会会长岛津忠承郑重提出“邀请中国红十字会各代表在今年秋间访问日本，以便加强中日两国人民的友谊”。中国红十字会代表团首席代表廖承志“对岛津团长邀请中国红十字会代表访问日本一事表示感谢，因为这种访问能够促进中日两国人民的友谊”③。

“邀请”已经发出，但到中国红十字会代表团访日成行，共经历了 20 个月的漫长历程。

二、历时 20 个月的“邀请”

协助日侨回国问题的公报公布后，中国红十字会着手紧张而繁重的“协助”工作。1953 年 3 月 20 日至 22 日第一批归国日侨 1936 人，由天津、秦皇岛、上海乘船回国。截止到这年 10 月 10 日，共有 7 批日侨回国，人数达 26026 名。中国红十字会协助日侨

① 《中国红十字会代表团首席代表廖承志在第一次正式会谈上的发言》，《新中国红十字》1953 年第 2 期，第 14 页。

② 《我会代表团与日本代表团就协助日侨归国问题取得一致意见》，《新中国红十字》1953 年第 2 期，第 13 页。

③ 《我会代表团与日本代表团就协助日侨归国问题取得一致意见》，《新中国红十字》1953 年第 2 期，第 13 页。

分批回国的计划宣告完成，“今后如仍有个别日侨愿意返回日本时，中国红十字会愿意继续给以协助”①。

日侨平安归国后，组织“在华日侨归国者全国联络会”，于1954年元旦致函中国红十字会申谢：“值此迎接辉煌的一九五四年新春之际，谨此衷心地庆贺贵国人民进入伟大的第一个五年计划和平建设的第二年度，大大向世界显示了人民胜利的成就。回想起来，一九五三年是我们在华日侨集体回国获得胜利的一年。去年春天，由于前所未有的国民外交开辟了一条道路，其后即有二万六千名日侨在贵会充满友好精神的特别照顾之下，平安地回国了。对此，我们极为感戴，谨向贵会表示衷心的谢意。”②

作为对中国红十字会人道之举的回应，日本红十字会等友好团体协助数千名旅居日本的华侨归国，并成立“中国殉难者慰灵实行委员会”，收集日本侵华期间被日军劫往日本虐待致死的华工遗骨，分批送回中国。

但是，“邀请”中国红十字会访日一事却由于吉田政府的百般阻挠，变得遥遥无期。为此，“在华日侨归国者全国联络会”奔走呼吁。他们在1954年元旦致中国红十字会的感谢函中表示：“虽然在这种反动势力支配之下，去年我们归国日侨与广大的国民群众团结一起，传播了新中国的真相，这不但突破了反动派的所谓‘竹幕’的说法——遮蔽日本国民耳目的妨碍物——给群众灌输了新鲜的气氛，改变了他们对新中国的看法；而且逐渐地使群众加深了认识，明了只有在中日友好发展的基础上，才能使日本获得独立、繁荣并巩固亚洲的和平。虽在压迫和困难之中，但我们决心为了保护生活和人权，为了日中友好与和平运动，而更加强全国的组织和联系，团结国民群众，应用中国的良好作风来努力奋斗。邀请中国红十字会代表访问日本的事情，虽在去年终究未能实现，但该运动日益走向高涨。我们为了使之早日实现，愿意积极地活动，借以对贵会协助日侨归国表示谢意。”③ 日本红十字会等友好团体也多次集会，不断通过决议，要求实现对中国红十字会代表的邀请。

日本政治、经济、文化、工会、青年、妇女乃至宗教各界的人士无拘无束穿越“竹幕”，源源不断访问中国，而战后饱受大洋彼岸“民主”“自由”之风熏陶的日本，却还没有接待过一个来自中国大陆的客人，连像中国红十字会这样的民间社团也在拒绝同“共产党中国”打交道的幌子下被吉田政府所坚阻，这种巨大的反差，不能不激起日本民众的强烈不满。

面对压力，1954年5月27日，日本国会众议院开会，一致通过决议，要求迅速实现邀请中国红十字会代表访问日本的诺言。5月29日，日本参议院集会，一致通过要求吉田政府同意邀请中国红十字会代表访问日本的决议。至此，日本国会议员在邀请

---

① 《我会协助日侨分批回国工作结束》，《新中国红十字》1953年第11期，第26页。

② 《归国日侨感谢我会对他们的协助》，《新中国红十字》1954年第2期，第21页。

③ 《归国日侨感谢我会对他们的协助》，《新中国红十字》1954年第2期，第21页。

中国红十字会代表访问日本问题上达成共识。

为促成访日的早日实现，6 月 5 日，日本和平联络会、日中友好协会、日本国会议员促进日中贸易联盟和在华日侨归国者全国联络会等 10 个团体的代表，在东京成立“促进邀请中国红十字会代表访问日本协议会”，商定“为了迅速实现邀请中国红十字会的代表访问日本的诺言，今后要向舆论呼吁，并展开签名运动，使吉田政府不再进行阻挠”①。

7 月 9 日至 11 日，日中友好协会在大阪举行第四届全国大会，通过了促进邀请中国红十字会代表团到日本访问、促进日中贸易等项决议和大会宣言。宣言强调日中友好对保卫亚洲和平的重大意义，并号召日本人民努力推进日中友好运动。

7 月 29 日，中国红十字会李德全会长接见了应邀来华访问的日本和平代表团和日本国会议员代表团，对日本红十字会会长岛津忠承先生邀请中国红十字会代表团访日一事至今未能实现表示遗憾。李会长告知，有一批犯有各种罪行的前日本军人将根据中国人民解放军的宽大政策，获得宽赦，中国红十字会准备在得到中国政府的委托之后，和日本红十字会、日本和平联络会、日中友好协会三团体联络事务局，就协助这批前日本军人的回国问题继续联系。

中国人民以德报怨之举，在日本朝野引起极大震动。“竹幕”被打破，吉田政府不得不面对现实，做出友好姿态。就在这种形势下，1954 年 8 月 4 日，中国红十字会接到日本红十字会的正式邀请。从邀请发出到代表团的访日正式成行，经历了 20 个月，中间波折横出，但在日本红十字会、日中友好协会、日本和平联络会和日本人民、日本各界朋友的不断努力下，这一历史性的访问终于得以实现。

1954 年 10 月 30 日至 11 月 12 日，中国红十字会代表团一行 10 人在团长李德全、副团长廖承志率领下，在日本进行了为期 13 天的友好访问。中国红十字会代表团是作为新中国的第一个民间使节访问日本的，它是战后对日进行友好访问的新中国第一个代表团，这是刚刚成立的中华人民共和国与日本往来的一个新发展。行前周恩来总理召见了代表团全体成员，指出：这次代表团访问日本的主要任务是促进中日两国发展友好关系，向日方说明我国愿意和日本和平共处的和平政策和友好态度，商谈继续协助日侨和日本战犯回国等事务。此行应成为一个良好的开端，为今后对日本的更多来往打下基础。对在日华侨要鼓励他们爱护祖国，团结互助；同时也要尊重居住国的风俗习惯和法令，不参与居住国的政治纠纷。周总理的指示是这次访问取得很大成功的重要保证。②

---

① 《日本众议院和参议院一致通过邀请我会代表访日》，《新中国红十字》1954 年第 5、6 期合刊，第 22 页。

② 纪锋：《揭开中日关系史上新篇章的一次访问》，《中国红十字》1992 年第 4 期，第 21 页。

三、欢迎活动盛况空前

中国红十字会代表团10月30日飞抵东京，受到日本人民的热烈欢迎。访日代表团成员、总会联络部部长纪锋在一篇回忆文章中写道："从飞机到达羽田机场那一刻起，我们就沐浴在日本人民友好的海洋里。"在日停留的13天里，代表团访问了东京、名古屋、京都、大阪、神户、横滨六大城市，还在藤泽市参加了聂耳纪念碑揭幕仪式，游览了旅游胜地箱根，"所到之处，万人空巷，彩旗飘扬，《东京—北京》《和平之歌》歌声此起彼伏，不绝于耳"。各地参加欢迎集会的群众有7万多人，沿途和夹道欢迎的群众不下数十万人，在东京去名古屋时，沿途的车站及原野上都有人打着中国国旗、日本国旗及红十字旗致意。东京一地就有90多个团体要求与代表团座谈或会见。日本全国各地给代表团发来贺电、贺信和其他信件近4000封。来信内容热情、恳切，有的对日本军国主义侵华战争给中国带来的灾难表示歉意，有的希望加强中日经济和文化交流，还有人要求两国人民自由往来。送给代表团的礼品重达10余吨，其中有在街头征求行人每人缝一针而制作的"千人针和平鸽"和集体签名的红旗，还有纪念章、医疗器械、书籍、影片、食品等。东京一个女学生发起了"欢迎李德全赠送两万只纸鹤运动"，每只纸鹤里都写有和平、友好的词句。东京特地组织了送礼的仪式，有70多个团体200多人参加。日本著名学者、和平人士柳田谦十郎对李德全会长说："日本人民如此盛大地欢迎外宾还是头一次。"[①] 如此热烈隆重的欢迎盛况充分表明了日本人民对中国人民的友好情谊。

与此同时，中国红十字会代表团在访问期间会见日本各界人士，全方位深层次地进行交往，传达中国人民的友谊，就共同关心的问题交换意见。代表团参观了日本红十字会及工厂、文化古迹，广泛地接触了日本各社会团体和社会各阶层，其中有日本红十字会名誉副总裁三笠宫、会长岛津忠承，日中友协副会长内山完造，日本拥护和平委员会主席大山郁夫，日本和平联络会事务局长田中政春等。

在掌声和欢呼声中，代表团听到了日本各阶层热望中日友好、要求加强往来和恢复中日正常关系的呼声。日本的公众领袖大山郁夫说："日本必须同亚洲各国人民团结一起，尤其是同新中国的人民团结起来。"日本参议院议长河井弥八说："从日本的立场说，必须尽早地建立中日两国的和平关系，加深人民的友好，开展文化与贸易交流，日本才能得到和平和繁荣。这次中国红十字会代表团的访问日本，给予中日两国友好往来以良好的机会。"大阪府知事赤间文三在欢迎会上说："中国的和平友好政策使我们感到兴奋。"京都府知事蜷川虎三说："日本人民愿意和中国人民共同为增进日中友好和加强经济往来而努力。"日本经济团体联合会副会长植村甲午郎说："现在日中两

① 纪锋：《揭开中日关系史上新篇章的一次访问》，《中国红十字》1992年第4期，第21页。

李德全在羽田机场发表演讲

国的经济关系虽然处于不自然的状态，但是我认为这种状态不应长久继续，在不久的将来一定会由于大多数人们的努力而正常起来。我相信，由于李会长这回访日，一定会加深日中两国的相互了解，促进日中两国间的友好，并使经济交流向前发展。”日本国际贸易促进协会副会长田岛正雄在关西地区经济界 180 人的欢迎宴会上说：“我们相信随着中国建设的进展，中日两国可以互相增进经济交流。我们对发展中日两国经济交流的希望是很殷切的。”① 日本改进党、自由党右派社会党、左派社会党以及工会、青年、妇女、农民、救济等团体负责人表达了同样的愿望。代表团访日期间共参加了 19 次各界、各团体和各地方代表的国民欢迎大会和各种座谈会，17 次宴会和茶会，并举行了 13 次记者招待会、播音和电视广播，对日本各社会阶层诚恳地、详细地介绍了中国和中国人民关于中日友好的主张和愿望。

李德全团长明确地说，中国人民认识到加强中日两国人民友好关系对亚洲和平是何等重要。她强调指出：为了保证亚洲与世界和平，中日两国人民的责任十分重大。中国和中国人民愿意把互相尊重领土主权、互不侵犯、互不干涉内政、平等互利、和

① 李德全：《中国红十字会访日代表团访日报告》，《新中国红十字》1954 年第 11、12 期合刊，第 6 页。

平共处的五项原则适用于和世界各国的关系上，当然也同样适用于对日本的关系上。这是中国的国策，也是中华人民共和国和平外交政策的具体表现。中日贸易是会有光明前途的，同时加强文化交流将使中日之间加深相互了解，以进一步改善中日关系并争取与日本建立正常关系。代表团在一切场合中都反复说明：中国人民对日本人民不念旧恶，说明中日之间六十年的战争历史已成过去，中日两国人民的责任就是使这种过去不再重复，并应该努力使中日两国两千年的友好往来恢复与发展起来。李德全会长的讲话在日本人民和日本广泛的社会阶层中引起了良好的反响和热烈的共鸣，人们企盼着中国红十字会代表团的访问日本能够成为中日两国友好合作的开端。

四、成功的访问，共同的心声

在日本红十字会会长岛津忠承的关怀下，东道主为代表团访问作了周到的安排，参与协助日侨回国事务的日中友好协会与日本和平联络会也作了很大努力。以西园寺公一先生为代表的访问过我国的著名人士，热情参加欢迎活动，给予代表团以很多帮助。

访问期间代表团同日本三团体举行两次会谈，签署了关于日侨和日本战犯等问题的备忘录。协议规定，我方不仅将继续协助愿意回国的日侨和日本战犯回国，还将协助他们和家属通信，调查下落不明的人，家属有愿意去中国探亲的也可考虑予以协助。

大阪是代表团访日的最后一站。那里的欢迎大会集中了日本各地区代表，出席者达四万余人。大会主席、大阪大学校长今村荒男致欢迎词说："中国给我们日本人的好意使我们铭记在心，永远难忘。中日两国唇齿相关。战后日本人民处在极其复杂而困难的内外环境之中，大多数人对中国是有亲密感情的。我们相信中日两国人民即使有政治、主义的不同，也可以互相携手、共存共处，这是无可置疑的。"代表团在答词中说："我们相信，只要我们两国友好起来，中日（关系）是有光明前途的。当然，实现中日友好的道路并不是没有困难的。但是根据我们此次访问贵国的切身体验，根据日本朋友对我们表示的友情，我们深深体会到，中日两国人民经过自己的努力，是一定能够友好起来的。"在临行的前一天，日本拥护和平委员会邀请日本文化界名流同代表团开了一个和平座谈会。主席大山郁夫说："诸位到日本以后，从日本各个角落都涌出热烈的欢呼，诸位所到之处在民间卷起感激的风潮，其原因是：一、日本人民对贵国人民一贯的好意表示深深的感谢；二、这是日本人民与贵国人民共同拥有为世界和平努力的热情的反映；三、两国人民有传统的、继续不断的通商贸易和文化交流的历史关系，而通过共同文化在实际上更便于交流相互间的意见。由于这些原因，诸位在我国停留时间虽然很短，诸位给我们留下的影响却是深得无法估计。我们日本人民通过诸位的活动学习到解放了的新中国如何建设着他们的伟大的社会生活，同时也理解了新中国的人民对日本人民的感情是如何深远而且纯真，是如何发之于自然，这对我们来说是用任何代价也换不来的最大喜悦。”① 这段话是对访问最好的总结。

中国红十字会代表团访日之行，影响广泛而深远。11 月 18 日，“促进邀请中国红十字会代表访问日本协议会”在东京举行会议，总结欢迎中国红十字会访日代表团的工作。日本工会总评议事务局长高野实说：“这次中国红十字会代表团来日本实在具有很大的影响。要求日中友好的呼声如雨后春笋般地出现在全国各地。”日中友好协会常任理事加岛敏雄报告他在中国红十字会访日代表团回国后去长野市看到的情况说：“过去对日中友好不表示关心的市民也都充满信心的谈论中国和日本友好是当然的了。”②日中友好，是两国人民共同的心声。

实现这次访问是新中国和平外交政策的成功范例，访问突出了中日两国人民要求友好相处的共同愿望，结束了中日之间民间交往中的单向状态，揭开了中日关系史上新的一页。从此中国文化、贸易、经济等各界代表团陆续访问日本，更多的日本各界代表团访问中国，从民间到官方，克服重重障碍，逐步取得共识，终于取得中日关系史上的突破，在 1972 年 9 月实现了中日关系正常化。

在回忆这次具有历史意义的访问时，纪锋意味深长地说：“饮水不忘掘井人，为实现这次访问开辟道路的周恩来总理、李德全、廖承志、伍云甫、倪斐君等同志和许多日本朋友已经作古。今天堪以告慰这些先行者们的是，在中国红十字会代表团访日三十八年后，中日两国人民要世世代代友好下去的信念已经深入人心，两国各方面的交流与合作取得长足发展，对他们最好的纪念就是在中日联合声明和中日和平友好条约的基础上继续发展长期稳定的中日友好合作关系，促进和平与发展创造一个更美好的世界！”③

---

① 纪锋：《揭开中日关系史上新篇章的一次访问》，《中国红十字》1992 年第 4 期，第 22 - 23 页。

② 《日本“促进邀请中国红十字会代表访问日本协议会”举行会议报告我红十字会代表团访日的广泛影响》，《新中国红十字》1954 年第 11、12 期合刊，第 8 页。

③ 纪锋：《揭开中日关系史上新篇章的一次访问》，《中国红十字》1992 年第 4 期，第 23 页。

第七章

寒冬过后是春天

“改组”后的中国红十字会朝气蓬勃，生机盎然。然而，随着一场“史无前例”的“内乱”——“无产阶级文化大革命”——的来临，中国红十字事业遭受灭顶之灾，直到党的十一届三中全会后，才重新焕发青春，走向辉煌。

第一节　国际工作在“维持”中跋涉

国内工作荡然无存，基层组织名实俱亡，但中国红十字会总会的牌子还在，那是为了应付国际事务的。一丝“血脉”尚存，中国红十字会才没有在中华大地上消失。

作为国际性组织，中国红十字会既然因此而得以存续，那么，国际工作的开展，也就成为中国红十字会的经常性的事务，但在国内政治气候的影响下，也只能在维持中艰难跋涉。

在文化大革命中，中国红十字会继续出席国际会议。1966 年 10 月 4 日至 8 日，红十字会协会第 86 次执委会在日内瓦举行，中国红十字会副秘书长王敏率代表团参加。

1969 年 9 月 6 日至 13 日，第 21 届国际红十字大会在土耳其的伊斯坦布尔举行，大会在美国的操纵下，公然邀请台湾红十字会出席，妄图制造“两个中国”，干涉中国内政，中国红十字会为此表示极大的愤慨和强烈抗议，拒绝参加大会，并发表严正声明：对大会通过的一切决议将不受约束，也不承担任何义务。这是中国红十字会代表团和政府代表团在新中国成立后唯一没有参加的一次国际红十字大会。

1973 年 11 月 2 日至 7 日和 11 月 8 日至 15 日，第 32 届红十字协会理事会和第 22 届国际红十字大会先后在伊朗的德黑兰举行。有 109 个国家和 179 个红十字会代表团共 650 人参加大会。中国派出以驻伊朗大使陈辛仁为团长的 7 人政府代表团和以中国红十字会常务理事欧阳竞为团长、秘书长王敏为副团长的 5 人红十字会代表团出席了这次会议。中国代表团在相隔 4 年后重返国际舞台，参加国际红十字会，受到各方面的重视和欢迎。在第 32 届协会理事会议上，中国红十字会当选为执行委员。

1974 年 10 月 24 日至 26 日，红十字协会第 90 次执委会在日内瓦举行，中国红十字会秘书长王敏率代表团出席会议，并在会议上就召开和平大会的问题发言，阐明了中国红会的原则立场。

1975 年 10 月 28 日至 11 月 1 日，红十字会协会第 33 届理事会在日内瓦举行，来自 96 个国家的 300 多名代表参加了本届会议，以欧阳竞为团长的中国红十字会代表团与会，并就所讨论的问题发了言。

“文革”十年间，有些国家的红十字会访问我国，如日本红十字会代表团、刚果红十字代表团、瑞典红十字会代表团、阿尔及利亚红新月会代表团、罗马尼亚红十字代表团及土耳其红新月会代表团先后来华访问。红十字国际委员会主席纳维尔和夫人应邀于 1971 年 9 月 14 日至 25 日对我国进行访问，先后参观了北京、上海、杭州、无锡等地的工厂、学校、农村，李先念副总理会见了客人。在这期间，中国红十字代表团先后访问非洲数国以及罗马尼亚、土耳其等国，受到欢迎。[①]

十年动乱期间，中国红十字会的援外救济活动显得格外活跃。

1966 年 9 月 15 日，中国红十字会为赈济尼泊尔西部地震中的受难者，把 5 万毫升霍乱、伤寒、副伤寒甲乙和破伤风类毒素五联制剂赠送给尼泊尔红十字会。

1967 年 7 月 24 日至 26 日，巴基斯坦卡拉奇连降暴雨造成水灾，灾民无家可归。中国红十字会决定捐款人民币 5 万元，委托中国驻巴基斯坦大使馆临时代办徐英转交巴红新月会。

1968 年 4 月 21 日，中国红十字会委托中国驻索马里大使馆二等秘书张景芳，把 1100 多箱罐头食品交给索马里红新月会会长艾哈迈德·穆罕默德·哈桑，表示对水灾造成生活困难的索马里灾民的慰问。

1969 年 10 月 13 日，中国红十字会打电报给阿尔及利亚红新月会，慰问水灾灾民。阿尔及利亚发生的水灾，使 20 万人受灾，其中近 11 万人无家可归。中国红十字会捐赠了价值 4 万元人民币的毛毯、罐头食品。

1970 年 1 月 20 日下午，中国驻锡兰（即斯里兰卡）大使馆临时代办奚业胜拜会了锡兰外交部常任秘书萨马拉沁格，转交中国红十字会慰问电报。1970 年年底锡兰东方

① 参见中国红十字会总会编：《中国红十字会的九十年》，中国友谊出版公司 1994 年版，第 183 页。

省和南方省发生水灾，灾民达 15 万户。中国红十字会决定捐赠 80 吨大米，迅速运至锡兰赈济灾民。

2 月 23 日，中国红十字会应巴勒斯坦红新月会的请求，支援该会救护受伤的突击队员和难民。中国红十字会捐赠了价值人民币 10 万元的医疗器械、药品、急救车、衣服、鞋、缝纫机、毛毯等。当物资抵达亚喀巴港后，巴勒斯坦红新月会会长穆罕默德·希加兹博士和该会负责人法奇·阿拉法特博士致信中国红十字会，表示感谢。

6 月 12 日，中国红十字会打电报给匈牙利红十字会，对匈牙利蒂萨河地区遭受严重水灾的居民表示深切同情与慰问，并捐款人民币 50 万元。匈牙利红十字会代表匈牙利人民对中国红十字会的赈济深表谢意。

11 月 26 日，中国红十字会捐赠越南南方受灾地区民众的物资交接仪式在北京举行。中国红十字会负责人王敏把价值人民币 500 万元的物资清单交与越南南方共和驻华大使阮文广，全场热烈鼓掌。

1971 年 6 月 20 日，中国红十字会打电报给乍得政府，对乍得霍乱疫区民众表示慰问，并捐赠霍乱疫苗 20 万人份，捐人民币 100 万元。

7 月 16 日，中国红十字会打电报给智利内政部长何塞·托亚并智利救灾专门委员会，为地震灾民捐大米 1 万吨，奶粉 20 吨，食品罐头 270 吨，毛毯 2 万条，药品 50 吨。

1972 年 3 月 2 日，中国红十字会打电报给阿尔及利亚红新月会，对利亚君士坦丁等地区发生的水灾灾民表示慰问，捐赠人民币 10 万元。

3 月 20 日，中国红十字会打电报给秘鲁红十字会，对鲁伊卡、利马等几省发生严重水灾表示关注，并捐人民币 60 万元。

3 月 22 日，中国红十字会打电报给玻利维亚红十字会，慰问被水灾民并捐款人民币 20 万元。

4 月 15 日，中国红十字会打电报给伊朗王国特别救济委员会和伊朗红狮与太阳会，对伊朗南部地区发生的强烈地震表示慰问并捐款人民币 30 万元和价值人民币 20 万元的毛毯、食品罐头和药品等。

6 月 6 日，中国红十字会将 4000 吨小麦、252600 米棉布、642 包针织品、22 吨药品和 55 吨搪瓷用品等运到苏丹港。中国驻苏丹大使馆商务参赞金旭代表中国红十字会将这批物资交与苏丹当局，用来救济和安置苏丹南部难民。

7 月 24 日，中国红十字会打电报给菲律宾红十字会，捐赠 100 万元人民币的物资（包括 2000 吨大米、药品、罐头食品和毛毯等），用于救济菲律宾吕宋岛连续遭受台风袭击，暴雨成灾有菲律宾吕宋岛灾民。

11 月 4 日，中国红十字会致电慰问斐济灾区灾民，并捐人民币 10 万元。斐济遭飓风袭击，灾民损失惨重。

12月27日，中国红十字会打电报给缅甸红十字会主席吴山貌，对缅甸丹老市遭受火灾的居民表示慰问，捐价值人民币20万元的物资。

1973年10月13日，中国红十字会致电埃塞俄比亚红十字会，捐赠小麦1万吨，赈济旱灾。

10月21日，中国红十字会捐赠乍得灾民的首批4000吨粮食，由中国远洋货轮"朝阳号"运到尼日利亚的拉各斯港，再用火车和汽车转运到乍得共和国。

11月2日，中国红十字会捐赠巴基斯坦的赈灾物资在卡拉奇移交。交接仪式在停泊在卡拉奇港的中国货轮"昌都号"上举行。赈济物资包括小麦、毛毯、棉毯、药品等。

11月27日，中国红十字会打电报给越南南方解放红十字会，捐赠价值人民币500万元的物资，赈济越南南方风灾和水灾灾民。

1974年2月1日，中国红十字会捐赠埃塞俄比亚旱灾的1万吨小麦移交仪式在阿萨布港举行。中国驻埃塞俄比亚大使馆临时代办石钟代表中国红十字会把小麦移交给埃塞俄比亚红十字会副会长、宫廷大臣塔费拉·沃克·基达内·沃尔德。

1975年4月3日，中国红十字会向马尔加什政府捐人民币5万元，赈济风灾和水灾。

9月16日，中国红十字会致电土耳其红新月会，对土耳其东南部地震灾害表示同情和慰问，捐款人民币10万元。

10月18日，中国红十字会致电民主也门政府，慰问水灾灾民，捐赠一批物资。

1976年2月16日，中国红十字会致电危地马拉红十字会，慰问地震灾民，捐款人民币5万元。

2月23日，中国红十字会致电马达加斯加全国救灾委员会，慰问龙卷风灾害中的灾民，捐款人民币15万元。

"文革"十年间，中国红十字会身处逆境，却以坚忍不拔的精神，争取了政府对红十字运动中国际援助的支持，共向138个受灾国灾民提供了169次援助，捐赠款物合计达1亿多元人民币。对亚洲、非洲、拉丁美洲乃至欧洲的一些国家所发生的天灾、人祸，给予了必要而恰当的赈济与帮助，充分发挥了一个人口大国的红十字会之积极作用，履行了红十字人道主义这个崇高而神圣的使命，在国际红十字运动史上留下了光辉的足迹。

但是，"文革"时期中国红十字会的国际工作，毋庸讳言，并非无可挑剔。应该承认，由于国内与国际的政治斗争比以往任何历史时期都表现得尖锐复杂，中国政府在外交上也步履艰难。为了团结世界上一切被压迫的国家和民族，帮助他们渡过困难，解救他们的苦难，不断改善他们的境遇，使中国政府的政治外交同中国红十字运动中的国际救助具备一致性，产生了互动共鸣与协同效应，处境艰难的中国红十字会即使在政治因素的压抑下，仍能推行自己神圣的主义，履行必要的国际义务。但政治毕竟是阶级矛盾与阶级斗争的集中体现，政治必然是旗帜鲜明地采取立场，它同奉行中立的红十字与红新月运动不可能完全合拍，不可能同唱一个调子，不可能迈出同一个步伐，这也是现代社会生活中经常出现的事实。

“文化大革命”十年间，中国红十字会的国际救助行动，有相当多数是通过政府的外交途径实施的，当然以红十字会的名义。这是因为当时的中国红十字会自身缺乏救护实力，只能完全依靠政府的支持，故中国红十字会的国际工作必不可免地受到政府外交行为的影响。例如，1968 年 8 月，印度发生严重水灾，几百万人流离失所。印度是中国的近邻，自古以来两国民间有传统的文化交流与友谊，一向乐善好施的中国红十字会能袖手旁观吗？按人道、公正、中立等国际红十字与红新月运动基本原则，中国红十字会应量力而行，对印度灾民有所赈济，但事实上表现得力不从心，这当然受到政府政治外交因素的影响。“文化大革命”中，中国和印度在外交上出现了一些矛盾冲突。在“文革”发生之前，印度政府就在中印边境上挑起了一场中印战争，又支持达赖分裂祖国搞西藏独立，严重伤害了中国政府和民众的感情。但从红十字人道主义出发，应该将灾民同政府区别开来，忠诚地履行国际红十字人道主义义务。诸如此类事情，在“文化大革命”期间，中国红十字会是难以正常履行自己的义务的，红十字运动也只能是艰难地向前推进。

在国际事务中，中国可以向（似乎只向第三世界）受难国家提供援助，但拒绝外援，这种政治主导意识，使中国红十字会陷于尴尬，国际红十字会与红新月会相互间的救助被扭曲为单向的援外活动。如 1976 年 7 月 28 日，中国唐山、丰南一带发生了严重地震，这次地震使民众的生命财产遭受巨大损失。中国民众目睹了政府领导军民各界抗震赈灾的动人情景。奇怪的是不仅听不到中国红十字会赈灾的声音，更听不到其他国家的红十字会或红新月会乃至国际红十字组织的赈济消息。生活在“文化大革命”时期的中国民众自然明白，这又是政治因素在起作用。多少善意的赈济因此被拒之国门之外！

“文革”时期中国红十字会的国际工作，乍看起来，的确有些声色，但被政治主导意识扭曲变形，步履维艰，其中有许多教训值得记取。红会工作当然离不开政府的支持，但更离不开政府的理解与尊重，这是过去、现在和将来国际红十字与红新月运动中普遍值得注意的问题。

北京东城区干面胡同，是明清时期留下来的古老的胡同，一排排四合院里世代居住着淳朴善良的民众。人们常常凝视着一块牌匾，望着那光亮的红十字，心中燃起美好的希望，希望在冰雪消融的时候，春风会吹绿那里的花草树木，复兴那里的事业。

第二节　中国红十字事业的春天

1976 年 10 月 6 日，党中央一举粉碎了“四人帮”，宣告十年“文化大革命”的结束。10 月 24 日，首都百万军民隆重举行庆祝大会和游行，天安门广场万众欢腾，群情振奋，歌声、口号声，如春雷滚滚，震天动地，欢庆粉碎“四人帮”的伟大胜利。1978 年 12 月 18 日至 22 日党的十一届三中全会的召开是伟大的历史转折，“十一届三中全会结束了两年徘徊局面，将长期偏离正确轨道的党的指导思想重新转到正确轨道上来；全会提出的以经济建设为中心的政治路线，解放思想，实事求是，实践是检验真理的唯一标准的思想路线以及恰当的组织安排，奠定了新时期长足发展的雄厚基础。由此，十一届三中全会作为一个伟大转折点被载入了党和人民共和国的历史”。中国社会主义改革开放的新时代开始了。邓小平复出以后，“以一个伟大政治家的眼光亲自领导了科学教育文化的拨乱反正，创造了中华人民共和国历史上又一个科学的春天”①。伴随着全国“科学的春天”的到来，中国红十字事业获得了“春风吹又生”的新的机遇。红十字之花在春天中绽放。

一、“拨乱反正”与国内工作的恢复

粉碎“四人帮”后，全国各行各业开展了揭批“四人帮”运动，对他们颠倒的是非、搞乱了的思想进行拨乱反正，正本清源。陈毅有句名诗谓：“要知松高洁，待到雪化时。”在这冰雪消融的春天，红十字事业逐渐显现出它的崇高和圣洁。

国内工作遭到惨无人道的摧残而陷于瘫痪，恢复国内工作成为红会系统拨乱反正的当务之急。

1978 年 1 月 27 日，中国红十字会向卫生部党组提交了《关于国内工作和体制问题的意见》的报告，提出：“我们深感无国内工作，国际工作很难进行。这些年来在我们参加的一些国际活动中，有的国家认为我们是个大国，要求我会介绍工作经验，在出席国际会议时会议主席点名请我会介绍情况，我会只能婉拒。外宾来访时问到国内工作，只能答复在整顿中（整顿这一口径是先念副总理 1971 年接见坦桑尼亚红十字会代表团时讲的）。国际组织要求提供会长、副会长名单，我们一直置之不理。今年 1 月 11 日国际组织在发给 125 个国家红十字会的各国红十字会领导人卡片中，把中国红十字会领导人留下空白并注明说：‘今后与中国红十字会联系不要写人名，只写中国红十字

① 《中华人民共和国历史纪实·改革扬帆》，红旗出版社 1994 年版，第 59 页；第 35 页。

揭批“四人帮”运动

会。’根据国际红十字会章程规定，一个国家的红十字会必须有国内工作。”[①] 为解决上述问题，总会曾多次写报告，但是只有在粉碎“四人帮”后红十字会的问题才可能重新提上日程。报告引起卫生部、外交部的重视。1978 年 3 月 29 日，卫生部、外交部向国务院写了《关于恢复红十字会国内工作的报告》（即国发 63 号文），国务院于 1978 年 4 月 10 日向全国各省、自治区、直辖市革命委员会和国务院各部委批转了这个报告：“国务院同意卫生部、外交部《关于恢复红十字会国内工作的报告》，现转发给你们，请贯彻执行。”报告中提出：“文化大革命致使红会工作遭到严重破坏，几年来一直以‘国内工作正在整顿’进行解释。伊朗公主四、五月访华时，正是我粉碎‘四人帮’后，胜利召开了五届人大，各项工作开始初见成效的时候，不宜再用‘整顿’来解释。”因此“拟在开放城市的街道、工厂及郊区供外宾参观的公社恢复红会工作。红会的具体任务是在当地党委统一领导下，协助卫生部门，进行爱国卫生运动、群防群

① 国务院文件，国发〔1978〕63号，第 1 页。

治、输血和战备救护训练（包括在中学青少年中进行训练）。第一步先恢复北京、上海、天津、南京、杭州、广州、长沙、武汉、西安、沈阳等十个大城市的红会工作”[①]。

中国红十字会总会迅速贯彻落实国务院文件精神，立即恢复了国内工作机构，调配了干部，派出人员分赴一些地区了解情况。

4月下旬至5月初，总会副秘书长吴日承等，对北京市三个基层点作了初步调查，走访了有关部门，征求他们对恢复红十字会工作的意见，写出了《调查报告》，对如何恢复红会国内工作提出了初步设想并呈报国务院陈慕华副总理和卫生部、外交部。5月中旬陈慕华副总理询问63号文件下达后各地的贯彻执行情况，要求督促、推动红会的恢复工作。

6月中旬，在全国医药卫生科技大会召开期间，中国红十字会总会领导请十个城市和有关省的卫生局负责人专题座谈红十字会恢复国内工作问题，杨纯副会长在会上对如何做好红会工作讲了话。6月26日，中国红十字会、卫生部发出通知，要求各地将红十字会工作恢复情况和问题及时上报。

广州市红十字会于1978年5月26日经批准恢复建立，成为全国最早恢复组织的城市。接着，长沙、天津、北京、上海、杭州、武汉、南京、沈阳、西安各市红十字会也相继恢复建立，并都成立了理事会，有正副会长、秘书长和人员编制。

8月，国际红十字会协会要来我国了解被越南当局驱赶回国的难侨情况。为配合这一国际活动，总会派人与广西壮族自治区卫生局协商，于8月9日批准恢复了南宁市红十字会。[②]

至1978年年底，全国已有11个省会城市重建红十字会组织。中国红十字会又一次获得了新生，迈出了可喜的第一步。

二、“三大”的召开

为拨乱反正，开创红会工作的新局面，中国红十字会在谋求恢复国内工作的同时，着手筹备召开全国代表会议。

1979年2月20日至24日，中国红十字会在北京召开了改组后的第三次全国会员代表大会。时隔17年后召开的这次大会，可以说是揭批“四人帮”拨乱反正的大会，是贯彻国务院指示精神开创红十字会工作新局面的大会。国务院有关部委、民主党派、人民团体、解放军三总部和已经恢复组织的11个省市的红会代表65人出席了会议。钱信忠会长在会上作了《为新时期的人民卫生救护事业努力奋斗》的工作报告。报告批判了林彪、“四人帮”极左路线对红十字会的干扰破坏，指出，中国红十字会的工作绝不是什么“黑线专政”，从改组开始，“我们的工作就是遵循毛主席的革命路线，按

① 国务院文件，国发〔1978〕63号，第2页。

② 中国红十字会总会：《中国红十字会的九十年》，中国友谊出版公司1994年版，第188－189页。

照党和国家的方针政策进行的。必须肯定，这是一条红线，一直贯穿在中国红十字会的工作中”；中国红十字会也绝不是什么“封、资、修”的东西，“旧红十字会经过改组、整顿，已成为新的社会主义的人民团体。它是由中国人民自己组成的，在国际上是独立的、自主的，不受国际的支配。它是为人民谋利益的。这样的红十字会，是广大人民的红十字会，是社会主义革命和建设中中国人民所需要的红十字会。林彪、‘四人帮’对红十字会的肆意污蔑，混淆黑白，颠倒是非，丝毫改变不了红十字会的性质，抹杀不了红十字会的工作成绩”。报告强调，对林彪、“四人帮”的“修正主义谬论，必须彻底批透。他们对红十字会的干扰、破坏，必须彻底清算。一些被‘四人帮’搞乱了的思想，必须拨乱反正。一切强加在红十字会头上的污蔑不实之词，必须全部推倒。对于因做红十字会工作而遭到‘四人帮’陷害打击的同志，包括群众、积极分子，必须平反、昭雪”。工作报告满怀激情地回顾了红十字事业 17 年的难忘历程：1950 年通过协商会议进行改组，成为中华人民共和国的人民卫生救护团体。“改组后的中国红十字会，在国际和国内，都做了很多工作。抗美援朝时期，派遣了国际医防服务大队去朝鲜服务，战争结束，参加了国际联合红十字小组，协助战俘遣返工作。以后，协助管理不愿遣返的战俘；协助遣返日侨、日本战犯回国……在国内，我会组织医疗队，为治黄、治淮等水利工程人员和群众服务，到少数民族地区和老解放区为群众防病治病……各地红十字会举办了救护训练，参加了爱国卫生运动，进行了卫生知识宣传、急救、自然灾害救护、疾病预防……我们所做的这些工作，对开展我国人民与各国人民的往来和增进友谊，对普及和提高我国人民群众的卫生救护知识，保护人民健康，都起到了积极有益的作用，深受人民的欢迎和政府的赞扬。”

钱会长在工作报告中还深情地回忆了毛泽东主席、周恩来总理对红十字会的深切关怀：“我们永远不忘伟大领袖毛主席、敬爱的周总理和朱委员长的亲切关怀。当我们缅怀革命导师和老一辈无产阶级革命家的时候，心情异常激动。我们不会忘记，毛主席在红十字会改组后不久，曾询问我会工作情况，当时会员很少，毛主席问了会员数字后，说‘还要多一些’。毛主席对红十字会的外事活动，作过多次重要批示。我们不会忘记，周总理对红十字会倾注的心血。他亲自领导改组红十字会，亲笔在章程上写明中国红十字会是人民卫生救护团体，给红十字会规定了性质和工作方针。一九五五年，他指示红十字会工作以国际为主，国内工作与卫生工作相结合，有多大力量做多大事。一九五九年，他又确定了红十字会国内工作根据需要与可能适当发展。正是由于毛主席和周总理的重视和关怀，使我们得到了鼓舞，为党为人民做出贡献。”①

“质本洁来还洁去。”红十字会“三大”工作报告以无可辩驳的事实进行了“拨乱

① 钱信忠：《为新时期的人民卫生救护事业努力奋斗——在中国红十字会第三次代表会议上的工作报告》（内部资料），第 2-8 页。

反正，正本清源”，为国内工作的全面恢复以及开创红会工作新的局面奠定了基础。

大会修改了会章，选举产生了第三届理事会。在三届一次理事会上，选举了会长、副会长、常务理事、正副秘书长。卫生部部长钱信忠继任会长，副会长为杨纯、沈其震、赵朴初、彭炎、熊天荆、龚普生、孟谦、王肇元、邓启修、魏龙骧、顾锦心、王仪、刘鹏飞、王敏；秘书长王敏（兼），副秘书长吴日承。会议期间廖承志副委员长、陈慕华副总理接见出席“三大”的全体代表。

“三大”提出，红十字会的主要任务是为社会主义建设服务，仍然确定中国红十字会以毛主席提出的“救死扶伤，实行革命人道主义”为宗旨。鉴于当时“左”的思想还没有完全消除的形势，在人道主义前面仍同以前一样冠以“革命”二字，以示与资产阶级人道主义的区别。

三、红会工作的新局面

按照第三次全国代表大会所确定的工作目标，中国红十字会今后的工作任务是：“为尽快实现四个现代化，作出应有的贡献。从这点出发，我会要按照党和政府的要求，结合过去的经验和当前的实际，确定今后的工作任务，竭尽所能，把红十字会的作用，在人民外交和人民救护事业中，充分地发挥出来。”根据这一总方针，在国际活动方面，“配合国际斗争，团结一切可以团结的力量”；“加强国际联系，促进国际交流”；“做好国际救济”。国内工作今后的任务，“确定以积极协助卫生部门进行以献血的宣传、动员、组织工作为重点，同时开展群众救护训练以及其他群众卫生工作”①。

要充分发挥中国红十字会的作用，开创红会工作的新局面，仍应从恢复和发展组织入手，否则一切无从谈起。

红会国内工作停顿达十年之久，要恢复组织，开展工作，开创新的工作局面，谈何容易。在先恢复10个大城市红十字会组织的基础上，逐渐扩大恢复省、市（地）级红十字会，各地在克服志愿人员、经费、办公地点、训练场地、物资等各方面重重困难的情况下提出了“在活动中发展，在发展中活动”的发展组织的口号，使组织发展出现新的局面，到1984年年底，全国有26个省、自治区、直辖市恢复和建立了红十字会，市、县（区）级红十字会达到了193个，基层红十字组织达25868个，建立街道红十字卫生站3000多个，全国会员达187万人。这就为中国红十字会全面开展国内工作提供了组织保证。

1981年2月25日，全国总工会、共青团中央、全国妇联等9个单位联合倡议，在全国范围开展以讲文明、讲礼貌、讲卫生、讲秩序、讲道德和心灵美、语言美、行为

---

① 钱信忠：《为新时期的人民卫生救护事业努力奋斗——在中国红十字会第三次代表会议上的工作报告》（内部资料），第10-11页。

美、环境美为内容的“五讲”“四美”文明礼貌活动。2月28日，中宣部、教育部、文化部、卫生部、公安部联合发出关于开展文明礼貌活动的通知。这是我国社会主义精神文明建设的一项重要活动。党的第十二次全国代表大会以后，“五讲”“四美”活动又与各地开展的热爱祖国、热爱社会主义、热爱共产党的“三热爱”活动相配合，而成为一个统一的活动，并根据学雷锋的传统做法，规定每年3月为“全民文明礼貌月”。这对于维护社会安定团结，树立和发扬我国良好的社会风气，促进青少年一代健康成长，搞好社会主义现代化建设，有着重要的意义。1983年3月20日，在北京正式成立了“中央五讲四美三热爱活动委员会”，指导这项活动的开展。

红十字青少年到敬老院服务

作为“中央五讲四美三热爱活动委员会”成员之一的中国红十字会总会，于1981年3月7日和1982年2月22日，两次发出通知，要求各级红会积极投入这项活动。全国广大会员，特别是红十字青少年，在活动中表现得极为活跃，如天津市红会4万名红十字青少年，大搞卫生突击，为群众做好事；沈阳市141所小学的2万多名红十字青少年，走上22条主要街道宣传、维护交通秩序，并组织5个服务队，开展“红十字青少年文明服务一条街”活动；济南市一些学校的红十字卫生站在交通路口、商场、公园、火车站等人群密集的地区设立文明礼貌宣传站、服务站，宣传群众，服务群众。① 这样的事例不胜枚举。

1982年9月召开的党的十二大提出：在建设社会主义物质文明的同时，要加强社会主义精神文明建设。社会主义精神文明建设包括文化建设和思想建设。文化建设包括卫生事业的发展和人民群众知识水平、健康水平的提高等。中国红十字会所开展的

① 中国红十字会总会：《中国红十字会的九十年》，中国友谊出版公司1994年版，第203－204页。

各项工作与社会主义精神文明建设的内容在这里找到了“结合点”，正符合时代的要求，红十字会的各项活动如卫生、献血知识的宣传，急救技术的普及，兴办医疗卫生和社会福利事业，各种社会服务如敬老助残、助人为乐等，都是服务于群众的社会主义精神文明建设的重要内容。从总会到地方各级红十字会组织积极创办有红十字特点的卫生和社会福利事业，开展各种社会服务活动，为社会主义精神文明建设贡献力量。各级学校中的广大红十字青少年积极参加丰富多彩的红十字活动，活跃在校园内外，宣传卫生防病知识，开展为孤寡老人送温暖活动，成为当时社会上开展的“学雷锋，树新风”“五讲四美三热爱”“文明礼貌月”活动等社会主义精神文明建设中的生力军。

传统业务得以恢复发展，其中以北京市红十字会的工作最具有特色。

北京市红十字会在1978年刚刚恢复工作之后就对“文革”中造成的混乱进行拨乱反正，将“红医站”“群防站”“防治站”一律改称为红十字卫生站。在“五讲四美三热爱”活动中，北京市发动会员为孤寡老人做临时性的慰问服务活动，后又总结经验提出“三定三包”，由街道红十字组织建红十字服务站和老年人活动站。“两站”建设使孤老病残人老有所依。通过几年的实践，北京市红十字会把红十字会的基本任务概括为“救死扶伤，扶危济困，敬老助残，助人为乐”的十六字方针，这四句话十六个字广为流传于全国的红十字会员、群众之中，成了各级红十字组织开展活动和广大会员为群众服务的指导思想。

红似热血流，
救死扶伤何所求，
甘为孺子牛。

白象征纯洁，
敬老助残情切切，
人道光日月。

志愿与服务，
扶危济困解囊助，
心心真情露。

微笑加热情，
助人为乐不图名，
传统要继承。[①]

① 《红十字俳句四首》，见孙敬敏编：《北京市红十字会的65年》，文津出版社1995年版，第128页。

“十六字”方针是北京市红十字会所开展的丰富多彩活动的总结提炼和高度概括，是红十字会社会主义人道主义宗旨的具体化，又与祖国传统的道德风尚相一致，也完全符合社会主义精神文明建设的要求，所以更容易被广大群众所理解和接受，日益深入人心。

此外，山东省红十字会在1983年组织社会力量办起了山东红十字老年人大学，使老年人增加知识，发挥余热，健康长寿；上海市红十字会申请专款，给各居委会购置了轮椅，为老弱病残就医提供了方便；武汉、江阴、沈阳等地红十字会，也为孤残老人、儿童和离退休职工兴办了各种福利事业。

急救和输血工作也初见成效，到1984年，接受各种卫生救护训练的人数已达658万多人次。1983年，总会与北京市心肺血管医疗研究中心联合举办我国第一次心肺复苏训练班，邀请美国心脏协会专家来华讲授心肺复苏技术，到1984年年底，有14个省、市红十字会共培训37630人次。为了做好输血的宣传和训练工作，总会举办了输血技术学习班，与卫生部联合召开了输血工作座谈会。

不言而喻，在刚刚恢复工作6年的时间里，各地各级红会组织和广大会员克服了重重困难，为开创红十字事业的新局面开展了许多有利于社会、有益于群众的工作，为我国的四化建设和增进各国人民的友谊作出了贡献。

第三节　跨越国界的情谊

一、安置印支难民

中越两国之间曾经有过一段“越中情谊深”的美好岁月，毛主席称赞两国人民的友谊是“同志加兄弟”，越南领袖胡志明生前也有过“友谊之光，万世辉煌”的宏愿。

然而从1973年起，越南开始推行地区霸权主义，自毁“越中长城”，以暴力驱赶华侨，进行武装挑衅，使中越边境之战达十年之久，结果黎民百姓遭殃。

由于历史的原因，中国在越南有百余万侨民，他们中约90%住在越南南方。1977年年初，越南地方当局和公安人员非法闯入华侨住宅，强令华侨填写“自愿回国书”并乘机进行搜查和敲诈，大批华侨多年辛勤劳动所得被非法没收，许多华侨颠沛流离，无家可归，无处安身。越南的排华政策导致大量华侨被驱逐回国。中国政府按照“保护华侨利益，扶助回国华侨”的一贯政策，立即对被驱赶回国的大批难侨作妥善的安置。

作为国际性人道主义组织，中国红十字会受我国政府委托，协助政府安置印支难民。截至1979年10月底，我国政府已接待和安置被越南当局驱赶来华的越南难民25

万余人，1980年年初中国红十字会工作组又从泰国接回老挝难民2500余人，所有这些难民都得到了中国政府的妥善安置。

接待印支难民

在中国的越南难民有26万余人，他们被驱赶出境时，大都一无所有。中国政府和中国人民发扬人道主义精神，尽最大努力接待了这些入境难民。在难民集中涌入的口岸，有的县级机关的工作人员全部投入接待工作，机关、学校、企业、居民腾出了大部分住房给难民住，调运了大批粮食、肉类、蔬菜给难民食用。为安置印支难民，中国政府支出各种费用8亿多元人民币，其中包括发给每一个难民全套衣服、被褥、蚊帐及安家的各种用具、生活日用品等，为难民建造了生活用房和公共用房共达290多万平方米。为使难民能够参加生产，使他们逐步做到自食其力，中国政府支出了2.3亿多元的生产建设投资，用以购置生产设备和用具。除少数等待办理手续投奔第三国亲友的印支难民外，绝大多数难民在中国得到了安置。其中安置在广东的有10万余人、安置在广西9万余人、安置在云南36000人、安置在福建22000人，他们大多数被安置在160多个农场或厂矿企业单位，少数安置在农村或机关事业单位，有技术专长的大都做了对口安置，如医生、教师等大都从事他们所熟悉的原来的职业。所有这些，充分体现了我国政府对印支难民的关怀。

中国红十字会在全力协助政府安置难民的同时，还组织医疗队在各难民安置点为难民防病治病，受到难民的欢迎和称赞。

1978年夏季，在越南驱赶难民的高峰中，广西、云南、广东、福建红十字会组织医疗队奔赴难民入境的口岸，为难民查体、看病，医务人员随车护送难民到达各安置点。在护送难民的途中曾发生过这样一件事：难民陈行达12岁的儿子，因患有结核性脑膜炎，途中发高烧，随车的医务人员给他打针喂药，到达目的地后又及时

为印支难民治疗疾病

送到医院进一步治疗，两个月后小孩康复。这位难民感动地说：“你们不辞辛苦地为难民服务，我们从心底里感激。”安置到各农场、工厂的印支难民与中国工人享受同样的公费医疗待遇。这些长期在越南当局高压下生活的难民大都营养不良，体质虚弱，发病率高。各农场、工厂的医务人员给他们进行了普遍的体检和预防性注射。据福建省红十字会的统计，在1979年年底对22000余名难民普遍体检的过程中，共查出痢疾、流感、百日咳、肝炎等流行性疾病患者达1600多人，及时进行防疫注射15000人次，使流行性疾病得到了控制；同时还给2800多名儿童服用了预防小儿麻痹症的药丸，保证了难民们的健康。红十字会医务人员还为一些难民治好了多年的顽疾。中国政府承担了全部医疗费用。1981年的3月，中国红十字会副会长杨纯还到云南省勐腊县看望了那里的难民和在医院的病人，并亲自组织医务人员会诊，挽救难民们的生命。

国际红十字协会和红十字国际委员会为了救济逃亡各国的印支难民，多次召开国际会议，筹募款项和分配使用所得到的捐赠款物。中国是接受和安置难民最多的国家之一，中国红十字会希望国际红十字组织对在中国的印支难民给予医药救护和文化教育等方面的救济支援。国际红十字协会和红十字国际委员会为此发出呼吁，得到了十多个国家红十字会、政府和其他救济组织的响应，他们捐给我国红十字会的现金有110万余瑞士法郎，物资约值40万瑞士法郎，用于救济印支难民。此外国际红十字会协会还捐赠30万瑞士法郎。捐赠最多的是荷兰红十字会，两次共捐赠85

万多瑞士法郎，西德红十字会捐赠给广西红十字医院一部价值 23 万余瑞士法郎的 X 光机，瑞士红十字会捐赠了 10 万瑞士法郎的医疗器械，瑞典政府捐赠 19 万余瑞士法郎，挪威、日本、法国、英国、澳大利亚、比利时等国也捐赠了数量不等的款物。国际红十字组织对我国的支援，改善了我国在安置印支难民中的医疗条件和生活条件。得到国际捐赠的红十字医院主要承担了接受印支难民就诊、派医疗队到难民居住点巡回医疗和开展预防疾病及卫生宣传工作，协助培训安置难民农场、工厂的医务人员，保证了难民的健康。

"人道无国界，跨国情谊浓"。安置印支难民中的国际救济就是这种国际人道主义精神的体现。政府对安置印支难民工作非常重视，国务院成立了由民政部部长程子华任组长、中国红十字会副会长杨纯任副组长及有关部委参加的安置难民领导小组。国务院指示中国红十字会协助政府做好接待难民的有关工作，中国红十字会总会即要求有安置印支难民的地方红十字会协助政府和有关部门到难民安置点了解情况，慰问难民，特别要了解那里的医疗卫生状况，做好防病和卫生宣传工作，接待好国际红十字组织视察和接受补充救济的准备工作，圆满完成难民安置任务。

1979 年 10 月，在国际红十字协会大会上，杨纯副会长报告了中国红十字会安置印支难民的情况，并就印支难民的救济问题发出呼吁。大会对中国红十字会协助政府积极妥善安置难民的人道主义精神十分赞赏，联邦德国红十字会邀请杨纯副会长前往访问，并援建一所有 200 个床位的难民医院，为难民治病；西班牙红十字会代表团表示要提供赞助。协会派代表团到难民安置较集中的地区进行考察，对中国红十字会救济难民的工作表示非常满意："通过考察，我们看到了中国红十字会在为印支难民勤奋地工作，中国是救济难民的模范，我们搞救济愿意跟中国红十字会合作。"[①] 国际红十字协会考察团在视察时，还拍摄了《中国红十字会与印支难民》和《中国红十字会的基层活动》两部录像片，向国际社会宣传。考察结束后，还拨给中国红十字会 300 万瑞士法郎作为筹建 10 个医院的费用。这就是跨越国界的情谊。

二、"为了非洲的旱灾灾民"

援非募捐是中国红十字会继安置印支难民后又一次大规模的国际救援行动。

1984 年，非洲有 36 个国家连续几年遭受严重旱灾，有 1.5 亿人在饥饿和死亡线上挣扎，他们频频发出求救的呼吁，期待着全世界善良的人向他们伸出拯救生命的双手。

非洲人民的深重灾难引起了国际社会的特别关注，第 39 届联大通过了《关于非洲紧急情况宣言》，要求国际社会增加对非洲的粮食和其他紧急用品的援助。

在这一年里，中国政府积极响应联大号召，向非洲提供了 12 万吨救命粮，中国红

① 中国红十字会总会：《中国红十字会的九十年》，中国友谊出版公司 1994 年版，第 208 页。

十字会向非洲受灾国家捐赠了约 68 万元的食品、药品和救济款。

1985 年 3 月 5 日，国务院批准外交部、经贸部、财政部《关于 1985 年我对非洲提供救灾援助的请示》。根据国务院的批示，中国红十字会总会于 1985 年 3 月 28 日发出了《关于为非洲灾民开展社会募捐的通知》："建议于今年 4—5 月份开展为非洲灾民募捐的活动"。于是，一场为发扬人道主义与国际主义精神、支援非洲灾民的前所未有的大规模的募捐活动，在全国已建立红十字组织的 24 个省、自治区、直辖市广泛开展起来，千千万万个富有正义感和同情心的中国人慷慨解囊，向非洲灾民伸出了援助之手。

各地红会积极开展援非募捐活动

募捐行动在全国迅即展开。这次募捐活动的主题是"为了非洲的旱灾灾民"。中央和地方各级政府部门和群众团体的积极支援和密切配合，使总会和各级红会组织的募捐活动开展得轰轰烈烈、有声有色。文化部门组织义演、义卖，体育部门举办义赛，卫生医疗单位开展义诊。参加募捐活动的除机关团体、工矿企事业单位的广大干部、工人、知识分子外，还有各阶层人民群众，有退休老人、解放军战士、个体从业者、农民、寺院僧侣，更有大中小学校的学生、幼儿园的小朋友等，甚至连监狱的犯人也参加了捐助，他们把捐助活动当成净化心灵的行动。感人的故事比比皆是。

第一个寄钱到中国红十字会的是武警黑龙江部队三支队的战士们，他们在电文中写道："从广播中获悉为非洲难民募捐的消息，我们武警战士对受灾难民深表同情。发扬无产阶级国际主义和革命人道主义精神是我们义不容辞的责任，我们自觉捐款两千元，请贵会转寄非洲人民。"北京旅店服务公司退休职工谢水顺把 40 元钱捐给灾民，他说："我退休后利用每天早晨修车，积攒了这 40 元，钱虽不多，但买了大米能救活几个儿童。"北京国家体委幼儿园的小朋友写信给非洲小朋友说："我们把爸爸、妈妈给我们平时买冰棍、酸奶的钱节省下来，捐献给你们。"[①] 他们以片片真情，谱写一曲国际人道主义的赞歌。在这次活动中，上海市每四个居民就有一人为非洲灾民捐款；青岛市参加捐款的人数达 75 万人，占全市人口的 60%；长春市中心血站为援非募捐特举办"义采"活动，站长宛绵强第三次义务献出了 200 毫升血，所得营养费全部捐给灾民；山东省红十字会经省政府批准于 5、6 月份在济南、青岛、淄博、烟台、潍坊、枣庄、济宁、东营 8 城市及胜利油田、济南铁路局、齐鲁石化公司开展了募捐活动，在这一活动中，全省人民发扬了中华民族扶危济困、助人为乐的传统美德和国际主义精神，踊跃为非洲灾民捐款，捐款额共计 370 余万元，成为全国捐款最多的省份。

在募捐现场，人们会看到一个个感人的场面。一首"写在募捐现场"的诗生动地反映了此情此景：

鬓发斑白的老教授，
满脸稚气的少先队员，
慷慨解囊的机关干部，
满身油腻的工人会员，
一元，两元，
十元，百元，
陌生的面孔，
滚烫的话语：
哪怕献上一分钱，
也是对非洲灾民的支援。

慷慨激昂的演讲，
感人肺腑的宣传，
援助非洲义不容辞，
拯救灾民刻不容缓，
义赛，义卖，
义诊，义演，
满怀深情，
通宵达旦。

① 中国红十字会总会：《中国红十字会的九十年》，中国友谊出版公司 1994 年版，第 213 页。

国际主义精神的彩带呀，
把中国和非洲相连。[①]

1985 年 9 月 25 日，总会在京举行新闻发布会，宣布援非募捐圆满结束。名誉会长朱学范、赵朴初、钱信忠，会长崔月犁、副会长谭云鹤出席大会。在新闻发布会上，总会副秘书长曲折讲话："今年 4 月中国红十字会发起的援助非洲旱灾灾民的募捐活动已圆满结束。各地群众发扬国际主义和人道主义精神踊跃捐助，共募集到人民币 13870146.33 元，这笔捐款将全部用于救济非洲灾民，在此我代表中国红十字会向捐款救助非洲旱灾灾民的社会各界人士，向支持这次募捐活动的各级政府和有关部门以及工作人员致以诚挚的感谢和崇高的敬意。"这次活动中，募捐款最多的是山东省红十字会，其次是江苏、辽宁、四川、上海、北京等省市红十字会，均在百万元以上；10 万元以上的依次是浙江、湖北、福建、安徽、广西、黑龙江、广东等省、自治区红十字会。总会捐款 12 万元。

这次募捐活动是中国红十字会自 1950 年改组以来第一次开展的大规模的全国性社会募捐活动。由于总会和各地红十字会的宣传工作得力，思想工作深入，强调"不定指标，不搞摊派，不争名次，不作攀比，坚持自愿，量力而行"的原则，故募捐活动得以健康进行、圆满结束。这是一次中国人民在社会主义精神文明建设中新的时代风貌的体现，也是中国人民对非洲亿万饱尝旱灾之苦的灾民表示的崇高的敬意和无私的国际人道救援。

自然灾害无论过去、现在还是将来，都会对人类造成灾难性的影响。为了使人类避免因自然灾害而受到的生命威胁，各国政府人道主义救援组织应该也必须"团结起来，共御灾害"。这是红十字运动史留给我们的宝贵经验。

三、凝聚国际友谊的大厦

援非募捐活动尚在进行，而象征着国际红十字友好合作的友谊大厦——中国红十字会训练中心在北京干面胡同拔地而起。

中国红十字会自 1950 年改组以来，一直没有一个急救训练中心。粉碎"四人帮"后，伴随着组织的恢复，中国红十字事业不断扩展，局面日新，建立培训红会干部和进行卫生救护训练的基地，显得必要而不可或缺。

1979 年，国际红十字协会秘书长毕尔访华时，总会领导谈了这一设想，得到了认同。建立训练基地的设想正式提到议事日程。

1982 年，瑞典红十字会访华，表示愿意协助建设训练中心。此后，国际红十字协会、瑞典红十字会和中国红十字会三方达成协议，由瑞典红会提供 150 万瑞士法郎，

---

① 丁义凯：《写在募捐现场》，《中国红十字》1986 年第 11 期，第 24 页。

由中国提供250万瑞士法郎，共同筹建中国红十字会总会训练中心。日本红十字会闻讯后也积极参与，分期向我国提供5千万日元的室内设备。后又陆续收到澳大利亚红会、突尼斯总统夫人的资助捐款。

1984年6月13日，凝聚着国际红十字会之间友谊合作的大厦破土动工。这天，“骤雨初晴，天高气爽，从四面八方聚集到中国红十字会训练中心建筑工地上的人们怀着喜悦的心情参加奠基典礼。在建筑工地的中心安放着一块汉白玉的基石，这块象征着红十字友谊的基石上边镌刻的金字是李一氓同志书写的。”王敏副会长宣布奠基仪式开始，钱信忠会长作了简短的讲话，他说：“在纪念中国红十字会成立八十周年之际，举行训练中心奠基仪式是十分有意义的。训练中心的建立既是我国红十字事业继往开来、蓬勃发展的标志，也是国际红十字友好合作的象征。我们深信，训练中心建成后，将对中国红十字会的工作和各国红十字会组织之间的交流合作发挥积极的作用。”①

建立培训中心，是全国红十字工作者的共同心愿。训练中心大楼的设计者——建筑工程师严兴华主动提出为红十字会义务设计，不取任何报酬；承担施工的工程师——卢迺华同志也是义务为红十字会服务的。建设者们在工地上顶着烈日，冒着酷暑，不辞辛苦为友谊的大厦精心施工。他们以红十字的精神建设着红十字会的大厦。经过建设者两年多的辛勤劳动，训练中心终于在1986年9月建成。

这座由瑞典、日本、芬兰、联邦德国、澳大利亚等国红十字会捐助，由中国政府投资共同修建的训练中心，总建筑面积为5250平方米，楼内装有先进的同声传译和电话教学设备。这是国内第一座培训红会干部、卫生救护、输血技术等专门人才的教学实体，是红十字会进行国际友好交流的重要场所。

9月15日，中国红十字训练中心落成典礼和剪彩仪式在京隆重举行。中共中央政治局委员、中央顾问委员会副主任宋任穷，全国政协副主席、中国红十字会名誉会长赵朴初，中国红十字会名誉会长钱信忠，副会长谭云鹤，国际红十字会与红新月会协会主席德拉玛塔，协会亚太地区主任西瓦拉特南，瑞典克利斯蒂娜·马戈努森公主参加了典礼。应邀参加典礼的还有民政部副部长、中国红十字会副会长章明，卫生部副部长顾英奇，北京市政协主席、北京市红十字会会长白介夫，北京市副市长陈昊苏以及瑞典、日本、芬兰、澳大利亚、德意志联邦共和国等国家的来宾和外交使节。德拉玛塔主席在典礼上讲话，他说：“训练中心的建成不仅是对中国红十字工作的促进，同时对整个亚太地区和国际红十字运动都将产生深远影响。它将为世界和平和各国人民的友谊作出贡献。”谭云鹤副会长也发表了热情洋溢的讲话。②

---

① 边草：《建筑友谊的大厦》，《中国红十字》1984年第8期，第4页。

② 《中国红十字会训练中心大楼举行落成典礼》，《中国红十字报》1986年10月5日。

1986 年 9 月 15 日，中国红十字会总会训练中心大楼在北京落成

的确，在刚刚恢复工作，正在开创红十字工作新局面之际，训练中心的建成将为培训红十字会干部、卫生救护人员，促进中国红十字事业进一步发展、增进同各国红十字会的交流与友谊发挥应有的作用。

孙柏秋　池子华　主编

百年红十字

（修订本）

（下册）

池子华　等著

合肥工业大学出版社

目　　录

（下册）

第八章

“四大”以来

中国红十字事业经过“三大”后6年的恢复与发展，已今非昔比，组织建设取得显著成绩，急救和输血工作、红十字青少年工作、社会福利事业以及国际交往等方面，也初见成效。“四大”适时召开，拉开了建设有中国特色的红十字事业的序幕。中国红十字运动沿着依法建会的轨道，走向辉煌。

第一节 “四大”：中国红十字运动史上的里程碑

一、“四大”的召开

“三大”后的6年间，中国红十字事业经过红十字工作者创业性艰苦努力，逐步消除“左”的影响，步上正轨。在各项工作取得初步成效的形势下，中国红十字会第四次全国会员代表大会于1985年5月31日至6月1日在北京举行。参加这次大会的有全国26个省、自治区、直辖市的红十字会和3个自治区卫生厅的123名代表。国务委员姬鹏飞、全国人大常委会副委员长朱学范、全国政协副主席赵朴初等国家领导人亲切会见了与会代表。杨纯副会长主持大会，钱信忠会长代表第三届理事会向大会做了工作报告。报告以雄辩的事实说明：“六年来，各级红十字组织在当地党委和政府领导下，遵循代表大会（三大）精神，克服种种困难，开展了许多有利于社会、有利于人民的工作，取得了显著的成绩。”同时，钱会长在报告中也实事求是地指出红会工作还存在着指导思想、任务不够明确以及人员、编制、经费等方面的诸多困难和问题。钱会长在报告中提出今后工作的指导思想和任务："在各级党委和政府的领导下，认真贯彻党的十二届三中全会的决议，实事求是，从实际出发，以改革的精神，努力发展群众性的卫生救护和社会福利事业，积极贯彻对外开放的政策，开创红十字会工作的新局面。经过几年的努力，把中国的红十字会办成具有中国特色的社会主义的红十字会，为四化建设服务，为统一祖国大业服务，为世界和平和人类进步做出贡献。"①

大会通过了《中国红十字会章程》，选出由63名理事组成的第四届理事会。6月2日四届一次理事会推举朱学范、赵朴初、钱信忠为名誉会长，选举崔月犁为会长，谭云鹤、章明、沈辰、何理良、蔡壬癸为副会长，蔡壬癸为秘书长（兼），范雨田、曲折为副秘书长，由崔月犁、谭云鹤、章明、沈辰、何理良、蔡壬癸、范雨田、曲折组成中国红十字会第四届理事会常务理事。

中国红十字会"四大"会场

这次代表大会是一次具有重要历史意义的大会，它为开创中国红十字工作的新局面，把中国红十字会办成具有中国特色的社会主义红十字会起到指导和推动作用。

二、"人道主义"宗旨的确立

"四大"的一个重要成果就是通过了新修改的《中国红十字会章程》，其中关于中国红十字会的宗旨，在总则的第四条中明文规定："中国红十字会以实行人道主义为宗旨"，这是对历届关于红十字会宗旨的一次突破，大大拓宽了红十字会的工作领域，真正体现了红十字会成立的初衷。

中华人民共和国成立后，从第一届到第三届代表大会通过的章程，在规定中国红

① 钱信忠：《中国红十字会第四次全国代表大会工作报告》，见中国红十字会总会编：《中国红十字会第四次全国代表大会文件汇编》（内部资料），第1、9页。

十字会的宗旨时，总是在“人道主义”前加上“无产阶级”“革命”或“社会主义”的定语，唯恐不加这些定语而犯“左”的错误。在这次代表大会上，代表们经过充分的讨论，毅然冲破“左”的束缚，恢复了红十字会宗旨的本来面目，这是对人道主义本身意义的承认，这在当时“左”的思想还没有完全清除、人们对谈“人道主义”还心有余悸的时候，不能不说是突破性进展。这是红十字会宗旨的提法与国际“接轨”的体现。国际红十字运动一开始就是以实行人道主义为宗旨的。

为了阐明“四大”提出的“人道主义宗旨”的内涵，时任总会宣传部部长的熊世琦先生在1988年11月5日的《中国红十字报》上发表了《红十字人道主义思想的起源及其在我国的发展》一文，第一次提出了“红十字人道主义”的概念，得到了广大红十字工作者的认同。他在文章中提出：“把以救死扶伤和慈善救济为出发点的带有红十字特色的人道主义，称作狭义的人道主义。”这种红十字特色的人道主义思想“所重视、尊重和爱护的人，则是在社会的和自然的斗争中陷于弱者境遇的人，有的是饥寒交迫，衣食无着，孤苦无靠；有的则是被疫病伤残缠身，难以摆脱。自从125年前红十字组织在欧洲诞生以来，这种狭义的人道主义思想，就带上了鲜明的红十字特色。……国际红十字组织成立后，受到世界各国政府日益普遍的支持和欢迎，她所担负的救护与救济任务，由战争中的伤病士兵扩展到受战争殃及的平民百姓，进而扩展到在自然灾害面前陷于困境的人们。这种以救护救济社会灾害（战争和其他人祸）和自然灾害（水、旱、火、地震和疾病等）中的弱者为目的的人道主义思想，并不是这时才产生的，不论在国内还是在国外，这种思想早就存在了，只是在国际红十字组织诞生以后，这种思想，才由散在的不成熟的形态转变为比较系统和完整的形态，而且由国际条约作保证的一个遍布世界140多个国家的国际组织加以体现并组织实施”①。

可见世界上不同的国家、社会、阶级、集团都可以承认、贯彻、执行人道主义，但谁也不能说人道主义是属于它的或某个集团的，人道主义如同自然科学成果一样，是人类的一项共同精神财富，如果硬要给人道主义附加什么条件，不论怎么加都是与人道主义的本来意义无关的。数十年来（包括“文革”期间），以中国红十字会的名义每年都要给遭受各种灾害的十几个国家甚至更多国家的人民以物质的或经济的援助，这种援助是不分国家的性质、社会制度的人道主义援助，对此再冠以“革命”或“社会主义”称号已毫无意义。在过去极左路线下，我国不论遭到多大自然灾害，包括1976年唐山大地震，都不接受外国的人道主义援助，好像接受这种人道主义援助就要受到资产阶级的“污染”，界限就划不清楚了。从1987年开始，当我国遭受自然灾害如大兴安岭火灾时，国际红十字组织和一些国家的红十字会纷纷向灾区人民提供援助，这种人道主义援助不是对灾区人民克服灾害引起的种种困难起到了积极作用吗？如果

① 熊世琦：《红十字人道主义思想的起源及其在我国的发展》，《中国红十字报》1988年11月5日。

回到过去的年代，给扣上“资产阶级”“修正主义”等帽子，岂不是可笑的多余？

人道主义是中国红十字会开展一切活动的指导思想和出发点，这是“四大”提出红十字人道主义的理论依据。同时，可以看到，红十字人道主义，无论在国内还是在国外，都是历史的和现实的存在，具有区别于其他各种人道主义的鲜明个性，这是提出“中国红十字会以实行人道主义为宗旨”的客观依据。红十字人道主义的内容非常明确：救护和救济在战争和自然灾害中被迫陷于弱者境遇的人。这种人道主义所面对的服务对象，不论过去和现在，不论国内和国外，都是明确的，而且有各项国际条约予以承认和尊重。“所以红十字人道主义的提出并不是标新立异，而是对历史和现实的承认，把本来就存在的东西加以概括和论述。”①

以面对弱者为天职的红十字人道主义在各种人道主义中，可以说是仅有的不带阶级性的理论，在对弱者施行救护和救济时是不分阶级的，是超政治的。有各国政府代表团和红十字会代表团共同参加的国际红十字大会讨论通过的红十字七项基本原则即人道、公正、中立、独立、志愿服务、统一和普遍性原则，就充分体现了这一点。正如从事自然科学的人都处在一定的阶级地位一样，贯彻实施人道主义的人也带有这样那样的阶级性和倾向性，难免出现一定的偏差。这是贯彻执行者阶级立场和地位问题，而不是红十字人道主义本身的问题。红十字人道主义思想在我国的存在和发展将是长期的，与整个社会主义精神文明建设的方向是一致的，即使到了全人类的彻底解放和世界大同的实现，在自然灾害面前，红十字人道主义仍有存在和发展的实际意义与价值。

总之，无论是从理论上还是实践上，都可以证明“四大”确定的“中国红十字会以实行人道主义为宗旨”的正确性，它为中国红十字事业的发展开辟了广阔的道路和奠定了思想基础。这一宗旨的确立必将带来事业的大发展。

三、红会性质的新内涵

从“一大”到“三大”，中国红十字会的性质一直被界定为“人民卫生救护团体”。而第四次全国代表大会新修改的会章规定：“中国红十字是中华人民共和国的全国性的人民卫生救护、社会福利团体。”这就使红十字会的业务涵盖面大为扩展。红十字会从单纯的“人民卫生救护团体”到“人民卫生救护、社会福利团体”，这种性质的拓展，可以使红十字会在人道主义领域里做更多的工作。根据这一性质，“四大”报告提出：“我们要本着改革的精神，根据需要与可能，因地制宜、量力而行的原则，积极地兴办更多的符合红十字会宗旨的卫生和社会福利事业。要加强管理，因陋就简，勤俭持家，

① 熊世琦：《为什么提出红十字人道主义》，《中国红十字报》1989年12月5日。

要讲求经济效益，为兴办红十字事业积累资金。”①

红十字会办社会福利事业最早为武汉市红会。1985年1月20日“武汉市红十字药材贸易公司”的正式开业，标志着红会办社会福利事业的开始。

红十字会从事经营活动，这在我国还是一件新鲜事，但在国际上却早已是红十字会获得经费来源的一条重要渠道。在新形势下，为了使中国红十字事业焕发出生机与活力，开辟多种渠道扩大经费来源是必需的、可行的。它完全符合红十字运动的宗旨。正因为如此，武汉市红十字会的做法得到肯定，总会在贺信中说：“兴办红十字社会福利事业对于我国红十字事业的发展具有重大意义，我们相信并希望武汉市红十字药材贸易公司的创办和发展，将不断取得新成绩，并为红十字福利事业做出应有贡献。”而“四大”明确提出红十字会是“社会福利团体”，这对创办社会福利事业是一个有力的推动，此后，全国许多地区如天津、沈阳、江阴、大同等地红会兴办了残疾人福利厂、社会服务站、医疗卫生咨询站等各式各样的福利事业。

兴办经营性实体是红十字事业发展的需要，而且成效可观。武汉市红十字药材贸易公司开办一年多就实现经济效益和社会效益双丰收；无锡红十字会创办的伤残人福利厂年创产值达30多万元；天津市红十字会与有关部门一起，自力更生，因地制宜，办起了60多家符合红十字宗旨的福利实体；如此等等。各地红会所创办的企事业单位，不仅为社会所需要，扩大了红十字会的影响，而且为红十字会开展工作提供了资金。实践证明：红十字会办事业只要选准方向，符合宗旨，保证收入全部用于发展红十字事业，这条路将会越走越宽广。“四大”提出中国红十字会不仅是卫生救护团体，而且是社会福利团体，可谓意义重大。

第二节 红会事业的“中国特色”

一、继往开来

“四大”具有里程碑意义的一些重大决策，带来中国红十字事业的兴旺发达，在短短的5年间，全国红十字会组织和会员有了空前规模的发展和壮大。到1988年，大陆30个省、自治区和直辖市全部恢复和建立了红十字会。截至1989年9月底，地（市、州、盟）红十字会由1985年的109个发展到1484个；基层红十字会由1985年的25868个发展到87000多个；会员由1985年的187万人发展到850万人，同时还涌现

① 钱信忠：《中国红十字会第四次全国代表大会工作报告》，见中国红十字会总会编：《中国红十字会第四次全国代表大会文件汇编》（内部资料），第12－13页。

出一大批热心红十字事业的志愿工作者。红十字组织和会员在全国的覆盖面扩大到如此的规模，这在中国红十字会发展史上是空前的，既体现了红十字会的群众性，又为形成全国性的卫生救护网、社会服务网提供了组织保证。

“四大”以来的五年，有 490 个地方红会和基层组织的 3333 名会员分别获得由总会授予的红十字先进集体和先进会员的荣誉称号。山东省曲阜市红十字医院院长姜健继荣获美国红十字会 1988 年国际人道主义服务荣誉奖后，1989 年又作为红会系统的唯一代表当选为全国先进工作者，光荣地出席了“全国劳动模范先进工作者表彰大会”。作为全国人大代表，她为红十字会立法积极呼吁，为红十字会法的颁布施行作出了积极的贡献。

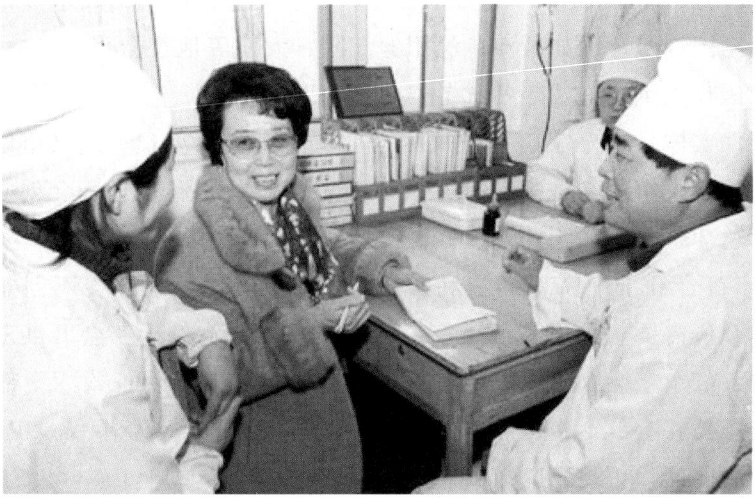

曲阜市红十字医院院长姜健

“四大”以来，在开展城市红十字基层工作的同时，还在农村进行建会试点工作。总会在山东、山西、内蒙古、黑龙江、北京等地的 12 个县（市）的 35 个村建立农村红十字组织，并在对这些地方进行调研后，于 1989 年 9 月在山西晋城召开了“全国农村（牧区）红十字工作座谈会”，明确了在农、牧区建会的重要意义及应采取的方针、步骤，这对以后农村红十字工作的开展起到了积极的推动作用。

为了推动中国红十字事业的进一步发展，1990 年 2 月 15 日至 17 日，中国红十字会在京召开第五次全国代表大会。与会代表 231 名，代表着 850 万会员。谭云鹤副会长代表第四届理事会作了工作报告，总结了“四大”以来红会工作的经验，其中“最根本的一条就是认真贯彻党的十一届三中全会所重新确立的思想路线：实事求是，一切从实际出发，认真实行改革开放。从红会来说，就是要善于把国际红十字会的人道主义宗旨和七项基本原则同社会主义中国的实际情况结合起来，同中央、国务院的指示精神结合起来，同当前全国人民的中心任务结合起来，改革不适应中国国情的东西。

这样，红会才有生命力”[①]。报告提出了今后五年红会工作的目标和任务：深化红会体制的改革；继续以组织建设为重点；进一步扩大卫生救护网络；进一步做好社会福利工作；积极兴办事业实体；认真做好红十字青少年工作；进一步加强宣传工作；把台湾事务工作做得更好；积极开展国际的友好交流；加强理论研究，改进工作作风。

第五次全国代表大会推举朱学范、赵朴初、钱信忠、崔月犁为名誉会长，聘请谭云鹤为顾问；选举陈敏章为会长，顾英奇为常务副会长，张德江、邹时炎、郝长元为副会长，孙柏秋为专职副会长；韩长林任秘书长，曲折为副秘书长。

17 日上午，国家主席杨尚昆、国务委员李铁映等党和国家领导人接见了全体代表。李铁映代表党中央、国务院发表重要讲话。国务院总理李鹏为大会发来贺信，高度赞扬红十字组织在奉行人道主义宗旨、维护世界和平和发展各国人民之间的友谊诸方面所作出的贡献：“中国红十字会遵循人道主义宗旨，在救死扶伤、扶危济困、敬老助残、助人为乐等方面发挥了重要作用。替政府分忧，为群众解难，深受广大群众的欢迎。在国际红十字运动中，为维持世界和平和发展各国人民之间的友谊做出了贡献。”

国际红十字会与红新月会协会主席维拉罗尔·兰德尔和秘书长帕克·斯坦贝克联名发来贺电，向“中国红十字会第五次全国代表大会”致以“最热烈的祝贺”。贺电称：“最近几年来，贵会取得了迅速发展，已成为协会最大的成员红会之一。今天贵会已拥有八百万积极的红十字会员，在贵国的每一个省和自治区都建立了活跃的分会，你们尽力满足占世界人口五分之一的中国人民的许多紧迫的人道主义需求。你们积极并广泛地参与国际红十字和红新月运动，为红十字运动的壮大和成功作出了贡献。你们的全国代表大会召开于一个新的年代开始之际，这具有重大意义。……我们相信，你们的这次会议将对你们所从事的人道主义工作具有至关重要的意义，也将为我们两个组织之间更加密切的合作谱写新的篇章。”[②] 贺信不仅仅是对“四大”以来中国红十字事业发展成就的认可，同时也是对国际上反华逆流污蔑中国没有人权、不讲人道等言论的一个客观有力的抨击。国际红十字运动是公正的、中立的。

“五大”是一次继往开来的大会，它的召开为中国红十字运动继续沿着“四大”开创的建设具有中国特色的红十字事业的道路明确了目标、奠定了基础。

二、建设有中国特色的红十字事业

自从“四大”首次提出创建具有中国特色的红十字会以来[③]，红会就以此为奋斗目

① 《谭云鹤副会长在中国红十字会第五次全国代表大会上的讲话》，《中国红十字报》1990 年 3 月 20 日。

② 《红十字会与红新月会协会主席和秘书长来电祝贺中国红十字会“五大”召开》（1990 年 2 月 13 日），见《中国红十字》1990 年第 3 期，第 7－8 页。

③ 钱信忠会长在《中国红十字会第四次全国代表大会工作报告》中明确提出：“经过几年的努力，把中国的红十字会办成具有中国特色的社会主义的红十字会。”

标。“五大”更是旗帜鲜明，谭云鹤副会长所作工作报告的题目为“振奋精神，群策群力，把建设有中国特色的红十字事业继续推向前进”，报告中把“继续探索建设具有中国特色的红十字会”作为“今后我国红会工作的基本指导思想”。

建设具有中国特色的红十字事业是建设具有中国特色的社会主义的组成部分，是从我国正处于社会主义初级阶段的实际出发的，它服从和服务于建设有中国特色的社会主义。

红十字事业具有广泛的群众基础。国际红十字会是当今世界历史最长的国际组织，它历经百年而不衰，至今愈见盛兴，足见其强大的生命力。红十字事业在中国由小到大，几经沉浮，于今踏上光明的坦途，证明其深具潜力，大有可为。中华人民共和国成立后虽经过多年生生不息的发展，但提出建设具有中国特色的红十字事业为时尚短。这是中国红会发展史上遇到的新课题。中国特色红十字事业的内涵以及如何建设具有中国特色的红十字事业，还处在探索之中。其中以下诸端基本达成共识：

一是国际红十字运动的基本原则同中国实际相结合。中国的红十字事业是国际红十字运动的重要组成部分，发展中国的红十字事业首先要遵循国际红十字运动的七项基本原则——人道、公正、中立、独立、志愿服务、统一和普遍性原则。这是国际红十字运动最高指导原则，必须得到尊重。同时要结合中国实际，把学习借鉴其他国家开展红十字会工作的经验同我国的社会主义建设的实际结合起来，独立自主地开展工作，在实践中开创有中国特色的红十字事业。

二是作为政府助手独立自主地开展工作。红十字会是群众性的社会福利团体，应该“为政府分忧，为群众解难”，在人道主义旗帜下，动员和组织社会力量，参与社会保障，开展帮困扶贫、赈灾救济等工作，在政府和群众之间架起传递爱心的桥梁，发挥红十字会政府助手的作用。红十字会开展的博爱系列工程即救援工程、生命工程、爱心工程，就是这种独立自主开展工作的一种体现。这是中国红十字会“具有社会团体法人资格”应享有的权利。

三是按行政区划建立组织开展活动。中国红十字会的领导机构是相当完整、严密的，独立存在而又与我国行政区划相一致。而且各级红会的会长由各级行政领导担任，这样有利于红十字组织发动群众，开展活动。这种纵横交错、条块结合的组织形式，充分体现了在社会主义制度下，红十字会可以做到自成体系，成为政府得力的人道领域工作的助手。

四是与精神文明建设相结合。这是建设有中国特色红十字事业的立足点之一。中国红十字会总会根据我国社会主义精神文明建设的需要，不断发出号召，要求各级红会组织积极参与国家的社会主义精神文明建设，以塑造中国红十字会新形象。红十字会的任务之一是进行社会服务，即发动会员经常开展以照顾鳏、寡、孤、独、残和烈军属为对象的社会服务活动。这种活动以精神慰藉为主，并积极创造条件，在物质上给予帮助。红十字会的这些工作与精神文明建设的内容是一致的。红十字会倡导的“人道、博爱、奉献”精神，有利于社会形成互助友爱的良好的人际关系。“人道救助，爱心关怀”活动，有助于精神文明建设的开展。社会主义制度把人道主义作为精神文明建设的一个组成部分，社会主义人道主义强调最广大人民群众的利益，这表明红十字运动在中国的发展有着广泛的群众基础。

五是红十字青少年工作与德育教育相结合。在大中小学中发展红十字组织，开展红十字工作，与学校的德育教育相结合，成为全面贯彻党的教育方针，加强学生德育教育的内容和措施。事实证明，大力开展红十字青少年活动，有益于提高青少年素质，有益于全面贯彻党的教育方针，有益于加强社会主义精神文明建设。红十字青少年工作是学校德育工作的良好载体，用红十字人道、博爱、奉献精神教育人，可以起到“春风化雨”的作用和效果。

从“四大”提出建设具有中国特色的红十字会目标以来，经过十年探索，到 1994 年“六大”召开时，已初步形成较为完整的理论体系。性质宗旨：中国红十字会是从事人道主义工作的社会救助团体，坚持发扬人道主义精神，保护人的生命和健康，促进和平进步事业。发展道路：研究国际通行做法紧密联系中国实际，沿着法制化轨道，建设有中国特色的红十字会。与政府的关系：红十字会遵守国家的宪法和法律，发扬人道领域政府的助手作用，独立自主地开展工作，并接受政府的监督；政府对红十字会给予支持和资助，保障红十字会依法履行其职责。主要任务：为改善最易受损害群体的境况，建立备灾救灾体系，参与自然灾害和突发事件救助，开展群众性卫生救护，减少各种因意外伤害造成的人员致残和死亡；参与血液事业的管理，推动无偿献血；开展与人道主义有关的工作，开拓新的服务领域。组织模式：按行政区域和行业系统发展组织，县以上按行政区域建立地方各级红十字会；各级现职行政领导出任红十字会会长。红十字会开展活动以基层组织和会员为基础。在对外交往中坚持独立、平等、互相尊重的原则，积极发展与国际红十字和各国红十字会的友好合作关系，促进世界和平进步事业。① 以上几点，还需要在实践中不断完善。

建设具有中国特色的红十字会仍在探索之中，这是一项长期的任务。

三、宏伟蓝图

“四大”以来，特别是历史进入 20 世纪 90 年代，中国进入了改革开放和现代化建设的快车道。改革开放的深入为发展红十字事业提供了新的机遇，也提出了新的要求。中国红十字会走什么样的发展道路，90 年代中国红十字事业发展的战略目标、战略措施是什么？已摆在中国红十字会的面前。

---

① 曲折主编：《中国红十字事业》，广东经济出版社 1999 年版，第 66－67 页。

1992 年 5 月，在红十字会与红新月会国际联合会第 29 届执行理事会上正式通过了《九十年代战略工作计划》。为建设有中国特色的红十字事业，中国红十字会参考国际联合会的这个战略工作计划，于 1993 年初制定了《中国红十字会九十年代工作纲要》（以下简称《纲要》）①。《纲要》面对国家深化改革、政府职能转变、经济体制由计划经济向社会主义市场经济过渡的新形势，解放思想，更新观念，以新的工作思路，提出了 20 世纪 90 年代发展我国红十字事业的宏伟蓝图。

《纲要》根据多年的探索和实践确定中国红十字会 90 年代的战略目标是：“增强综合实力，提高自我完善、自我发展能力；建设具有中国特色、形成自身体系的红十字会组织网络，独立自主地开展工作；改善‘最易受损害群体的境况’，逐步拓宽人道领域中的社会服务，进一步提高中国红十字会在国际红十字运动中的作用。”

根据这一战略目标，中国红十字会把改革与发展作为重要的工作任务，具体行动为：

——从人道主义宗旨出发，强化各级红十字会备灾救灾意识，提高红会系统的救灾、救济和社会服务的反应能力和效能。

——结合“2000 年人人享有卫生保健”的卫生规划，继续强化群众性卫生救护培训工作，开展现场的、初级的、群众性的卫生救护，有计划、有步骤地在全国形成一个院前的，同卫生部门县、乡、村三级医疗预防保健网相衔接的群众性的自救互救网络。

——积极参与血液事业管理，兴办部分红十字血站，大力推进无偿献血事业的发展。

——加快立法步伐，逐步建立健全红十字事业的法律法规体系，使红十字事业走上法治建设的轨道，依法保护红十字会的合法权益和履行红十字会的职责。

为了保证这一战略目标的实现，中国红十字会应力求做好以下几个主要方面的工作：

一是增强红十字会的备灾救灾能力。在国际联合会和有关国家红十字会的支持下，抓好全国七个区域性备灾救灾中心的建设，鼓励有条件的省、市建立省级备灾救灾中心。

二是积极抓好群众性卫生救护网络的建设。通过各级红十字会的努力，逐步做到凡可能发生人身伤害的地方，都有经过培训的红十字会卫生救护人员从事现场急救，因此要不断扩大卫生救护培训工作的覆盖面，抓好铁路、公安、地质、民航、公交等系统的现场急救技术的培训工作，推广煤炭、林业、交通、旅游系统取得的好经验，使救护训练工作逐步规范化、制度化。

① 参见《中国红十字会九十年代工作纲要》，《中国红十字报》1993 年 3 月 5 日。

三是加快发展我国无偿献血事业的步伐。总会同卫生部和有关部门共同加强对无偿献血的宣传，起草无偿献血方面的法规，完善无偿献血方面的管理制度，通过努力，在我国逐步实现无偿献血，进一步扩大同国外红十字组织在血液事业管理和技术方面的交流与合作，提倡和鼓励地方红十字会办血站。

四是大力兴办符合红十字宗旨的经济实体，不断壮大红十字会的实力。各级红十字会要以改革的精神，为发展红十字事业，增强红十字会的综合实力，大力兴办各种服务型、经营型经济实体。总会建立红十字基金会。有条件的地方可设立红十字发展基金。

通过这些措施的实施，中国红十字会20世纪90年代工作纲要中提出的战略任务逐步得以实现，使我国红十字事业得到迅速蓬勃的发展。

加强红十字会的组织建设是实现这一宏伟蓝图的组织保障，因此国内工作继续以组织建设为重点。中国红十字会作为历史悠久的社会团体，不仅在组织建设中坚持积极稳步发展的原则，以组织发展带动各项工作的开展，而且以开展工作促进组织发展。

特别是在大中小学校，发展红十字组织，开展红十字活动，对学生进行人道主义教育，是组织建设的重要方面。在全国现有的近2000万会员中，学生会员占了将近半数。不言而喻，红十字青少年工作是红十字会工作的重要组成部分。从1978年恢复红十字会国内工作以来，红十字青少年工作有了很大发展，特别是1987年中国红十字会与国家教委联合下发《关于在学校中开展红十字青少年活动的通知》后进入了一个新的发展时期。随着我国改革的深化，对外开放逐步扩大，我国红十字青少年工作有了长足发展。红十字组织从小学、中学发展到大学。活动内容丰富多彩，从系统的卫生救护活动，扩大到精神文明建设的各个方面，包括培养文明行为和社会公德，开展社会救助和社会服务，参与无偿献血，举办各类红十字征文、绘画和歌咏比赛，组织夏令营、冬令营等活动。红十字青少年成为实现红十字宏伟蓝图的一支不可忽视的力量。

《纲要》为建设有中国特色的红十字事业描绘了宏伟蓝图。中国红十字运动由此进入高速发展的新时代。

第三节 不断创建精神文明亮点

一、红十字与精神文明建设

改革开放以来，党中央一直强调两个文明一起抓，并在党的历次重要会议上作出一系列重大决策。在1986年党的十二届六中全会上还专门作出《关于社会主义精神文明建设指导方针的决议》（以下简称《决议》），明确了精神文明建设的战略地位、根本任务和重大方针，引导全党和全国人民逐步加深对精神文明建设的认识。《决议》在论述“树立和发扬社会主义的道德风尚”这个重大问题时，明确提出：“在社会公共生活中，要大力发扬社会主义人道主义精神，尊重人，关心人，特别要注意保护儿童，尊重妇女，尊敬老人，尊敬烈军属和荣誉军人，关心帮助鳏寡孤独和残疾人。”这与中国红十字会以实行人道主义为宗旨和倡导“人道、博爱、奉献”的红十字精神是完全一致的，也为我国的人道主义事业指明了方向。其把人道主义思想提高到人类精神文明建设的高度，意义深远。

《决议》中所讲的社会主义的人道主义，是革命的人道主义在新的条件下的发展。它以社会主义的经济关系及其相应的新型的社会关系为基础，从社会主义社会的公共生活实际出发，提出了一系列的基本道德要求。社会主义人道主义的实质就是从伦理上体现社会主义国家、社会对绝大多数人民的权利、利益、人格的尊重和关心，体现绝大多数人民对共同利益的共同关心以及人民之间的相互尊重与友爱。

事实上，红十字会所开展的工作，其内容与社会主义人道主义的内涵是互相包容相辅相成的。红十字工作者通过多年的实践，用“救死扶伤，扶危济困，敬老助残，助人为乐”十六个字来概括红十字会工作的基本内容，这些无一不是当今社会主义精神文明建设的含义。精神文明建设是推动社会文明进步的一种手段，我们所追求的精神文明是希望实现人的思想、观念、意识、道德的文明，红十字会所从事的工作和倡导的精神就是实现这种希望的路径之一。因为红十字会本身就是社会文明进步的产物，并不断为社会的文明进步作出新的贡献。

“十二大精神洒甘露，红十字之花更芬芳。”十二届六中全会把发扬社会主义人道主义精神列为精神文明建设的一项重要内容，无疑对我国红十字事业的发展起到巨大的推动作用。红十字会正是抓住这种机遇，在全国大力宣传，通过红十字会开展的各项人道主义活动，促进精神文明建设，以达到党中央提出的“从实际出发，鼓励先进，照顾多数，联结和引导不同觉悟的人们一起向上，形成凝聚亿万人民之强大力量”。红十字会正是“联结和引导不同觉悟的人们一起向上的”桥梁和纽带。而千百万中国红十字会员已成为精神文明建设的重要力量，必将在两个文明建设中继续发挥作用。

1996年10月，党的十四届六中全会又通过了《关于加强社会主义精神文明建设若干问题的决议》，再次强调：在发展社会主义市场经济条件下，更要在全体人民群众中提倡为人民服务和集体主义的精神，提倡尊重人，关心人，热爱集体，热心公益，扶贫帮困，为人民为社会多做好事，反对和抵制拜金主义、享乐主义和个人主义。为了贯彻该决议的精神，钱正英会长在1997年春在厦门召开的六届四次理事会上发表重要讲话：《积极参与精神文明建设，塑造中国红十字会新形象》，要求“我们要更加积极主动地把红十字精神和红十字会工作纳入到精神文明建设中去，以精神文明建设带动红十字会工作，红十字会工作要为精神文明建设服务”①。

的确，中国红十字会作为从事人道主义工作的社会救助团体，多年来，根据各个时期的要求，积极参与社会主义精神文明建设，在不同的时期都做出了自己的努力。20世纪80年代初，中国红十字会作为“中央五讲四美三热爱活动委员会”成员之一，曾多次发出通知，要求各级红会组织和会员，积极投入这项活动。改革开放以来，各地红十字组织开展的社会福利和救灾救助工作、无偿献血工作以及在一些行业开展的卫生救护训练和学校的红十字青少年工作都是社会主义精神文明建设的内容。进入90年代，红十字会还积极兴办社会福利和公益事业，开展社会服务活动等。诸如沈阳市红会创建“孤儿之家”，上海市红会创建智障儿童学校，天津市宝坻县红会通过社会募捐创办博爱小学，广东中山市红会开展“慈善万人行”募捐活动并利用捐款办起启智学校、老年颐乐楼以及许多地方红会所办老人之家、孤儿抚恤班、老年病医院、康复医院等公益事业都是为社会主义精神文明建设服务的。红十字工作者以扎扎实实的工作，创建一个个精神文明的亮点。在这里，我们采撷几个片段，奉献给读者。

二、春天的盛典——中山慈善万人

1988年以来，每年的农历正月初七这天，广东中山市区万人空巷，人们从四面八方涌向街头，将繁华的富华道和孙文路挤得水泄不通，一万多人的游行队伍汇成爱心的洪流，似春潮涌动。历经十几年的“慈善万人行”奏响了社会主义精神文明建设的最强音。这是“春天的盛典”。

中山是伟大的民主革命先行者孙中山的故乡，早在1921年孙中山先生曾为广东番禺红十字会题词“博爱”。如今中山先生倡导的博爱精神在中山这片土地上乃至整个华夏大地上产生了久远的影响并化为博爱行动。

1988年，改革开放的中山市经济获得迅速发展，中山人摆脱了贫困，走向了富裕。但中山市红十字会自1988年成立后就一直关注由于各种原因而陷于困难境遇的人群。创业之初，中山市红十字会除了一万元的开办经费外，没有一个专职的工作人员。面对尴尬，首届理事会进行认真研究后达成共识：红十字会的工作是为了社会，工作的基点必须定位于社会和群众，为此，在1988年市政府和红会做出富有远见卓识的决定：由红十字会牵头举办“慈善万人行”活动，由此开创了红十字人道救助事业的新路子。活动的目的：一是宣传红十字会的宗旨，弘扬人道主义和博爱精神，为促进社

① 钱正英：《积极参与精神文明建设，塑造中国红十字会新形象》，载中国红十字会总会：《中国红十字会第六届理事会第四次会议文件汇编》（内部资料），第4页。

孙中山手迹

会主义精神文明建设服务；二是筹集善款，为兴建社会公益事业积累资金，发展红十字事业。

“年年慈善日，岁岁如意春。”中山市红十字会开展的“慈善万人行”活动至今已有十多年了，每年的正月初七，万余名群众扶老携幼，涌上街头，每一个人的心里都涌动着一股慈善的热流，不论是富起来的企业家和个体户，还是收入平常的一般市民，上至市领导，下至平民百姓，从年幼的娃娃到白发苍苍的老者，都心怀一颗人道、慈善之心，慷慨解囊，捐善款，献爱心。“万人行”像一股强劲的春风，吹暖了中山大地，将红十字人道主义事业的种子播撒在中山的每一寸土地上，正可谓“慈善根植万人心，爱如春风满人间”。

1993 年 2 月，中国红十字会五届四次理事会在广州市召开。正月初七这天，与会理事前往中山市参加慈善万人行活动，目睹了那感人的情景。① 每年的正月初七已成为中山人的盛大节日，在大街小巷，在公园广场，在城镇乡村，到处都呈现出一派欢乐的景象，人人心中激荡着博爱的真情。当你置身于万人起步仪式的壮观场面时，当你走进那由几万人组成的浩浩荡荡的游行队伍时，当你看到初七晚上中山市“火树银花不夜天”的五彩缤纷的夜景时，你就会感到那是博爱和慈善的暖流汇成的海洋，歌声、笑声、鼓乐声和着那载歌载舞的游行队伍，无不令人欢腾兴奋，那宏大感人的场面使人终生难忘。在红十字会和万人行总指挥部办公室里汇集了一个个感人的故事：一位老人在辞世前还不忘嘱托亲人捐出 2000 元善款；一个患小儿麻痹后遗症的青年专程从乡下来到收款处捐 800 元，以表达一个残疾人的爱心；一个身在澳大利亚的中山乡亲拨通了热线电话参加捐款；在外地打工的中山人借回乡探亲的机会，也一个个投入捐款者的行列……无数感人的故事常常令工作人员激动不已。“人道、博爱、奉献”这个

① 沈默：《中山市“慈善万人行”再放异彩——五届四次理事扩大会代表与中山市人民同庆“人日”》，《中国红十字报》1993 年 2 月 5 日。

人类永恒的主题，唤起了无数人饱含真情地投入红十字事业。凡是参加慈善万人行的人都感受到那种来自博爱情怀的力量，感悟到人道主义事业的真正内涵，使每个人的心灵得到净化和升华。

“慈善”是一个美好的词语。“恻隐怜人谓之慈”，善良美好关心他人谓之“善”。中山市红会把这个美好的词语付诸美好的行动，聚沙成塔，集腋成裘，不仅行善惠人，而且为社会主义精神文明增添光彩。

慈善万人行一年选定一项具体的社会公益目标，然后发动社会参与募捐。1995 年他们选定的社会公益项目是建设一所坚持红十字宗旨的博爱医院，因此这届万人行活动的口号是：“您的点滴捐款可以为博爱医院添砖加瓦，您的一片爱心可以挽救一条生命。”在这感召人的口号下，男女老幼，海内外的人士，踊跃捐款。澳门著名实业家胡顺谦先生捐资 500 万港币，另一位澳门企业家卢伟硕先生也不甘落后，捐出 501 万港币。他们为博爱医院铺下了两块“基石”。在捐款者中，有一位 71 岁的退休职工李中平，他捐的 2000 元善款是女儿孝敬他的钱。这位老人说：“人的一生只有为社会、为别人多做一些好事、善事才有意义，生活才更充实。”李老伯的心情代表了中山普通市民的民心。在义演晚会上，人们无不被充满爱心的踊跃捐款氛围所感染，从中体验到一种心性向善的文明境界。在历届万人行活动中，总有正在监狱中的犯人捐出的钱款，他们以此种方式表达改恶从善的决心。只有在金钱为了人道博爱的目标而汇集时，才显现出金钱的价值。

由于此项活动宣传发动工作广泛，组织措施得力，参加的人数、募集的款项年年有增加。就拿前 5 年的募款数目来说，1988 年 7 万元，1989 年 72 万元，1990 年 113 万元，1991 年 270 多万元，1992 年“慈善万人行”有 380 多个单位 3 万多人组成 78 支队伍参加了游行，共募善款 320 万元。到 1996 年“慈善万人行”的捐款额达 2657 万元。十几年来，中山市红会始终信守善款“取之于民，服务社会”的承诺，将募集的捐款全部用于社会公益事业。他们广泛征求社会各界的意见，根据捐款者的意愿，投资 80 万元，办起了全市第一所为智障儿童服务的“启智学校”；投资 160 万元为本市孤寡老人建起了颐乐楼；为给经济困难的群众提供减免医疗费服务，他们办起了红十字会医疗门诊部；为发展中山市的血液事业，他们建起了红十字血站……

在红十字医疗门诊部，可以看到，红十字会的医务人员以慈善、仁爱的医德和优良的医术为病人服务。来这里得到减免医疗费的患者都是社会上的孤寡老人、残疾人、军烈属及五保户和家庭贫困的人群，那种对弱者深切的同情和关怀在这里得到了充分的体现。每年在这里因困难得到医疗费减免的计 6000 多人次。

红十字启智学校的创办，给那些因先天或后天因素造成智商低下的儿童带来了福音。在这所省内红十字会首创的特殊教育学校里，红十字会根据智障、聋哑儿童的心理、生理、智力的特点，不断增添设施，改进教学条件。老师们对这群特殊孩子给予

2000年中山市慈善万人行

发自内心的同情和爱，以“爱心、耐心、细心、恒心、责任心”为其工作的基点和准则，在教学中耐心教导、循循善诱，在生活中关爱备至……正是这万众爱心汇起的善款才使得这些不幸的儿童有幸获得接受教育逐步自立的机会而扬起生活的风帆。

红十字会备灾赈灾基金及社会救济基金的建立使红十字会在人道主义领域里拓展了参与社会保障工作的空间。中山市红会每年至少将善款总额的十分之一纳入基金，做到未雨绸缪。在历次赈灾救灾中，中山市红会都采取迅速行动，将储备的物资送往灾区，帮助灾民渡过难关。①

为使“慈善万人行”活动向更高层次发展，从1991年起，“慈善万人行组委会”决定在万人行活动的同时评选上年度的“十杰市民”，被选出的“十杰市民”是全市各条战线上的先进模范人物，在“万人行”活动中他们登上观礼台，并披红挂彩地走在游行队伍的最前面。“慈善万人行”活动使得孙中山故乡民风更加向善，精神更加文明，社会更加祥和。

“博爱岂只满中山，慈善何止万人行。”博爱精神不仅深深根植于中山这块热土，而且已在华夏大地上发扬光大。各地红十字会因地制宜，普遍开展各种形式的“捐善款，献爱心”活动，通过这样的活动募集资金，开展社会公益事业。

天津市宝坻县红十字会在会长侯隽的带领下，于1995年开展了对全县20多名孤儿助养、助教、助医和为全县困难学生助学的募捐活动。这次募捐活动声势浩大，唤起了全县人民的爱心，共募集资金75万元。侯隽会长亲临现场宣传鼓动，并带头一次捐款999元，为的是不在石碑上刻下自己的姓名（捐款千元以上者把名字刻在石碑上）。县红十字会用这笔捐款为残疾儿童建立了博爱小学，还为一些孤儿翻建了新房，

① 曲折主编：《中国红十字事业》，广东经济出版社1999年版，第165－166页。

添置了新衣，购置了学习用具以及为他们入平安保险；还将一部分捐款作为基金每年用利息资助孤儿和困难学生。在县红十字会人道之举的感召下，县保险公司免费为全县孤儿上了医疗保险。为帮助社会上陷入困境的人们渡过难关，扬起生活的风帆，天津市各级红会在 1995 年一年内共募集资金 153 万元，全部用于人道救助活动。厦门、沈阳、济南等地红会都开展了类似的活动。

中山市这个只有 20 多万人口的城市，组织规模如此之大的募捐，15 年来募集善款 2.9 亿元，[①] 这在全国也属罕见的行动。“慈善万人行”已成为中山人心中的一团圣火，将继续燃烧下去。这项活动所激发的人道博爱精神正在潜移默化地影响着这块土地上的人民，给人们的启迪是久远的。

三、多彩的红十字

在精神文明建设中，红十字以多彩的人道主义行动，展现出绰约动人的美感律动，留下一幕幕闪光的场景。我们无法为读者献上全息景象，倒可以随意剪辑几个镜头，见其一斑。

（一）镜头之一：临沂企业家红会

提起山东临沂，人们自然会想到它是革命老区，就会想到在抗日战争、解放战争的艰苦岁月里数十万民工大支前的情景，就会想到用乳汁救护革命战士的“红嫂”。在革命战争的年代，临沂的名字总是和奉献精神紧紧连在一起。如今，地处沂蒙山区的临沂市红十字会首创企业家红十字会，继续发扬光荣的革命传统和奉献精神，为老区人民作出了新的贡献。

临沂市的经济发展在几个著名的老区中遥遥领先。在脱贫致富的奋斗中，临沂市涌现出许多农民企业家。王廷江就是其中的一个，他是位穷苦出身的农民，靠拉地排车起家，凭着勤劳奋斗的精神，成了“百万富翁”，可他富了不忘众乡亲，给全村每户拿出 2 万元盖起新房，带领罗庄村走上共同富裕的道路。他热心社会公益，1990 年曾将 600 万元奉献给临沂市的公益事业。1991 年，在他的奔走呼吁下，在被人称为“老黄牛”的市红会秘书长赵继兴的支持下，90 多位企业家成立了“临沂市企业家红十字会”，他是 94 名理事之一。他和这些企业家成为临沂红会的重要力量。

为了解决老区人民的急救医疗用血，1992 年 6 月临沂市红十字会通过社会募捐建立红十字血站。募捐活动得到社会各界的热烈响应，其中企业家红十字会理事单位和个人就捐款 169 万元。受到江泽民主席称赞和多次接见的企业家红会理事王廷江参加了捐款仪式，带头捐助 100 万元。他说：“在革命战争年代，数不清的先烈牺牲在沂蒙山，光留下姓名的就有 6 万多。为了咱们今天的好日子，他们连生命都献上了，俺捐

---

① 罗祥：《岐江水慢慢流——记广东中山（2002）慈善万人行》，《中国红十字报》2002 年 3 月 22 日。

点款，为群众办点好事，出点力又算得了啥！”这位靠自己勤劳双手先富起来的著名农民企业家，钱多了，血更热了。

1993年8月初，一场罕见的特大暴雨袭击了临沂地区，有5个县和40多个乡镇的460多个村庄被滔滔洪水冲泡。就在受灾群众呼天号地等待救援时，一支支救灾队伍出现在他们面前，无论是公安干警还是驻军官兵，无论是企业的车辆还是单位的物资，都配有共同的标志——红十字，都接受市红十字会抗洪救灾指挥部的统一指挥。短短的时间里有8000多名遇险群众被安全转移；13支红十字医疗小分队深入灾区，为灾民治病4万余例。许多上了岁数的老人都说，从红十字会的行动中又看到了当年10万支前民工的沂蒙儿女的身影。在这次为抗洪救灾的募捐中，市企业家红十字会的各位理事不仅个人踊跃捐款，还发动单位职工伸出救援之手，几天之内，市企业家理事个人捐款达3万多元，各理事单位所捐款物折合人民币360多万元。这些钱和物就像及时雨，不仅对受灾群众起到了生活保障作用，也像甘霖一样滋润了灾区人民的心田。

为了解决老区人民看病难、住院难的问题，临沂市红十字会在市企业家红十字会的支持下，又筹建了红十字博爱医院。1998年11月14日，这所由临沂市红会、济南军区医学高等专科学校、济南军区总医院、临沂驻军146医院军民共建的红十字博爱医院正式挂牌开业。在捐款纪念碑上，可以看到一些企业家红十字会理事为博爱医院个人捐款均在万元以上。还有一些部门和企业家为博爱医院无偿提供设备和资金。

一桩桩、一件件，临沂市企业家红十字会就是这样以看得见、摸得着的实事为红十字增辉，为精神文明建设添彩。

（二）镜头之二：志愿者的奉献之歌

志愿服务是红十字运动的七项基本原则之一。为了把为红十字会工作的志愿人员组织起来，1993年6月10日，湖南省岳阳市率先成立了第一个红十字志愿工作者协会。志愿者大都来自平凡的工作岗位上，他们中间有共产党员、无党派人士、工人、农民、医务工作者、个体户。这是一个完全在自愿基础上成立的组织，没有行政干预，没有自上而下的“硬性”任务，可以自主地遵循红会宗旨，根据社会、群众的需要，开展救死扶伤、扶贫救灾等人道主义工作，因此具有很强的社会性、群众性。这种组织形式、活动方式创建了社会主义精神文明的新“亮点”①。此后在北京、天津、上海等城市也有了这种志愿工作者协会。

在北京市的志愿工作者队伍中，有一个由40多名白发老人组成的服务队，这就是北京市红十字会老年志愿服务队。“人老爱心在，志愿献真情。”他们按个人所长，组

① 《顺应改革大潮，谱写新的篇章——岳阳市红十字会志愿工作者协会成立》，《中国红十字报》1993年7月9日。

成医疗咨询、文艺宣传、便民服务三个专业组，活跃在社区、敬老院、公园、街头、孤老人家。

在志愿服务者中，有不少人是离退休的医务人员，他们志愿把自己的一技之长奉献给老年康复事业。南丁格尔奖章获得者司堃范退休后义务承担了15位孤寡老人的家庭护理工作，入户服务2000多人次，分文不取。她说：世界上一些先进国家比较普遍地开展了家庭和社会服务，这项工作不仅使慢性病患者和孤寡老人受益匪浅，而且使中老年护士多年积累的经验和知识在精神文明建设中得到发挥。在我国随着人口老龄化的到来，这项为老年人服务的工作一定会不断开展起来，作为一名志愿服务者和老红十字工作者，为老人服务义不容辞。

在北京崇文区志愿服务队中，有4名志愿者是离退休的医务人员，他们利用每天在天坛公园、龙潭湖公园晨练的时候，为老年人进行义务健康咨询，给老年人讲解按摩知识，并进行示范。有位中医大夫无论是在公园或是坐堂看病，对老弱病残者都是免费诊断，半年中就义务诊治1000多人次。志愿服务者的足迹留在了社区，留在了敬老院。他们在志愿服务老有所为中体味到人生的快乐，也为精神文明建设添彩增光。

（三）镜头之三：一老一少

在社会主义精神文明建设中传颂着许多红十字会员动人的故事。

张坤是北京市66中初三（3）班的学生，是一名红十字会员，他除积极参加多彩的红十字活动外，还有特殊的爱好——画画，曾多次参加红十字会组织的绘画比赛，也多次获奖。出乎他意料的是，他的一幅绘画作品《友谊桥梁》在中国宋庆龄基金会和美国西北航空公司共同举办的“中美友谊一线牵”绘画大赛中获得一等奖，这是我国参展的3000多幅作品中唯一获得国际大奖的一幅。美国西北航空公司把这张画喷绘在“世界之光”号飞机上留作永久的纪念。为此，他获得了6500美元的奖金。他曾经想把这奖金用于购买学习用品和电脑以及名牌服装，但在红十字精神的感召下，他毅然把所得的全部奖金捐赠给宁夏贫困山区的儿童，帮助他们上学。他想：人间爱有千万种，无私奉献最崇高，让世界充满爱、让人间充满真情才是最崇高的。在宋庆龄基金会主办的捐赠仪式上，当他把签有他名字的捐赠书送到两名宁夏女童的手中时，他的心激动了，他好像看到了那250名女童重新返回校园的笑脸。他说：“把所得奖金献给希望工程，我一点也不惋惜；相反，我为自己在精神文明建设中为失学儿童做一点贡献而自豪，为红十字精神而喝彩。”

刘威是抚顺钢铁厂的一位老红十字会员，也是多年的全国红十字荣誉会员，他在1985年创办的全国第一家厂矿系统红十字卫生站被中国红十字会总会授予“模范红十字卫生站”称号。多年来，卫生站为众多的患者义务诊疗，免费为老干部、残疾人和困难职工义诊数千人次。他还是雷锋纪念馆的荣誉馆员，为了弘扬雷锋精神先后捐款800多元；他多次带头无偿献血共1200毫升；他采用银针与磁提针相结合的方法治疗青少年近视眼，有独特疗效，为上万名患者解除病痛，被誉为“光明使者”。1989 年，他在第一届国际传统康复医学学术会议上进行现场表演治疗，受到卫生部领导和国内外专家的赞扬，并获得了本届国际表演金奖。1996 年他应邀到韩国讲学时，两次无偿献血，受到韩国红十字会的赞誉。1998 年 5 月在美国召开的第四届世界传统医学大会上，他的点穴器获国际金像奖，为祖国争了光。由于他在精神文明建设中作出了杰出贡献，他的事迹在中央电视台、《科技日报》、中国红十字会报刊上多次宣传报道。这就是一位老会员的新奉献。

例子不胜枚举。透过这一老一少，我们仿佛看到千千万万红十字会员服务社会的照人风采。

四、云曙碧精神

改革开放以来，广大红十字会会员和干部，为了发展我国的红十字事业，发扬红十字创始人亨利·杜南无私奉献的精神，以“要想有地位，就要有作为”的雄心壮志，艰苦创业，顽强拼搏，涌现出许许多多模范人物。他们的事迹感人至深，催人奋进，在精神文明建设中成为一个个“亮点”。云曙碧——这位内蒙古红十字会的老会长就是最耀眼的亮点之一。

1996 年 3 月，中国红十字会在上海召开的第六届三次理事会议上发出了向云曙碧学习的号召：“内蒙古自治区红十字会会长云曙碧同志，她已年逾古稀，本可休息下来，但为了内蒙古的红十字事业，她仍不停地奔忙，从长远和大局着眼，从一点一滴抓起。内蒙古红十字事业发展到今天的规模，是同她艰苦努力工作分不开的。人们把她热爱红十字事业的行为称为‘云曙碧精神’。总会号召全国红十字工作者都来学习这种精神。”①

云曙碧是前国家副主席乌兰夫之女，出生于“天苍苍，野茫茫，风吹草低见牛羊”的内蒙古。这片如诗如画、美丽富饶的大草原，养育了她勤劳善良的性格、宽阔坦荡的胸怀，“延安革命之路”造就了她坚强的意志和为人民服务奉献不止的精神。内蒙古大草原上猎猎飘扬的红十字旗帜，向我们述说着云曙碧这块被称为草原上的“绿宝石”的艰难创业历程。②

1987 年，云曙碧从内蒙古自治区卫生厅厅长的岗位上退了下来，她本可以安度晚年，享受天伦之乐，但她那颗体恤民情、关心孤老、扶持残弱、一辈子服务于人民的

① 顾英奇：《依法增强独立自主开展工作的力度，努力发展有中国特色的红十字事业——在中国红十字会第六届三次理事会议上的工作报告》，见中国红十字会总会编：《中国红十字会第六届三次理事会议文件汇编》（内部资料），第 11 页。

② 孙惠玲：《草原上的“绿宝石”——记内蒙古自治区红十字会会长云曙碧》，《中国红十字报》1992 年 1 月 3 日。

心怎么也平静不下来。她忍受着失去石光华——她延安时的同学、战友、风雨同舟 40 多年的伴侣的痛苦，毅然担任了刚刚起步的内蒙古红十字会会长职务，为内蒙古红十字事业的发展开始了新的跋涉。

内蒙古红十字会是全国恢复最晚的一个省级红十字会，1987 年恢复工作后，面临着许多困难，像其他省市红会初建时一样，没有办公条件，没有经费，只有两三个人，真是“白手起家”。云曙碧受命于此时，她考虑到要跟上全国各省红会前进的步伐，就要奋起直追，加快发展的速度，首要任务就是迅速把盟市级红十字机构建立起来，而在当时由于自治区红十字会被撤销、停止活动已有 26 年之久，各级领导和广大群众对红十字会都很生疏，甚至有偏见，因此要重建组织，成立机构，解决编制、人员、经费等问题，谈何容易！年逾古稀的云曙碧凭着她的一腔热血和“拼”劲，一方面利用一切机会在各种会议和场合宣传红十字会，主动找自治区领导汇报，到有关单位联系，争取领导的支持；另一方面亲自下到盟市，直接做有关领导的工作，具体指导筹建工作。“功夫不负有心人”，在她的直接帮助指导下，全区 12 个盟红十字会仅用 2 年的时间即到 1989 年就全部建立起来。

1989 年，总会提出创建具有中国特色的红十字会的奋斗目标。云曙碧考虑在内蒙古如何创建具有中国特色的红十字会。她提出，既要根据中国的国情，又要从内蒙古的实际出发，实事求是，调查研究，深入探索。她在抓紧旗县建会的同时，着手在农村、牧区建立基层红十字会，发展农牧民会员，开展红十字活动，以提高农、牧民的自助互助、自救互救的意识和能力。她不顾年事已高，不辞辛劳深入基层亲自抓点，每年约有三分之一的时间到盟市、县旗及乡镇调查研究，总结经验，很快各县旗红十字会和农村基层红十字会也建立起来了。

为增强红十字会自身的活力，多为群众办实事好事，从根本上解决经费不足的困难，云曙碧积极提倡举办红十字事业实体。她研究有关政策，先抓试点，帮助盟红会筹集资金；同时，发挥边疆地区的优势，先后与蒙古、苏联、日本以及中国香港等红十字会开展友好合作，大大增强了区红十字会的实力，受到自治区政府和外交部的称赞。

为了使红十字会自身有一个发展的基地，她在创办了一些经济实体和红十字会血站后又开始筹建自治区红十字培训中心，为此她马不停蹄跑了整整 3 年。从工程立项，到建筑材料、建设费用的落实，不知跑了多少腿，流了多少汗。在工程紧张施工时，她因胆结石发作住进了医院，但得知工地钢材告急眼看就要停工时，便不顾一切，带病去跑钢材。3000 多平方米的培训中心大楼建成了，这里面包含着她的几多心血！

为了解决区红十字会机构单独建制的问题，她亲自一次一次地去找编委的领导和工作人员，汇报红十字会工作情况和存在的困难。一些年轻同志看到云曙碧如此辛苦

云曙碧

和对红十字事业如此执着，备受感动。终于在 1995 年 5 月，自治区编委批准下发了《自治区红十字会五定方案》。此刻她显得异常激动，因为这份文件来之不易，它凝聚着老会长和区红十字工作者整整 5 年的心血和汗水，老会长最大的心愿和她任期内难度最大的奋斗目标终于实现了。① 自治区红十字会从这一天起真正实现了机构单独建制，正厅级单位，落实了“三列”，成为全国省级红十字会争取机构独立的第一个范例。

自治区红十字会在云曙碧的奔波下从只有几名工作人员、借的一间办公室，发展到一个拥有了自己的经济实体、血站和集办公、培训、备灾救灾于一体的培训中心，定编 23 人、内设 3 个处室的正厅级单位。内蒙古自治区红十字会艰苦创业的发展历程，在中国红十字运动史上留下了闪光的“亮点”。

“热血尽为事业流”，人们赞颂着云曙碧为内蒙古红十字会建设所付出的心血和贡献，同时她的精神也鼓舞着每一个红十字工作者为发展红十字事业而努力奋斗。

云曙碧心地善良，人们说她有菩萨般的心肠。事实的确如此，在内蒙古流传着许

① 陈华：《老会长的一个遗憾和三个心愿——记内蒙古红会会长云曙碧二三事》，《中国红十字报》1994 年 7 月 8 日。

多云曙碧慈心为善的故事。有一次云曙碧到医院看病，看到一个双眼流血的姑娘在一旁痛哭，泪水混着血水在她的脸上流淌，一问方知是被流氓强奸后又被打坏了眼睛，因无钱医治而痛不欲生。云曙碧立即将自己带的钱给那位姑娘付了药费。姑娘由于得到了治疗，一只眼睛复明了，又由于云曙碧的慈爱之情恢复了生活的勇气和信心。[①] 被云曙碧救助过的弃婴、贫苦牧民不胜枚举。一个残疾女青年考上了包头市技工学校，因残疾被拒之校门外。她给云曙碧写信求助，云曙碧接信后专程到包头向学校的负责人做说服工作，使这个残疾女青年入了学。

1996 年，察右前旗一个女孩被录取高中，但因家庭困难不能入学，给云曙碧和自治区政协副主席写信求助。她们二人专程看望了她并资助 1000 元人民币，帮助她上了学。

俄罗斯侨民娜达沙，是反法西斯战争时期苏联军队的前线护士长，曾获得过勋章，战后她随其华人丈夫来到中国，没有正式固定的工作，丈夫去世后生活非常艰难。云曙碧对这位国际友人全力资助。6 年来她用自己的工资定期为她购买生活必需品，每逢节日还去专程探望，到外地出差或开会，仍不忘捎一些适用的物品送给她。俄罗斯驻华使馆得知此事后，专程赴呼市看望云曙碧并想答谢她，但她对使馆人员说，红十字会是不分国界的人道主义组织，红十字会的干部做敬老助残的事情是应该的，讲人道做奉献是红十字会干部的天职。[②]

“洒向人间都是爱”，云曙碧牵挂着众多的孤老病残者。每当红十字会为灾民捐款捐物时，每当红会兴办社会福利事业时，她都是尽其所能，慷慨解囊。她虽工作近 60 个年头了，但几乎没有什么积蓄，自己的生活也十分简朴，一直保持着在延安时的作风，艰苦朴素，节俭过日子。她穿的衣服少则几年多则十多年，但她对有困难的需要帮助的人却十分大方，而对自己的生活却考虑很少。儿女们看到她生活如此节俭，给她一些“资助”，但她转手捐助了求助者。

她虽年逾古稀，但每当红十字会下去扶贫济困时，她总是身体力行，奔忙在呼市通往贫困山区的公路上。在炎热的夏天，吉普车急速奔驰，车内如蒸笼一般，云曙碧坐在车内，奔向贫困的农村检查扶贫项目。云曙碧曾踏着这块热土奔向延安，这方热土曾为抗战和解放战争作出过重大贡献，但是由于各方面原因，新中国成立 50 年来当地农村仍生活在贫困线以下，仍是内蒙古的重点扶贫对象之一。红十字会接受了扶贫任务后，在云曙碧的带领下，拉开扶贫博爱行动的序幕，件件实事，拳拳之情，奉献在革命老区。春节期间，云曙碧又不畏严寒来到包扶点，看望慰问贫困村民。她走进 80 多岁的李拉娥家中，将个人的 300 元钱送到老人手中，为老人送去温暖。“七旬看八

① 梁启：《“红色格格”——云曙碧》，《博爱》1996 年第 1 期，第 11 页。

② 云曙碧：《奉献是做好人道工作的永恒主题》，见中国红十字会总会编：《中国红十字会第六届三次理事会议文件汇编》（内部资料），第 101 页。

旬，二老泪盈盈”的佳话在当地传扬。为扶贫项目的落实，为了老区人民尽快脱贫致富，云会长不顾年迈体弱先后 6 次到自治区水利厅、4 次到自治区电管局等有关部门求援。云老将老区人民的冷暖时刻挂在心上，一言一行都体现了一个红十字工作者尽心尽责为贫困线上的群众服务的高尚情操。

每当自然灾害发生时，云会长总是首先赶赴救灾第一线，察看灾情，组织指导救灾工作。10 年来她的足迹遍布全区大部分旗县盟市灾区。她十分关心灾区人民的生活，带头捐款捐物，在每次捐助活动中，少则几百元，多则上千元，实在拿不出现款时，就从家里拿几件衣服，只要灾区人民能用的东西，她都捐过。1993 年托克县五什家乡一个村被淹，云曙碧与区红十字会的同志不顾危险乘木船去察看灾情，并为 26 户人家送去白面、棉毯等生活用品。当她了解到有 2 户孤寡老人更困难时，当即拿出 200 元托付村长交到老人手中。一年后她又下去看望当地群众，了解生活生产情况，有位农民买不起犁，她就向随行的工作人员借上 300 元钱送给那位农民。几年来她就是这样将大部积蓄和孩子孝敬她的钱，用到了红十字会的救助事业上。

1998 年，在长江流域和东北地区发生特大洪灾的同时，内蒙古东北部地区也遭受了百年不遇洪灾。为争取外援，云会长奔波于灾区和总会之间，并在全区开展了募捐活动。9 月初她陪同北京市红十字会的同志考察哲盟查鲁特旗重灾区，每个灾民点她都要亲自去，在草原上颠簸了整整 3 天，令同行的北京市红十字会的同仁钦佩不已。正是这次考察灾情取得了北京市红会的支持，获得几百万元的救灾援助。接着云会长又驱车奔兴安盟科右中旗等地，陪同国际红十字联合会代表和总会的同志视察灾情。在视察灾情的这天，气温骤降，下起了中雨，由于洪水围困，只能乘快艇逆水而上，一小时才能到达灾民点。同行的兴安盟领导考虑到云会长年事已高，怕不安全，决定留她在岸边的车里等着。可云会长执意要去，不等大家准备好，她已穿好了救生衣“捷足先登”抢先上了小艇。看着她精神抖擞的样子，同行的人都被感动了。小艇乘风破浪，一个小时后终于上了岸。看着云会长冻得发紫的脸，大家都为她的身体担心，可她毫不在乎，又同大家一道踏着泥泞不堪的小路来到灾民点，走进一个个帐篷了解情况。回到盟里后，云会长与联合会的代表反复协商，坚持把救助灾民过冬的房屋列为首项援助项目，得到联合会官员的支持。很快联合会通过总会下拨 8000 多万元用于帮助灾民建新房。这就是救灾中云会长忘我奉献的精神。

她就是这样以自己的行动实践着她的信条：“奉献是做好人道工作的永恒主题。”她说，从担任会长以来，“通过学习和实践深深地感到红十字事业是一项崇高的人道主义事业，奉献是做好人道工作的永恒主题，我热爱这项神圣的事业，愿将毕生的精力为之做出奉献。”

《中国红十字报》多次报道了云曙碧的事迹，并发表评论，将“云曙碧精神”高度概括为：“忠于党忠于人民，热爱红十字事业，以自己的形象体现红十字精神，执着追求，不懈努力，克服困难，使红十字事业不断开拓前进。"总会多次号召广大会员特别是红十字工作者学习"云曙碧精神"，但云曙碧却谦虚地说："即使形成'云曙碧精神'，也是内蒙古各级政府、各界人士和红十字会集体努力的结晶。"她要向孔繁森、李国安那样生命不息奋斗不止，不断提高无私奉献意识，为红十字在社会主义精神文明建设中创建更多的亮点。[①]

第四节 依法建会：历史性的跨越

一、红会法：时代的呼唤

事业的发展，离不开法律的保障，然而，红会法却姗姗来迟。

"四大"以前，中国红十字会虽有立法要求，但直到"四大"召开后，立法工作才真正启动。在 1985 年制定的 1986 年至 1990 年五年规划中提出，搜集国内国际的历史和现实资料，为起草红会法做好准备。在此基础上，1990 年五届理事会正式把立法工作提到至关重要的议事日程。

1990 年 2 月 15 日，谭云鹤副会长在中国红十字会"五大"上的工作报告中提出："必须用立法的形式对红十字在整个社会中的地位、作用，与有关部门的关系，以及开展群众性现场救护训练、兴办社会福利事业实体等，作出明确的规定，以保证红十字事业的健康发展和依法开展活动。"[②] 这代表当时全国 30 个省级红十字会、8 万多个基层组织和 800 多万个会员的共同心声。

"四大"以来，我国红十字事业有了突飞猛进的发展，不仅仅是在组织和会员的数量上，而且在各种救灾、社会救助和社会服务、组织群众性的卫生救护训练、宣传日内瓦公约等方面都取得了可喜的成绩，红十字事业作为我国社会主义精神文明建设的组成部分，正发挥着越来越大的作用。

但红十字工作取得这样的成绩，个中艰难难以想象。多年来，红十字会的"机构、编制、经费"等所谓"老大难"问题，尽管在大小会议上红十字工作者们多次呼吁，但一直得不到解决。社会上人们对红十字会的宗旨、性质、任务、职责等还没有形成一个准确的界定，相当长的一个时期，红十字会被认为只是人民卫生救护组织，是搞卫生工作的，进而被误认为是卫生部门的直属或下属机构，甚至有些人把红十字标志当作卫生标志，社会上滥用红十字标志的现象十分普遍，这些都严重违反了日内瓦公

① 云曙碧：《奉献是做好人道工作的永恒主题》，见中国红十字会总会编：《中国红十字会第六届三次理事会议文件汇编》（内部资料），第 102 页。

② 《谭云鹤副会长在中国红十字会第五次全国代表大会上的讲话》，《中国红十字报》1990 年 3 月 20 日。

约。而中国在1956年就加入了日内瓦公约，1983年9月2日加入日内瓦公约两项附加议定书，1985年中国红会当选为国际红十字会与红新月会联合会执行理事，1989年成为联合会副主席。作为国际红十字组织的重要成员，中国红十字会如不立法，就无法按日内瓦公约去履行自己的职责。红十字会要取得国家、社会的认可、规范和保护，实现质的转变和跨越，更有效地开展各项工作，同样必须立法。“制定红十字会法”成为“四大”以来中国红十字会上上下下的呼声。

然而对于一个群众团体来说，立法又谈何容易：一方面是立法机关能否理解制定红十字会法的必要性；另一方面是立法问题需要上下各方面协调，工作任务繁重，需要投入大量时间和精力。但为了中国红十字事业的发展，全会上下义无反顾，下定决心“排除万难”。

为抓紧立法工作，加强政策研究，1990年10月总会机关成立了政策理论研究室，在立法领导班子的领导下，具体负责立法工作。他们从红会实际情况调研、资料收集翻译、专家咨询、国外考察到文件的起草以及立法程序的履行等做了大量工作。“立法”得到了各方面的大力支持，进展顺利。

“精诚所至，金石为开。”总会领导和工作人员的努力，很快取得了卫生部、国务院法制局、人大法工委的理解和支持。“制定红十字会法”于1991年年底最终纳入了国家“八五”立法规划，由国务院法制局协调、制定草案，上报人大常委会。

1993年6月11日，国务院第五次常务会议审议并原则上通过《中华人民共和国红十字会法（草案）》，其后经过进一步考察，对部分条款进行修改，于1993年8月2日提请全国人大常委会审议。8月28日、30日，八届全国人大常委会第三次会议初步审议了《中华人民共和国红十字会法（草案）》。卫生部副部长、中国红十字会常务副会长顾英奇向会议作了《中华人民共和国红十字会法（草案）》的说明。全国人大常委会委员王晓光、杨振亚、楚庄、王朝文、章师明、彭清源、周占鳌等在讨论中认为：作为国际红十字会组织的重要成员国，遵循国际红十字会和红新月运动的基本原则，制定红十字会法是我国应尽的义务，也是完善我国有关的组织机构，促使其健康发展的必然要求，因此制定本法有重要意义；红十字会的地位很高，影响很大，我国对红十字会也很重视，从抓人道主义和人权旗帜、开展救援等活动来看，提高红十字会的地位很重要；红十字会无论在战争时期还是和平环境下都能发挥很好的作用；制定红十字会法很有必要，红十字会不仅有本身的价值和意义，而且在当前开展民间外交，以及海峡两岸交流中有特殊的、其他组织不可替代的作用，本法的通过有利于更好地发挥红十字会的作用。① 常委们在对红十字会的地位和工作及立法的必要性给予肯定的同时，也提出了许多具体的修改意见和建议。这次讨论审议中，人大常委们普遍认为：

① 《红十字会法（草案）审议工作进展顺利，常务委员们赞成尽快通过》，《中国红十字报》1993年9月3日。

中国红十字会是从事人道主义工作的社会救助团体，具有特殊的功能和作用，多年来协助政府做了大量国际国内工作，通过立法明确中国红十字会的性质、地位和职责，对于继续做好红十字会工作，进一步发挥其作用是必要的。

与此同时，8 月下旬全国人大法律委员会、全国人大常委会法制工作委员会还将《中华人民共和国红十字会法（草案）》发至各省、自治区、直辖市和较大的城市的人大常委会及中央有关部门征求意见，召开了中央有关部门的座谈会，听取意见。各地和中央部门也普遍认为：草案基础较好，既明确规定了红十字会的宗旨、性质、职责、与政府的关系，体现了中国特色；又规定了要履行的国际人道主义义务，与国际人道主义法接轨，比较成熟，建议全国人大常委会尽快审议通过。

1993 年 10 月 24 日、25 日，全国人大常委会第四次会议分组对《中华人民共和国红十字会法（草案）》的修改稿进行了审议，认为修改稿较为成熟，建议进一步修改后尽快出台。

1993 年 10 月 31 日，江泽民签发了中华人民共和国主席令第十四号：“《中华人民共和国红十字会法》已由中华人民共和国第八届全国人民代表大会常务委员会第四次会议于 1993 年 10 月 31 日通过，现予公布，自公布之日起施行。”

1993 年 10 月 31 日，对中国红十字工作者和全国 1800 多万会员来说，是一个最难忘、最喜悦的日子——红十字会终于实现了历史性的跨越。国家以法律的形式规定了中国红十字会的宗旨、性质、任务和职责，从法律上确立了红会组织在国家生活中的地位和作用，使我国红十字事业的发展进入了依法建会的新时期。这是中国红十字运动史上新的里程碑。

1993 年 11 月 2 日，中国红十字会总会在京举行了新闻发布会，全国人大副委员长雷洁琼、吴阶平，全国政协副主席赵朴初等领导人到会祝贺，新华社、《人民日报》等 30 多家新闻单位的记者参加了新闻发布会，全国人大法律工作委员会副主任乔晓阳和国务院法制局副局长曹康泰分别代表国家立法机构和政府部门，对红十字会法的正式颁布表示祝贺。他们在发言中指出，《中华人民共和国红十字会法》（以下简称《红十字会法》）是一部对社会团体进行全面规范的法。这部法在不长的时间里即获通过，表明了党和国家对红十字事业的重视，同时也表明了红十字会所做的工作是卓有成效、不可忽视的。[①] 不言而喻，《红十字会法》的颁布施行必将促进我国红十字事业的更大发展，使中国红十字会在国际红十字和红新月运动中、在国内社会生活中发挥更加积极的作用。

① 《中国红十字会举行新闻发布会，热烈庆贺〈中华人民共和国红十字会法〉正式颁布》，《中国红十字报》1993 年 11 月 5 日。

中国红十字会在总会举行《中华人民共和国红十字会法》新闻发布会

二、红会法的内涵

《红十字会法》颁布后，为便于学习、宣传、贯彻执行，1994 年 2 月全国人大常委会法制工作委员会国家法行政室编写了《〈中华人民共和国红十字法〉条文释义》，对《红十字会法》作了学理上的解释。1994 年 11 月国务院法制局与中国红十字会共同编写出版了《中华人民共和国红十字会法使用手册》，为学习和贯彻执行《红十字会法》提供了参考和帮助。值得注意的是，它不同于权力机关的立法解释，也不同于司法机关所做的司法解释。根据这些具有权威性的学理上的解释，《红十字会法》的内涵可以概括为以下几个主要方面：

（1）关于红十字会的宗旨，《红十字会法》规定：中国红十字会以“保护人的生命与健康，发扬人道主义精神，促进和平进步事业”为宗旨。从国际红十字运动 130 多年的历史看，不论是在自然灾害和突发事件中，还是在局部战争或者是在世界大战中，红十字会都参加了对伤病人员的救护工作，因此《红十字会法》首先明确了保护人的生命与健康为立法目的之一。这里讲的“人”的生命和健康，其意义在于本运动是为了保护所有人的生命和健康，以体现本运动的七项基本原则。

（2）关于红十字会的性质，《红十字会法》规定：“中国红十字会是中华人民共和国统一的红十字组织，是从事人道主义工作的社会救助团体。”前者表明了中国红十字会的统一性和唯一性，实质上是对其地位的肯定。随着红十字事业的发展，中国红十字会的工作领域不断拓宽，已不再局限于卫生救护和社会福利工作的范围，随着改革开放的发展，中国红十字会的工作将在广阔的人道领域里，协助政府做更多的工作。

(3) 关于红十字会的职责，《红十字会法》规定：我国各级红十字会的主要任务是，遵守宪法、法律和国家的有关方针政策，协助政府动员和组织人民群众在人道主义领域独立自主地开展工作，为我国社会主义现代化建设和促进祖国和平统一服务；同时促进国际红十字会与红新月会以及各国人民之间的友谊与合作，为世界和平和人类进步事业服务。具体地讲红十字会要履行以下职责：

——“开展救灾的准备工作；在自然灾害和突发事件中，对伤病人员和其他受害者进行救助。”我国地域辽阔，气候多变，是一个自然灾害多发国家，经常发生水灾、旱灾、风灾、地震等。根据我国的实际情况，红十字会应当首先做好救灾的准备工作，否则就不能在自然灾害发生时有足够的力量及时地开展救助工作，特别是对于突发事件红十字会需要参加对伤病人员的救护，只有在平时做好准备工作，才能有较强的应变能力，做到“有备无患”。这是完成救助任务的前提。红十字会参与对伤病员的救助是义不容辞的责任，这是红十字宗旨之所在。

——“普及卫生救护和防病知识，进行初级卫生救护培训，组织群众参加现场救护；参与输血献血工作，推动无偿献血；开展其他人道主义服务活动。”卫生救护工作是红十字会的传统业务，主要从事医生、救护车到来之前的现场群众性救护，是卫生行政部门的三级医疗卫生网的补充和延伸。血液事业是红十字会的重要工作，国际红十字组织对血液事业做过许多决议，督促各国政府和红十字会对公民进行无偿献血的教育，坚决杜绝血液的商品买卖行为。无偿献血是社会文明进步的体现，世界上许多国家和地区实现了无偿献血，推动无偿献血工作的开展是红十字会进行人道主义救助工作的重要内容。我国的血液事业管理一般是由卫生部门负责，近十几年中，由于红十字事业的发展，一些省市红十字会也相继办起了红十字血站，对推动无偿献血有积极的意义，表明了我国血液事业的发展。世界上不少国家的血液工作是由红十字会负责的。根据我国的实际情况，规定了红十字会“参与输血献血工作”，一方面确定了红十字会可以兴办血站从事输血献血工作；另一方面也确定了红十字会在血液工作中的地位，它要服从于卫生行政部门的统一管理。至于“开展其他人道主义服务活动”，旨在拓宽红十字会的工作领域，组织广大会员和红十字青少年开展以“救死扶伤，扶危济困、敬老助残，助人为乐”为主要内容的社会服务，为社会主义精神文明建设贡献力量。

——“开展红十字青少年活动”，这是国际红十字组织号召每个国家的红十字会进行的一项活动，其目的就在于从小培养青少年的人道主义精神，特别是在当前的改革开放的大潮中，社会上出现了一些不良现象，对青少年的影响很大，因此开展红十字青少年活动，通过进行国际交流举办夏令营和其他丰富多彩的活动，使广大青少年从小就养成良好的道德品质，这对提高整个中华民族的素质，培养跨世纪的一代新人意义重大。

——“参加国际人道主义救援工作”，履行人道主义的义务是红十字会的宗旨，中国红十字会理所当然应履行这一义务。

——“宣传国际红十字和红新月运动的基本原则和日内瓦公约及其附加议定书”。红十字与红新月运动的七项基本原则即：人道、公正、中立、独立、志愿服务、统一和普遍性原则。日内瓦公约及其附加议定书总称为国际人道主义法。中国红十字会是红十字会和红新月会国际联合会的成员国，应当积极宣传国际红十字运动的基本原则和国际人道主义法，使社会各方面了解其基本内容，更好地履行人道主义义务。

——“依照国际红十字和红新月运动的基本原则，完成人民政府委托事宜”。中国红十字会是社会救助团体，不是政府的一个行政部门，政府如果有些工作需要红十字会来做，一般应采取委托的形式，即人民政府委托红十字会的工作要符合本运动的基本原则，而红十字会应当完成人民政府委托的符合七项基本原则的有关工作。

——“依照日内瓦公约及其附加议定书的有关规定开展工作”。简言之，这一规定主要是指红十字会在武装冲突中进行战地救护的工作。红十字运动始于战争中的对伤病人员的救护，所以从某种意义上讲，这是红十字职责中最重要的职责之一。随着红十字运动的发展，有关这方面的内容已经不仅仅局限于战地伤病员的救护，已扩展到探视和交换战俘以及查人转信等，对这些工作法律很难简单表述，所以《红十字会法》将这方面工作概括为：“依照日内瓦公约及其附加议定书的有关规定开展工作。”中国政府分别于1956年和1983年加入了日内瓦公约及其附加议定书，除声明保留的条款外，承担了履行公约的义务。

《红十字会法》规定的以上七项职责，是红十字会必须完成的工作，是法定的工作。红十字会在履行上述职责的同时，也还在不断地总结经验，根据实际情况在人道主义领域里不断扩大范围，为社会的稳定、繁荣与发展发挥作用。

（4）关于红十字会的标志，《红十字会法》规定：“中国红十字会使用白底红十字标志。”“红十字标志具有保护作用和标明作用。红十字标志的保护使用，是标示在武装冲突中必须受到尊重和保护的人员和设备。其使用办法，依照日内瓦公约及其附加议定书的有关规定执行。红十字标志的标明使用，是标示与红十字活动有关的人或者物。其使用办法，由国务院规定。”

为了维护红十字标志的严肃性，正确使用红十字标志，依照《红十字会法》的有关规定，制定《中华人民共和国红十字标志使用办法》（以下简称《使用办法》），1996年1月29日由国务院总理李鹏、中央军委主席江泽民以国务院第194号令发布施行。《使用办法》对红十字标志保护性使用和标明性使用做了明确具体的规定。《使用办法》规定：“红十字标志是国际人道主义保护标志，是武装力量医疗机构的特定标志，是红十字会的专用标志。除本办法规定以外，禁止任何组织或个人使用红十字标志。”具体地说，红十字标志不得用于商标或商业性广告、非红十字会或非武装力量的医疗机构、药房和兽医站、商品的包装、公司的标志、工程设计和产品设计以及本法规定可以使用红十字标志以外的其他情形。

过去由于红十字会的卫生救护工作与医药卫生、医务人员结下了不解之缘，因此社会上许多人误以为红十字标志是医药卫生部门的专用标志，而造成了红十字标志的滥用，如医院、急救站、救护车、卫生防疫站、诊所等，甚至兽医站、卫生用品等也用红十字做标记，这就严重影响了我国的国际声誉，违反了国际知识产权公约，也影响了红十字会在紧急状态下履行职责。1998 年 4 月 15 日，卫生部下发了《关于启用医疗卫生机构统一标志的通知》，结束了长期以来医疗卫生机构滥用红十字标志的现象。

红十字标志作为国际红十字组织和各国红十字会履行人道主义职责的标志，在国际国内救援救助活动中具有十分重要的作用和特殊的意义。日内瓦公约要求缔约各国在本国制定专门法律或在其他有关法律中对红十字标志的保护作用做出规定，我国不仅在《红十字会法》中做出了规定，而且由国务院和中央军委专门发布了《使用办法》，足见我国政府对红会工作的重视和支持。

在《红十字会法》中还有组织、经费和财产等内容，这些都是完成上述职责和任务的重要的组织保证和物质保证，具有同等重要的内涵。

三、“六大”——依法建会的开端

《红十字会法》诞生不久，中国红十字会迎来了 90 周年华诞，可谓喜上添喜。1994 年 4 月 23 日，中国红十字会第六次全国会员代表大会暨中国红十字会成立 90 周年纪念大会在北京怀仁堂隆重开幕。由于《红十字会法》的颁布施行在中国红十字运动史上具有划时代的意义，所以这次代表大会提前一年召开。这是中国红会史上又一次盛会，国家主席江泽民、副主席荣毅仁、国务院副总理钱其琛等中央领导，当日接见了参加大会的代表。江泽民主席发表重要讲话，他首先代表党中央、国务院向这次会议表示热烈的祝贺，向辛勤工作在红十字战线上的干部和 2000 万会员表示亲切的问候与崇高的敬意。

江泽民说，中国红十字会为国际性的从事人道主义工作的社会救助团体，按照国际红十字与红新月运动的基本原则，90 年来为人民做了大量好事，为国家的发展作出了不少贡献，以实际行动赢得了广大群众的尊敬和支持。

江泽民说，红十字事业是一项崇高的社会事业，对建设社会主义物质文明和精神文明有着积极的促进作用。改革开放以来，在党和政府的关怀支持下，中国红十字会根据新的实践要求，开展了卓有成效的人道主义工作，在社会上产生了广泛良好的影响，走出了有中国特色的发展红十字事业的新路。可以坚信，随着改革的深化和社会主义市场经济的发展，中国红十字事业的发展前景将会越来越广阔。希望各级政府和社会各界都要积极支持红十字会的工作，红十字会各级组织和广大会员要努力宣传和贯彻实施《红十字会法》，注意借鉴国外经验，紧密结合我国实际，解放思想，实事求是，开拓进取，勤奋工作，为开创有中国特色的红十字事业的新局面，为促进世界和平与人类进步作出更大的贡献。[①]

国家主席江泽民对中国红十字会多年来成绩的充分肯定，对红十字事业的高度评价、关怀和支持，对全国2000万会员的极大鼓舞和鞭策，是千万红十字工作者和会员的光荣与骄傲。李鹏总理发来贺电，江泽民、李鹏、乔石、刘华清等领导人还为大会和90周年庆典题词。

中国红十字会第六次全国会员代表大会暨成立九十周年纪念大会

常务副会长顾英奇在理事会工作报告中，回顾了过去四年所取得的成绩，提出了今后五年的工作任务——深入持久地学习宣传、贯彻落实《红十字会法》，继续贯彻《中国红十字会九十年代工作纲要》和《北京宣言》，加强自身体系和组织网络建设，依法建会，努力探索建设有中国特色的红十字事业发展道路。

“六大”是《红十字会法》诞生后召开的一次有特殊意义的会议，是中国红十字会发展史上的一次划时代的重要会议。在这次会议上，全国政协副主席钱正英当选为中国红十字会会长。特别令人欢欣鼓舞的是，中华人民共和国主席江泽民接受六届理事会的聘请担任中国红十字会的名誉会长，这是中华人民共和国成立以来我国国家元首首次出任名誉会长，表现了党和政府对红十字事业的高度关心和支持，这将对中国红十字事业的发展产生深远的影响。

“六大”的召开，翻开依法建会的崭新的一页，中国红十字事业由此走上法治轨道。

---

① 《中华人民共和国主席、中国红十字会名誉会长江泽民会见中国红十字会第六次全国会员代表大会代表并发表重要讲话》，见《博爱》1994年第3期，第1页；《中国红十字会年报（1993—1994）》（内部资料），第2页。

“六大”以后，全国各地开展了以学习宣传贯彻《红十字会法》为中心的活动，总会配合全国人大法制委员会国家行政法室在京举办了《红十字会法》学习培训班；总会一报一刊大力进行宣传，并于5月8日在《中国红十字报》上举办了《红十字会法》知识竞赛，有近百万人参赛，这是一次《红十字会法》的大宣传大普及。许多省市的宣传部门、电视台等新闻媒体以及省人大科教文卫委员会、政府法制办和司法局等部门与各省市红十字会联合行动，采取多种形式，广泛宣传《红十字会法》。

《红十字会法》颁布后，从中央到地方，依法规范红十字事业。中央机构编制委员会办公室于1995年3月25日下发了《关于印发〈中国红十字会总会机构改革方案〉的通知》，指出：“中国红十字会总会机构改革要全面贯彻《中华人民共和国红十字会法》，按照《中国红十字章程》有效地开展工作，本着‘明确职能，理顺关系，分类归口，提高效率’的原则，调整并精简内设机构和人员编制，使各项工作适应改革和发展的需要，努力建设具有中国特色的红十字会。”根据总会的任务，“总会机关内设四个部室即办公室、国内工作一部、国内工作二部、联络部和机关党委，均为副司局级的二级机构”。这一机构改革方案可以说具有历史性的突破。但由于种种原因，这一改革方案直到1998年3月新任常务副会长兼党组书记王立忠到任后才开始组织实施，到1999年4月才“尘埃落定”。尽管这一步姗姗来迟，但它为红十字事业的发展提供了组织保证，也为各省市红十字会机构改革提供了模式和借鉴。

根据1996年11月7日中共中央组织部和国家人事部下达的《关于印发〈中国红十字会总会机关参照《国家公务员暂行条例》管理的实施方案〉的通知》精神，“在国家行政机关有计划、有步骤地推行国家公务员制度的同时，各级红十字会机关参照《国家公务员暂行条例》进行管理”。这是红十字会机关干部人事制度改革的一项重要工作，对于加强红十字会机关建设，提高人员素质，提高工作效率，严格执行《红十字会法》，更好地发挥红十字会在保护人的生命与健康，发扬人道主义精神，促进和平进步事业中的作用，是有积极意义的。此后许多省级红十字会机构也按此模式运作。

为加大贯彻实施《红十字会法》的力度，总会配合全国人大教科文卫委员会组织执法检查组或调研组先后赴天津、河北、福建、上海、黑龙江、吉林等省市进行执法检查，赴陕西、山西作执法调研。一些省市如北京、江苏、山东、山西等的人大也进行了执法检查、推动了《红十字会法》的实施。到1998年年底，全国已有北京、天津、河北、山西、内蒙古、吉林、黑龙江、上海、浙江、江西、河南、湖北、湖南、四川、云南、安徽、新疆十七个省、自治区、直辖市和武汉、济南两市的人大常委会出台了本地区实施《红十字会法》办法或条例。

按照《红十字会法》，中国红十字会在全国开展了组织整顿，对省级红十字会实现独立建制、两个转变做了原则性规范，使各级组织得到了加强。到1998年年底，北京、吉林、内蒙古、新疆、陕西、云南、青海等七个省、自治区、直辖市已实现了机构单独建制，贵州、甘肃、广西、山西、安徽等省级红十字会机构已实现单独设置。这些都为红十字会独立自主地开展工作创造了有利条件。

香港、澳门先后回到祖国的怀抱。依据《红十字会法》和国际红十字运动的七项基本原则的有关规定，接纳香港、澳门红十字会为中国红十字会的享有高度自治权的地方分会。这是中国红十字会历史上的一件大事。

红十字会立法之前，全国的红十字会专职人员仅有 800 人左右，而到 1998 年年底已发展到 4000 人左右，而且各级红十字会的事业经费有所增加，办公设施不断改善。①

中国红十字会坚持依法履行职责，努力为我国的社会发展和两个文明建设服务。

在自然灾害的救助中，中国红十字会备灾救灾网络初步形成，已建成并投入使用的 6 个中国红十字会备灾救灾中心和 5 个省级红十字会备灾救灾中心，在救灾中发挥着重要作用。中国各级红十字会按照国际惯例和《红十字会法》的规定开展备灾救灾工作和募捐活动。自 1991 年来仅中国红十字总会就先后接受了境内外价值 4 亿多元人民币款物的捐赠，均及时投放灾区，使 4000 多万灾区群众得到救助。1998 年年初又为救助河北省张北地震以及西藏、青海部分地区雪灾的受灾群众，先后从境外募集款物折合人民币 8000 多万元，使受灾地区的群众及时得到了救济。1998 年入夏以来，三江流域发生了百年不遇的特大洪灾，中国红十字会响应党中央的号召，依照《红十字会法》的有关规定，在境内外开展了广泛的募捐救灾活动。据不完全统计，全国各级红十字会募集到 6 亿多元人民币的款物，均及时送往灾区，用于群众的救助和防病防疫工作。

在公交、煤矿、林业、旅游等系统，以及农牧区、城镇、居委会、大中小学校等，每年有 2000 多万人接受红十字会开展的群众性卫生救护培训，经过培训的红十字救护员随时可以进行现场的初级的急救工作，使众多病人转危为安。在卫生部门的支持下，红十字会建起的血站已成为推动无偿献血的基地。

在《红十字会法》颁布施行 5 周年之际，在依法建会谱写新篇章取得显著成效之时，全国人大教科文卫委员会与中国红十字会于 1998 年 11 月 5 日在人民大会堂召开了纪念《红十字会法》颁布 5 周年大会，全国人大常委会副委员长彭珮云，全国人大常委会副委员长、中国红十字会名誉副会长何鲁丽参加了纪念大会并讲话，全国人大常委会委员、教科文卫委员会主任委员朱开轩，副主任委员张怀西、委员张明远以及民政部、卫生部、部分省市、总会的领导出席纪念大会。与此同时，新疆、福建、山东、浙江、河南、安徽等省也隆重举行了纪念《红十字会法》颁布施行五周年活动。

《红十字会法》颁布施行的 5 年是我国红十字事业沿着法制化轨道快速发展的 5 年，是党和政府关心、支持红十字事业的五年，也是红十字会依法实现两个转变、履

---

① 中国红十字会总会：《依法兴会五年巨变——纪念〈中华人民共和国红十字会法〉颁布五周年》（内部资料）。

行七项职责、积极参与国家两个文明建设取得显著成果的五年。5年的依法建会，五年的改革与发展，使中国红十字运动实现了历史性跨越。

“雄关漫道真如铁，而今迈步从头越。”依法建会仅仅是开端，今后还有许多艰苦细致的工作要做，还会遇到各种困难，任重而道远，但只要认真贯彻依法建会的方略，沿着法制化轨道走下去，红十字事业将会继续谱写出新的篇章。

四、“七大”：世纪之交的盛会

依法建会，成绩显著。为巩固已取得的骄人成果，开创红会工作的新局面，1999年召开了第七次全国会员代表大会。“七大”是20世纪的最后一次代表大会，也是迎接新世纪的会议，因而具有了特别的意义。

“七大”于1999年10月11日至13日在人民大会堂隆重举行，来自全国各地的会员代表，济济一堂，共商会是。大会开幕之日，国家主席、中国红十字会名誉会长江泽民，国家副主席胡锦涛，国务院副总理李岚清等党和国家领导人会见了全体与会代表并与代表合影留念。江泽民发表重要讲话，指出：中国红十字会成立95年以来，协助政府做了大量有益的工作，在国内外享有良好的声誉，得到社会的高度赞扬，也受到红十字会与红新月会国际联合会的高度评价。江主席说：“红十字事业是崇高而伟大的事业，它所倡导的人道主义精神和为社会奉献的精神，符合社会主义精神文明的要求。随着我国改革开放和现代化建设的发展，中国红十字事业的前景将会越来越广阔。所有从事红十字会工作的同志，都要热爱红十字事业，做到爱岗敬业，乐于奉献，开拓进取。各级政府和社会各界要关心和支持红十字会的工作，落实《中华人民共和国红十字会法》，把我国的红十字事业办得更好。”① 江主席的讲话，鼓舞人心，催人奋进。

开幕式由全国政协副主席、中国红十字会会长钱正英主持，国务院副总理李岚清、国务院副总理钱其琛、中共中央组织部部长曾庆红、全国人大常委会副委员长王光英、中共中央办公厅主任王刚、卫生部部长张文康等出席了开幕式。李岚清副总理代表国务院讲话，指出：“五年来，中国红十字会第六届理事会和全国各级红十字组织，在钱正英会长的领导下，认真贯彻红十字法，努力建设有中国特色的红十字事业，取得了显著成绩。去年，在救助张家口张北地区地震和南北‘三江’洪水灾害中，显示出异常突出的作用，受到国际红十字组织和国内人民的普遍称赞。事实证明，红十字会从事的人道主义社会救助工作，有其独特的优势。我们要利用和发挥红十字会的优势，

---

① 《国家主席、中国红十字会名誉会长江泽民接见中国红十字会第七次全国会员代表大会代表并发表重要讲话》，中国红十字会总会编：《中国红十字会第七次全国会员代表大会文件汇编》（内部资料），第2页。

为我国各族人民造福，为建设有中国特色社会主义伟大事业服务。”①

国务院总理朱镕基、红十字国际委员会主席索玛鲁加、红十字会与红新月会国际联合会主席艾丝特里德·海伯格分别为大会发来贺信。朱总理在贺信中说：“中国红十字会成立至今已有95年，特别是新中国成立以来，积极开展民间交往工作，协助政府做了大量的国际救助和人道工作，成为国际红十字运动的一支重要力量，赢得了良好的声誉和社会各界的支持，产生了积极的影响。”索玛鲁加贺信称：“作为一个运转良好的国家红十字会法定组织机构的重要组成部分，中国红十字会的第七次全国会员代表大会具有特殊的重要意义。这次会议举行在世纪交替之际，她不仅将对过去的奋斗岁月进行回顾和总结，我们对中国近年来发生的严重水灾仍然记忆犹新，大会还将决定中国红十字会在21世纪最初的五年的战略规划。面对瞬息万变的世界，战略规划的选择尤为重要。”艾丝特里德·海伯格在贺信中盛赞中国红十字事业的长足发展，“作为世界上最大的国家红十字会，你们的工作具有极为重要的意义，你们在国际事务方面的贡献也是非常宝贵的。我衷心赞扬贵会的工作，你们目前对水灾灾民的救助充分证实了贵会的工作。你们的救灾规划、备灾以及红十字工作人员和志愿工作者的动员工作已经树立了一个样板，这一点在国际媒体对你们救灾活动的广泛报道中也清晰地反映出来了”②。

“七大”，诚如索玛鲁加所说的，确有“特殊的重要意义”，主要表现在以下几个方面：

其一，选举产生了新一届理事会，组成以彭珮云为会长的新的领导集体。

名誉会长：江泽民。名誉副会长：赵朴初、王光英、何鲁丽、钱信忠、钱正英、张文康。会长：彭珮云。常务副会长：王立忠。副会长：孙爱明。秘书长：苏菊香。副秘书长：汤声闻。

鉴于澳门红十字会将于12月20日正式脱离葡萄牙红十字会成为中国澳门特别行政区红十字会，“七大”通过“特别决议”，增补澳门红十字会左立基先生、曹国希先生以个人身份自1999年12月20日起为中国红十字会第七届理事会理事。中国红十字会大家庭又添新成员，令人欣喜。

其二，进一步完善了《中国红十字会章程》。新章程是在原章程的基础上，依据《红十字会法》和相关法律、法规，按照日内瓦公约及其附加议定书和国际红十字运动的有关规定，参考各地制定的实施《红十字会法》办法或条例，中央和国务院管理的

---

① 《李岚清副总理在中国红十字会第七次全国会员代表大会上的讲话》，中国红十字会总会编：《中国红十字会第七次全国会员代表大会文件汇编》（内部资料），第5页。

② 《朱镕基总理致中国红十字会第七次全国会员代表大会的贺信》《红十字国际委员会主席索玛鲁加致中国红十字会会长钱正英的贺信》《红十字会与红新月会国际联合会主席艾丝特里德·海伯格致中国红十字会第七次全国会员代表大会的贺信》，见中国红十字会总会编：《中国红十字会第七次全国会员代表大会文件汇编》（内部资料），第3、7、10页。

19 个社团中部分社团的章程，以及国外一些国家红十字会章程，吸收地方红十字会依法建会的经验修改的。较之于原章程，新章程更加具体，便于操作。首先结构上的调整，原章程共六章三十五条，结构为：第一章总则，第二章任务，第三章组织机构，第四章会员，第五章经费，第六章附则。调整后的新章程共七章四十七条，第一章总则，第二章会员，第三章组织机构，第四章职责与权利，第五章经费和财产，第六章标志、会徽、会旗，第七章附则。比较可见，新章程较原章程，增加了一章十二条，变动了一章的位置，调整了三章的名称，保留了三章的名称及位置。其次，内容更加充实、具体、明晰，如“会员”一章，结合红会基层工作的实际，增加了有利于增强会员意识、发挥会员作用的内容，使会员的权力和义务较为明确详细；“组织机构”一章充实了权力机构和执行机构的职责、执行委员会职责和法人代表的规定等；“经费和财产”一章中“财产”部分为新增，这样与《红十字会法》的提法相一致；“附则”增加了对日内瓦公约及其附加议定书的解释。至于“标志、会徽、会旗”，为原章程所无。“六大”以后，通过贯彻《红十字会法》，对标志的重要意义有了进一步认识，国务院和中央军委制定了《中华人民共和国红十字标志使用办法》，并以国务院总理李鹏和中央军委主席江泽民的名义颁布实施。其规定，红十字标志是国际人道主义救援标志，是武装力量医疗机构的特定标志，是红十字会的专用标志。会徽、会旗是一个组织的代表和象征。红十字会作为国际性的从事人道主义工作的社会救助团体，其标志、会徽、会旗，应当给予足够的重视和保护，所以新章程单列一章，进行专门规定，是完全必要的。另外，新章程还吸收了第六届理事会第二次会议所作的《关于通过中国各级红十字会使用统一的名称和标志的特别决议》，特别决议的内容是：删除“六大”章程第十八条第二款“信奉伊斯兰教的地区，可在地名后加‘红十字会与红新月会联合会’为全称”的内容。根据国际红十字运动七项基本原则中“统一性”原则，以及一个国家红十字会或红新月会只能使用一个统一的标志及名称的规定，参照国际红十字运动多次强调的“红十字标志不具有任何宗教性”的精神，将我国原来部分地区使用“红十字与红新月”标志和名称（唯独红十字会与红新月会国际联合会可以使用）的做法予以纠正，至此结束了与国际红十字运动有关规定相抵触的情况。《红十字会法》第 17 条“因宗教信仰使用红新月标志的，其使用办法适用红十字标志的使用规定”，也应在适当的时候予以修正。总之，新章程结构更加严谨，内容更加具体，释义更加准确，对推动中国红十字事业的发展，必将发挥积极作用。①

其三，通过了《中国红十字会 2000—2004 年工作规划纲要》（以下简称《纲要》），这是“七大”取得的一项重要成果。

---

① 孙爱明：《关于〈中国红十字会章程（修改草案）〉的说明》；曲折：《关于〈中国红十字会章程〉第十八条第二款特别决议案的说明》；《中国红十字会第七次全国会员代表大会关于原则通过〈中国红十字会章程〉的决议》，均见中国红十字会总会编：《中国红十字会第七次全国会员代表大会文件汇编》（内部资料）。

《纲要》总的指导思想是：以邓小平理论和中共十五大精神为指导，全面贯彻执行《红十字会法》，坚持以改革促发展，依法建会，依法治会和依法兴会；建立适应社会主义市场经济的管理体制和运作机制，突出以救助最易受损害群体为重点，大力开展三项红十字博爱系列社会工程，积极拓展各项业务，增强对各种灾害的反应能力；使中国红十字会作为国家法定的“从事人道主义工作的社会救助团体”的形象更加鲜明和深入人心，作为政府开展人道主义工作助手的任务更加明确和具体；在实现社会主义现代化建设第二步战略目标中发挥更大的作用，进一步提高在国际红十字运动中的地位，努力推进中国红十字事业向深度和广度发展，在两个文明建设中发挥应有作用。

《纲要》规划了2000—2004年五年的奋斗目标和基本任务，预期到2004年中国红十字会诞生一百周年时，有中国特色的红十字事业有较大发展。普及红十字运动基本知识，遵循《红十字会法》和国际红十字运动基本原则，加强理论研究工作；配合政府加强法制建设，基本完成与红十字会法相配套的法规体系；实现总会、省（自治区、直辖市）、计划单列市和省会城市以上红十字会机构单独建制，市、县级红十字会管理体制的理顺，也要有较大发展；继续探索并发展“三项工程”（救援工程、生命工程、爱心工程）建设，使“工程”建设规范化；根据我国实际，突出抓好四项内部建设，健全内部运作机制；重视并抓好内练素质，外树形象；在多数省市红十字会建立起比较稳定的资金筹措渠道；提高红十字会干部的政治、业务素质，担当起新世纪红十字会工作的重任。这是中国红十字会的奋斗目标。五年的基本任务涉及“理论研究和法治建设”“组织建设”“三项红十字博爱工程及其他业务建设”“资金筹措”“国际交往及台港澳工作”“大力加强宣传工作”等六个方面。“完成任务的主要措施”，具有针对性、可行性。五年的奋斗目标和基本任务，是在第六届理事会工作的基础上，根据新的形势拟定的，是对全国红十字会工作的整体部署，对中国红十字事业的发展，是有力的推动。

“七大”审议通过《纲要》，要求“各级红十字会要根据‘规划纲要’，结合各地实际，制定实施计划并认真组织实施。大会相信，全面落实‘规划纲要’，必将推动中国红十字事业向深度和广度发展”[①]。

“七大”召开于世纪之交，是一次跨世纪的盛会。会议制定的发展红十字事业的宏伟蓝图，是把中国红十字事业全面推向21世纪的总部署和总动员，在中国红十字运动史上必将产生深远影响。

保护人的生命和健康，发扬人道主义精神，促进和平进步事业，改善易受损害群体境况是红十字会工作的重点，因而持续实施“三项工程”成为中国红十字会的中心工作。

---

① 王立忠：《关于〈中国红十字会2000—2004年工作规划纲要（草案）〉的说明》；《中国红十字会2000—2004年工作规划纲要》；《关于通过〈中国红十字会2000—2004年工作规划纲要〉的决议》，均见中国红十字会总会编：《中国红十字会第七次全国会员代表大会文件汇编》（内部资料）。

五、“八大”：百年华诞承前启后

2004年为中国红十字会建会一百周年。在庆祝百年华诞的喜庆氛围中，10月27日至29日，中国红十字会第八次全国会员代表大会在北京召开。开幕式上，中共中央总书记、国家主席、中央军委主席胡锦涛会见与会代表。中共中央政治局常委、国务院总理温家宝，中共中央政治局常委、国家副主席曾庆红参加会见。

胡锦涛发表了重要讲话。他说，在中国红十字会成立100周年和第八次全国会员代表大会召开之际，他代表党中央、国务院，向大家表示热烈的祝贺，向为红十字事业的发展作出显著成绩的先进集体和先进个人表示崇高的敬意，向全国广大红十字会会员表示诚挚的问候。

胡锦涛指出，红十字事业是一项造福人类的崇高事业。红十字会作为国际人道主义组织，在发扬人道主义精神、保护人的生命和健康、促进人类和平与进步事业等方面发挥着积极作用。中国红十字会成立100年来，为祖国、为人民做了大量卓有成效的工作。特别是改革开放以来，中国红十字事业取得了长足发展，为社会主义物质文明、政治文明、精神文明建设作出了重要贡献。

胡锦涛强调，当前，全党全国各族人民正在为全面建设小康社会、加快推进社会主义现代化而团结奋斗。中国红十字会作为重要的社会团体，在这个历史进程中是可以大有作为的。胡锦涛要求各级党委和政府进一步加强对红十字会工作的领导，认真贯彻《红十字会法》，切实帮助解决红十字事业发展中遇到的困难和问题，充分发挥红十字会的积极作用，努力开创我国红十字事业的新局面。

中共中央政治局委员、国务院副总理吴仪代表党中央、国务院致开幕词。贺国强、王刚、司马义·艾买提、何鲁丽、韩启德、傅铁山、唐家璇、华建敏、黄孟复、张怀西、李蒙和彭珮云参加了会议。

参加这次大会的正式代表共740人，是历届代表大会代表人数最多的一次。香港、澳门特别行政区红十字会的9位代表出席了大会。

王立忠代表第七届理事会向大会作工作报告，指出，“七大”以来的五年，“国民经济持续快速健康发展，改革开放取得丰硕成果，社会主义民主政治和精神文明建设成效显著，人民生活总体上达到小康水平。五年来，各级党委和政府为发展红十字事业提供了良好的环境。中国红十字会顺应时代要求，围绕中心、服务大局，把国际红十字运动基本原则与中国实际相结合，坚持依法建会、依法治会、依法兴会，依法全面履行职责，圆满完成了七大确定的目标和任务”。报告提出今后五年要全面贯彻实施《红十字会法》，理顺地级红十字会管理体制，积极推进县级红十字会理顺管理体制。报告要求“红十字会系统广大干部、会员和志愿工作者要以更加饱满的热情、坚强的毅力和必胜的信心，努力克服困难，创造新的辉煌”[①]。

大会选举产生了新一届领导班子，彭珮云再次当选为中国红十字会会长，江亦曼当选为中国红十字会常务副会长，朱庆生、姜力、赵沁平、肖捷、沈国放、苏菊香（专职）、郭长江（专职）当选为中国红十字会副会长。在八届一次理事会上，根据中国红十字会章程，聘请国家主席胡锦涛为中国红十字会名誉会长；同时，聘请全国人大常委会副委员长司马义·艾买提、何鲁丽、韩启德、傅铁山和全国政协副主席黄孟复、张怀西为中国红十字会名誉副会长。

大会审议通过的《中国红十字事业2005—2009年发展规划》强调：

——坚持用邓小平理论和“三个代表”重要思想统领红十字会工作，把发展作为第一要务，弘扬“人道、博爱、奉献”的红十字精神，以“动员人道力量，改善最易受损群体境况”作为工作的出发点和落脚点，服从服务于党和国家的中心工作，在社会主义物质文明、政治文明、精神文明建设中积极发挥作用。

——坚持依法建会、依法兴会。认真贯彻实施《红十字会法》，把《红十字会法》作为建会之基、治会之本、兴会之纲。争取各级政府的支持和资助，保障红十字会依法履行职责，并对红十字会开展的活动进行监督，把红十字事业纳入当地社会经济发展总体规划。

——坚持以人为本、全面协调可持续发展的科学发展观，用改革的精神推动工作，着力从体制、机制上解决红十字事业发展中的突出问题，坚持在继承中创新，在改革中发展。

——坚持动员社会力量，合理利用社会资源，努力形成社会化、开放式的工作格局。加强自身建设，积极推进机制创新，把中国红十字会建设成为充满生机与活力、密切联系群众、符合自身特点的从事人道主义工作的社会救助团体。

——坚持遵循国际红十字运动基本原则，积极参与国际红十字运动，扩大对外交流与合作，努力提高中国红十字会在国际红十字运动中的地位，发挥更大的作用。

——坚持从实际出发，竭力为群众办实事、办好事、求实效。发挥各级红十字会的积极性和创造性，因地制宜地开展工作。注重突出重点与整体推进相结合，加强分类指导，推动各地红十字会工作协调发展。

“八大”后的五年，中国红十字会将处于深化改革加快发展的关键阶段，面临着良好的机遇和严峻的挑战。中国红十字会作为从事人道主义工作的社会救助团体，在这个历史进程中是可以大有作为的。在新世纪的新阶段，中国红十字会“要承前启后，继往开来，与时俱进，开拓创新，为发展中国特色的红十字事业和实现全面建设小康

---

① 王立忠：《与时俱进　艰苦创业　为全面建设小康社会作贡献——中国红十字会第八次全国会员代表大会工作报告》（2004年10月27日），中国红十字会总会编：《中国红十字会历史资料选编（1950—2004）》，民族出版社2005年版，第493－503页。

社会的奋斗目标而努力奋斗”①。

第五节 打破40年“坚冰” 实现海峡两岸沟通

一、海峡深千尺，不及两岸骨肉情

“四大”以来，中国红十字会以其特殊的地位、特有的方式为打破海峡两岸长期隔膜状态，披荆斩棘，铺路架桥，用人道主义的暖流，融化了40年“坚冰”。这是历史所不能忘却的“记忆”。

1949年，由于众所周知的原因，海峡两岸遥遥对峙，炮声时闻。但任何人为阻禁，都割不断骨肉之情。国民党元老于右任先生1962年1月24日病中所作《望大陆》诗一首，可谓悲歌一曲传千古，令海峡两岸同胞潸然泪下：“葬我于高山之上兮，望我大陆。大陆不可见兮，只有痛哭。葬我于高山之上兮，望我故乡。故乡不可见兮，永不能忘。天苍苍，野茫茫，山之上，有国殇。”悲切、无奈、希冀、渴望，都跃然纸上。

随着时光的流逝、去台人员年龄的与日俱增，思乡情绪陡涨，在10年前的“红十字通信”中，有位老兵向远在大陆的父母泣诉：“父母大人，睽违慈颜，转眼已过去漫长的四十余载，时间无情，但天伦之情，同胞之爱，岂是岁月所能冲淡的！魂牵梦萦，儿时刻都在思念故乡，惦记爹娘，每当午夜梦回，是椎心注血般的痛苦与悲伤，无奈国是蜩螗，带给国人多少生死离别，真是‘树欲静而风不止，子欲养而亲不在’，奈何！只有祈祷上苍保佑合家安康，盼能在有生之年与家人团聚，望爹娘恕儿不孝之罪。”② 这样的信件数不胜数，表达了叶落归根、与亲人团聚的共同心声。

然而，“坚冰”依旧，相聚之难难于上青天。

“盈盈一水间，脉脉不得语。”这种骨肉分离之痛，令人难以容忍。人们期盼着和平、统一。中国政府也为此做出不懈努力。

早在1958年，毛泽东主席两度发布《告台湾同胞书》：“我们都是中国人。三十六计，和为上计。”诚心可表，无奈，没有得到台湾国民党统治集团的回应。1979年元旦，全国人大常委会再次发表《告台湾同胞书》，强烈呼吁“结束军事对峙状态，实现通航、通邮、通商”。尽管台湾当局对“三通”之请采取“不接触、不谈判、不妥协”的“三不”对策，但已无力“回天”。海峡两岸同胞通过各种可能的途径，拉近距离。张学良和吕正操的“接触”，就是一个例子。

---

① 《中国红十字事业2005—2009年发展规划》（2004年10月29日），中国红十字会总会编：《中国红十字会历史资料选编（1950—2004）》，民族出版社2005年版，第516－525页。

② 曲折主编：《中国红十字事业》，广东经济出版社1999年版，第187页。

千古功臣张学良和抗日名将吕正操是辽宁海城同乡，吕正操从入伍到1936年西安事变，一直在张学良的身边工作或在他部下任职，由于西安事变后，张学良送蒋介石回南京被扣，结果使张、吕海峡两岸天各一方，直到1984年6月张学良的五弟张学森之女张闾蘅（全国政协委员）从香港来北京谈商务时，受其伯父张学良之托，特地看望吕正操，介绍了张在台湾的生活状况。这更引起了吕正操的思念之情。张闾蘅回港时，吕托她带给张一副健身球和几听上好的新茶，以示问候和挂念。之后，张闾蘅来往海峡两岸，为张、吕传递信息。由此他们之间书信、口信、诗作唱和，往来不断。

1988年年底，吕托张闾蘅给张将军带去新年贺卡，第二年3月又托其给张将军带去两首诗，中有“思君长恨蓬山远，雪窦双楠盼汉公”之句（双楠是指张学良在雪窦寺幽居时手植四棵楠树中现余的两棵，枝叶茂盛，故称“双楠”），充分表达了他对张学良的深切思念。当张闾蘅把此诗文交张学良后，张将军当即挥毫作答：“白发催人老，虚名误人深。主恩天高厚，世事如浮云。”吕又作诗答张将军：“霜染两鬓白，心存一寸丹；淡泊以明志，肝胆照人间。”1990年6月1日张将军九十大寿时，吕正操发去贺电并和诗一首：“适值先生九秩大寿，不能亲自前去祝贺，甚以为憾。先生爱国爱民，坚贞不渝，大义凛然，天人共鉴。正操忝列门生，情深袍泽，耳濡目染，受益匪浅。遥望云天，不胜依然，仅依几句俚语为先生祝暇：‘讲武修文一鸿儒，千古功业在抗胡；盼君走出小天地，欣看人间绘新图。’情长纸短，言不尽意，敬祝健乐长寿。”①

两位著名的将军就是这样隔海相望，不能相见，而靠别人传递书信，寄托深深的相思之情。

1991年5月，吕正操一行5人，飞向大洋彼岸，终于在纽约与张学良相会。半个多世纪没见面了，两位老人心情都格外激动，互致问候，畅叙久别重逢之情。在第二次单独谈话时，吕向张将军递交了邓颖超的信，并转达了党中央对张将军的问候。在信中，邓颖超受邓小平的委托，诚恳欢迎张将军在方便的时候回家乡看一看。不久他给邓颖超亲自复信，其中写道：“寄居台湾，遐首云天，无日不有怀乡之感，一有机缘，定当踏上国土。”并引用“鹤有还巢梦，云无出岫心”两句诗来表达他既想回家看看又不愿过分张扬的愿望。在纽约张吕几次谈话中，张将军尤为关心祖国统一问题，说：“我看大陆与台湾将来统一是必然的，两岸不能这样长期下去，台湾和大陆总有一天会统一，这只是个时间问题。”吕给张介绍了中国共产党实行“一国两制、和平统一”的方针、政策。张表示愿为祖国的和平统一尽力②。

张学良、吕正操这两位抗日名将通过全国政协委员张闾蘅取得了联系，并终于在

① 张友坤、魏跃进：《张学良与吕正操》，《新华文摘》2000年第7期，第116页。

② 张友坤、魏跃进：《张学良与吕正操》，《新华文摘》2000年第7期，第117页。

分离50多年后相聚在异国他乡。然而海峡两岸千千万万骨肉分离的一般民众何日何时怎样才能取得联系进而实现骨肉团聚呢？海峡两岸何时才能打破“坚冰”“走到一起来”？中国红十字会秉承人道宗旨，用自己特有的方式，另辟蹊径，启动“圆梦”之旅。

二、查人转信——红十字致力海峡两岸传情

早在1979年2月，刚刚恢复国内工作的中国红十字会，在京召开第三次全国会员代表大会，钱信忠会长在工作报告中提出：“我们渴望早日和台湾省红十字会的同事们欢聚，欢迎他们来参加下一次中国红十字会全国代表大会，欢迎他们和我们在一起，为祖国的统一和现代化建设做出贡献，欢迎他们和台湾同胞们到祖国内地来参观、游览、探亲、访友，中国红十字会总会愿意给予帮助。”① 这是中国红十字会向海峡彼岸红十字会发出的诚挚的呼唤。

海峡两岸盼团圆。中国红十字会非常理解两岸同胞盼望取得联系、早日团聚的迫切心情，并积极寻求一种联系的方式，终于从红十字会所从事的工作中找到了一条沟通的途径——查人转信服务。

本着人道主义精神，协助因战争和自然灾害而分离的家人取得联系或重新团聚，这就是红十字会的查人转信服务，它是各国红十字会的一项业务工作，中国红十字会一直在从事这方面的工作。查人转信是红十字国际委员会根据国际人道主义精神中关于家庭成员有通信的权利以及家庭成员有了解其成员状况的权利而开展的一项人道主义服务，它体现了红十字的人道主义精神。

红十字国际委员会的查人转信服务是通过“红十字通信”而实现的，是在战争、政治动乱或自然灾害发生时为失散的人员与亲人进行联系而架起的一座特殊的桥梁。中国红十字会曾通过“红十字通信”与红十字国际委员会合作处理过国际的查人转信。为海峡两岸失散几十年的骨肉同胞能早日取得联系，采用“红十字通信”这种方式，在中国红十字会看来，是唯一可行的途径。

1979年前后，不少群众给中国红十字会来信，要求协助查找居住在台湾的亲人，中国红十字会总会为此曾于1979年的7月致电台湾红十字会组织，表示：查找亲朋下落是台湾和大陆同胞的共同愿望，建议与台湾红十字组织就查人转信和家人团聚以及探亲等问题进行商谈，并殷切希望台湾红十字组织能体谅两岸同胞骨肉情谊，推进这方面的工作，使离散已久的亲人早日取得联系，重新团聚。但直到1980年9月也没有得到台湾方面的响应。

① 钱信忠：《为新时期的人民卫生救护事业努力奋斗——在中国红十字会第三次代表会议上的工作报告》，第15页，中国红十字会总会档案室藏，档号00081。

1980 年 10 月 4 日，中国红十字会会长钱信忠再次发表谈话，表示愿意与台湾红十字会组织携手，为祖国和平统一大业出力，并提出了四点建议：

（一）中国红十字会总会愿同台湾红十字会组织就查人转信服务进行合作，如果台湾红十字组织现在为祖国大陆同胞办理此项业务有困难，总会愿意为台湾同胞进行这项工作；

（二）中国红十字会总会愿意为台湾同胞与祖国内地的亲友联系、团聚提供帮助，如台湾红十字组织在这方面感到不方便的话，中国红十字会总会可以接受、安排台湾红十字组织的个人或团体来大陆探亲，并保证来去自由；

（三）相互选派代表团进行访问，增进相互了解和发展红十字会业务；

（四）中国红十字会总会希望台湾红十字组织在双方认为合适的地方进行接触。

中国红十字会总会为了尽快尽早与台湾红十字组织建立联系，让失散多年的骨肉同胞早日团圆，利用一切机会进行联系，如在“每逢佳节倍思亲”的春节、中秋节之时，总不忘向台湾红十字组织发出问候，传达一种渴望沟通的信息。在 1985 年 5 月 31 日召开的中国红十字会第四次全国会员代表大会上，钱信忠会长在大会工作报告中再一次提出：“这次大会，我们给台湾省红十字会分配了代表名额，并发电报请他们出席大会。我们盼望早日和台湾红十字会的同事们接触，共商红十字事业。中国红十字会随时欢迎台湾红十字会的同事们和同胞们到祖国大陆来参观、访问、探亲、访友。”[①] 又一次诚挚的呼唤，再一次表达了两岸人民盼团圆的强烈愿望。

在屡屡寻求两岸红十字组织直接联系未果的情况下，中国红十字会总会把注意的目光投向第三者——红十字国际委员会。

1985 年 7 月，红十字国际委员会驻亚太地区总代表德古登先生去台北时，中国红十字会总会便趁机请其转达大陆红会愿与台湾红十字组织进行联系和接触的信息，并将整理好的 20 份大陆同胞查询台湾亲人的查人表格转给台湾红十字组织，请他们予以协查。

总会的这一举动，得到了台湾红十字组织的回应，表示同意通过红十字国际委员会的渠道开展两岸的查人转信业务，为海峡两岸失散的亲人牵线搭桥。1986 年 2 月 27 日，中国红十字会副会长蔡壬葵接到德古登先生的来函：

亲爱的蔡壬葵先生：

关于大陆调查人请求帮助找寻台湾亲属之事，我高兴地告诉你，我们交给台湾红十字会的几份查人信件中，他们已经查到了 2 人。

---

① 钱信忠：《中国红十字会第四次全国代表大会工作报告》，中国红十字会总会：《中国红十字会第四次全国代表大会文件汇编》（内部资料），第 17 页。

第一份：调查人陈佑岚，被调查人陈晓岚。被查到之后，他向台湾红十字会表示，他已通过国外的一些人与他的大陆亲属取得了联系。

第二份：调查人张秋华，被调查人张鹏，原名张济望，是调查人的父亲，现住址：台湾台北县（略）。我希望你将其父在台湾的地址转告张秋华。

随信附几份“红十字通信”表，建议给张秋华先生一份，以便他将家中近况寄给他在台湾的父亲。写好以后通过你会和红十字国际委员会转给台湾。

感谢你的合作！

亚太地区总代表　德古登（签字）

1986 年 2 月 21 日①

终于，中国红十字会通过红十字国际委员会这一间接联系的途径，取得了首例查人转信的成功。这一消息震撼了许多离散的两岸骨肉同胞，他们似乎在寻找亲人的绝望中又看到了一线希望。它像一缕缕和煦的春风吹拂着海峡的坚冰。分离两岸的骨肉同胞压抑了近 40 年的思乡思亲的激情顷刻间爆发了，一时间许多台湾同胞聚集在台湾红十字会门前，要求了解大陆亲人的情况，他们多么想回到祖国大陆去亲眼看一看这块魂牵梦绕的祖地，去寻找那中国人割不断的根！而大陆要求寻找在台亲人的信件也突然增加了许多，两岸离散同胞寄希望于两岸红十字组织为他们寻找到亲人。

在两岸红十字组织的不懈努力下，在两岸民众舆论的压力下，台湾当局终于宣布自 1987 年 11 月 2 日起，允许除现役军人和公职人员以外的台湾民众，经第三地转赴大陆探亲。消息传来，两岸同胞欢喜若狂。有诗云：

海峡忽传开禁令，两岸悲欢泪濡裳。
媪翁频问何日月，父子同归共醉狂。
好为朋友亲扫榻，更怜手足独还乡。
四十春秋真成梦，一觉迎春喜艳阳。②

两岸近 40 年的隔绝状态终于被打破了。

台湾当局开放台湾民众赴大陆探亲，推动了两岸红十字组织查人转信工作的进一步开展。一封封来自海峡两岸的“红十字通信”字里行间流露着思念家乡、盼望团圆的心声：年逾古稀的老父老母渴望有生之年能与亲生骨肉再见上一面；结发妻子诉说含辛茹苦 40 年，一往情深等待丈夫的归来；一些同父母分离时尚在襁褓中的幼儿，如今已到不惑之年，却不识父母慈颜，他们是多么希望早日投入父母的怀抱！一位台胞在抒发思亲思乡之情时填词一首：“提笔未书泪盈盈，离乡背井四十年，半生沧桑感千

① 曲折主编：《中国红十字事业》，广东经济出版社 1999 年版，第 194 页。

② 《中国红十字》1998 年第 3 期，第 13 页。

万！思故乡，念慈颜，云海阻隔路，魂牵梦萦，仰天长叹！万里河山依旧在，颠沛流离几时休，四十年离散，故乡情渺然，肝肠寸断！盼上苍，保佑慈颜，永葆健康，等儿归，慰思念，乘欢膝下，合家团圆。”①

40 年的岁月，在历史的长河中是短暂的，但对于失散的亲人来说却是漫长的，他们苦苦地等待，默默地期盼，终于等到坚冰开始融化，春天已经来临。

中国红十字会的查人转信工作受到了党和政府的高度重视，为适应台湾当局开放民众赴大陆探亲引起的查人信函数量猛增的情况，1988 年 1 月国家劳动人事部批准中国红十字会总会正式成立台湾事务服务部（1990 年 10 月改名为台湾事务部），一时间台湾事务服务部门庭若市，工作十分繁忙。从 1987 年 11 月 2 日台湾当局开放台胞赴大陆探亲至 1988 年 2 月，仅短短的 2 个多月的时间，中国红十字会就受理了海峡两岸查人个案 30150 宗，并且到 1 月 31 日已为 124 名台胞找到了他们在大陆的亲人，340 名台胞台属用“红十字通信”的方式和他们在台湾的亲人取得了联系。

中国红十字会总会海峡两岸查人转信办公现场

由于海峡两岸的长期隔绝，时过境迁，在短时间内要为失散 40 年的骨肉同胞牵上线搭上桥，并非易事。为了提高效率，工作人员一方面加强与全国各地红十字组织的联系，充分发挥地方红十字组织的基础优势；一方面加强与各有关单位的联系，取得公安部门、报社、广播电台、电视台等新闻单位的大力支持。到 1992 年年底，据不完全统计，中国红十字会共受理海峡两岸查人个案 12 万余宗，查到结果共 24281 宗，使 8 万名两岸同胞取得联系，被人称为“是一件功德无量的事”。

① 冯志国：《读海峡两岸“红十字通信”有感》，《中国红十字》1989 年第 4 期，第 28 页。

互相隔绝的局面已经打开，两岸红十字组织通过进一步努力，直接接触的时刻已经为期不远了。

三、两岸红十字会会长历史性会晤

1990 年 4 月 16 日，中国红十字会副秘书长曲折突然接到来自台湾的电话，对方是中国台湾红十字会的副秘书长常松茂先生。这个不寻常的电话，是海峡两岸红十字组织的负责人第一次直接通话。

原来，常先生 68 岁的夫人刘凤子来大陆探亲，途中突发急性肠梗阻，入住湖北宜昌市第一人民医院救治，远在海峡彼岸的常松茂先生得知后，情急之下，不顾一切便拨通了曲折副秘书长的电话，请求予以关照。救死扶伤本来就是红十字会的天职，更何况是红十字会同仁的夫人！总会立即派人赶赴宜昌探望病人，并以最好的医疗技术和服务给予救护。在各方面共同的努力下，刘凤子顺利地进行了她一生中的第六次腹部手术，康复后安然返回台湾①。凤子病阻宜昌，接通了被禁锢 40 年的电话线，加深了双方的感情，必将促进海峡两岸红十字会的进一步了解、交流与合作。

1990 年，仿佛历史注定为两岸红十字会的“交流年”。年初，台湾红十字会会长徐亨通过他上海的老朋友民革中央监委谭敬老先生向中国红十字会总会传递了这样一条信息：若大陆红十字会会长以个人名义发出邀请，他乐意来访。于是，4 月 6 日陈敏章会长以个人名义向徐亨先生发出邀请——“我以为海峡两岸红十字会同道同源，如能为中华民族振兴，为人民大众之幸福而通力合作，方可谓适乎世界潮流，合乎人群之需要。我以个人名义诚挚地欢迎您在方便的时候来大陆访问”。此后曲折与常松茂先生为落实大陆之行进行了无数次电话联系，终于在 5 月 24 日到 6 月 10 日徐亨、常松茂一行三人顺利访问了大陆红十字会。

“度尽劫波兄弟在，相逢一笑泯恩仇。”6 月 3 日上午，中国红十字会会长陈敏章在总会训练中心会见了台湾红十字会会长徐亨先生和常松茂副秘书长，常务副会长顾英奇、副会长孙柏秋、秘书长韩长林、副秘书长曲折等参加了会见。此次会见是海峡两岸红十字会首次直接接触，是两岸红会交往中一个新的突破。

当徐亨先生一行走进会客室，陈会长迎上前去紧紧握住徐亨先生的手，连声说：“幸会！幸会！一路辛苦！”对徐亨先生接受邀请远道而来表示热烈欢迎。

徐先生说：“这次来北京非常高兴，这是我多年的愿望。”

陈会长说：“这也是我们多年的希望，你们的到来对两岸红会的交流很有好处，你们在提高人民健康水平方面有不少经验。中国红十字会的工作都是为老百姓的，包括救死扶伤、扶危济困、尊老助残、助人为乐。”“正像常先生说的，见面谈一谈，很多

---

① 郑玉真：《凤子偶然病阻宜昌，红会从中予以帮忙》，《中国红十字》1990 年第 8 期，第 31 页。

陈敏章与徐亨会晤

隔阂就没有了。您是第一次来，再来就是老朋友了。”

徐亨先生微笑着说：“希望不久的将来我能邀请你们到台湾去。”

陈会长愉快地说：“非常高兴能在台湾拜访您。”

宾主在亲切、友好、融洽的会见后，一同来到中国少年儿童活动中心，参加了中国红十字会举办的“保护儿童、妇女和老人”全国儿童画展开幕式，在这里徐亨先生与中国少年儿童基金会副主席荣高棠，中国红十字会名誉会长钱信忠、崔月犁等见了面。徐亨先生和大家一起饶有兴趣地参观了画展[①]。几天来，徐亨先生一行在孙柏秋副会长的陪同下，在北京、上海、杭州等地进行了参观访问。

双方经过热情、诚恳而富有成效的会谈，就有关海峡两岸红十字组织今后工作协作达成了五项口头协议：

（一）海峡两岸间的查人转信工作将开始直接联系，待与红十字国际委员会亚太地区办事处办理有关交接手续后进行。

（二）台胞来内地和内地民众赴台衍生的伤、病、亡及证件逾期等事宜，红十字组织应给予积极必要的协助。

（三）内地红十字会将继续协助有关部门积极处理台湾渔船海难事件，遇难船员的遣返途径，将由双方红十字组织视具体情况商定；台湾红十字组织将积极向台湾有关

① 张奎吉：《陈敏章会见徐亨先生》，《中国红十字》1990年第7期，第3页。

部门交涉，给予在台湾沿海从事正常渔业生产的内地渔民人道主义的待遇，免遭扣压、殴打、枪击。其他涉及两岸间渔船渔民的事件，两岸红十字组织亦可协商解决。

（四）内地民众继承在台湾亲属遗产时，内地公证机关出据（具）的证明文件，经内地红十字会盖章，台湾有关地方法院方可认可。台湾红十字组织将向内地红十字会提供台湾律师分会名册，供内地民众办理遗产继承事宜、选择律师时参考。

（五）在促进海峡两岸双向交流方面，双方红十字组织积极努力争取先行一步。

6 月 19 日，徐亨先生在台北向新闻界表示：“日后海峡两岸举凡寻人、认证、渔船纠纷以及紧急事项处理等，皆可通过两岸红十字组织直接联络处理，不必再假道红十字国际委员会转送。”①

此次会见是海峡两岸红十字组织首次直接接触，它打破了两岸红会不接触的局面，是两岸红十字组织交往中的一个新的起点。虽然这次在北京的会晤并未正式签署协议文件，但通过接触所获得的五项具体业务共识为三个月后的“金门协议”铺垫了有利的基础。

四、“金门协议”

两岸红十字组织领导人分手三个月后，不幸的海难事件发生，促使双方再度携手合作。

1990 年 7 月 22 日凌晨，福建省平潭县澳前镇光裕村出海的两个渔民发现，海面上有一只搁浅的渔船，随着海浪摇晃着。当他们登船察看时，船上却空无一人，只有两个船舱用大块的舱板、巨大的铁钉钉得严严实实，里面没有一丝动静。公安及边防人员接到报告后马上赶到现场，立即打开船舱，发现 25 具尸体。船中唯一的幸存者叫林里城，他已奄奄一息。经法医检查鉴定，25 名死者是在船舱内窒息而死的。经全力抢救后林里城脱险，他讲述了这一惨案的经过：这艘渔船叫“闽 5540 号”，是 7 月中旬到台湾海域做生意时被抓扣的。7 月 21 日下午，台湾有关方面在宜兰县澳底，将陆续渡海入台的大陆同胞用黑布蒙住眼睛，强行关进船舱，并用大钉子将船舱顶盖钉死，上面还压上木头等重物。由于船舱内低矮缺氧、缺水，异常闷热，被关押者奋力挣扎但无济于事，最后一个个痛苦地死去，而林里城因发现绿豆大的一个小孔，贴近呼吸才尚存一息，幸免于难。

这起惨无人道的人命案曝光后引起两岸舆论大哗和强烈谴责。8 月 4 日，大陆红十字会在给对方的传真中指出：“这是一起严重违反人道主义的事件，请贵会帮助调查了解，并催台湾有关方面追查肇事人员。”8 月 6 日，台湾红十字组织发来传真，承认此案“引起此间朝野之严重关切”。8 月 7 日，台湾红十字会副秘书长常松茂代表秘书长

① 曲折主编：《中国红十字事业》，广东经济出版社 1999 年版，第 202 页。

陈长文打电话给韩长林秘书长：建议今后在台海中线交接遣返，具体问题可在第三地研究。这个电话是促成金门商谈的最初信号[①]。

8月8日和8月10日，陈长文与韩长林互相传真给对方，达成红会参与遣返的共识。这预示着两岸红十字组织有可能在遣返问题上进行合作。

一波未平一波又起。正当两岸为25人惨案闹得沸沸扬扬之际，又一起惨案发生了。8月13日，台湾海军舰艇押送福建“闽平渔5202号”渔船驶回福建时，在距台湾基隆港以北13海里处，军舰与渔船相撞，渔船断裂翻覆，船上被遣返的50名福建人有21人葬身鱼腹，再酿惨剧。不到一个月的时间接连发生2起惨案，共有46条人命含冤以殁，惨不忍闻。

2起严重事件在两岸造成极大的震动，台湾当局受到两岸舆论的强烈谴责，不得不中止了这种不安全不人道的遣返方式。而此时，台湾的收容所还有300多名待遣返的大陆同胞，他们的命运引起两岸各界人士的关注。迫于内外压力，台湾当局请台湾红十字会出面，要求与大陆红十字组织联系，参与遣返见证。

当历史的重任落到两岸红十字组织身上时，两岸红十字会频繁地互通电话，商讨今后改进遣返办法，探索见面商谈的渠道。8月21日，台湾红十字会与中国红十字会总会联系，要求具体商谈遣返事宜。大陆方面答复：一定要当面商谈，并双向遣返。经过双方红十字会秘书长多次电话联系，1990年9月1日台湾方面传来信息，表示双方可以在金门会谈。经双方积极协商后，决定两岸红十字会组织以个人名义在金门进行工作商谈。

金门，是一个神秘而敏感的地方。人们不会忘记，1958年8月23日大陆开始炮击金门。但10月25日毛泽东在《再告台湾同胞书》中重申：“世界上只有一个中国，没有两个中国”，“中国人的事情只能由我们中国人自己解决，一时难以解决，可以从长商议”。

32年后的1990年9月，毛主席所表达的这种“商议”的意愿终于实现了，谁也没料到，金门这块具有神奇政治色彩的土地会成为海峡两岸商谈签署遣返协议的地方。金门，这个用望远镜都可以看得见大陆的岛屿，因而具备着重要的象征性意义，显示出两岸关系32年来的变化；这个距大陆的厦门市只有18海里，而距台湾本岛则有160海里的风景优美、绿树成荫的神秘莫测的小岛，将第一次迎来大陆红十字会的使者。

1990年9月11日，厦门上空乌云翻滚，海上风急浪高。7时30分，中国红十字会总会秘书长韩长林等5名代表登上了挂有红十字旗的“厦渔507”号船，从厦门的东渡港出发，向金门方向驶去。船在风浪中艰难地行进着，看见对面另一只挂着红十字旗的船，这便是台湾红十字会副秘书长常松茂先生乘坐的前来迎接大陆同仁的船。当常松茂确认是大陆红十字同仁的船后，立即热诚地挥手致意，站在甲板上的大陆红十字

① 乐美真：《金门商谈漫记》，《博爱》2000年第1期，第27页。

同仁显得格外兴奋，向常松茂先生频频招手回应，随后常松茂先生作为领港人，引领着“厦渔507”号船进入金门的金湖渔港。10时15分到达金门的科罗海金湖渔港外海面，台方开出一条交通艇将他们接上岸。5位中国红十字会的代表成为两岸隔绝40年来第一次登上台湾当局控制的“军事禁地”的官员。

参加金门商谈的代表除韩长林秘书长外，还有国台办副局长乐美真、总会台湾事务部副部长张希林、福建省红十字会副会长计克良和福州市红十字会副会长方庆云，对方参加的代表有陈长文、常松茂、徐祖安、邓中正（邓定秩）四人。双方代表于当天下午在金门的金宁乡仁爱新村招待所的会议室里举行正式商谈。在中间放有红十字旗的会议桌上，双方就有关遣返问题坦诚友好地交换意见，第二天即8月12日上午达成协议，内容如下：

1. 遣返原则：

应确保遣返作业符合人道精神与安全便利的原则。

2. 遣返对象：

（1）违反有关规定进入对方地区的居民（但因捕鱼作业遭遇紧急避风等不可抗力因素必须暂入对方地区者，不在此列）。

（2）刑事嫌疑犯或刑事犯。

3. 遣返交接地点：

双方商定为马尾—马祖（马祖—马尾），但依被遣返人员的原居地分布情况及气候、海象等因素，双方的协议另择厦门—金门（金门—厦门）。

4. 遣返程序：

（1）一方应将被遣返人员的有关资料通知对方，对方应于二十日内核查答复，并按商定时间、地点遣返交接。如核查对象有疑问者，亦应通知对方，以便复查。

（2）遣返交接双方均用红十字专用船，并由民用船只在约定地点引导，遣返船、引导船均悬挂白底红十字旗（不挂其他旗帜，不使用其他的标志）。

（3）遣返交接时，应由双方事先约定的代表二人，签署交接见证书。

5. 其他：

双方应尽速解决有关技术问题，以期在最短期间内付诸实施。如有未尽事宜，双方得另行商定。①

以上就是两岸通常所称的“金门协议”。

1990年9月19日上午10时，两岸的新闻媒体在同一时刻向世界公布“金门协议”达成的消息。20日《人民日报》在头版头条登出以“海峡两岸红十字组织在金门商谈，

① 《海峡两岸红十字组织在金门商谈达成有关海上遣返协议》，《中国红十字》1990年第10期，第3页。

达成有关海上遣返协议”为题的新闻稿。

“金门协议”的公布，在海内外产生强烈反响，台湾舆论普遍认为，“这是40年来两岸关系的一大突破”，使两岸关系“跳出低谷，已初现曙光”。台湾《中国时报》报道说，“这是一次堪称历史性的会谈，具有突破性的历史意义”。经历了41年的漫长岁月后，第一次通过协商的方式解决相互间存在的问题，说明只要顺应历史发展的潮流，珍惜两岸人民间的亲情，中国人就没有自己解决不了的事情。

1990年9月12日两岸红十字会代表在金门签署“金门协议”

“金门协议”签订后，为促成双向遣返作业顺利实施，确保遣返作业万无一失，双方于1990年9月20日进行了马祖试航，即马尾—马祖空船交接预演。之后，双方就实施“金门协议”的具体技术事项进行磋商，达成共识，形成“马祖备忘录”，并商定于10月8日实施第一批接遣55名违反规定私自渡海去台人员。

10月8日这一天，天气晴朗，风和日丽。中国红十字会副秘书长曲折、福建省红十字会副会长计克良，作为首次参与见证遣返作业的甲方首席代表，乘上“闽08号”红十字专用船，开赴马祖。在马祖岛，台湾红十字组织陈长文、常松茂、徐祖安先生等前来迎接，两岸红十字组织按照“金门协议”和“马祖备忘录”有条不紊地进行交接的各项工作，最后曲折、常松茂分别代表海峡两岸红十字组织在交接见证书上签字①。12月10日经与台湾红十字组织联系，确定在厦门东渡码头，遣返在大陆从事非法活动的台湾刑事犯6人。中国红十字会理事乐美真、中国红十字会台湾事务部副部

① 吴朝阳、吴秋莎、尉颖颖：《历史性的突破——海峡两岸红会首次参与见证遣返私渡人员作业始末》，《中国红十字》1991年第7、8期，第16－19页。

长张希林、福建省和厦门市红十字会领导人何钟生、朱玉珍、吴尚义，台湾红十字组织常松茂、谢世伟及主管部门代表胡伟烈参加了交接作业。至此海峡两岸红十字组织配合有关方面实施双向遣返宣告成功。此后的十余年中，在两岸红十字组织的参与见证下，“从马祖和金门共接运私渡去台人员 142 批，27890 人次，劫机犯罪嫌疑人 3 批，15 人；向台湾遣送违法台湾居民 45 批，123 人”。

不言而喻，“金门协议”为沟通海峡两岸关系架起了一座人道之桥、友谊之桥。两岸红十字组织按照“金门协议”携手实施遣返作业，两岸同仁在频繁的交往中，结下了深厚的友谊。当年参加金门商谈的代表乐美真、张希林在追忆这段不平常的经历时，仍是心潮难平，感慨万千。张希林在《岁月如碑》中这样写道：“金门商谈的直接过程只有三天，三天的时间本来就短，况且转瞬已过去 8 年，当时的一些情景早已淡忘，但无法淡忘的是我们商谈的对手——对岸红十字组织的几位同仁，非但无法淡忘，随着时光的流失，反倒在我记忆的底片上越发清晰起来。……虽然我们的相见多因‘天灾人祸’，相见时难，但因此留下的记忆更深；虽然我们都有各自的立场和信念，但白底红十字旗帜使我们成为朋友，使我们的连接更紧。……金门商谈后，我们与常松茂这一对忘年交的交往渐多，情感亦日甚。以至于有一年连续几次欢聚后，半年多竟再未谋面，也许是‘日有所思，夜有所梦’，情之所致，于是在虚幻的夜梦中与常先生重逢，因此便有一诗赠常先生：‘百转萦绕梦里发，悲喜难尽竟无涯，有日同上银河去，两岸何曾不一家。’”

乐美真在《金门商谈漫记》一书的扉页上，重温 1990 年 9 月 12 日在金门赠给陈长文的那首诗：

何须相见动兵戎，却喜故人海上逢。
古岗登楼秋雨急，榕园信步夕阳红。
不曾对酒清风里，难得安宁绿树丛。
思绪万千逐浪去，未来尽在不言中。[①]

十年过去了，历史悠悠，岁月如碑。金门商谈，一座无形的碑不是已经永远地立在人们的心中了吗!?

五、曲折的台湾之行

海峡两岸关系并非如人们所期待的那样一帆风顺，而是经历了太多的曲折，中国红十字会总会副秘书长曲折的台湾之行，就是一个典型的事例。

曲折的台湾之行，是由一起突发事件——“7・21 闽狮渔”事件——促成的。

① 乐美真：《金门商谈漫记》，九州图书出版社 1999 年版。

1991年7月21日下午3时，福建省石狮市祥芝乡的“闽狮渔”2294号和2295号两条渔船，正在台湾西北30海里处捕鱼作业，孰料，台湾高雄渔船“三鑫财”号突然从正在起网的两渔船之间穿过，致使渔网损坏，争执顿起。

为索取赔偿，几名大陆渔民登上“三鑫财”，搬走一些物品作为抵押。双方经讨价还价，台方船长答应支付大陆渔民5700元台币作为赔偿，大陆渔民也将抵押的所有物品归还对方，事态随即平息，双方继续捕鱼作业。但下午6时许，台湾军舰在飞机的配合下，急驶而来，截住大陆渔船，开枪打伤大陆渔民邱赞成，强行把18名“闽狮渔”号的渔民押至台中港。原来，“三鑫财”谎报“海上遇盗”，向台湾军方发出了“呼救”信号。

押至台中港后，台湾当局借题发挥，对大陆渔民兴师问罪，先是以“恐吓取财”，后是以“海中行劫”为罪名进行审讯。如果是“海中行劫”即为海盗罪，这在台湾是弥天大罪，轻则判刑12年，重者要判死罪。次日，台湾“行政院”陆委会宣称：“大陆渔船涉嫌海上犯罪，将依法侦办!”接着大陆渔民吴清勇等7人被以“海盗罪”提起公诉。一时间舆论哗然，震惊两岸。本来一件普通的渔事纠纷，却由于台湾军警的介入、行政司法部门的插手，被人为地扩大化、复杂化了。这就是在海内外引起轩然大波的“7・21闽狮渔”事件。

18名大陆渔民被无理押到台湾，他们在大陆的亲人心急如焚。7月25日，大陆方面正式提出赴台进行人道探视，并了解情况。台方先是表示同意，接着便在赴台人数、时间、日程等细节问题上反复纠缠，硬性规定只能去2人，只能在台待2天，只能探视7人（另11人经调查视为无罪后转金门待遣），为此双方在通话中不断争执，一直持续到8月12日。台湾当局的做法引起了舆论的普遍不满和批评。

为了求得事件的尽快公正合理解决，大陆方面首先做出让步，同意只派2人，并重申只了解情况，无意协商案情。台湾方面乘机下了台阶，允许在台停留3天，记者可以同行。双方最后商定，大陆红十字会代表曲折、庄仲希及2名随行记者范丽青、郭伟锋于8月12日赴台作为期3天的“人道探视”。

国内外新闻界都发布了这一消息，人们热切地关注着42年来的大陆第一次派员公务赴台的行动①。

8月12日，按预定计划，曲折一行4人乘中国民航班机飞抵香港，然而到香港后办理换机手续时，却遭遇麻烦：台北出入境管理局不允许曲、庄二人登机赴台②。台湾方面出尔反尔，致使赴台受阻，曲、庄二人滞留香港。

在港滞留期间，曲折先后举行了两次记者招待会，据理力争。在香港机场新闻中

---

① 尉颖颖：《曲曲折折台湾行》，《中国红十字》1992年第1期，第3页。

② 晓惠：《一波三折，曲径通幽——曲折、庄仲希赴台受阻》，《中国红十字报》1991年8月20日。

心举行的记者会上，他向台湾方面提出抗议，指出：“‘闽狮渔’事件本是一起闽台渔民在生产过程中发生的海上民事纠纷，由于台湾军方的介入而使事件复杂化，吴清勇等7位渔民遭台湾有关方面以所谓的‘海洋行劫’罪名起诉，引起中国红十字会总会的严重关切。中国红十字会总会基于人道主义立场，决定派出我和庄仲希前往台湾看望18名渔民，了解情况，表达希望在尊重事实、公正合理的基础上解决这起纠纷的愿望。”曲折说：“虽然我们一再向台湾有关方面阐述我们的意见，但他们却固执地不让我们看望这11位渔民，最终竟以此为理由，拒绝我们赴台看望18位渔民。现在我们被阻滞在香港，希望台湾有关方面，从有利于推进两岸关系发展的大局考虑问题，做出理智的决定，不要再做伤害两岸同胞感情的事。”①

舆论是公正的。曲折滞阻香港，舆论大哗，台湾本土民众的不满尤为强烈。台湾新闻媒体连篇累牍发表文章，知名人士纷纷出来讲话，指责台湾当局“设限充满太多的意气与刁难”，是“鸡蛋里挑骨头”。台湾《联合报》社论指出，“闽狮渔”事件是我们全面检讨对大陆政策的机会；《中国时报》撰文：“两岸进一步的沟通交往已是不可避免的事实，回避了这一次，也终必有下一次，早晚得面对现实。”

舆论促行，台湾方面不便违背民意坚阻，只好放行。8月20日，在港滞留8天的曲折终于“曲折”到达台湾。

在台湾机场的休息厅里，曲折发表谈话：“这次我代表中国红十字会总会，并受福建分会委托，与庄仲希先生同来看望福建省石狮市‘闽狮渔’2294、2295号船的18位渔民，并了解有关情况。大家知道，7月21日发生的闽台渔民之间的民事纠纷事件，至今已经30天了，亲莫大于骨肉，痛莫大于分离。18位渔民的亲属和父老乡亲连日来寝食不安，忧心如焚，热切盼望亲人早日平安归来。人同此心，心同此理。我们将不负厚望，竭尽绵薄之力，真切地表达亲人的思念和慰问，充分地表达中国红十字会总会、福建省分会的关切。我希望此行能给18位渔民带来亲情的温暖，能对他们早日与家人团圆有所助益，并希望能得到台湾各界人士和有关方面的理解。借此机会，我们谨向一切关心18位渔民，并给予帮助的台湾同胞和各界人士致以崇高的敬意。”②

8月21日上午，曲折一行赴台中看守所探视被扣押的6人（其中一人因不到16岁而被关押在“观护所”里）。当被扣押的6名大陆渔民见到大陆红十字会的人专程来到台湾看望他们时，个个百感交集，泪流满面，一片喊冤声。曲折详细地询问了他们的身体、生活状况。渔民们争相述说事情发生的经过，希望大陆亲人能为他们做主，讨回公道，早日回到亲人身边。接着曲折一行又去观护所看望了少年蔡亚焕，转交了他父母捎给他的衣物。

---

① 曲折主编：《中国红十字事业》，广东经济出版社1999年版，第214页。

② 中国红十字会总会：《中国红十字会的九十年》，中国友谊出版公司1994年版，第270页。

8月21日下午就探视扣押在金门的11位渔民事，双方反复磋商，终以“视讯电话”形式见面。曲折通过视讯电话，得知渔民们归心似箭，迫不及待地要与亲人团聚。根据他们的要求，双方协商并签署了一份有别于“金门协议”的“返乡事宜备忘录”，一致同意台方雇客船将11人送至厦门，并雇人将两只“闽狮渔”号船开回。最后双方就11位渔民安全返家乡做了详细周到的安排，终于他们在金门度过了如噩梦般的34个日夜后回到了故乡。

8月22日上午，曲折、庄仲希拜访了台湾红十字组织，受到徐亨会长的热情欢迎。徐亨先生回顾了1990年访问北京时受到的热情接待和照料。他说，1990年两岸红十字组织开始了直接交流，并促成海基会与大陆的交流，这是值得纪念的事，希望今后的交流更加密切。

曲折、庄仲希结束访前在台红十字会召开记者会

曲折代表中国红十字会对台胞在大陆发生水灾时给予的捐助表示由衷的感谢。随后参观了台湾红十字组织各部门。8月23日上午，离别的时刻到了，曲折等来到海基会办公楼与陈长文等话别，徐亨、常松茂等到机场送行，热情的台胞举着“祝曲折一行一帆风顺”的标语前来欢送。在飞机的轰鸣声中，曲折“曲折”的台湾之行落下了帷幕。到达北京后，当记者问他此刻的感受时，他说：“我们同是中华儿女，同是炎黄子孙。‘本是同根生’，有什么话不能谈，有什么‘曲折’的问题不能解决呢?”[①] 这次赴台之行证明，接触和商谈是解决问题的最好的办法。

曲折的台湾之行似乎预示着两岸关系的未来进程：道路是曲折的，前途是光明的！

---

① 《本是同根生——中国红十字会副秘书长曲折台湾归来一席谈》，《中国红十字报》1991年9月5日。

六、“一次成功的交流”——孙柏秋首次率团访台

曲折副秘书长的台湾之行显得曲曲折折，而一年后，孙柏秋副会长首次率团访台，倒一帆风顺。

孙柏秋率团访台，旨在答谢台湾同胞和台湾红十字会在大陆发生特大水灾的关键时刻伸出援助之手的血肉之情，并与台湾红十字会开展交往，增进了解，实现双向交流[①]。

1991 年，对中国大陆来说，是一个大灾之年，多灾并发，尤以水灾奇重。入夏以后，全国有 18 个省（区）被滔滔洪水肆虐，其中安徽、江苏两省水灾之严重，百年未遇。7 月初，两省受灾人数已达 7500 万，20467 个村庄被水围困，倒塌房屋 53 万间，遭受严重破坏的厂矿企业有 12889 个、医院 1405 所、学校 20000 所，冲毁公路 1000 多千米。面对奇灾，中国红十字会总会号召各地红会紧急行动起来，继续发扬一方有难、八方支援的传统，积极参与救灾；与此同时，向国际红十字协会发出救灾援助呼吁[②]，激起国际社会的广泛回应。

血浓于水。台湾同胞在台湾红十字会的动员组织下，掀起声势浩大的赈灾热潮，捐款捐物，折合人民币达 1.8 亿元，充分体现了情高于天的民族情、同胞爱。台红会副秘书长常松茂先生还亲赴安徽、江苏灾区考察，慰问灾民。他对灾民说：“海峡两岸隔绝 40 余年，远隔千里，但两千万台胞的爱心不会因距离远而减少，也不会因时间长而冲淡。我们的救灾物资是有限的，但我们的爱心是无穷的。”[③] 没有豪言壮语，却流露出浓浓的挚爱亲情。

为感谢台湾各界同胞，中国红十字会总会决定组团赴台答谢。经协商，1992 年 7 月 1 日，台湾红十字会会长徐亨先生正式致函陈敏章会长，向总会发出邀请，由此促成了“大陆红十字会副会长、华东救灾灵魂人物”[④] 孙柏秋的台湾之行。

孙柏秋赴台消息一经传出，立即在岛内引起轰动，“成为当时的热点新闻”[⑤]。顾英奇副会长在接受台湾记者越洋电话采访时介绍说：孙柏秋是“一个热爱红十字工作，事业心强的女性，具有坚忍不拔的工作精神，在去年华东救灾工作中作出了突出的贡献”。台湾大报之一《联合报》撰文详细介绍了孙柏秋的生平、业绩等[⑥]。所以赴台之前，孙柏秋已在台湾民众中树起了一个良好的形象。

---

① 中国红十字会总会：《1992 年中国红十字会年报》之《台湾事务》。
② 《总会向国际协会发出救灾援助呼吁，各地红会紧急行动参与救灾》，《中国红十字报》1991 年 7 月 20 日。
③ 《常松茂先生到灾区了解救灾物资分发情况》，《中国红十字报》1991 年 10 月 20 日。
④ 台湾《联合报》1992 年 8 月 17 日。
⑤ 叶林：《孙柏秋：柔肩担人道，魂梦恤九州》，《中华英才》1995 年第 17 期，第 32 页。
⑥ 刘峰：《访台纪事》，《中国红十字》1992 年第 5 期，第 5 页。

1992年8月17日，孙柏秋一行三人飞抵宝岛，一下飞机，即受到徐亨会长、陈长文副会长的热情接待。在鲜花和掌声的海洋中，孙柏秋立刻感受到海峡两岸不可分离的骨肉之缘，台湾同胞为大陆赈灾无私捐献的场面一幕幕出现在她的眼前，她放下手中早已准备好的讲稿，用激动得有些颤抖的声音大声讲道："我受大陆灾民、大陆人民之托，对1991年台湾同胞对内地感天动地的深厚支援，表示深深的谢意，在这里向台湾同胞深深鞠一躬。内地灾民、内地人民不会忘记你们，历史不会忘记你们，中华民族不会忘记你们……"[①] 顿时，机场上爆发出热烈的掌声和欢呼声。在这掌声和欢呼声中，两岸关系又向前推进了一大步。

8月18日，访问团分别拜访了在1991年水灾中给予大力捐助的台湾塑胶工业公司、新光人寿保险公司、中华航空公司、裕龙汽车制造公司、国泰人寿保险公司、远东纺织公司。这六大公司都是在台湾乃至世界拥有雄厚财力和声望的企业，在赈济大陆水灾中都捐款一千万元新台币以上。大陆广阔的市场和改革开放政策对台湾极具吸引力，但由于台湾当局的限制性政策，到大陆投资办厂的多为中小企业，且不顺畅。所以此次拜访自然引起了媒体的关注。在拜访台湾塑胶工业公司时，孙会长向公司副总经理王金树先生赠送了浙江名画家的一幅"鱼水情深"泼墨国画；在拜访裕龙汽车制造公司时，总经理李振华等举行了会见仪式，孙柏秋希望裕龙能与大陆合作，使中华民族的汽车国产化，希望大陆也能奔驰着裕龙产汽车；在拜访国泰人寿保险公司时，孙柏秋对蔡万霖先生去年赈济华东水灾义举表示感谢，并盛赞他经营有方，成为台湾"首富"。蔡先生谦虚地说："'首富'是媒体抬爱所给予的封号。金钱对于我来说已不算什么，问题是如何进行有效的运用。既然企业的财富是取之于社会，当然就应该回馈应用于社会。本集团所属的国泰人寿慈善基金及国泰建设文教基金就是专门服务社会的；我们这两个组织今后将继续支持大陆红十字会工作。"孙会长把一幅画和天津沙驼老人写的"百寿"横幅大字送上，说："我知道物质的东西你们什么也不缺，但这点心意却是代表大陆红会和灾区千万人的！"随后蔡万霖先生向记者宣布，他将于近期内前往大陆，亲自考察大陆市场。他个人认为当局应加速对大陆的开放政策。蔡先生选择这样一个机会做上述宣布不仅是对孙副会长邀其到大陆做客的回应，也是一个"信号"，表明两岸经济交流的大趋势不可阻挡。

8月22日，"答谢在台同胞暨社会各界捐款救灾茶会"在台北圆山大饭店举行。茶会开得热烈成功，使这次访问达到了高潮。

"青丝万缕情无价"，大陆人民不会忘记在1991年台湾一位特殊的捐款者13岁的童千芬小姑娘。她将留了多年的齐腰秀发剪掉，义卖10万元新台币悉数捐给大陆灾

---

① 潇明：《孙柏秋——与"红十字"结缘的女性》，《中华儿女》（海外版）1995年第2期，第15页。

区，她的慈行义举在大陆广为流传，备受赞誉[①]。访问团来台前就计划要当面答谢她，因为她的举动代表了千千万万台湾同胞的心，就像那万缕青丝一般，情义绵长无价。在台湾红会和新闻界的帮助下，这个来自桃园的小姑娘童千芬在母亲的陪同下出席了茶会，她身材修长，短发及耳，显得清丽可爱。孙柏秋副会长一见到她就趋前将她拥在怀中，连声向她的母亲称赞：“你养育了一个好女儿!”

孙柏秋将“风雨同舟”纪念衫送给童千芬

答谢茶会，名流云集，红十字会、企业界、福利机构、新闻媒体负责人百余人参加。青岛市红会赠送的由青岛百余名少年绘制的百米长卷虽然只展开了一部分，却引得来宾赞叹不止。孙柏秋副会长的致谢词极具感情，当她讲到大陆同胞吃到台湾赈济的“蓬莱米”，穿上台湾同胞捐给的新衣服，由衷地说“还是自己同胞亲，还是自己同胞好”时，两眼微红，声音哽咽。她激动地说道：“这种血浓于水的同胞情，与生俱来的民族爱，感天动地的支持，大陆人民不会忘记，中华民族不会忘记，历史不会忘记。”此时全场爆发出热烈的掌声。说到最后，她把童千芬邀到身边，向全体来宾说：“我没有什么礼物能表达大陆同胞对台湾同胞的谢意。我特意把一件印有‘风雨同舟——安徽人民感谢您’的纪念衫送给童千芬小妹，也是把大陆人民的谢意送给台湾同胞！我提议，各位来宾都在这件纪念衫上签上自己的名字……”礼轻更显情义重。这棉织衫的千丝万缕不正交织着绵绵无尽的同胞情意吗？

① 晓秋：《携手赈灾情切切，风雨同舟拳拳心——孙柏秋结束在台赈灾答谢返京》，《中国红十字报》1992 年 9 月 4 日。

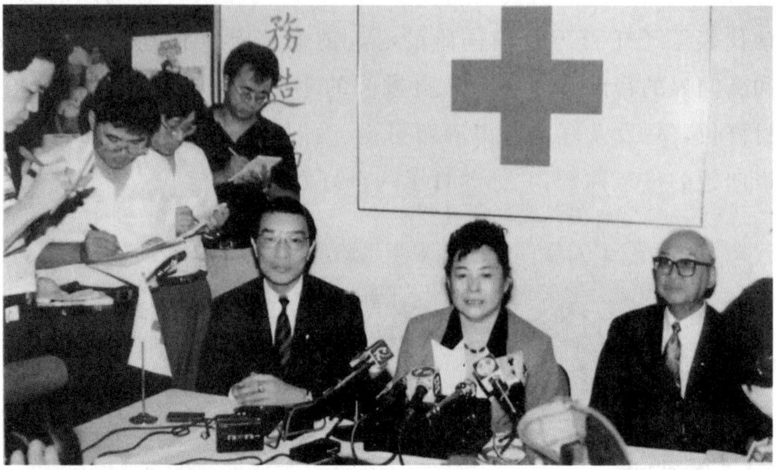

孙柏秋副会长一行赴台答谢同胞赈灾情谊

在记者的闪光灯下，孙柏秋、徐亨首先在上面签上了名，接着陈长文和海基会董事长辜振甫夫人严倬云也签了名，更多的人陆续在上面签名……当孙柏秋将这件“爱心无价”的T恤衫亲自交到童千芬小姑娘手中时，全场气氛达到高潮。童千芬脸上露出幸福欢愉的微笑，她说这是一件最有纪念性的礼物，暑假结束后，她要穿上这件T恤上学给同学们看看。[①]

在访台短短的一周里，代表团从台北到台中、台南，几乎走遍了各大城市，所到之处，孙柏秋都热忱地向台湾同胞表达了真诚的谢意，她说：台湾同胞对内地灾区的支援有如及时雨，将民族亲情充分地表达出来，在安徽、江苏发生特大水灾的危急关头，红十字会接到的第一个电话就是来自台湾的常松茂先生，台湾方面寄到的120万美元，是最早的一批捐款，灾民们流着眼泪吃下台湾同胞捐赠的大米……[②]孙柏秋的热情和真诚得到了台湾同胞的信赖，她处事干练、周到的才华赢得了各方人士的钦佩。

8月24日，一周的访问结束了。在桃园机场，孙柏秋副会长对记者说：“此次访问虽然短暂，但对海峡两岸红十字会而言，却是一次成功的交流，也建立了双方红十字会高层人士互访的模式。双方红十字会事业在以往良好合作的基础上，将继续加强和发展。此外，徐亨先生也已允诺将在明年再度赴大陆访问，我们期待着在北京与他会面。”[③]

此次访问是43年来大陆红十字会首次正式访台，是一次历史性的突破，也是“一

① 刘峰：《访台纪事》，《中国红十字》1992年第5期，第11页。
② 潇明：《孙柏秋——与“红十字”结缘的女性》，《中华儿女》（海外版）1995年第2期，第15页。
③ 刘峰：《访台纪事》，《中国红十字》1992年第5期，第12页。

次成功的交流”[①]。访问的成功表明过去两岸红十字会单向交流的局面已经结束，从此开始了双向交流的格局，这在中国红十字事业的发展史上是一次具有里程碑意义的访问。

七、希望的未来

坚冰的打破，为海峡两岸沟通交流开辟了航路，双向交往日增。特别令人兴奋的是，在红十字旗帜下，两岸青少年相聚在大陆和台湾，畅想美好的明天。两岸红十字青少年，寄托着中国红十字事业未来的希望。

隔绝 40 多年的两岸青少年多么渴望相见相识相互交流！闽台红十字夏令营使这种渴望成为现实。

1993 年 7 月 25 日，“有朋自远方来”——台湾红十字组织和红十字青少年代表一行 29 人飞抵福建省厦门市。当他们第一次踏上祖国大陆美丽的海港城市厦门，看到祖国壮丽的河山、秀美的景色时，心潮难平，激动不已。这是一次难得的大陆之旅。

闽台红十字组织联合举办红十字青少年夏令营（或冬令营），开展两岸青少年之间交往的构想，是在 1990 年 6 月陈长文先生访闽期间闽台红十字组织共同商定的。经过三年多双方共同的努力，两岸红十字同仁及青少年的愿望终于实现[②]。台湾营员代表深情地说：“为了举办这一次夏令营活动，两岸红十字组织的长辈们，不辞辛苦，奔走策划。没有他们的努力，我们这千里相聚的缘分还不知道要等到什么时候呢?”福建营员代表说：“我们珍惜这段来之不易的相聚，通过夏令营活动在两岸青年心中架起一座友谊的金桥。”[③]

7 月 26 日上午，首届闽台红十字青少年夏令营在厦门市鼓浪屿开营。在两岸青少年同唱《红十字青少年之歌》的乐曲声中，举行了授旗仪式。随后，两岸营员在宽松、愉悦的气氛中就学校开展红十字青少年工作、红十字组织机构设置、经费来源、血站的建立和管理及发动公民捐血等进行了交流和探讨。

福建和台湾一水之隔，习俗相似，血缘相亲。这次来自台湾的营员中有 80％祖籍是福建，他们一踏上厦门的土地，就有宾至如归的感觉。夏令营邀请厦门市红会理事、文化局局长彭一万先生前来为营员们作闽台民俗关系讲座。彭先生形象生动地从闽台地缘、史缘、血缘、神缘、文缘、语缘、俗缘、商缘等 8 个方面阐述闽台关系渊源，引经据典，旁征博引，不时穿插闽南俚语、典故，引起两岸营员的强烈共鸣。讲座加深了青少年一代对闽台历史、关系的了解。

夏令营还进行了书法、绘画交流活动。王怡臻营员是台湾少年书法冠军，他当场挥毫书写“友谊长存”“热忱满怀”赠福建红会，大陆营员魏机波则表演指画，用一幅

① 台湾《中央日报》1992 年 8 月 25 日。

② 《首届闽台红十字青少年夏令营在厦门开营》，《中国红十字报》1993 年 7 月 30 日。

③ 谢宁：《搭起友谊的金桥——’93 闽台红十字青少年夏令营纪实》，《中国红十字报》1993 年 8 月 27 日。

“同根”图回赠。其他同学也挥毫作画，互相赠送、交流，情谊融融。

7月30日是闽台夏令营的最后一天，全体营员来到风景秀丽的万石山植物园，同植一株象征友谊、团结、和平、进步的铁树，纪念这次具有深远历史意义的台湾和大陆红十字青少年的首次相聚，台湾红十字组织代表廖英藏先生即兴赋诗一首：

两岸红会青少年，海上花园来相会；
美梦成真真高兴，后会有期在台北[1]。

半年后，两岸红十字青少年期待的台北相聚如期而至。1994年1月，第一次海峡两岸红十字青少年冬令营在台北拉开帷幕。大陆营员由来自北京、上海、福建、广东等4个省市的优秀红十字少年及总会台湾事务部、青少年部、报社随行人员共36人组成，领队为曲折秘书长。临行前，曲折对这次毫无“曲折”的台湾之行发表谈话说：“这次台湾方面邀请大陆红十字少年参加台湾红十字少年冬令营活动，扩大了两岸红十字活动的交流。我的心情也与第一次赴台截然不同，比上次轻松、愉快。我将在那里会见旧友，结识新朋。海峡两岸交流活动的增多，说明了两岸关系发展趋向的美好前景。”[2]

为迎接大陆客人的到来，台湾红会更精心准备，成立“任务编组”，常松茂秘书长亲自担任筹备主任，下设秘书、活动、接待三组，分别由谢世伟、徐祖安、谢昭隆三位主管人员，依照所定分工职掌，会同有关人员，通力合作，积极展开筹备作业。其间，先后举行五次筹备工作会议，检讨各项程序与安排。活动的总原则是“方便”“安全”“尊客”“荣誉”8个大字，周到安排[3]。

1月30日中午，大陆红十字青少年一行36人飞抵台北，受到台湾红十字会会长徐亨先生、秘书长常松茂先生的欢迎。曲折与82岁高龄的徐亨先生紧紧握手，与常松茂先生长时间地热烈拥抱。此情此景，令生平第一次踏上这片热土的30多位营员心中涌起来台后的第一次热潮。徐亨会长是在营员抵台前一天特地从美国赶回台北的，在他看来，在台北与有过多次交往的老朋友和第一次踏上台湾土地的新朋友相聚是很有纪念意义的事，不能错失良机。

到台当晚，徐亨会长假富都大酒店设宴欢迎大陆来台参加冬令营的营员。徐会长致欢迎词，对以往两岸红十字组织致力于民间事务交流服务赢得社会一致肯定表示欣慰，希望继续努力，实现红十字运动的理想，并希望大陆营员有宾至如归的感觉和冬令营活动顺利成功。曲折秘书长致答词，对台湾红会同仁热情接待深表感谢，期盼由

---

① 谢宁：《搭起友谊的金桥——’93闽台红十字青少年夏令营纪实》，《中国红十字报》1993年8月27日。

② 胡殷红：《昔日曲曲折折，今朝一帆风顺——中国红十字会总会秘书长曲折率红十字少年代表团赴台》，《中国红十字报》1994年1月28日。

③ 谢世伟：《水乳交融一片情——海峡两岸红十字少年会员冬令营活动记述》，载台湾红十字会编：《九十纪要》，1994年编印，第169－170页。

于红十字青少年会员活动的加强，缔造更美好的未来。

这次海峡两岸红十字青少年冬令营共有100人，在短短一周的时日内，营员们共同学习红十字运动的知识，增进了友谊。他们不会忘记2月3日在惜别晚会上的情景：全体营员每人手持一支点亮的蜡烛，站在静静的会场中，此时全场的灯突然熄灭了，主持人充满激情的话语令在场的所有营员都泪流满面，“蜡烛有心还惜别，替人垂泪到天明”，“挥泪惜别”的寓意场景把整个冬令营的活动推向了高潮。这是两岸青少年合演得最具感染力的一幕，用“相见时难别亦难”的诗句来形容描画此情此景是再确切不过的了。

冬令营期间一再强调不谈“政治问题”，不谈“一国两制”，但是参加冬令营的两岸红十字青少年已到了谈政治的年龄，他们在畅谈友谊时，“偷”谈时政。按规定营员们每晚22点务必休息，可没有一个学生能“按时作息”，他们躲到院子的山石后，谈论着他们感兴趣的“敏感”问题。曲折秘书长在欢迎会上曾说：“未来的事情是要由两岸的年青一代去完成的，未来是属于他们的。”是的，也许这些争论不休的问题最终要由他们来解答①！

2月4日，两岸红十字少年互道珍重，依依惜别。5日，大陆营员带着丰盛的收获，乘中华航空公司班机离台。徐亨会长等至中正机场欢送。临行话别，道不尽的殷殷期待，勉以两岸红十字运动有更好的发展，在相互祝福、声声道谢和再见声中，圆满结束了这次意义重大的两岸红十字少年冬令营活动。

那年的冬季多么暖，
我们迎接彼岸的少年同行，
兄弟情，一见如故，
背负着红十字的真挚大爱，
让冬令营留下许多甜美的记忆，
惜别时，别落泪吧！
只要记得我们终会再见面②。

希望不是梦。大陆和台湾的红十字青少年从此每隔一年在大陆或台北举行一次冬令营或夏令营，通过这座金桥，两岸红十字青少年的心紧紧地联结在一起。

---

① 胡殷红：《海峡深千尺，浓浓同胞情——访台印象》，《博爱》1994年第2期，第15页。

② 谢世伟：《水乳交融一片情——海峡两岸红十字少年会员冬令营活动记述》，载台湾红十字会编：《九十纪要》，1994年编印，第168页。

第九章

“三大”工程

20世纪90年代以来，中国红十字事业在挑战中不断寻求发展的机遇，在“走进新时代”的时代精神的感召和鼓舞下，打造自我，拓宽业务范围，创建以“救援”“生命”“爱心”三大工程为主干的“博爱系列工程”，谱写出一曲曲感天动地的新乐章。

第一节 完善自我的努力

一、“三大”工程的由来

中国红十字会作为从事人道主义工作的社会救助团体，救援义举，关爱生命，奉献爱心，源远流长。在新的时代条件下，中国红十字会开拓进取，赋予“传统”新内涵，逐渐形成“博爱系列工程”。1997年4月1日，顾英奇常务副会长在中国红十字会第六届理事会第四次会议上所作的工作报告中对“近几年来一些地方社会救助工作的类型、项目称为博爱工程”给予肯定，认为“这是一个非常好的概念及动向”，因此，“总会建议本次理事会议正式提出创建‘红十字博爱系列工程’的号召，以此作为总框架，使社会救助工作系统化，并逐步走向规范化”。六届理事会总结各地经验，把“红十字博爱工程”归纳为三大类：

——生命工程。其内容是：(1) 卫生救护训练机构的设置，包括卫生救护训练学校、中心、基地，使这项工作规范化、经常化；(2) 群众性救护机构的设置，包括红十字救护中心、救护站（点），使救护工作形成网络，全面扩展；（3）医疗机构的设置，包括红十字会医院、诊所、癌症康复疗养所、艾滋病防治院等；（4）无偿献血载体的设置，包括红十字会血站（血库）等；（5）联合社会力量建设中华骨髓库，提高其可持续发展的条件。以上各项事业都要制定管理规范，切实承担起与红十字人道主义相对应的任务。

——救援工程。其内容是：（1）确定与民政部门及十年减灾委员会的联系机制及协作方式，使红会担负的灾害救援任务更加定型和有序；（2）建立备灾物资的筹集、储存、管理和发放机制，对各区域和各省（区、市）备灾救灾中心的内部管理和运作程序进行统一规范；（3）建立为救助自然灾害开展的国内募捐及非灾区红十字会支援灾区红十字会的规范及运作方法。

——爱心工程。随着社会发展和社会文明程度的提高，老年人、孤寡老人、孤儿、智障儿童等特殊群体，将是更加突出又迫切需要解决的社会问题，也是社会团体大有作为的领域，红十字会尤其如此。采取规范化的方式举办公益事业，通过建立老年颐乐楼、养老院、托老院、老人病（护理、康复）医院、弱（启）智儿童学校、孤儿之家、红恤班等形式，积极加入社会保障体系。那些散居在家庭中的孤老病残和因各种原因陷入困境的人群，无论社会发展到何种程度，将不可避免，对他们进行有针对性的服务，更具有现实意义和社会学价值。

以上就是“三大”工程的由来。

为使上述设想付诸实施，总会要求：各地红十字会要紧密结合本地实际因地制宜地采取相应的组织措施，制定具体办法，如成立博爱工程工作委员会、志愿工作（服务）队、咨询委员会等；同时要制定项目设计规划、工作计划，建立规章制度、管理办法等等，促使上述各项工作向着规范化方向发展。北京市红十字会在这方面已经做了认真的研究和探索，他们在制定的五年规划中提出建立“自救互救”“备灾救灾”“红十字青少年道德教育”“社会服务”四项工程的设想，可资各地借鉴。

举办红十字博爱系列工程一般应坚持以下原则：资金筹措实行国内募捐与国（境）外捐助相结合，以国内募捐为主；服务方式采取有偿服务与无偿服务相结合，以无偿服务为主；工程效果注意社会效益与经济效益相结合，以社会效益为主；创建途径坚持理论研讨与具体实践相结合，以实践为主。上述“红十字博爱系列工程”的发展和完善，可使中国红十字会作为“从事人道主义工作的社会救助团体”的形象更加鲜明①。

“三大”工程是对传统业务的继承与弘扬，体现出红十字事业的“中国特色”。在

① 顾英奇：《全面贯彻红十字法，加速两个转变，在国家两个文明建设中发挥更大作用——在中国红十字会第六届理事会第四次会议上的工作报告》，中国红十字会总会编：《中国红十字会第六届理事会第四次会议文件汇编》（内部资料），第33－35页。

这一大政方针的指导下，各级红十字组织积极行动，以丰富多彩的活动，创造更加美好的未来。

二、“事预则立”——中国红十字基金会成立

事业的繁荣，离不开经费的支撑。伴随着中国红十字事业的发展，成立基金会势在必行。“凡事预则立”。要使红会各种救助工作富有成效，“必须预为之谋，变被动应付为主动筹划”。成立红十字基金会，就是要“集腋成裘，将点滴之水汇成巨流，发挥整体的效应，实现‘安得广厦千万间’的理想”[①]。孙柏秋副会长在《中国红十字基金会筹委会工作报告》中也强调，成立中国红十字基金会，“是以弘扬人道精神，促进红十字事业为己任。旨在广泛宣传凝聚海内外同胞、侨胞、国际友好团体和社会各界人士，以人道为本，博爱为怀，为国内外社会救助、和平事业筹集资金捐款赠物。使红十字会的社会救助工作有坚强的物质基础，使红十字事业的发展有雄厚的资金保障。红十字基金会的工作，不仅是募集社会资金，开展社会救助及公益事业，更重要的是发掘和培养人与人之间天然存在的美好亲情与关怀，发动人们依靠自己和群体的力量，通过改善人际关系，以互济互助的方式能动地解决自己的困难和问题。有利于提高人民的生活质量，改善生存环境，达到持续均衡的发展。基金会具有一种改善社会心理结构，促进社会走向进步的作用。这些都是中国红十字基金会创建的宗旨和目的，也是社会主义精神文明建设的新课题”[②]。

成立中国红十字基金会，可谓意义重大。

依照《红十字会法》和国务院《基金会管理办法》，中国红十字会总会从 1993 年年初即开始了基金会的筹备，成立了“中国红十字会基金会筹备委员会”，开展了卓有成效的工作。1993 年 12 月 27 日，中国红十字会基金会经中国人民银行正式批准成立。1994 年 3 月 15 日，民政部批准社团注册登记，具备了独立社会团体法人资格和开展募集资金及救助活动的基础条件。

红十字基金会初创时即注意借鉴国外经验，紧密联系实际，解放思想，实事求是，开拓进取，勤奋工作，并制定出《中国红十字基金会基金暂行管理方法》《中国红十字基金会资助、奖励暂行规定》《中国红十字基金会对捐赠者的暂行表彰办法》，根据这些规定开展了资金筹集和社会救助工作的初步尝试。

基金会的运行主要是由社会发展需要来推动的，如何依据红十字事业的特点和中国的国情来培植红十字基金会发展的运行机制，是首先需要解决的问题。中国红十字会创办的红十字基金会把自己的主要任务界定为：“积极支持救死扶伤、扶危济困、敬

---

① 宋平：《中国红十字基金会缘起》，载《中国红十字基金会》，香港美迪制作公司 1997 年印制。

② 孙柏秋：《中国红十字基金会筹委会工作报告》，《中国红十字报》1996 年 12 月 27 日。

老助残、助人为乐的社会公益事业；开展社会救助的各项活动；开展与国际友好团体、个人以及港、澳、台同胞和海外侨胞的友好往来和相互合作。”[①]

基金会创建伊始，得到了国内外各界的关心、帮助和支持，募捐活动和救助工作赢得社会各界有识之士的积极响应，两年来募集基金 2000 多万元。基金会用募集的资金在社会救助、扶贫救灾、福利公益等方面做了一些资助工作，开展一些社会公益性活动：1994 年，与福建省、厦门市红十字会和卫生部门一起开展了以“救两条生命，还一家幸福”为主题的“红十字救助生命行动”；1995 年，在河北省承德市宽城县重建一所博爱医院；1996 年，在贵州省纳雍县马场寨新建一所博爱小学；1996 年，兴建了中国红十字基金会扬州世明幼儿园；等等。

基金会刚刚创建就已显示它的人道善举和生命力。

1996 年 12 月 20 日，中国红十字基金会在人民大会堂举行了成立大会。宋平、赵朴初、钱正英和中国红十字会常务副会长顾英奇，副会长孙柏秋、曲折，秘书长李长明及中国红十字基金会第一届理事会理事、监事和高级顾问团成员等出席大会。红十字会与红新月会国际联合会秘书长乔治·韦伯、红十字国际委员会东亚地区代表团团长克里斯托夫·斯文纳斯基等为基金会的成立发来贺电。经中央批准，原中共中央政治局常委宋平任基金会荣誉会长，全国政协副主席赵朴初和全国政协原副主席杨成武等任名誉会长。理事会选举顾英奇为基金会会长，孙柏秋为常务副会长[②]。中国红十字会会长钱正英在成立大会上发表了讲话：“中国红十字基金会是以弘扬人道主义精神、促进红十字事业发展为目的，其任务是广泛宣传发动海内外同胞、侨胞、国际友好团体和社会各界人士，以人道为本，博爱为怀，为国内外社会救助及和平事业筹集资金，使红十字会的社会救助工作有坚强的物质基础，使红十字事业的发展有可靠的保障。”[③]

中国红十字基金会的成立是建设有中国特色红十字事业的重要实践，是对国内外捐赠基金进行专业化管理的民间非营利组织，它可以更好地募集、管理、使用体现捐赠人美好愿望的资金，以增强红十字会开展各项工作的实力，正如宋平同志为基金会成立所作《中国红十字基金会缘起》一文中所说的那样：“必须有相应的后援机构和支撑力量，才能行其所是，尽其职责，达其目标。”中国红十字基金会的使命“是为了中国红十字会进行人道主义救助工作筹集必需的经费和物资。……愿我炎黄子孙，海内外同胞、侨胞以及国际友好团体和社会人士慷慨支持中国红十字基金会的工作，使国内外受灾难和易受损害人群多得一份温暖，为中国和世界的和平、安定与繁荣多增添一份力量”[④]。

---

① 孙柏秋：《中国红十字基金会筹委会工作报告》，《中国红十字报》1996 年 12 月 27 日。
② 《齐心协力，办好基金会，促进红十字事业的发展》，《中国红十字报》1996 年 12 月 27 日。
③ 《钱正英同志在中国红十字基金会成立大会上的讲话》，《中国红十字报》1996 年 12 月 27 日。
④ 宋平：《中国红十字基金会缘起》，载《中国红十字基金会》，香港美迪制作公司 1997 年印制。

中国红十字基金会成立大会在北京举行

著名人士全国政协副主席霍英东、马万祺分别为基金会成立题词，台湾红十字会会长徐亨先生“特函申贺”。

此前，为筹备中国红十字基金会成立大会，1996 年 10 月 11 日，中国红十字基金会还在京举办了成立庆典笔会，来自北京书画界的著名书法家、画家，欣然挥毫泼墨，创作珍贵的书画作品。全国政协委员、中国书法家协会代主席、著名书法家沈鹏表示，今后要同书画家们一道为崇高的红十字事业多做工作。

同时，一些省市红十字会为开展人道救助事业筹集善款，也相继成立了基金会，如 1996 年 6 月，天津市红十字发展基金会成立，它是天津市红十字会根据《天津市实施〈中华人民共和国红十字会法〉办法》经中国人民银行天津市分行和天津市民政局批准建立的社会团体法人机构，是非营利性社会公益组织，其主要任务是呼吁社会各界弘扬人道奉献精神，积极参与社会公益事业，奖励在人道主义事业中做出贡献的单位和个人等，本着“取诸社会，建立基金，用之社会，造福群众”的原则，确保基金会实力的不断增强①。

1996 年 6 月，为弘扬人道奉献精神，动员社会力量支持红十字事业，安徽省红十字基金会在合肥市宣告成立，它将为安徽省红会开展人道主义救护活动增强活力和实力②。

全国其他省市如山东、江苏、江西、厦门市、济南市等也通过各种形式来募集红十字基金。

基金会的成立，使善款的筹措、管理更加规范化，同时为博爱系列工程的实施提供“支撑力量”。

---

① 《为人道救助事业筹集善款——天津市红十字发展基金会成立》，《中国红十字报》1996 年 6 月 14 日。

② 《安徽省红十字基金会正式成立》，《中国红十字报》1996 年 6 月 21 日。

三、未雨绸缪——备灾救灾中心的建设

救灾是中国红十字会的传统业务，作为全国十年减灾委员会成员，中国红十字会自20世纪90年代以来不断强化对救灾工作的参与和实践，使之逐渐形成“博爱系列”中的重点建设工程。

中国红十字会从1950年改组到1986年，“只是象征性的参与救灾”。1987年，通过参与大兴安岭森林火灾的救助，中国红十字会的救灾工作才进入“自筹款物，自组队伍，独立工作”的新阶段①。进入90年代，中国红十字会“重视救灾工作的审计，狠抓救灾工作的落实”②。为加强对救灾工作的指导，1991年5月参照《红十字与红新月灾害救济原则与条例》，结合中国实际，制订了《中国红十字会参与自然灾害救济工作的若干规定》（1992年12月制订出“实施细则”），指出：“中国红十字会作为政府的助手参与救灾是辅助和补充性的，主要是救急阶段的工作。对灾民的救济是无偿的，不分地区、民族、性别、年龄、职业、信仰和社会状况。红十字会参与救灾活动的主要工作是：一、协同政府卫生部门组织医疗队到灾区抢救、医治伤病员及开展卫生防疫工作。二、组织动员红十字会员和志愿工作者，协助政府民政部门进行灾民转移、安置等志愿服务工作。三、接受、转运、分发国际国内红十字组织捐赠的救灾物资和捐款。四、经同级政府批准，开展募捐活动。五、参与国际间及其它符合红十字人道主义宗旨的救灾活动。”③ 这是中国红十字会关于救灾工作的第一部法规，以此为标志，红会救灾工作步入程序化、规范化和制度化的轨道。

要提高应急能力和救灾效能，建立备灾基地至关重要。1991年，总会根据中国大陆地理特点，提出在华北、中南、西南、东北、华南、华北建设六个区域性备灾救灾中心和一个总会备灾救灾指挥中心的构想，受到国际联合会的重视，联合会向有关国家红会吁请，支持中国红会建立备灾救灾体制，得到日本、美国、加拿大、德国等国红会的响应，建设规划得以逐步落实。

1991年，中国红十字会杭州备灾救灾中心建成，这是日本红十字会通过红十字会与红新月会国际联合会援建的第一个备灾救灾机构。中心占地面积3340平方米，建筑面积3450平方米。建筑由南楼、北楼及中间连廊组成，南楼五层，主要用于办公、培训，北楼及中间连廊为四层，用于救灾物资的存储。中心设计功能齐全，既能生产、储存、转运救灾物资，又能洗涤、消毒、整理募捐所得的被服及其他物资，还能开展

① 中国红十字会总会：《中国红十字会的九十年》，中国友谊出版公司1994年版，第245页。

② 顾英奇：《齐心协力，艰苦奋斗，勇于开拓，努力把中国红十字事业推向前进——在中国红十字会五届二次理事（扩大）会上的工作报告》，《中国红十字报》1991年3月20日。

③ 《中国红十字会参与自然灾害救济工作的若干规定》，《中国红十字报》1991年5月20日。

人员培训，集多功能于一体。①

中国红十字会湖北备灾救灾中心

1993 年 7 月，由红十字会与红新月会国际联合会、德国红十字会援助兴建的中国红十字会湖北备灾救灾中心落成。中心位于湖北省孝感市新产业开发开放实验区内，占地 14316 平方米，主楼和平库建筑面积 5200 平方米，地处南北贯通的京广铁路和 316、107 国道以及国际天河机场运输线上，交通便利，为湖南、湖北、河南等省备灾救灾提供后援供给。

继杭州、湖北两个备灾救灾中心投入使用后，中国红十字会沈阳备灾救灾中心于 1994 年 8 月 16 日在沈阳经济技术开发区举行落成典礼。这是由加拿大红十字会捐资援建的，它表达了加拿大人民对辽宁人民的友爱和中加两国人民源远流长的友好关系，是白求恩国际主义精神的延续和发展。加拿大红十字会会长莫利·沃凯博士、秘书长道格拉斯·林多尔斯先生专程来沈阳参加落成典礼。总会主管备灾救灾工作的孙柏秋副会长对辽宁省红十字会能在短时间内，高速度、高质量地建成中心表示赞赏："总会能批准在辽宁建立中心，首先省政府及各级领导对红十字会工作的高度重视，省红十字会的领导班子对赈灾工作注入极大的热情；辽宁又是多种灾害多发地区，相信在未来的日子里，这个中心一定能发挥应有的作用，辽宁红十字事业一定能搞得更好。"②

沈阳备灾救灾中心占地 10000 平方米，建筑面积 3000 平方米，分为 3 座库房和 1 座综合楼，可存储 3 万至 5 万人一次需要的物品。它是东北地区红十字会集救灾、培训、生产、仓储、运输于一体的多功能救助中心，同时通过该中心接受国际及社会各界的援助，兴办经济实体，筹集救灾基金。它是东北三省备灾救灾集散地，也是中国

① 《中国红十字会杭州备灾救灾中心》，中国红十字会总会：《中国红十字会》，中国文化出版社印制，第 72 页。
② 吴爱莉：《中国红十字会沈阳备灾救灾中心落成》，《中国红十字报》1994 年 9 月 2 日。

红十字会20世纪90年代重要工程之一。

1996年6月27日，中国红十字会广州备灾救灾中心举行竣工典礼，红十字会与红新月会国际联合会亚洲地区代表团团长安·罗根先生、美国红十字会国际部官员迪姆·麦克库里先生、美国驻广州总领事馆领事林震铎先生以及中国红十字会名誉副会长陈敏章、副会长孙柏秋等出席竣工庆典。该中心是由美国红十字会通过红十字会与红新月会国际联合会、中国红十字会捐资人民币335万元和广东省人民政府拨款797万元共同兴建的，占地面积5000平方米，主楼8层，建筑面积5600平方米。中心承担广东省及华南地区救灾物资的采购、加工、仓储、保管、分发、转运和各种技术培训的任务，它为增强广东省红十字会备灾救灾能力，促进与境内外红十字会在人道主义救援工作方面的交流与合作，配合政府开展备灾救灾工作发挥积极作用[①]。

1996年7月1日，中国红十字会成都备灾救灾中心落成典礼在成都举行。红十字会与红新月会国际联合会官员罗根先生、中国红十字会总会孙柏秋副会长专程赴蓉祝贺。罗根先生在讲话中高度评价这个中心建成的意义，他说，这不仅有助于四川省的救灾工作，而且有利于增强中国红十字会在西南地区的救灾能力。该中心是由加拿大红十字会通过国际联合会的捐赠和四川省政府的资助建设起来的，占地6.74亩，库房建筑面积2712平方米。四川省人口多，幅员广，经济尚不发达，连年的自然灾害给当地经济发展和人民生活带来许多困难。备灾救灾中心的建成，有力地促进红十字事业的发展，增强四川省红会抢险救灾能力，更好地发挥政府的助手作用，为灾民排忧解难[②]。

1996年9月20日，由日本红十字会通过红十字会与红新月会国际联合会援建、陕西省政府资助共建的中国红十字会西安备灾救灾中心落成。该中心位于西安市经济技术开发区，占地8.55亩，建筑面积3126平方米。它的建成不仅有助于陕西省的救灾工作，而且有利于增强中国红十字会在西北五省（区）乃至全国的救灾能力。联合会代表让·库班先生、日本红十字会福冈支部事务局长竹冈畅二先生、中国红十字会总会孙柏秋副会长专程赴西安参加落成庆典[③]。

在建设中国红十字会区域性备灾救灾中心的同时，一些省市红十字会也建立起地方红十字会备灾救灾中心。

1995年年底，由瑞士红十字会和挪威红十字会援建的西藏红十字会备灾救灾中心建成。该中心位于拉萨市中心，总建筑面积1564平方米，集仓储、加工、培训于一体，这为地处高原，地广人稀，经常遭受雪灾、地震等自然灾害的西藏人民提供了强有力的救援保障。

---

① 杨恩荣：《中国红十字会广州备灾救灾中心竣工庆典》，《中国红十字报》1996年7月5日。

② 方光琼：《中国红十字会成都备灾救灾中心举行落成典礼》，《中国红十字报》1996年7月12日。

③ 刘德旺：《中国红十字会西安备灾救灾中心举行竣工典礼》，《中国红十字报》1996年9月27日。

1996年9月18日，由奥地利红十字会、中国红十字会、云南省政府共同实施兴建的云南省红十字会备灾救灾中心在昆明落成，奥地利红会为该中心捐款50万美元，省政府投资70多万美元，是云南省一项社会效益显著、国际影响较大的工程。该中心占地6300平方米，功能完备。它的建成，必将为云南省、西南地区乃至全国的备灾救灾工作作出重要贡献。

此外，安徽省、江苏省、内蒙古自治区、广西壮族自治区、新疆维吾尔自治区等都建立了备灾救灾中心。

以上6个区域性备灾救灾中心都隶属于中国红十字会总会。中心具有仓储、运输、加工和培训功能，平时是救灾物资储备和培训的基地，灾害发生时则是全国救灾的枢纽。再加上各省市的备灾救灾中心，基本形成辐射全国的备灾救灾网络，这样可以保证在自然灾害发生时，能够以最快的速度把各种救灾物资发送到灾民手中，灾区的各种信息和需求也可以最快的速度反馈上来，救灾效率因此大大提高了。

第二节　风雨同舟——救援工程

红十字只有在行动中才能闪光。“三大”工程就是在行动中“奠基”与升华的，“救援工程”也不例外。

中国地域辽阔，气候复杂多变，几乎每年都有不同程度的各种自然灾害发生，因此红十字会每年都有规模不等的救灾行动。在这里，我们只能选择几个断面，去领略红十字救援行动的卓然丰姿。

一、1991年特大水灾——红会救灾规模空前

20世纪90年代初发生的最严重的自然灾害莫过于1991年夏天的特大水灾，号称百年不遇。红十字的救援行动也可谓规模空前。

（一）水灾无情

1991年入夏以后，洪水肆虐，大地陆沉，中华民族遭遇百年未遇的沉灾浩劫。

在安徽，从6月10日起，霍邱告急！肥西告急！合肥告急！上百个圩堤相继溃决，洪水涌入省城合肥；具有2000余年悠久历史的古城寿县，顷刻间陷入洪水的包围之中；被誉为“合肥明珠”的重镇三河，仅23分钟就被肆虐无羁的洪水吞没，水深达4米。

在江苏，太湖平均水位以每天10厘米的速度暴涨，7月7日，终于以不可遏止之势冲破历史最高纪录，猛增至4.68米。苏、锡、常等广大地区都成为暴雨和洪水的世界。里下河地区和洪泽湖畔的盱眙县灾情尤为严重，上百万人被迫疏散转移，告别了

被洪水吞没或毁坏的家园。一场巨大灾难正肆无忌惮地肆虐江苏大地！

在豫东南山区，在荆楚大地，在云贵高原，在洞庭湖畔，在松花江边……全国20多个省市的部分地区都相继遭到了洪涝灾害的无情袭扰。从5月18日到8月20日，全国受灾人口达2.3亿，死亡3074人，伤61000多人，被洪水围困1930万人，被迫转移安置1000万人，农作物受灾面积4000万公顷，其中绝收面积530多万公顷。灾区的交通、通信、水利设施和工矿企业及机关、学校、商店、医院等都遭到不同程度的破坏，各项直接经济损失达800亿元人民币以上①。

特大水灾使人民生命财产遭受了巨大损失，但在人道的力量鼓舞下，全国人民团结一致，奋起抗洪救灾。

（二）“人道——团结起来，共御灾害”

国际红十字组织提出的这句口号，充分体现了全人类携手共同战胜自然灾害的人道主义精神！

洪涝灾害发生后，中国红十字会迅速作出反应，7月13日，成立“中国红十字会救灾协调领导小组”，孙柏秋副会长亲自担任组长。领导小组成立当日，立即紧急动员，号召各级红会投入抗洪救灾工作中去；同时，按照国际惯例，向红十字会与红新月协会通报灾情，呼吁救援。

总会的呼吁很快得到国际红十字组织的回应。7月18日至30日，红十字会与红新月会协会（1991年11月在布达佩斯举行的协会第八次大会上改名为“红十字会与红新月会国际联合会”）派出以科尔特为团长的灾情考察团视察苏皖灾情，了解当地红十字会开展的救灾活动。协会代表通过实地考察认为：“中国水灾确实严重，红会组织在救灾工作中发挥了很好的作用，尤其在卫生与疾病防治方面的效果更为突出。”考察团应允“将向国际社会如实通报中国的灾情，以便为中国寻求更多的援助”②。考察团结束灾区之行后，与孙柏秋副会长举行会谈，并向联合国各驻华机构的代表通报了此次灾区考察的结果及中国红十字会所从事的救援工作。

中国红十字会的紧急救援呼吁，也得到了各国红十字会或红新月会的积极响应。在呼吁发出的第二天，德国红十字会就决定向中国红十字会捐款20万马克。7月19日，德国政府又宣布，向中国灾区提供230万马克的紧急援助，这笔款项主要用于购买4700吨大米，这个数额接近中国红十字会在呼吁中所提出的急需粮食的总额。德国政府经济合作部还计划从1991年度向中国提供的发展援助预算中拨款1000万马克专门用于中国受灾地区的重建工程。更令人感动的是，一位德国朋友格奥尔格·斯塔夫斯基先生寄款于万里之外。他从中国国际广播电台德语节目中得知中国南方特大水灾

① 赵继周、金矢：《安得壮士挽天河——献给抗洪救灾的红十字会员》，《中国红十字》1992年第2期，第5页。
② 杨绪生：《协会考察团视察苏皖灾情》，《中国红十字报》1991年8月5日。

等待赈济的灾民

的消息后，寄给中国红十字会总会一封信和一张 200 马克的支票。他在信中写道："我从你们的广播中获悉和从几天来的电视节目中看到安徽和浙江（江苏）两省的灾情，人们的生活和财产遭到巨大损失，这两个地区我都曾到过，我愿为此尽一点力。"① 这 200 马克并不是个大的数目，但它饱含了格奥尔格·斯塔夫斯基先生对中国人民的深厚情谊。

除德国之外，通过中国红十字会向灾区捐款捐物的国家和地区红十字会有：奥地利、加拿大、芬兰、英国、日本、挪威、泰国、伊朗、巴基斯坦、新加坡、匈牙利、西班牙、澳大利亚、冰岛、瑞典、韩国、欧洲共同体及中国香港和台湾等，显示出"人道——团结起来，共御灾害"的力量。

为了及时把捐款拨往灾区，用于灾民，到 8 月中旬，中国红十字会已先后分三批将收到来自国际红十字会与红新月会协会、香港、台湾红十字会、中国银行香港分行、香港信和置业有限公司、国华银行等的捐款总计人民币 2871 万元，按捐赠者的意愿，全部下拨受灾省红十字会。其中：安徽 878 万元、江苏 514 万元、河南 238 万元、湖北 202 万元、四川 187 万元、浙江 165 万元、贵州 160 万元、湖南 157 万元、吉林 100 万元、黑龙江 70 万元，另有 38 万元分别下拨到灾情较轻的江西、广西、广东、海南四省（区），还用 162 万元为安徽、江苏灾区购置了 1000 顶帐篷②。

截至 8 月 17 日，中国红十字会已收到国际捐款 154.9 万美元，国际红十字会与红新月会协会捐款 132.2 万美元。人类在自然灾害面前表现出了空前的团结和协作精神。

① 《德国红会向我灾区提供援助，热心朋友寄款千里之外》，《中国红十字报》1991 年 8 月 5 日。

② 刘德旺：《中国红十字会积极参与抗灾救灾》，《中国红十字》1991 年第 10 期，第 3 页。

“人道——团结起来，共御灾害”，不是一句空洞的口号，而是实实在在的鲜活的现实。

（三）赈灾区，爱满神州

1991 年的特大水灾牵动着上至中央领导下至平民百姓的每一个中华儿女的心。7 月 16 日，江泽民总书记主持召开了中共中央政治局会议，部署抗洪救灾工作。党和国家领导人江泽民、李鹏等亲赴灾区，视察灾情，慰问灾民，指导抗洪救灾。中国人民解放军指战员、武警官兵和灾区的广大干部群众奋起抗洪抢险，全国人民同唱一首抗洪曲。

中国红十字会会长陈敏章和主管救灾工作的副会长孙柏秋于 7 月中旬分赴华东灾区考察灾情，慰问受灾群众。全国各级红十字组织也迅速行动起来，积极参与抗洪救灾。

1991 年抗洪救灾的壮举震撼华夏儿女的心，全国各族人民纷纷捐款捐物，支援灾区。8 月初，中央电视台、中央人民广播电台和中国国际广播电台联合举办的“风雨同舟，情满人间”大型赈灾义演通过卫星转播向广大灾区群众献上了全国人民的一片爱心；中国红十字会和北京市体委等单位在北京光彩体育馆联合举办的“同心曲”赈灾义演晚会真情感人，表达了“众颗仁爱心，一片手足情”[①]。在各级红十字会的组织下，全国掀起了声势浩大的群众性募捐活动，他们当中有干部、群众，也有大中小学生；有年逾花甲的老者，也有幼儿园的小朋友，更有在改革开放中富起来的个体户。他们用捐钱捐物的方式表达着自己对灾区群众的救助之心。

8 月 23 日，北京市红十字会和市红十字血站共同举办“赈灾献血日”活动，来自首都各条战线 2000 多名红十字会员、干部、群众冒着酷暑前来献血，北京市副市长、市红十字会会长何鲁丽和中国红十字会副会长孙柏秋也赶来参加。当日献血者共献出 20 多万毫升鲜血，并把全部营养费共计 7.6 万元，捐给灾区人民。献血者们激动地表示：“我们虽不能亲自到灾区抗洪抗灾，但要用自己的鲜血表示对灾区人民的情和爱。”[②]

在“华夏之情”赈灾义演中，著名评剧演员新凤霞，手摇轮椅来到舞台上，向灾区人民献上了一曲深情的歌；著名相声演员侯宝林把自己积蓄的 10000 元存款捐给灾区人民。在全国，这样的义演，这样感人的捐赠，不胜枚举。他们表达着一个共同的心声：“一方有难，八方支援”，建设人类共有的家园。

8 月 2 日，“中国红十字会 91 抗洪救灾新闻发布会”在京举行，100 多位中外记者出席。中国红十字会负责救灾的孙柏秋副会长介绍了安徽、江苏等地的灾情及中国红十字会参与抗洪救灾的情况，提出了灾后工作的重点是配合卫生系统做好防疫防病、

① 葛志林：《众颗仁爱心，一片手足情——“同心曲”赈灾义演其情感人》，《中国红十字报》1991 年 8 月 20 日。

② 曲秀贤：《一滴血，一片情》，《中国红十字报》1991 年 9 月 5 日。

卫生宣传和基层救护工作，并通报了灾区急需的物资。孙柏秋副会长对来自国际社会和各界人民群众的无私捐助表示衷心感谢。

在1991年的抗洪救灾中，中国红十字会共收到各界捐款9700万元和价值1.83亿元人民币的救灾物资。总会及地方各级红十字会工作人员及全国1000多万会员发挥了巨大的作用。红十字会协同卫生部门先后组织1800多支医疗队派出8700多名红十字医务人员深入第一线，救助灾民600多万。在这场特大水灾中，红十字会员克服重重困难，把赈灾物资送到灾民的手中，把温暖送到灾民的心里。中国红十字会及地方红丨字组织遵循国际红十字组织救灾物资管理条例，认真分发，做到“来有源，去有踪”。红会卓有成效的救灾和会员“舍己为灾民，忘我做奉献”的精神，受到了灾区人民群众的称颂，赢得了党和人民赞誉，正所谓：

四面八方的爱和情
拧成一股绳
系牢一段惊心动魄的日子
爱的红十字
救起苦难中的生命
也撑起突发的灾害中
失衡的天平
四面八方的爱和情
筑成一座城
挡住雨
挡住风
挡住吞噬鲜花和欢笑的灾情
爱的红十字
在苦难中与风雨同行①

（四）血浓于水

1991年特大水灾也牵动着台港澳同胞的心。台湾红十字组织迅速开展救助活动。6月下旬，台湾同胞通过台湾红会汇发20万美元，并订购部分帐篷和药品，请大陆红会分发灾区并致慰问。7月台湾红会又捐赠美金100万元及大米1万吨；7月13日邀社会公益及工商团体，共同发起成立“救援大陆水灾募捐委员会”，全面开展募捐。在此后的3个多月里，台湾红十字组织同仁全身心投入，会长徐亨、秘书长陈长文等都亲自坐镇督导。据统计，收到的捐款多达6万多笔，每一笔捐款都要填写收据、致函申谢、

① 张子勤：《四面八方爱和情》，《中国红十字报》1991年8月20日。

登记入账等，这些工作量都不是现有少量工作人员所能担负的，于是，许多热诚的红十字志愿工作者，轮番上阵，主动帮忙。赴台探视“闽狮渔”事件被扣人员的中国红十字会副秘书长曲折目睹了这一切，至为感动。

赈灾捐助活动高潮迭起，红会同仁在“三个多月办理救灾工作过程中，每一分钟都有‘爱的呼唤、光和热的照射和温暖’”①。同胞情深，感天动地。台湾红十字会谢世伟先生的一篇文章《救灾情深》，记述了台湾各界在此次赈灾活动中的种种义举，可略见一斑。

一九九一年六月初，华东地区进入梅雨季节，丰沛的雨水，带来灾害。警讯初传，以为一如已往，只是季节性的暴雨侵袭。尽管如此，台湾同胞仍寄以莫大关怀，有关团体即透过红十字会，于六月下旬汇发美金二十万元，并订购了部分帐篷及药品，请大陆红十字会分发灾区，以供济助之需，并致深切慰问之忱，这是救灾的初始。

岂知旋踵之间，暴雨继行肆虐……洪水泛滥，惊心动魄的灾情，震惊了在台湾每一位同胞的心弦。……台湾红十字会……迅速展开各项救助活动。红会除再捐赠美金一百万元，及食米一万公吨外，并于七月十三日邀同社会公益及工商团体，共同发起组成救援大陆水灾募集委员会……全面展开募捐……救灾热潮即汹涌澎湃不已。一如当时台湾炙热的天气，使我们深深感到，这不仅是和大陆同胞血浓于水的感情在激荡，而且是我们的亲人伸出的温馨的援手。

在此后的两个多月日子里，会里的同仁都全部动员起来了……最感人肺腑的还是广大的社会公众……老兵捧着钱来，小朋友献出他们的积蓄，老太太老先生步履艰难地登楼捐款，以及学生、职工、公教与退休人员、邻里社区，都各捐一日或三日所得，而致集腋成裘……更让人人感动的，先后有十几位盲哑残障人士亲来捐款，或比手划足，表达困难，或热诚道出关爱灾胞心声，溢于言表……公益团体，都纷纷举办义演义卖活动。新闻媒体开设了“爱心专户”，便利社会大众捐款。……救灾活动的过程中，感人的事实不胜枚举，我承办此事感受殊深，这都是由于两岸同胞深情洋溢、发乎真诚的表现。我深深地祝福大陆同胞：明天会更好。②

不仅如此，10月10日至13日，台湾红十字会副秘书长常松茂先生还到安徽霍邱、舒城等地慰问灾民，亲自发放赈灾物资，表达台湾同胞滚烫的爱心。

11月5日，台湾红十字会秘书长陈长文先生、“海基会”副秘书长陈荣杰先生拜访了中国红十字会总会，受到了孙柏秋副会长、曲折副秘书长的热情欢迎。孙柏秋副会长对陈长文一行的到来表示感谢，她请陈先生转达大陆同胞对台湾红十字组织、台湾

---

① 谢世伟：《洪水无情人有情》，载台湾红十字会编：《九十纪要》，台北致琦企业有限公司1994年印制，第65页。

② 谢世伟：《救灾情深》，《中国红十字报》1992年1月3日。

各界同胞踊跃赈济大陆水灾的衷心谢意。她说，在我们困难的时候，台湾同胞给予了很大的援助，截至10月8日，中国红十字会共收到台湾红十字会捐助大陆水灾款8亿6500万新台币，充分体现了同胞亲情，“所捐的款、物、车辆等，不仅在灾区发挥了很好的作用，而且对红十字会的建设也十分有利”①。1991年抗洪救灾的规模是空前的，而台湾红十字组织和民众的救灾热情也是前所未有的。救灾促进了两岸的交流。

台湾同胞与大陆灾民情同骨肉，港澳同胞及广大海外侨胞也概莫能外。感人之事甚多，举不胜举，即如：

8月22日，以郑午楼博士为首的泰国华侨联合救灾机构慰问团来访。祖籍广东、时年78岁的郑博士得知大陆遭受水灾后，不顾年迈，冒着酷暑，千里迢迢，亲自带队归国赈灾。他深情地说：“泰华侨就像出嫁的女儿，娘家有事非常关心。”②

8月14日至16日，由香港红十字会主席郑栋材博士等一行四人组成的香港红十字会代表团专程来京拜访中国红十字会，代表香港红会和香港公众向灾区人民表示慰问，了解救灾进展情况。名誉会长赵朴初、副会长孙柏秋在人民大会堂会见代表团。自华东地区遭受特大水灾后，香港红十字会立即增开特别户头，呼吁各界赈济灾民，他们夜以继日地组织义演、募捐，派人考察灾情，将赈灾物资空运到灾区……同胞之情，血浓于水。代表团将1800万港币的捐款交给了赵朴初。赵朴初对香港红会同仁为灾区所做的一切深表感谢。香港红十字会还组织赈灾慰问团于8月24日至31日先后到江苏、安徽、河南三省进行慰问，发放捐赠的食品、日用品、救护车等。

为了表达大陆同胞的感激之情，10月20日至28日，孙柏秋副会长率代表团对澳门、香港红十字会进行赈灾答谢访问。代表团通过各种新闻媒介向港澳同胞转达了中国红十字会和大陆同胞特别是灾区群众的深切谢意，访问期间，受到澳门、香港红十字会同仁的盛情款待。澳门红十字会主席左立基、香港红十字会会长邵逸夫分别会见并宴请代表团成员，代表团亲身体验到两地同胞对大陆人民的友好感情③。

（五）“火红的十字”——抗洪救灾中的红十字会员

“当凶猛的洪水，又一次暴露传说中的狰狞，在鸟语花香的土地上，践踏着咆哮着，湮没了正在收获的希望。”在这样的“非常”时期，广大红十字会员“从四面八方涌来，衔着朝阳般火红的十字，和真诚无私的奉献，为人们鼓起新生活的力量”。凡“洪水肆虐的地方，到处是红十字的印记”④。从黑龙江畔到云贵高原，从巴山蜀水到江淮大地，涌现出许多可歌可泣的动人事迹被人们传颂，人们赞美华夏大地闪光的红十字，人们不会忘记，有多少会员，自己本身受了灾，却忘我地投身于抗洪救灾的最前

① 《陈长文拜访总会》，《中国红十字报》1991年12月5日。

② 《中国红十字报》1991年9月5日。

③ 杨绪生：《孙柏秋副会长率团赴港澳答谢》，《中国红十字报》1991年11月5日。

④ 肖松：《印记》，《中国红十字报》1991年8月5日。

线，查看灾情，组织抢险，发放救灾物资，置自己的家庭于不顾，甚至不顾自己的生命安危，用一颗颗红心染红了红十字旗帜，染红了红十字袖标。他们用自己的行动传播着红十字人道主义精神。

华东水灾，江苏、安徽首当其冲。江淮儿女，同舟共济，众志成城，唱出了一曲抗洪赈灾的壮歌。

1991年7月下旬后，江苏省各级红十字会陆续收到各界捐助的救灾物资，并以最快的速度发放到受灾群众手中。许多红会干部和会员在转运、分发救灾物资的过程中，常常不分昼夜，错过吃饭时间，他们虽然面对成千上万吨的食品，却忍着饥饿，灾区群众深受感动地说：“红十字会的干部真是一心为灾民。”

在这些“一心为灾民”的红十字干部中，江苏省淮阴市红十字会秘书长方应登就是杰出代表。

7月9日的一场特大暴雨使淮阴市所属的几个区县陷入了一片汪洋之中，“船在堤上走，舟在屋里行”，情形危急。主持淮阴市红十字会工作的秘书长方应登虽年近花甲，患有高血压病，而就在洪水到来时，他的老伴因病住进了医院，家里还有一位久病卧床的82岁高龄的老母亲需要照顾，但他义无反顾，带领红会一班人马，奔赴抗洪最前线。由他主持日常工作的淮阴市红十字会与卫生部门配合，先后组织了601支医疗队，派出医务人员21363人次，救治灾民30万人次①，工作量之大，难以想象。1992年3月，在广州召开的中国红十字会五届三次理事会上，方应登作为抗洪救灾的先进典型在会上介绍了经验。他在报告材料中这样写道：

7月9日的那场暴雨使淮南的洪泽、金湖、淮安等地一片汪洋。各类堤坝纷纷告急，危在旦夕。针对这种险情，我起草了致全市会员一封公开信，印发4万份，号召每一个会员立即行动起来，投入到抗洪救灾第一线。这期间，我六次去灾区实地考察灾情，慰问灾民。同时去民政部门了解第一手灾情资料，用电话、电传、简报等方式及时给省红十字会汇报，使上级红十字会及时了解灾情，争取救灾物资。在国内外救灾物资源源不断地抵达我市后，对每次来的救灾物资，临时组织抽调人员和他们一起卸车，时常是中午两、三点钟才吃饭，早上六、七点钟就上班。

就在这时，老伴右上腹出现了一个鸡蛋大的包块，经检查，怀疑是胰头恶性病变，待确诊，住进了市第一人民医院，家中还有位82岁的母亲，全都要我照顾。每日的工作已累得我头晕眼花，回家后还要给老母亲做一点汤水吃，自己吃点泡饭就投入救灾工作，晚上回来时，因整日工作劳累，全身像散了架子似的，连饭都不想吃，血压也随之升高。有一次我端着一碗汤送到老母亲床前，我娘含着泪水扶着我的手说：“你也是近60岁的人了，要保重自己的身子啊！”我低声答应：“娘，我小时候你给我讲过，

---

① 淮红：《抗洪救灾任务第一——记江苏省淮阴市红十字会秘书长方应登》，《中国红十字报》1992年3月13日。

1943 年发大水，你带我们兄妹五个逃荒要饭流浪他乡。今年的水灾比那年可大多了，现在灾民都在坝上住，衣、食、住都还有困难，我这个红十字会的秘书长能在家不管不问吗?”我娘听了点点头，泪水直往下流。谁知这竟是我娘最后吃的一碗汤。8 月 2 日我给老家和外地亲友发出了我娘病危的电报。可就在这一天晚上 10 点多钟，有人来我家报告，一辆满载着港台同胞捐赠的救灾物资的卡车，因雨天路滑倾斜在洪泽湖大堤旁边，要求快去救援。工作劳累一天，母亲奄奄一息。去救援，如果母亲此刻咽气，我作为长子未能送母终，家中亲人又一个也不在娘身边，人家要骂我不孝之子；不去救援，灾区人民急需的几十万元的救灾物资面临丢失、淋损的危险，我作为红十字会秘书长向组织和群众如何交代？在这思想斗争激烈的时刻，于是我在奄奄一息的老母亲面前讲了，自古忠孝难两全，儿对不起你了。我便迅速跨上自行车回办公室，向市政府、卫生局抗洪值班同志汇报了情况，取得联系，经值班室同志紧急协调和交通部门的积极支持，不到 40 分钟，由我组织了一支 10 人抢险小分队。11 时 50 分我带着抢险队的同志们，冒雨赶往出事地点，经过 1 小时多的奋战，终于将这批价值 70 多万元的满载港台同胞情谊的救灾物资，安全运回单位，又连夜搬进仓库，这时已是次日凌晨 5 时多了。由于市红会办公室人员少，有时一车救灾物资到后，找不到一个人，我就叫在救护总站值班的儿子来和我一起装卸。

8 月 10 日是我最难忘的日子，远处的亲属都先后到达了我家，守候着我娘，这天上午我去办公室给省红十字会汇报情况和发送几个县的救灾物资。当我下班回到家时，老母亲已走了一个多小时，我眼泪再也止不住了，伏在母亲的遗体上哭不成声：“娘啊！儿实在不孝，儿实在对不起你！”我想，为了几十万灾民尽早渡过难关，我娘在九泉之下对我也会原谅的。次日，举行简单的殡葬仪式后，我又到办公室处理两个小时的公务才回家，这时从外地回来的妹妹对我说了一些责备的话，我说：“今年水灾大，救灾任务重，眼下我们红十字会的人手少，不忙不行啊！”

我老伴自六月份住院已快两个月了，她住院我很少去照顾，她常为此流泪，我感到很内疚。但老伴很理解和支持我干红十字会工作，我每次到她病床前，她都说：“今年灾情重，你干这工作任务太多太忙，我这里有护士照顾，你就一心一意干工作吧！不过也得注意身体啊！”老伴的支持对我的救灾工作也增添了力量，我利用这次大规模救灾，这个宣传红十字会、发展组织的大好时机，进行宣传，扩大红十字会的社会影响。每次大批救灾物资抵淮时，就请电视台、电台记者来进行报道，不少灾民在接到救灾物资时总是动情地说：“红十字会真好！”就在这次抗洪救灾中，淮阴市有 4 个县解决了编制，6 个县红十字会有了专职工作人员，4 个县解决了办公条件，发展了 134 个乡镇级基层红十字会，全市达到 274 个，壮大了红十字会的组织。[①]

① 五届三次理事会大会发言材料（内部资料）。

方应登的发言没有什么豪言壮语，“抗洪救灾任务第一”，就是一个红十字工作者的誓言和行动。当千万个母亲在危难中等待救援时，红十字工作者舍小家，顾大家，舍孝道，行人道，不正体现了红十字博大的人道主义之爱吗？

1991年，在安徽这块多灾的土地上，从淮河大堤到黄山脚下，从大别山麓到巢湖之滨，英雄的安徽人民为抗洪救灾做出了令世人瞩目的巨大贡献，其中红会功不可没。

在安徽灾区，许多公路被大水冲毁，汽车、拖拉机因陷入泥水中被阻，“有些人趁机敲诈，帮助推一次车最少要10元钱。但是挂着红十字旗和标志的汽车最吃香，畅通无阻。老百姓见到红十字的车辆困住，不但主动上来帮助推，而且一分钱也不要”。“红十字”已深印在安徽灾区人民的心中。

原来，安徽省红十字会在洪涝灾害发生后，立即向总会报告灾情，总会迅速拨出应急救灾专款支援灾区人民的抗洪斗争。省红会秘书长崔可英告诉记者，灾害发生后“我们接到的第一个慰问电是红十字总会，我们接到的第一批救济款和救济物资也是红十字总会”。安徽省的老百姓都知道红十字会是“扶危济困，救死扶伤”的人道主义组织，知道红十字会是“救急”的。也就是在那个夏天，在抗洪救灾中安徽省实现了全省“一片红”，所以的县都成立了红十字组织，副省长、省红会会长杜宜瑾风趣地说：“这就叫‘水到渠成’，大水使人们认识到了红十字会的重要性！”①

基层红十字组织同样发挥了重要作用，如7月14日，在庐江县，首批两支由10人组成的红十字医疗队在县红十字会副秘书长叶有年的带领下火速奔赴象山、金牛两个重灾区，救援被洪水围困的群众。其中一支医疗队乘坐的救灾船中途搁浅，船上的医疗队员为了争取时间，不顾个人安危，跃入水中，用自己的肩膀扛起大船……经过两个小时的搏斗，晚上10点多钟，终于到达被水围困的居民点。在天水相连的夜空中，当灾民们老远看到救灾船上的探照灯的光芒和船上挥动红十字旗的医疗队员时，群情振奋，高喊着：“红十字会的人来了，我们有救了……”

刘洪之、林剑锋、王荣华、沈天才、艾军、周学斌、李湘沅、彭兆丽……一个个抗洪救灾的红会英模，在灾区留下了闪光的脚印。他们一次次累倒在救灾现场，又一次次爬起来，继续投入救援行动，有的甚至献出了自己宝贵的生命。如河南省新县红十字会秘书长王镇安，这位1949年参加工作的老同志，曾多次出色地完成救灾药品、粮食的发放任务，经常深入受灾户，把红十字的爱心和温暖送给群众。1991年10月21日，他到地区接收救灾粮，途中不幸以身殉职。这些闪光的名字像闪光的红十字一样将永远载入中国红十字运动的史册。

1991年的抗洪救灾是在中国红十字会工作重点刚刚转移到救灾工作的第一年，尽管当时备灾救灾中心尚未建成，救灾设施基础薄弱，面对大的自然灾害还缺乏救灾的

① 沈默：《水深火热抗灾情——安徽抗洪救灾第一线纪行》，《中国红十字报》1991年8月5日。

经验，但由于中国红十字会强化了救灾意识并加强了对救灾工作的领导，加大了抗洪救灾的宣传力度，有力地组织了全国各级红十字会参与救援，因而产生了广泛的社会影响，发挥了巨大的作用，成为中国红十字会历史上规模空前的一次救灾活动。在当时中央电视台的新闻联播中经常出现中国红十字会的领导和各级组织、会员在抗洪救灾第一线救灾的身影。红十字以其人道之举，赢得了广大群众和政府的赞誉，在灾区群众中流传着这样的顺口溜：“烈日烤，蚊虫咬，吃不饱，睡不好，情系灾民水里跑。”正是通过1991年抗洪救灾，红十字标志在老百姓心目中才越发鲜明起来。

二、情系灾区——1994年赈灾片段

自然灾害以其“不可避免”的特性年年“莅临”华夏大地，中国红十字会年复一年以爱的温馨抚慰隐隐作痛的疮痍。这是“救援工程”的题中应有之义，也是中国红十字的内在规定性。

1991年抗洪赈灾之后，中国红十字会在“人道——团结起来，共御灾害”理念的指导下，总结经验，继续加强备灾救灾网络的建构，为“救援工程”夯实基础。

1994年，灾害又一次降临了，中国红十字会又一次采取“行动”。

1994年，又是一个大灾之年，全国有22个省、自治区、直辖市发生水旱灾害，波及475个县（市）、一亿多人口。南方水灾尤为严重。

广东，暴雨狂降，山洪暴发，到6月中旬，特大洪水使清远、肇庆、韶关等8个地级市、51个县（区）、496个乡（镇）、45020个村庄的1146.6万人受灾（占全省人口的17.5%）。

广西，5月下旬以后，柳州、桂林、梧州、河池、百色、玉林等地市多次遭受大暴雨、强台风袭击，特别是6月中旬，受高空低涡切变和地面静止锋的共同影响，普降暴雨和特大暴雨，柳江、桂江、红水河、西江等江河暴涨，出现了百年不遇的特大洪水，造成广西有史以来损失最大的洪涝灾害。据统计，截至6月20日，广西14个地市、67个县（市）、1269个乡镇、240.6万户、1392.85万人受灾。因灾死亡224人，失踪20人，受伤1761人。有73.6万名群众被洪水围困，造成16.25万人无家可归。损坏民房26.1万间，倒塌19万间；农作物受灾1831.5万亩，其中水毁农田58万亩，绝收499.5万亩。损失粮食15亿多公斤，大批水利设施、输电设施被毁，交通中断，全区造成直接经济损失达72.74亿元。

湖南，6月中旬，湘江流域出现了中华人民共和国成立以来最大洪水。全省有10个地（市）、63个县（市、区）、1241个乡（镇）、13724个村、1725.7万人受灾，132.7万人先后被洪水围困。因灾死亡190人，受伤7791人。全省农作物受灾面积1354万亩，河堤被毁1.65万处共1333千米，许多工商企业停工停产，部分学校、医院停课停业。全省直接经济损失达44.8亿元。

江西，6月9日至17日，自北向南连续出现暴雨。据不完全统计，到21日止，全省有20个城镇进水，70多个县（市）受灾。受灾农田有1000万亩，损坏房屋8万余间，倒塌房屋2万间，死亡数十人，数百家工厂企业停产，给国家和人民生命财产造成巨大损失。

福建，6月13日至20日，三明、福州、南平、宁德等6个地市的45个县（市）再次遭受严重暴雨洪水的袭击，局部地区还发生了泥石流。特大的洪灾，给人民的生命财产造成重大损失。据不完全统计，共有502个乡镇671万人受灾，因灾死亡124人，重伤2276人。倒塌民房18.01万间，损坏40.25万间；农作物受损485.55万亩。直接经济损失达人民币44.4亿元[①]。

浙江、湖北、河南、河北、山东、辽宁、吉林等地也发生了程度不等的洪涝灾害。而安徽、江苏、山东等省部分地区则久旱不雨，发生旱灾。

水灾来势凶猛，为害甚巨，党中央、国务院极为关切，动员广大军民抗洪救灾，重建家园。作为政府助手的中国红十字会，在灾害发生后，立即成立了救灾防病领导小组，设立了专门的办事机构，日夜值班，监视灾情的变化，了解灾区情况，全力投入救灾工作中去，并就募捐、赈济等项工作做了认真部署。同时，积极协调与香港、台湾红十字组织的联系，并及时向国际联合会通报灾情[②]。

地方各级红十字组织积极响应总会号召，全力以赴，积极展开救援工作。如浙江省红十字会在灾害发生后，立即奔赴实地，了解灾情，看望灾民，并将价值10万余元的消杀药品和治疗药品送往灾区，有效地解决了灾区水源污染问题。全省各级红十字会及时派出医疗队开展防疫救护，协助政府做好救灾工作。在江西，面对严重的洪水灾害，江西省红十字会于6月20日向全省各地、市红会发出了《关于积极参与抗洪救灾的紧急通知》，要求各地、市及县红会领导在当地政府的统一部署下，协同卫生部门派出医疗队或组织募捐活动，开展人道主义的救助。短时间内，近500支医疗救护队开赴救灾第一线。在广西，灾情发生后，自治区红十字会立即下发《关于切实做好救灾赈济工作的紧急通知》，要求各地红会及时汇报灾情，做好救助灾民的各项工作，积极开展募捐活动，组派红十字医疗队为灾区人民防病治病。自治区红十字会副会长、自治区副主席李振潜、自治区红十字会副会长、自治区人大常委会副主任张慕浩、自治区红十字会副秘书长龙胜军等领导及时率工作组前往灾区第一线考察灾情，调拨30万元的救灾药品和消杀药械，筹措200吨粮食和价值50万元的衣物等投放灾区，支援抗洪救灾，各地红会派出数百支医疗队，为灾民防病治病。自治区副主席李振潜在回答记者问时深有感触地说：“梧州地区的灾民说：第一粒米、第一片药是红十字会送来

① 《中国红十字报》1994年7月1日。

② 《南方水灾来势凶猛为害七省一区，总会部署有力救灾工作全面展开》，《中国红十字报》1994年7月8日。

的。另外，红会还组织广大红十字会员战斗在抗洪救灾第一线。可以说，哪里有灾情，哪里就有红十字旗帜；哪里有灾民，哪里就有红十字会员为他们服务。洪水过后，红十字会发挥了更大的作用。在救护群众、组织救灾物资、送粮送药方面更显示了红十字会的优势。红十字会越来越深入人心，越来越受人们欢迎。”① 其实，各地红会都开展了卓有成效的工作，这给红十字会与红新月会国际联合会赈济行政官员彼得·丹姆的中国灾区之行留下深刻印象。他说：“从我得到的资料数据中可以看出，红十字会做了大量艰苦细致的工作。我也看到，各级政府对红会非常支持，红会与政府配合密切，这样也会给政府很多帮助，以后的工作会更好开展。”② 斯言诚是。

为加强救援工作的指导，中国红十字会总会专职副会长孙柏秋于 7 月 1 日率工作组到湖南灾区慰问灾民，考察灾情，亲自到重灾区望城县、长沙县、株洲县、衡山县向灾民发放赈灾物资，受到湖南省党政领导和灾区干部群众的热烈欢迎。湖南省委书记王茂林感激地说：“湖南灾区人民永远忘不了总会对湖南的赈灾支援，湖南的红十字事业在总会的正确指导下，一定能兴旺发达，红十字会在人民群众中将有更高的威望，红十字会在社会主义市场经济建设中将发挥更大的作用。”③

分赴广西、广东、福建、浙江等地的总会工作组，也把红十字的关爱之情，送到灾民的心坎上。

一方有难，八方支援，在中国红十字会的奔走、呼吁、组织下，全国上下，包括港澳台地区，掀起了赈灾热潮。

在灾害发生之初，大庆石化总厂、中国佛教协会、上海红康公司分别捐款 10 万元人民币。中国红十字会本溪红十字血液中心和北京红十字血液中心也分别捐款数万元不等。7 月 1 日，沈阳飞龙医药保健品集团的代表，将集团员工捐赠的衣物 2000 余件、现金 71295 元送到中国红十字会沈阳备灾救灾中心，请中心转交南方灾区，带去飞龙人对受灾同胞的一片爱心。集团总裁姜伟动情地说：“一方有难，八方支援的社会主义协作精神，任何时候都不能丢，这也是飞龙集团所追求的精神品格。”④

严重的水灾，激发起社会各界的博爱情怀，在大江南北、长城内外，“向灾区人民献爱心”行动，高潮迭起。人们自觉地集合在人道主义旗帜下，有钱捐钱，有物捐物，积极支持红十字会的人道救助工作。于是在洪涛泛起的炎炎盛夏，一缕缕爱的清风，给人们带来了清凉的温馨。

---

① 《救灾更显红会本色——广西壮族自治区副主席李振潜答本报记者问》，《中国红十字报》1994 年 7 月 15 日。

② 尉颖颖：《走出水灾阴影》，《中国红十字报》1994 年 8 月 26 日。

③ 《充分发挥红会在抗灾救灾中的重要作用——总会专职副会长孙柏秋率工作组到湖南慰问灾民，考察灾情，发放赈灾物资》，《中国红十字报》1994 年 7 月 15 日。

④ 陈志坚：《飞龙集团为南方灾区捐资捐物》，《中国红十字报》1994 年 7 月 8 日。

中国青年科技工作者协会副会长、国家外国专家局中国烧伤创疡科技中心主任、国家级有突出贡献的科技专家、美国第六届国际人道主义奖获得者徐荣祥教授，十分关注广东水灾灾情，7月2日，通过广东省红十字会捐助5万元人民币，用于灾后的防病治病①。

在白求恩医科大学第一临床学院，身患肝癌正在住院的CT科主任汪一教授得知吉林省正在开展赈灾募捐活动，不顾自己重病在身，正需要钱，当即拿出100元交给学院红十字会，他说，钱虽不多，但这是他献给灾区人民的一点爱心！而刚过而立之年的吉林省红十字生化保健品公司经理林影山，听说省红十字会开展赈济灾民活动后，第二天就送来现金10000元，以及价值人民币19000元的药品，当红十字会代表灾区人民向他表示谢意时，他一语中的：“达则兼济天下。”②

在湖南株洲市，活跃着一支“红十字赈灾募捐”小分队，他们是株洲市的中国有色23冶2公司学校红十字会的小会员们。这支小分队由30多位中、小学生会员组成。他们在街头竖起“红十字会募捐赈灾”的大横幅，手执扩音话筒向路过的叔叔阿姨们宣传株洲市红十字会印发的《募捐赈灾呼吁书》。几天中，共有895人次捐款，总计1052.84元。数字虽小，但凝结了小会员们一片爱心一片诚意。他们放弃暑假休息的时间，在太阳底下一站就是一个上午或一个下午，脸晒黑了，但他们毫无怨言③。

…… ……

大陆遭灾，港澳台同胞再度伸出救援之手。据7月8日《中国红十字报》报道，灾情发生后，香港和台湾红十字会开展了大规模的募捐活动，“其中，香港红十字会已捐助中国红十字会总会2800万港币的救灾款，台湾红十字会将1600吨大米、10000套衣服、4000条棉被和20种治疗药品通过中国红十字会总会运往灾区。……香港红十字会日内将再次捐助1200万港币，台湾红十字会捐助的1000吨大米等第二批救灾物资也已装船”。香港红十字会还派出6支赈灾慰问团，赴灾区慰问。在整个赈灾过程中，香港红十字会捐款7145.9万元，捐物折价1248.7万元；台湾红十字组织捐物折价3128万元；澳门红十字会通过国际联合会捐款50万澳元。同胞之情，绵绵悠长。

中国水灾，也引起国际社会的关注。在国际联合会的协调下，奥地利、加拿大、德国、日本、韩国、冰岛、荷兰、埃及、挪威、瑞典、丹麦、摩洛哥等国红会捐款捐物，折合人民币2000万元。美国P.F治药公司的所有者之一理查德·赛克勒博士慷慨捐赠2万美元的杀菌药品，以帮助中国南方的抗洪救灾，6月26日，总会在京举行了“美国理查德·赛克勒博士向中国灾区捐赠药品仪式”。这体现出“共御灾害”的国际人道主义精神。

---

① 《徐荣祥教授个人捐助广东水灾区5万元》，《中国红十字报》1994年7月8日。

② 侯丽荣：《集合在人道主义旗帜下——记为灾区同胞奉献爱心的人们》，《中国红十字报》1994年9月23日。

③ 《小会员为灾区人民献爱心》，《中国红十字报》1994年9月23日。

值得一提的是，在这次灾害救济中，正在建设中的中国红十字会备灾救灾网络初露“锋芒”。总会在接到首次灾情报告后，立即从上海、杭州的备灾仓库中调出价值1360万元的救灾物资支援灾区，还从杭州备灾救灾中心拨出200只高档喷雾器和14箱消毒杀菌药品运抵南昌。沈阳备灾救灾中心也多次调拨物资，发往灾区[①]。行动快捷、高效，优势明显。这对加快备灾救灾网络的建设步伐，是一个有力的促动，也只有如此，才能更好地发挥红会在灾害救援方面的作用。正如国际联合会灾害部顾问耶舍明女士所言：“国际联合会的工作重点是备灾救灾。因此，中国红十字会能把备灾救灾工作放在前面，作为红会的重点工程，这是很正确的。这也能够和国际联合会的工作更好地接轨，比起10年前，中国红十字会的救灾工作已明显进步很多了，因此，也就能更好地为灾民服务了。”[②] 这是深有意味的。备灾救灾体系是发展红十字事业的基础。这一理念在12月17日在北京举行的“中国红十字会1994年赈灾工作汇报会”上得到更进一步明确的确认。

三、爱心谱写丽江情

自然灾害具有不可避免性，人们可以减轻灾害影响，却不能阻止它的“惠顾”，特别是地质灾害，突发性强，防不胜防。地震就是如此。

彩云之南，这方令人神往的热土，因地处地震带而频发地震，云南人民深受其害。1995年10月24日武定等县发生强烈地震，中国红十字会总组织及各省红十字会、香港和台湾地区红十字组织给予广泛援助。可是，没过多久，1996年2月3日19时14分，云南再罹震灾。震中位于丽江纳西族自治县，殃及迪庆、大理、怒江。这次7级大地震，造成309人丧生，17000余人受伤（其中重伤近4000人）；地震共造成直接经济损失折合人民币40多亿元；在4个地、州的500万人口中，受灾人口达百余万，重灾人口33万；灾区有34万间房屋倒塌，近50万间房屋损坏，损失惨重[③]。

地震发生后的第二天，云南省红会副会长、卫生厅长杨慈生即带领医疗队赶赴灾区救治伤员，慰问灾民。4日，省红十字会秘书长张霞带队将一批价值90万元人民币的方便食品、绒衣、线毯、棉被和药品运至灾区。

丽江地震引起总会的高度重视，在及时向台湾红十字组织、香港红十字会及国际联合会通报灾情积极争取外援的同时，还向灾区筹运价值20万元人民币的药品及价值20万元人民币的棉大衣[④]。

---

① 中国红十字会总会：《中国红十字会年报（1993—1994）》（内部资料），第9页。

② 莫寒梅：《“我爱中国”——访国际联合会灾害部顾问耶舍明女士》，《中国红十字报》1994年9月23日。

③ 陈启洪：《地震之后——中国红十字会总会救灾考察团赴云南丽江地震灾区考察纪实》，《中国红十字报》1996年2月16日。

④ 《总会积极行动援救云南地震灾区》，《中国红十字报》1996年2月16日。

“一方有难，八方支援”。丽江地震发生后，各地纷纷向灾区伸出救援之手。据《中国红十字报》报道：李宁体育用品集团公司通过总会向灾区捐赠价值80万元人民币的牛仔冬装及羊毛衫；广州市红十字会向社会各界发出支援地震灾区的呼吁，得到热烈响应，不几日，收到捐赠款物折合人民币130余万元；天津绵丰毛纺有限公司通过天津市红十字会向灾区捐赠总价值3万余元的羊毛衫；哈尔滨一位不愿留名的市民向市红会捐款3万元，为丽江地震灾区购买了10吨大米，该市白桦林实业有限责任公司（私营）总裁白俊华先生亦通过市红会向灾区捐赠了包括药品、棉鞋在内的价值10万余元的物品；海南省人民医院的红十字会员向灾民献爱心，通过省红十字会向云南红十字会汇出救灾善款2万元；山东日照开发区制药厂在得知云南发生地震后，捐献2000单位凝血酶20件，价值85万元，委托日照市红会发往灾区；浙江红会在地震发生后不久即迅速筹集约15万元的食品和药品运抵灾区；苏州“新天伦”服饰有限公司捐赠价值20余万元人民币的羊毛衫；昆明市卫生系统6000余名会员在短短几天内捐款87861元，捐赠衣物万余件；汕头东泰源纤维有限公司通过市红会向灾区捐赠了棉被500床、童装480套，价值7万元，汕头经济特区广澳实业物资公司亦通过市红会向丽江灾区捐赠药品60箱，价值57万余元；深圳特区人在物质丰富条件下，更不忘处于困境中的灾民，他们纷纷捐款捐物，用一颗颗火热之心温暖受灾同胞，春节前夕，市红会将第一批价值近20万元的物品带着特区人的深情厚谊运往云南省红会①……一桩桩、一件件，表达了同胞的一片爱心。

丽江地震也引起国际社会的关注，国际红十字组织及日本、荷兰、比利时、英国、法国等国红十字会都提供了人道救援。

地震更牵动港澳台同胞的心。2月14日，广西红会在北海转运一批由澳门红会捐赠给地震灾区的救灾物资；台湾红会在地震发生后提供10万美元和价值1000万元台币物资的紧急援助外，陈长文副会长还于3月1日至6日亲往灾区查看灾情，慰问灾民。而香港红会的鼎力相助，在云南人民心目中竖起一块不朽的丰碑。

香港红十字会在得到总会关于丽江地震灾情的通报后，立即筹集50万元港币救急。2月7日，以孙柏秋副会长为团长的中国红十字会总会救灾考察团一行7人乘飞机赴云南，而香港红十字会助理秘书长黄莫辉、赈济部主任邹秉熙先生也同日抵达昆明。当晚，他们听取云南省红十字会副会长施路华（省卫生厅副厅长）介绍地震灾情。据施副会长说，在众多的救灾团体中，红十字会的医疗队是最早到达灾区的，截至2月7日，赴灾区的红十字会救灾医疗队已达26支，人数达380多人，在医疗条件极其恶劣的情况下，救护伤病员万余人，其中重伤3000多人，实施大型手术63例、中小型手

① 《中国红十字报》1996年2月16日、3月8日、3月15日。数字为最初报道的数字，不是最终的统计，特此说明。

术 1013 例。他们对云南红会出色的工作表示由衷的赞叹。

夜色已深，黄莫辉先生还在与孙柏秋副会长、总会国际部杨会新部长、赈济部黄向东副部长一起磋商赴灾区的具体事项。2 月 8 日，黄莫辉助理秘书长及救灾考察团在云南红会陈丽英会长陪同下赴丽江考察灾情，发放赈灾物品。在灾区，放眼望去，但见瓦砾遍地，灾民露宿田野，缺吃少穿……

灾民生活困顿，而医疗条件之差，也令人蹙眉三叹。当黄莫辉先生得知一个收容了近 200 名伤员的简易医院中只有一个用柴火来加热的消毒锅时，感到大为震惊。

救灾工作艰巨而刻不容缓。香港红会同仁经与总会、云南红会多方研究、论证，形成一个千万港元救灾援助计划。

黄莫辉先生放弃与家人团聚的机会，决定与灾民共度中华民族的传统节日——春节，感人至深。而救灾援助计划也在加速推进中。心系灾区的香港同胞，纷纷慷慨解囊，捐赠活动，迭起高潮，总计捐款港币 166017838.99 元，人民币 52244369.01 元，美元 103323.05 元，捐赠物资 3288.3 吨，仅香港烟草集团公司何英杰先生及其亲属就捐赠港币 75000000 元。香港同胞的深深爱心、浓浓情意，充分体现了中华儿女血浓于水的骨肉之情。

香港同胞捐助丽江地震灾区纪念碑

历史将永远记住 1996 年 2 月 3 日 19 时 14 分这一不幸的时刻！

灾区各民族同胞将永远铭记在遭受灾难时与自己心连心共患难的香港同胞！

玉龙山高，金沙水长；

骨肉情深，血脉相连；

同胞厚意，光昭日月；
德泽千秋，立碑永志。

这是云南省丽江地震灾区各民族同胞于1997年7月1日敬立的“香港同胞捐助丽江地震灾区纪念碑”的碑文，表达了灾区人民对香港同胞的诚挚谢意。

丽江地震后，在香港红十字会的大力援助下，云南省已逐步建成了以省红十字会备灾救灾中心为核心、11个地州红会备灾救灾中心为骨干、覆盖全省的备灾救灾网络，这对增强各地州红会对灾害及突发事件的救助能力，对推动全省红十字事业的发展，作用巨大，香港红会亦可谓厥功甚伟。

四、当地震发生后

灾害时有发生，中国红十字会的赈灾救灾工作也不断得以强化，特别是作为“三大工程”之一的“救援工程”的正式启动，使赈灾工作更加规范、有序。从张北地震的救助中可见一斑。

1998年，元旦刚过，正当全国人民喜迎传统佳节春节之际，1月10日11时52分，河北省张家口地区的张北、尚义两县突发6.2级地震，并波及保康、万全县等4185平方千米。地震造成50人死亡，重伤1250余人，倒塌房屋10.4万间，近5万人居无处所，失去家园。灾情最严重的张北县部分乡镇80%房屋倒塌，给当地群众带来了巨大的灾难和损失。

张北地震灾难过后留下的废墟

地震发生后，中国红十字会总会采取紧急措施。1月12日，向红十字会与红新月会国际联合会通报灾情，请求国际援助；向河北省救灾指挥部、河北省红十字会致电慰问灾民，并拨出第一笔救急款10万元，用于灾民购买食物；向全国各省、自治区、直辖市红会发出了“关于向张家口市地震灾区提供紧急救援的通知”，号召各地红十字会和广大会员紧急行动起来，想灾民之所想，急灾民之所急，帮灾民之所需，向灾区人民伸出援助之手[①]。

张北地震是1998年新年伊始我国乃至世界范围内的第一场大的自然灾害，因而引起境内外社会各界的普遍关注，救援行动迅速展开。

国际方面，1月11日凌晨，当人们仍在周末的梦乡中酣睡时，红十字会与红新月会国际联合会（以下简称国际联合会）亚太部询问灾情的传真已出现在中国红十字会总会国际部的传真机上。国际联合会决定动用7.5万瑞士法郎（以下简称瑞郎）紧急救灾基金支援中国红十字会的救灾行动。同一天，总会接到日本红十字会通知，该会向灾区捐助价值46万元人民币的3720条毛毯。1月13日，中国红十字会根据灾情，与国际联合会协商后，正式发出为张家口地震灾区争取1000万元人民币的国际救援的有限呼吁。国际联合会在接到这份呼吁后，即向世界各国红会通报灾情，并将对中国拨发的紧急救灾基金增至50万瑞郎。1月14日，国际联合会的救灾代表冒着严寒赶赴灾区评估灾情。张家口是军事要地，通常不允许外国人进入，灾害发生后亦未对外开放，许多外报记者前往采访均未得到许可而不能成行。由于中国红十字会的良好声誉和细致工作，这次考察评估得以圆满完成。国际联合会救灾代表成为唯一出入灾区的外国人。

国际联合会的救灾呼吁很快得到各国红十字会的支持。1月15日，德国驻华使馆参赞专程来到总会，向张家口地震灾区捐款7.5万马克，折合人民币33.75万元；1月22日，加拿大驻华使馆通知总会向灾区捐款5万加元，折合人民币28.9万元。至1月24日，国际联合会在10天之内迅速募集到1864050瑞郎，约1000万人民币，其中美国政府35875瑞郎及美国红十字会256938瑞郎、英国政府及红十字会470400瑞郎、丹麦红十字会21220瑞郎、加拿大红十字会20180瑞郎、冰岛红十字会3997瑞郎、日本红十字会196578瑞郎、欧共体838058瑞郎、意大利红十字会16500瑞郎以及私人捐助的4304瑞郎。此外，中国红十字会还接受了缅甸红十字会500美元、柬埔寨红十字会5000美元、日本曹洞宗国际志愿者协会100万日元的捐款以及蒙古政府价值1.25万美元、蒙古红十字会价值2344美元的物资援助。

国际红十字组织对张家口地震的救援及时快捷，准确到位，是“一次高水准的救援行动”[②]，体现了国际人道主义救援的特点和国际红十字组织在救灾中的作用。

国际红十字组织援助的不仅仅是瑞郎和物资，他们还于1月14日和5月两次派救灾代表到张家口灾区考察，带去人道的关怀。

---

① 《总会采取紧急措施，赈济河北地震灾民》，《中国红十字报》1998年1月16日。

② 吴秋莎：《及时·快捷·准确——红十字会与红新月会国际联合会救助张家口地震灾区》，《中国红十字报》1998年2月20日。

1月14日，华北大地纷纷扬扬地飘起了雪花，天空灰蒙蒙的，气温在急剧下降……两辆车身上标有中国红十字会和红十字会与红新月会国际联合会标志的汽车迎着寒风，在布满冰雪的道路上向张家口地震灾区急驰。由红十字会与红新月会国际联合会亚太区救灾代表尤根·温亚德、国际联合会宣传代表海尔其·卡瓦姆、日本红十字会救灾官员斋腾荣、中国红十字会国际部副部长王小华以及香港特别行政区红十字会助理总监胡郭秀萍、助理秘书长黄莫辉、赈济部主任邹秉熙等组成的救灾联合考察组正急急地冒雪赶赴张家口地震灾区。1月15日，考察组经历艰难行程来到受灾较重的单晶河村的一片废墟上时，老人、妇女和孩子们都站在雪地里等待着，他们望着人们从卡车上卸下一箱箱印着红十字的物品，这是随考察组运来的日本红十字会捐赠的毛毯，天寒地冻，不啻为“雪中送炭”。在分发仪式上，国际联合会亚太地区救灾代表温亚德深情地对灾民说：“今天，我们到这里来，不仅仅是给大家分发一些救灾物资，更重要的是我们到灾区，是来调查灾情，了解你们的需要，然后和当地政府一同使红十字会的救助更加有效。我想告诉你们的是：你们并不是孤立的。国际红十字会大家庭已经做好了准备，尽我们最大的努力来帮助你们恢复正常的生活。我们知道我们的力量是有限的，不可能在短时间内创造奇迹，但是我们会尽我们的力量来帮助大家，不仅仅在现阶段，而且在恢复正常阶段也要给大家以帮助。”① 寒风中的灾民们此刻也许并不能完全理解他讲话的全部含义，但当他们捧着那印有红十字的毛毯时，却可以深深地感受到这些佩戴着红十字标志的中国人和外国人带给他们的温暖。一位中年妇女代表灾民发言，她一次次重复“感谢”这两个字，用最简单最质朴的语言表达他们心中最真诚的感激之情。“红十字”在这里传递着友谊和关爱，传递着无私奉献的人道主义精神！

国内方面，总会《关于向张家口地震灾区提供紧急救援的通知》发出后，各地红十字会积极行动，或筹运物资，或开展募捐，到1月19日，短短9天中，红会系统就为灾区捐款捐物价值2961万元。

这次地震发生在春节临近的时候，正是中华民族乐善好施的大好时机，全国各地红十字组织都参与了救助活动。

香港特别行政区红十字会刚刚回归祖国，他们特别关心河北地震灾区的群众，多次来电询问灾情，并先期给予600多万元港币的捐款。1月14日，还派出红十字会助理总监胡郭秀萍、助理秘书长黄莫辉等到灾区考察慰问。春节刚过，胡郭秀萍女士第二次与同仁一道前往张北，再次进行实地考察和灾后重建工作。她对记者说：“香港市民对祖国一直是很热情的，尤其是，1997年回归之后，香港红十字会成为中国红十字

① 陈启洪：《抗震救灾方显红会本色——地震灾区考察纪实》，《中国红十字报》1998年1月23日。

会的一个分会，所以我们更有责任做好这份工作。”[①] 灾情牵动万人心，此次香港红十字会共向灾区捐助4700万元港币，帮助灾民恢复生产，重建家园。

1月25日，云南省红十字会向河北省地震灾区捐助的第一批价值10.7万余元的紧急救援物资运抵北京机场，然后迅速转运到张北。云南省刚刚建成的备灾救灾中心发挥了“平时备灾，灾时急用”的功能，紧急调配平时募集储备的救灾物资，全体工作人员日夜清点，装箱打包。云南航空公司大开“绿灯”，给予免费空运。省红十字会领导在接受记者采访时说：“云南省多次发生灾情，全国各地都伸出了援助之手。这次张北等地发生地震，云南人民也应该发扬人道、博爱精神，积极开展募捐，帮助灾区人民渡过难关。”省红十字会首批救援物资120箱共4000多件全新的御寒衣物带着云南人民的一片爱心，送达灾区[②]。

广东省红十字会在张北发生地震后，立即向张家口市红十字会发出慰问电，拨出3万元救灾款支援地震灾区。广东省红会在全省范围内开展“为河北省张家口地震灾区奉献爱心”的募捐活动，采取多种形式募集捐款，还通过广东电视台、电台、《南方日报》等新闻媒体，呼吁社会各界发扬人道主义精神，向灾区群众伸出援助之手，踊跃捐款捐物。其他如上海市红十字会筹集款物340万元，天津市红十字会接收救灾物资350万元，北京仅西城区红十字会就募集到150万元的救灾款物，重庆、宁波、广州、苏州、沈阳、杭州、武汉等城市都开展了捐助活动。特别是孝感、沈阳、西安三个中国红十字会的备灾救灾中心，将价值43万元的救灾物资，及时运到灾区。红十字会的救援工程和救灾网络在这次抗震救灾中充分显示了它的作用。当地震发生后，各地正在为灾区筹集款物时，中国红十字会备灾救灾中心的救灾物资已装车启运，使灾民及时得到了救助。救援工程的功能在这里得到体现。红十字会在救灾中不可替代的作用也使红十字工作者在救灾的辛劳中平添几分自豪。

1月24日至25日，受江泽民总书记、李鹏总理委托，中共中央政治局委员、国务院副总理姜春云到张家口市地震灾区察看灾情，慰问灾区军民。中国红十字会副会长孙柏秋随同慰问。姜春云在听取河北省和北京军区抗震救灾情况的汇报后说：这次抗震救灾，决策正确，行动迅速，措施得力，成效显著，经过党政军民团结奋斗，做到了灾区有越冬保暖棚住，有饭吃，有棉衣穿，有煤烧，有医疗保障，灾区人心安定，社会稳定，取得了抗震救灾阶段性胜利。姜春云特别向红十字会与红新月会国际联合会、香港特别行政区红十字会、中国红十字会为救灾提供的大量援助表示感谢。这是对中国红十字会在这次抗震救灾工作中所做努力和贡献的肯定和勉励。

“灾重情更浓，暖我坝上人。”在张北地震灾区的严冬中，红十字就像一把火照亮

---

① 莫寒梅：《香江内外涌爱心——访香港红十字会助理总监胡郭秀萍女士》，《中国红十字报》1998年3月6日。

② 《救援行动在继续》，《中国红十字报》1998年1月23日。

和温暖了灾民的心。

五、红十字：1998 年抗洪再建功勋

1998 年，对中国来说，又是一个大灾之年，张家口地震、西藏与青海雪灾，接着遭受特大洪灾的肆虐。中国红十字会闻灾而动，在抗洪救灾中再建功勋。

1998 年水灾

（一）1998 年水灾历史罕见

1998 年 6 月入汛后，气候异常，淫雨连绵，全国 29 个省（自治区、直辖市）遭受不同程度的洪涝灾害，特别是长江，发生继 1954 年以来又一次全流域性大洪水，先后出现 8 次洪峰，宜昌以下 360 千米江段和洞庭湖、鄱阳湖的水位长时间超过历史最高纪录，沙市江段曾出现 45.22 米的高水位。嫩江、松花江洪水浩大，先后出现三次洪峰。珠江流域的西江和福建闽江也一度发生大洪水。沿江沿湖的众多城市和广大农村，损失惨重。据初步统计，全国 29 个省、自治区和直辖市农田受灾面积 3.18 亿亩，成灾面积 1.96 亿亩，受灾人口 2.23 亿人，死亡 3004 人（其中长江流域 1320 人），倒塌房屋 497 万间，直接经济损失 1666 亿元。江西、湖南、湖北、黑龙江、内蒙古、吉林等省（自治区）受灾最重[①]（这是初步统计，据 12 月 4 日《中国红十字报》报道，较为精确的灾害损失：受灾人口 2.3 亿，倒塌房屋 566 万间，直接经济损失 2484 亿元）。

面对历史上罕见的大洪水，全党全军和全国各族人民紧急行动起来，特别是受灾

① 《今年洪水灾害损失初步统计》，《中国红十字报》1998 年 9 月 11 日。

省区的广大干部群众同前来支援的解放军指战员、武警官兵一起，团结奋战，力挽狂澜，同洪水进行了惊心动魄的殊死搏斗，用血肉之躯，熔铸成伟大的“抗洪精神”。1998年9月28日，在人民大会堂召开的“全国抗洪抢险总结表彰大会”上，江泽民主席指出：“在同洪水的搏斗中，我们的民族和人民展示了一种十分崇高的精神。这就是万众一心，众志成城，不怕困难，顽强拼搏，坚忍不拔，敢于胜利的伟大抗洪精神。”①1998年抗洪救灾的全面胜利，创造了中国人民战胜自然灾害和各种艰难险阻的巨大业绩，书写了中华民族发展史上的壮丽篇章。

中国红十字会在第六届常务理事会的领导下，履行《中华人民共和国红十字会法》赋予的神圣职责，发扬“团结、实干、开拓、高效”的会风，弘扬“人道、博爱、奉献”的红十字精神，投入广泛的救援工作中，以不菲的业绩，在灾区人民心目中树起一座丰碑。

洪灾发生时，救援也就开始了。从《中国红十字报》的连续报道中可知，受灾各省红十字会总是舍生忘死，冲到抗洪救灾第一线。

（二）水灾的持续，更引起总会的关切

6月29日，总会向全国省级红十字会发出了《关于积极开展救灾工作的通知》，要求各级红十字会，强化备灾、救灾意识，密切注视灾情的发展，及时向总会通报，要把救灾工作作为当前首要任务来抓。

为加强救灾工作的指导与管理，从7月中旬开始，总会先后派出七批工作组前往福建、江西、湖北、湖南、江苏、黑龙江等省考察灾情，慰问受灾群众，指导各地红会救灾。

7月10日，主持救灾工作的孙柏秋副会长率总会救灾工作组，与国际联合会官员温（威）亚德、卡瓦姆先生一同到江西、福建考察。当飞机飞抵江西上空，凭窗望去，机翼下的江西大地上，蜿蜒的长江与鄱阳湖连成一片，被淹的道路、农田、房舍依稀可见……11日，联合救灾工作组人员顶着烈日，冒着38度高温乘船来到了被洪水围困的鄱阳县昌洲乡圩堤上调查灾情。工作组登堤之后，首先来到一个红十字医疗点，了解灾民发病、治疗及医疗点所备药品等情况。当孙副会长在昌洲小渡村看到余海民之女余风景的膝关节因外伤治疗拖延，已造成严重的化脓红肿时，当场向父女俩捐了200元钱。总会领导的义举，感动了在场的所有的人。鄱阳县医院决定免收余风景的治疗费和住院费，并号召全院职工慷慨解囊，解决父女二人的生活费用②。

联合救灾工作组详细询问灾民的生活情况后，国际联合会代表表示，将尽快把这里的情况向总部报告，使红十字国际联合会尽快采取行动，把救灾所需粮食和药品迅

① 江泽民：《在全国抗洪抢险总结表彰大会上的讲话》，《人民日报》1998年9月28日。
② 《国际联合会与总会派员赴赣闽考察灾情》，《中国红十字报》1998年7月17日。

速送到灾区。

7月12日下午，孙柏秋一行飞离江西，前往福建灾区考察。

6月12日至26日，福建省从北向南连续不断遭受暴雨和特大暴雨袭击，造成闽北等地洪水泛滥，使597.6万人受灾，55万人无家可归，倒塌房屋67万间，农作物受灾面积达658千公顷，绝收36千公顷，直接经济损失82.76亿元。据悉，福建省本年的特大洪涝灾害属150年来所未遇，其凶猛程度可想而知。

考察组仔细听取福建红会救援工作的进展情况；乘船渡过英江来到大仁州乡的大衡镇了解灾情；与福建红会同仁研究具体的救灾计划。在返回渡口的河滩上，温亚德先生弯腰拾起一块似心形的石头，在河边蹲下来，洗去沾在石头上的泥巴，然后把它装进口袋。这一切做得那样认真，就像对待一个生命一样。当问何故时，他的回答出人意料：“这石头是一颗爱心，我要把它带回日内瓦去。同时，我也会给中国的灾民带回一颗爱心。”[①] 爱心无价，爱心无疆，鲜红的红十字不正是颗颗爱心的结晶吗！

8月22日，中国红十字会常务副会长顾英奇率救灾考察组赴湖北灾区考察，部署救灾、防病治病工作。一下飞机，顾副会长就在湖北省红十字会会长韩南鹏的陪同下，急急赶奔受灾最严重的荆州地区。

孟溪镇是荆州重灾区中的“重中之重”。8月7日，凶猛的洪水把孟溪大垸大堤撕开了一个300多米的口子，洪水像猛兽一样，顷刻间吞没了孟溪大垸内的3个乡镇、16万亩农田，受灾人口达14.8万人。

中午的气温高达39摄氏度，地面辐射温度达到了45摄氏度左右。烈日下，顾副会长一行来到孟溪大垸堤上，看望住在坝上的受灾群众。他走进一顶顶帐篷，把一包包方便面、一个个罐头送到受灾群众手上……在一顶飘扬着红十字旗帜的帐篷前，顾副会长停住脚步，热情地和正在帐篷里忙碌的医疗队员握手，代表总会把一批消杀和治疗药品赠送给工作在大坝上的红十字医疗队。

在监利县救灾物资发放站，顾副会长代表中国红十字会总会发表了热情洋溢的讲话，他说：“在大家遭受严重的自然灾害的时候，中国红十字会愿意尽我们的所能为灾区提供力所能及的帮助，我们今天带来的这一点东西，对大家来讲也许是杯水车薪，但这是我们的心意。中国红十字会已经向国际红十字组织和全国各地红十字会发出呼吁，争取更多的援助来支援你们。我们相信，在党和政府的领导下，在灾区人民的努力奋斗下，我们一定能够取得抗洪救灾的最后胜利，重建我们的家园。”[②] 接着，顾副会长等把一箱箱食品送到灾民的手中。

王立忠副会长8月22日率考察组深入松花江、嫩江的重灾区，察汛情，看灾情，

---

① 陈启洪：《灾区五日行——江西、福建灾区考察纪实》，《中国红十字报》1998年7月24日。

② 陈启洪：《确保大灾之后无大疫——顾英奇常务副会长一行考察湖北灾情侧记》，《中国红十字报》1998年9月4日。

红十字会工作人员发放救灾物资

慰问受灾群众。王副会长走进临时搭建的一个帐篷，安慰大家。他对一位老人说：请放心，有政府的领导、红十字会的帮助，大水过后一定会重建家园，生活会越来越好的。一席话给老人带来慰藉。王副会长还对省红十字会的领导说：在这次抗洪救灾中，各级红十字会发挥人道主义社会救助团体的职能，弘扬了博爱、奉献精神，黑龙江省红十字会做得也很出色。国际红十字对中国红十字会的抗洪救灾工作评价很高，认为在灾害多发的国家中其救灾工作做得是最好的。“当前各级红十字会工作以募捐和救援为重点，平时工作应以筹集和储备为重点，这样才能把常规性工作和突发性工作结合起来。养兵千日，用兵一时，将备灾和救灾工作融会贯通，才叫有备无患。”①

不论是国际红十字考察团，还是国内红十字救灾工作组，他们频繁地出现在灾区，为灾区人民送去温暖，带来希望，也鼓舞了战胜天灾的士气。备灾中心，未雨绸缪。考察组的官员们望着备灾仓库里堆满了的全国各地运来的食品、麻袋、草垫子以及成箱的药品、衣被，还有帐篷等各种救灾物资，可以想象，全国大大小小的备灾救灾中心在这次救灾中发挥了多大的作用，“救援工程”为全国多少灾民提供了救助，他们心中怎能不默念“红十字”的人道情怀！

（三）献爱心募捐大行动

募捐是中国红十字会救灾的一项重要举措，是《中华人民共和国红十字会法》赋

① 李兰颂：《大募捐，大救援——王立忠副会长赴嫩江松花江考察特写》，《中国红十字报》1998年9月4日。

予中国红十字会的基本权利。在抗洪救灾初期，各级红十字会根据红十字会法和总会的救灾部署，积极行动，广泛宣传，呼吁社会各界为灾区捐赠款物，在全国轰轰烈烈地进行大规模募捐活动。8月23日，国务院办公厅发出《关于加强救灾捐赠管理工作的通知》，强调“除中国红十字会外，未经民政部门同意，任何个人、任何单位不得在社会上开展任何形式的救灾募捐活动”[①]。这是中国政府对中国红十字会救灾工作给予的郑重明确的支持，有力地保障了红十字会的募捐和救灾工作的正常进行。

募捐活动，形式多样，其中大型赈灾义演给亿万中国人留下极其深刻的印象。

8月16日晚，中国红十字会与中央电视台、中华慈善总会联合主办的“98抗洪赈灾义演晚会——我们万众一心”，牵动了海内外中华儿女的心。在长达3个小时的晚会中，企业家慷慨解囊，各单位团体踊跃赞助，许许多多个人也伸出友爱之手……不断攀升的数字将晚会推向高潮。这次赈灾义演，收到捐款捐物折合人民币6亿元，创历史新高。在朱镕基总理主持召开的国务院办公会议上，总理高度赞扬这场抗洪赈灾义演晚会的成功，并致函中央电视台、中国红十字会总会，称：“赈灾义演晚会，真实地展现了战斗在抗洪抢险第一线的广大军民团结奋战、顽强拼搏的感人事迹，展现了社会各界和海外人士踊跃捐款捐物、向灾区人民奉献爱心的生动情景，展现了广大演职人员和新闻工作者不计名利、忘我工作的可贵精神，在全社会引起强烈反响。”[②]

9月19日，中国红十字会总会与全国政协办公厅等单位联合举办“同舟共济，重建家园”赈灾义演晚会。翰墨丹青，尽抒赤子爱。来自书画界、演艺界的部分政协委员荟萃全国政协礼堂，为首都观众献上了集书、画、演、唱于一台的大型赈灾义作义演晚会，共接受认捐款物折合人民币2.4亿元，书画作品70多幅。

与此同时，各省、自治区和直辖市红十字会从8月中旬到9月初，纷纷举办具有鲜明主题、极富感染力的赈灾义演：

北京市红十字会与北京电视台等单位在首都体育馆联合举办“爱心与祖国同在”赈灾义演晚会，共募集捐款500万元；东城区红会与有关单位联合在国际饭店门前广场举办“心连心”赈灾义演，募捐款848万元。至8月18日，北京红会救灾募捐达2500万元。

河南省红十字会与有关单位联合举办“心连心，手挽手”大型赈灾义演、“我们惦念长江”义演义卖，募集1399万元。

黑龙江省红十字会参与承办大型赈灾义演电视现场晚会“我们同舟共济”，共收到省内外社会各界捐款1.76亿元。

吉林省红会与吉林省电视台、吉林慈善会联合举办“抗洪水献爱心”赈灾义演晚

① 《国务院办公厅发出通知加强救灾捐赠管理工作》，见邱永生、刘林春主编：《98中国抗洪抢险大决战》，新华出版社1998年版，第255页。

② 《万众一心，支援灾区——朱镕基高度赞扬抗洪赈灾义演晚会成功》，《中国红十字报》1998年8月21日。

会，吉林红会共收到捐赠款物 2342 万元。

湖北省红会与省委宣传部、民政厅等联合举办的“风雨同舟楚天情”义演，收到捐赠款物折合人民币 2.18 亿元。

珠海市红会与各新闻单位联合举办的“心系灾区珠海情”大型赈灾义演晚会，筹得款物逾 5000 万元。

河北省红会参与主办的大型赈灾晚会“众志成城”，募集款物达 200 万元。

…… ……

各种主题的赈灾义演，不一而足。全国各省、自治区和直辖市红十字会几乎都与有关单位联合举行过这样的活动。情景交融，一幕幕感人的场面，汇成一条条爱的长河，从四面八方涌向长江、黑龙江、嫩江，流入灾区人民的心田。这一系列的献爱心募捐救助活动，唤起了民众的爱心，社会各界纷纷慷慨相助，捐款捐物。捐助者有红十字会团体会员单位、红十字会员，有企事业单位的干部、职工，有白发老人，也有学龄前儿童，还有下岗工人……三株药业集团、成都恩威集团、上海宝龙药业集团分别捐赠价值 1500 万元、1200 万元、950 万元人民币的药品……“一枝一叶总关情”，所有这些，都体现了“一方有难，八方支援”的中华民族美德和救助灾民的一片爱心。

1998 年大洪水也引起香港红会的特别关注。水灾初起，7 月 13 日至 14 日，香港红会助理总监胡郭秀萍等一行三人组成的赈灾考察团在广东省红十字会领导陪同下，深入三水、南海和恩平重灾区慰问灾民，捐助 20 万元购买大米，还通过广东省红十字会把价值 18 万元港币的药品捐赠给广东灾区。7 月 15 日至 18 日，香港红十字会赈灾部主任邹秉熙先生一行二人到江西瑞昌、九江、安德等市、县灾区考察，目睹了当地遭洪水浩劫的情景，表示回去后将向香港市民报告在灾区的所见所闻和灾区人民的抗洪精神，以争取更多的香港市民和企业界的捐赠，支援灾区人民。“洪水无情，港人有情。”在香港红会的奔走呼吁下，香港各界踊跃捐款捐物，款物折合人民币近亿元。台湾同胞、澳门同胞、海外侨胞也纷纷伸出救援之手，表达着血浓于水的同胞深情。

（四）凯歌高奏庆功会

1998 年是个大灾之年，地震、雪灾、洪水，接续不断。作为人道主义社会救助团体的中国红十字会总会及各地分会，全力以赴，依照《中华人民共和国红十字会法》，动员社会各界，开展社会募捐，取得了显著成绩。截至 11 月底，从国内外募集到款物折合人民币 6.7 亿元，并将救灾物资及时发往灾区，为夺取抗洪抗震救灾的胜利起到了重要的作用。为巩固和发扬红十字系统在抗洪救灾过程中、两个文明建设中的丰硕成果，为进一步调动各级红十字会、广大专兼职干部、红十字会员和志愿工作者献身红十字人道主义事业的积极性，推动红十字事业的发展，总会决定召开抗洪抗震救灾总结表彰大会。

1998 年 12 月 2 日上午，全国政协礼堂里凯歌高奏，一片欢声笑语，一派隆重热烈的气氛，来自红十字系统的700多名代表出席中国红十字会在这里举行的“98抗洪抗震救灾总结表彰大会”。中国红十字会常务副会长顾英奇作抗洪抗震救灾总结报告，全国政协副主席、中国红十字会会长钱正英出席大会并发表讲话，指出：“面对持续的特大自然灾害，各级红十字会发扬‘团结、实干、开拓、高效’的会风，弘扬‘人道、博爱、奉献’的红十字精神，开展了大规模的募捐活动，全力以赴投入抗震、抗洪救灾工作，为救助灾区群众和灾区防病防疫及灾后复建工作，为维护社会稳定和经济发展作出了应有的贡献。”①

的确，在1998年的赈灾中，中国红十字会先后为张北地震灾区募集到9000多万元，为西藏、青海雪灾区募集1000多万元，为长江、松花江、嫩江流域水灾募集到6.7亿元的款物（包括地方红会募集的4亿多元），总计7.7亿元。中国红十字会向红十字会与红新月会国际联合会发出的紧急呼吁，也都得到积极响应，接收了来自各国红十字会、红新月会、各国际组织及国际社会7000多万元的救援。香港、澳门红十字会向地震、雪灾及水灾地区提供1.388亿元人民币的援助；台湾红十字组织为水灾地区提供852万元人民币的援助。

如此巨额救灾款物的募集、调配、使用、审计，有条不紊，并如数分发灾区，送到灾民的手中，这是何等浩大的救援工程！1998年抗洪抗震救灾的伟大实践再次显示了中国红十字会的救灾能力和经验，再次体现了红十字会在国家中的地位和功能。一次次的救援行动，使红十字一次次地深印在全国人民特别是灾区人民的心中。

1998年抗震抗洪救灾树立了红十字会社会救助团体的新形象，涌现出了许许多多可歌可泣的动人事迹。会上，王立忠副会长宣布授予江西省南昌市红十字会等102个单位“中国红十字会抗洪抗震救灾先进集体”光荣称号；授予湖南省岳阳市红十字会唐贵卿等323名“中国红十字会抗洪抗震救灾先进个人”光荣称号。中国红十字会总会号召各级红十字会、全体会员和志愿工作者“学习他们依照《中华人民共和国红十字会法》，独立自主地开展社会救助，弘扬人道、奉献、博爱精神的高度自觉性和责任感；学习他们个人服从整体，局部服从全局，发扬抗洪精神，献身红十字事业的精神；学习他们吃苦耐劳，忘我工作，舍小家顾大家，不顾个人安危、不计个人得失的崇高品德。希望被表彰的先进集体和先进个人，保持和发扬荣誉，为红十字人道主义事业作出更大的贡献”②。大会向先进集体和个人颁发了奖章、奖状，还为22个捐款捐物百万元人民币以上的企业、单位和34个捐款捐物1万元以上的个人颁发了感谢状。

在庆功的时刻，人们不会忘记：在赈灾募捐和防病防疫的日日夜夜里，全国红十字系统的专兼职干部、红十字会员和志愿工作者，发扬人道主义精神，想灾民之所想，

① 钱正英：《在98抗洪抗震救灾工作总结表彰大会上的讲话》，《中国红十字报》1998年12月4日。
② 《关于表彰抗洪抗震救灾先进集体、先进个人的决定》，《中国红十字报》1998年12月4日。

急灾民之所急，团结协作，齐心协力，忘我拼搏，为保证灾区人民的生命与健康作出的贡献。许多红十字会干部、会员受到当地政府的表彰奖励，如吉林省红十字会被中共吉林省委、省政府授予“抗洪抢险模范集体”称号等。

人们在庆功的时候更加深切缅怀在这次抗洪救灾中牺牲的红十字工作者，其中在1998年抗洪抢险中英勇献身的吉林省洮南市福顺乡红十字会秘书长、乡卫生院院长黄慧生的事迹催人泪下，感人至深。那是8月1日，嫩江、松花江沿岸告急，黄秘书长一边指挥转移灾民，一边为群众诊病送药。当日深夜，险情再次出现，情急之下，54岁的黄秘书长连续两次只身泅水过河，到对岸的富裕村和附近的两个居民点通知村民立即撤离，指挥转移安置灾民，直忙到第二天中午。8月2日下午2点，他听说富裕村留守的几十名群众患了感冒、肠炎，其中有两名患者病情严重，黄秘书长立即拿起药包朝水边的临时渡口赶去。当他赶到渡口时，船已调到别处急救去了。望着对岸被洪水围困的富裕村，焦急万分的他，不顾水流湍急，再次泅水过河。只见他把药品用塑料布裹好，装入药包，脱掉身上的雨衣，口叼药包一步步朝深水走去。在急流中，黄慧生一沉一浮，搏浪前进。岸上的人紧张地盯着老黄的身影，慢慢地他的身影消失在茫茫的水面上……一个小时后，传来黄秘书长失踪的消息，市、乡领导立即组织人力搜寻，100多名群众眼含热泪，昼夜搜寻。8月5日，黄慧生的遗体连同药包一起被打捞上岸，群众恸哭失声。

黄秘书长为人善良，乐于助人。他行医多年，每当遇到孤老残疾患者无钱就医，他总是那句话：“治病要紧。”几年来，他自掏腰包为经济困难的患者垫付的药费达4万余元之多。单位职工或村民有了困难，他总是竭力相助……

黄秘书长走了，但人们永远怀念他。大水过后，福顺乡和富裕村的百姓以多种形式自发地悼念这位人民的好医生、红十字会好干部。村民们为黄慧生立碑铭志，省、市人民政府分别授予他“抗洪英雄”的光荣称号①。中国红十字会总会授予他“抗洪抗震救灾先进个人”光荣称号。红十字旗因有这样的抗洪英雄而更加鲜艳。烈士英灵在九泉之下安息，灾区群众在心中树立起一座永远的丰碑。

1998年救援行动，声势之大，规模之宏，救助范围之广，持续时间之长，均创造了中国红十字会历史之最。红十字会会同卫生部门派出9180支医疗防疫队，使17个省、自治区和直辖市的3500万灾民受惠。灾区群众从心底感念“红十字好”之时，新的“救援工程”开始了……

六、雪中送炭，真情融入新世纪

2001年元月，新千年的钟声刚刚敲过，人们还沉浸在跨世纪的喜悦之中时，内蒙

① 侯丽荣、洮红：《永远的丰碑》，《中国红十字报》1998年12月4日。

古、新疆遭受特大雪灾的消息不胫而走，牵动亿万人心。

2000 年 12 月底至 2001 年元月初，内蒙古自治区遭受自 1977 年以来最大的暴风雪的袭击，受灾旗（县）36 个，219.4 万人口受灾，冻伤 4867 人，失踪 13 人；房屋倒塌、损坏 3800 多间，受灾牧场 3.48 亿亩，死亡牲畜 20.4 万头（只），直接经济损失超过 10 亿元。

灾害发生后，中国红十字会紧急调拨 3800 床棉被和 2000 双棉鞋运往灾区。1 月 17 日，总会向北京、天津、上海、广东、浙江、江苏、山东、福建、湖北、湖南等省市红十字会发出通知，要求组织开展募捐救助活动，向灾区兄弟姐妹奉献赤诚爱心。

北京市红十字会迅速行动，下发紧急募捐通知，开通募捐热线电话。连日来，京城到处涌流爱的真情。认捐电话一个接一个，最多时一天接听 300 多个。为内蒙古灾区募捐已成为北京城各单位和热心市民的当务之急。各大企业、公司、机关单位纷纷行动，以最快的速度、最切实有效的办法为内蒙古灾区捐款捐物，解决燃眉之急。

1 月 18 日，中国新兴建设开发总公司率先向北京市红十字会捐赠 50 万元善款，这是北京市红十字会接受的第一笔大数额的捐款。总经理于敦才说：“内蒙古是我们 56 个民族大家庭中的一个成员，他们受灾，我们理应伸出援助之手。公司效益不错，年终还是兑现奖金的时候，我提议大家每人为饥寒中的内蒙古灾区人民奉献一份爱心，多捐不限，少捐不嫌。”总公司领导率先个人捐出 2700 元。

紧接着，北京市政工程总公司捐来 20 万、新华社捐 10 万、北京燕山石化总公司捐 89 万、华北电管局捐 10 万、京都信苑饭店捐 10 万、高等教育出版社捐 10 万、北京稻香村食品集团捐 10 万、北京市印钞厂捐 10 万、北京市民委捐 10 万、北京宣武医院捐 10 万、中国建设银行北京分行捐 46.1 万、北京首都旅游集团捐 100 万①……短短几天时间，北京市红十字会募集款物折合人民币 400 余万元，香港特别行政区红十字会捐款 120 万元，上海市红十字会捐款 25 万元，浙江省红十字会募集款物折合人民币 25 万元，珠海市红十字会捐款 20 万元……国际社会也纷纷伸出援助之手，美国红十字会捐款 5 万美元，红十字会与红新月会国际联合会捐款 20 万瑞士法郎，美国驻华使馆捐款 10 万美元……截至 2 月初，经中国红十字会募集的境内外款物已达 1118 万元人民币，而捐款赈灾活动仍在进行之中。

1 月 18 日至 21 日，由中国红十字会总会、红十字会与红新月会国际联合会、香港特别行政区红十字会联合组成的灾情考察团，赴内蒙古考察灾情，了解受灾群众的需求。在锡林郭勒盟的东乌珠穆沁旗，考察团所到之处，触目皆是被暴风雪冻死的牛羊。了解了当地的灾情和受灾牧民的生活情况后，中国红十字会总会、红十字会与红新月

① 王红梅：《寒冬，京城涌动爱的热流——首都人民为内蒙古灾区募捐纪实》，《博爱》2001 年第 2 期，第 4 页。

会国际联合会、香港特别行政区红十字会救灾代表与当地红十字会紧急商讨救灾方案和全面的募捐救济计划。红十字会与红新月会国际联合会吉姆·罗博斯和香港特别行政区红十字会邹秉熙先生均表示，全力为灾区开展募捐，尽全力救助受灾的牧民。在阿巴嘎旗灾区，香港红十字会把随车带来的面粉分发给受灾的牧民。中国红十字会总会本着人道主义救助的原则，继续组织救灾物资，救助灾民，并向国际红十字组织通报灾区情况，争取国际社会援助。①

内蒙古雪灾救援行动仍在推进中，新疆维吾尔自治区又告灾变。据报道，自2000年年底至2001年2月，新疆的北疆、东疆地区气候异常，阿勒泰、塔城、伊犁、昌吉、哈密、巴音郭楞6个地（州）、29个县（市）多次普降大雪和暴雪，酿成新疆历史上罕见的特大雪灾。其中阿勒泰地区降雪深度突破有气象记录以来的最高值，平原地带平均积雪厚达70厘米，深山积雪厚度已超过200厘米，阿勒泰草原变成了白皑皑的冰雪世界。伴随着强降雪，以上6个地（州）出现了几十年来少见的寒冷天气，最低气温达零下45℃，最大风力9级以上。据不完全统计，新疆6个地（州）、29个县（市）因雪灾造成101万人受灾，有2670人冻伤，15人已截肢，有35.4万牧民生活严重困难；因灾死亡牲畜12万余头（只）以上；倒塌和严重损坏房屋1.98万间，中小学危房面积达4万平方米，有2.5万名学生无法正常上课。雪灾造成直接经济损失2.5亿元。因北疆地区平均积雪异常丰厚，春洪已成定局。

新疆红十字会在阿勒泰最先发生雪灾时，用最短的时间，由专职副会长阿不都热依木·阿不都拉一行赴灾区了解灾情，及时将3万元的药品送往灾区，随后在哈密遭到大雪灾袭击时，又将5万元的药品和粮食送抵受灾地区。在6个地（州）连续发生雪灾后，新疆红十字会多次召开会议，研究部署抗灾救灾工作，同时派出工作组深入重灾区了解灾情，指导救灾工作，及时将灾情上报总会，并向全国各省市及全疆各地州市红十字会发出呼吁。常务副会长热合甫·阿巴斯多次打电话，向受灾地区了解情况，鼓励灾区红十字会积极开展自救工作。受灾地区红十字会不等不靠，一面争取援助，一面在本身资金极端困难的条件下，派出73支医疗队，为灾区送医送药，送去御寒的棉衣、棉被。②

新疆特大雪灾，立即引起总会关切，总会拨发1000床棉被以济燃眉之急，同时向各省红十字会及社会各界发出呼吁。

“千里冰封，万里雪飘”，但冰雪封不住人道真情。新疆雪灾得到了兄弟省市红十字会的关注。北京市红十字会给新疆发来了慰问信，张熙增常务副会长亲自打电话询问灾情，在北京发起为新疆雪灾灾区募捐的活动。2月7日，新疆常务副会长热合甫·阿巴斯

---

① 陈启洪：《人道主义在行动——中国红十字会灾情考察组赴内蒙古雪灾灾区》，《中国红十字报》2001年2月23日。

② 《新疆维吾尔自治区红十字会全力动员紧急抗灾》，《中国红十字报》2001年2月16日。

一行飞往北京，受到北京市红十字会的热情接待。2 月 8 日，北京市红十字会组织召开由北京各区县红十字会领导与专职干部参加的向新疆红十字会捐赠 100 万元人民币的捐赠仪式。在捐赠仪式上，张熙增常务副会长说，我们对新疆灾区捐赠活动仅仅是开始，我们将继续关注新疆雪灾情况，尽最大努力为新疆人民奉献爱心，并表示援建一些项目，为新疆各族人民扎扎实实做一些好事、实事。香港红十字会万里传电讯，主动为新疆灾区捐款，新疆红十字会全体工作人员听到此消息后都为之感动。2 月 15 日至 18 日，中国红十字会总会赈济处杨绪生副处长与香港红十字会刘冰女士在新疆红十字会专职副会长阿不都依木·阿不都拉一行陪同下，先后对阿勒泰地区和昌吉州的雪灾情况进行了考察。2 月 17 日，总会杨绪生副处长与香港红十字会刘冰女士在阿勒泰地区副专员、红十字会名誉会长朱马别克的陪同下，冒着零下 36℃的严寒，在冰雪堵塞道路十几个小时的情况下没喝一口水、没吃一粒粮，待道路修通后，连夜深入遭受雪灾最严重的清河县阿热勒乡等地走访慰问农牧民。当刘冰女士把面粉送到 61 岁的贫困牧民米西尔家里和已无口粮且左腿残疾的哈萨克牧民热瓦手中时，热瓦流着感激的泪水连声说：“热合买提！热合买提！(谢谢的意思)” 3 月 23 日至 25 日，香港红十字会助理总监胡郭秀萍一行到新疆塔城雪灾灾区和昌吉州红十字会进行了考察，并在塔城参加了香港红十字会对塔城地区无偿支援 30 万元面粉的交接发放仪式。自雪灾发生后至 4 月，新疆红十字会已收到香港红十字会捐款 147 万元余元和医疗救护车 2 辆。自治区副主席、红十字会会长买买提明·扎克尔在会见胡郭秀萍女士和北京市海淀区人民政府及红十字会代表时，对香港红十字会和海淀区人民政府、红十字会为新疆雪灾提供的人道主义援助表示感谢。

中国红十字会总会在《中国红十字报》上向全国各地红十字会发出为新疆雪灾灾区开展募捐活动的通知后，为新疆募捐活动掀起高潮。一时间慰问信如雪片一样传到新疆红十字会。厦门、天津、上海、山东、福州、山西、陕西、江苏、浙江、徐州、宁波等省市红十字会的捐赠款物源源不断地发到新疆，充分表达了内地同胞对边疆各族人民的爱心，使新疆各族人民真切感受到了中华民族大家庭的温暖。天津市红十字会常务副会长赵辉在组织工作人员为内蒙古灾区筹集物资时，得知新疆也发生了特大雪灾，在百忙中又组织全体工作人员为新疆雪灾地区筹集救灾物资，以最快的速度通过天津滨海国际机场客货服务中心免费运送物资。山东省红十字会为新疆捐款 10 万元，并表示要继续支援新疆灾区建设，开展项目支援。厦门市红十字会捐助的 30 万元人民币像及时雨解了阿勒泰、塔城、哈密地区灾民的干渴，上海市红十字会捐助 21 万元人民币和 50 万元全新的衣物为灾区群众解了燃眉之急。来自全国各地的军人、机关干部、学生、居民的捐款和慰问也感动着边疆的儿女。西安交大于轮之等大学生寄来捐款时说：“愿灾区早日恢复生产，除给我们一张收据外，什么都不要声张。”留美学生于勤寄来捐款时说：“我远在美国，特托国内亲人代我向灾区人民问候。”河北省石家庄市师大附中二（3）班张有锁同学将 500 元压岁钱寄来，表示自己对灾区人民的一片爱心。感人的事例不胜枚举。来自全国各族人民捐赠的救灾款和各类物资像雪中送炭源源不断地送到了灾民手中，充分体现了兄弟省市红十字会和各界人士对新疆人民血浓于水的深情厚谊。[①]

“博爱永恒”，对全国人民的爱心奉献，新疆人民永志不忘。新疆维吾尔自治区副主席、新疆维吾尔自治区红十字会会长买买提明·扎克尔在《致总会和各兄弟省区市红十字会的感谢信》中说：“新疆的雪灾牵动着党中央、国务院领导同志的心和内地同胞的心，在灾区人民最需要援助的紧急关头，全国各地人民纷纷献爱心，捐善款，特别是中国红十字会总会向全国各地红十字会发出紧急呼吁后，北京和香港特别行政区等红十字会对新疆灾区给予了大力支援。目前，新疆红十字会共收到救灾款物 500 余万元，为灾区人民战胜雪灾，渡过难关，尽快恢复生产，重建家园提供了有力保证，大大鼓舞了灾区人民战胜灾害的勇气和斗志。……‘一方有难，八方支援’是中华民族的传统美德，全国各地红十字会的人道主义援助和社会各界的无私奉献，使新疆受灾地区各族人民充分体会到在中国共产党领导下的中华民族大家庭的无比温暖和红十字会的博爱情怀。你们的人道善举，在全社会树立了红十字会的社会形象，提高了红十字会的社会地位，扩大了红十字会的影响，红十字会的救助作用在全社会引起强烈反响。新疆红十字会十分珍惜来自全国各地的救灾款物，将竭尽全力按照捐赠者的意愿，把全社会的每份爱心都转达给灾区人民，把救灾款物及时有效地发放到最需要救助的灾民手中。新疆各族人民将永远不会忘记来自全国各地的爱心奉献，这在新疆的抗灾救灾史上已留下浓重的一笔。我真诚希望新疆红十字会能与各地红十字会长期保持友好往来，互帮互学，不断拓宽合作领域，为共同建设好有中国特色的红十字事业而努力奋斗！”[②]

“一方有难，八方支援”，这也是“救援工程”的深层意蕴。

第三节　生命工程——关爱人的生命

“生命诚可贵，健康价更高。”这句当今社会最时尚的话道出了生命与健康的重要性。中国红十字会业务所及，不论是卫生救护、无偿献血，还是骨髓移植、艾滋病防治，哪一项不与人的健康和生命息息相关呢?! 实际上，中国红十字会自成立以来，一直为保护人的生命与健康做着不懈的努力。为了适应现代化建设和改革开放的需要，为了应对突发的地震、水灾、火灾等紧急抢救，为了人民群众日常保健、增强自救互

① 王琼：《冰雪封不住人道真情——新疆各级红十字会抗灾救灾纪实》，《中国红十字报》2001 年 4 月 27 日。
② 《博爱永恒，奉献光荣——致总会和各兄弟省区市红十字会的感谢信》，《中国红十字报》2001 年 4 月 27 日。

救能力的需要，1990 年，中国红十字会提出加强卫生救护网络建设，到 1997 年，形成“生命工程”，更加突出以人为本，关爱生命的人道情怀。

一、让生命把握在自己手中——卫生救护网络建设

（一）卫生救护培训全面开展

无论是在日常生活、突发事件或意外伤害中，还是在自然灾害和战争中，如果救治及时，伤病员死亡和残疾率将得到有效控制，但是，这些灾害的现场，往往缺乏救治设备和专业技术救护力量，如果这时现场的群众能开展自救互救，则可以进行及时的抢救，为送往医院赢得宝贵的时间。因此，对红十字会来说，平时加强群众性的自救互救知识的普及和急救技能的训练，并由此而建立群众性自救互救网络，就是让生命把握在自己手中。

群众性的自救互救网络建设，是指通过对各行各业人群普及现场、初级急救知识，使他们掌握初级急救技能，在日常生活中发生疾病或在突发事件中，在专业抢救力量没有赶到之前或因专业救护力量难以满足现场初级急救的需要时，由这些经过培训并掌握一定初级救护技能的社会人群，因地制宜，利用一切现场简易器具物品，抢救伤员，最大限度地降低死亡率，减轻伤害程度和伤员痛苦。

1987 年 1 月，中国红十字会在武汉召开的全国工作会议上明确提出，经过二三十年的努力在全国城乡逐步建成群众性救护网络的战略设想。为实施这一战略，1987 年 2 月 20 日，中国红十字会联合卫生部、公安部、铁道部、交通部、商业部、中国民航总局、国家旅游局发出了《关于开展群众性卫生救护训练的通知》，要求各地红十字会在开展卫生救护训练时，根据不同行业的特点，除“四大技术”（止血、包扎、固定、搬运）和心肺复苏的训练内容外，有选择地增加中暑、溺水、触电、食物及药物中毒等急救训练，以增强卫生救护的实用性。[①] 可以想见，红十字会开展的救护培训是现场抢救伤者最简单的同时又是最重要的方法。随着时间的延伸、范围的扩展，接受培训的人多了，再配以简单的药品和器械，就能降低危难之时伤者送往医院途中的死亡率。

中国红十字会开展的卫生救护训练具有现场的、群众性的和初级的三大特点。所谓现场的，是指经过培训的红十字急救员都能在伤害、病发地点，现场实施抢救；所谓群众性的，是指接受救护训练的人员，是处在突发事件、病发现场的或最先到达现场的人们，即与伤者、病者一样都是普通群众；所谓初级的，是指训练的内容和救护措施，是最基本、最简单和最重要的。

中国红十字会通过与上述七个部、局的密切协作，构建起卫生救护网络的雏形；

---

① 《总会与有关部（局）联合发出通知，要求各地积极开展群众性卫生救护训练》，《中国红十字报》1987 年 3 月 5 日。

接着，1987年6月5日，与煤炭部、石油部、地质部和林业部联合下发了关于开展群众性卫生救护训练的文件，使群众性的卫生救护训练在全国更多的行业、系统有声有色地开展起来。

1990年2月，中国红十字会第五次全国会员代表大会提出“进一步扩大卫生救护网络”的目标和任务，要求“各地开展卫生救护工作要因地制宜、条块结合、以块为主，先从城市搞起”，各地进行救护训练要坚持“服务中心，保护生命，简明实用，各具特色”的方针，“用二三十年实现群众性的现场急救网络，是就全国来说的。至于各行业、各系统以及各省、自治区、直辖市在时间上可能长一些或短一些。从点点滴滴到星罗棋布，逐步连网成片”[①]。1993年年初制定的《中国红十字会九十年代工作纲要》进一步提出：“配合‘2000年人人享有卫生保健’规划，继续强化群众性卫生救护培训工作，开展现场、初级、群众性的卫生救护工作，有计划，有步骤地在全国城乡形成一个院前的、同卫生部门县、乡、村三级医疗保健网相衔接的群众性自救互救网络。”[②] 尽管中国红十字会的战略计划远未实现，但规模初具了。

（二）社区红十字遍地开花

卫生救护网络的编织既然以城镇为中心，城镇社区自然而然地成为红十字工作的立足点。早在20世纪50年代初，就在城镇街道建立红十字卫生站，积极开展卫生防疫宣传和爱国卫生运动。随着红会工作的深入，现在全国许多大中城市都拥有了众多的红十字卫生站。社区红十字遍地开花，已成红十字会开展卫生救护的基础，正是这遍布街道社区的“红十字”，为群众的小伤小病、突发事故救治提供了方便。随着医疗制度的改革和城市老龄化的加快，社区红十字将为更多的老年人和广大群众提供更好的服务。目前，京、津、沪、渝等大城市和部分中等城市已建立了以红十字卫生站为依托，联结街道居委会及楼门大院的红十字救护网络。

北京市较早建立起卫生救护网络，1997年以前该市已培训100万人次红十字救护员。从1997年开始，又提出了每年培训高素质急救员1万人的目标，这样经过5年的努力，全市每150人就有1人受到卫生救护知识和技能的培训；同时在易发生伤害的行业如矿井、建筑、电力等部门设立不脱产的红十字急救员，当意外事故发生后，能立即开展急救。北京市红十字会在红十字急救中心和救护中心的基础上，最近又开通了“999”紧急救援报警中心，将市红十字会急救工作纳入北京市的紧急救护网络之中。“999”是红十字挽救生命的又一条热线。

上海市红十字救护网络发展迅速，至20世纪90年代已培训了400多万人次的救护员，使“生命工程”在较大范围内得以拓展。在群众性自救互救网络的建设上，上海

① 《谭云鹤副会长在中国红十字会第五次全国代表大会上的讲话》，《中国红十字报》1990年3月20日。

② 《中国红十字会九十年代工作纲要》，《中国红十字报》1993年3月5日。

市大多数居委会设救护组，街道成立救护队，居民小组有救护员，对救护员还颁发了全市统一的现场初级急救合格证。这些红十字救护员在突发事件、意外伤害中发挥着应有的作用。

在改革开放中发展起来的新兴城市——深圳，市红十字会根据新建小区的实际，进行了与小区共建红十字急救网络的试点，他们对小区物业管理人员和居民进行卫生急救知识的教育和急救技术的培训，在每个小区设立红十字救护站，对小区的老弱病残提供上门服务，免费为居民发放红十字生命卡。小区红十字急救站接到居民的呼救，可以保证急救员在5分钟之内到达现场实施救治。

社区“红十字”遍地开花，毫无疑问，增强了生活在其中的群众的安全感。人们渴望这“花”开得更加鲜艳。

（三）“红色生命线”——红十字在交通线上

在铁路和公路交通线上开展卫生救护是一个新的领域。1986年，济南铁路局率先成立红十字会，并在各次进京、进沪列车上配置红十字卫生箱，不到一年中，急救530多人次，为旅客送药和处理小伤小病3900多人次，受到铁道部的重视。1993年3月25日，经中国红十字会总会同意，铁道部决定成立中国铁路红十字会，并于4月11日在杭州举行成立大会。这是继煤炭、邮电等大行业系统建立的又一个红十字组织，为中国红十字会增添了一路“方面军”[①]。到1996年6月，铁道部的6个铁路局、40个铁路分局全部建立了红十字组织，拥有20多万红十字会员，为客运、机务段培训了1万多名红十字急救员，处理铁路职工和乘客伤病员20多万人次。铁路在延伸，中国红十字卫生救护网络也在不断扩大。

公路线上，机动车交通事故逐年攀升，令人担忧。如何减少交通事故中的伤亡，有效保护人在旅途中的生命安全，成为中国红十字会关注的一个焦点。从1989年开始，中国红十字会的各级组织着手对机动车驾驶员进行救护培训，并在公路沿线建立红十字急救站，这对减少交通事故造成的死亡、伤残，至关重要。

山东省潍坊市红十字会率先对驾驶员进行急救培训，成效可观。继而山东、江苏、吉林、湖北、重庆、北京、上海等省市红会全面开展了对机动车驾驶员的培训工作。

重庆市红十字会按照总会的卫生救护训练大纲，结合驾驶员的实际，编写了详尽的培训教材，在市公安局与交警部门的大力支持下，建立了“重庆市机动车驾驶员培训中心”，保证了培训工作的开展。到1998年，市红十字会已对全市近46万名驾驶员进行了救护培训，为10万多辆机动车配备了急救包。几年来，这些受过救护培训的驾驶员在300多起交通事故中参与现场急救，抢救成功226例。

在江苏省境内的千里国道、省道上，如果发生车祸，伤员能就近得到经过训练的

① 《红十字事业又添“飞轮”——中国铁路红十字会成立》，《中国红十字报》1993年4月16日。

志愿人员的现场救护，这得益于沿公路5公里左右设有一处的红十字救护点，全省此类红十字救护点已达660多个。

湖北省红十字会依托三级卫生保健网，在国道干线建立红十字安全交通急救站、点，近几年来，全省680多个红十字急救站、点参与了数千起车祸的抢救，被当地群众誉为国道上的“红色生命线。”

…… ……

全国各地每年在公路上经红十字会救护站、点抢救的伤者何止千千万万？许多伤者正是由于红十字救护员抢救及时而保住了生命，为他们的家庭带来了幸福和安宁。

（四）红十字在矿井下闪光

在矿井下作业的工人最担心的就是安全，尤其是煤炭行业，突发事故较多。红十字会的卫生救护训练和网络建设一开始就关注到这一领域。为指导煤炭系统建立红十字卫生救护网络，中国红十字会于1989年9月与中国统配煤矿总公司在枣庄矿务局召开了全国有关行业群众性卫生救护工作经验交流会。煤炭行业卫生救护培训和卫生救护网络建设自此在全国各大矿区迅速开展起来。

北京矿务局有9个生产矿井，距离职工总医院几十公里。工人们都是在井下坑道作业，一旦发生意外伤害而得不到及时抢救就会危及伤员生命。几乎每年都有人员伤亡。矿工的生命安全牵动着局红十字会领导的心，他们很快建立了井下红十字急救站。以往出了事故由井下电话报告调度室，调度室再通知医院，医务人员赶到出事地点时，由于时间的延误，伤者往往因抢救不及时而致残甚至致死。现在每个作业面都有经过培训的不脱产的红十字卫生员，形成了现场创伤急救网络，大大减少了事故中人员伤亡数量。有一次矿上发生一起触电事故，伤者呼吸、心跳都已停止，井下红十字会员田万波见状立即对他进行口对口人工呼吸和心脏按压术，并指导在场的四位工友轮流操作，经过短时间紧张抢救，这个工人脱离了危险。

开滦矿务局红十字会按上级的要求“每个生产班组最少有两名不脱产的红十字急救员”，积极组织对班组长、安全监督检查员的卫生救护培训，把救护课程纳入对新工人入矿时进行技术培训的内容，1991年班组培训覆盖率就达到了100％。1991年3月份，唐家庄矿采煤二区发生冒顶事故，局、矿级劳动模范段玉海被埋，扒出来后已停止呼吸，心脏也停止了跳动。在这关键时刻，红十字急救员陈新民挺身而出，他把段玉海放到安全的平地上，先清除嘴里的煤渣，然后进行口对口人工呼吸及胸外心脏按压，经过紧张抢救，段玉海终于被救活了。红十字急救员在安全生产中发挥了重要作用，这个局的百万吨产煤死亡率从1989年的1.53％下降到1991年的0.714％。

兖州矿业集团有限责任公司红十字会立足矿区，积极开展煤矿卫生救护。公司各级红会已办培训班713期，培训急救员15562人次。各矿、处、厂等单位红十字会为急救员装备了急救器材和药品。这支训练有素、装备精良的急救大军，在公司煤矿安全生产中发挥了重要作用。1993 年 7 月 29 日，北宿煤矿采煤二区工人唐兴安被皮带机挤成严重骨折，动脉破裂血如泉涌，红十字急救员赵大兴、秦东田立即取出止血带止血包扎，并固定后急送医院，避免了失血性休克及截肢的危险。几年来，公司红十字急救员现场处理小伤小病 19878 人次，处理危重工伤 218 人次，避免伤残死亡 97 人次。公司不脱产红十字急救员为安全生产作出了积极的贡献，而且创造了巨大的经济效益。[①]

例子可以举出很多。厂矿要实现安全生产，离不开“生命的卫士”。

（五）红十字在旅游景点

1998 年 11 月中旬，本书作者之一杨国堂随全国人大红十字会法执法调研组登上五岳独尊的泰山，但此刻令他关注的不是“会当凌绝顶，一览众山小”的自然风景，而是泰山之巅那颗闪光的红十字——南天门红十字救护站，它在全国名胜景点中可谓独树一帜。

泰山雄伟壮丽，风光无限。每年来岱顶旅游观光的中外游客多达 400 万人次，旺季一天就达数万人，人身事故时有发生。为了及时抢救意外伤病的游客，确保国内外游人的安全，1990 年 5 月 8 日，泰安市红十字会与泰山管委会红十字会共同在南天门设立了红十字救护站，配置了必需的诊断床、担架、氧气瓶、急救箱、心电图机等 10 多种医疗救护设备和器械，还备有急救药品，有两名急救人员常年住在救护站，一旦发生跌伤或其他伤病，救护人员就持“紧急救护绿色通行卡”，畅通无阻地将伤病员及时快捷地送到红十字急救中心抢救。建站 9 年来，救护站累计门诊量 45000 人次，急救急重病患者和轻生者 450 人。1997 年 8 月 13 日，济宁市一名儿童孙寒松随同父母来泰山旅游，在南天门十八盘处不慎失足滚落山下，严重颅脑损伤，昏迷不醒。南天门救护站医生在游客的协助下，仅用 40 分钟就将伤者送到市红十字会急救中心，由于抢救及时，伤者转危为安。南天门红十字救护站也受到一些国家红十字会的赞扬，先后有丹麦、缅甸、坦桑尼亚等国红十字会领导人来访考察。救护站室内墙上挂着一面面锦旗和匾额，表达了许许多多被抢救者和游人的感激之情。[②]

旅游景点和名胜古迹堪称全国之冠的北京，较早在景区建立红十字会，对景区服务人员、导游员等进行救护培训。北京十大公园的急救员每年为游客处理小伤小病上千人次。中外驰名的八达岭长城游览区的救护员每年也救治伤者千余人次，为中外游客排忧解难。

杭州的西湖风景区 1991 年就建起了红十字会急救网络，景区的交警、旅游、园林等行业的 3700 名红十字会会员，组成了 22 支救护队，当年即抢救溺水者 670 多人，对

---

① 曲折主编：《中国红十字事业》，广东经济出版社 1999 年版，第 139－140 页。

② 杨国堂：《泰山之巅的红十字救护站》，《中国红十字报》1998 年 12 月 25 日。

2510 名各类伤者进行了救治。

全国其他著名的旅游景点如黄山、五台山、桂林等都有红十字救护员随时为游客救急。

（六）救护网络向农牧区延伸

中国是农民人口大国，中国红十字会作为全国性的群众性的人民卫生救护和社会福利团体，如果仅在城市建立救护网络而不向农牧区大力推进，显然很难冠以“全国性”，而没有占全国人口绝大多数的农牧区群众的参与，“群众性”就会大打折扣。

农村医疗卫生专业队伍力量远比城市薄弱，卫生人员比例和病床数明显低于城市。党的十一届三中全会以来，农村商品经济不断发展，大批乡镇企业蓬勃兴起，随之而来的是职业病剧增。农村公交事业得到发展，各种意外伤害事故也成倍增加，且比城市严重。据统计，1986 年全国共发生车祸事故 221948 起，其中农村 115419 起，占 52％；伤 78410 人，农村占 54.36％；亡 29933 人，农村占 73.3％。再加上农牧区地域广阔，人口众多，居住分散，交通不便，以及经济收入低，文化素质差、卫生知识缺乏等原因，很多意外伤害事故以及一些危、急、重病人都得不到及时抢救，往往造成大量不应有的死亡（据调查，农村病人入院前死亡率高达 50％）[①]。所有这一切，都说明广大农村迫切需要红十字会这样一支现场的、初级的、群众性的队伍。有鉴于此，各地红十字会根据当地实际，将卫生救护网向农牧区延伸，创造出许多新鲜经验。如天津市蓟县桑梓乡有 17 个自然村，村村都建立了红会组织和红医站，并以红医站为中心组成了 3 至 5 人的社区卫生小分队，对 60 岁以上的老年人每年进行义务查体；开展家庭护理；深入农户家中进行健康教育宣传；向群众传授“四大技术”和“心肺复苏”技能，不断增强群众的防病治病和自我保健意识与能力。[②]

河南省焦作市红十字会已完成对村级卫生救护员的培训工作，全市共建成基层红十字救护站 1750 个，实现了村村都有红十字急救员的要求。该市的温县红十字会投资 400 万元建立了红十字会急救中心，并以该中心为龙头对乡、村级红十字急救队伍进行培训，推动了农村急救网络化的建立和健全。修武县各级红十字急救站（队）在意外伤害和事故的救护中，发挥了特殊作用，几年来共抢救 360 多人次，受到了农民的欢迎。

山东、黑龙江、江苏、安徽、湖南、内蒙古、青海、北京、上海等许多省区市红十字会，都在农村中开展了急救培训，建立起急救网络，让农牧民将生命把握在自己手中。

不过，还应该看到，目前全国仅有三分之一的农牧区开展了红十字救护网络的建

① 尤德新编著：《闪光的红十字》，湖北科学技术出版社 1992 年版，第 244 页。

② 周晓冬：《抓好“五个结合”是推动农村红会工作的新途径》，《中国红十字报》1998 年 2 月 6 日。

设，要使“人人享有卫生保健”，对中国红十字会而言，任重道远。

从城市社区到行业的作业班组，从交通线到旅游景点，从雪域高原，到“风吹草低见牛羊”的大草原，……红十字会为保护人的生命与健康所进行的卫生救护网络的建设正在逐步发展和日趋完善之中。

二、情系血液事业

（一）积极参与血液管理

血液被称为“生命之河”，血液与生命息息相关。作为以“保护人的生命与健康”为己任的红十字会自然非常关注血液事业的发展。20 世纪 30 年代以来，国际红十字组织多次召开专门会议，就各国血液事业发展中的问题提出忠告，要求各国将血液从商品轨道上剥离出来，摈弃在血液事业中的商业性组织，号召各国政府和红十字组织坚决反对把血液作为商品进行买卖的不道德行为。

作为红十字会与红新月会国际联合会成员国，中国红十字会长期以来没有直接参与血液事业管理，血液事业管理是卫生行政部门的事。随着改革开放的不断深化，我国的血液事业有了很大发展，但与国际上通行的运作方法迥然有别。国际上绝大多数国家是由红十字会主管血液事业。红十字会与红新月会国际联合会有一个专业部门，就是血液事业管理委员会，对无偿献血和血液管理工作不断提出具体的要求和建议。为与国际社会接轨，也为了更好地发挥政府在人道主义工作领域中的“助手”作用，中国红十字会积极参与血液管理。

事实上，中国政府对红十字会在输血工作中的作用寄予厚望。1965 年国务院第 344 号文件中就提到，红十字会应参加献血的领导组织；1978 年国务院第 242 号文件更明确提出：红十字会除应积极协助卫生部门搞好国内输血的宣传、动员、组织等工作外，还应积极通过红十字会国际组织进行国际的经验交流，参加国际红十字会组织的输血训练等科技活动，加速实现我国输血事业的现代化。①

中国红十字会没有辜负政府的重托。自 1984 年输血工作被纳入红会议事日程以来，中国红十字会和地方各级红会配合卫生部门广泛宣传义务献血及无偿的意义，动员组织社会各界踊跃献血。1986 年 10 月总会会同卫生部召开了“第一届全国输血工作会议”，推动血液事业由公民义务献血向无偿献血方向发展。1990 年“五大”报告指出：“认真贯彻执行无偿献血奖励办法，争取二三十年实现全国无偿献血。总会将与卫生部协商，着手制订国家献血、输血条例，使我国输血事业向法制化方向发展。关于血站，有的地方如红会有力量管，卫生部门也同意，可以试行由红会主管的办法。至

① 孙柏秋：《中国输血事业的总方向是无偿献血》，中国红十字会总会：《中国红十字会国际无偿献血工作研讨会文件汇编》（内部资料），第 16 页。

于由红会在还没有血站的地方集资试办血站，也是可以的。”① 中国红十字会由此开始直接参与血液事业管理，1991 年再次明确提出“地方红十字会可自办血站”。1992 年 2 月 24 日在长春召开的中国红十字会五届三次理事扩大会议上，总会又一次强调“努力推进公民献血向无偿的方向发展，逐步参与输血事业的管理”，要求“在没有血站的地区，有条件的可进行红会自办血站的试点工作”②。当年，湖南岳阳、新疆哈密、山东莱芜等地红十字会血站相继投入使用，自办和筹建的红十字会血站达 24 所，1993 年发展到 46 所。

1996 年中国红十字会进行五城市无偿献血巡回宣传活动

红十字血站是非营利性事业单位，不谋私利，不搞血液交易，以不断提高血液质量、为社会提供安全健康的血液作为自己的职责，红十字血站要始终高举人道主义的旗帜。这是总会的一贯要求。事实上，凡红十字会血站，都坚持无偿献血的原则，很显然，红十字血站是推动无偿献血的基地。

事业在发展，中国红十字会在血液管理中的“定位”也更加鲜明。1993 年 3 月 20 日，国家卫生部制定的《采供血机构和血液管理办法》第三条规定：“红十字会经批准可以设置血站”；1993 年 10 月颁布实施的《中华人民共和国红十字会法》第十二条中把“参与输血献血工作，推动无偿献血”规定为中国红十字会的重要职责之一。为更好地参与血液事业管理，加强对血液事业的指导和监督，总会还于 1993 年专门设立了血液事业部。

为推动红十字会办血液中心（血站），1994 年 1 月 6 日，全国首家冠以中国红十字会名称的“本溪市血液中心”正式命名，与此同时，中国红十字会首次与地方政府——本溪市政府签订“协议”，“协议”规定五年内在本溪市全面实现无偿献血的目标。在命名

① 《谭云鹤副会长在中国红十字会第五次全国代表大会上的讲话》，《中国红十字报》1990 年 3 月 20 日。

② 顾英奇：《开拓进取，艰苦奋斗，努力发展红十字事业——在中国红十字会五届三次理事扩大会议上的工作报告》，《中国红十字报》1992 年 2 月 28 日。

仪式上，孙柏秋副会长说：希望借“中国红十字会本溪血液中心”命名的东风，来推动全国无偿献血事业的发展。在讲话中，她首次倡导改无偿献血为无偿捐血这一更科学的提法，并从医学、生理学等不同侧面宣传了献血有益健康的道理。本溪市开展无偿献血三年来一年上一个台阶，从1991年的900人上升到1993年的近3000人，使无偿献血的比例增加到27.4%。[①] 此次“中国红十字会本溪血液中心”的命名，是中国红十字会发展血液事业的一项重要举措，也是我国血液事业的一个创举。本溪市作为全国无偿献血的一个重要基地，对推动全国无偿献血事业的发展会产生深远影响。

（二）致力推动无偿献血

生命的延续离不开血液。在人类还不能制造出替代人体血液全部功能的人造血液之前，医疗、急救用血只能靠人自身献出的血液。献血的历史证明，有报酬的献血带来众所周知的种种恶果，此路不通。即使在资本主义国家，一些有识之士也大声疾呼，要求取缔血液的买卖，提倡无报酬的献血。为此，国际红十字组织早在1948年召开的第十七届红十字大会上就通过决议，呼吁各国采取“无偿献血”和“免费输血”的原则。1973年，在德黑兰召开的第二十二届国际红十字大会上又作出决议，肯定了出于人道主义动机和原则的自愿无偿献血是解决血液需求的最安全最有效的途径，献血要建立在无报酬的基础上。1981年，在马尼拉召开的第二十四届国际红十字大会上重申了国际红十字运动的义务——组织民众自愿参加无偿献血。1991年，在布达佩斯召开的红十字会与红新月会国际联合会第八届大会上通过的第34号决议中再次重申了无偿献血的内涵：出于自愿提供自身的血液、血浆或其他血液成分而不收任何报酬的人称为自愿无偿献血者。无论是现金或礼品都可视为金钱的替代，包括休假和旅游等，而小型的纪念品和茶点，以及支付交通费用则是合理的。

无偿献血被视为“真善美”的集中体现，是社会文明进步的一个标志。无偿献血者献出的血液将使垂危的病人重新获得新生，他们不是用钱物，而是通过最直接的方式——用自己生命的一部分去补充、营养他人的生命，人道在这里熠熠生辉。中国红十字会正是以这种人道、博爱精神，遵照国际红十字组织一贯倡导的无偿献血原则，从1984年开始致力于推动我国的无偿献血工作，特别是自1990年“五大”召开以来，中国红十字会一直把推动无偿献血作为一项重要任务来抓，提出了“经过二三十年的努力在我国实现无偿献血制度”。中国红十字会为此付出了巨大的艰辛和努力。

长期以来，由于受传统观念的影响，人们对献血存在认识上的误区，认为献血有损健康，“大伤元气”。这种错误认识，严重影响了无偿献血工作的开展。中国红十字会配合主管部门在社会上大力宣传献血知识和无偿献血的意义，使广大群众逐步接受无偿献血的理念。

① 《我国血液事业的新突破》，《中国红十字报》1994年1月14日。

1984年5月8日，北京市红十字会与北京市义务献血办公室首次开展无偿献血活动，第一批献血者有19人，他们像“种子”一样，播撒在中华大地，迎来了今天无偿献血的遍地“开花结果”。

为表彰无偿献血积极分子，1987年，中国红十字会总会、卫生部设立了无偿献血金杯奖，这是我国目前对无偿献血者的最高荣誉奖。从1989年开始，每两年举行一次颁奖大会，由国家领导人为无偿献血量达3400毫升者颁发无偿献血金杯奖。1989年7月20日，第一届颁奖大会在人民大会堂举行，全国政协主席李先念向首届7位无偿献血金杯奖获得者颁奖，这7位获奖者是北京首钢特殊钢公司刘光震、北京金属结构厂潘德全、北京展览路电话局王雨清、上海求新造船厂张国强、上海联合汽车配件厂邱志清、上海龙柏饭店王伯善、上海园林工程公司冯国庆。此项活动激发了我国公民参加无偿献血的热情，推动了全国无偿献血工作的开展，也促进了我国社会主义精神文明建设。

1995年，中国红十字会与卫生部设立了无偿献血先进城市奖，无偿献血占临床用血量50%、30%、10%以上的城市，可分别获得金质、银质、铜质奖。每两年举行一次颁奖活动。全国首届无偿献血先进城市奖颁奖大会于1995年11月29日在人民大会堂隆重举行，上海、杭州、大连、齐齐哈尔等26个城市获奖。

在无偿献血开展十周年之际，1994年5月17日，中国红十字会首届无偿献血经验交流暨研讨会在无偿献血先进城市大连市召开，对中国红十字事业和输血事业来说，这是一次历史性会议，意义重大。会上，北京、上海、天津、河北、江苏、河南等11个省市的代表作了典型发言，大家一致认为，无偿献血是血液事业发展的总方向，红十字会血站是无偿献血事业中的一支重要力量，红十字会办血站要坚持人道主义宗旨，以推动无偿献血为根本任务。孙柏秋副会长在会上作了鼓舞人心的讲话：“8年前，也是在大连这个城市，曾经召开了全国公民义务献血工作会议。8年后的今天，我们又是在这里专题召开无偿献血的交流研讨会，这本身标志着我们的事业发展了。再经过一个8年，我们争取在此召开全国实现全民无偿献血的庆功大会！……只要不遗余力地启发人民的仁爱之心，逐步培养人民对无偿献血的参与意识，把献血的行动和个人的需要相结合，相信在不远的将来随着我国经济建设的不断发展，全民实现无偿献血的一天定会早日到来！”①

终于，在1997年12月29日第八届全国人大常委会第29次会议上通过了《中华人民共和国献血法》，规定：“国家实行无偿献血制度”，“各级红十字会依法参与、推动献血工作”，“各级人民政府和红十字会对积极参加献血和在献血中做出显著成绩的单位和个人，给予奖励。”这是国家对中国红十字会十几年来致力于无偿献血工作的肯定。为了更好地贯彻执行献血法，中国红十字会于1998年4月4日与卫生部、全国人

① 《中国红十字报》1994年5月27日。

大教科文卫委员会、国务院法制办、教育部、卫生部、民政部等 14 个部委联合下发了《关于学习宣传和贯彻实施〈中华人民共和国献血法〉的通知》，并在 1998 年 10 月 1 日献血法实施前夕联合中华全国总工会、共青团中央、全国妇联、中国输血协会向全国发出了无偿献血倡议书，号召全国广大职工、共青团员、妇女、红十字会会员献出自己的涓涓热血，用爱心和互助精神，为我国献血体制的转变，确立国家无偿献血制度贡献一份力量。《中华人民共和国无偿献血法》实施几年来，在中国红十字会的推动下，全国无偿献血工作取得长足进步，大部分地区实现了从有偿献血向无偿献血平稳过渡，有 75 个城市临床用血已经 100％来自无偿献血，据 25 个省、市统计，至 2000 年年底，无偿献血占临床用血比例已达 45.46％。①

十几年的艰苦努力，一系列举措的施行，一个个活动的开展，迎来了一个全民性无偿献血大环境的逐步形成，它不仅在逐渐改变着我国临床医疗用血有偿献血占主导地位的不良状况，而且改变了人们的传统观念。一位红十字会会员用诗一般的语言回答了无偿献血的真谛：“仅仅为了那点微薄的回赠，我不会允许尖锐的针头咬破我雪白的胳膊，流放属于我的‘AB’型血液；仅仅为了那感恩的目光，我不会轻易打开红河的闸门，让滋润青春和生命的心泉，奔涌进陌生的河床里。‘活着，就要使别人更幸福’，‘活着，就要为别人减轻痛苦。’这才是我，一个红十字会员慷慨献血的真实动机。”② 无偿献血者用自己的一腔热血，感化灵魂，净化社会，营造“我为人人，人人为我”博爱互助的新天地。

（三）榜样的力量

“榜样的力量是无穷的。”在无偿献血事业中，涌现出许多先进城市、先进个人和先进组织者，这些“榜样”对推动全国无偿献血事业作用巨大。

在中国红十字会总会，领导和机关工作人员十多年来争相参加无偿献血。年年超额完成无偿献血任务。主管血液事业的孙柏秋副会长是无偿献血的积极倡导者和参与者，她在徐州出差献过血，她在日本访问时献过血……1998 年的 5 月 8 日，她又一次登上了采血车，这已是她第 13 次参加无偿献血，她表示，只要身体条件允许，以后还要继续参加无偿献血。就在这天上午，总会机关还有 15 名工作人员自愿无偿献血，他们是丁立军、李艳、李军生、张希林、王旭娜、杨娇健、刘静湖、武舒颐、朱阳、洪俊岭、贾彬、石君怀、雷淑敏、王兴峰、董永红。

江苏省徐州市是无偿献血开展较早的城市之一，1993 年无偿献血者已达 11501 人次，成为全国唯一连续 5 年突破无偿献血万人次大关的城市，被国家卫生部授予全国无偿献血先进城市。在徐州，有 2 位市委书记、5 位正副市长、3 位解放军将军加入无

① 《全国无偿献血表彰大会召开》，《光明日报》2001 年 12 月 14 日。
② 周屺：《一个献血员的回答》，《中国红十字报》1987 年 7 月 5 日。

偿献血的队伍中，还涌现出许多夫妻、父子、兄妹、恋人同台献血的感人场面。市缝纫机厂青年工人万海，5 年来连续 23 次无偿献血，荣获 1993 年国家颁发的无偿献血金杯奖，在他的带动下，哥哥万宾、弟弟万伟也参加了无偿献血，并分别荣获无偿献血金牌、银牌奖，成为徐州市献血活动中有名的“万氏三兄弟”。徐州市从 1989 年至今，连续 10 多年无偿献血超万人，多次受到卫生部和中国红十字会总会的表彰和奖励。该市荣获 1997 年“全国无偿献血先进城市金质奖状”，1998 年年底有 15 位市民获无偿献血金杯奖，是江苏省获金杯奖最多的城市。1990 年 12 月，以徐州市无偿献血为蓝本的电视剧《血情》在北京首映，再现了广大红十字工作者宣传、组织献血的动人场面。

1995 年 8 月 22 日至 25 日，中国红十字会在青岛召开国际无偿献血研讨会，为青岛市无偿献血迅速开展带来了契机。时任市委书记、市长的俞正声利用会议的间隙到市红十字中心血站献血，他对记者说：“北京、上海的无偿献血开展得很早，也很好。青岛开展得比较晚，应该有些措施和方法，把这项工作开展起来，这也是社会文明的一个标志。”领导的带头和重视，使青岛的无偿献血人数从 1994 年以来，以每年 150% 的速度增长，已一跃成为全国无偿献血先进城市。1997 年，青岛市政府拨出 80 万元专款购置了三辆流动采血车，车上印有“无偿献血，奉献爱心”和鲜红的红十字标志，每天穿梭于青岛市繁华的闹市和街头，接受着青岛市民无偿献出的热血，为美丽的海滨城市又添一道亮丽的风景线。

牡丹之城洛阳市 1993 年无偿献血突破万人大关，成为继徐州之后第二个迈入无偿献血先进行列的中等城市，受到中国红十字会总会的赞赏和关注。1994 年 1 月 19 日，洛阳市无偿献血表彰大会隆重召开，有 36 个先进个人和 28 个先进集体受到奖励。获得全国无偿献血银质奖的芮慧萍却未到大会领奖，至于她为什么一直不愿“曝光”，她说：“因为我认为这是一件很平常的事，我献血并不想得到什么。”她就是这样一位对无偿献血的真谛有着较深理解的平凡的姑娘。关于芮慧萍，在洛阳市还流传着一段佳话：1991 年洛阳市刚刚开展无偿献血工作的时候，血站的同志就注意到一位中等身材、圆圆脸庞的姑娘，她每隔三个月就默默地来献血，既不留姓名，也不留地址，甚至连一句话也不留下，更不领取纪念品，只留下 200 毫升的青春热血，便悄然离去。在她第六次、第七次、第八次无偿献血时，市红十字血站的工作人员采取各种办法来获取她的真实身份，却被她拒绝了。为了找到这位好姑娘，《洛阳晚报》在头版头条发表了“芮慧萍你在哪里”的文章，一时间，寻找芮慧萍成为洛阳市民的热点话题，人们对这种无私奉献精神由衷地赞扬。终于在河南省建筑六公司待业青年的档案中查到了她的名字和住址。这时芮慧萍的父母才第一次知道待业三年的女儿一直定时无偿献血，是洛阳市无偿献血的“状元”①。正是像芮慧萍那样众多的对无偿献血有一颗“平常心”

① 郭燕松：《寻找芮慧萍》，《中国红十字报》1994 年 1 月 28 日。

的人，才推动了全国无偿献血事业的长足发展。

深圳是我国第一个经济特区，伴随着经济的高速发展，无偿献血工作也步步登高，跨入先进城市行列。1993年的“5·8”期间，深圳市突破无偿献血“零”的纪录，这一年有55名公民无偿献血，1994年仅有249人参加无偿献血，1995年6202人次，1996年达到17517人次。短短几年间，迈出可喜步伐。他们的经验一是科学决策，二是宣传得力，三是舍得投入，这就大大激发了市民的捐血热情。自1993年以来，全市已有10多万市民参与了“捐血献爱心活动”，1998年上半年捐血人数达到27000多人，无偿献血占医疗用血的80%。1995年，深圳市人大颁布了《深圳经济特区公民无偿献血及血液管理条例》，这是我国第一部公民无偿献血的地方法规。《条例》明确提出实行“自愿、无偿”的献血制度，“无偿献血的公民，其血液经检验合格后，在特区享有终生、无限量免费、优先用血的权利；其直系亲属可在特区免费使用其无偿献血的等量血液”[①]。深圳市由此成为中国第一个实行公民无偿献血、免费用血的城市。

进入新世纪，中国无偿献血事业在蓬勃向前发展着，其中“榜样”的积极推动，功不可没。

（四）无偿献血的楷模——潘德全

在众多无偿献血者队伍中，中央工艺美术学院保卫处干部潘德全堪称楷模。

潘德全

① 杨春森：《吸引全社会关注，推动无偿献血》，中国红十字会总会：《中国红十字会无偿献血经验报告会文件汇编》（内部资料），第35页。

潘德全是我国最早的无偿献血者之一，他不仅是无偿献血的带头人，而且至今也是全国无偿献血最多的人，被称为“无偿献血状元”。

1957年至1983年，潘德全就义务献血35200毫升。1984年我国首次开展无偿献血，他是19位第一批无偿献血者之一，从1984年到1998年共无偿献血20600毫升，总献血量达55800毫升，共计279次献血，他为我国的无偿献血事业，为挽救人的生命做出了特殊的贡献。

潘德全第一次献血是在20世纪50年代，一个战友负伤了，急需输血。恰好这位战友的血型与他的相同。他毫不犹豫，第一次伸出手臂，400毫升殷红的鲜血缓缓地流入战友的血管里，战友得救了。当医生握住小潘的手说谢谢时，他惊诧了，就这么一点血竟有这么神奇的力量，他，似乎从中醒悟到了什么……从此他便踏上了献血之路，一条无私奉献之路，如今已数十年过去了。

1989年5月至8月，他先后献血800毫升，而且献血后，一天也不休息，不要国家一分钱。他所在单位的领导非常关心他的身体，执意给他500元献血补助金，让他补补身体。可他又将这500元连同自己本月部分工资40元捐献给了亚运会。45岁时老潘已经献血40次，有一次单位组织职工到市红十字血液中心献血，因为他献血次数已很多，就没有通知他。他知道后，第二天利用下班时间一个人跑到了血液中心献了400毫升血，第三天照常上班了，他把64元的营养补助费全部捐献出来。他说：献血救人是我的义务，把这些钱捐给红十字会办点社会福利事业，我心里感到十分宽慰。从他第一次献血开始，到1988年他已经把自己体内的2万毫升鲜血献给了伤病患者。他时刻不忘自己是一名红十字会员，默默无闻地作出了无数次的奉献，他没有拿一分钱的补贴，没有休过一天公假。他的可贵精神和高尚行为曾多次受到市政府有关部门的表彰，并被市红十字会授予红十字会荣誉会员称号。

1989年7月20日，中国红十字会在人民大会堂举行首次无偿献血金杯奖颁奖仪式，他和其他6位同志一起获得了无偿献血金杯奖。这是国家级的无偿献血者的最高荣誉奖。当从全国政协主席李先念手中接过奖杯时，这位性格刚毅很少流过泪的汉子，眼睛湿润了。在他的事迹中这样写着：潘德全同志被评为市级治安保卫先进工作者，多次被评为优秀共产党员，1987年荣获北京市“五一”劳动奖章；潘德全同志从1984年至1988年五年间共无偿献血17次，献血量5800毫升，成为全国无偿献血量最多的先进个人。

潘德全把荣誉看作是向高峰攀登的起点，以后他又多次无偿献血，并连续荣获每两年一次的无偿献血金杯奖。他从1984年至1998年无偿献血总量达20600毫升。这对一般人来说简直是一个天文数字，在常人看来已经是一个奇迹，他却感觉很平常。他认准了一条，一点一滴积累，踏踏实实前进，把一片真情奉献给人民。

潘德全献给人民的不仅仅是血而是对人民的爱，他热爱工作，热爱同志，更热爱这个世界，他说：“人活一世，最后也要把整个生命奉献给这个世界。”最近他办理了有关手续，愿将自己的眼睛和身体，死后捐给祖国的医疗事业。人民感谢他，推选他为朝阳区人民代表、北京市工会代表、中国红十字会全国荣誉会员，他连续多年受到了各级组织的表彰和奖励，这一切荣誉都是他无私奉献精神和高尚品德的象征。

最近在中央电视台焦点访谈中我们又见到了潘德全的身影，谈起无偿献血，他对记者淡淡地说：科学献血对身体只有好处，献血没什么事，你看我身体不是很健壮吗！

潘德全是一个平凡的人，是一名普普通通的共产党员，没有壮烈激昂的场景，也没有惊天动地的业绩，更多的是点点滴滴的“小事”，却让人感动至深，令人不能忘怀。他就像一棵大树上的一片绿叶，一块草地上一株小草，在平凡的岗位上，作出了不平凡的贡献。

三、骨髓移植开先河

血液，人体的生命之河；骨髓中的造血干细胞，是这条“河”的源头；而被称为“血癌”的白血病，则使这原本清纯的源头受到污染而变质。据统计，世界上每年患白血病的约为 30 万人，我国每年患病三四万人。更可怕的是，这种病多发生于少年和青壮年。多少年来，人一旦患了白血病，就等于宣布了死刑。从 19 世纪发现白血病到现在，已有几百万鲜活的生命被扼杀在“血癌”的魔爪之下。[①] 进行造血干细胞移植（骨髓移植），是挽救白血病人的生命以及治疗重症再生障碍性贫血、重症免疫缺陷症、地中海贫血、急性放射病、各种恶性肿瘤放化疗后引起的造血和免疫系统功能障碍等疾病的有效手段。

造血干细胞移植分同基因和异基因两种，移植成功的前提是患者与供者的人体白细胞组织相溶性抗原（HLA）分型必须完全吻合。同基因是指同卵双生兄弟姐妹，相合概率为 100%，异基因分血缘关系和非血缘关系两种：血缘关系是指兄弟姐妹，相合概率为 1/4；非血缘关系的相合概率为 1/400—10000。由于家庭的小型化和独生子女的普遍性，在高相合概率的对象中寻找移植供者的可能性越来越小。由于东西方人种的差异，也很难从欧美国家的造血干细胞库中获得我们所需要的配型资料。病人死亡率越来越高。一人得病，周围亲属、朋友承受着巨大的精神压力，加上繁重的经济负担，构成社会问题。“挽救一个患者的生命，等于维护一个完整的家庭。”[②] 因此，建立一个较大容量的中国造血干细胞捐献者资料库，成为紧要的社会工程。以人道博爱为天职的中国红十字会，责无旁贷，把造血干细胞资料库建设作为“生命工程”的有机组成部分，给予了力所能及的关注。

---

① 张建平：《爱心的呼唤——中国造血干细胞捐献者资料库和我国骨髓捐献活动侧记》，《博爱》2001 年第 3 期，第 4 页。

② 王立忠：《关于中国造血干细胞捐献者资料库的筹备情况》，《中国红十字报》2001 年 4 月 27 日。

1992年3月9日，经卫生部批准，中国非血缘关系骨髓移植供者工作领导小组正式成立。3月14日，中国红十字会在人民大会堂举行新闻发布会，郑重宣布，由中国红十字会牵头的中国非血缘关系供者骨髓移植工作从即日起正式开始。中国红十字会会长、卫生部长陈敏章担任该项工作领导小组名誉组长，中国红十字会常务副会长、卫生部副部长顾英奇任组长，中国红十字会副会长孙柏秋和卫生部医政司司长、红会理事迟宝兰任副组长。与此同时，“中国非血缘关系骨髓移植供者资料检索库”——“中华骨髓库”正式启动，孙柏秋副会长和中国人民大学新闻系的30多名学生成为首批申请捐献骨髓的供者。

提到“中华骨髓库”，就不能不提到美籍华人、著名的血液专家李政道博士。他和诺贝尔物理学奖获得者李政道同名同姓，曾是美国红十字会总部血液白细胞配型实验室的主要负责人，领导着世界上最大的抗体血清库，在血液界享有盛名。一次，一位美籍华人得了白血病，他在美国找不到配型相同的供者。后来想尽办法找到了一个华人，但不论患者给多少钱，那人就是不愿捐献骨髓，李政道只能眼睁睁地看着病人死去。这件事给他的心灵以极大的震撼。从那时起，他就在心底埋下了一个愿望，建立一个中国人的骨髓检索注册中心，为包括海外华人在内的所有中国人服务。1990年，他向到美国访问的中国红十字会领导袒露了心迹，立即得到了响应。为了在北京建立中华骨髓库，他多次自费来华进行调研讲学。为解决经费不足的困难，他率先为筹建中的中华骨髓库捐款5万美元，无偿提供了大批为供髓者检测配型的血清板，并在技术上为中国同行提供了无保留的支持。[①] 中华骨髓库工作组成立后，他被聘为顾问。

李政道

中华骨髓库办事机构设在总会，在北京、上海、辽宁、浙江、厦门、西安由当地红十字会组织协调有关的血液中心、医学院校的HLA实验室建立了6个协作组，开展捐献者报名登记和分型检测工作，检测结果汇总至总会资料库，资料库协助医院寻找配型相合的捐献者。

1993年，北京市红十字会启动骨髓移植工作，得到北京医科大学、邮电大学、经济学院等院校众多大学生的支持，纷纷报名自愿捐献骨髓。1995年9月26日，北京市红十字会在中国革命博物馆礼堂召开了非血缘关系供者骨髓移植工作宣传动员大会，来自18个区县和武警系统红会干部、会员及无偿献血金杯奖获

① 张建平：《爱心的呼唤——中国造血干细胞捐献者资料库和我国骨髓捐献活动侧记》，《博爱》2001年第3期，第5页。

得者共300多人参加了这一活动，著名骨髓移植专家陆道培教授介绍了非血缘关系骨髓移植工作的意义和国内外新进展，他说：“我们每一个健康的人体内共有骨髓3000克，而这3000克骨髓仅由5克骨髓细胞长成。只献出10克的骨髓就可以挽救一个人的生命。人的生命只有一次，而骨髓细胞是可以再生的。捐献者在献出骨髓后1～2周内就可以恢复正常，对健康毫无长远影响。我国将逐步完善中华骨髓库，并与国际联网。”① 会后，在礼堂大厅掀起了现场报名、验血的高潮，北京市红会副会长丁克智、办公室主任沈德煌身先士卒，带头报名，当场验血。上海、浙江、辽宁、陕西、福建等省市红十字会也相继开展工作。在各协作组的共同努力下，目前中华骨髓库已有可供查寻数据3万多份，先后为患者进行了数百次的查寻，虽然相符合配型的概率很低，但毕竟为濒临死亡的患者带来了一线希望。

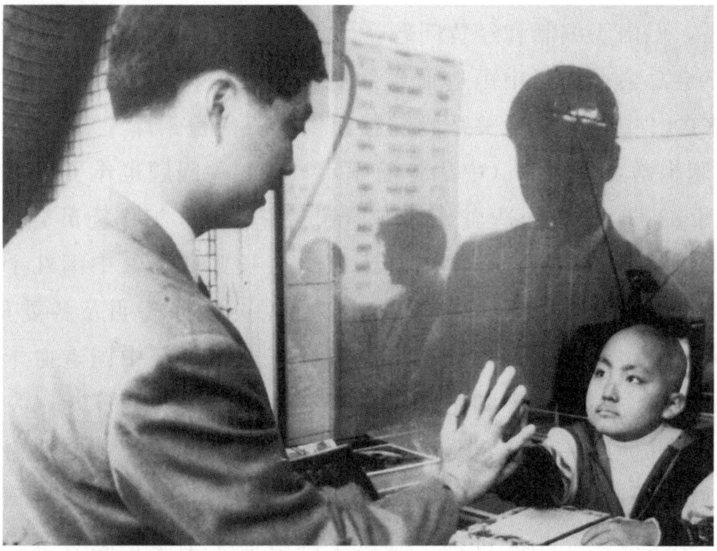

1996年全国首例非血缘关系骨髓移植在上海获得成功

1996年8月22日，对所有从事和关心中国非血缘关系骨髓移植的人来说，是一个难忘的日子。这一天，上海华山医院成功地为患白血病5年的杭州11岁男孩高天翀作了骨髓移植手术。这是全国首例非血缘关系供者外周血造血干细胞移植手术，它的成功，标志着我国对白血病的治疗步入国际先进水平，也是中华骨髓库自1992年建立以来零的突破。供者是中国建设银行上海分行职员孙伟，他是在1995年11月响应红十字会的号召报名登记捐献骨髓的。他的白细胞分型的资料经检测后存入中华骨髓库，由于配型资料的准确无误和专家们精湛的医疗技术，患者高天翀获得了新生。中国红十字会副会长、中国非血缘关系供者工作领导小组副组长孙柏秋在10月7日举行的新

① 《非血缘关系供者骨髓移植工作宣传动员大会在京召开》，《中国红十字报》1995年9月29日。

闻发布会上对上海首先成功地进行了这一移植术表示衷心的祝贺，并向与会新闻记者介绍了“中华骨髓库”的有关情况。她特别指出：“救治白血病患者离不开供者，由于人类白细胞配型的多样性，一般来说，能找到与患者配型相合的比例为万分之一，在目前中华骨髓库数据只有三千份的情况下，能为高天翀小患者检索到相同的配型，应该说是带有一定偶然性的，我们还应积极创造条件，扩大库容，为挽救更多的白血病患者的生命，今后的工作任重而道远。”①

的确，中国红十字会开展的骨髓移植工作任重道远。受经费困扰，这项崇高的事业时常陷入困境。不难想象，检测一个供髓者约需人民币500元，若建立一个10万供髓者的捐赠检测中心，就需5000万元。加上机构等问题没能得到解决，6个协作组的工作除上海外其余都举步艰难，陷于停顿。为了解决中国造血干细胞捐献者资料库工作停滞的状态，总会于1997年向卫生部呈报了《中华骨髓库发展规划》，同年10月得到卫生部的批复，但由于编制和经费问题，工作没有明显的起色。2000年11月，卫生部对中国红十字会总会《关于中国造血干细胞捐献者资料库有关问题的请示》作了批复，同意将原来的“中国非血缘关系骨髓移植供者资料检索库”（中华骨髓库）更名为“中国造血干细胞捐赠者资料库（中华骨髓库）”，对相关问题也作了明确的回复。

2001年4月23日，“中国造血干细胞捐献者资料库”工作委员会会议在总会机关召开，全国人大常委会副委员长、中国红十字会会长彭珮云，中国红十字会常务副会长王立忠、卫生部副部长朱庆生、中国红十字会副会长孙爱明及各委员会单位代表、有关专家、地方红十字会代表等参加了会议。会议通过了《中国造血干细胞捐献者资料库规程》，规定：“中国造血干细胞捐献者资料库（中华骨髓库）以发扬人道救助精神，保护人的生命和健康，促进人类和平进步事业为宗旨”；“中国造血干细胞捐献者资料库（中华骨髓库）代表中国与国际相关组织进行工作联网、交换信息和资源。各省、自治区、直辖市应建立相应机构，服从中国造血干细胞捐献者资料库（中华骨髓库）的统一管理和工作指导”；“中国造血干细胞捐献者资料库（中华骨髓库）是代表中国的国家级开展造血干细胞捐献和用于治疗的工作体系。其职责是为挽救一切因各种疾病而需要接受造血干细胞移植治疗人的生命，向需要造血干细胞基因资料的人提供帮助和服务。”这次工作会议的召开标志着“中国造血干细胞捐献者资料库”工作“正式全面重新启动”②。

“中华骨髓库”建设是一项造福千百万白血病患者的充满爱心的人道义举，需要广大群众的参与，需要社会各界财力、物力的支持。只有全社会的支持和关心，这项崇高的人道主义事业才能更好地发展，挽救更多白血病患者的生命。

① 《“中华骨髓库”实现零的突破——全国首例非血缘供者外周血造血干细胞在上海移植成功》，《中国红十字报》1996年10月11日。

② 《中国造血干细胞捐献者资料库全面重新启动》，《中国红十字报》2001年4月27日。

四、参与艾滋病防治，关爱艾滋病患者

艾滋病在世界范围内的传播越来越广泛，严重威胁着人类的健康和社会的发展。1996年7月下旬，规模空前的第十一届世界艾滋病大会在加拿大温哥华闭幕，这次前所未有的规模宏大的大会反映了全世界对世纪瘟疫艾滋病的重视和担忧，同时也表明了人类对这一“瘟神”作抗争的坚定信心和积极协作精神。

严峻的现实不能不唤起人们的警觉。据联合国艾滋病预防规划署与世界卫生组织估计，自1981年发现第一例艾滋病20年来，已有25000人死于此病，4000万人是艾滋病病毒（HIV）感染者。艾滋病的流行正以每天16000个新感染者的速度增长，其中青少年占一半以上，令人触目惊心。

第十一届艾滋病大会上，我国公布的艾滋病患者为100例，另有3300多人为HIV感染者①，人数不多，但近几年来也呈加速上升趋势，1999年9月底，全国已有31个省、自治区、直辖市报告HIV感染者共计15088例，其中病人477例，死亡240例。据专家估计，目前全国艾滋病病毒感染者实际人数超过40万人。

警钟敲响，不能不引起全社会的关注，也不能不纳入中国红十字会“生命工程”的工作领域。“关注青少年，预防艾滋病。”我国自1997年以来，已三次启动以青少年艾滋病防治为主要对象的大规模预防宣传活动。由中国红十字会总会组织开展的艾滋病防治工作从1994年就开始了，全国各地红十字会积极参与，尤其是在疫情较重的6个省区（云南省、新疆维吾尔自治区、广西壮族自治区、福建省、海南省、吉林省），中国红十字会在依靠自身努力和国外有关组织（联合国艾滋病规划署、联合国儿童基金会、澳大利亚红十字会）资助下，举办了以预防艾滋病为内容的“青年核心培训员、青年主持人和青年同伴者教育”等不同形式的宣教活动，至2001年6月，已培训22333预防艾滋病宣传员，他们活跃在各大专院校和青年人群中，帮助自己的同伴提高对预防艾滋病的认知水平和自我保护意识，拒绝毒品，珍爱生命，选择安全文明的生活方式，铲除艾滋病的温床。

面对艾滋病病人（包括患者和病毒携带者），或许大多数人要指责他们行为不检，会耻笑他们道德败坏，或歧视他们，避而远之……却很少有人给他们以同情和安慰，于是他们的世界好像被冰封了，与温暖、同情、关爱绝缘，他们只能无言地让泪流在心里，让痛苦埋在心底，任凭病痛百般折磨，任凭身体逐渐消瘦。红十字会真诚地呼吁社会上的每一个人用正确的眼光看待艾滋病病人，用理解和关爱温暖他们本已无望的世界，让他们的世界也充满爱。在这一行动中，中国红十字会专职副会长孙柏秋积极倡导，率先垂范。1992年6月，总会防治艾滋病工作尚未正式开始之前，她带领红

① 张田勘：《从十一届世界艾滋病大会看艾滋病防治》，《中国红十字报》1996年9月6日。

十字预防艾滋病小组（由澳大利亚出资 10 万美元在云南瑞丽地区建立的区域性协作项目）工作人员深入云南瑞丽地区考察。他们走进了生长着凤尾竹的傣族村寨，见到了一位 HIV 感染者的傣族青年吞进。吞进才 17 岁，是个体格健壮的帅小伙，孙副会长与他亲切交谈，嘘寒问暖，并和他合影留念。孙副会长深深感到，广泛宣传 HIV/AIDS 的预防知识，特别在贫穷落后的地区，非常迫切，因而奔走呼吁，关爱艾滋病患者，“希望全世界的医务工作者多做一些防治艾滋病的工作，早日找出适合于我国使用的防治办法，救救 HIV 感染者，救救吞进那样的青年”[①]。

作为从事人道主义工作的社会团体，中国红十字会已建立起对艾滋病病人的社会关怀项目，给他们以人道主义的同情和关爱，减轻社会对他们的歧视和压力，鼓励他们与病魔作斗争。为配合红十字会与红新月会国际联合会对艾滋病预防工作的总要求，动员社会各界尤其是青少年参与对艾滋病的预防，中国红十字会曾与北京市红十字会共同主办主题为“关注青少年，预防艾滋病——倾听、学习、尊重”的报告会以及“预防控制艾滋病，保护下一代”宣传日活动。

2001 年，12 月 1 日——“世界艾滋病日”，为了加强预防艾滋病宣传，中国红十字会在北京、长春、福州、南宁、海口、昆明、乌鲁木齐 7 个城市同时举行“预防艾滋病，你我同参与”（2001 年艾滋病日主题）气球放飞仪式。北京的气球放飞仪式在北京西客站举行，上午 11 时，500 名大学生将印有独特标志的 1500 只气球放飞到天空。中国红十字会常务副会长王立忠告诉记者，“本次预防艾滋病宣传活动的目的在于提高公众对艾滋病问题的认识，呼吁公众改变对艾滋病患者的看法，给予患者更多的同情与关爱”[②]。

“预防艾滋病，你我同参与”，而关怀与预防同样重要。在 2001 年 12 月 17 日至 20 日在泰国清迈举行的第五届艾滋病家庭和社区关怀国际大会上，红十字会与红新月会国际联合会卫生部部长阿维罗博士特别强调，“关怀是预防的一种有效形式，没有关怀就没有成功的预防”。大会要求各国红十字会或红新月会要在对艾滋病病毒感染者或患者的关怀工作中起主导作用；要与政府、其他组织、社会各界联合形成工作网，共同合作来关怀和支持艾滋病病人及其病毒感染者；继续在医院、诊所、临床关怀医院进行有计划的关怀项目；努力在社会上倡导关怀和支持艾滋病病人及其病毒感染者的理念；努力促使形成捍卫受艾滋病影响者和艾滋病病毒感染者正当权利的政策和法规。[③]作为国际红十字大家庭中的一员，中国红十字会已就反对对艾滋病病毒感染者及病人的歧视作出承诺。人们有理由相信，中国红十字会在预防艾滋病、关怀艾滋病患者和

---

① 潇明：《孙柏秋——与“红十字”结缘的女性》，《中华儿女》（海外版）1995 年第 2 期，第 17 页。

② 王光荣：《七城市预防艾滋病放飞气球》，《光明日报》2001 年 12 月 2 日。

③ 《第五届艾滋病家庭和社区关怀国际大会在泰国清迈举行，中国红十字会副会长孙爱明率团参加大会》，《中国红十字报》2002 年 1 月 11 日。

感染者行动中将发挥更加积极的作用。艾滋病病人及其病毒感染者将得到更多的健康关怀和尊严的保护，他们的明天会更美好。

五、倡导“最后的奉献”

人在生命之树凋谢的时候，所能留下的物质就是遗体。把遗体捐献给社会，造福于人类，是人之为人所做的“最后的奉献”，这正是中国红十字会积极倡导的。

其实，一具遗体对于亲属来说，除了不舍的亲情外，并没有多大价值，但对于他人和医学来说，价值无法估量。有关资料表明，我国目前因角膜病致盲的患者有400多万人，角膜移植可使90%的盲眼复明。因角膜奇缺，我国每年施行这种手术的不到1000例。[①] 而一具遗体捐献的角膜至少可以使两个盲人重见光明。即使不能做移植的遗体，作为病理解剖用，价值也是无限的。尸体解剖可以了解死者生前的诊断是否正确、治疗是否对路、死因是什么等。弄清这些问题，对于提高临床诊断治疗水平，尤其是对新发生的疾病的研究具有非同寻常的意义。同时，遗体捐献不仅可供医学应用，还可以节约土地资源、促进移风易俗、丧事新办的文明新风。正因为如此，红十字组织积极倡导，身体力行。

1986年6月，上海市红十字会名誉会长白备伍老人握起如椽之笔，签署了庄严的遗嘱：请亲朋好友公正——自愿向社会捐献遗体。白备伍老人以实际行动，开拓这块“禁地”。“悼念捐献遗体的白备伍老人”诗中赞扬了这种奉献精神：

白备伍

我自愿向社会捐献遗体，
是人道主义的一面旗帜。
心脏虽已停止了跳动，
遗体还能为人类服务。
…… ……
让医学解剖者“游刃有余”，
进一步揭开人体的奥秘，
创造脏器的“移花接木”。
医学事业的美好愿望是，
让世间不幸的病残康复。
老人啊，你创造先行功绩。
把遗体推上医学的天平，

① 骆钢强：《不与活人争利，不与死人争地》，《中国红十字报》2001年4月13日。

让时代报道人的真正价值。[①]

这正是红十字会倡导遗体捐献的意义所在。

中国红十字会早在20世纪50年代就开展过自愿捐献器官和身后捐献遗体的宣传活动，得到了老一辈无产阶级革命家的支持。80年代初，红十字会积极宣传，号召人们在生命终结时作最后的奉献。20多年过去了，如今在许多大城市如北京、上海、南京、杭州、沈阳、太原、广州、重庆等地的红十字会都在开展人体器官和遗体捐献的宣传、登记工作。

上海市红十字会自1986年开展自愿捐献遗体工作，10多年来在各界人士的支持下取得了显著成绩。1998年年初，上海市委书记黄菊获悉申城志愿捐献遗体、骨髓的市民逐年增多，但这一活动的开展还受到来自传统观念等因素影响的情况后，他以普通市民的身份，办理了捐献遗体的登记，成为一名光荣的志愿者。4月21日，上海市政协会议中间，市政协副主席、市红十字会会长谢丽娟向黄菊书记颁发了一本红彤彤的志愿捐献遗体纪念证，在场的人热烈鼓掌，赞誉他带头移风易俗并志愿为国家医学科学事业做奉献的文明之举。1998年5月8日，上海市隆重召开纪念“五八”世界红十字日暨捐献遗体、骨髓志愿者大会，黄菊书记向大会发来贺信，向捐献遗体、骨髓的志愿者表示崇高的敬意。贺信说：“上海市红十字会开展志愿捐献遗体、骨髓工作已有多年历史，做了大量积极有益的工作。近年来，随着城市文明程度的提高，参加捐献遗体、骨髓的志愿者日益增多。志愿捐献遗体、骨髓是利国利民的好事，既倡导移风易俗，又行善造福，树立社会新风，同时也可以在生命历程的最后一站为医学科学事业做出最后的贡献。在这方面，许多先行者为我们做出了榜样。作为一名捐献遗体志愿者，我衷心希望更多的人参与进来，共同弘扬‘人道、博爱、奉献’的红十字精神，推动和促进上海市的精神文明建设。”[②] 领导的重视、社会各界的支持和参与，推动了上海遗体捐献工作的开展。截至2001年年底，遗体登记接收站由原来的6个扩增至25个，成千上万的市民像黄菊那样成为光荣的志愿者，已有千余人实现身后捐献遗体愿望。2001年3月1日，《上海市遗体捐献条例》颁布实施，这是继1995年《上海市红十字会条例》颁布施行之后的涉及红会工作的第二部地方性法规。它的施行，标志着上海市红十字会的工作进一步法制化、规范化，体现了红十字会工作在建设社会主义精神文明中的重要作用，也反映出上海作为国际大都市的文明与进步。

在北京，1997年开展了志愿捐献角膜和遗体活动，北京市红十字会、同仁医院眼库、协和医院眼库、《北京日报》等单位联合举办了“捐角膜、献爱心、送光明行动”，市红十字会还进行了有关捐献角膜的咨询活动，许多人怀着一颗爱心前来咨询，并填

① 张信大：《在生命之树凋谢的时候——悼念捐献遗体的白备伍老人》，《中国红十字报》1986年12月5日。
② 《上海市市委书记黄菊给上海市红十字会的信》，《中国红十字报》1998年5月15日。

写了捐献角膜登记表。这次活动中有3000多人报名登记，表现了北京市民乐于奉献的热情。

1996年年初，南京市杨搜非、皇甫垠、阮鹏九、何文卿等老先生首先发起建立南京市捐献遗体志愿者之友（简称“志友”）的倡议，得到社会各界人士广泛响应，仅两三个月，报名者就达300余人。南京市副市长、市红十字会会长张连发十分关心此项工作，多次利用节假日召集市卫生局、民政局、园林局、法制局、公安局等部门领导开会，对如何搞好遗体捐献工作进行了多次研究，很快成立了以张连发为主任，市政府副秘书长、市卫生局长为副主任，有关部门参加的“南京市志愿捐献遗体工作委员会”，并以政府名义签发了《南京市志愿捐献遗体管理暂行办法》和《南京市红十字会志愿捐献遗体登记接受工作规范（试行）》，以市政府宁政发〔1996〕116号文正式颁布实施。1997年2月22日，南京市政府召开了隆重的大会，宣告“南京市红十字会捐献遗体志愿者之友”正式成立。“志友”成立以来，全市已有1100人报名捐献遗体，有112人实现了生前的愿望。①

在泉城济南，2000年“五八”期间，市红会开展了“支持捐献角膜、骨髓、遗体行动万人签名”活动，短短几天，就有12000人签名，800多人在红十字会办理了“捐献遗体”登记。更为可喜的是，在活动帷幕即将落下时，济南市红十字遗体接收站宣告成立！济南市红十字角膜库宣告成立！济南市红十字骨髓检索库宣告成立！久盼的生命与健康工程以其无比亮丽的色彩印刻在人们的脑海中、心灵上。②

2001年5月18日，“重庆市公民志愿身后无偿捐献遗体器官志士纪念碑”揭碑仪式在龙台山陵园庄严举行。重庆市近年来登记志愿无偿捐献遗体、角膜者已逾千人，已经实施捐献遗体者有67名，捐角膜者30名。征得捐献者家属同意，首批20名志士姓名镌刻碑记，旨在表彰捐献志士的人道奉献精神，促进无偿捐躯生命工程工作。

…… ……

红十字会倡导的人道主义的核心，就是对人要有仁爱之心，慈善之举。一代伟人、“人民的儿子”邓小平同志对红十字会开展的这项人道事业也给予关注和重视。邓小平同志生前对自己的后事，曾对亲属多有交代，其中有一条嘱托就是辞世后捐献角膜，解剖遗体，供医学研究，体现了他是一个彻底的唯物主义者和他崇高的人道主义精神。邓小平同志生为人民奋斗、死亦献身人民的精神，深深地影响和推动着红十字各项人道主义事业向前发展。

---

① 陈万珍：《领导重视，规范管理，宣传有力——南京市志愿捐献遗体工作的几点体会》，《博爱》1999年第5期，第19页。

② 吕荣斌：《济南市红十字会开展角膜、遗体捐献活动纪实》，《博爱》2000年第5期，第17页。

六、“’97 复明行动”

在围绕着“生命工程”建设开展的一系列活动中，“’97 复明行动”——中国红十字基金会赴藏志愿医疗队医疗援藏行动，在西藏自治区创下六个“第一次”纪录，在中国红十字运动史上写下了闪光的一页。

1997 年 7 月，西藏自治区人民政府副主席、自治区红十字会会长次仁卓嘎，来到中国红十字会总会，她向常务副会长顾英奇、专职副会长孙柏秋谈到，由于高海拔、强日照、缺氧气、少蔬菜等，西藏自治区各地白内障致盲的患者较多，高发地占人口总数的 11.06％，至少有 50000 名藏胞渴望及早接受白内障复明治疗，最好是大面积开展人工晶体置换手术……次仁卓嘎的陈情，立即引起总会的关切，顾英奇常务副会长要求由基金会牵头，迅速组建眼科专家医疗队赴西藏开展工作，并提议将此举命名为“’97 复明行动”。这一提议，立刻得到了中国红十字基金会荣誉会长宋平、中国红十字会会长钱正英的热情鼓励与大力支持。

《’97 复明行动计划》，在西藏自治区红十字会的配合下顺利拟定。广播电影电视部副部长、中央电视台台长、中国红十字基金会名誉副会长杨伟光得知此事后，委托所属部门与光明集团总裁冯永明联络，决定参加主办“’97 复明行动”，并给予宣传上和财力上的支援。与此同时，北京市同仁医院和哈尔滨医科大学第一临床医学院的眼科专家及护师也整装待发。①

9 月 10 日上午，中国红十字会在京举行“欢送’97 复明行动赴西藏志愿医疗队暨捐赠仪式”，中国红十字会基金会荣誉会长、“’97 复明行动”组委会名誉主任宋平，全国政协副主席、中国红十字会会长钱正英，广播电影电视部副部长、中国红十字基金会名誉副会长杨伟光，中国红十字会常务副会长、中国红十字基金会会长顾英奇及首批赴藏志愿医疗队队员、’97 复明行动摄制组、赞助单位代表、中央电视台谭希松、著名艺术家王林旭夫妇等近百人出席。中国红十字会副会长、中国红十字基金会常务副会长孙柏秋主持仪式。钱正英会长在仪式上讲话，她说：“由中国红十字基金会牵头，选派志愿医疗队赴西藏，为藏胞免费作白内障复明手术，使他们重见光明，非常有意义……人道主义是处理人与人之间关系的一个道德规范，是社会文明的标志。对因白内障致盲的藏胞给以帮助，使他们以平等的地位和均等的机会，参与社会生活和国家建设，共享社会物质文化的成果，是共产党人对人道主义和人权保障的深刻理解和自觉实践。医疗队出发和党的十五大召开是同一天，很有意义，希望医疗队的同志在援藏工作中团结协作，克服困难，取得成功。”② 顾英奇常务副会长在仪式上也发表

① 李兰颂：《我们从北京出发——97 复明行动在西藏》，《中国红十字报》1997 年 11 月 7 日。

② 《欢送 97 复明行动赴藏医疗队暨捐赠仪式在京举行》，《中国红十字报》1997 年 9 月 2 日。

了热情洋溢的讲话，他并感谢光明集团董事长冯永明先生为红十字事业作出的贡献。宋平、钱正英、杨伟光等还为光明集团董事长冯永明及深圳金活医药有限公司、爱尔康中国眼科产品有限公司的代表颁发了捐赠证书。

’97 复明行动欢送援藏医疗队暨捐赠仪式

中国红十字基金会宋平荣誉会长将一面印有“’97 复明行动”的旗帜授予赴藏医疗队领队孙宝田，勉励他们取得好成绩。孙宝田代表全体赴藏医疗队员表示全力以赴为藏胞服务。

’97 复明行动——中国红十字基金会赴西藏志愿医疗队的眼科专家及辅助人员，主要来自北京市同仁医院、哈尔滨医科大学第一临床医学院、西藏自治区第一人民医院、日喀则地区人民医院，全队在藏工作人员共 22 人，从 9 月 12 日出队至 10 月 26 日收队，历时 45 天，双休日和国庆节等 16 个法定节假日全在超负荷并超常规的奋力工作中。全队人员还在高原反应十分明显的情况下每天出勤 12 小时；他们不怕山高路险，深入偏远边境地带，行程 13859 公里，为山南地区的浪卡子、洛扎、措美和隆子县，林芝地区的工布江达、波密和察隅县的适应症患者，以百分之百的复明率、无感染率及并发症率，共做白内障人工晶体置换复明手术 508 例，同时初诊 1569 人次，复诊治疗 1895 人次。

次仁卓嘎代表西藏自治区人民政府对“’97 复明行动”给予了很高的评价，她说：’97 复明行动——中国红十字基金会赴西藏志愿医疗队，高扬奉献主题，促进民族团结，工作科学严谨，创下六项第一：第一次由中国红十字会及卫生部门选派援藏的眼科专家医疗队；第一次仅用 48 小时就由京、津、沪将 50 件、1200 公斤重的高科技眼科设备、药品、敷料运抵拉萨；第一次以完备眼科设施保证手术后，视力得到最科学的矫正，并使用了当代眼科先进设备超声乳化仪，拓宽了手术适应症；第一次大面积实施白内障人工晶体置换复明手术，而此前包括国外的眼科援藏项目，多数限于白内障囊外复明手术后配眼镜；第一次设立藏族眼科专家手术组，指导藏族眼科医生亲自大比例地实施白内障人工晶体置换复明手术；第一次对白内障适应症患者的筛选、门诊、手术、用药、住院、观察等全部实行免费。①

45个日日夜夜，六个“第一次”，援藏医疗队用实际行动，履行了人道奉献宗旨。这次行动，为民族团结和医疗卫生事业的发展，为社会主义物质文明和精神文明建设作出了杰出的贡献。

七、“生命的卫士”——王琇瑛、姜健志略

“生命工程”建设成就辉煌，前景广阔，但在人道的力量推动“生命工程”建设走向新世纪时，人民不会忘记先驱者呕心沥血的开拓、奉献之功。这是一笔宝贵的精神财富，应在21世纪生命工程建设中发扬光大。在众多“生命的卫士”中，王琇瑛、姜健就是杰出的代表。

在中国护理界，王琇瑛的名字为人们所熟知，她是中国第一位荣获南丁格尔奖章的优秀护理工作者。

王琇瑛祖籍河北定县，早年攻读于北京贝满女子中学，后考入燕京大学和北京协和医学院护士学校，1935年由协和医学院护士学校保送到美国哥伦比亚大学师范学院护理系进修，专攻护理教育及公共卫生护理，获理科硕士学位。她对护理工作，特别是对公共卫生护理有很深的造诣。在她看来，护理工作不应局限于医院，而应走向社会，开展健康教育，提高人民健康水平。

从1946年到新中国成立初期，王琇瑛一直担任协和医学院公共卫生护理主任，她努力工作在公共卫生护理教学及行政管理岗位上。1947年南丁格尔诞辰时，她在《中国护士》杂志上发表了《五一二护士节感言》，认为“国家不可一日无兵，亦不可一日无护士”②，护士像战士一样对人的健康起着重要的保卫作用。她从1931年毕业至1950年间为协和医学院护士学校和公共卫生护理进修班培养了公共卫生护士近500名。

1954年《护理杂志》创刊，她担任主编，同年调至北京市卫生局教育科，协助有关部门创办了北京市第三护士学校，并担任校长；1961年调任北京市第二医学院护理系主任，这是新中国自己创办的第一个大学护理系。王琇瑛在工作中探索、开创我国高等护理教育的途径，她发表了20多篇关于护理工作的论文，编写了《护理新知识丛

① 《九七复明行动告捷》，《中国红十字报》1997年10月31日。

② 《南丁格尔奖章获得者——王琇瑛》，《中国红十字》1983年第8期，第13页。

书》《家庭护理》《护理心理学概论》等。1973年中华护理学会的活动恢复后，她代表学会应邀赴27个省、自治区、直辖市参加学术会议，作过60余场报告，宣传护理工作的重要性、科学性和社会性。

王琇瑛从事护理工作50余年，忠于职守，严于律己。她对护理事业的执着追求和献身精神，赢得领导和群众的赞扬，受到了周总理和邓颖超等中央领导人的接见。1983年，我国首次参加南丁格尔奖章的评选活动，王琇瑛当之无愧地获此殊荣。

按红十字国际委员会的规定，对荣获南丁格尔奖章的得主，要举行隆重的颁奖大会，由国家领导人或该国红十字会会长颁奖。

1983年7月11日，中国红十字会和中华护理学会在北京人民大会堂召开第29届南丁格尔奖章颁奖大会。全国政协主席、中华护理学会名誉理事长邓颖超向王琇瑛颁发南丁格尔奖章和奖状。卫生部部长崔月犁，北京市副市长、北京市红十字会会长白介夫，中国科协主席周培源，中国红十字会会长钱信忠，副会长杨纯、顾锦新、王仪、王敏以及北京市红十字会和护理界的代表500多人参加了颁奖大会。在颁奖大会上，75岁的王琇瑛激动地说：“我十分荣幸地接受红十字国际委员会通过中国红十字会授予我的南丁格尔奖章和奖状。”“我认为，这个荣誉不是属于我个人的，而是我国广大护理工作者日以继夜地辛勤劳动，刻苦工作共同获得的。我愿和为护理事业做出卓越贡献的优秀护士及来自全国各地的护理工作者代表，共同分享这一国际荣誉。”

中国红十字会会长钱信忠在大会上讲话，他说：“今天，我们非常高兴能在中华护理学会第十九届全国会员代表大会期间举行这样一个盛会，为王琇瑛同志颁发红十字国际委员会授予的国际护士最高荣誉奖——南丁格尔奖章。”“王琇瑛同志和全世界各国的35位护理工作者一起获得这项国际奖章，这是新中国建立后，我国第一位护理工作者获得这项荣誉。王琇瑛同志几十年来献身于护理教育工作，是我国护理界的老前辈，为我国护理工作的发展作出了重要的贡献。获得此项荣誉是当之无愧的。我深信，我国优秀杰出的护理工作者，会有更多的人得到这项荣誉。”“护理工作者肩负着救死扶伤、保障人民健康的神圣职责。护理工作是医务工作中极为重要的工作，它直接关系到病人的生命安危和人民的健康，因此我国的护理工作者在社会上享有很高的政治地位。他们的工作一贯受到党和政府的高度重视和人们的尊重。全国56万护理工作者日以继夜，辛勤劳动，任劳任怨，为保障我国人民的健康，发展我国的卫生事业贡献了他们的全部精力，他们的勤恳努力为我国的四个现代化建设、为人类的幸福做出了不可磨灭的贡献。王琇瑛同志是我国千千万万优秀护理工作者的代表之一，他们当中许多人被选为全国人大代表、全国政协委员、三八红旗手和优秀护士。我们殷切希望在这次授奖大会后，一、能在护理战线上涌现出更多的优秀人物；二、加强护理教育，提高护理质量和技术水平；三、改善服务态度，体贴病人，安慰病人；四、开展社会主义精神文明建设，建立心身医学护理，做好社会心理和精神卫生咨询；五、积极为救死扶伤，实行革命人道主义努力工作，把我国的护理服务工作推向一个新的发展水平，为人类健康事业作出新的贡献。”①

邓颖超为王琇瑛颁奖

授奖完毕，两名青年护士向邓颖超同志和王琇瑛同志献上鲜花，参加大会的青年护士共同高唱一曲《护士之歌》……

翠绿丛中滴水洞，
险峰峻岭育英雄。
祖国江山多壮丽，
振兴中华靠育人。
万众护士一条心，
卫民健康献终生。②

这是王琇瑛同志1982年在湘潭参观毛泽东主席曾经住过的滴水洞时所作的感怀诗，表达了她热爱护理工作、献身“卫民健康”事业的决心。

继王琇瑛之后，中国护理战线，群英辈出，仅南丁格尔奖章获得者就有47位，他们是：

第30届（1985年）南丁格尔奖章获得者梁季华（广州红十字医院护理部主任）、杨必纯（四川省泸州市人民医院护理部副主任）、司堃范（北京红十字朝阳医院外科护士长）。6月22日在北京饭店举行颁奖大会，全国人大副委员长朱学范颁奖。

---

① 《中国红十字》1983年第9期，第2页。
② 《南丁格尔奖章中国得主》，大众文艺出版社1997年版，第25页。

第 31 届（1987 年）陈路得（天津医科大学附属医院原副院长）、史美黎（上海市第一人民医院胸外科和重症监护病房护士长）、张云清（辽宁省肿瘤医院副主任护师）。6 月 12 日在北京人民大会堂举行颁奖大会，国家副主席乌兰夫颁奖。

第 32 届（1989 年）林菊英（中华护理学会名誉理事长）、陆玉珍（上海遵义医院护理部主任）、周娴君（湖南湘西土家族苗族自治州人民医院副院长）、孙秀兰（河北唐山市人民医院护士长）。7 月 20 日在人民大会堂举行颁奖大会，全国政协主席李先念颁奖。

第 33 届（1991 年）吴静芳（河南省商丘地区医院护理部主任）。7 月 18 日在人民大会堂举行颁奖大会，万里委员长颁奖。

第 34 届（1993 年）张水华（宁夏医学院附属医院护理部主任）、张瑾瑜（福建省护理学会理事长）、李桂英（山东省青岛市传染病医院护士长）。6 月 16 日在北京中南海怀仁堂举行颁奖大会，乔石委员长颁奖。

第 35 届（1995 年）孙静霞（江苏省常州市第一人民医院原护理部主任）、邹瑞芳（浙江省湖州市第一人民医院护理部主任）。6 月 29 日在人民大会堂举行颁奖大会，国家主席、中国红十字会名誉会长江泽民颁奖。

第 36 届（1997 年）汪赛进（安徽省护理学会荣誉理事长）、关小瑛（天津市护理学会理事长）、陆冰（上海市第六人民医院护理部主任）、孙芙蓉（河南省护理学会副理事长）、黎秀芳（中国人民解放军兰州军区总医院专家组成员）。9 月 2 日在人民大会堂举行颁奖大会，国家主席江泽民颁奖。

第 37 届（1999 年）曾熙媛（中华护理学会理事长）、王桂英（天津市护理学会理事长）、秦力君（中国人民解放军总医院原护理部主任）。6 月 14 日在人民大会堂举行颁奖大会，江泽民主席颁奖。

第 38 届（2001 年）吴景华（宁夏回族自治区护理学会副理事长）、王雅屏（北京市红十字会急诊抢救中心副院长）、李秋洁（哈尔滨医科大学附属二院护理部主任）。6 月 26 日在人民大会堂举行颁奖大会，江泽民主席颁奖。

第 39 届（2003 年）叶欣（广东省中医院护士长）、钟华荪（广东省人民医院护理部主任）、章金媛（江西省南昌市第一人民医院原护理部主任、江西省红十字志愿护理服务中心主任）、梅玉文（天津第三中心医院副院长、天津市护理学会名誉理事长）、巴桑邓珠（甘孜藏族自治州人民医院副院长）、李琦（上海市第二人民医院外科门诊护士长）、陈东（北京佑安医院护理部主任）、李淑君（解放军二炮总医院口腔科护士长）、苏雅香（贵州省护理学会理事长）、姜云燕（解放军第十八医院三十里营房医疗站护士长）。8 月 5 日在人民大会堂举行颁奖大会，胡锦涛主席为获奖者颁奖。

他们和王琇瑛一样，用满腔热血和青春年华，呵护健康，捍卫生命。他们以平凡而伟大的行动，谱写出一曲曲高亢激越的生命赞歌。

在红十字系统的群英谱中，姜健是另一位为人们熟知的人物，她是中国第一个国际人道主义服务荣誉奖获得者，也是红会系统唯一的全国人大代表。

姜　健

1988年6月21日，美国红十字会会长舒伯特致函中国红十字会副会长谭云鹤："我十分荣幸地通知您，美国红十字会国际人道主义服务荣誉奖评选委员会决定授予贵会提名的中国红十字会医生、志愿工作者姜健女士荣誉奖……中国的姜健女士在中国的'文化大革命'中提供了人道主义的服务……我们为姜健女士而骄傲。请向你的同志转达我们的亲切问候。"①

1988年12月20日，中国红十字会总会在京举行颁奖大会，副会长谭云鹤受美国红十字会委托授予姜健国际人道主义服务荣誉奖，她由此成为中国第一个获此殊荣的红十字工作者。

姜健现任山东省曲阜市红十字医院院长。1962年，她从山东济宁医专毕业分配到曲阜市红十字诊所当医生，一干就是30多年。她不畏艰辛，面对当时医务人员少、条件差、医疗设施十分简陋的状况，她刻苦钻研业务技术，在内科、中医、针灸、儿科、妇科等学科上有较高的医术、高尚的医德。为解除病人的痛苦，姜健甘愿无私奉献。风雪之夜，她为鳏寡孤独、无力求医者出诊治疗；大年三十，在别人全家团聚时，她忙碌在诊所里；特别是在"文化大革命"中，他不顾个人的安危，对不同派别的群众和受迫害的干部"提供人道主义服务"。"文革"之初，曲阜城里一个工厂党委的孙书记，因为严重的肺结核常到诊所找姜健看病。由于连续不断的批斗，孙书记被折磨得大量咯血。姜健一方面悄悄地为他治病，一方面向厂里的造反派头头报告："孙书记病情十分危险，如果在批斗中出了人命，你们可要承担责任的。""领导"被姜健的"诊断"吓住了。孙书记才得以保全性命。在"文革"中，分成两派的群众在武斗中受伤，都来诊所找姜健，她不管哪一派的人，都照看不误，她不怕受连累，她说："无论是什么人受伤生病，一来到我这里看病他就首先是患者，救死扶伤是毛主席最高指示，过去在战场上对敌人俘虏还要救护，更何况我这是在给自己的同志看病。"②

春秋更替，日月轮回。30多年来，姜健想病人所想，急病人所急，把最宝贵的青春年华奉献在抢救医治无数患者的工作中。据曲阜有关部门的粗略统计，姜健自1962年行医以来，除正常的业务出诊外，为孤老病人和无经济能力的求诊患者义诊16万人次，夜间义务出诊2500多人次，义务注射116500人次，义务针灸60721人次，义务查

① 《中国红十字》1988年第11期，第8页。
② 曲折主编：《中国红十字事业》，广东经济出版社1999年版，第228页。

体看病不计其数。[①] 她身背红十字药箱进过数不清的家庭，患者多数是年老体弱、多病清贫的穷困户，用红十字会的术语讲就是一些“最易受损害的群体”，这正是红十字会的服务对象，姜健对他们给予更多的关心和同情。

曲阜是一座古老的文化名城，姜健所在的红十字医院正处在这座旅游城市的中心。改革开放以来，她为来曲阜旅游观光的中国港、澳、台同胞和几十个国家的外宾医治1500多人次，为外国修学团讲授中医针灸1600人次。她用小小银针把友谊传向五洲四海。在为外宾服务中，她注重弘扬祖国医学，让外国人了解博大精深的中华文化，向世人展示中华民族的优秀形象。

姜健在医务工作的岗位上无私奉献，作出了卓越的成绩，她先后被授予“全国红十字荣誉会员”“全国劳动模范”“全国三八红旗手”“全国十大杰出职工”“享受国务院政府特殊津贴的专家”“齐鲁巾帼一杰”等光荣称号，并连续当选为第七、八、九届全国人大代表。

这一道道光环，一项项荣誉，是姜健用近40年的心血和汗水铸成的。

曲阜是孔子的故乡。孔子的“仁者爱人”的思想和当今红十字人道主义精神在中华大地上得到了发扬光大。在姜健的医疗笔记上，记录了这样一段话：“人的价值在于人的社会属性，人的社会属性的实质就是人道。人若生而无道，则社会文明将沦丧，人际关系将崩溃。”可见，人道精神深深扎根于她的心中，神圣的红十字时刻在他心中。

作为人大代表，姜健通过大量调查研究，提出了246件有益于人民的议案和建议。为红十字会法、红十字标志使用办法等法律法规的出台，她花费了大量的精力和心血。她意识到，作为人民代表，特别是作为全国2000万红十字会员中唯一的全国人大代表，更有责任和义务为制定红十字会法多做工作。为此，她在全国人大代表会议上领衔提出制定《中华人民共和国红十字会法》的提案。当李鹏总理参加山东代表团讨论时，她鼓足勇气双手把提案交给总理，并当面向总理陈述制定红会法的必要性。

在红十字会法出台后，她又提出了多项有关红十字会建设和依法治会的建议，如加大执法力度，尽快出台红十字会法实施细则，依法维护红十字会的合法权益，杜绝滥用红十字标志现象以及无偿献血法的制定等。她说：我作为全国红十字系统的代言人，深感责任重大，无上光荣，我一定为加强红十字会的法制建设，维护红十字会的合法权益尽最大努力，决不辜负广大会员对我的热切期望。

姜健是人民的代表，红十字会的代表，她为红十字人道事业尽心尽力，不愧为人道楷模。

姜健得到的荣誉称号已有上百次，但面对如此多的荣誉，她没有止步不前，她说：

① 一凡：《共和国第一个国际人道主义服务荣誉获得者——姜健》，《祖国》2001年第1期，第58页。

"我是得到了很高的荣誉，也有了一定的社会地位，可这些跟整天来找我治病的患者又有什么相干？对一个医生来说，这已经得到的一切都是过眼浮云。我总想：能不能把一个人得到的荣誉、地位、影响力这些挺虚幻的东西，变成一件实实在在有益于患者的事儿呢？"① 这正是她现在正在为筹建新的现代化的红十字医院而拼搏的原因。生命不息，奋斗不止，这正是姜健，一位"生命的卫士"的人道情怀。

第四节　爱心工程——爱的奉献

"只要人人都献出一点爱，世界将变成美好的人间。"这是人们熟悉的歌曲《爱的奉献》中的歌词。中国红十字会的"爱心工程"，就是倡导人人都献出一份爱心，"敬老助残，恤孤济困"，让春满人间、爱心永存的公益事业。

随着社会的发展和市场经济的推进，老年人、孤寡老人、孤儿、智障儿童等特殊群体，成为日益突出的社会问题。关注弱势群体，是社会的呼唤。作为社会福利团体，中国红十字会参与社会保障，更属义不容辞。中国红十字会及地方各级红十字会组织在协助政府建立具有中国特色的社会保障制度的实践中，进行了许多有益的探索。1987 年，总会成立了社会福利部，主管救济和社会服务方面的工作，主要为社会上的孤老病残开展服务和送温暖活动。进入 20 世纪 90 年代，红十字会的社会服务以"上为党和政府分忧，下为弱势群体解难"为目的，各级红十字会积极兴办社会公益事业，通过建立康复医院、养老院、智障儿童学校、孤儿之家、红十字博爱医院等形式，参与社会保障体系，为那些孤老病残者和因各种原因陷入困境的人群奉献一片爱心，因之被誉为"爱心工程"，它是红十字博爱系列工程之一，以积极参与国家建立城乡社会保障体系为目标，发动红十字会员和社会力量兴办各种公益事业，为"最易受损害"的人群服务，为他们送去人道关怀和爱的温暖。爱心工程就是一曲"爱的奉献。"

一、爱心暖"夕阳"

人们把老年人比作"夕阳"。古往今来不知有多少赞美老年人的诗篇："莫道桑榆晚，为霞尚满天""但得夕阳无限好，何须惆怅近黄昏""老夫喜作黄昏颂，满目青山夕照明"等，都是人们熟悉的诗句。中央电视台"夕阳红"栏目的主题歌唱道："最美不过夕阳红，温馨又从容，夕阳是晚开的花，夕阳是陈年的酒，夕阳是迟到的爱，夕阳是未了的情，多少情爱化作一片夕阳红。"老年人在他们年富力强时曾为社会作出过

---

① 一凡：《共和国第一个国际人道主义服务荣誉获得者——姜健》，《祖国》2001 年第 1 期，第 59 页。

巨大的贡献，他们为历史的发展、社会的进步，奋斗了一生，应该得到社会的尊重和关怀。

“尊老敬老助老”本是中华民族的传统美德，弘扬这一优良传统对于我们每一个人，对于全社会都有义不容辞的责任。红十字会开展的社会服务工作，其中敬老助老，给老年人特别是孤寡老人送温暖是一项重要内容。

“人生易老天难老，岁月无情人有情。”各地红十字会组织和广大会员为散居在社会上的孤寡老人做了大量的社会服务工作，帮助他们解决生活中的实际困难。北京、武汉等地红十字会青少年开展了行之有效的“三定一包”（固定服务对象，固定服务时间，固定服务内容，包干到人或小组）服务活动；在红会工作基础较好的大中城市，群众性社会服务活动基本上做到了经常化、多样化，服务范围不断扩大，诸如“红十字服务小组”“红十字送温暖小组”等社会服务形式在许多省市的基层红十字组织中已制度化。所有这些服务形式和服务活动使孤寡老人感到红十字人道主义的温暖。

近年来，红十字会为老年人的社会服务发展到建立各种敬老院、康复医院、护理院、临终关怀医院等社会公益事业。广东中山市红十字会用慈善万人行筹集到的捐款为老年人兴建了颐乐楼，一些无依无靠的老年人在这里安度晚年，颐乐楼里的老人也是中山市红十字青少年常去探望和服务的对象；上海市红十字老年护理院自1988年成立第一所以来，近几年发展迅速，已有26所，共2500张床位，市红会采取为老年护理院联系结对资助企业等扶持措施，使这项公益事业越办越红火；1993年年初，在风景秀丽的太湖之滨，无锡市红十字会办起了一所临终关怀医院——无锡市红十字护理医院，该院建院一年多就收治了1400多名患有疾病而失去生活自理能力的老人，他们在这里享受到人道主义的关怀。

河北古城邯郸市红十字会，面对人口老龄化的严峻形势，深深意识到：一方面，大批老年人需要提供更广泛的社会服务；另一方面，社会和家庭抚养负担沉重，所以建立一所红十字老年护理院是一件既为政府分忧、又为群众解难的好事。为此他们克服了难以想象的困难，终于于1996年建成凝聚着社会各界和红十字工作者爱心与奉献的邯郸红十字老年护理院。住在护理院的老人们是幸福的，因为他们在这里能享受到亲人般的关怀。有一位住院老人原是市建工医院的院长，1997年4月因患脑血栓住进一所医院治疗，这期间老伴和三个子女轮流陪护、送饭，一个月下来，全家人被拖累得筋疲力尽，子女的工作也因此受到影响，于是决定把老人送到红十字老年护理院。在这里，最让他们满意的是医护人员的优质服务，尤其是身佩红十字徽章的工作人员，待他像自己的亲人一样，不怕脏不怕累，精心护理。护老院成了老人们的家，也解除了子女们的后顾之忧。市红十字会还为护老院添置了健身器材和娱乐设施，许多老人高兴地称护老院是他们的“夕阳红”乐园。护理院周到服务赢得了广大市民的称赞。邯郸市副市长李光霞在接受记者采访时说：“红十字会急群众之所急，想群众之所想，没要政府一分钱，办了一件为政府分忧、为群众解难的好事，为邯郸市发展敬老助老事业带了个好头。”[①] 的确，邯郸市红会开办老年护理院，为解决老有所养、老有所乐的社会问题开拓了一条新路，为弘扬中华民族敬老爱老的传统美德树立了榜样。

在河南省洛阳市新安县铁门镇有一个红十字会员办的“致祥红十字敬老院”，人们对它的称赞不仅仅在于这里的老人能得到照料和关怀，更在于它是一家私人自费开办、不收任何费用的敬老院，这在洛阳乃至全国还是第一家。开办者名叫韩致祥。

韩致祥是洛阳市新安县铁门镇红十字会理事、庙头村副村长，他在带领全村勤劳致富的同时没有忘记村里的孤寡老人。有一次他来到本村 80 多岁的五保户樊秀兰家，看到老人全靠好心的邻居照料，生活很艰难，同情之心使他萌发了开办敬老院的念头。他在全村摸底调查，确定真正没有依靠的有 6 位老人，他们中有抗美援朝三等残废军人，有半身不遂的患者。这 6 位老人便成了敬老院的首批成员。1992 年元旦，6 位孤独无依的老人搬进敬老院，开始了他们新的生活。韩致祥全家俭省节约，把老人的吃、穿、住、医疗费、丧葬费全部包了下来，还为老人买了一台彩电以及象棋、扑克等供老人娱乐。对于个人办敬老院的善举并不是所有人都能理解，有人说他有病，是疯子，而韩致祥则不以为然，他认准了自己是一名红十字会员、理事，“敬老助残扶危济困”是应尽的义务，而作为乡邻，帮助他们解决生活困难是义不容辞的。他还想把红十字会敬老院扩大，使全村的老人们集中生活，安享晚年。

“爱心工程”为老年人服务的形式是多种多样的。1995 年 5 月，苏州市红十字会老年康复医院投入运营。中国红十字会总会对于苏州市红十字会积极参与社会保障事业、举办老年康复机构的方向和服务精神给予高度重视和肯定。康复医院主要是为长期卧床的慢性病老年人或子女无暇照顾的老年患者提供服务，改善他们的医疗条件和生活质量，使他们延年益寿，同时也减轻家属的重负，人们称之为“挽留夕阳”的事业。老年康复医院自开办以来，坚持以红十字会的“人道、博爱、奉献”为兴院之本，以促进社会公德、职业道德和家庭美德建设为工作方向，以提供优质服务为中心内容，赢得广泛的社会赞誉。建院 5 年来，先后收治老年患者 370 名，其中得到临终关怀的 114 人，近 70%的病人在精心护理下得以好转、康复。不少老人怀着感激的心情出院了，也有不少老人怀着眷恋的心情留了下来。康复医院收到病家的面面锦旗，得到病家的次次表扬，以及报纸、电台、电视等新闻媒体上百篇次的报道，使医院在苏州市民中尤其是老年人中形成良好的口碑。全院职工在院长马姚蛾的带领下，以高尚的情操、朴实的言行写就了一个个感人的故事。[②]

例子不胜枚举，但不论是红十字会开展的敬老送温暖活动，还是创建红十字护理

---

① 冯志国：《爱心伴“夕阳”——邯郸市红十字老年护理院纪事》，《中国红十字报》1997 年 10 月 10 日。

② 郝如一：《丰富内涵，拓展外延，让“生命工程”参与社会保障事业》，《博爱》2000 年第 6 期，第 38 页。

院、康复医院以及全国各地红十字组织办的其他各种形式的敬老助老公益事业，都是为满足老年人需要、为减轻社会抚养负担而开展的充满爱心的人道事业。2003 年，我国老年人已超过 1.3 亿，占全国总人口的 10%以上。面对滚滚银色浪潮，社会呼唤敬老助老事业，呼唤社会各界的广泛参与和支持。而中国红十字会，将责无旁贷地为老年人事业付出更多的努力，红十字人道主义的爱心，将使“夕阳”更加灿烂。

二、“助残”行动见真情

“助残”济困是中国红十字会“爱心工程”的重要内容之一，也是中国红十字会的传统业务。我国现有 6000 万残疾人，他们在党和政府的关怀下自强不息，奋力拼搏。多年来，中国红十字会一直关心帮助这一弱势群体，各地红十字组织通过办残疾人福利厂、各类残疾人学校、康复机构和为残疾人送温暖等形式，给残疾人送上人间真情。

北京、上海、天津、沈阳、武汉等城市红十字组织办起了残疾人福利工厂，为部分残疾人安排就业，解决他们的生活问题。沈阳市和平区在 1986 年就办起了遂川残疾人福利工厂，解决了几十个残疾人的就业问题，刚开始办厂时，一无资金二无厂房，全靠区红十字会自身的努力，奔走呼吁、募集捐款建立起来的，现在这个福利工厂不但使部分残疾人成为自食其力的劳动者，而且还创造了可观的经济效益。这样的例子已是屡见不鲜了。

儿童是祖国的未来，关心爱护儿童的身心健康特别是残疾儿童的健康成长，是社会各界的义务和责任，也是红十字人道主义领域工作的一项内容。在北京，西城区红十字会开展的“万元善款寄真情，红十字会温暖百家心”活动中，投入专项救助资金，为残疾儿童送去特别的关怀；近年来，每到 5 月 8 日世界红十字日，安徽省暨合肥市红十字会、卫生厅开展“献爱心，义医助残活动”，募集捐款，使全市残疾儿童得以入院治疗；苏州市红十字会在办好老年康复医院的同时，于 1998 年 12 月创建全国第一家民办的、不以营利为目的的专门为残疾儿童服务的特殊康复医疗机构——苏州市红十字会博爱幼儿园。苏州市红十字会把办好“一老一小”作为爱心工程的窗口，成效显著。在红十字会实施的爱心工程中像这样的故事还有很多。

给特困的残疾人以特别的关爱，是红十字“助残”活动的特色之一。北京市红十字会的“999 复明工程”就是一例。1999 年 2 月 2 日，“999 复明工程”正式启动，它以募捐的方式为贫困眼疾患者免费实施复明手术，旨在唤起富有爱心的社会各界人士，向在黑暗中苦苦挣扎的贫困白内障患者伸出援助之手，帮他们拨开云雾，重见光明。复明行动得到了各界人士的爱心支持，人们纷纷捐款资助，据统计，社会各界捐款已达上百万元。“999 复明工程”也感动了美国人，美国眼科专家伊丽莎白·旺女士四次专程从美国来到北京市红十字会光明眼科诊所，为贫困的眼疾患者义诊，并捐献 100 多枚人工晶体。她说：“如果我的付出能使贫困的失明者走出黑暗，这个价值远远超过了金钱的价值。”爱心工程的影响已超越了国界。

“999 复明工程”实施 3 年来，已帮助了 617 位贫困的白内障患者告别了黑暗。每一个受到关爱而复明的患者都有一段感人的故事。北京物资学院学生连新元角膜损伤，多方医治无效，家里经济压力不堪承受，接受角膜移植手术后又重见了光明。连新元激动地说：“我当了六年残疾人。是红十字会和好心人的爱心改变了我这一生的命运。我将用报效祖国的行动来感谢他们。”全国残运会 66 公斤级柔道冠军于波，身残志坚，经过刻苦训练取得了优异成绩，但失明的痛苦时刻缠绕着他，加之家庭经济的窘迫，心情一直很抑郁。为使他早日解除痛苦，红十字会特意为他做了复明手术。术后的于波对生活又充满了希望，满怀自信地说：“我和正常人没有什么区别了，和正常人一样了。自信心明显比以前增强了，感谢红十字会和那些帮助我的人。我今后同样也会去帮助那些需要帮助的人。”① “999 复明工程”是充满爱心、深得民心的爱心工程。

中国红十字会的“助残”爱心工程也得到国际友人的援助。中国红十字会名誉会员、日本友人古川泰龙先生，多年来关心中国红会的社会福利事业，希望援建一所儿童康复中心。此间，意大利慈善机构“天下一家”的弗朗哥先生亦愿在中、意之间架起一座友谊的桥梁，把爱心献给中国的残疾儿童。为实现这一共同的愿望，弗朗哥先生通过“天下一家”协会在意大利、日本、德国等地多方筹集资金。中国红十字会接受古川泰龙及意大利“天下一家”等个人和团体的捐款 49 万美元，在房山区政府的协助下于 1996 年始兴建中国红十字会房山儿童康复中心。在 10 月 14 日中心举行的奠基仪式上还举行了中心培训班开班仪式，有 12 名学员参加了第一批培训班学习。中心所有工作人员表示要把中心办成具有国际水平和充满人道友爱气氛的残疾儿童之家。1997 年 10 月 23 日，中心竣工并举行了竣工典礼，中国红十字会常务副会长顾英奇、副会长孙柏秋以及日本友人古川泰龙先生、意大利友人弗朗哥先生等 18 位外宾和有关方面人员近百人参加了竣工仪式，孙柏秋副会长代表中国红十字会和残疾儿童对古川先生、弗朗哥先生和所有关心、支持这一项目的中外朋友表示衷心感谢。该中心总建筑面积 2977 平方米，服务范围包括对智力低下、肢体残疾的儿童进行康复治疗，并对贫困家庭的残疾儿童提供免费康复服务。② 中国红十字会房山儿童康复中心是中国红十字会第一所残疾儿童康复机构，它凝聚着国际友人、慈善机构和中国红十字会对残疾儿童的爱心。

特别值得一提的是红十字青少年在“爱心工程”中积极参加助残济困活动，有许多动人的事迹。“风雨无阻七春秋”就是其中一个感人的真实的故事。山东省邹平县模范红十字青少年马见众，是一个 15 岁的男孩子，从 8 岁起就背着一个比他大 2 岁的残

① 王红梅、胡宝云：《北京“999 复明工程”深得民心》，《中国红十字报》2002 年 3 月 29 日。

② 裘海玲：《中国红十字会房山儿童康复中心竣工典礼》，《中国红十字报》1997 年 11 月 7 日。

疾同学往返在求学的路上，整整7个春秋，行程11000多公里，没有可歌可泣的壮举，只有一点一滴的奉献。

在邹平县召开的一次“模范红十字青少年表彰”大会上，一个身材瘦小、貌不惊人的红十字少年，面对台下两千多名听众，从容大方地演讲：我没有惊天动地的事迹，只是做了些我认为应该做的事。背送下肢残疾的马见厂同学上学，是一个红十字会员应尽的义务……

命运对10岁的马见厂是如此的不公，在他10岁刚上完一年级时，便得了小儿麻痹症而瘫痪了，这天大的不幸，不得不使他辍学在家。看到原来的小伙伴们高兴地上学，他眼热极了，“我要上学，我要读书”，大颗大颗的泪珠像断了线的珠子，从他脸蛋上滚落下来。母亲的心被痛哭震动了，母子俩抱头痛哭。看到此情此景，年仅8岁的小见众也陪着落泪了。“见厂哥，你别哭了，往后俺背你上学。”小见众一边抹眼泪，一边安慰哭成泪人的小见厂。从此8岁的小见众背着小见厂踏上了求学的路。

学校离家足有3里路，每天背着五六十斤的小见厂来回好几趟，每次都气喘吁吁，有时汗流浃背。几度风雨，几度春秋，无论刮风下雨还是严寒酷暑，他从未间断，放学后小见众把见厂背回家，赶紧回到自己家里干家务活。遇到风雨天，泥泞的乡间小路，他们常常双双摔倒在泥泞的地上。小见众还时常到见厂家给他整理床铺，端倒便盆，陪他一块做作业，为见厂分担寂寞和痛苦。就这样年复一年，日复一日，小见众用自己弱小的身躯背着见厂走过了4个春秋，他俩双双考上了初级中学。小见厂渴望读书，渴望自立，可他一想到自己今后还要拖累别人，便痛苦地将入学通知书撕碎了。小见众听说后被深深感动了，他主动找上门去，“见厂哥你别哭，只要我读书，咱们就一块读。”于是初中一年级的教室里又传出了小见厂的琅琅读书声。小见众他那稚嫩的脊梁像钟表一样准时地来回背送（有时用自行车）小见厂上学，全村老少没有不夸见众的：这孩子心眼真好！

爱心只有建立在理解的基础上，才能闪烁出耀眼的光芒，马见众需要理解，需要支持，并在理解中实现了自己无私的奉献。他以自己的实际行动赢得了社会的承认，小见众被授予县“模范红十字少年”光荣称号，被评为全省“学雷锋先进个人”，谱写了一曲激人奋进的助残济困的奉献之歌。①

类似故事有很多。正是在各级红十字会和广大会员的爱心浇灌下，许多不该凋零的花朵勃发生机，绽开新蕊。

三、让孤儿拥有“母爱”

由于天灾人祸等，一些少年儿童过早地失去了本该属于他们的母爱。“没妈的孩子

① 曲折主编：《中国红十字事业》，广东经济出版社1999年版，第183—184页。

像根草”，对少年儿童来说，还有什么比失去母爱更痛苦更悲伤的呢？所幸的是，党和政府的关怀、社会的关爱，特别是红十字会开展的爱心工程，使他们重新拥有“母爱”。在这方面，全国各级红十字会纷纷行动起来，采用各种方式，诸如开办孤儿红恤班、博爱学校、孤儿之家等，让他们重新回到“母亲”的怀抱，感受到母亲的温暖。例子同样可以列举很多，这里我们采撷几瓣花朵，可以领略爱心工程的魅力。

（一）创建“母亲”工程

江苏省宿迁市曾以西楚霸王项羽的出生地而闻名。20世纪90年代，它又以市红十字会创建的“母亲工程”而誉满全国。

1992年5月，宿迁市红十字会秘书长陈德江被一对因雷击而父母双亡的学龄儿童的悲惨遭遇深深打动，设想在全市开展一项助孤上学的人道主义活动。这个方案立即得到市委、市政府的重视和支持，副市长、红会会长魏秀伦建议成立一个“红恤班”，亲自拟定了《宿迁市红十字会孤儿“红恤班”管理条例》。1992年8月经市红会理事会讨论通过，由12名最困难且品学兼优的孤儿组成的“红十字孤儿抚恤班”（简称“红恤班”）正式成立。从此，这首期12名孤儿便同其他孩子一样，得到母亲般的爱护①。这是全国第一个以帮助特困孤儿完成学业为宗旨的“红恤班”。宿迁市红十字会的爱心善举，得到了社会各界人士的支持和称赞，誉为“母亲工程。”

“母亲工程”使濒临失学的特困孤儿从求学无门的绝望中看到了曙光，使他们的脸上露出了幸福的笑容。“红恤班”从成立的那天起就一直吮吸着爱的乳汁，它凝聚着千万颗爱心。红恤班开办之初，市红十字会联合有关单位通过新闻媒体广泛向社会宣传，并且红十字会的工作人员带头献爱心，为红恤班做终身捐款人——每人每月10元，一直捐到退休。红十字会员的爱心付出，得到积极回应。现在每年为母亲工程捐款已成为宿迁人民的自觉行动。1995年的春节前夕，捐款活动达到了高潮，十几天的时间，全市有126个单位和上百名群众怀着一颗对孤儿的爱心纷纷捐款，捐款额超过40万元。就是靠这种爱心，宿迁红十字会没要国家一分钱，而资助一些孤儿完成了学业，走上工作岗位。

“母亲工程”不仅在物质上对特困孤儿给予资助，而且还在思想上给予引导，学习上给予帮助，感情上给予关怀。凡编入红恤班的孩子都定期向红十字会和学校写思想汇报，红十字会邀请领导和老师与孤儿进行座谈，帮助他们树立正确的人生观。一颗颗失去希望的心复苏了，一株株幼苗在雨露的滋润下茁壮成长起来了，在红十字会“爱心工程”和“母亲工程”的关爱下开始了他们新的生活。至1999年，红恤班建立8年来，由建班时的12人增加到第五期的92人，援助对象由初、高中扩展到小学和大、中专院校的在校特困孤儿，援助方式由主要解决上学生活困难问题，发展到给予精神、

① 冯志国：《让孤儿享有母爱——记宿迁红会的“母亲工程”》，《中国红十字报》1994年4月22日。

物质和情感全方位的关怀。如今红恤班已培养出了34名大、中专学生，其中28人已走上工作岗位。

“谁言寸草心，报得三春晖。”被红十字会资助上大学的特困孤儿李帅君1995年夏毕业参加工作后，主动找到县红十字会秘书长陈德江（由于行政区划，原宿迁市更名为宿豫县），把120元钱交给红十字会，表示要为“红恤班”终生捐款，每月10元。1998年全国特大水灾也牵动着“红恤班”孤儿的心，他们纷纷聚集到县红十字会，捐出了红十字会发给的部分生活费，在这次水灾中，宿豫县有81名受助孤儿向红十字会捐款。如今，走上工作岗位的28名原“红恤班”的同学全部加入为“母亲工程”终身捐款的行列。

“昔日受助上大学，今朝反哺报春晖。”一名受母亲工程资助的大学毕业生金洪英在《中国红十字报》上发表文章，感激和盛赞母亲工程：“就在我孤立无援陷入绝望之时，传来了我被编入红恤班的喜讯……是红十字会拯救了我，是人道主义的乳汁哺育了我。人道的力量驱走灾难，赶跑痛苦，使我重又焕发了青春活力，我的脸上重又有了灿烂的笑容……人道主义给了孤儿第二次母爱，为孤儿遮挡艰辛和苦难，撑起一片晴朗的天空。愿更多的人携起手来，为天下孤儿，为每一位需要援助的人，献上一点爱，人道的力量必将战胜贫穷、痛苦和一切灾难，这个世界将更加美好。”

在“母亲工程”的影响和带动下，宿豫人扶危济困，助人为乐，蔚然成风。全县1400多名孤儿，不论是谁出现了困难，都会得到社会各界的帮助。从1996年起，县委、县政府主要领导和机关干部还与全县孤儿“结对认亲”，帮扶责任到人，并决定集资建立一所“母亲学校”，让更多的贫困孤儿受到良好的教育，让孤儿重新拥有母爱。①

（二）“春蕾学校”慈母情

“雨沙沙，想妈妈，脸上挂着泪花花，有苦学会自己吃，有泪学会自己擦，多少情给妈妈，梦中有个温暖的家；雨沙沙，想妈妈，说不完的心里话，一双大手牵小手，风里雨里想起家，多少爱给妈妈，有你才有温暖的家。”这首歌唱出了春蕾学校31个“女儿”对她们的“妈妈”——春蕾学校校长刘玉芬的感激之情。

刘玉芬是河北省红十字会志愿工作者，这位拥有20多家企业、固定资产达几千万元的河北省邢东企业集团总经理，曾荣获省市劳动模范、优秀企业家、三八红旗手等荣誉称号。她靠自己勤劳的双手养鸡养猪致了富，但她致富不忘关怀孤儿。1996年8月河北省遭受特大水灾，刘玉芬带着救灾粮款到邢台县看望灾民，在灾区她目睹失学女童的凄惨景象，想到自己因没有文化，在办企业中吃尽了苦头，顿时萌生了办学校的想法。面对各种非议和实际困难，她心想不能让孩子们失学，就是集团有困难，自

---

① 方一、张建平：《把苦难留在昨天，让孤儿拥有“母爱”——江苏省宿豫县孤儿“红恤班”迎春座谈会侧记》，《中国红十字报》1997年3月14日。

己出钱也要办。她找到集团董事长杨雪菊，二人达成共识，就这样在短短的时间内，投资80万元、一所占地8600平方米的“春蕾学校”建成了。在市、县妇联和红十字会的协助下，9月25日刘玉芬迎来了来自邢台市所辖16个县的31个“女儿”，她们最小的8岁，最大的14岁，全是失去父母的孤儿。看着她们蓬头垢面，衣衫不整的样子，让人心酸又心疼。刘玉芬为这些孩子洗澡、理发、换衣服、检查身体，并为她们做了一顿香喷喷的饭菜。“女儿”们就像回到了母亲的身边。刘玉芬为了让这31个“女儿”吃好、住好、学习好，聘请了4位管理人员和医务人员，给予照料。孩子们学习成绩参差不齐，她到县里聘请了2位辅导老师给孩子们补课。为使这些失去父母的孤儿重新得到母爱，刘玉芬筹办了一次集体生日，她一连跑了几家糕点店，买来最大的生日蛋糕，当红红的蜡烛燃起，孩子们看到蛋糕上镶嵌的“孩子们，我永远爱你们”几个字时，晶莹的泪花挂满脸庞。星期天刘玉芬总是来到学校和孩子们一起度过，她给孩子们讲自己的亲身经历，讲自己的挫折和奋斗，讲学好文化长大成才的道理，常常是泪水伴着笑声。节日里，“妈妈”还带女儿们到公园划船，坐碰碰车，开心的笑声引来行人羡慕的目光。刘玉芬用博爱的胸怀，温暖着孤儿们曾经受伤的心灵，她把最伟大的母爱献给了这些孤儿。她先后投资200多万元，倾注社会公益事业，被誉为邢东企业的“慈善家”。

河北省红十字会对春蕾学校的孤儿们给予很多的关怀，对省红十字会志愿工作者刘玉芬支持红十字爱心工程的高尚行动十分敬佩。1997年5月9日，河北省副省长、省红十字会会长杨迁到春蕾学校看望孤儿们并赠送了图书和学习用品，赞扬刘玉芬为人道事业作出的贡献，欣然题词：“由衷敬佩刘玉芬同志自强不息的创业精神，衷心感谢刘玉芬同志热心福利事业的无私奉献。愿邢东企业集团蒸蒸日上，盼31名幸运女孩健康成长。”①

（三）“孤儿之家”暖孤儿

1994年，沈阳市铁西区红十字会秘书长王朗办起了“孤儿之家”。她怀着一颗博爱之心，尽自己的能力，通过“孤儿之家”救助失去母爱的孤儿。为解决孤儿们学习和生活费用，铁西区红十字会组织“找父母”活动，使社会各界关注红十字“孤儿之家”。1995年“六一”儿童节，市红十字会组织东北制药集团、沈阳鼓风机厂、沈阳变压器厂、沈阳冶炼厂等13家大型企业与31名孤儿结成“助孤”对子，直接负担孤儿的基本生活费用和学习费用，教育和帮助孤儿们克服困难，健康成长。许多企业家表示：“为了红十字公益事业，我们愿意为孤儿们奉献一片爱心。”

2001年春节前夕，中国红十字会常务副会长王立忠，在辽宁省红十字会专职副会长刘琳娜的陪同下，带着棉衣、棉被和书籍，亲切看望了“孤儿之家”40余名孩子，

① 王丽萍：《爱——她心中一首永恒的歌》，《中国红十字报》1997年7月25日。

并与他们联欢。联欢会上，孤儿们与他们的“代理妈妈、爸爸”亲切交谈，气氛热烈。这时铁西区红十字会秘书长王朗向大家透露，孤儿冯闯去年9月考入一所高中，因家境困难，无法交足学费，目前正面临中途辍学的境地。在场的人无不为冯闯着急。王立忠常务副会长站起来，走向募捐箱，深情地投进100元钱。他摸着冯闯的头说：“孩子，你一定要坚持把书念完，相信社会上还是好心人多。”随后刘琳娜副会长也捐款100元。接着，人们纷纷走向募捐箱，自动排起长队。当王朗秘书长将现场捐助的4600元钱交到冯闯手中时，他早已泣不成声……一位代理爸爸——在铁西区教委工作的领导当场表示，回去后与冯闯的学校沟通，不足部分由学校减免，一定让冯闯念完高中，不辜负在座好心人的心意。场内响起了热烈的掌声。

“孤儿之家”成立8年来，已接收了71名孤儿。这些孩子有的在念书，有的已经走上了工作岗位，还有的参了军，加入了中国共产党。对这个特殊家庭的创办者，王立忠常务副会长给予赞赏和肯定：“铁西区红十字会为孤儿办了一件好事，为政府分了忧，为群众解了难，充分弘扬了红十字‘人道、博爱、奉献’精神，愿‘孤儿之家’越办越好。”①

（四）爱的乐园

在塞外名城大同的七峰山下，有一所专门面向孤儿的寄宿制学校——大同希望学校（又名大同中华育孤学校，为红十字会团体会员单位）。这所于1993年创建、设有小学、初中和高中部的全封闭式学校已接纳了来自全国25个省区30个民族的1000多名孤儿。2000年，首批高中毕业的25名孤儿一人考入全国重点大学，19人升入大专。最令人惊叹的是，这所公益学校不是由国家财政投资拨款，不是由海外大财团资助，更不向入学的孤儿及亲属收取分文，其办学经费全部来源于一家中型企业——大同型煤厂的企业留利和福利基金。这所学校的创办者就是大同市红十字会副会长、山西省政协委员、大同型煤厂厂长张洪图。

张洪图是一名成功的企业家，他以百折不挠的精神，创办了大同型煤厂。在他的苦心经营下，型煤厂产值、利税年年上升。面对成功，张洪图思以回馈社会。这时，由邓小平亲自题写的“希望工程”的捐资助学活动在山西展开了。几百万因贫困而失学的儿童和几百万孤儿的命运啃噬着他骚动不安的心，一个大胆而又新颖的决定在他的颅腔内渐渐萌生——办一所专门招收孤儿的学校，造福于民。他的想法得到全厂职工的理解和支持。1993年11月，先期投资237万元、凝结着张洪图和全厂400余名职工爱心的大同希望学校开学了。由中国青少年发展基金会推荐、来自全国各地的首批207名孤儿身着崭新的校服满含热泪来到了操场，看着五星红旗在金色的阳光下冉冉升起。

① 金珊：《“孤儿之家”春意浓》，《中国红十字报》2001年2月9日。

大同希望学校是社会福利事业百花园里的一朵奇葩，从诞生的那天起就受到政府和社会各界的关注和爱戴。1993 年 11 月 3 日，原全国人大常委会副委员长、民建中央主席孙起孟为该校题写校名，并亲赴大同参加了开学剪彩仪式。1998 年 9 月，全国人大常委会副委员长成思危又为“大同中华育孤学校”题写了校名，2000 年 8 月，全国政协副主席万国权又亲临学校视察，对该校给予了很高的评价。大同市政府在财政十分紧张的情况下，拨专款 10 万元，城区政府拨款 5 万元，省教委捐款 5 万元，山西矿业学校捐款捐物 12 万元支援学校的建设。①

在以商品交换为重要特征的市场经济条件下，在以经济效益为衡量成败标准的氛围下，一家中型企业却投巨资兴办了不可能有任何经济效益的孤儿学校，使这里成为爱的乐园，放飞希望的沃土，令人回味无穷，这正是“人道的力量”，它给人的启迪该是绵长的。

以上几例只是红十字“爱心工程”的几个侧影，也是全国各级红十字组织普遍开展的“助孤”活动的缩影。中国目前有 300 多万孤儿，他们渴望有个家，渴望拥有母爱，渴望社会各界的爱心关怀。只要人人都献出一点爱，孤儿的世界将拥有美好的明天。

四、“博爱送万家”

每当春节到来之际，红十字会的爱心工程犹如滚滚春潮涌向四面八方，像一股暖流流入特困人群的心田。

1999 年春节前夕，中国红十字会总会举行春节送温暖救灾特别行动。新的爱心工程项目“博爱送万家”活动正式启动。

1998 年夏季，我国黑龙江、内蒙古、吉林、安徽、江西、湖北、湖南、广西、福建、四川等 10 个省区发生了特大水灾，中国红十字会积极进行救援。在 1999 年春节来临之际，以扶危济困为己任的中国红十字会仍惦记着受灾地区困难群众的生活。为帮助上述省区特别困难的群众过一个欢乐、祥和、喜庆的节日，中国红十字会总会决定开展春节送温暖救灾特别行动。2 月 2 日，中国红十字会总会派出 5 个慰问组分赴 10 个省区进行慰问活动。这次送温暖活动共拨出 100 万元专项经费，用于购买群众过节所需的大米、面粉、肉类等食品。常务副会长王立忠，副会长孙柏秋、曲折等亲赴灾区，把慰问品送到特困群众手中。

2000 年春节到来之际，中国红十字会总会向全国各省级红十字会发出通知，要求在春节前开展以“弘扬人道主义，温暖千家万户”为主题的送温暖活动，这是 20 世纪末红十字会开展的最后一次大型送温暖活动，总会从紧急备用金中拨出 150 万元为青

① 张建平：《放飞希望的沃土——记张洪图和他的大同希望学校》，《博爱》2000 年第 6 期，第 13－14 页。

海、陕西、河北、山西、浙江、内蒙古6个受灾省区的困难群众送去了面粉、肉、油等慰问物资；新疆、西藏的慰问物资由当地红十字会代表总会发放。各地红十字会积极配合，共筹集974万元救助款，开展各种形式的送温暖活动。

2001年1月，中国红十字会总会对全国各省、自治区、直辖市红十字会做出部署，要求各地从11日起开展“红十字博爱送万家”的救助行动。1月11日，中国红十字会“红十字博爱送万家”启动仪式在北京贵宾楼饭店举行，国务委员司马义·艾买提、全国政协副主席张思卿、全国政协副主席万国权、全国政协副秘书长齐续春、中国红十字会常务副会长王立忠等出席了仪式。这是全国红十字系统开展2001年元旦、春节期间向灾区人民送温暖的序曲。仪式由中国红十字会副会长孙爱明主持，常务副会长王立忠发表讲话说，多年来，中国红十字会秉承人道、博爱、奉献的精神，遵照《中华人民共和国红十字会法》所赋予的职责，经常开展多种多样的救助活动，在历年来的灾害救助活动中发挥了重要作用。这次总会拨出紧急备用金160万元，向西部和重灾区宁夏、甘肃、四川、重庆、贵州、云南、海南、辽宁等8个省、市、区运送棉被、棉衣、面粉、大米和糖果等物资。中国红十字会希望通过这一人道主义行动使灾区群众在温暖、祥和、欢乐的气氛中度过新世纪的第一个春节。王立忠同时宣布：“今后每年都在此期间开展以‘红十字博爱送万家’为主题的救助活动，争取为灾区人民多做实事，为社会稳定做出贡献。”① 司马义·艾买提宣布“红十字博爱送万家”正式启动，并祝灾区人民过一个幸福、祥和、美满的春节。随后，满载物资的车队驶出仪式现场，踏上了送温暖的征程。

与此同时，全国各地红十字会全面开展“红十字博爱送万家”救助活动，如上海市红十字会准备了200万元的款物、河南省也筹集到上百万元的物资、北京市筹款近百万元等，用于救助特困之家，声势之大，超过往年。

2002年春节前夕，一年一度的中国红十字会“红十字博爱送万家”活动在全国拉开帷幕。1月26日，天津市红十字会在静海县体育健身广场举行“天津市红十字博爱送万家”物资发放仪式，由中国红十字会总会提供的价值20万元的棉衣、棉被、粮食、糖果等救助物资，当场分发给连年遭受旱灾的静海、宁河、蓟县三个县的千户困难家庭。中国红十字会常务副会长王立忠、天津市副市长、市红十字会名誉会长愈海潮出席物资发放仪式，并深入农村慰问困难家庭。

1月29日至31日，正是黑龙江省千里冰封、万里雪飘的隆冬季节，由中国红十字会总会秘书长苏菊香为团长的总会慰问团一行4人携带慰问品来到黑龙江。他们一到哈尔滨，立即驱车前往千里之外的佳木斯市曾是抗日老区的贫困县——汤原县慰问。苏菊香秘书长在慰问物资发放仪式上说，中国红十字会的“红十字博爱送万家”工程，

① 傅虹：《中国红十字会开展“博爱送万家”活动》，《中国红十字报》2001年1月19日。

旨在落实江泽民总书记“三个代表”重要思想，进一步弘扬“人道、博爱、奉献”的红十字精神。我国还有几千万贫困人口，改变最易受损伤群体境况是红十字会的义务，完全符合党的为人民服务的宗旨。各级红十字会要最大限度地协助政府做好工作，帮助贫困人口过个温馨祥和的春节，起到稳定社会、发挥政府助手的作用。

2月2日，中国红十字会副秘书长汤声闻率中国红十字会总会慰问团一行4人，深入广东省韶关市乳源瑶族自治县，为500户生活特困的瑶胞发放慰问品。乳源瑶族自治县是山区、革命老区、国家扶贫开发工作重点县。在该县附城镇举行的“中国红十字会红十字博爱送万家活动慰问品发放仪式”上，慰问团将慰问品发放到生活特困群众手中。之后，慰问团还深入孤、老、残生活特困的瑶胞家中送上慰问品，瑶胞接过慰问品拉着汤声闻的手一再感谢中国红十字会。①

各地红十字会加大帮困力度，据统计，全国红十字系统“送温暖”共投入资金2900余万元，受益群众达50万人。其中，投入资金过百万元的红十字会有河南、湖南、北京、安徽、上海、内蒙古、云南、浙江、福建。

各地的活动形式丰富多彩，北京市红十字会组织医疗队深入房山、门头沟、延庆；黑龙江省红十字会在春节期间为省内抗联老战士、老红军、日孤养父母送去了节日的问候；内蒙古连续四年旱灾，自治区红十字会为了让灾民也能过好春节，多方筹集了价值233万元的物资，赶在节前送到灾民家里；宁夏红十字会购买了米、面、油等送到下岗职工家中，帮助他们过了个好年。

麻风病人是一个特别需要社会关爱的群体。在2022年的“送温暖”活动中，福建、甘肃、湖南、浙江、广东省红十字会带着粮油、衣物和红十字的博爱精神来到麻风病人的家中问寒问暖，使麻风病人及其家人深感温暖。②

全国红十字系统开展的“送温暖”活动，在对弱势群体提供爱心救助的同时，也宣传了红十字的人道、博爱、奉献精神，扩大了红十字会在社会上的影响，为今后开展活动奠定了更加牢固的基础。

中国红十字会开展的“红十字博爱送万家”活动，作为“爱心工程”的一个子项目，已进行了多年，它实际上已成为中国红十字会的一项传统活动，人们期待着这一“品牌”在未来的岁月中更加亮丽。

五、司堃范：为老年人献爱心

在“爱心工程”建设中，许多红十字志愿工作者用自己的行动，真诚奉献，谱写出一曲曲爱的赞歌。在诸多“爱心”使者中，司堃范就是一个典型。

---

① 《博爱送万家，温暖千万人——中国红十字会慰问团分赴各地送温暖》，《中国红十字报》2002年2月8日。

② 郭建阳：《红十字博爱送万家活动持久开展，年初迄今受益群众已达数十万人》，《中国红十字报》2002年3月22日。

司堃范

司堃范的名字，对于红十字工作者和医务人员来说，并不陌生，她原是北京红十字朝阳医院外科护士长，在护理岗位上一干就是35个春秋，默默地实践着她“一切为了病人”的诺言。平凡铸就辉煌，她荣获了第30届南丁格尔奖章。获奖后不久她退居二线，开始整理自己数十年护理工作的经验，撰写了《走南丁格尔之路》一书，她在书中写道：“我这一辈子都和护理事业结下了不解之缘，我要用生命谱写护理工作的新乐章。”

1988年，司堃范离开了她牵挂的病人，离开了终日忙碌的病房，离开了她所眷恋的工作了38个年头的护理岗位，她办理了退休手续。在一些人看来，年届花甲的她早已功成名就，退下来可以在家安度晚年。然而，司堃范没有停下来休息，她仍然履行着“白衣天使”的职责，仍然牢记红十字的宗旨，服务社会，为老年人奉献一片爱心，为红十字爱心工程添砖加瓦贡献一份力量。

刚退下时，不乏有些医院和单位发来邀请，有的以高薪聘请，希望她到医院去工作或当顾问，她婉言谢绝了，而主动来到了自己居住的团结湖街道居委会，表示要义务为社区的孤寡老人服务，照料他们的身体健康，把护理工作从医院转向社会、家庭。

为社区老人们提供护理，是她在医院工作时就酝酿过的想法，那时她曾与不少老年患者交谈，听他们诉说人老病多，看病成了老年人的思想负担，因此她下决心用自己的努力，为老年人提供帮助。在走访和闲谈中她对这些老年人有了进一步的了解，其中有一辈子从事教育工作的优秀教师，有辛苦一生的退休工人，他们将美好的年华奉献给了祖国的社会主义建设事业，现在他们老了，行动不便，疾病缠身，理应受到社会更多的关心和照顾。对他们了解得越多，这种感受就越深，就越想为他们解除病痛，她决心把自己从事护理事业近40年积累的经验和技术无私奉献给社区老年人康复事业。她为社区老人建立了病历卡，根据老人的不同情况采取不同的帮助方式，如对高血压患者，她坚持每日上门测量一次血压，指导其服药；对危急重症病人，她帮助联系住院或陪着去看病；对心情郁闷孤独者，她找其聊天等。[①] 她大部分时间是上门为病人义务服务，在家时也不得闲，对上门求医者，不管远近，认识与否，都热情相待。她还为附近的居民建立病案 72 个。在晨练时她给老人们看化验单，介绍服药小知识，讲解饮食疗法，示范腰腿疼痛常见老年病的按摩法等。有一天在公园晨练时，60 多岁的王大妈说乳房上长了一个疙瘩，当天她就与原来所在的朝阳医院联系诊断，结果正如她所料，老人是患了乳腺癌，很快就做了手术，避免了病情的发展。有多少受过她护理的老人要给她出诊费，都被她一一谢绝了，她说："我要是为了钱就不干了。"十几年来她顶严寒、冒酷暑入户为老年人服务达 2000 多人次，她一心扑到老年人身上，顾不上做家务，为了他人的安危，她可以丢下发高烧的儿子不管，而先去解除他人的病痛。她奉献给老年人的岂止是余热，而是一团火，一团解除他人痛苦、给人温暖的生命之火。

这几年她为社区服务的事迹在媒体报道后，许多记者采访她，她利用这个机会呼吁全社会都来关心老年人，为老年人奉献一片爱心。她对记者说，世界上一些先进国家比较普遍地开展了家庭和社区护理，这项工作不仅使慢性病患者和孤寡老人受益，而且也使中老年护士多年积累的经验和知识得到发挥。我国虽然还未普遍开展这项工作，但随着人口的老龄化和独生子女的普遍化，这项为老年人所需要的工作一定会广泛开展起来的，"我要把自己的余热贡献给社区服务，尽管这项工作还有很多困难，但我愿作一个探路者。"她在继续探索着、服务着。

人到老年最怕孤独，司堃范深知，孤独比疾病更危害老年人的健康。因此她对老年人除了疾病上给予关心治疗外，更注重心理护理。1996 年 1 月，老徐在老伴去世后，心情郁闷。那些天，司堃范天天去看他，耐心地劝导、安慰，启发他对生活的乐趣，帮助他安排生活起居，陪他看电视聊天。经过一个多月的心理护理，老徐终于鼓起了生活的勇气。

1997 年的春节，她像往年一样，自费买了食品，走访 11 位孤老，并把一位孤老接到家中过年。她说："金钱有价情无价，我要用这份亲情去为更多的孤寡老人服务，使他们的晚年因为有了我而多一份快乐。"

她以自己的言行感染着他人，带动着周围的人。她组织起一支有 23 位老同志参加的志愿服务队，开展邻里互助，为二十几位孤寡及有困难的老人无偿服务。

为了唤起更多的人的爱心，帮助老年人，她先后在北京及外地讲学 200 多场次，宣传社区服务的精神。一个小护士听了她的报告后写信给她："您为病人奉献全身心的爱，给病人无限的温暖，我要像您一样工作、学习，您是我学习的典范。"在她的感召下，市红十字朝阳医院的红十字会员定期到团结湖小区为 8 位老人服务。看到年轻人

① 曲折主编：《中国红十字事业》，广东经济出版社 1999 年版，第 247 页。

甘愿为社区老人服务的行动，她感到欣慰。[①]

司堃范一心一意为老年人奉献爱心，受到人们的尊敬和爱戴。1990 年“三八”节时，她被授予“三八红旗手”的光荣称号，退休后能获得妇女界最崇高的荣誉，更激励她要继续为老年人志愿服务，让南丁格尔奖章永远闪光。司堃范为“爱心工程”奉献爱心的行动，也受到总会的赞扬，2002 年 1 月 4 日，中国红十字会副会长孙爱明等看望了她，高度称赞司堃范退休后在社区服务中所做的大量工作，并为她带去了鲜花和节日的祝福。

① 鲁文焕：《走南丁格尔之路矢志不渝——记红十字志愿工作者司堃范》，《中国红十字报》1997 年 9 月 19 日。

第十章

中国红十字文化事业

中国红十字运动的发展，是与红十字人道主义思想的日益深入人心分不开的。而红十字走近你我他，不言而喻，舆论宣传起着至关重要的作用。以报刊、展览、电影、电视、网络等“软件”为载体的红十字文化事业，使“人道、博爱、奉献”的理念社会化，红十字精神得以弘扬。“软件”与“硬件”（具体的行动）相互激荡，推动中国红十字运动从昨天走向未来。

第一节　报刊——中国红十字运动的喉舌

一、《新中国红十字》

作为国际红十字大家庭中的一员，中国红十字会有责任、有义务弘扬人道主义，传播国际人道主义法[①]，捍卫圣洁的红十字，遵循国际红十字运动的七项基本原则——人道、公正、中立、独立、统一、普遍、志愿服务，在全国范围内开展人道主义工作。行动固然重要，舆论的作用也不可小视。

---

① 1949年8月通过的四个日内瓦公约和1977年6月10日通过的两个附加议定书，即现行的《关于改善战地武装部队伤者病者境遇之日内瓦公约》《关于改善海上武装部队伤者病者境遇之日内瓦公约》《关于战俘待遇之日内瓦公约》《关于战时保护平民之日内瓦公约》以及保护国际性武装冲突中的受害者的第一附加议定书和保护非国际性武装冲突中的受害者的第二附加议定书。

事实上，中国红十字会自成立以来，一直比较重视宣传的社会效应。新中国成立以前，除了借《申报》《新闻报》《大公报》等大众传媒展示自己的风采之外，当然也要有自己的舆论阵地作为喉舌。1913 年 3 月，《人道指南》在上海创刊，这是中国红十字会最早的机关刊物（目前仅发现一期）。1913 年 5 月，《中国红十字会杂志》出版发行（出版两期），1921 年 10 月至 1923 年 6 月，有《中国红十字会月刊》行世，1935 年 7 月至 1940 年 6 月，《中国红十字会月刊》出版 60 期，1941 年 1 月至 1945 年 8 月，《会务通讯》为抗战救护呐喊，“《会务通讯》之创刊其有四义：一是总会同仁散在前线后方，担任神圣救护者不下三千人，而全国分会亦有五百余处，工作情况体验，也各有所得，彼此联络，互通信息，交换意见；二是总会以‘博爱恤兵’为宗旨，使命重大，其价值在战时亦为显著，救死扶伤，虽赖同仁不怕艰险的精神，而医药物资之接济，是为总会事业之原动力，尤赖于国内外之协助。见义勇为，人有同情，仁风播扬，斯易响应。凡分会之推广，会员之征求，必须致力宣传，以树风声。三是战区既广，责任愈繁，凡救护事业有未备者，宜求补充，医药技术问题有待研究，须求解决，《会务通讯》月出一次，总会一切动态，简写实录，检讨工作，增进会务。四是各机关例有公报刊物，《会务通讯》亦有公报性，普通文件，也可刊载，以省烦牍”①。《会务通讯》成为抗战时期红会工作最具影响力的刊物。抗战胜利后，1946 年 1 月，中国红十字会创办了《红十字月刊》，直到 1948 年停刊，共出版 36 期。上述刊物，虽然时断时续，但在那个时代，却是红十字走向社会，接近大众的重要媒介。

中国红十字会早期出版的期刊

中华人民共和国建立后，中国红十字会总会经过改组，以新的面貌出现在人们面

① 《会务通讯发刊词》，《会务通讯》1941 年第 1 期。

前，在万象更新的时代背景下，《新中国红十字》（月刊）于1950年9月30日创刊发行。作为中国红十字会的机关刊物，《新中国红十字》既是新的刊物，也是1913年创刊的《中国红十字会杂志》的继承。她的办刊方针是：根据“预防为主”的卫生方针，以及“动员和组织人民实行自救助人”的救济福利方针，协助各级人民政府，面向人民大众，宣传并推广防疫、卫生、医药及救济福利事业。具体任务有五，即“传达总会各种政策、计划、决议及重要报告”；“报道总会、分会、国际红十字会的动态，及有关团体机关的重要消息”；“提出并讨论红十字会的特殊问题，举出工作中的典型例子，交流经验”；“进行卫生教育和救济福利政策教育”；“进行红十字会工作及红十字会工作者的批评和自我批评”。该刊“将努力于中国红十字会总会与各地分会、与会员群众、与红十字工作者、与红会事业有关的机关团体和个人之间，建立密切的联系，使会与群众联为一气，共同为搞好红十字会工作而努力”[①]。

《新中国红十字》创办后，遵循办刊方针，围绕五大“具体任务”，月月准时出刊，将中国红十字运动的各种信息，传送到全国各地分会，“以帮助他们了解红十字会的政策和会务发展的情况，并从实际中否定旧的，创立新的，找出红十字会今后发展的方向；又寄发中央人民政府有关单位、各民主党派、各人民团体以及全国卫生民政行政机构，以冀全国行政首长及各级干部对新中国的红十字会有所了解，更好地指导和协助人民红十字会事业的展开；本刊也广泛地寄发全国医药界、救济福利界、各医学校、各大医院、各大图书馆以及北京市工会、文化馆等，希望引起广大群众对红十字会的认识与兴趣”[②]。用心可谓良苦。

随着红十字事业的发展，《新中国红十字》在探索中不断改进，栏目增多，内容力求饱满充实。以第1卷的12期刊物为例，1—4期，主要传达总会改组的情况、红会的方针政策、制定的各种规章和总会本身的活动。由于当时抗美援朝运动高涨，中国红十字会组织了国际医防服务队开赴前线救护，围绕这一焦点，《新中国红十字》第5、6、7、8诸期，作了大量翔实的报道。1951年2月，该刊建立了通讯员制度，使各地分会及各直属单位的活动情况，通过“分会园地”反映出来；又接受读者的意见，从第6期起增辟了“卫生常识讲话”栏目，第7期起又连续介绍兄弟国家红十字会概况；从第8期起除了国际医防队的工作通讯之外，第一医防服务大队在淮河两岸的活动及工作报告也更多地陆续刊载了。月刊容量从第7期起大大增加，由原来的3万多字，增至9万字左右，其中第12期达12万字。从第7期开始，大量增加照片的篇幅，使刊物图文并茂。由此不难看出，《新中国红十字》积极进取，与时俱进的精神风貌，对推动中国红十字会走上“新生”之路，对推进中国红十字事业的发展，起了重要的“导

① 《新中国红十字发刊词》，《新中国红十字》1950年第1期。

② 《〈新中国红十字〉月刊一周年》，《新中国红十字》1951年第1期，第66页。

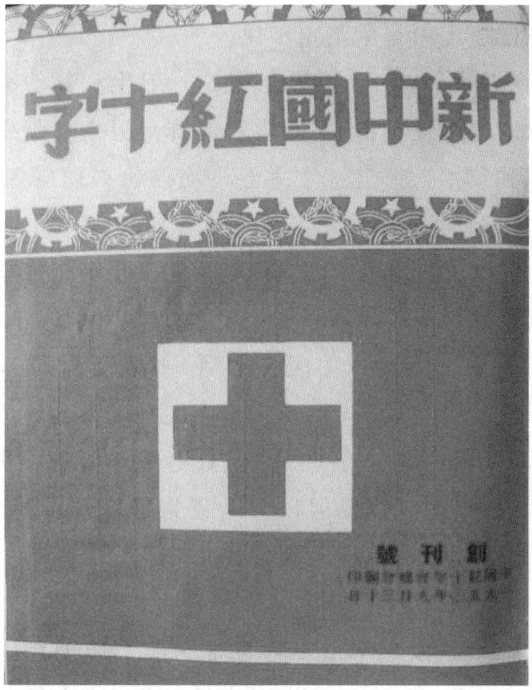

《新中国红十字》创刊号

向”作用。

《新中国红十字》月刊是当时为数不多的刊物之一，在社会上有一定的影响，但由于内部发行，影响面不够宽，给后人留下一丝遗憾。

二、从《中国红十字》到《博爱》

《新中国红十字》命运多舛，仅出 47 期，1954 年年底停刊。刊物没有完成自己的历史使命而“停刊整顿”，令人惋惜。两年后，1956 年 4 月，《新中国红十字》以《中国红十字》的面目再度出现在人们面前。可是，好景不长，1958 年年底，由于总会机构发生变动，总会国内工作部门（组训部、宣传部）与中央爱国卫生委员会办公室合署办公，中国红十字会的地位一落千丈，《中国红十字》再次停刊，与卫生部《讲卫生》月刊合并为《爱国卫生》，1959 年出刊，以宣传报道爱国卫生运动、防病治病常识为主，只保留了一个“红十字园地”栏目。中国红十字文化建设遭受挫折。即便如此，《爱国卫生》也没存在多久，1961 年停办，一停就是 20 年。

由于中国红十字会的国内工作长期停顿，红十字文化事业也遭封杀，“红十字”在人们心目中的崇高形象几乎荡然无存。“红十字”变成陌生的字眼。

粉碎“四人帮”，历史翻开新的一页。春回大地，中国红十字会重振雄风，面目一新，作为机关刊物的《中国红十字》终于在 1980 年 7 月又与久违的读者重逢了。《中国红十字》月刊的复刊表明，中国红十字会的工作随着我国社会主义现代化建设的发展逐步地向着正确的方向迈出可喜的坚定步伐。

《中国红十字》月刊仍然是以红十字基层组织、卫生和其他有关部门基层单位、会员以及广大群众为对象的群众性刊物，“着重宣传群众卫生、献血、‘三防’、急救、护理、医药等方面的知识和技术，报道红十字会、血站、人防等基层单位的活动和工作经验，介绍国际红十字组织的重大活动和有关国外科技知识，致力于我国人民群众卫生水平的提高、全民族科学文化水平的提高”①。钱信忠会长在复刊号上发表文章，号召全国红十字会员和刊物的读者“携手前进”。

1992 年的早春二月，改刊后的《中国红十字》杂志第 1 期双月刊问世了，刊名仍为《中国红十字》。

“等闲识得东风面，万紫千红总是春。”在千姿百态、各领风骚的期刊百花园里，《中国红十字》也许是不起眼的刊物，但以“人道为宗旨，以博爱为己任，送您温馨，给您真挚”，其文字“如丝丝细语，流入人们的心田”，其精神“如春风阳光，给人以行动的力量”。②

改刊后的《中国红十字》以更丰富多彩可爱的形式展现在读者面前，所设栏目有“独家文章”“名人与红十字”“海峡两岸”“人物专访”“昨夜星辰”“人道天地”“社会广角”“服务窗”“红十字论坛”“警戒线”“环宇红十字”“史海钩沉”“社会问题反思录”“红会史料”“往事漫忆”“红十字经纬”“悬壶济世”“输血献血”“四海之内”等，的确新人耳目。

改为双月刊的第一年，即从 1993 年起，经新闻出版署批准，《中国红十字》（双月刊）杂志更名为《博爱》（双月刊）与广大读者见面。刊物冠以“博爱”，更直接形象地反映了红十字的宗旨和任务。中国红十字会自创立之日起，创始人沈敦和即提出“博爱恤兵，服务社会”为最高宗旨；1946 年 7 月，国际红十字协会第 19 届理事会决议第四条规定：红十字会工作以推进人类博爱思想，并服务社会借以防止或减免人类的痛苦为目的。“博爱”体现了人类互助友爱的精神，是人道主义的最形象表述。她不仅避免了与新创刊不久的机关报《中国红十字报》名字的重复，易为广大群众接受，而且可以使更广泛内容的作品刊载本刊，争取到更多的读者。

值得注意的是，《博爱》杂志以孙中山先生手迹为刊名题签，更显凝重，她唤起人民铭刻先生推崇的精神，以博爱的光芒普照人间。

与《中国红十字》相比，《博爱》清新活泼，除继承原有特色栏目之外，增辟“名人轶事”“水落石出”“无影灯下”“两性对眼”“谈情说爱”“心理咨询门诊”“人道审

① 《〈中国红十字〉复刊词》，《中国红十字》1980 年第 1 期。

② 《春的问候》，《中国红十字》1992 年第 1 期，第 1 页。

《博爱》杂志

判台”“五彩世界”“天使之歌”“歪打正着”“开心快餐”“爱的呼唤”“博爱·亲情篇”“博爱·爱情篇”“博爱·同情篇”“保护儿童”“人在旅途”“奇闻轶事”“热门话题”“生命之河”“父母须知”“开心一刻”等几十个新栏目。的确，作为中国大陆第一份以博爱为宗旨的综合性刊物，《博爱》熔可读、科学、服务于一炉，集博大、挚爱、多彩为特色，给人一种全新的感受。

《博爱》杂志追溯到1913年《中国红十字会杂志》第1期出版的时间，那么至今已有90多年的历史了，如历数中国跨几个时代而延续下来的刊物，有90年历史的可谓寥若晨星，而能以汉字传播世界一百多个国家和地区的杂志为数更少了。《博爱》走过了曲折的道路，阅尽了人间沧桑，随着中国红十字事业的兴衰沉浮，其生命不泯，且枝叶繁茂，足见其深受各界爱戴。《博爱》既是人道主义的载体，也是中国红十字文化事业上的“亮点”。《博爱》永恒，中国红十字文化之树长青。

三、《中国红十字报》：走在洒满人道主义阳光的道路上

1985年，中国红十字会第四次全国会员代表大会以后，全国的红十字组织迅速发展起来，国内国际工作出现了新的局面。在这种新的形势下，原有的《中国红十字》杂志由于篇幅所限和出版周期长，已不能适应红十字工作的需要，总会决定除继续办好《中国红十字》杂志外，再创办《中国红十字报》作为总会的机关报。一报一刊，犹如一鸟双翼，各有侧重。《中国红十字》杂志相应减少有关会务知识和红十字活动的内容，增加卫生救护和输血献血等方面的分量，侧重于科学知识的宣传；《中国红十字报》作为总会的机关报，其主要任务和基本内容是在“四大”的会章和工作方针指导

下，充分反映各地红十字会的活动和工作经验，及时报道国内国际红十字运动的动向、传递信息，为建设有中国特色的红十字会服务，为精神文明建设服务。

《中国红十字报》试刊第 1 期于 1986 年 10 月 5 日出版，出版 3 期后各地红十字组织和会员普遍反映较好，经报请中共中央宣传部批准，1987 年 1 月 5 日正式创刊，在国内外公开发行。本刊的创刊可谓生逢其时，将在全国上下各级红十字组织共同开创红十字工作新局面的进程中，在弘扬人道主义精神的宣传中，充分发挥其舆论工具的作用。

全国政协副主席赵朴初为《中国红十字报》的创刊题词："为发扬社会主义人道主义精神，救灾纾难谋求人民福利，维护世界和平尽宣传报道的神圣职责。"中国红十字会名誉会长钱信忠题词："在两个文明建设中发挥红十字会作用。"原卫生部副部长黄树则题词："发扬人道主义精神，普及卫生科学知识。"中国红十字会副会长谭云鹤题词："及时交流经验，共同开拓前进。"

中国红十字报
ZHONGGUO HONGSHIZIBAO
1986年10月5日　第一期　（内部刊物）中国红十字会总会主办

1986 年 10 月 5 日《中国红十字报》第一期刊头

为了《中国红十字报》的创刊并宣传"四大"以来红会工作的成就，1987 年 1 月 26 日，中国红十字会总会在训练中心大楼举行记者招待会，新华社、《人民日报》及其海外版以及《中国日报》《瞭望》《中国青年报》《科技日报》《健康报》《社会保障报》《华声报》，还有中央电视台新闻部、中国新闻社等 20 多家新闻单位的记者出席招待会，他们听取了关于《中国红十字报》创刊经过及其方针、任务和红十字会工作成就以及在国际上的地位和作用后，对中国红十字会的国际和国内工作兴趣盎然，不时提出询问并表示要为弘扬人道主义精神做出努力。

《中国红十字报》月出一期，周期过长，不能适应红十字事业发展的需要。1991 年 1 月起，缩短刊期，改为半月一期。尽管如此，周期仍嫌过长。1992 年 1 月，经国家新闻出版署批准，《中国红十字报》改为对开周报，逢周五出版。扩版后的《中国红十字报》，立足红会，面向社会，以崭新的面貌走近读者。

《中国红十字报》刊头由赵朴初先生亲笔题写，版面安排：一版为要闻版，主要宣传中国红十字会的有关方针政策，国内、国际红十字运动重大活动；二版为“传真”——“亮点·聚焦·集锦·通联”；三版为“纪实”——“论坛·基金·救助·校园”；四版为“文萃”——“特写·艺苑·史话·百科”。2002 年 3 月 8 日起，为落实中国红十字会与红十字国际委员会达成的 2002 年至 2004 年国际人道法和其他相关内容的“国际红十字运动基本知识传播工作合作计划”，《中国红十字报》特辟“传播工作专栏”，旨在为各地宣传干部提供分享信息、交流经验的园地。传播是红十字事业发展的基础，发展与传播密不可分。“只有广大专职干部和志愿工作者掌握了红十字运动基本知识，才能通过他们的努力使社会各界了解红十字会，支持红十字会的工作。从这个意义上说，专栏的开办不但有利于交流传播工作的经验，了解传播工作的各种信息，促进传播工作的开展，而且有利于我们整个事业的发展。”① 总之，《中国红十字报》以人道主义为宗旨，涉及社会、生活等更多领域。

一报一刊，是中国红十字会传播人道主义的载体，是红十字文化建设的一个窗口，因此倍加呵护。为办好机关报刊，中国红十字会几乎每年都要召开报刊工作会议，还专门设立全国报刊工作发行工作最佳奖、优秀奖、先进奖、表扬奖以及优秀特约记者工作奖、好新闻奖等，以资推动。

中国红十字会报刊的征订工作是人道领域传播工作的先行条件。多年来，总会倡导“全会办报刊”的方针，使各基层红十字组织以及会员、志愿工作者认识到红十字报刊征订工作，在一定程度上反映红十字会工作的情况，“多订阅一份《中国红十字报》和《博爱》杂志，就会多扩大一分红十字会影响”。为将征订工作落到实处，总会要求“各地红十字会为本会理事每人订一份《中国红十字报》和一份《博爱》杂志，使他们及时了解掌握中国红十字会全国会员代表大会、理事会、常务理事会、执委会、总会的有关方针、政策以及各地红十字事业的发展情况，充分发挥他们对本地区红十字会工作的指导作用，推动红十字事业发展；在本系统做好订阅工作的基础上，要积极深入机关、厂矿、学校、医院、血站、救护站和社区以及乡镇等社会各个方面，广泛宣传，扩大影响，拓宽订阅的范围；对团体会员单位要明确职责”；“各省、自治区、直辖市红十字会根据本地基层组织数确定并落实订阅范围和读者对象。凡在订阅总会报刊工作中取得业绩的单位可获完成任务奖或超额奖；排名在前的省（区、市）以及院校和企业，均能在报刊上得到常年鸣谢或登载基层组织名录的优惠，同时赠送广告版面等。”② 由此亦可见红会对文化建设之重视了。

作为中国红十字运动的文化阵地，地方各级红十字会报刊工作也在不断加强建设之中。自 1990 年以来，至今已召开十几次地方红十字报刊协作会议，交流经验，探讨

---

① 王立忠：《努力开展传播工作，促进红十字事业的发展》，《中国红十字报》2002 年 3 月 8 日。

② 《中国红十字会总会关于做好 2002 年〈中国红十字报〉〈博爱〉杂志征订工作的通知》，《博爱》2001 年第 6 期封底。

共同繁荣红十字文化的途径、办法。在1998年的协作会议上，还评选出天津、上海、浙江、山东、江苏等10家办得较有特色的地方红十字报。

红十字报刊是宣传红十字工作、扩大红十字会在国内外的影响、动员全社会参与人道主义事业的重要手段，这已是不争的事实。希望不久的将来，红十字报刊走进“网络时代”，绽放更加鲜艳的人道之花。

第二节　多彩的宣传　款款的情意

一、在红十字电影节上

红十字文化建设是一项持久的系统工程。通过多样化的宣传形式，营造爱的氛围，是中国红十字运动努力追求的目标。

在多彩的宣传活动中，影视制作与传播，引人入胜，极具震撼力、感染力，颇有开发价值。

早在1965年，国际红十字会与红新月会协会（现称红十字会与红新月会国际联合会）发起组织“红十字与卫生影片国际电影节”（因在保加利亚黑海之滨的风景名城瓦尔纳举行，称瓦尔纳电影节）。1970年，受红十字会与红新月会协会委托，匈牙利红十字会承办每隔两年一次的纳吉古拉斯电影节。举办电影节的目的是扩大人道主义的宣传，其宗旨是“通过人道获得和平与友谊”。

自20世纪80年代以来，中国红十字会与有关部门联手制作了多部影视片，向社会宣传红十字会的工作和历史，参加国际电影节活动。1985年，中国红十字会总会首次参加瓦尔纳电影节，参赛影片《崇高的义务》。1987年又送出《喜鹊登枝》和《刘连仁》两部电视片，参加第12届瓦尔纳电影节活动，受到欢迎。

1986年5月23日至25日，第九届红十字国际电影节在匈牙利纳吉古拉斯举行，参加本届电影节的共有16个国家选送的47部电影、电视片。中国红十字会选送的三部电视片在电影节上放映，均获得好评，特别是对《妈妈，你在哪里》这部电视片评价很高，认为：这部电视片把传统的电影和现代录像技术完美地结合起来，内容好，结构完整，表演真切。这届电影节设一、二、三等奖和特别奖，《妈妈，你在哪里》被授予最高特别奖。这部电视短剧，反映红十字青少年在学校红十字会组织中，通过老师的诱导和教育，加强了青少年之间的相互关心，互相体贴，互相帮助，在学习、生活和各项活动中，发扬了助人为乐的精神，使从小失去母爱的秀玲同学，在红十字会的集体活动中得到了最伟大的“母爱”：“祖国——我的妈妈。”演员富有感情的生动逼真的演技，令人难以忘怀，特别是红十字青少年在秀玲家里帮助秀玲婆孙做家务的那些感人镜头，给观众留下了孤儿不孤、寡而不寡的深刻印象。

1986 年 6 月 20 日，中国红十字会总会在北京举行授奖仪式，以表彰在第九届国际红十字电影节上荣获最高特别奖的电视片《妈妈，你在哪里》的剧组人员。总会副会长蔡壬癸在授奖仪式上讲话："你们卓有成效的劳动使这部电视剧在艺术和技巧方面都达到了较高的水平，为我们国家、为我国红十字会争得了荣誉。"此外，广西南宁市红十字会拍摄的《溺水救护》在 1988 年匈牙利举办的第十届国际红十字电影节上荣获二等奖。

具有红十字内容和人道主义特色的电影节，运用电影和录像等艺术形式，宣传以人道主义思想为指导的各种红十字活动，宣传卫生与环境保护知识，不仅为各国红十字会提供了交流红十字活动经验的机会，而且对我们来说也是对外宣传我国红十字事业的一个窗口、宣传我国改革开放成就的一个窗口。

1990 年 8 月，在纪念抗日战争胜利 45 周年之际，由中国红十字会总会和山东电视台联合摄制的 12 集电视连续剧《刘连仁》在中央电视台播放。

《刘连仁》剧本

1990 年 12 月 14 日，由中国红十字会总会、徐州市人民政府、长春电影制片厂联合摄制的电视片《血情》在京举行首映式。全国政协副主席赵朴初为此片题写片名。文化部原副部长吴雪、全国输血协会副理事长才生嘎、著名作家欧阳山尊、徐州市副市长王希龙及总会领导出席首映式。该片以江苏省徐州市 1989 年突破年无偿献血万人大关的先进事迹为蓝本，记述义务献血从无到有的发展和全市党政军民共同参与公民义务献血活动，揭示了"人人有献血的义务，人人有用血的权利"的主题，弘扬了无私奉献精神，再现了广大红十字工作者宣传、组织、动员献血工作的艰辛劳动和献血者救死扶伤实行人道主义的动人场景。用科学和事实揭开了血液的神秘面纱和向国人普及了献血有益于健康的道理，是社会主义精神文明建设的好教材。

随着中国红十字事业的发展，红十字影视宣传日趋活跃，不少地方红十字组织拍摄了相当数量的电影、电视片。为弘扬红十字文化，促进国内外的友好交往与交流，中国红十字会总会于1990年12月7日至10日在京举办了首届中国红十字电影节。组织者邀请了谢添、凌子风、章柏青、杨恩璞、韩子善、赵群、孙永生等影视界著名导演、评论家对参展的65部影视片进行评选，评出了一、二、三等奖各2名，特别奖5名，鼓励奖10名，其中北京电视台的《走向太阳》、天津电视台的《情融游子心》获一等奖。总会还推荐部分获奖影视片参加1991年9月在保加利亚瓦尔纳举办的第14届国际电影节。

1992年，新疆红十字会成立了全国红十字会系统的第一家红十字影视制作中心，这是令人鼓舞的。

影视是民众喜闻乐见的宣传形式，但制作费用高昂，这就需要社会的支持与扶助，红十字题材的影视剧才能走向繁荣。

二、丹青巧绘红十字，诗情画意颂人道

举办展览和比赛是宣传红十字事业的另一种有效方法。自20世纪80年代以来，此类活动经常举办，还经常参加国际性活动。例如：

1983年，红十字会与红新月会协会结合世界红十字日主题，开展红十字国际摄影比赛。中国红十字会根据协会的倡议，在国内开展了“全国红十字摄影比赛”活动，征集得来的一部分摄影佳作，选送协会参赛，其中南京市红十字会杨开禄所摄《假日》获一等奖。

1984年，协会与世界卫生组织一道，举办国际儿童宣传画竞赛，有49个国家上万名15岁以下的儿童参加绘画竞赛活动，天津市红十字会选送的8岁儿童何宁的作品《我们都是快乐的小鸟》获一等奖。

1987年5月7日，总会与中国邮票博物馆联合举办为期5天的“首次国际红十字邮票展览”并发行首日封。中顾委副主任宋任穷等为开幕式剪彩。

1988年，首届红十字美术、书法、摄影展获奖作品和部分参赛作品先后在北京、甘肃、山西、河北、河南、江西、上海等省市巡回展出，近17万人参观，在社会上产生了较大影响。当年11月，总会在北京举办以“让生活充满爱”为主题的漫画展览。总会推荐参加第七届国际残疾儿童绘画大奖展赛，4件作品获奖。选送参加匈牙利第六届国际卫生摄影作品，获得彩色组所设3枚金奖中的2枚。

1989年，为纪念中国红十字会成立85周年，总会在北京举办了中国红十字会图片展览。

1990 年 6 月，总会在北京少年儿童活动中心举办以“保护儿童、妇女和老人”为主题的全国儿童画展览。

1991 年 3 月 26 日，中国红十字会主办的全国少年儿童“居安思危有备无患”画展在北京开幕。9 月 22 日，“中国红十字展览”在意大利国际红十字博物馆隆重开幕。

…… ……

在书法、美术、绘画、摄影等各类展览中，“中国红十字首届美术、书法、摄影展览”以其恢宏壮阔的艺术场面，给人留下抹不去的印象。

1988 年 1 月 7 日，以人道主义为主题的“中国红十字首届美术、书法、摄影展览”经过一年的筹备，在中国美术馆正式展出。国务委员姬鹏飞为展览剪彩，政协副主席赵朴初为展览题写会标。首都各界人士和驻华使节 2000 多人参加了开幕式。

展出的 300 余幅全国精英之作或古朴纯真，或潇洒练达，艺术家们在人道主义的沃土上尽情挥洒，力求表现乐善好施、扶危济困、从古至今的人道主义思想。徜徉在这艺术长廊时，就仿佛在倾听着艺术家饱含激情地诉说那悠悠岁月中动人的故事。

1 月 7 日，中国美术馆一楼西展厅内挤满了观众，先睹为快的人们在竞相参观刚刚开幕的“中国红十字首届美术、书法、摄影展览”，引人入胜的书法“道义筑神州”这一巨大的条幅，以刚劲端庄的笔力，表达了这次展览的主题。

在书法作品展厅里，那一幅幅书体各异、富有哲理的佳作，对人们既是一种书法艺术的享受，也是一次对情操的陶冶。在美术作品展览厅里，一幅幅感人的画面把你带到一个充满人道、博爱的天地。解放军作者创作的大型水墨画《华山抢险》，再现了第四军医大学学员们在华山奋勇抢救遇险的人民群众的事迹；油画《毛泽东去安源》的作者刘春华创作的《灾民与天使》，描绘了一位白衣战士亲切热情为灾民看病的情景；著名画家范曾的《华佗望切图》，把这位古代医圣“和颜依旧对蒙童”的情景表现得栩栩如生，他安详和悦的神态令人蓦然想起“贫富用药无别，贵贱用心皆一”这句悬壶济世的名言；战火停息的《瞬间》，一名日军与一位八路军战士并肩而卧，合盖一条床单，上面印着一个和他们头上鲜血一样颜色的红十字。此情此景，当年的老战士舒同最为熟悉，今天这位“马背上的书法家”对红十字事业满腔热情，“不管多忙，一定为红十字书写”，他的书法作品吸引了不少观众。

在摄影作品展厅里，摄影艺术家们把镜头对准了红十字活动的各个侧面，用艺术的手法真实地反映了敬老助残、扶危济困、助人为乐的场景。获得摄影一等奖的新作《孤儿的生日》令人感到在我们社会主义国家里“孤儿不孤”；母女俩推着一位残疾人在雪路上行走的照片，表达了“人间有真情”的主题；黑白照片《血为他人流》记录了著名喜剧演员陈佩斯无偿献血的场面，参观者笑口称赞他不仅仅是一个喜剧明星，还是一位无偿献血的带头人。

展品琳琅满目，美不胜收。真是一幅画面，一片深情；一幅条幅，一首颂歌。红十字精神因人类需要而生，又深深渗透在五大洲不同肤色、不同阶层的人们中间，他们年复一年地用心去做，用心去爱。

这次展览有着广泛的社会性和群众性，全国各地红十字基层组织及社会各界人士、专业的和业余的作者，对人道主义题材的艺术创作，表现了极大的兴趣。这次展览共收到来自全国 29 个省、自治区、直辖市的作品 5000 余件，从中选出美术作品 80 幅（其中获奖作品 12 幅）、书法作品 80 幅（其中获奖作品 10 幅）、摄影作品 112 幅（其中获奖作品 12 幅），加上 40 幅名人题词、贺画，本次展览共展出 312 幅作品。① 这些作品以各种艺术手法，展示了人道主义的主题。作者中有著名的书法家、美术家、摄影家，如沈鹏、肖劳、欧阳中石、范曾、魏启后、方去疾、韩天衡、费新我、吴丈蜀、杨仁凯等，而更多的作品出自基层红十字会会员和各行各业的业余工作者之手。

经过三个评委（摄影家协会主席石少华任摄影评委主任、中国美术家协会理事朱乃正任美术评委主任、中国书法家协会主席沈鹏任书法评委主任）各自对参赛作品认真多轮评选选出的这些作品，具有很高的艺术境界。著名摄影艺术家石少华从初选自始至终参加了评选活动，他说："这次摄影作品内容很好，比较成功，希望红十字会通过这些作品走向世界，这不仅仅是红十字会的任务，也是我们摄影界的使命。"评委、《人民日报》高级摄影记者张雅新说："19 位评委经过五轮无记名投票，再结合民主评议，才产生了获奖作品，这次摄影作品质量之高，很多都出乎我们的意料之外，我参加了许多摄影评选工作，中国红十字会首次举办的这届以红十字为主题的书法美术摄影展览是专题摄影比赛中比较好的。"

展览于 1 月 13 日闭幕，共展出 7 天。据统计共有 17500 人参观了展览，圆满达到了使社会各界和国内外朋友进一步了解中国红十字会，关心和支持中国红十字人道主义事业以及弘扬红十字文化的目的。

三、纪念，为了事业的永恒——建会 80、90、100 周年纪念活动侧记

纪念活动是一种文化现象。在中国红十字运动史上，周年纪念、改组纪念、世界红十字日纪念，异彩纷呈。在周年纪念中，逢五、逢十，总要举行较大规模的活动，宣传红十字运动的历史与精神，以志继往而开来。这本身就是一次较大规模的宣传活动。特别是建会 80 周年、90 周年、100 周年纪念活动，隆重而热烈，在中国红十字文化史上留下了浓墨重彩之笔。

1984 年 6 月 15 日，中国红十字会在北京饭店隆重庆祝中国红十字会成立 80 周年。国务委员姬鹏飞、全国政协副主席赵朴初、外交部副部长温业湛、卫生部副部长郭子恒、北京市副市长白介夫、中国红十字会会长钱信忠、副会长杨纯、沈其震、熊天荆、

① 《中国红十字会首届美术书法摄影展览闭幕》，《中国红十字报》1988 年 2 月 5 日。

彭炎、龚普生及各界知名人士如邓朴方、吴作人、严镜清、林士笑等和来自全国的500多名新老红十字会员欢聚一堂，共同欢庆中国红十字会八十华诞。钱信忠会长在大会上讲话，他回顾了中国红十字会的历史，介绍了中华人民共和国成立后中国红十字会所取得的巨大成就。他说："我们隆重纪念中国红十字会成立八十周年是十分难得而有意义的……中国红十字会必须在已经取得成绩的基础上，百尺竿头，更进一步，要搞好体制改革和对外开放两件大事，红十字会工作要更加适应卫生部门开创社会主义现代化建设新局面的需要，更好地为两个文明建设服务，使各项工作继续为振兴中华，为人民谋福利，为国际红十字事业的发展做出应有的贡献。"新中国成立前的老红十字会工作者、原常务理事曾大均在会上讲了话，北京市红十字会会长白介夫、四川红十字会副会长任长方分别代表北京、四川红十字会向大会献礼，中国歌剧舞剧演员们演出了精彩的文艺节目。

中国红十字会总会出版了《中国红十字会成立八十周年纪念画册》，向社会宣传和介绍了八十年来中国红十字会的历史功绩和活动照片，这是中国红十字会有史以来第一次出版如此大型画册。许多知名人士和书画家为庆祝八十周年题词、作画，如朱学范、赵朴初、舒同、钱信忠、陈叔亮、吴运铎、肖劳、吴作人、肖淑芳、崔子范、卢光照、尹瘦石、白雪石、俞致贞、周思聪、刘勃舒、范曾、张广、徐希、姚奎等。[①]

《中国红十字会成立八十周年纪念画册》封面

① 中国红十字会总会：《中国红十字会成立八十周年纪念画册》，1984年印制。

天津章玉山作诗“贺中国红十字会成立八十周年”：

春回大地，风飘红会旗。
十亿神州联国际，五洲传遍友谊。
救死扶伤牢记，革命人道主义。
恭贺八十大庆，共为人类献力。

1994年纪念中国红十字会成立90周年的活动是与庆祝《中华人民共和国红十字会法》的颁布与即将召开的“六大”结合进行的。

1月29日，中国红十字会与中共中央办公厅老干部局在北京人民大会堂联合举办“纪念中国红十字会成立九十周年、庆祝《红十字会法》颁布实施迎春茶话会”，拉开纪念活动的序幕。

残冬将尽，暖春将回，在这农历新年即将来临之际，人民大会堂三楼宴会厅灯光辉煌。会场入口处，数十面展板，以图文并茂的形式，向来宾们介绍中国红十字会的历史与发展概况。主席台两侧，悬挂起一些著名书画艺术家和老同志专为红十字会而作的书画作品。应邀参加茶话会的有全国人大常务委员会副委员长王光英、布赫、李沛瑶，全国政协副主席钱正英，国务院副秘书长徐志坚，中央统战部副部长万绍芬，卫生部副部长孙隆椿，人事部副部长程连昌，国家体委副主任刘吉，外交部部长助理秦华逊等领导及安平生、李学智、孙毅、魏传统等退居二线的老首长以及解放军三总部的首长、首都新闻界记者和一些特邀嘉宾共500余人高兴地参加茶话会，共庆中国红十字会成立九十周年和《中华人民共和国红十字会法》的颁布实施。

中国红十字会副会长孙柏秋主持茶话会，她首先向来宾们介绍了中国红十字会90年来走过的历程，以及近几年来的主要工作成就，她特别感谢各位来宾对红十字工作和人道主义事业的一贯支持和大力帮助。

全国人大常委会副委员长李沛瑶、卫生部副部长孙隆椿在茶话会上发表讲话。李沛瑶说：“全国人大为确认中国红十字会的性质、宗旨、地位、职责与权力等，通过并颁布了《红十字会法》，这标志着中国红十字事业经历了漫长的九十年后，从此进入了有法可依、得到政府和各界广泛支持的新时期，得到国际社会的赞誉。红十字事业是一项神圣的事业，是我国人道事业的主要组成部分，有着广阔的发展前景。”孙隆椿说：“一九五〇年中国红十字会协商改组后，在配合政府医治战争创伤、普及卫生防病知识、开展爱国卫生运动等方面作了大量工作，尤其是近年来，各项工作均取得显著成绩。红十字会开展现场的、初级的群众性卫生救护工作，是卫生行政部门‘三级医疗预防保健网’的补充和延伸，为保护人的生命和健康作出了不懈的努力。红十字会积极参与公民无偿献血的宣传、动员和组织工作，开展国际间的血液技术交流与合作，争取大量的外援，促进了我国输血事业的发展。同时，还开展了非血缘关系骨髓移植的登记、检索工作，以及人体组织、器官捐献的宣传动员工作，并参加了‘南丁格尔奖章’的颁奖工作，为宣传我国护理战线上的先进分子和加强护理队伍建设发挥了积极作用。中国红十字会以实际行动弘扬了人道主义精神，在促进社会主义精神文明建设中，发挥了特殊作用。”①

毛泽东主席的女儿李讷和丈夫王景清也参加了茶话会并引起一阵签名“热潮”。开始，来宾中有人拿出一张贺年卡请求李讷签名留念，李讷没带笔，遂借用别人的钢笔写了“李讷”二字，这一下开了头，周围的人纷纷上前请求签名留念。开始时李讷还写上两句话，然后才签名，后来请求签名的人越聚越多，她便只好“偷工减料”，只签上她和丈夫的名字。据说当年毛主席是以“敏于事而讷于言”为两个爱女取名字的，李讷果如其名，讷不善言，在约有 20 分钟的签名热潮中，李讷没说几句话。事实上她也没有时间说话，甚至连抬头的机会都没有。在人们的包围之中，她所能做的唯一一件事就是在一张接一张的请柬上写上自己的名字，不稍有暇。这期间，人民大会堂一位工作人员拿来一本正式的“签到簿”，向李讷解释着什么，听罢她在那签到簿上写下了“李讷、王景清，一九九三年十二月二十六日”等字样，这也许是去年 12 月 26 日毛主席诞辰一百周年纪念时，大会堂的工作人员没能得到李讷的签名，只好借此机会补上吧。

茶话会期间，《博爱》杂志的记者来到邵华身边。去年第 6 期《博爱》杂志发表了描写邵华母亲、革命老人张文秋的专访，记者一直想把杂志送到老人手里。邵华看到杂志后非常高兴，她说，那篇文章初稿已看过，写得很好。说完她邀坐在一旁的李讷、王景清一起与《博爱》杂志社的记者合影留念，这样一来，找李讷、邵华合影的人多了起来，连孙柏秋副会长也走过来与之合影。一时间，会场掀起了一股签名、合影热，大家知道这其实是“毛泽东热”的余波。这里的欢声笑语证明着红十字把人们的真情与友谊联结在一起。②

而在纪念活动会场的另一情景是许多老干部“丹青寄情红十字”，他们用丹青笔墨表达自己对红十字和人道主义的理解、赞誉和良好的祝福。在这次活动之前，已有 40 多幅书法绘画作品赠送给中国红十字会，表达老干部们对中国红十字会成立九十周年的祝贺之情，当工作人员把一幅幅饱蘸激情的书法绘画作品张挂出来时，立即吸引了参加会议的老干部、新闻记者、工作人员。观众被这些字画的蕴意所打动，红十字精神、人道主义如同春天那样温暖，因而受到人们的欢迎和赞誉，同时也赢得了越来越多的人心，越来越多的人投入红十字运动中来。与会的企业家也纷纷慷慨解囊，大家都有一个共同的心愿，为人道主义事业尽一份力量。

---

① 《人大副委员长李沛瑶、卫生部副部长孙隆椿在迎春茶话会上的讲话》，《中国红十字报》1994 年 2 月 4 日。

② 《济济一堂迎新春——总会迎春茶话会侧记》，《中国红十字报》1994 年 2 月 4 日。

此后，全国各地红十字会根据总会发出的纪念中国红十字会成立九十周年宣传活动的通知精神，举办了首届全国红十字好新闻评奖活动和建设有中国特色红十字会理论研讨会，并在3月份的《中国红十字报》举行了有80万人参赛的普及《红十字会法》的知识竞赛。一系列活动的举办，增进了社会各界对红会工作的理解和支持，红十字人道主义精神得到广泛宣传。

4月23日，具有里程碑意义的“中国红十字会第六次全国会员代表大会暨中国红十字会成立九十周年纪念大会”在北京隆重召开，把九十周年纪念活动推向高潮。开幕式之前，国家主席江泽民接见了“六大”代表并发表重要讲话，李鹏总理向大会发来贺信。党和国家领导人为九十周年题词致贺。江泽民的题词是：“发展红十字事业，为世界和平与人类健康作出更大贡献。”李鹏：“开展红十字事业，弘扬人道主义。”乔石：“坚持人道主义救死扶伤、扶危济困、敬老助残，发扬中华民族传统美德。”刘华清：“弘扬人道主义，发扬奉献精神。”钱其琛：“大家都来关心支持红十字事业。”彭珮云：“发展红十字事业，为世界和平与人类健康做出更大贡献。”钱正英的题词是：“全社会都要关心和支持红十字事业。”① 特别是，在九十周年大庆之际，国家主席江泽民出任中国红十字会名誉会长，这是中国红十字运动史上新的里程碑，充分体现了中国政府对红十字事业的关怀和支持。由国家主席出任中国红十字会名誉会长，这在新中国的社会团体中还是第一次，它对提高红十字会的地位，发挥红十字会的作用，扩大红十字会的影响，无疑具有重大意义；它对红十字会依法履行职责，协助人民政府开展与其职责有关的活动，落实人民政府对红十字会的支持和资助，以及人民政府对红十字会加强监督，无疑具有强有力的保障；它对提高中国的国际形象、更广泛地参与国际红十字运动，无疑会产生积极的作用。这是新中国红十字运动史上的一件盛事，而其宣传效应自不待言了。

3月10日是中国红十字会诞生日。2004年3月10日，中国红十字会迎来百年华诞。百年大庆，中国红十字会举行了一系列活动，纪念这一光荣的日子。

3月10日，中国红十字会会长彭珮云在《人民日报》发表了《纪念中国红十字会建会一百周年》的文章。文章强调：“回首百年，功绩显著；展望未来，任重道远。我们要以纪念红十字会百年华诞为契机，认真总结经验，奋发进取，求真务实，努力开拓红十字事业的新局面。要大力宣传、全面贯彻红十字会法，把红十字会建设成为充满生机与活力、密切联系群众、符合自身特点的从事人道主义工作的社会救助团体，为保护人的生命和健康，发扬人道主义精神，促进和平进步事业做出更大的贡献。”

3月10日，中国红十字会总会在京召开“中国红十字会建会100周年座谈会”，民政部、外交部、卫生部、教育部、全国妇联、共青团中央、宋庆龄基金会、中国残联、

① 《中国红十字报》1994年4月25日、4月29日、5月6日；《博爱》1994年第3期。

全国侨联、全国青少年基金会等单位、部门的领导参加座谈会。中国红十字会常务副会长王立忠在座谈会上发表了讲话，回顾了中国红十字会百年历程，他说："回顾过去，我们心潮澎湃，激动万分；展望未来，我们激情满怀，斗志倍增。我们一定要以更加饱满的精神状态，更加顽强拼搏的斗志，创造更加美好的明天，为人类和平进步的未来贡献我们的力量，让我们共同祝福红十字精神永存！"

中国红十字会建会一百周年座谈会

3 月 10 日，国家邮政局发行了一套《中国红十字会成立一百周年》纪念邮票。邮票志号为 2004－4。

4 月 21 日，为纪念中国红十字会建会 100 周年，由中国红十字会总会主办的"百年红十字，百家书画情"书画笔会在北京人民大会堂举行。中国红十字会会长彭珮云、常务副会长王立忠、总会党组书记江亦曼、副会长孙爱明、秘书长苏菊香、副秘书长汤声闻等出席了笔会开幕式；齐良芷、王成喜、刘春华、傅耕野、李铎、米南阳等在京的百余位知名书画家参加了笔会。

5 月 8 日，中国红十字会建会 100 周年纪念大会在北京人民大会堂举行。国务院总理温家宝向大会发来贺词，国务院副总理吴仪到会并讲话。全国人大常委会副委员长何鲁丽，全国政协副主席周铁农，中国红十字会名誉副会长王光英、会长彭珮云出席会议。红十字国际委员会、红十字会与红新月会国际联合会及有关国家红十字会的代表到会祝贺。温家宝在贺词中向广大红十字会工作者、会员及志愿者表示亲切的问候和崇高的敬意。他指出，中国红十字会 100 年来弘扬人道、博爱、奉献的红十字精神，积极参与人道主义救助工作，经受了战乱、灾害、突发事件的严峻考验，对国家、对社会、对人民作出了不可磨灭的贡献，赢得了社会各界和国际舆论的广泛赞誉。他强调，红十字事业是崇高的事业，是造福民众的事业。中国共产党和中国政府历来高度重视红十字事业，积极扶持和推动红十字运动的发展。在新的历史时期，希望中国红十字会继续发扬光大红十字精神，全面履行《中华人民共和国红十字会法》赋予的职责，为中华民族的伟大复兴和维护世界和平作出更大的贡献。吴仪在充分肯定中国红十字会取得的成绩和作出的奉献后指出，中国红十字会诞生100年来，在奋斗中前行，在人民的沃土中发展壮大。今天，中国红十字会已经成为我国社会主义现代化建设的重要力量。吴仪强调，要一如既往地重视、关心和支持红十字事业，理顺红十字会的管理体制，努力帮助解决实际困难和问题，充分发挥红十字会的优势和独特作用，保护好、发挥好红十字会的积极性。希望中国红十字会遵循人道、公正、中立、独立、志愿服务、统一和普遍的国际红十字运动基本原则，坚持依法建会、依法治会、依法兴会，积极探索并加紧建立充满生机与活力、符合自身特点的运行机制。彭珮云回顾了中国红十字会艰苦奋斗、无私奉献的百年历程，以及在开展人道主义救助、救护、救援等方面发挥的重要作用，表示将继续遵循国际红十字运动的基本原则，更好地服务大局、服务社会、服务民众，将中国特色红十字事业继续推向前进。

5月8日，中国人民银行发行“中国红十字百年纪念”套装银币。这套银质纪念币共1枚，圆形，直径40毫米，含纯银1盎司，面额10元，发行量6万枚。正面图案为中国红十字会彩色会徽，并刊国名、年号及“中国红十字百年纪念”中文字样；背面为象征和平与爱心的装饰图及“中国红十字百年纪念”英文字样和面额。

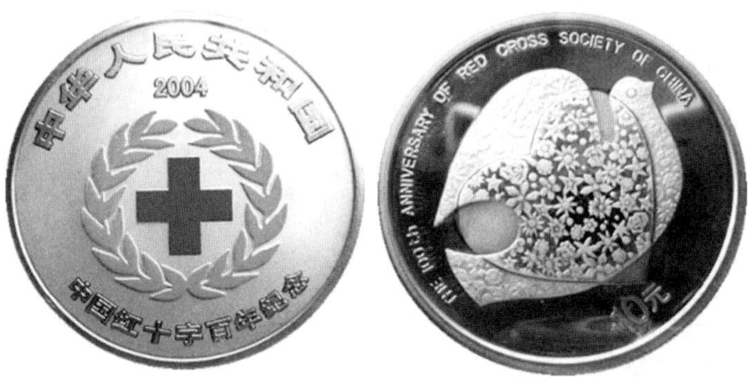

“中国红十字百年纪念”套装银币

5月8日至12日，为庆祝中国红十字会建会100周年，中国红十字会总会在人民大会堂举办了“百年红十字，博爱誉中华”展览。中国红十字会会长彭珮云，常务副会长王立忠、总会党组书记江亦曼、副会长孙爱明、秘书长苏菊香、副秘书长汤声闻以及各省、自治区、直辖市红十字会有关领导参观了展览，彭珮云会长、王立忠常务副会长、江亦曼书记为展览开幕剪彩。展览展出了近2千幅图片、200余件实物、100多个国家红十字会纪念邮票及电视宣传片，以丰富的内容展示了中国红十字会百年的风雨历程，党和政府及社会各界的关心、支持，国际社会的友好援助以及31个省、自治区、直辖市红十字会，香港、澳门特别行政区红十字会各具特色的工作。

7月27日，由中国红十字会总会、中国美术馆共同主办，光明日报文艺部协办，北京中喜时代国际文化有限公司承办的“新生命——石虎绘画大展”在中国美术馆拉开帷幕。此次画展的主题画《红实图》（估价500万元人民币）将在展出后捐赠给中国红十字会总会，以庆祝中国红十字会成立100周年。

除此之外，中国红十字会还特别精心策划了“永恒的爱——中国红十字会建会100周年纪念演唱会”活动。活动自2004年2月至2004年9月在全国范围展开，系列活动包括：“红会百年纪念歌曲征集”“纪念歌曲MTV制作与宣传”“票选百名艺人合唱纪念歌曲”以及在上海、大连、广州、杭州、长沙、北京等全国部分城市巡演的“红会百年演唱会”。此次活动是中国红十字会有史以来规模宏大、涵盖层面广泛和历史意义重大的公益活动。

中国红十字会走过的一个世纪，标志着红十字事业在中国的蓬勃发展，是中国人道主义事业新的里程碑。

第三节　相约“五八”

一、“五八”世界红十字日的由来

“五八”对红十字会而言，是一个特殊的日子——世界红十字日。这一天，世界各国红十字会与红新月会都要举行大规模的纪念活动，中国红十字会也不例外。在中国红十字文化史上，“五八”纪念活动五彩缤纷，汇成声势浩大的博爱浪潮。每一个人都可以真切感受到。

世界红十字日的确立及走进中国，有一个过程。

第一次世界大战中，饱受战争之苦的世界各国人民，普遍存在着对和平的渴望和期盼。捷克斯洛伐克（1993年分为捷克、斯洛伐克两个国家）红十字会率先发出倡议，为了和平“停战三天”，倡议呼吁：“我们红十字会宁愿尽一切努力制止战争，而不愿加入承担战争造成的惨痛的后果的工作。我们所有的人都知道道义责任的重要性，它将带到并延伸到每一个国家、团体、社区。如果这一活动能每年在全世界开展，它无疑将对世界和平是一重大贡献。”[①] 这个倡议可视为最早发起世界红十字日的宣言。

捷克斯洛伐克红会发起的这个停战三天的“红十字休战日”的倡议和做法，在公众中引起了极大反响，受到国际红十字界的普遍赞赏和支持。1921年，在瑞士日内瓦召开的第十届国际红十字大会，通过了一项决议，向各国红会推荐捷克斯洛伐克红十

① 龚怡怡：《“世界红十字日”的由来》，《博爱》1996年第3期，第45页。

字会组织“红十字休战日”的做法。随后，在第十一届国际红十字大会上再次审议了这个问题，建议在全球范围内规定一天为“红十字日”，决定成立一个小组委员会研究和制定一套切实可行的办法。1930 年，第十四届国际红十字大会在比利时布鲁塞尔举行。根据大会决议，设立由捷克、比利时和协会共同指派的三国委员会，负责在三年期内亲赴现场实地考察捷克斯洛伐克红十字会“红十字休战日”的组织工作和实践经验。1934 年在东京举行的第十五届国际红十字大会，听取了三国委员会的考察报告，充分肯定了“红十字休战日”的活动，认为它是一种促进国际谅解和合作的有效办法，希望各国红会根据本国具体情况实施“红十字休战日”，以推动本国红十字运动的发展，但由于第二次世界大战的爆发，“红十字日”的研究和落实受到影响。

战争状态下人们对和平的渴望愈加强烈。红十字争取和平的努力也在积极推进中。1938 年，在伦敦召开的第十六届国际红十字大会上，“红十字休战日”的做法再次得到肯定。大会还特别指示三国委员会注意研究，通过红十字休战日的活动怎样才能最有效地消除敌对、增进各国之间友好的目的。

到 1946 年红十字协会第十九次理事会会议召开时，世界红十字日的活动已比较普遍，欧美各国红十字会都相继广泛开展了这方面的活动。理事会在其决议中指示协会秘书处：（一）敦促各国红十字会在本国举办红十字日或红十字周，让全体人民都能了解红十字会的宗旨，积极为红十字会所主张的人道主义而献身；（二）研究确定一个固定的日子为国际红十字日，各国红十字会在这一天都要举行纪念活动。[①] 两年后，1948 年协会执行委员会会议正式建议：今后各国红十字会应尽量选择亨利·杜南的生日 5 月 8 日作为世界红十字日，各国红十字会可视本国的具体情况组织相应的纪念活动。同年在斯德哥尔摩举行的协会第二十次理事会议上批准了这个建议，并于 1948 年 5 月 8 日在亨利·杜南诞辰 120 周年的这一天，第一次在世界范围内举行纪念活动。“五八世界红十字日”得到正式确定。从此以后，在每年的 5 月 8 日，协会和红十字国际委员会都要举行一系列纪念活动，宣传红十字会的宗旨、性质和任务，传播国际人道法和红十字运动的基本原则，以此来扩大国际红十字运动的影响。各国红十字会也要根据本国的实际情况有针对性地组织各种形式的纪念活动，例如由国家元首或政府总理发布文告、讲话，呼吁社会各界支持红十字会的人道主义工作；通过报刊、电视台、电台等新闻媒体宣传红十字会的活动；或募集捐款慰问孤老病残等弱势群体；或举办展览、报告会等多种形式的宣传。

二、世界红十字日主题

早期的世界“红十字日”活动并没有统一的主题，1961 年以后，协会每年提出纪

① 中国红十字会总会：《红十字手册》，辽宁科学技术出版社 1988 年版，第 156 页。

念活动口号，直到 1996 年，各国红十字会在本国公众活动的基础上选择自己的主题，给予世界红十字日一个新的方向，赋予“世界红十字日”全球性的意义。

1961 年以后，协会秘书处结合工作重点提出当年的世界红十字日活动主题口号。从 1962 年至 2004 年间的活动主题口号是：

1962 年　以美好心灵而努力奉献的红十字会
1963 年　高举人道的旗帜
1964 年　为了互助与互救
1965 年　红十字扎根于青少年心中
1966 年　红十字属于全世界全人类
1967 年　为了保护生命
1968 年　红十字工作是每个人的事业
1969 年　防患于未然的红十字会
1970 年　从战争中保护人类——实施、传播和发展人道主义法
1971 年　时时处处都有红十字会
1972 年　红十字会是人道主义的桥梁
1973 年　你和你的世界中的红十字会
1974 年　红十字会旨在保护生命
1975 年　红十字会——危急时刻的救生索
1976 年　行动中的红十字会
1977 年　在全世界加强人类团结的红十字会
1978 年　参加红十字活动
1979 年　以友爱之手联结世界的红十字会
1980 年　红十字会——在任何地方都是为了人类
1981 年　红十字会同你在一起
1982 年　参与和奉献
1983 年　急救：该做什么
1984 年　以仁爱致和平
1985 年　行动中的青少年
1986 年　捐献血液，拯救生命
1987 年　保护儿童生命
1988 年　发展
1989 年　保护人类生命
1990 年　保护人类生命和人类尊严
1991 年　保护战争受害者

1992 年　人道——团结起来共御灾害
1993 年　人人享有尊严
1994 年　人人享有尊严——关心儿童
1995 年　人人享有尊严——尊重妇女
1996 年　结合备灾救灾人道救助
1997 年　集善款做善事博爱助人
1998 年　集善款做善事博爱助人
1999 年　人道的力量
2000 年　人道的力量——迎接新世纪
2001 年　捐献骨髓关爱生命展示人道力量
2002 年　红十字在行动——关爱生命
2003 年　办实事、庆百年——红十字在行动
2004 年　停止歧视

1962 年以来，历年世界红十字日纪念活动的主题口号记录了人类传播红十字人道主义行动的轨迹，它使人们回顾并记住在红十字与红新月的旗帜下，联合起千千万万的男人、女人、儿童，团结一致，相互帮助，共渡灾难。

三、"五八"在中国

5 月 8 日，这是红十字会员一年一度的最盛大的节日。不论是在红十字会的发源地瑞士之日内瓦，还是在伯尔尼、东京、巴黎、莫斯科、北京等其他城市，全国世界各国家红十字会或红新月会，都在这一天开展大规模的庆祝活动，纪念红十字会的创始人亨利·杜南。高高飘扬的红十字旗帜，给人与人之间带来几许温暖，燃亮的蜡烛给人们平添了一片祥和与温馨的气氛。

五月在中国，正是鲜花盛开的季节。有诗云："时雨点红桃千树，春风吹绿柳万枝。"每年伴着鲜花，伴着春风，华夏大地都会迎来了"五八"世界红十字日。在中国这片古老的土地上涌动着千万余红十字会员和近百万护士赤诚的心。红十字会的创始人亨利·杜南的无私奉献精神，在这里点燃了一片璀璨的心灵之光，从北国到南粤，从东海之滨到西南边陲，广大红十字会员怀着崇敬的心情，缅怀红十字事业的先驱——亨利·杜南，开展义诊、咨询、义务服务、演讲、无偿献血等各种形式的纪念活动，以弘扬人道主义和无私奉献精神。

中国红十字会从 1985 年开始开展与"世界红十字日"有关的活动。随着改革开放的深入，我国红十字事业飞速发展，"五八"纪念活动的规模越来越大，纪念活动的形式也愈加多样化。

1988 年 5 月 7 日，中国红十字会总会在北京举行大会，纪念"五八"世界红十字

日和国际红十字运动125周年，时任国务委员的李铁映发表电视讲话，他说："中国政府一贯遵守日内瓦公约的规定，并积极履行公约规定的各项义务。近年来，中国红十字会还与国际红十字组织一起在中国举办了国际人道主义法讲习班和研讨会，向有关部门和社会各界传播国际人道主义法，探讨使其在中国得到更好实施的办法和途径。中国政府一贯支持并将继续支持中国红十字会宣传人道主义、传播国际人道主义法的工作。我们还愿意同各国红十字会、红新月会和红十字国际组织一道，更加积极地行动起来，为促进国际人道主义法的实施做出更大的努力。"5月8日，北京市17个区、县近4000个基层组织的上万名会员在所在地区的主要街道、繁华地区以及公共场所，摆摊设点开展红十字宣传、医疗咨询、义演、义诊、义卖，为残疾人募捐和各项便民服务，一天之中，在一百多个较大的活动点上，接待医疗咨询、诊疗各种疾病达100多万人次。①

1991年的"五八"期间，首都北京隆重举行"'91世界红十字日和国际护士节"大型纪念活动。

这一年国际红十字组织提出的纪念口号是"保护战争受害者"。为了向全世界展示中国人民热爱和平、反对战争、尊重人权、崇尚人道的形象，中国红十字会从年初就对这一大型纪念活动开始了运筹，并得到了中国政府、社会各界的支持，也受到了国际红十字组织的关注。国际红十字组织3月28日发来电传说："我们非常高兴地得知你会准备参加5月8日的世界'烛光之链'活动，感谢你们对这一活动的大力支持。"

4月11日上午，"'91世界红十字日和国际护士节纪念活动组委会"在国际贸易大厦举行新闻发布会，向与会的近百名中外记者宣布：中国将举行有史以来规模最大的"5·8"世界红十字日、"5·12"国际护士节纪念活动。这次纪念活动是由中国红十字会、中国农工民主党、卫生部、全国妇联、中华全国总工会共同举办的，旨在通过宣传红十字和护理工作的崇高与圣洁，弘扬人道主义和无私奉献精神，使社会进一步理解、支持在这些岗位上为社会主义精神文明建设默默奉献的人们。此次活动将以歌颂和平、友爱、人道和爱的奉献为主题。

4月29日晚，象征中华民族巍巍长城上的"烛光之链"拉开了这次纪念活动的序幕，来自首都的1500名护士手持象征烛光的电筒，沿古老的长城构成绵长的"烛光之链"，喻示人间充满温暖，表达热爱和平的愿望。

5月6日，"爱的奉献"图片摄影展览开幕式在中国工艺美术馆举行。全国人大常委会副委员长严济慈、全国政协副主席赵朴初为展览剪彩，100多名护士身披纪念活动绶带参加开幕式，展厅里赵朴初为展览题写的"爱的奉献"四个大字金光闪耀。展出的500幅作品反映了我国红十字事业和护理工作的巨大成就，表现了红十字会员和护

① 《中国红十字报》1988年6月5日。

士的奉献精神和多姿多彩的生活。

5月7日上午，红十字会员和护理工作者1000多人在庄严的人民大会堂集会，隆重纪念世界红十字日和国护士节，中共中央政治局委员、国务委员李铁映，全国人大常委会副委员长严济慈、雷洁琼，全国政协副主席赵朴初、钱正英等党和国家领导人出席纪念大会。雷洁琼发表讲话："中国人民历来主张和平，因为只有在良好的和平环境下，人类才能生存、富强和进步。我们今天纪念世界红十字日和国际护士节并开展保护战争受害者世界运动，就是为了弘扬人道主义，鼓励无私奉献精神，也是维护世界和平的具体体现。"①

5月8日，北京街头一面面红十字旗帜在微微春风中飘动，在一些街道门庭前悬挂的许多"纪念5·8世界红十字日，发扬无私奉献精神"的横幅大标语，给繁花似锦的京城更增添了迷人的色彩。中国美术馆的东侧，景山地区红十字会会旗下簇拥着人群，身着白大褂的20多名红十字医务人员正在为群众义诊、咨询，有的在义务理发……从这里人们看到了全国各地红十字会员以实际行动纪念"五八"的缩影。

5月8日晚，在国际贸易大厦举行的以"爱的奉献"为主题的大型文艺晚会将这次纪念活动推向高潮。有关部门的领导及一些国家的驻华使馆官员与首都600名护士和1000多名红十字工作者欢聚一堂，共庆节日。在演出大厅里，巨大的荧光屏上显示着演出的盛况，一群不同肤色的小朋友同台演唱《星光灿烂》，他们"手与手相牵，心与心相连"，喻示着在红十字旗帜下世界各国将世世代代友好下去。著名歌星杭天琪、那英、韦唯、刘欢、关牧村、董文华、毛阿敏充满激情地演唱了歌颂人道、友爱、和平和奉献的歌曲《走向光明》《朋友》《人心一团火》《你我他》等，使全场2000名观众置身于一个充满爱的世界。

在晚会上，我国荣获南丁格尔奖章的老一辈护理工作者王琇瑛等为15名新护士的"加冕仪式"激动人心。新护士点燃手中的蜡烛举拳宣誓："奉行人道主义精神，坚定救死扶伤信念，遵守医德，拯救生命，接过前辈手中的蜡烛，点燃自己，照亮别人！"台上台下600名护士伴着著名歌星毛阿敏的演唱点燃手中的蜡烛，反复同声高喊："点燃自己，照亮别人！"这时，围绕全场构成蔚为壮观的"烛光链带"，整个演出大厅一片光明，与长城上的"烛光之链"遥相辉映，这光明将照亮整个世界，给人类带来永恒的春天！

5月12日，在国际贸易大厦举行百名书画艺术家大型笔会，著名书画艺术家沈鹏、刘炳森、廖井文、齐良石、欧阳中石、周怀民、白雪石等或泼墨作画，或挥毫题字，他们用饱蘸激情的笔，歌颂人道主义的崇高、白衣天使护士的圣洁。书法家写的条幅

① 《首都隆重纪念世界红十字日、国际护士节》，《中国红十字报》1991年5月20日。

“当使全球无国界，永留春色满人寰”，表达了全世界亿万红十字会员的心愿。[①]

对于这次规模空前的纪念活动，中央电视台、中央人民广播电台、新华通讯社、《人民日报》等在京各大媒体进行了及时报道，它使正在蓬勃发展的中国红十字事业乃至国际红十字运动更加深入人心，对亿万群众进一步理解、支持和参与红十字事业产生了巨大的影响。

1994 年，中国红十字会纪念“五八”活动格外隆重热烈且丰富多彩，因为 1994 年是《中华人民共和国红十字会法》颁布实施的第一年，又是中国红十字会建会九十周年，而且 4 月份刚刚开了具有历史意义的“六大”，这些都给“世界红十字日”纪念活动增添了多姿多彩的内容和意义。

1994 年，纪念世界红十字日的主题口号是“人人享有尊严——关心儿童”，因此“为世界和平与人类健康做出贡献”就成为活动的主旨。红十字会所做的一切都是遵循人道宗旨救助最易受损害群体，为创建一个公正、和平与人人享有尊严之社会而奋斗。儿童是最易受损害的群体之一。在我国，有相当一部分儿童失学，还有许多身患重症的儿童无力就医，还有许多孤儿、弃婴缺少人间温暖，在一些地方拐卖儿童、虐待儿童的丑恶现象也时有发生，这些都需要红十字会配合政府和社会各界给予关心和救助，这是红十字会义不容辞的职责。

4 月 28 日，北京市红十字会在北京电视台举办“人间第一情——红十字会法知识竞赛”，全市有 10 万多会员参加竞赛，各区、县、厂、矿、高校召开红十字会法演讲会、文艺晚会、理论研讨会。5 月 8 日这天，在首都繁华地段开展红十字宣传服务活动；在上海，市红会组织了“人道主义在我心中”摄影、书画、征文比赛；在江西宜春市，有线电视台开办了专员、市长电视讲话，组织了红会法知识有奖竞赛和文艺演出；福建省红十字会为缅怀红十字运动创始人亨利·杜南，在石雕之乡泉州惠安石雕厂的支持下，完成国内首尊亨利·杜南大理石雕像，并于杜南先生诞辰 166 周年之际举行隆重的揭幕典礼。福建红十字会为促进儿童健康成长，紧扣“五八”活动主题口号，在福州举办“首届博爱杯少年儿童健康歌曲演唱会”，有百所学校红十字青少年参与这一活动，省电视台对这一活动决赛阶段的演唱进行现场直播，省红会为弘扬南丁格尔无私奉献精神，还收集第二十九届至三十四届南丁格尔奖章中国的 15 位得主的事迹、资料、图片，精制成系列展览向社会广为宣传；5 月 8 日，天津市河北区红十字会还推出了一项聚集善款活动，在全区范围内开展了首届“争当慈善公民、慈善单位”的捐赠善款活动，并确定每年的 5 月 8 日为“慈善日”，所募集的善款纳入红十字基金，创办为孤老病残服务的社会公益事业。凡个人累计捐款千元者，命名为慈善公民；

① 杨国堂：《世界红十字日在中国——首都北京隆重举行 91 世界红十字日和国际护士节大型纪念活动》，《中国红十字》1991 年第 6 期，第 3-4 页。

凡单位累计捐款万元者命名为慈善单位；凡积极扶持红十字兴办经济实体者，按取得的经济效益，比照上述两条授予相应的荣誉。此项活动从1994年“五八”纪念活动开始，每年举办一届，届时召开颁奖大会，向慈善公民、慈善单位颁发荣誉证书、奖牌。①

四川、山东、浙江、江苏、湖北、广东、陕西、山西等地都开展各种形式的纪念活动。尽管各地活动形式不一，但目的只有一个，“为了世界和平和人类健康”相约“五八”，奉献爱心。

2001年，中国红十字会满怀豪情，迈进新世纪。为庆祝新世纪第一个世界红十字日，展示人道的力量，5月5日至7日，中国红十字会总会和北京市红十字会联合在北京陶然亭公园举办以“捐献干细胞，关爱生命，展示人道力量”“科学、健康、申奥”为主题的宣传活动。在5月5日举行的开幕式上，全国人大常务委员会副委员长，中国红十字会会长彭珮云兴致勃勃地视察了捐献干细胞、无偿献血咨询活动现场和“自救互救工程”科普区，中国红十字会常务副会长王立忠、北京市红十字会常务副会长张熙增以及市政府领导参加了活动。王立忠副会长在活动仪式上发表讲话，呼吁社会各界以各种方式关心支持中国造血干细胞捐献者资料库的建设，使这一崇高的人道事业早日造福于人民。

2001年是上海市红十字会建会90周年。上海市红十字会成立于1911年，经过90年艰苦奋斗，已从一个十几个人的爱心小组发展成为现在拥有3万多团体会员单位、48万余名会员、3000名志愿工作者，组织机构遍布全市各区县的社会救助团体，为保护人的生命和健康，为维护社会安定和两个文明建设做出了卓越贡献。为此，5月7日，上海市红十字会在上海影城隆重举行“纪念上海市红十字会建会九十周年暨‘5·8’世界红十字日庆祝大会”，中国红十字会会长彭珮云、中共上海市委书记黄菊给大会发了贺信，上海市红十字会名誉会长徐匡迪、中国红十字会常务副会长王立忠在会上讲话，勉励全体红十字工作者和会员继续努力，爱岗敬业，乐于奉献，推动上海红十字事业不断向前发展。会上还向5位造血干细胞自愿捐献者和3位南丁格尔奖章获得者颁发了“奉献奖牌”。

5月的西子湖畔，繁花似锦，到处都充满了生机。5月8日上午，浙江省红十字会在杭州武林广场举行了以“募集救助善款，关爱困苦群众，推动无偿献血，展示博爱奉献”为主题的大型活动，隆重纪念新世纪的第一个“五八”世界红十字日。纪念活动由省红十字会副会长喻华芝主持，省红十字会名誉会长王其超，副省长、省红十字会会长鲁松庭等领导以及团体会员的专家教授、志愿工作者、红十字青少年和过往群众数千人参加了这一活动。在现场，正大青春宝药业有限公司、杭州康来特药业有限

① 《中国红十字报》1994年5月6日、5月13日、5月20日。

公司、杭州回音必集团公司、华东制药股份公司捐赠了价值 24 万元的药品和药酒，浙江省红十字会医疗卫生团体 8 家会员单位、人行杭州中心支行各捐赠了 1 万元人民币。

在江苏省，红十字会以“捐献骨髓，关爱生命，备灾救助，展示人道力量”为主题，组织多家红十字医院、红十字血液中心和省红十字医疗服务中心的 105 名医务人员在南京市城区最繁华地段——新街口招商银行门前广场，开展大型义诊咨询活动，全天共义诊 4329 人。

甘肃省红十字会为帮助贫困地区白内障患者重见光明，首次与新闻媒体联手开展“爱心联动复明行动”，5 月 8 日启动仪式当天即收到捐款 50783 元。[①]

其他各省、自治区、直辖市红十字会都开展了各种形式的纪念活动。

在“五八”纪念活动中，全国各地共同开展的一项重要活动就是无偿献血周，现已“燎原”全国。就拿 1992 年世界红十字日期间北京情况来说，1992 年 5 月 3 日至 9 日，北京开展以“人道、奉献”为主题的第五次无偿献血周活动，来自首都各条战线上的 2040 位无偿献血者捐出 40 多万毫升的鲜血。

“五八”期间，不论是在北京繁华的王府井大街，还是在碧波荡漾的北海公园里，也不论是在彩旗飘扬的血液中心院内，或是各区县血站门前，都悄然涌现出一支支无偿献血的队伍。其中有享有无偿献血杯殊荣的潘德全、刘光震、王雨清、张传增、郑晓春 5 位老无偿献血者，他们全都再次伸出了手臂；而楚学智、孙运西、宋安琳、解进林、吴守纪等许多无偿献血金质、银质、铜质奖获得者，也都不约而同，因来献血而相聚在一起。

令人感动的是连续 9 年被评为献血先进单位的市城建一公司，虽正值施工高峰期，94 位无偿献血者在担负的石景山热电厂等重点工程施工任务很紧的情况下，打着“纪念 5·8，奉献爱心”横幅列队组成了第一支队伍，在 5 月 3 日献血周开始的第一天，迈进了血液中心大门。天坛医院、宣武医院、市中医院等的白衣天使们胸戴红花，心怀救死扶伤的崇高职责，伸出了他们的手臂，其中就有宣武医院的血液病专家田丁教授，他再次将自己的鲜血无私献出来。航天部医院党委书记肖东太率领的无偿献血队伍是清晨 6 点由南苑赶来的，48 位工作者在准备“澳星”发射的繁忙工作中前来无偿献血，其中有的人是从卫星发射基地赶来的。总后卫生部驻京的三军将士共 441 人为首都无偿献血；261 医院少校卫生助理员丁福康和血库技师田桂忠自发乘公共汽车前来献血。

5 月 8 日世界红十字日这一天，北京市无偿献血周活动达到高潮，连续 3 年无偿献血的市地铁总公司 190 多名职工又一次无偿献血。北京体育学院、邮电学院、科技大学等首都大专院校的 153 名大学生为红十字献血周无偿献血。丰台区也有 140 人在当

① 《中国红十字报》2001 年 5 月 11 日、5 月 18 日。

地血站献血。

中国红十字会总会主管卫生救护和血液事业工作的副会长孙柏秋参加了无偿献血周活动并在北海公园欣然献血，她这是第5次无偿献血，她说得好："我是专门负责无偿献血工作的，更应率先带头。"①

"五八"热血潮已成为全国各大城市开展世界红十字日纪念活动的一道亮丽的风景线，蔚然成风，甚至形成一种"五八"文化现象，它体现了一种人性美。人性实际上是指一定的社会制度和一定的历史条件下形成的人的本性，也是指人所具有的正常的情感和理性，无偿献血者献出的血液将使垂危的病人获得新生，这无疑是美好的。无偿献血者不是用金钱等物质形式而是通过最直接的方式——用自己生命的一部分去补充、滋养他人的生命，这是对人的生命主题的关爱和对生命的推崇，也是对人类自身的一种爱护，其体现着崇高的人道主义精神。人性之美在这里熠熠生辉，红十字文化也在这里得到弘扬。

① 葛静岚：《五月热血潮——记北京市无偿献血周活动》，《中国红十字》1992年第3期，第34页。

第十一章

在国际历史舞台上

中国红十字会自1950年成功改组后，国际交往日多，特别是改革开放以来，外事活动频繁，在国际历史舞台上举足轻重，扮演着耀眼的角色。

第一节　新中国成立初期的外事活动

一、五星红旗第一次飘扬在国际红十字的会议上

新中国成立前，中国红十字会的国际交往相对较少，但在国际历史舞台上也曾经有过辉煌。特别是抗日战争时期，中国红十字会出入于枪林弹雨中，为抗战救护立下举世瞩目的卓越功勋，备受国际社会赞誉，蒋梦麟会长因此于1945年当选为国际红十字协会副主席。外事活动渐趋频繁，胡兰生秘书长就多次率代表团参加国际红十字组织的会议。

1949年中华人民共和国成立，两岸对峙局面出现，在国际舞台上，免不了有一番新的较量。1950年4月，中央人民政府外交部周恩来部长致电国际红十字协会，表明继承旧政府组织代表权的严正立场：中华人民共和国政府是中国唯一合法政府，中华人民共和国政府是中国在一切国际组织中的合法代表。要求将国民党残余势力的所谓代表从协会中开除出去。周外长的照会得到苏联和各新民主主义国家的有力支持。

1950年5月协会执委会开会，苏联代表提出开除“伪代表”蒋梦麟及其协会副主席的职务。波兰、捷克等新民主主义国家代表拒绝出席执行委员会会议，以抗议台湾当局“代表”继续留在协会。经过多方外交努力，新中国红十字会才被邀请参加国际红十字协会第二十一次理事会。

本届理事会于1950年10月16日至21日在摩纳哥的蒙特卡罗城召开，出席的各国红十字会代表团共57个。会议由理事会主席奥康纳主持。在这次会议上，中国等12个国家红十字会当选为执行委员会委员。本届理事会由于苏联和东欧各新民主主义国家积极参加，特别是由于改组后的中国红十字会代表亿万爱好和平的中国人民以崭新的姿态第一次出现在国际红十字会的舞台上，很明显地看出在国际红十字活动领域内和在其他国际活动中一样表现着世界两大阵营的斗争。

在这次理事会上，中国代表团提出美国侵犯朝鲜，轰炸我东北边境，企图破坏世界和平、扩大侵略战争的严重事件，并与苏联、罗马尼亚同时提出美国侵朝飞机破坏日内瓦公约、滥炸朝鲜和平城市和居民的残暴行为，建议理事会通过决议，要求联合国和美国政府制止美机暴行，以保障世界和平，维护日内瓦公约的精神。上述提案虽然被理事会主席奥康纳（美国人）借口与红十字会业务无关，不予讨论，但是提案原文已在会上印发，并经主席宣读一遍，这对美国扩大侵略战争、破坏世界和平的罪行进行了有力的揭露。理事会还根据苏联代表团的提案通过一项决议：号召世界各国红十字会组织及其会员积极地为建立和维护一切国家与民族间的持久和平而努力，要求各国政府迅速采取有效措施，禁止和防止使用原子弹和其他大规模屠杀人类的武器。

中国红十字会代表团出席蒙特卡罗理事会（左一为李德全会长）

中国红十字会代表团参加国际红十字协会第二十一届理事会，是中华人民共和国第二次出席世界性的国际会议（第一次是万国邮政联盟会议）。在这次理事会中，中国红十字会取得了很大的成功：第一，冲破协会内外各方面力量的阻挠和留难，正式加入了协会，当选为执委，并把台湾当局的所谓代表驱逐出去，使新中国的五星红旗第一次鲜明地飘扬在国际会议的会场上；第二，李德全会长代表中国红十字会在会上作了特别发言，介绍中国红十字会的改组经过和新中国进行和平生产建设的情况，另外还在会议上散发了《中国红十字会简报》小册子，使大会对新中国留下了深刻而崭新的印象；第三，通过这次会议，中国红十字与国际红十字协会、红十字国际委员会和各国红十字会，特别是苏联和各新民主主义国家红十字会建立了正式关系，为今后加强国际联系参加国际活动打下了基础。①

中国红十字会代表团由李德全会长任团长，伍云甫常务理事为代表，总会联络组主任纪锋为秘书，陈翘为顾问，阎明智为翻译。

代表团出席协会理事会议后，还访问了苏联红十字及红新月会、捷克红十字会，与各兄弟国家红十字会建立了初步联系，加强了国际关系。

二、“第一个合法席位”

中国红十字会虽然取得执委席位，但由于美国政府从中作梗，竭力在国际红十字大会上制造“两个中国”，因此，围绕着中国代表权问题，在第十八届国际红十字大会上展开了新一轮的较量。

第十八届国际红十字大会于1952年7月26日至8月7日在加拿大多伦多召开。中国政府和中国红十字会受到作为大会东道主加拿大红十字会的邀请，这对于新生的中华人民共和国红十字会，无疑是一件大事。

在一份标有“密不录由”的中国红十字会总会“关于参加第18届国际红十字大会的报告”中，可以看到这样一段文字：国际红十字大会上“敌我形势较联合国大会对我有利”，应很好地利用机会，提出自己一系列主张，以扩大和平民主阵营在红十字运动中之影响，更有效地配合保卫世界和平运动。周恩来总理对报告亲笔批复：“原则同意”②，同时对人选等问题做了具体批示。政府代表团由首席代表苏井观，代表宦乡、黄华，顾问周鲠生等8人组成；中国红十字会的代表团由首席代表李德全，代表伍云甫、廖盖隆等10人组成。

出席本届大会的有70余个国家的政府和红十字会的代表团。中国、苏联、乌克兰、白俄罗斯、朝鲜、波兰、捷克、匈牙利、罗马尼亚、保加利亚等都派出代表团出

---

①《报道国际红十字协会二十一届理事会》，《新中国红十字》1950年第4期，第16-18页。

② 张希林：《半个世纪前的较量——谨以此文献给为新中国红十字事业做出贡献的前辈》，《中国红十字报》2002年2月1日。

席，而美国因侵朝战争生怕我方的正义谴责，不敢派出正式的政府代表团，而只派了所谓“观察员代表团”出席会议。大会的主要议程是：“修订国际红十字运动章程及国际红十字大会规则”“日内瓦公约的批准推广与应用”“红十字基本原则的尊重”以及“红十字与和平”等。

在此次大会上，中国、苏联及各人民民主国家的代表，为了维护国际和平、人道原则及上述各项国际公约，曾经进行了坚持不懈的努力。拂去历史的尘埃，一幅幅鲜活的历史画面呈现在我们面前。

7 月 24 日，当中国两代表团抵达多伦多时，惊悉国际红十字常设委员会已经决定给台湾当局以中华人民共和国政府代表团同样的“平等”地位。中国政府代表团团长苏井观与中国红十字会代表团团长李德全遂于 25 日提出强硬抗议，反对这一违反国际红十字规章的非法决定。抗议书说：

据悉：国际红十字常设委员会于七月二十四日决定，在第十八届国际红十字大会中，台湾的国民党残余分子将享有中华人民共和国政府代表团同样的“平等”地位。这个决定是没有任何理由和根据的。出席第十八届国际红十字大会的中华人民共和国政府代表团和中国红十字会代表团特对这个决定提出最坚决的反对。

如所周知，无论在事实上或在法理上，中华人民共和国中央人民政府是代表中国的唯一合法政府。它获得了全中国人民的一致支持。这个政府已经解放了除台湾孤岛以外的全部中国领土。……很明显，中国只有一个政府，这个政府就是中华人民共和国中央人民政府。只有中华人民共和国中央人民政府才有权代表中国参加各种国际会议，包括国际红十字大会在内。被中国人民打倒了的国民党残余分子早已丧失了参加任何国际会议的资格。容许这些人参加国际红十字大会，不但违反了国际红十字会的规章和国际惯例，而且是对大会的一个合法成员——就是中华人民共和国——和对中国人民的一种不友好的表示。

中华人民共和国中央人民政府已承认中国红十字会是中国唯一的红十字会。这个事实久已为红十字会各国际组织所承认。根本没有任何人听说还有其他任何的“红十字会组织”。因此，大会绝对不应该承认台湾国民党残余分子的所谓红十字会组织的人员，该组织是盗用名义，而且事实上根本不存在。根据以上所说的理由，参加第十八届国际红十字大会的中华人民共和国政府代表团和中国红十字会代表团强硬抗议国际红十字常设委员会的不公正而且非法的决定，并坚决主张常设委员会立刻取消上述决定，不许无耻地冒充代表中国的台湾国民党残余分子参加这次大会。[①]

苏井观、李德全签名的抗议书有据有力，合理合法，掷地有声。

① 《在多伦多第十八届国际红十字大会上》，《新中国红十字》1952 年第 8 期，第 9 页。

李德全在第十八届国际红十字大会上发言

在7月26日下午国际红十字大会全体会议上，当临时委员会主席保罗·吕格发表开幕词并介绍加拿大的马考莱就主席位后，苏井观即起立提出抗议，并建议立即把那些冒充中国代表的国民党傀儡驱逐出大会。但吕格起初以“违反规则”为借口阻止他发言，只是由于苏井观义正词严的坚持，才得以发表抗议、声明和提出动议。但动议又被大会主席无理扣压。苏联政府代表左诺夫屡次要求发言，均被置之不理。经过十几分钟，在其他事项结束后，苏井观才得以对这一错误的裁决表示极大的遗憾。很多国家的代表都对这种反常的现象表示吃惊，因为尽管苏联代表团一再要求发言，却被有意识地加以阻拦，而一个台湾当局的所谓代表反而得到发言的机会。大会主席接着匆匆地宣布休会。

在7月28日的会上，无理地通过了让国民党代表继续出席会议的决议，这个决议是违反国际红十字章程和组织原则的，为此，巴西代表竟建议修改国际红十字章程和各项细则的某些条款，以“削足适履”，使台湾当局代表团摆脱尴尬狼狈的境地，合法地出席会议。在28日的大会上，苏联红十字会首席代表司拉文首先发言，他揭露了大会主席马考莱在27日讨论驱逐国民党代表问题时故意不让苏联代表团发言的非法行为，在司拉文的严正斥责面前，马考莱不得不道歉。

中国代表团的动议得到了苏联、捷克和罗马尼亚代表团的支持。虽然大会表决结果（58 票对 25 票）维持了常设委员会原来的决议，但巴西代表要求改变国际红十字的基本原则、章程和细则让台湾当局代表合法出席会议的提案被否决。在此种尴尬局面下，台湾代表不得不在 7 月 31 日声明退出会场。中国政府和中国红十字会代表团，经过坚决的反复斗争，终于挫败了某些西方国家使台湾的所谓“代表”参加大会合法化的图谋，迫使其退出了大会，从而使大会承认新中国红十字会是中国唯一合法的全国性红十字会，而恢复了在国际红十字组织中的合法席位，“这是新中国在国际组织中恢复的第一个合法席位。”① 这场较量大大提高了新中国在国际舞台上的地位，扩大了新中国的国际影响。

我国政府和红十字会代表团参加第十八届国际红十字大会胜利归来后，《人民日报》发表社论：《为维护人道主义原则与国际红十字运动的传统精神而斗争到底》。“社论”指出：

国际红十字运动的基本目的和任务，在于维护人道与和平，这是国际红十字章程及一九四九年日内瓦各项公约所明确规定了的。然而美国侵略者在侵略朝鲜的战争中已彻底破坏和蹂躏了人道主义的原则。人们知道，美国侵略者不仅对中朝两国进行了违反人道的细菌战，并且不顾日内瓦各项公约的规定，对落入他们手中的战俘施行了史无前例的恐怖酷刑、虐待、迫害和屠杀，并企图加以强迫扣留，对朝鲜的和平居民及和平城市进行了疯狂的屠杀和毁灭性的轰炸。美国侵略者这些滔天罪行，早已引起了全体正义人类的普遍愤怒与谴责。揭橥着人道主义旗帜的国际红十字大会，对于美国侵略者的这种残酷罪行绝对不应该熟视无睹。我国、苏联、朝鲜民主主义人民共和国及各人民民主国家的代表以无可辩驳的事实和证据，在这次国际红十字大会上对美国违反人道、破坏日内瓦各项公约的罪行提出了严厉的谴责。并且为了坚决制止美国侵略者的罪行，我国、苏联和波兰代表分别提出了关于维护日内瓦公约的尊严的措施、关于缔结禁止使用原子武器的公约和关于批准和遵守禁止使用细菌武器的日内瓦议定书等提案。这些提案的本身就充分体现了对维护人道主义及解除人类痛苦的真正关怀和真诚愿望。因而，我国及苏联等国为此而进行的斗争，得到了一切正直人类的支持。

第十八届国际红十字大会的经过，向全世界说明了中国、苏联和各人民民主国家的正义立场，他们为了维护人道主义原则和国际公约，为了使国际红十字组织与国际红十字运动保持遵循人道与和平的传统精神，在会议上进行了坚决的斗争。中国人民和中国红十字会将本着其一贯的高尚的人道主义精神，与各国红十字会和一切尊重人道主义与和平的人们加强团结，密切合作，为维护国际红十字运动的人道主义与和平的传统精神而努力！

---

① 中国红十字会总会：《中国红十字会的九十年》，中国友谊出版公司 1994 年版，第 159 页。

三、震动世界的“退场风波”

“树欲静而风不止。”虽然在第十八届国际红十字大会上台湾“代表”中途退场，但并非“永久”退出，在美国的干预下，更加激烈的较量在第十九届国际红十字大会上上演。

第十九届国际红十字大会于1957年10月28日至11月7日在印度新德里召开。大会的中心议题本来是讨论“保护平民免受战争危险规则草案”等，但由于美国蓄意制造“两个中国”，中国代表权问题实际贯穿了整个会议，成为大会的焦点议题。

1955年9月和1956年5月，国际红十字常设委员会拟定被邀参加大会的国家，名单中“福摩萨政府（正式代表）和福摩萨红十字会（观察员）”赫然在目。所谓“福摩萨”，就是西方人眼中的台湾。

台湾之所以被称为“福摩萨”，有一段来历。那是1544年，葡萄牙一艘商船驶过台湾海峡，船员们首次眺望到那个面积三万多平方公里的海岛，惊羡地喊道：“福摩萨！”（formosa！美丽岛！）台湾别称“福摩萨”，由此沿袭下来，至今仍保留在一些国家与非正式的官方文件之中。

国际红十字常设委员会以为以“福摩萨”名义邀请台湾当局参加大会，不至于太过敏感，可以避开政治分歧，但“换汤不换药”，终究行不通。不仅仅中华人民共和国政府和中国红十字会不能同意，就是台湾当局也坚决反对，多次提出强烈抗议，坚持以“中华民国”正统自居，最后甚至表示拒绝与会。

1956年11月1日，周恩来总理致电印度红十字会主席考尔，表明坚决反对“两个中国”的严正立场。1957年10月14日，周总理接见印度驻华使馆代办辛格，重申反对“两个中国”的坚定立场，指出国际红十字常设委员会决定邀请“福摩萨”是在制造“两个中国”，如果不放弃这一错误决定，中国拒绝出席大会，并请辛格将谈话内容转告尼赫鲁总理。10月17日，印方告知，台湾当局因未以“中华民国”名义邀请，将不参加大会，于是中国政府和中国红十字会决定组团参加大会。

10月22日，以中国驻印度大使潘自立为团长的政府代表团（团员有龚普生、符浩、邵天任等）和以李德全会长为团长的红十字会代表团（团员有伍云甫、胡兰生、彭炎、梁思懿、纪锋等）抵达新德里。10月25日下午，常设委员会开会，美国代表突然提出改以“中华民国”名义邀请台湾当局，态度蛮横强硬，并以不参加大会相要挟，但因苏联代表坚决反对，同时提出不以任何名义邀请台湾当局的决议案，双方僵持不下。10月26日晚继续开会，美国此时想出另一花招，指使常设委员会主席以个人名义向“中华民国外交部长”发出通知开会电报。

10月28、29日的大会上，美国代表团企图强使大会通过“对一切被邀请参加大会的政府应用其各自的正式名称加以称呼”的决议，并通过外交途径向各国施加影响。

针锋相对，中国代表团提出了一项“在中国台湾省行使权力的当局和该地的红十字组织不得以任何名义参加国际红十字大会”的提案，对垒交锋，惊心动魄。[①]

11 月 7 日下午，表决美国代表团提案，大会主席考尔宣布根据 14 国代表团的要求举行秘密投票时，美代表竟无理要求公布 14 国名字，考尔当即严词拒绝。随后美国代表团又提出如果美提案通过，立即生效。此时台湾当局代表杭立武及其随员已到会场外待机，情况十分紧张。美案最终以 62 票赞成，44 票反对，16 票弃权，13 票缺席获得通过。中国政府代表团团长潘自立立即发言，抗议美国制造“两个中国”阴谋，声明退出大会，然后全团退出会场。印度红十字会主席考尔女士当场辞去主席职务，率印度红十字会代表团退席。接着苏联等 20 多个国家的代表团纷纷退出会场。一时会场大哗，座位空了一大片。这样声势浩大的“退场”情况在过去任何国际会议上都是罕见的。

连东道主都退场了，加之留在会场上的许多代表强烈谴责，这个会议已无法再进行。经过十几分钟，会议便草草结束，连原定的闭幕式也没举行。[②]

第十九届国际红十字大会，虽然美国提案获得通过，但由于中国代表团采取了积极斗争的正确方针和正义力量的支持，挫败了妄图制造“两个中国”的阴谋，在这场关系国家主权尊严和国际红十字运动章程及原则的严肃性斗争中取得了重大胜利。

“退场”风波影响深远，原来法定每 4 年召开一届的国际红十字大会，中间隔了 8 年才召开第二十届。

第二十届国际红十字大会于 1965 年 9 月 20 日至 10 月 5 日在奥地利维也纳召开（著名的红十字运动七项基本原则即在此届大会正式通过）；第二十一届国际红十字大会于 1969 年 9 月 6 日至 13 日在土耳其伊斯坦布尔召开。由于大会邀请名单中仍有台湾当局及其红十字组织，中国表示抗议并拒绝参加这两届大会，直到 1973 年代表权问题尘埃落定后中国红十字会始重返国际红十字大会。

四、发展与各国的友谊

新中国在成立之初，面临着国际反华势力的封锁、孤立。中国红十字会积极开展民间外交，通过与各国红十字会的交往，发展与各国的友好关系和友谊。

为加强中苏友好，学习苏联红会工作的先进经验，1951 年 11 月，中国红十字会代表团访问苏联红十字会与红新月会联合会；1954 年在苏联红十字会与红新月会联合会第三届全苏会员代表大会上，中国红十字会代表团团长崔义田致词热烈祝贺大会的召开；1955 年苏联红十字会代表团团长、联合会执行委员会主席米捷列夫教授给北京医

---

① 张希林：《半个世纪前的较量——谨以此文献给为新中国红十字事业做出贡献的前辈》，《中国红十字报》2002 年 2 月 8 日。

② 晓尉、刘峰：《龚普生访谈录》，《中国红十字》1992 年第 1 期，第 18 页。

务工作者和红十字工作者作关于苏联红十字工作情况的报告。苏联红十字会与红新月会联合会先后在我国旅大（大连）、乌鲁木齐、北京等地建立红十字医院。作为苏联人民对我国人民的无私援助，在1956年和1957年，联合会分别将这三处医院的财产和设备无偿赠予我国。1955年国庆节，周总理接见了应邀来我国参加国庆观礼与访问的苏联红十字会与红新月会联合会代表团。两国红会之间的这些交往，加强了中苏人民的友谊。

1955年6月13日，李德全率中国红十字会代表团对英国进行为期两个星期的友好访问，受到英国红会的欢迎。

李德全出访英国

1956年6月19日至30日，中国红十字会代表团应邀访问捷克斯洛伐克并参加捷克斯洛伐克红十字会的第二次全国代表大会，代表团一行在布拉格参观了列宁纪念馆，访问了捷克斯洛伐克红十字会，受到了捷红会和人民的热烈欢迎，带回了捷红会工作的经验，也带回了真挚深厚的友谊。

1957年4月22日至5月7日，应保加利亚红十字会中央委员会邀请，中国红十字会代表团访保。在15天的友好访问中，代表团受到保加利亚人民和红十字工作者的热烈欢迎和殷勤接待。代表团先后访问了城市、工厂、学校的红十字基层组织，进行了考察，与基层红十字会负责人和一些地方红十字会积极分子举行了座谈会，交流了工作经验。

1957 年 9 月 8 日至 23 日，以伍云甫为团长的中国红十字会代表团对南斯拉夫进行了为期 15 天的访问。访问中，代表团有几次被热烈欢迎的人群挡住了去路，有的是从十几里的地方赶来，为的就是要看一看中国代表团，他们手持五星红旗，高举“欢迎”的标语，亲切地向代表团致意，这一切都使代表团每个成员体会到中南人民之间真挚友谊的存在。在首都贝尔格莱德和四个共和国，代表团访问了 11 个红十字组织和所属事业单位，参观了医疗卫生单位和工厂、农民家庭。南斯拉夫红十字会的工作是多种多样的，城市、农村、工矿、学校，都普遍深入地开展工作，红十字会已成为不可缺少的群众团体。这次访问是对 3 月 4 日至 23 日南斯拉夫红十字会代表团访问中国的回访。

1957 年 12 月，以李德全为团长、廖承志为副团长的中国红十字会代表团一行 13 人，应日本 70 多个团体组成的“中国红十字会访日代表团欢迎委员会”委员长大谷莹润先生的正式邀请，第二次访问日本。12 月 6 日，代表团抵达东京，开始了为期三周的访问，所到之处，受到日本各界的热烈欢迎。代表团拜谒了许多中国烈士殉难的地方，以沉重的心情举行悼念活动；在各地还会见了曾在中国居住过的日本归侨，他们热烈地欢迎来自中国的客人，表达着对新中国强烈的怀念和向往。代表团还和一些回国探亲的日本妇女和家属见了面，他们一再表示感激中国人民对她们的帮助。访问中，代表团也受到了被宽大处理和释放的日本战犯的热情欢迎，他们对中华人民共和国政府的宽大政策表示深深的感谢，他们给代表团送照片，送纪念品，介绍他们回国后的工作、生活情况，表示对中国人民谢罪，发誓一定要为坚决反对战争、保卫和平的事业而贡献自己的一切，为中日两国的友好尽最大努力。通过第二次访日，中日两国人民之间的友谊有了进一步的发展，同时也更加证实了中日友好已经成为日本人民的普遍呼声和迫切愿望，他们愿意促进和加强中日两国的经济和文化交流，盼望着两国邦交的早日恢复。

中国红十字会积极发展与东欧各民主国家的友好往来，增进人民之间的友谊。1958 年 9 月 11 日至 10 月 24 日，中国红十字会代表团先后访问了波兰、民主德国、罗马尼亚三国。波兰首都华沙是第二次世界大战中被德国法西斯破坏最严重的一个城市。战后波兰人民用惊人的毅力和巨大的劳动，把华沙重新建立起来。代表团在华沙访问了波兰爱国音乐家肖邦故居，波兰红十字会特为代表团请苏联钢琴家在故居演奏了肖邦的著名乐章。波兰红十字会为欢迎中国红十字会代表团举行了盛大招待会，会上宾主都一再强调团结友谊和相互支持。9 月 29 日，代表团来到德意志民主共和国（简称民主德国）。民主德国红十字会有 50 多万会员，它有两项比较独特的工作：水上救护和山地救护。代表团观看了他们的救护表演。在民主德国红十字会总会所在地德罗斯登，代表团参加了 10 月 7 日民主德国九周年国庆的庆祝会，在列队从检阅台前走过的队伍中，每队都有一个红十字救护小组背着急救包随后行进。访德期间，德国老工人运动家、统一社会党中央委员、红十字会名誉主席布赫维茨和他的夫人特别到驻地看望代表团，这位80多岁的老人，是那么向往新中国。他说他平生跑了许多国家，就是没到过中国，现在德中两国都解放了，去中国本来不成问题，但是年纪又太大了。他转托代表团把他对中国人民的敬意带回去。10月13日，代表团到达罗马尼亚首都布加勒斯特，布市1200余名红十字卫生人员举行了盛大的欢迎会。李德全会长讲了话，对罗红会的热情接待表示谢意。罗红会会长在致词中谴责了美帝国主义在台湾地区进行军事挑衅的行径。罗红十字会有会员300多万，活动重点在厂矿，对保护工人健康起了很大作用。代表团参观了罗红会开办的一些人道机构，如朝鲜、希腊儿童学校，他们都是战灾儿童，在罗红会的呵护下愉快地生活、学习。10月24日，中国红十字会代表团结束了对三国的访问，满载兄弟国家的友谊归来。

通过新中国红十字会与上述诸多国家的友好交往，通过红十字会这个新中国外交的一个窗口，各国人民逐步认识了新中国，为新中国与各国建立外交关系，发展与各国人民的友谊奠定了良好的基础。

在积极发展对外交往的同时，尽管国内经济处于恢复建设时期，经济建设中遇到许多困难，但当一些国家发生天灾人祸时，中国红十字会毅然发扬国际人道主义精神，伸出救助之手，援助各受灾受难国家的人民。据不完全统计，从1954年3月至1957年7月，光在中东国家的人民遭受自然灾害或战争灾难时，中国红十字会曾经给予：救济伊拉克水灾灾民5万元，支援埃及人民反抗侵略斗争10万元，救济土耳其寒潮灾民1万元，救济黎巴嫩地震灾民2万元，救济伊朗水灾灾民2万元，救济黎巴嫩水灾灾民2万元，救济伊朗地震灾民1万5千元……新中国红十字会对90多个国家和地区捐助了人民币共9800多万元，仅1956年这一年，就对12个国家发生的自然灾害进行救济14次，捐赠的救济金额共计人民币355880元，接受救济的国家是：柬埔寨（水灾8万元）、南斯拉夫（雪崩3万元）、法国（寒潮2万元）、意大利（寒潮2万元）、土耳其（寒潮1万元）、阿尔巴尼亚（雪灾2万元）、匈牙利（水灾5万元）、阿富汗（水灾1万元，地震1万元）、希腊（地震6千元）、印度（水灾3万元）等等。这些数字虽然很小，对受灾国家的群众只能是杯水车薪，但是“物轻情谊重”，它充分体现了新中国红十字会的人道主义精神和中国人民的深厚情谊。

第二节　亚太区域大会与《北京宣言》

一、外事繁忙的1980年

1993年5月，红十字会与红新月会第四届亚太区域大会在北京召开，充分展示了中国红十字会在国际舞台上的绰约风姿。

的确，亚太区域大会在北京召开并非偶然，它是改革开放以来中国红十字会致力于推动国际红十字运动、在国际舞台上扮演着越来越重要角色的“折射”。

“文革”期间，“援外”差不多成为中国红十字会的中心工作，如前所述。1978 年年底，党的十一届三中全会制定了改革开放的大政方针，作为国际性组织的中国红十字会，抓住对内改革、对外开放的机遇，充分发挥自身优势，积极开展对外交往，为社会主义现代化建设服务，也为亚太区域大会在北京召开铺平道路。

改革开放以来，中国红十字会的国际交往活跃，我们无须一一列举，仅以 1980 年为例，就可见一斑。

1980 年，随着我国的对外开放，许多来华旅游、访问的外宾及一些单位接待的外宾中不少是红十字会的负责人、工作人员、知名人士、志愿工作者。他们来到北京，一般要求到中国红十字会拜访或座谈、交流工作经验。1980 年，总会国际联络部会见这类来访的外宾就有 43 起，324 人。

一年来中国红十字会共派出 10 起 23 人到国外参加国际会议，进行友好访问和考察学习。接待 17 起 126 人来华进行友好访问和考察的红十字会代表团，其中包括红十字国际委员会主席亚历山大·海伊、日本红十字会会长林敬三、美国红十字会主席杰罗姆·霍兰、西班牙红十字会会长德拉·玛塔、阿尔及利亚红新月会会长穆卢德·贝拉万等贵宾。

1980 年，中国红十字会还向 9 个遭受自然灾害的国家和难民提供 119 万元人民币的人道援助；为协助失散的亲人重新取得联系，进行了大量的国际查人转信工作。受政府委托，还把第二批“阿波丸”沉船遇难者遗骨移交给日本。

1980 年，中国红十字会不仅对外救济，也开始接受外援，通过红十字协会接受了各国捐赠的价值 50 万元的医疗器械等，分发给安置印支难民的广东、福建、云南省和广西壮族自治区红十字会。还接受了红十字国际委员会 5 万元的资助用于出版介绍红十字会的起源和中国红十字会工作的画册。

1980 年 2 月，我国四川省道孚县地震得到了红十字国际组织和许多国家的捐助，震后国际红十字协会和一些国家的红十字会立即来电慰问灾民，有 14 个国家红十字会共捐赠了约 14 万元人民币的款物。这是中国红十字会第一次接受国际救灾援助。中国红十字会接收和发放国际红十字捐赠的救灾物资迅速及时，受到灾区人民的交口称赞。

1980 年 5 月 9 日至 6 月 2 日，应美国红十字会邀请，中国红十字会副会长杨纯率团首次踏上美利坚国土，受到美国红十字会热情友好的接待。代表团在西海岸的洛杉矶参加了美国红十字会第五十五届年会，会后访问了中部的圣保罗、芝加哥和东部的华盛顿、纽约后，又回到西岸的旧金山，最后到了美国海外的夏威夷。美国红会自 1881 年创立，已有百年历史，是美国很有影响的群众组织，全国专职工作人员达

12000 人，大的分会数百人，拥有众多志愿工作者。美国红十字会在长期的活动中积累了丰富的经验，其中有一些是值得中国红十字会借鉴和学习的。如美国红十字输血工作规模大、人员多，颇具特色，57 个血站和 22 个分站遍布于美国，每年的采血量可为全国 4000 个医院、诊所、血库供应血液和血制品，约占全国供血量的一半，其献血都是义务的。美国红十字会工作的另一特色是用大量的人力物力为现役和退伍军人服务。救灾活动也是美国红十字会重要工作之一，美国自然灾害经常发生，红十字会配合政府为灾民提供食物、衣服和临时住房。纽约分会急救训练开展得较好，代表团在纽约参观了现场急救训练表演。在 1980 年一年内，美国红十字会在全国范围内举行各种急救训练班 44 万多人次，批准 37 万余人为各类急救训练员。中国红十字会在此后大力开展的急救训练和请国外红十字专家来华培训等，都是在改革开放后借鉴学习了许多国家经验，其中包括美国经验开展起来的。

外事活动频繁，中国红十字会的国际影响与日俱增，为北京会议的召开创造了有利条件。

二、谭云鹤副会长当选协会副主席

与此同时，中国红十字会的国际地位不断提高，这从谭云鹤副会长当选为协会副主席一事足以证实。

1989 年 10 月的日内瓦，阳光明媚，气候宜人。绿地、蓝天、白云交相辉映，给人以宁静、舒适、愉悦的感觉。1989 年 10 月 15 日，以谭云鹤副会长为团长的中国红十字会代表团一行五人到达这座美丽的城市——日内瓦，有 142 个国家的红十字会与红新月会代表团，怀着兴奋的心情前来这里参加国际红十字会与红新月会协会（现改称红十字会与红新月会国际联合会）第七届大会。这次大会除例行事务外，主要内容是选举新的领导机构和通过协会九十年代发展战略。

10 月 16 日至 20 日，大会开幕前，谭云鹤副会长和代表团成员分别参加了协会九十年代战略委员会会议、协会第 24 届执行理事会和协会救灾委员会会议。

改革开放后的几年来，中国红十字会在协会各种会议上不断阐述自己关于开展协会工作的观点，强调协会应该把工作重点放在各国红十字事业的发展上，引起各方面的重视，并指定谭云鹤副会长为“协会九十年代战略委员会”成员之一。该委员会于 1988 年指定 9 个国家的 9 位代表组成，主要研究和探讨协会九十年代的发展计划。为此谭副会长曾数次抵日内瓦，提出了宝贵的建议，并与其他代表共同磋商，拟出了战略草案。这次战略委员会会议主要是将战略草案最后定稿，以便提交 24 届执委会和协会第七届大会通过，供协会和各国红会开展工作时参考。

协会大会于 10 月 21 日开幕，23 日举行选举。在此之前各国代表开展了“走廊外交”，广泛“活动”。按照章程规定，协会主席只有一名候选人，即上届的主席兰德尔

（委内瑞拉红会会长），而这次要竞选副主席的却有 13 个国家的 13 位候选人，按协会章程规定，每个地区只能选出两位副主席。竞选活动非常活跃，除了频繁的双边接触外，各大地区如东欧、西欧、拉美、非洲、亚太地区等分别开会协调磋商，确定本地区的候选人，并决定对其他地区竞选人的支持与否。

中国红十字会代表团为了积极参与协会工作，为国际红十字运动贡献力量，推动其向健康方向发展，早在 1989 年 4 月即向各国红十字会发函，提出推举谭云鹤副会长竞选协会副主席，希望各国红会支持。开会前，中国红十字会已得到 80 多个国家支持竞选的肯定答复，20 多个国家表示积极考虑支持，许多国家的代表说：中国改革开放以来红十字会工作发展较快，在国际上积极发挥作用。中国是一个拥有 11 亿人口的大国，应积极参与协会的工作，应该当选副主席。正式选举投票前形势已经基本明朗，有许多国家的红会代表表示，中国的谭云鹤先生肯定当选。

10 月 23 日下午正式投票，当下午 5 时公布选举结果时，场上一片赞叹声和掌声，因为竞选的国家中只有中国突破 100 票，可以说是以最高选票当选。散会后，许多国家红会代表前来向谭云鹤副主席热烈拥抱祝贺。不分民族、不分信仰、不分地区，相互友好、信任之情溢于言表。大会共同的心愿是希望中国能在协会里不负众望，发挥更大的作用。

大会于 10 月 27 日闭幕，28 日中国红十字会代表团肩负着重任，满怀着喜悦的心情，告别了日内瓦。

11 月 1 日，代表团载誉回到北京，副会长蔡壬癸、孙柏秋、副秘书长范雨田等到机场热烈欢迎。

谭云鹤副会长当选协会副主席的喜讯传来，各地红十字会纷纷来电来信，表示祝贺。黑龙江省红十字会贺电说："欣悉谭云鹤副会长当选为国际红十字会与红新月会协会副主席，我们代表黑龙江省红十字会和全省 56 万会员表示热烈的祝贺。这是我国人民和全体会员的光荣。这一重大喜讯，必将极大地鼓舞和有力地推动我省各级红十字会和广大会员继续发扬光荣传统，努力做好工作，为发展具有中国特色的红十字事业做出积极贡献。"河北省红十字会贺信说："获悉谭云鹤副会长在国际红十字会与红新月会协会第七届大会上当选为协会副主席，我们感到无比兴奋和自豪。这是我国红十字发展史上的一件大事，标志着我国红十字事业已经进入一个新的历史阶段；标志着我国红十字会的国际威望不断提高。对全国广大会员、志愿工作者，一切对红十字工作给予支持和帮助的人们是一个极大的鼓舞，对我国的红十字运动必将起到很大的推动作用。对此，我们怀着十分激动的心情表示热烈祝贺。"①

谭云鹤副会长当选协会副主席，可喜可贺。这是新中国成立后中国红十字会第一

① 《中国红十字报》1989 年 12 月 5 日。

次出任协会副主席（1992 年 4 月，鉴于谭云鹤已不再担任中国红十字会的副会长，改由常务副会长顾英奇担任协会副主席），它充分显示了中国改革开放后国际地位的提高，显示了中国红十字会国际威望的“步步高”。

谭云鹤一行出席在布达佩斯举行的第八届国际联合会大会

三、亚太区域大会与《北京宣言》

万事俱备，只欠东风。以上事例表明，中国红十字会承办国际性会议的条件已经成熟。

1993 年 5 月 24 日，红十字会与红新月会第四届亚太区域大会在北京隆重开幕。全国人大常务委员会委员长乔石、国务委员彭珮云，中国红十字会会长陈敏章、常务副会长顾英奇、副会长孙柏秋、秘书长曲折，红十字会与红新月会常设委员会主席博塔·赛因、红十字国际委员会副主席克劳迪奥·卡拉什、红十字会与红新月会国际联合会代理秘书长乔治·韦伯及中华人民共和国外交部部长助理秦华孙出席了开幕式。

中国红十字会常务副会长顾英奇主持了开幕式。中国红十字会副会长孙柏秋宣读了中华人民共和国主席江泽民给本届大会发来的贺信。江主席在贺信中说：“红十字国际组织和各国及地区的红十字会、红新月会所从事的人道主义事业，在推动世界和平与发展，保护人的生命和健康，减轻易受损害者的苦难等方面发挥了积极作用，为国际社会所称道。红十字工作在我国有着优良的传统和广阔的发展前景。多年来，中国红十字会在政府的有力支持下，做了很多有益的工作；并得到国际红十字组织、各国红十字会和红新月会的许多支持和援助。这次会议在我国召开，有助于各国和地区的红十字会和红新月会对我国的了解，必将进一步促进我国红十字会工作的开展。我相信，本次会议将对亚太地区的红十字会与红新月会工作产生积极的影响，推动本地区红十字与红新月运动的进一步发展。”

乔石委员长在大会上致辞指出：“自从 1863 年亨利·杜南首创红十字组织以来，红十字会与红新月会国际联合会和红十字国际委员会以及各国红十字会与红新月会，肩负着减轻人类苦难、促进世界和平的崇高使命，奉行人道主义宗旨，在救死扶伤、扶危济困等方面做了大量工作。近年来，红十字会与红新月会作为国际性组织，以自己的卓越活动，在各国社会生活中的影响正在日益扩大，为增进各国人民的相互了解和友谊也发挥着重要作用。中国政府一直非常重视和支持红十字事业的发展。中国红十字会于 1904 年成立以来，为人民做了大量好事，尤其是在备灾救灾，开展群众性卫生救护，社会服务，宣传人道主义，促进青少年健康成长，沟通海峡两岸同胞的联系，促进国际间友好交往等方面做了大量工作，取得了显著成绩。中国红十字会是中国政府人道工作的好助手，也是人民群众不可缺少的自治组织。”①

大会历时 6 天，来自亚太区域和世界各国的红十字会代表团及观察员 100 多人济济一堂，共商红十字事业发展大计。大会分三个委员会即备灾、发展和卫生进行。代表们分别讨论了“备灾问题”“难民、无家可归者和返回家园者”“在救灾中运用红十字与红新月运动基本原则”（备灾），“社区卫生保健和相关规划”“社区急救”“艾滋病感染/艾滋病”（卫生），“人力发展”“机构发展”“发展的计划与合作”“国际人道主义法和红十字与红新月运动基本原则的传播”（发展）等议题，就国际红十字与红新月运动的重大问题交换了意见，特别是针对红十字会与红新月会国际联合会九十年代战略工作计划，许多国家都提出了自己的设想方案和建议。提高各国红会特别是那些灾害频发国家的红会对包括社会动乱的国内外各种灾害作出反应的准备度，加强配合“2000 年人人享有卫生保健”规划的工作，特别是通过实施社区卫生保健规划来补充国家卫生保健网，把具有持久性的发展设想转变为各国红会规划中的实际行动是三个分组会最主要、也是各国红会最感兴趣的话题。会上，中国红十字会副会长孙柏秋代表中国红十字会介绍了中国运用《九十年代战略工作计划》的情况。据孙柏秋介绍，中国红十字会九十年代的战略为：增进红会的综合实力，提高自我完善自我发展能力；形成自身体系的组织网络，独立自主地开展工作；改善最易受损害群体的境况，逐步拓宽人道领域中的社会服务；进一步提高中国红十字会在国际红十字运动中的作用。根据“战略计划”的总体思想，结合中国的国情，着重抓好：强化各级红会备灾救灾意识、建立群众性自救互救网络、积极参与血液事业管理、加快中国红十字会的立法进程、大力兴办经济实体、扩大红十字领域的对外开放和国际交往与合作、加强人道主义的宣传等七项工作。②

---

① 《江泽民主席致第四届亚太区域红十字会与红新月会大会的贺信》；《乔石委员长在第四届亚太区域红十字会与红新月会大会开幕式上的致辞》，见《中国红十字报》1993 年 5 月 28 日。

② 《中国红十字报》1993 年 6 月 4 日。

大会与5月29日胜利闭幕。会议通过了著名的《北京宣言》（以下简称《宣言》）。31个国家和地区与会代表分别在《宣言》上郑重地签了字，中国红十字会副会长孙柏秋代表中国红十字会在《宣言》上签字。

《宣言》阐明了红十字会与红新月会联合会和亚太地区国家、地区红会应承担的义务，以及战略规划，明确了本区域各国、各地区红会开展各项工作遵循的中心目标——改善最易受损害者境况，重申发展的最终目的是要提高生活的质量。《宣言》“信守：红十字与红新月运动的基本原则及其人道使命”，“承诺：为本区域易受损害者的利益同联合会密切合作，为进一步增强力量和提高效率而加强区域合作，共享技能和资源。”①

《宣言》致力于解决本地区面临的主要问题，它的签署对提高亚太地区国家、地区红会的合作与整体作用，增强这一地区的抗灾能力，减轻人类所遭受的苦难将起到积极作用。

为筹备这次会议，中国红十字会做了大量艰苦细致的工作，在与会代表的通力合作下，会议取得了圆满成功。会议的成功举办，向世人展示了改革开放后中国红十字会新的风貌和实力，进一步扩大了中国红十字会在国际上的影响。

第三节　通向世界的桥梁

一、广泛开展双边外交与首次出访韩国

红十字运动受到世界上越来越多的国家和人民的理解与支持，产生巨大的国际影响，成为当今世界维护和平和促进发展的重要组成部分。改革开放以来，中国红十字会充分发挥其国际性的特点，广泛开展国际交往。

本着坦诚交流、增进友谊、共同发展的原则，从1979年到1984年，中国红十字会先后10余次组团出访美国、联邦德国、日本、泰国、瑞士、突尼斯等国，受到各该国红十字会的欢迎和接待。同期中国红十字会先后邀请并接待红十字协会主席、秘书长和日本、美国、澳大利亚、西班牙、匈牙利、苏丹、斯里兰卡等20多个国家和地区的红十字会代表团访华。

1979年1月25日至2月3日，钱信忠会长率团访问日本，参观东京、横滨、京都、大阪等地的医院和血液中心，受到日本红会的欢迎。

1983年是中国红十字会外事工作继续加强的一年，邀请澳大利亚、日本红十字会代表团来访，还在北京接待了7月25日至27日来华访问的红十字会与红新月会协会主

① 《北京宣言》，见《中国红十字报》1993年6月4日。

席德拉·玛塔先生和秘书长侯格先生；先后访问了斯里兰卡、日本、南斯拉夫、瑞士、瑞典等国，考察了上述国家红会的国内服务工作。特别是中日两国红十字会共同签订了五年交流计划，使两国红会间的互访和交流得以逐年进行，增进了双方的友谊。

1983 年 1 月，国际红十字组织在墨西哥城举行了首届红十字志愿工作者世界大会，中国红十字会派代表团参加大会，与各国代表一道探讨红十字志愿工作的有关问题，会后顺访墨西哥红十字会。

1984 年 10 月至 11 月，由中国红十字会副会长杨纯率领的中国红十字会代表团一行 4 人对南斯拉夫、瑞士、瑞典三国进行了友好访问，同三国红十字会领导人就发展双边友好合作关系等问题进行了会谈，交流了工作经验。三国红会组织在国内都有较大的影响，有自己的专项业务，他们的主要活动是：急救训练、家庭护理、输血募捐、自然灾害救济和红十字青少年工作。访问发现，三国红会所以能够优质高效地开展工作，主要原因有：首先，政府根据红十字会的特点给予特定的任务，如南斯拉夫政府授权红十字会每年进行一次全国性的募捐工作，训练发展中国家红十字会员；瑞士政府授权红十字会培训医务人员，负责颁发护士毕业证书，组织医疗队；瑞典政府资助红十字会对外救灾援外工作。其次，红十字会有自己的事业机构，如瑞士红十字会办有中央输血实验室，不但负责采血、供血，而且还生产大量的血制品；南斯拉夫有可供外国学员住宿的训练中心大楼；瑞典红会设有残疾人康复机构和精神病人手工艺工厂。再就是开展多种多样的宣传活动，积极筹款募捐，大量发展会员。三国红十字工作又各有侧重：铁托总统是南斯拉夫红会的热情赞助支持者，南各级红会组织健全，在平战结合的急救工作中发挥着重要的作用；瑞士红十字会主要工作是战地救护，负责输血、培训护士、组派医疗队出国和进行对外救济等；瑞典红会主管对外救济等工作。随着社会的发展变化，三国红十字会的工作范围也在扩大，如老年人和残疾人的工作已成为红十字会工作的一部分。这些国家红十字会工作的经验和特点都为发展我国的红十字事业提供了有益的借鉴。

随着改革开放的深入发展，1985 年以后，中国红十字会的国际交流更加频繁，先后应邀访问了匈牙利、民主德国、罗马尼亚、苏联、阿尔及利亚、塞内加尔、保加利亚、日本、波兰、捷克斯洛伐克、缅甸、泰国、西班牙、蒙古、朝鲜、法国、英国、加拿大、土耳其、冰岛、新西兰等几十个国家的红十字会或红新月会，其中对有些国家如日本、美国等十几个国家都是多次访问，对有些国家如韩国则是第一次访问。

同时，中国红十字会先后邀请许多国家和地区的红十字会代表团访华，如西德、朝鲜、丹麦、缅甸、新加坡、扎伊尔、瑞典、意大利、保加利亚、阿尔及利亚、罗马尼亚、蒙古、加拿大、土耳其、美国、日本、斯洛伐克等。这些互访活动对于引进外资、促进我国的改革开放和经济建设，都起到了积极的推动作用。

1986 年 9 月 16 日，国务院总理赵紫阳在中南海紫光阁会见第四次来访的国际红十字会与红新月会协会主席德拉·玛塔，并就中国红十字会的地位和作用发表了讲话。1992 年 9 月 11 日，国务院总理李鹏在中南海紫光阁会见了来华访问的红十字国际委员会主席科纳里奥·索马鲁加，双方进行了亲切友好的交谈。

中国红十字会对韩国的首次访问，对于促进中韩两国的建交具有重要的历史意义。应韩国红十字会邀请，以中国红十字会副秘书长曲折为团长的中国红十字会代表团于 1991 年 7 月 31 日至 8 月 6 日对韩国进行了为期一周的考察访问。代表团一行分别拜会了韩国红十字会总裁金相浹先生和副总裁孙仁实女士，并转达了中国红十字会领导的问候。他们对中国红十字会代表团访问韩国表示真诚的欢迎。曲折团长说："我们两会在国际会议上有过多次接触，这次来贵国访问，使两会建立了正式联系，希望今后加强合作，为国际红十字运动做出贡献。"访问期间，代表团考察了汉城、釜山等地的红十字会医院、红十字会血液院及红十字社会服务中心和备灾仓库。代表团一行对韩国红十字会卓有成效的工作表示赞赏。

访韩期间，代表团专门到板门店参观，这个使韩国和朝鲜隔绝近 40 年的地方在人们心中是一个极有政治意味的地方。从汉城出发，一个多小时到达一个叫临津阁的地方，再往北走就是军事禁区，由于是南朝鲜（当时的名称）红十字会事先的安排，所以未受到任何阻拦，很顺利地通过通往板门店的唯一通道——"自由之桥"。以"三八线"为界，南北各两公里的地区为非军事区，板门店实际上是双方压在三八线上的谈判室所在地，虽然是非军事区，但军事气氛很浓，一道道的关卡，全副武装的美国士兵，给这一片虽然绿树成荫、亭台矗立的板门店，带有一种郁闷的压抑感。站在观望台上，一座被取名为"回不来桥"的旧水泥桥映入眼帘，这座桥战前是南北人民过往的通道，就像任何一条河上的一座桥那样普通，在这里它却成了南北朝鲜人民隔绝 40 年的见证。就在这个观望台的一侧，一座建筑的门闩上，赫然挂着一块南朝鲜红十字会的牌子，原来这是南朝鲜红十字会设在板门店的办公室。南北朝鲜红十字会在这里会谈已有 20 年的历史了，对于双方的沟通起到了不可磨灭的作用①。20 年后的今天，又是通过南北朝鲜红十字组织沟通实现了南北朝鲜关系历史性的突破。

这次访问使中韩两国红十字会开始了正式联系。也正是中国红十字会的首次访问韩国红十字会之后，中韩两国不久就建立了外交关系。这就是红十字会在双边外交中所起的独特的作用。

1997 年 10 月 28 日，韩国红十字会会长郑元植先生率团来华访问，钱正英会长会见了韩国客人。郑元植先生曾于 1991 年至 1992 年任韩国总理，1997 年 8 月当选为韩国红十字会会长，首次出访便来到中国。钱会长在会见时说，郑元植先生刚刚荣任韩

---

① 洪俊岭：《中国红十字会代表团首次出访南朝鲜》，《中国红十字报》1991 年 8 月 20 日；《访问南朝鲜红十字会》，《中国红十字报》1991 年 10 月 20 日。

国红十字会会长，就来华访问，表明会长先生十分重视两国红会间友好关系的发展。钱会长愉快地回忆起 1995 年 10 月率中国红十字会代表团访问韩国，在汉城参加韩国红十字会建会九十周年的纪念活动，并与姜英勋会长签署了《中韩两国红十字会六年交流与合作协议》。她对中韩两国红会友好合作关系的发展充满信心。中韩两国红会为弘扬人道主义精神，促进人类和平与进步事业做出了不可磨灭的贡献。郑元植先生说，韩国红十字会的工作与中国红十字会的工作有许多相似之处，在许多问题上观点一致。通过这次访问，两国红会领导人交换了意见，进一步加强了相互理解，有益于促进今后两国红会的合作。[①] 韩国驻华大使郑钟旭和夫人以及中国红十字会常务副会长顾英奇、副会长孙柏秋、秘书长李长明也出席了这次会见活动。

通过双边和多边交往，中国红十字会架起了一座中国走向世界、世界走向中国的友谊桥梁。

1971 年朝、韩通过红十字会实现了首次接触

二、相互援助，共同发展

20 世纪末，在人类即将跨入 21 世纪的时候，面对生态环境的日益恶化、自然灾害的频繁发生，国际红十字运动更需要加强合作，通过自救互助，有效地帮助人们摆脱困境，共同分享人类文明进步的成果。

1979 年至 1984 年间，尽管我国刚刚实行改革开放，在经济还比较困难的情况下，中国红十字会每年都要向若干国家提供国际人道主义援助。据不完全统计，这中间向

① 《韩国红十字会会长郑元植率团访华，钱正英会长亲切会见代表团一行》，《中国红十字报》1997 年 11 月 7 日。

47个国家和地区提供69次援助，计美金111.3万元，人民币78万元，法郎40万元及6.4英镑，还有其他救助物资如药品、粮食、毛毯、针织品等。这些受援助的国家和地区主要是下列第三世界国家：毛里塔尼亚、柬埔寨、马里、博茨瓦纳、马达加斯加、索马里、安提瓜、莱索托、菲律宾、佛得角、喀麦隆、缅甸、埃塞俄比亚、孟加拉、上沃尔特、赤道几内亚、泰国、吉布提、哥伦比亚、秘鲁、塞拉利昂、莫桑比克、赞比亚、中非、圣多美和普林西比、斯里兰卡、巴布亚新几内亚、尼泊尔、巴西、阿富汗、加纳、尼日尔、几内亚、厄瓜多尔、塞内加尔、乍得、多哥、贝宁、澳大利亚、阿根廷、斐济、毛里求斯、玻利维亚、安哥拉、土耳其等。

近年来，每当世界各国遭受自然灾害时，中国红十字会总是及时提供力所能及的援助。这种援助每年都在20起左右。据1987年至1989年的不完全统计，我国共向64个国家和地区提供498万元人民币和98.5万美元（包括物资折款）的援助，由此可见一斑。这充分显示了中国红十字会积极进行国际人道援助的精神。

1988年12月7日，苏联亚美尼亚地区发生里氏6.9级强烈地震，这是苏联80年来第一号大地震，顷刻间50多个村镇、5万多人的生命毁于一旦，50多万人无家可归。消息传来，中国政府和人民十分关注，中国红十字会受国家委托，迅速担负起筹集和运送援苏救灾物资的任务。12月12日，中央电视台报道了李鹏总理代表中国政府向苏联发出的慰问电，与此同时，中国红十字会筹备物资工作全面展开。一天后，我国第一批救灾物资运抵苏联，驻苏大使亲临机场迎接。12月17日，中国航空公司调拨一架专机，满载170吨救灾物资，带着中国人民的一片深情，连续飞行8小时抵达莫斯科，这是中国红十字会多年来在外援救济工作中首次使用包机，并在48小时之内完成从购物到发运的过程。这次对外援助工作打破了过去的常规，从实际出发，求效率、求时间、求质量。北京市政府特批函购置一批国家专控商品，仅半天就完成了全部审批手续；中国国际航空公司停下了中苏航班的货物运输，为救济物资让路，货运、海关、边防一切从简，一路绿灯。当这些带有红十字标志的物品送到苏联灾民手中时，所有为此忙碌过的人们都会感到欣慰。

这次对亚美尼亚大地震的救援是世界性的，不论是小国、大国、穷国、富国，纷纷伸出救援之手，各种救灾物资不断送到地震灾区。37个国家派出100余架飞机火速运来大量救灾物品，而且有2000多名国外的救护队员出现在地震灾区。各国政府和红十字会捐款达1亿美元。这是一首感人的人道主义协奏曲。

1997年5月10日，伊朗东部地区呼罗珊省发生里氏7.1级强烈地震，据报道，这次地震造成2400多人死亡，4万人受伤，200多个村镇被摧毁，1万间房屋倒塌，数万人无家可归。地震发生后，5月12日，中国红十字会会长钱正英致电伊朗红新月会会长瓦海德·达斯特迪先生，代表中国红十字会向伊朗灾区人民表示最诚挚的关切和慰问。钱会长在慰问电中说："中国和伊朗两国人民及两国红会有着传统的友好关系。在此困难的时刻，我们愿以任何可能的方式帮助贵会的救灾工作。”[①] 5 月 13 日，中国红十字会决定向伊朗红新月会提供总价值为 50 万元人民币的紧急救援物资，包括药品、食品、毛毯等，空运伊朗首都德黑兰，以解灾民的燃眉之急。

1999 年 4 月，以美国为首的北约开始对南斯拉夫联盟共和国实施空中打击以来，中国红十字会本着人道主义的原则，向南联盟的战争受害者提供 1000 多万元人民币的人道援助。5 月 8 日，中国红十字会就北约袭击中国驻南联盟大使馆事件发表声明，对这种严重违背国际人道法的行为表示震惊，并表示将本着人道主义的原则，继续与国际红十字运动一道，向南联盟的战争受害者提供人道援助。

2001 年“9・11”事件后，美国发动对阿富汗恐怖组织的军事行动，一时难民潮涌，向巴基斯坦边境聚集。10 月 9 日，中国红十字会向红十字会与红新月会国际联合会捐款 3 万美元，用于救助在巴基斯坦境内的阿富汗难民。

当然，我国遭受自然灾害时，同样也会及时地得到国际红十字组织和各国红十字会的援助，诸如 1991 年的特大洪水、1998 年的河北张北地震和 1998 年的大水灾等，都得到了国际红会组织的大量赈灾款物。已见前述。

在相互援助行动中，中国红十字会参与“’88 国际体育援助计划”特别值得一书。

“1988 年国际体育援助计划”（以下简称“计划”）是英国慈善团体发起的世界性儿童福利活动，通过在世界范围内开展长跑等体育活动发动募捐，以救济不发达国家的儿童，促进儿童保健事业的发展。该“计划”在上届组织的活动中有 89 个国家 2000 万人参加了体育文娱等活动，共募款 3500 多万美元，用于援助非洲受灾国家儿童。上届活动因时间仓促，我国未能参加。1988 年的活动于 4 月开始，主要活动项目有：4 月在世界各地举行 14 岁以下青少年千米跑；9 月举办“与时间赛跑”的 10 公里长跑，同时举行世界狂欢节及其他多项体育、文化活动和发动募捐，各项活动将通过卫星向全世界转播。这是一次得到世界大部分国家响应的全球性活动。

根据中国驻英大使的正式建议，中国红十字会与外交部、国家教委、国家体委、广电部等有关部门磋商，并于 3 月 12 日进行研究，达成共识，认为：“计划”是一次大规模的儿童福利宣传活动，有助于促进社会各界对儿童健康成长的重视，推动中、小学体育活动和儿童保健事业的开展，世界上大多数国家积极参加这一活动，中国参加可以扩大我国作为和平、发展、发扬人道主义的大国在世界上的影响。

3 月 14 日，中国红十字会等五部委向国务院呈递“关于参加一九八八年国际体育援助计划活动的请示”，4 月 5 日得到批准。4 月 22 日，“计划”中国组委会在京召开新闻发布会，组委会秘书长、中国红十字会副会长蔡壬癸向新华社、人民日报社、中

① 《钱正英会长致电伊朗红新月会，中国红十字会为伊朗地震灾区提供援助》，《中国红十字报》1997 年 5 月 16 日。

央人民广播电台、中央电视台和香港文汇报等 17 家新闻单位的 30 多名记者宣布："经过中国红十字会总会、外交部、国家教委、国家体委、广播电影电视部的酝酿和准备，国务院正式批准，中国参加 1988 年国际体育援助计划。"[①]

4 月 24 日，身披彩带和佩戴红十字标志的 1300 名青少年在北京少年宫进行了长跑活动，揭开了"’88 国际体育援助"在中国的序幕。继而全国各地红十字会和有关部门积极响应，结合庆祝"五八"世界红十字日和纪念国际红十字运动 125 周年，陆续开展了体育援助活动。

根据国际组委会规定，格林尼治时间 9 月 11 日 15 时（北京时间 11 日 23 时），有 128 个国家至少 300 个城市将同时举行万米长跑活动，口号是：与时间赛跑。为此中国红十字会等五部委组成了"’88 国际体育援助"中国组委会，全国人大常委会副委员长朱学范任主任委员，康克清、赵朴初、荣高棠任副主任委员。各省、自治区、直辖市也成立了相应的组织，在各大中城市开展各种活动。

9 月 11 日，初秋的北京，天高云淡，金风送爽，"’88 国际体育援助"北京长跑仪式在天安门广场举行，近万名来自各基层组织的红十字会员、体育爱好者和热心于儿童福利事业的人们，兴高采烈地参加这一国际盛事。全国人大常委会委员长万里出席仪式并点燃火炬，田径运动员胡涛从万里委员长手中接过火炬，这一火种瞬间燃成一片，照亮了广场的夜空，也为世界儿童带来了光明和希望。在火炬的导引下，马拉松长跑队、学生长跑队、老年长跑队及各国驻华使馆人员 1000 多人组成的长龙，冲出人群，奔向天安门。队员们胸前斜挎着写有"保护儿童健康""让世界充满爱"的标语。中央电视台把这壮观的场景送上卫星传到英国总部，传向全世界。[②] 与此同时，世界 128 个国家和地区的许多城市都在为着同一目的——儿童的健康，进行万米长跑活动。

9 月 11 日这天，在全国其他省市如吉林省长春市、浙江杭州市、湖南衡阳市、黑龙江哈尔滨市、福建福州市、上海、天津、四川成都市等大中城市举行了"’88 国际体育援助"与时间赛跑等活动。长春市为儿童健康活动进入高潮，南关区在一次认捐会上就募集了 10 万元。重庆市红十字会、文化局为"’88 国际体育援助"组织山城的歌星、舞星、笑星举行义演，得到社会各界 2000 余人的捐助。

"’88 国际体育援助"中国组委会从 4 月至 9 月，在各级红十字会的有力配合下，先后动员了 5000 多万人，围绕"为了儿童健康"主题，开展了多姿多彩的文娱体育活动。各地红会在这次活动中共募捐款 1200 多万元[③]，用于开展儿童健康福利工作。

---

① 《一九八八年国际体育援助计划，中国组委会秘书处召开新闻发布会》，《中国红十字报》1988 年 5 月 5 日。

② 《"88 国际体育援助"北京长跑仪式在天安门广场举行，人大常委会委员长万里出席仪式并点燃火炬》，《中国红十字报》1988 年 10 月 5 日。

③ 中国红十字会总会：《中国红十字会年报（1988）》（内部资料），第 17 页。

北京“’88国际体育援助活动”

三、不负众望

改革开放以来，中国红十字会举办国际红十字青少年夏令营；开展国际技术交流；开办国际红十字与红新月运动讲习班，在国际舞台上充分施展自己。特别是在历届国际会议上，中国红十字会不负众望，积极建言献策，为推动国际红十字运动发展，发挥着独特的作用。这里选择几个片段，可见一斑。

1985年10月20日至24日，中国红十字会副会长谭云鹤率团参加在日内瓦举行的第四次红十字与红新月协会大会。在竞选本届执行理事会时，代表团散发书面声明：“我们希望担任协会执行理事是由于我们认为红十字事业与世界各国人民爱好和平和维护人道主义原则的愿望是一致的。中国红十字会和中国人民是热爱和平和维护人道主义原则的，这已明确写入我们的会章。我们对国际红十字大家庭寄予很大的希望，我们认为它应该是一个民主、平等、和睦的大家庭，每个成员都享有平等的权利并履行自己应尽的义务。我们愿意和红十字会与红新月会协会、红十字国际委员会以及各姐妹红十字会与红新月会一起，为进一步加强友好合作关系，为我们共同的红十字事业，竭尽一切努力。”① 会议经过紧张热烈的讨论，于10月21日举行了无记名投票，中国红十字会以104票（最多票数）当选为执行理事。同时当选的还有其他15个执行理事国。这意味着中国红十字会要在国际红十字运动中发挥更大的作用。

中国红十字会代表团在1986年10月举行的第二十五届国际红十字大会上，就当前红十字运动中的一些问题、章程修改和名称等积极提出意见，引人关注。新章程所

① 中国红十字会总会：《中国红十字会的九十年》，中国友谊出版公司1994年版，第284－285页。

做的重要修改是将“国际红十字”这一多年的称呼正式定名为“国际红十字与红新月运动”。与会的137个国家的红十字会、红新月会和政府近900名代表一致通过了新修改的国际红十字与红新月运动章程。

1988年11月，在巴西里约热内卢召开了第六届红十字会与红新月会协会大会，有134个国家的红十字会和红新月会的代表共450人参加大会。以谭云鹤副会长为团长的中国红十字会代表团积极参与了大会的各项工作。中国红十字会提出的两项议案均获通过。由于中国红十字会代表团会前准备充分，发言具有针对性，收到良好的效果。一些国家的代表热情称赞：“中国红十字会代表团出席国际会议，一次比一次有进步，现在，我们真正听到了中国红十字会代表的声音。”①

1993年10月25日至28日，红十字会与红新月会国际联合会第九届大会在英国伯明翰召开，这次会议的主要内容包括：换届选举，审议1994年—1995年战略工作计划。中国红十字会代表团在大会上报告了1993年5月在北京召开的第四届亚太区域会议的情况。在10月26日的选举中，中国红十字会以102票再次当选为该组织执行理事会成员。

1995年12月3日至7日，第二十六届红十字与红新月国际大会在日内瓦召开，来自169个国家的红十字会与红新月会和185个日内瓦公约缔约国政府的上千名代表参加了这次大会。这是与上届大会相隔9年后召开的红十字历史上规模最大的一次盛会。以顾英奇为团长的中国红十字会代表团和以中国驻日内瓦联合国代表金永健大使为团长的中国政府代表团参加了本届国际大会。国际红十字联合会主席维拉罗尔·兰德尔和红十字国际委员会主席索马鲁加分别在会上做了主旨发言，他们在发言中回顾了自1986年第二十五届国际大会以来国际人道需求的发展，分析了国际运动所面临的工作和挑战，论述了20世纪最后几年红十字与红新月运动的战略工作重点，并号召国际红十字运动各方与各国政府协作，为改善最易受损害人群的境遇而努力工作。

此次国际大会的工作分为两个委员会同时进行，第一委员会重点讨论战争受害者和尊重国际人道主义法等问题，第二委员会则侧重讨论人道主义价值及紧急救助工作等问题。中国红十字会代表团团长顾英奇和中国政府代表团团长金永健分别在两个委员会做了发言。12月7日，经过4天紧张工作，国际大会在一致通过了5项重要决议（关于保护战争受害者国际会议的后续工作的报告、武装冲突期间对平民的保护、海战时实施国际人道主义法问题、国际人道主义救援和保护的原则及实践、增强对最易受损害人群的援助和保护能力）之后闭幕。“Keeping Hope Alive”（希望永存）是第二十六届国际大会的主题口号，一千多名代表带着这一共同的使命踏上了归程。②

① 中国红十字会总会：《中国红十字会的九十年》，中国友谊出版公司1994年版，第285页。

② 王小华：《红十字旗更鲜艳——记第26届红十字与红新月国际大会》，《中国红十字报》1995年12月15日。

众所周知，红十字会与红新月会国际联合会是世界各国红十字会的联合组织，每两年召开一次的全体大会是联合会的最高机构。大会的主要职能是讨论和决定有关联合会的重大方针政策。国际联合会第十一届大会于 1997 年 11 月 20 日在西班牙的塞维利亚市举行，当来自世界各地包括中国代表团在内的 800 多名代表云集在该市挂满红十字与红新月旗帜的主会场时，这里便成了国际红十字运动和国际社会注意的焦点。依据事先经过与各国红会协商同意的议程，本届大会除处理诸如工作报告、财务预算等例行事务外，还将审议修改联合会章程的提案，通过新起草的有关国际红十字运动内部成员间进行合作的协议，以及讨论标志等问题。大会还将依据章程进行四年一度的选举，改选联合会主席、副主席和执行理事会，所有这些都将关系到国际红十字运动在 20 世纪最后两年的工作发展。

选举依旧是众人瞩目的热点。中国红十字会自 1985 年被选为联合会执行理事会成员后，参加理事会工作已满三届 12 年时间（其中包括一届副主席），按规定这一届“轮空”。挪威红会会长海伯格博士在 175 票中以 110 票的多数当选为主席，成为联合会历史上的第一位女主席。海伯格自 1993 年起曾两度被选为挪威红会会长，在第二十六届红十字会与红新月会国际大会上被推选为大会主席。她于 1997 年 6 月曾率挪威红会代表团来京访问中国红十字会。海伯格表示，作为新任主席，她的近期目标是促使联合会更加注意和支持发展中国家红会的发展工作；在重大问题上进一步充分运用和发挥执行理事会的咨询和决策作用；并以坦诚的态度与红十字国际委员会重建相互信赖的伙伴合作关系，促进红十字运动内部的团结。新任主席积极、务实的态度给人们耳目一新的感觉。

大会重申红十字与红新月运动继续使用现行标志的决心和信心不动摇。一些代表认为，讨论改换标志无异于自毁形象的自杀行为。中国红十字会代表团在发言中敦促有关方面采取慎重态度，有关标志问题的讨论和研究都不应该对现行的标志和相关法规引发任何疑问和混乱。任何对现行标志的疑虑和认识上混乱都会产生极为不利的影响和后果。经过半天的辩论，会议一致通过决议，重新肯定现行标志对于保护受害者和易损人群的价值和重要性，呼吁各国红会和政府切实采取措施制止一切滥用误用标志的情况发生，确保标志得到应有的保护和尊重。在讨论修改联合会章程的提案时，中国红十字会明确表示：我们不应该置联合会的长远利益而不顾，轻率修改章程。中国代表团的发言赢得了许多国家红会的赞许和支持，最后由于这项提案的两个主要国家宣布撤出而作罢。

大会于 11 月 26 日举行了亨利·杜南奖章的颁发仪式。为纪念红十字会的创始人亨利·杜南而设立的亨利·杜南奖章是红十字运动所能授予的最高荣誉。该奖章由红十字与红新月常设委员会每两年颁发一次，授予那些为红十字事业表现出高度献身精神并做出杰出贡献的人士。此次获奖者共 24 人，除两人在世外，其余 22 人多是在近两年中为红十字人道主义工作牺牲的红十字工作人员。

参加本届大会的有175个国家的红会代表。中国红十字会代表中，香港红十字会的代表作为中国代表团成员首次参加国际红十字运动的法定会议成为此次大会的一大新闻。伴随着1997年7月1日香港回归祖国，香港红会成为中国红十字会的一个享有高度自治权的分会。这次大会在总会的邀请下香港红会秘书长方敏生参加了中国红十字会代表团出席国际会议，并在总会的同意和鼓励下单独进行业务性活动，具有特殊的意义，也是中国特色的"一国两制"的具体体现。这种情况在国际联合会的历史上也没有先例。当联合会秘书长韦伯在大会上专门向全体与会代表宣布香港红十字会作为中国红十字会的代表团成员参加本届大会进行国际技术交流时，会场上响起一阵热烈的掌声。①

红十字会与红新月会国际联合会第十二届大会于1999年10月23日至27日在瑞士日内瓦召开，这是联合会在20世纪末召开的最后一次大会。中国红十字会代表团团长、常务副会长王立忠率团出席了大会，代表团成员有副会长孙爱明和香港特别行政区分会的代表林胡秀霞女士。

大会通过了新秘书长的任命。原任秘书长乔治·韦伯提出自2000年1月1日起不再担任这一职务，于是推举秘书长成为本届大会的一项重要议题。大会一致通过迪迪埃·沙佩戴尔（Didier Cherpitel）为秘书长，他是一位法国投资银行家，54岁。他于2000年1月任职。

大会以绝对多数票通过了联合会章程修改案。新章程为了确保执行机构的高效运作，将原来的"执行理事会"易名为"领导委员会"，并赋予更加广泛的权力；为扩大国家红十字会对联合会事务的参与，将副主席的人数由原来的8名减至4名，而将领导委员会成员由原来的16名增加到20名。为减员增效，新章程取消了总司库一职，其职责由财务委员会主席行使。取消了大会下设的青少年、灾害救济、发展、卫生及社区服务等4个委员会。另外，随章程做出相应修改的《议事规则》也获大会通过。

战略计划咨询委员会在仔细研究"九十年代战略工作计划"及广泛征询各方意见的基础上，起草了指导联合会及其所有成员在下世纪初十年的工作方向的纲领性文件——《2010年战略》，该文件以"动员人道的力量，改善易受损害人群的生活"为主题，全面阐述了联合会的任务、战略方向和预期目标，对于本运动的发展具有指导意义。

中国红十字会代表团积极参加了大会各项议程。在讨论《2010年战略》时，中国红十字会代表团发言，阐述了《战略》中所涉及的主要方面的工作，通报了中国红十

① 王小华：《召唤二十一世纪——参加红十字会与红新月会国际联合会第十一届大会散记》，《中国红十字报》1998年1月16日、23日、2月6日。

字会第七次全国会员代表大会通过的《2000—2004 年战略发展规划》的有关情况，概述了近年来在救灾工作，尤其是水灾救助方面所取得的成绩，同时向曾经为中国红会救灾工作提供援助支持的各方表示感谢。在讨论“国家红十字会实力建设”的议题时，中国红十字会代表团香港分会代表林胡秀霞发言，指出，国家红十字会实力建设，既要强调领导层，又要重视所有成员素质的提高，特别要重视志愿工作者队伍的建设。中国红十字会代表团的两次发言，均得到了与会代表的高度评价和赞赏。

大会期间，中国红十字会代表团还通过大会秘书处向各代表团散发了“中国红十字会关于澳门红十字会将于 1999 年 12 月 20 日加入中国红十字会的公告”，并在亚太地区红十字代表团会议上进行宣读。出席此次大会前，王立忠副会长率部分团员顺访了葡萄牙红十字会，就澳门红十字会回归及第十二届联合会大会上发表公告的问题进行晤商。葡萄牙红十字会会长索亚雷斯夫人向王立忠副会长正式转交了关于葡萄牙红十字会同意澳门红十字会于 1999 年 12 月 20 日脱离葡萄牙红十字会，加入中国红十字会的决议文件，为澳门红十字会的回归做好了准备。

四、跨世纪的承诺

在国际舞台上，中国红十字会一直信守七项基本原则，开展人道主义工作，发展与各国红会的友好关系。为推动国际红十字运动昂首阔步迈进新世纪，1999 年在第二十七届国际大会上作出专项承诺。

第二十七届红十字与红新月国际大会于 1999 年 10 月 31 日至 11 月 6 日在瑞士日内瓦举行。以中国常驻日内瓦办事处和瑞士其他国际组织代表团乔宗淮大使为团长的中国政府代表团和以中国红十字会常务副会长王立忠为团长的中国红十字会代表团出席了这次国际大会，并响应大会的号召，分别代表中华人民共和国政府和中国红十字会向大会递交承诺书。

第二十七届红十字与红新月国际大会会场

根据红十字与红新月运动章程，每四年举行一次的国际大会是运动的最高审议机构，与会者包括 176 个国家红会代表团和 188 个日内瓦公约签约国政府代表团。第二十七届国际大会以“人道的力量”为主题召开在世纪之交，更具有重要意义。为宣示各国政府尊重并履行国际人道法的义务和决心以及显示运动各方的团结和力量，国际大会号召与会各国政府和红会代表团依照大会宣言和行动计划的原则和精神，结合实际情况和需要，作出专项承诺，提交大会秘书处收录并公布。这一号召得到与会各方的积极响应，据大会秘书处统计，截至11月6日会议闭幕时，大会共收到387项承诺，内容涉及尊重和宣传国际人道法、救灾备灾、卫生救护、青少年和社会服务等多个领域。

中国政府的承诺书全文如下：

中华人民共和国政府在此承诺：

1. 履行日内瓦四公约及其附加议定书等中国批准、加入的国际人道法文书的有关规定；

2. 广泛进行和加强人道主义法的传播与教育；

3. 加强对易受灾害区域的综合减灾项目的建设；

4. 加强减灾科学技术研究与应用，多渠道增加减灾投入；

5. 落实《中华人民共和国减灾规划（1998—2010）》；

6. 认真执行《中华人民共和国红十字会法》；

7. 支持中国红十字会落实《中国红十字会2000—2004年工作规划》；

8. 继续支持中国红十字会进行志愿人员培训，为志愿人员从事志愿工作提供便利；

9. 尽力支持红十字会与红新月会国际联合会的人道主义活动，并根据与其达成的协议，为国际联合会在北京设立东亚地区代办处提供便利。

中国政府出席第27届红十字与红新月国际大会代表团团长
中国常驻日内瓦代表团大使乔宗淮（签字）
一九九九年十一月三日于日内瓦

中国红十字会的承诺书全文如下：

中国红十字会庄严承诺：

关于备灾工作

1. 进一步加强并完善现有的6个区域性备灾救灾中心及省级备灾救灾中心，理顺管理体制，明确职责，完善管理制度，使之充分发挥应有的功能及效益；

2. 有计划地鼓励并支持建设新的各级备灾救灾中心；

3. 加强备灾救灾范畴内的相关培训工作，包括管理、后勤、财务方面的培训；

4. 落实和完成以提高备灾救灾能力为目标的覆盖全国各个省级分会的计算机通讯网络的建设；

5. 在2004年前，初步在全国范围内建设一个包括总会和各省、区、市分会在内的快速高效的备灾和救灾反应网络，从而在整体上明显提高中国红十字会的备灾救灾能力。

关于红十字基本知识和国际人道法的传播工作

1. 继续落实与红十字国际委员会达成的《1998—2001年传播国际人道法和红十字基本知识合作计划》，并讨论和制订2001年以后的合作计划；

2. 组织和举办一系列包括全国性和区域性的传播人员培训班，传授有关基本知识和传播技巧，鼓励并支持他们组织本地区的传播培训工作；

3. 用中文翻译、编写并印发针对不同对象的传播用的基本教材（包括音像教材），并将一些重要教材翻译成少数民族文字印发；

4. 在2004年前，初步将全国各省级分会及部分地、市级分会主管传播工作的干部较系统地轮训一遍，建成一支具有基本知识和传播技巧的传播骨干队伍和网络；

5. 继续协助红十字国际委员会在中国武装部队内开展各种形式的有关国际人道法的传播和培训工作。

中国红十字会出席第27届红十字与红新月国际大会代表团团长
中国红十字会常务副会长王立忠（签字）
一九九九年十月三十一日于日内瓦①

新世纪的到来为人们提供了一个反思的机会。对于红十字与红新月运动和各日内瓦公约缔约国政府来说，这也是对未来显示关切的时机。显然国际社会在近十年中出现了积极的变化，然而，冲突仍在许多国家肆虐；平民及非军事设施遭受攻击的现象屡有发生；数十万人被迫离开家园；国际人道法规往往受到蔑视；破坏力极大的自然灾害继续危害大量的人群的生活；新出现的或是卷土重来的各种疾病造成的痛苦不断蔓延；面对日益增长的需求，现有的卫生服务及社会和经济机制不堪重负；世界上最贫弱无助的人群依然是受到打击最重的目标。面对这一切，大会特别通过“宣言”，决心：“为挽救生命和改善千百万人的生活，无论何地，只要有需求，就向他们提供切实的帮助和抚慰”；“加强我们对履行国际人道法的集体责任感”；“宣扬人类尊严和相互帮助的责任，减轻灾害和战争所造成的后果，而不加以任何歧视”；“支持全世界千百万计的红十字与红新月志愿工作者，他们的日常工作体现了人道主义的责任”；“‘人道的力量’既是个人道义的力量，更是集体行动的力量。我们应该动员所有个人和集体

① 《跨世纪的承诺——中国政府和中国红十字会在第二十七届红十字与红新月国际大会上发表庄严承诺》，《博爱》2000年第1期，第4－5页。

的力量去减轻疾苦，确保尊重人类尊严，并最终创造出一个更为人道的社会。”[①]

大会还通过了《2000—2003年行动计划》，旨在加强对战争和灾难受害者及所有最易受损害人群的关怀和保护。行动计划分“长期总目标”和“具体行动”两部分，重申了日内瓦公约各缔约国在符合《联合国宪章》的宗旨和原则的前提下，履行国际人道法所赋予的职责，支持红十字与红新月运动各成员的工作，以及无论何时均尊重各成员所做出的承诺。

20世纪是人类历史发展和变化最为剧烈的100年。诞生于19世纪中叶的红十字与红新月运动随着20世纪的结束，送走了137年的岁月风尘和辉煌的历程。国际红十字运动在新世纪到来之际召开的第二十七届国际大会，回顾过去，展望未来，面对人类进入新千年的各种挑战，做出了庄严的承诺，在“人道的力量”激励下，矢志改善最易受损害人群的生活，这是具有重要战略意义的。前事不忘，后事之师。虽然人类是伴随着各种灾难、困惑和不均衡进入新世纪的，但是生活在一个更为和谐、更为人道、更为富裕的地球上毕竟是世界上所有人的共同愿望，人类的前途最终还将取决于人类自身的决心和行动。“人道的力量”将战胜一切。作为国际红十字运动的重要力量，中国红十字会一定会恪守诺言，更加积极地投身于国际红十字运动，用“人道的力量”谱写崭新的篇章。

① 《“人道的力量”——第27届红十字与红新月国际大会宣言》，《博爱》2000年第1期，第6页。

附录一

中国红十字会百年大事记

1904 年

2 月 8 日，日俄战争爆发。为救济难胞，清上海记名海关道沈敦和、前四川川东道任锡汾、直隶候补道施则敬等，于 3 月 3 日发起成立东三省红十字普济善会“专以救济被难人民为事”。

3 月 10 日，在沈敦和、李提摩太奔走联络下，中、英、美、法、德五国董事会集于上海英租界公共工部局议事，宣告上海万国（即国际之意）红十字会支会成立。上海万国红十字支会设董事 45 人，内西董 35 人，以李提摩太为首，华董 10 人，以沈敦和为首，并从 45 名董事中推出 9 名组成办事董事（其中西董 7 人，华董 2 人为沈敦和、施则敬，后增加任锡汾）。它的成立标志着中国红十字会的诞生。

3 月 17 日，上海万国红十字会中西办事各董初次会议于英按察使署，英按察使威金生、工部局总董安特生、律师麦尼而、医生巴伦、李提摩太、沈敦和、施则敬到会。决定：将“上海万国红十字会支会”正式定名为“上海万国红十字会”；推举李提摩太、沈敦和为司理文牍的中西方书记。

4 月 6 日，上海万国红十字会牛庄（营口）分会成立，推选中西董事 10 人，美国驻牛庄领事密勒为总董，英国传教士魏伯诗德负责办理文案。这是中国红会史上第一个分会。随后，辽阳、奉天、开原、铁岭、安暑河、沟帮子、新民屯、海城、山海关及塘沽、烟台、金陵等地分会相继开办。

5 月 24 日，光绪皇帝颁发上谕，对上海万国红十字会“医治战地受伤军士，并拯救被难人民”予以褒奖，并“颁发内帑银十万两，以资经费”。

6月29日，驻英公使张德彝受命在瑞士日内瓦补签《日内瓦红十字会公约》（即《1864年8月22日改善战地陆军伤者境遇之日内瓦公约》）。中国由此成为国际红十字会员国。

7月12日，上海万国红十字会制定《暂行简明章程》8条，对万国红会的宗旨、性质、任务、经费、分会等作了原则规定。内称“此会系中、英、法、德、美五中立国联合倡办，由中国政府知照两战国政府，转告战国军队将帅士卒，皆知此会，其名曰‘上海万国红十字会’”，“专以医治战地因战被伤之战国及局外兵民，救护战地之无关战事因战被难人民”。《章程》特别声明：“救护出险，无论华人西人何国人，均一体相待”，以体现红十字的博爱精神。

8月12日，日内瓦万国红十字会会长穆业、副会长欧第业联名为中国入会一事复函：“贵国附入日内瓦万国红十字会一节，事已成就”。仍“深望贵国设立红十字会”。（意即成立独立的全国统一的红十字会，而不是合办）

1905年

1月18日，清政府电旨：“奉省兵灾，地广人众，着周馥转饬上海红十字会总办，多延员绅，速拨巨款，前往奉省会同地方官广施赈济，以全民命，钦此。”上海万国红十字会遵旨迅筹银两，增派史善诒、谢文虎、邓笠航等人前往东北，会同传教士魏伯诗德等办理放赈事宜。

9月5日，日俄在美国朴茨茅斯签订《朴茨茅斯条约》，日俄战争结束。战争期间，上海万国红十字会设在东北及其他地区的各分会，前后留养妇孺10000余人，难民30000余人，治疗伤者数千人，资遣回籍者多至130000余人。救助日俄战灾，历时三载，救护出险、收治伤病、留养资遣、赈济安置总人数达46.7万人，因伤重不治而亡者仅331人。“此次救护工作，得到教会和医院以及中国官方最高的合作，所以成绩特佳”。

12月，旅居海参崴华人遭俄兵扰害，“华商房屋，焚毁殆尽”，800余人受伤。事件发生后，外务部致电北洋大臣饬令沈敦和等“酌支红会捐款”，购买饼干、棉衣等物，派员赈济。沈敦和即派廖锦春、陈刚、余树勋等由上海赴烟台，搭乘“海定”号轮前往海参崴“查明救济”。

1906年

4月18日，美国旧金山地震，伤亡惨重。中国红会捐20000银圆，“汇寄灾区，从事抚恤”。

5月，京师女学卫生医院院长廖太夫人在京发起成立“中国妇人红十字会”（又称中国妇人会）。这是中国第一个具有红十字会性质的妇女团体。

7 月 6 日，《日内瓦改正红十字条约》颁布，共 9 章 33 款，除第六、八章外，余由出使荷兰大臣陆徵祥“从众画押”。

1907 年

2 月，民报社在东京再版孙中山所译《红十字会救伤第一法》，为即将开始的反清起义做救护工作的知识准备。

4 月 29 日，外务部致电保和会专使陆徵祥，嘱将上年在瑞士修订条约会议上公布的《日内瓦改正红十字条约》“第六章补行画押”。

7 月 21 日，由吕海寰、盛宣怀联衔《沥陈创办红十字会情形并请立案奖叙折》上达清廷，一方面为上海万国红十字会“在事尤为出力员绅”“奏请奖叙”；另一方面提出建医院、办学堂等“善后持久事宜”的种种构想和举措，“以结万国红十字会之全局，即以巩中国红十字会之初基”。这份奏折，标志着历时三年有余的上海万国红十字会的终结，中国红十字会脱颖而出，走上独立发展的道路。

1908 年

4 月，东三省总督徐世昌遵旨查明上海万国红十字会“在事出力中西员绅职名，奏给奖叙”。28 日，《申报》登出《东督等奏保红十字会名单》，其中“创始及办事人”：中国总董记名海关道沈敦和、前四川川东道任锡汾、直隶候补道施则敬、江西补用道任凤苞等华员 12 名；西总董领袖威金生，西总董安特生、宝隆、李提摩太、分会西董领袖魏伯诗德共洋员 30 名，荣获“中国红十字会一等金质勋章”，其余“异常出力人员”和“寻常出力人员”百余名也分别受到表彰。

夏秋间，上海时疫流行，红十字会在上海天津路 316 号，创设临时时疫医院，聘请悬壶沪上的苏州名医徐相任担任顾问，率先采用中西医结合疗法，对患者进行诊治，取得良好疗效，“嗣后岁以为常，全活无算，成绩最著”。

1909 年

本年沈敦和等用救助东北日俄战灾余款，在上海徐家汇购地 10 余亩，动工兴建中国红十字会总会总医院（现复旦大学附属华山医院）及医学堂，次年春医院落成，“其间冷热水管、解剖房（病理室）、割症房（手术室）、蒸洗器械房（消毒室）、爱克司电光房、配药房（制剂室）、储药房、发药房、化学房（化验室）、汽锅房（锅炉房）、浴室、病房、议事厅（会议室）、殡殓所（太平间），无一不备”，设备之“精美，为沪之冠”。医院延聘著名西医柯师为内科医生，解剖专家峨利生为外科医生，血液学专家亨司德为血液检验医生，克立天生女士为看护妇（护士），王培元为驻院医生，主持医院事务。

1910 年

2 月 27 日，吕海寰、盛宣怀、吴重熹联衔会奏《酌拟中国红十字会试办章程请旨立案折》特别强调："唯会务头绪繁多，关系中外交涉，可否简派大臣作为会长，以昭郑重"，提出了"官派"会长的正式请求。当日朝廷准奏，"着派盛宣怀充红十字会会长。"盛宣怀因此成为政府正式任命的首任会长。

3 月 13 日，盛宣怀会长咨行礼部，以中国红十字会系遵旨开办，应行奏请添铸"大清红十字会"关防，以昭郑重。

6 月 5 日，"大清红十字会"关防正式启用，中国红十字会蜕变为大清红十字会。

夏，皖北、苏北水灾，"继以大疫，死亡枕藉"。中国红十字会派医生和同济德文医学堂学生组织甲乙丙丁 4 个医疗队，携带救疫药物器具，由江趋丹率领，驰往皖北，竭力拯救，合计治愈 67580 人。由红会参与发起的华洋义赈会募捐 170 万元，灾后散赈，成绩昭然。

1911 年

3 月 18 日，为便利租界居民治病起见，特于英大马路巡捕房后天津路 80 号设大清红十字会中国公立医院分医院，"各类中西学医士常川到院诊治，并附设公立医院租界检疫办事处，以便通讯。"医院当日开业。

4 月 3 日，万国防疫大会在沈阳召开，中国红十字会派王培元与会。

10 月 10 日，武昌起义爆发，辛亥革命开始。战事激烈，死亡甚重。24 日，沈敦和在上海发起成立"中国红十字会万国董事会"，沈敦和、英按察使苏玛利为总董，开大会，募捐款。

10 月 25 日，中国红十字会组织甲、乙、丙三支医疗队，驰赴战地。三支医队，以上海总医院柯师医生（英国人）为队长，会同峨利生、班纳德、王培元、杨智生及男女看护 30 余人，10 月 30 日到达武汉，次日于武昌、汉口、汉阳三镇设立临时医院，治疗伤者数千人；另派掩埋队赴武汉，共掩埋尸骸 8000 余具。辛亥革命期间，中国红十字会在苏、皖、闽、浙、湘、鄂、川、鲁、粤、桂等省区和香港共建分会 50 余处，竭诚救护。凡赴救之处，无不成效卓著。

10 月 26 日，清政府降旨革除盛宣怀大清红十字会会长职务，"永不叙用"。

11 月 1 日，中国红十字会首次征集会员。会员分为名誉会员、特别会员、正会员三种，"先行征集特别会员、正会员，共谋进行。除将会员徽章速电欧洲加工制造外，凡纳会费二百元以上作为特别会员，二十五元以上作为正会员。"至次年 1 月下旬，两月余时间，先后征集 3 届会员，入会人数逾千人。

11 月 13 日，清廷颁发谕旨，"命前外务部尚书吕海寰充中国红十字会会长"。大清红十字会“正名”为中国红十字会。吕海寰成为政府任命的第二任会长。11 月 15 日，中国红十字会关防经吕海寰奏明启用。

12 月 12 日，参加武汉救护的丹麦医生峨利生，积劳成疾，病故，时年 35 岁，葬于汉口。“红会总、分各医院及事务所均下半旗三日，以志悲悼。”12 月 21 日，中国红十字会在上海友宁礼拜堂为峨利生举行追悼大会，向这位国际友人表示沉重的哀悼和深深的敬意。

1912 年

1 月 12 日，瑞士日内瓦国际红会联合会会长阿铎尔致函中国红十字会万国董事会董事部长沈敦和，告知中国红会已得到国际红会的正式承认，享有与各国红会同等待遇。中国红会由此正式成为国际红十字大家庭中的一员。

1 月 28 日，“中国红十字协会幼幼会”经内务部允准立案，正式成立。幼幼会“专以救济战地灾区之男女儿童分别资遣留养”为宗旨。

2 月 17 日，沈敦和致电袁世凯，提出“立案”维持中国红十字会的合法存在之请求，得到袁世凯及孙中山、黎元洪的积极回应，“准予立案”。

5 月 7 日至 17 日，第九届红十字国际大会在华盛顿举行，中国红十字会推举驻美公使张荫棠、参赞容揆、留美学生监督黄鼎及中国红十字会顾问福开森等参加。中国红十字会代表团首次“亮相”国际大会，“为全场所极注意”。

7 月 16 日，中国红十字会万国董事会董事、名誉董事数十人在英国按察使署举行“报告大会”，大会主席苏玛利宣布：“中国战事已息，董事会全体辞退”。中国红十字会万国董事会自此解散。

9 月 29 日，中国红十字会第一次会员大会在上海召开。各地分会代表及有关方面人士 1352 人出席，会议主席沈敦和报告会务，施则敬报告历年收支账目。推举朱佩珍、施则敬等 34 人为常议员，通过《中国红十字会章程》。

10 月 6 日，中国红十字会常议员举行第一次会议，常议会正式成立，会议参照东西各国定章，公举中华民国大总统、副总统为中国红十字会名誉总裁，吕海寰为会长、沈敦和为副会长、江绍墀为理事长。当即公电政府，请以明令宣布正副会长。

10 月 18 日，袁世凯发布“大总统令”：“派吕海寰充中国红十字会正会长、沈敦和充中国红十字会副会长。”

10 月 30 日，中国红十字会统一大会在上海召开。会议议决：总会设于北京，总办事处设于上海，会长常驻总会，专任对外及对政府交涉事务，副会长及常议会则驻总办事处，总办事处以副会长为领袖，会同理事长，督率各职员办理，凡筹募款项、联络分会、征集会员及其他一切会务，均属总办事处负责。大会还就《红十字会筹款方法》《女界赞助红十字会并筹款法》《分会组织法》、编辑出版红会宣传品等问题，展开讨论。大会成功召开，使中国红会告别了“散漫”，实现了“统一”，确立了“唯一”的地位，在红会史上具有里程碑意义，“实奠中国红十字会万年不拔之基”。

1913 年

3 月，《人道指南》杂志在上海出版发行，月出一册，“分送本、外埠会员、各巨绅宅第、大公司、大商号”。

5 月 1 日，中国红十字会机关刊物《中国红十字会杂志》创刊，“所以为是编者，诚欲发挥人道主义以感动人心”。

7 月 12 日，李烈钧在江西湖口宣布赣省独立，组织“讨袁军”，发布讨袁通电。当日赣军与北洋军即开始战斗。中国红十字会总会总办事处立即展开战事救护。

7 月 23 日，沪南开战，以江湾、吴淞战事最烈。红会救护医队当即出发救护受伤兵民，掩埋路遗尸骸。据统计，自上海开战以来，红会开办的 5 个伤兵医院共收治伤员 947 人，重伤不治而死者仅 11 人，掩埋尸骸共 371 具。

8 月 10 日至 9 月 1 日，北洋军张勋、冯国璋部围攻南京，国民党员何海鸣等率军奋力抵抗。中国红十字会派救护队驰赴战地抢救伤兵，另派大通红十字救护船，往返驰救，引难民出险者达 3000 余人。南京分会全力协助，共计掩埋尸骸 7750 具。

9 月，“二次革命”失败。此次癸丑之役，各分会组织医队，从事救护者如南京、天津、镇江、九江、南昌、吴城、广东、芜湖、上海、济南、滁州、临淮关、正阳关，无不竭诚殚虑，成绩昭然。

12 月 2 日，为救张家口兵灾，中国红十字会组织的医队——“计谢恩增、范福林、杨清秀、李连奎四医士，并救护生仆役人等”，由北京启程，次日抵达张家口，实施救治。

1914 年

1 月，日本鹿儿岛火山喷发，造成重大生命财产损失。中国红十字会捐款 2000 元助赈，“事后承日本赤十字社惠赠银杯以为纪念”。

1、2 月间，以白朗为首的反袁军连克安徽六安、霍邱，河南商城、光山、固始、潢川等地。段祺瑞率大军围剿，豫、皖之交战火蔓延，总会急电固始、颍州、正阳、庐州各分会，就地组织医疗队，进行救护，5 月底结束，“全活数万人”。

9 月 24 日，北洋政府公布《红十字会条例》共 11 条。条例规定，中国红十字会依陆军部和海军部的指定，辅助陆海军战时卫生勤务，由内务部的指定，分任赈灾、施诊和其他救护事项；得募款设立医院，培育救护人才，储备救护材料；总会设于北京，各省设立分会，总会设会长、副会长各一人，由大总统派充，分会长由分会推举，经会长认可后方可就任，并由会长报内务、陆军、海军各部备案；红十字会的资产和账簿，得由内务、陆军、海军各部随时派员检查，每年收支及工作情况，应向各部报告。

9月至11月，中国红十字会由上海派出救护队前往胶东，设立临时医院，进行日、德青岛之战战地救护，同时于青岛、平度、即墨等县设分会及临时医院。其间，大水继之，高密等地，哀鸿遍地，总会派员携带款物，分赴灾区散放，历时10天，赈济用费达32000余元。

9月，第一次世界大战爆发后，中国红十字会特向红十字国际委员会捐款8千元（一说万元），用于战争救护。

1915年

1月，为办理青岛兵灾善后事宜，沈敦和副会长“亲携银一万元并棉衣五千件，特往鲁省实地调查，赶放急赈”，并“前赴京津筹商善后方法”。

5月15日至22日，远东运动会在上海举行，是为“上海自古以来未有之奇观”。中国红十字会特组“远东运动会救护医队”，在会场设诊疗所，“举凡担架、病车以及临时应用医药器，无不完备，以防不虞”，保证了运动会的顺利进行。

10月5日，北京政府颁布《〈中国红十字会条例〉施行细则》，对中国红十字会各项事业、会员、议会、职员、资产等，都做了详细规定。

本年，中国红十字会筹款数万元，救济浙江、江西水灾及上海风灾难民。

1916年

3月，为救护“护国之战”的伤兵难民，中国红十字会致电川、湘各省传教士，请以教会医院为红十字会临时医院，并电川、湘、黔、滇、桂各分会，多方救护。凡战事所经之地，各医院无不伤痍满院，药物为罄，函电交驰，请药请款于总会者，接连不断。未几粤战又起，复电广东分会派医疗队救护。疗伤瘗亡，不遗余力。分设机构数十处，用款十余万元。

4月27日，中国红十字会创始人、首任会长盛宣怀病逝于上海，享年73岁。

9月17日，为赈济安徽水灾，中国红十字会总会总办事处与安徽旅沪同乡会合组中国红十字会安徽义赈会，沈敦和、余诚格（字寿平）、李经方（字伯行）任干事部长。皖北赈务直到1917年夏初始告结束，“灾民获沾实惠者，数逾十万”。其间，美国红十字会捐银15万元赈济皖北饥荒。

1917年

5月3日，上海总商会鉴于其筹款兴办的吴淞防疫医院，经费无着，“势难久支”，乃“呈请中央每年在江海关拨费洋五千元，移交中国红十字会经管”，得到批准。当日，沈敦和副会长会同上海总商会会长朱葆三及该院理事长赵芹波医士、黄培元等乘新关河司小轮前往吴淞接收。

7月，张勋拥溥仪复辟，段祺瑞组织“讨逆军”讨伐，战事骤起，至7月12日结束，主战场在廊坊、丰台，天津分会首当其冲，遂由北京总会会同天津分会从事救护。7月13日，黎元洪以天津分会在讨逆战争中“迭次出发，成绩昭著”，赏给“肫然慈力”匾额一方，以示褒奖。

7月下旬，京、直地区连日大雨，23日永定河决口，洪水泛滥，被灾之区多达百余县，天津受祸尤惨。中国红十字会急筹巨款，派员会同天津分会，先放急赈于天津杨柳青等处，接着在徐水、文安、东光、沧县及石家庄等处办理急赈。由急赈而继以冬赈。共散放赈款112000余元，棉衣104000余件。连同药品、面粉等，共合洋220000元。后再力筹款项，散放（1918年）春赈，“拯彼青黄不接之困，以达救人救彻之旨”。

10月，“护法战争”自湖南开始，川、赣、粤、闽继之。兵燹所经，村镇为墟，惨不忍睹。中国红十字会电请当地各分会及各教士组织医院、医队，相机救护。药品经费，由总会筹募汇运。

1918年

2月21日，总会总办事处拨银2000元救济2月13日广东潮梅地震，并致电汕头分会“调查详细灾情并设法劝募，冀集有巨款以谋善后”。

4月14日，中华武术运动大会在上海西门体育场举行，总办事处派汽车、救护队开展现场救护，使赛事井然有序进行。

5月20日，为救护第一次世界大战，美国红十字会开始在华征求赞助员（赞成员、会员）。征求时间为5月20日至27日，在上海、北京、广州、南京等地同时进行。征求活动取得巨大成功，共募赞成员人数为中国会员27418，外国会员1805人，其中仅在上海就征得会员23201人，会费89137银圆。

5月下旬，湖南连降暴雨，湘江漫溢。中国红十字会成立湘赈干事部，组织赈济。湘赈从6月开始到年底结束，前后用款约6万元。

10月，浙江宁、绍等地鼠疫流行，24日总会组织救疫医队，以王培元为总干事，分四队赶赴救治：一队去上虞，治愈2000余人；一队至余姚，治愈1987人；一队到湖州，治愈1200人；一队达宁波，治愈1000余人。

11月20日，中国红十字会派出以理事长朱煜为领队的救护医疗队19人，赴海参崴参加国际救护工作。

1919年

1月4日，鉴于理事长朱煜辞职，中国红十字会召开第十九次常议会，公举吴宝义

（字敬仲）“赓续理事长之职”。

自 1 月起，北京总会经费，由上海总办事处汇寄，月支 300 元。

2 月，中国红十字会筹垫 2 万元，用于接济德奥华侨回国。至 4 月德奥华侨 260 人回到国内。

4 月 29 日，大总统令：“派蔡廷干为中国红十字会副会长。此令。”

5 月 3 日，中国红十字会召集常议会，接受沈敦和的“辞职”请求。沈副会长办理会务前后十六年，筹款 200 余万元，建分会 140 余处，任劳任怨，厥功甚伟。

5 月 5 日，由美国红十字会倡导发起的红十字会协会（红十字会与红新月会国际联合会前身）在法国巴黎召开成立大会，中国红十字会派王培元赴会。中国红十字会正式加入红十字会协会。

8 月 1 日，蔡廷干履职中国红十字会副会长。8 月 12 日，常议会召开欢迎会。蔡廷干发表就职宣言。因理事长吴宝义辞职，改推唐元湛为理事长，唐于本日就职。常议会决定，增补常议员，组织委员会，设财政、赈灾、卫生、交际四股，还决定在军界、政界、华侨、社会各界征集会员。

9 月 14 日，为救济湖北水灾，刚卸任副会长职务的沈敦和发起成立“湖北义赈会”，沈敦和担任会长，朱葆三和湖北驻沪募赈专员劳敬修为副会长，募款赈济，此举得到前总统黎元洪的盛赞：“诸公历赈偏灾，活人无算，兹为敝省设会筹赈，义浆仁粟，悉仗鸿施，谨代江汉灾民称谢。”

1920 年

3 月 2 日至 9 日，红十字会协会第一次大会在日内瓦召开，王培元代表中国红十字会出席。

3 月 30 日至 4 月 7 日，第十次国际红十字大会在日内瓦召开，中国红十字会代表劳敬修、王培元与会。

5 月 5 日，总办事处举行欢迎会，欢迎王培元欧洲归来。王培元报告出席国际红十字大会及协会情况。

7 月 5 日，沈敦和逝世。沈敦和是中国红十字会的缔造者之一，办理会务前后 16 载，功勋卓著，红会史籍赞曰：“论开创则百世不祧之祖，论慈善则万家生佛之宗。”他的去世，是中国红十字事业的巨大损失，“闻者同深悲悼”。

7 月 14 日，直皖大战在京郊正式展开，涿州、固安、高碑店（西战场）以及津浦线左近的梁庄、北极庙、杨村一带（东战场）顿成逐鹿之场，“京兆分会、天津分会，协力救护”。

8 月 20 日，中国红十字会医疗救护队 30 余人，携带物品到达麻盖，与日军交涉后将食品散发给避难华侨，并于 10 月 16 日将 2000 余名华侨悉数送至哈尔滨，交由滨江县及警厅安插，所有购备米面、食盐、租船价值，共计支出国币56000余元。

10月3日，大总统令："中国红十字会正会长吕海寰呈请辞职，吕海寰准免本职。此令。"又"派汪大燮充中国红十字会正会长。此令。"

10月4日，汪大燮就任中国红十字会正会长之职。

本年，直皖战争、粤桂战争，川、湘、粤、桂四省兵灾，总会拨赈款，委托各分会组织救护；赈济直、鲁、晋、陕、湘、闽、浙八省水旱奇荒，总会共拨赈款合计84250元，棉衣8000套。

1921年

3月3日，中国红十字会会长汪大燮、副会长蔡廷干在京举行宴会，欢迎国际红会代表凡尔纳。

6月5日，由总会陈请，总统徐世昌为南京分会颁"乐善好施"匾一块，以表彰该分会救死扶伤、扶危济困业绩。

夏、秋之交，豫、苏、皖、浙、陕、鲁、鄂、冀8省大水，中国红十字会量力接济。

11月9日，中国红十字会理事长唐元湛（露园）病逝。红会常议会特开紧急会议，推举上海银行行长庄箓（得之）继任理事长。

11月11日，为唐元湛举行葬礼，"中外人士送葬者数以千计"。赞曰："服务社会，尽瘁殒身，万家生佛，一代完人。"

11月12日，上海闸北大火，3万余众荡析离居。总会分发银圆、棉衣救赈。

1922年

3月20日，上海虹口分水庙住户因"午炊不慎"引发火灾，造成77户341口被灾；22日，胡家木桥火灾，103家477口被灾。火灾发生后，总会总办事处筹款赈济，"灾民各沾实惠，颇为感激"。

6月25日至29日，中国红十字会第二次全国会员大会在上海举行，修订章程，选举48位常议员。

6月，开办"上海中国红十字会总医院护士学校"，由中国红十字会理事长庄箓与总医院院长牛蕙霖发起，聘请总医院看护长伍哲英为校长，培养护理人员。

7月8日，常议会选举汪大燮为中国红十字会会长、蔡廷干为驻京副会长、杨晟为驻沪副会长。

8月17日，大总统令，"派汪大燮为中国红十字会会长，蔡廷干、杨晟为副会长，此令。"

10月17日，中国红十字会总办事处发出通告，以上海为通商巨埠，车马如梭，难免发生交通事故，特组织马路“救急队”，以便及时救治。

10月30日，大总统令，“令中国红十字会总会：呈暹罗开东方红十字会会议拟请派杨晟、罗昌等前往参与会议由。呈悉，均准派充。此令。”

11月28日至12月11日，红十字国际大会在泰国曼谷召开，杨晟副会长、王培元医士出席。

本年，各地分会组织救护医疗队与临时医院救护直奉战争及湘、粤、黔、赣、闽省兵燹，赈济广东、浙江、湖北部分地区水、风灾民。

1923年

1月，救济去年年底由海参崴驶抵吴淞的俄舰十五艘所载白俄难民，共集捐款20000元，购备粮食、饼干、萝卜干等，交俄舰队司令接收。

3月25日，上海举行取消“二十一条”马路大游行。红会于集合地点和游行所经之处设立救护医队，出动救护汽车，参与救护。

4月14日，中华全国武术运动大会在上海西门公共体育场举行。中国红十字会派救护队现场服务。

5月6日，津浦铁路北上客车在山东临城遭匪劫持，总会总医院牛惠霖院长率医队由上海赶往救护。中外旅客仅死3人，其余均于6月24日脱险。

9月1日，日本关东大地震，中国红十字会组织医护队，由理事长庄箓、医务长牛惠霖率领，携带药品、器械等赶赴日本参加救护并与神户中华会馆合作资助华侨回国。此次救援，共用款17000余元，各分会多有捐助。

10月20日，为答谢中国人民给予日本震灾的援助，日本派出以臼井哲夫、铃木富久弥、砂田重政、半泽玉城等组成的“超政府超党派之纯粹代表日本国民”的“国民表谢团”，起程来华答谢。“表谢团”首先抵达大连，而后奉天、天津、北京、洛阳、汉口、南京、杭州，11月21日到达上海，特别拜会中国红十字会总办事处，称谢不置。

12月，红会分会增至241处，共有会员40000余人。

1924年

3月10日，闸北川公路祥经织绸厂“失慎”发生重大火灾，救火不及，百余女工葬身火海，数十人焦头烂额，300余人幸免于难。事发后，总办事处于3月12日特派职员鲍康宁、夏凤池，“带同夫役，前往详细调查”，将寄寓宜乐里幸存者年龄、籍贯一一登录在册。13日，携带棉衣170套，现洋数百元前往施赈，并按照水陆路程，分别给以船票、车票，资遣回籍。

3月23日，常议会开会，以正、副会长任期满，照章投票选举，颜惠庆当选为会长，蔡廷干当选为驻京副会长，杨晟当选为驻沪副会长，电请政府任命。

4 月 29 日，大总统令："派颜惠庆为中国红十字会会长，蔡廷干、杨晟为副会长。此令。"

9 月至 11 月，中国红十字会派救护队救护"齐卢之战"，并于苏、锡、常等地设临时治疗所，疗治受伤兵民，设妇孺收容所，留养避难妇孺。

1925 年

1 月 9 日，第二次江浙战争爆发。中国红十字会总会总办事处会同沪城等分会投入救援。苏州附近战火燃起，总办事处于 13 日派沈金涛率救护队乘"大利"轮前往施救，至 27 日 8 次往返苏州—上海，救出难民数千人。

5 月，苏州一带时疫流行，吴县分会组织临时时疫医院两处，分院 6 处，就诊者达 7000 余人，留院诊疗者 500 余人。

6 月 11 日，庄箓理事长以国民大会，恐天热人多发生急症，特派职员沈金涛、朱子京暨医生看护队等 20 余人，分乘救护车两辆，前往救护，"于数小时内共诊得因热发昏等症有四百六十余人之多。"

10 月至 11 月，中国红十字会动员镇江、南京、徐州等 30 余分会广泛参与奉浙战争的救护，成绩显著。

12 月 3 日，闸北安康里火灾，230 余户受灾。4 日，庄箓理事长派职员鲍康宁等前往实地勘灾，"以备放赈"。5 日，红会职员沈金涛等"运棉衣裤数百套及现款会同四区二分所警察施救急赈"。

1926 年

2 月 26 日，中国红十字会总医院护士女校举行第一次毕业典礼，150 余人出席。

7 月 9 日，国民革命军在广州举行北伐誓师大会，北伐战争正式开始。中国红十字会动员战地各分会积极投入战事救护之中。

9 月 29 日，宋庆龄接受国民党党立红十字会聘任，担任征募部部长职务，筹款募捐，为北伐救护事业提供后援支持。

11 月，中国红十字会派伍哲英女士出席在东京召开的国际红十字会远东第二次大会。

12 月 13 日，美国红十字会会长兼万国红十字会会长倍恩氏一行自北京到沪，受到总办事处的热情接待。

1927 年

1 月 23 日，中国红十字会总医院为筹集善款，特邀中华全国体育协进会举办慈善足球赛，比赛双方为上海队和中西混合队，因“多系海上有名球家”，吸引众多球迷往观。

5月27日，宋庆龄与何香凝等在武汉发起成立的北伐红十字会，举行谈话会，300余人参加，会上将北伐红十字会正式定名“北伐伤兵救护大会”，每团体举一至二人共同组织；聘请专门救护人才，分别担任救护事宜；设立执行委员会执行会务，宋庆龄担任执行委员会委员长。

8月，国民革命军总司令部成立“彻查上海红十字会委员会”，对红会进行“彻查”，在8月13日彻查委二次会议上，总司令部军医处处长陈方之陈述“彻查原因，为红会历年积弊太深，并此次前方（北伐战争）救护工作，不但不予协助，竟敢置若罔闻，殊失创办红会宗旨”。“彻查”后，红会先后派出5支医队前往南京、常州、镇江等地救护沪宁战伤。

11月5日，上海发生“空前之大惨剧”——沪北新和、公和等厂女工组织工会，假闸北开封路更新舞台前之品芳楼召开成立大会，到会者约500人，突然三层楼全部坍倾，当场压毙126人之多，200余人受伤。中国红十字会总办事处闻讯，立派总医务股沈金涛率领队员、夫役，分乘4辆救护车，疾驶品芳楼救治。

1928年

8月1日，与国立中央大学医学院签订两年合同，并以红十字会总医院为国立中央大学医学院第一实习医院，聘请中大医学院院长颜福庆为红十字会总医院院长，当日办理交接。

9月21日，常议会举行第75次会议，“以迭奉内政部部长薛来函，嘱即改选正副会长，现任正会长颜惠庆、副会长蔡廷干、杨晟，亦以南北统一，各来电辞职。当经议决，即行改选，并选举颜惠庆为正会长、王正廷为驻京副会长、虞和德（虞洽卿）为驻沪副会长。”

10月29日，鉴于国民政府定都南京，北京总会改为北平分会，上海总办事处执行总会事务。

1929年

5月10日，中国红十字会总办事处在汇中旅舍五楼开欢迎新任第五届会长颜惠庆，副会长王正廷、虞洽卿就职大会。颜惠庆代表史悠明，副会长王正廷、虞洽卿，议事长王一亭，理事长王培元等出席。

5月26日至6月1日，孙中山奉安大典，总会派出理事长兼医务长王培元率领医士、护士等多人随侍。

6月，为赈济豫、陕、甘等7省奇旱，中国红十字会发行“宝塔捐”，次年2月21

日截止，筹集赈款近25万元，保证了中国红十字会“救灾保种”各项救援行动的巨大成功，“为中国赈务作一模范”。

1930年

4月20日，中国红十字会第三届全国会员大会在上海举行，决定修改章程，将会长制改为委员制，但因暴徒捣乱会场致使大会无果而终。

8月19日，中国红十字会召开临时大会，修改章程，9月22日经常议会通过后呈报国民政府备案。根据新章程，“定名为中华民国红十字会，简称为中国红十字会。”

11月，中国红十字会前因“中原大战”，曾组织救护队出发救护，战事结束返沪。陆海空军总司令部兵站总监俞飞鹏赠大号银盾一座，兵站卫生处处长刘传连又致赠银盾一座与救护队鲍康宁队长，特派章毓森送沪，并附函慰劳。

1931年

3月，陕西大灾之后，继以瘟疫。中国红十字会备就西药数百种，装于木箱，交轮运至浦口，转运陕西灾区。

5月27日，《红十字会月刊》复刊第一期出版，涉及红十字会会务、业务的方方面面，“内容极为丰富”。

6月至8月，长江、黄河流域发生百年罕见的大洪水，殃及十余省，灾民逾5000万。中国红十字会给予力所能及的救助，筹款53万余元赈灾款，并派防疫医队前往汉口等重灾区从事医疗防疫工作。各地分会募集捐款，协助赈灾。

1932年

1月28日，沪战爆发后，十九路军奋起抗日，到3月2日，与敌激战数十次。沪战中，红会组织30多支救护队，设临时伤兵医院40余所，难民收容所5处，共救护伤兵8600多人，收容难民53100多人。

3月6日，红十字国际委员会为日军残杀中国红会职员，特派秘书长博浪博士来沪调查，王培元报告中国红会职员被日军射杀者三人，重伤身死者二人，失踪者四人，炸毁大场伤兵医院一处，轻伤王志芳、王敦甫等数十人，“博浪深为骇异。”

8月1日起，红十字会总医院改名为第一医院，北市医院改为第二医院，南市医院改为第三医院。

12月16日，国民政府指令（京字第一〇五号），令立法院：“《中华民国红十字会管理条例》业经明令公布，并通饬施行矣，仰即知照。此令。”

1933年

1月3日，山海关失守，华北危急，长城抗战开始。红会组织“华北救护队”，以王培元为总队长，2 月 3 日开赴前线，并与刘瑞恒、颜福庆、林可胜等发起的前方救护队合组为“中国红十字会华北救护委员会”，进行华北抗战救护。

6 月 3 日，行政院长汪兆铭、内政部长黄绍竑、外交部长罗文干、军政部长何应钦、海军部长陈绍宽联衔以训令的形式颁布《〈中华民国红十字会管理条例〉施行细则》(43 条)，明定“总会以内政部为主管官署，并受外交、军政、海军三部之监督”，强化官方对红会的影响。

12 月 7 日，于上海正式启用“中华民国红十字会”关防，原总办事处名称取消。

1934 年

3 月 1 日，中国红十字会发起第一次征求会员运动，9 月 30 日截止，征得会员 5055 名，征得会费近 8 万元。

9 月 1 日，内政部制定的《部派中华民国红十字会指导员暂行服务规则》公布施行。

9 月 24 日至 28 日，中国红十字会在上海召开直辖内政部后第一次全国会员代表大会，选举林康侯、王培元等 15 人为理事，劳敬修、汪伯奇等 15 人为监事。会议通过了《中国民国红十字会章程（草案）》及所属各地分会的章程；首都及其他重要城市设立规模完善的医院并附设救护及赈济机构；降低会费，发展青年会员，增设妇女部，训练救护人才和储备救护物资。

10 月 1 日，第一届监理事会议，推举王正廷为会长，史量才、刘鸿生为副会长（史量才被刺，杜月笙继任副会长），蒋介石为名誉会长，黄绍竑、吴铁城为名誉副会长（10 月 11 日第二次理监事会添聘颜惠庆、虞洽卿为名誉副会长）。

1935 年

7 月 12 日，国民政府修正公布《中华民国红十字会管理条例》(18 条)。

7 月，《中国红十字会月刊》复刊，至 1940 年 6 月停刊，出版 60 期。

夏，华北、华中大部分地区遭水灾，中国红十字会成立临时放赈委员会，实施赈灾。为救华北、华中七省水灾，美国红十字会捐国币 10 万元助赈。

8 月 1 日，第二次征求会员运动开始，全国 445 处分会“同时举行”。此次征求会员活动历时近一年，共征得会员 12500 名，征得会费 72737 元。

10 月 10 日至 20 日，第六届全国运动大会在上海市中心区新建体育场举行，红会参与救护服务。11 天中总共治疗人数 172 名，“服务勤奋，纪律严明，各界莫不赞誉。”

1936 年

1 月 1 日起，依据军政、海军部批复，中国红十字会统一救护队服装定式。

5月6日，中国红十字会总会救护委员会执行委员会在上海银行公会俱乐部举行第一次会议，宣告中国红十字会救护委员会正式成立，正副会长王正廷、刘鸿生、杜月笙为当然正副主席，陆伯鸿、朱恒璧、徐乃礼、许超、金润庠、林康侯、言潘景芝等七人为常务委员，颜福庆为总干事。11日，决定成立训练、人事、供应三个委员会。

6月6日，总会呈文教育部，“请将红十字会历史编入教科书”。6月15日，教育部部长王世杰批文，表示同意。

6月30日，立法院修正并通过了《中华民国红十字会管理条例》。内容有总会领导机构设于南京，主管官署由内政部改为卫生署等。

11月12日，绥远战事发生。18日，中国红十字会与上海市商会、上海市地方协会合组“绥远剿匪慰劳救护委员会”，募集捐款，“实力援助”傅作义将军绥远抗战义举。红会派秘书长庞京周赴绥组织战地救护。

11月18日，虞洽卿等发起成立“上海市救护事业协进会”（1937年7月20日改名为“上海市救护委员会”），该会在红十字会总会支持下，先后开办4期救护训练班，培训200余人。

1937年

1月1日起，第三次征求会员，经过10个月努力，共征得各类会员8222名，会费收入5万余元。全国分会发展到464处，红会整体实力有所增强。

1月20日，中国红十字会救护委员会华北分会正式宣告成立，姜文熙为主席。

6月1日起，总会职员在履行公务时，统一着中山装，“其衣料概用国货，以资提倡。”

7月7日，“七七”事变拉开了全面抗战的序幕。救护委员会华北分会组织起重伤手术组和救护组两组，并与北平市长秦德纯、师长冯治安接洽救护事宜。

8月13日，淞沪会战开始，中国红十字会组建救护队10个，急救队12个，临时救护医院24所和“特约医院”16所，进行全面战场救护。

8月23日，第一救护队医师苏克己、护士陈秀芳、谢惠贤、刘中武在罗店遭日军残杀，总会电驻美大使兼会长王正廷提请红十字会国际联合会，予以严厉谴责。

10月4日，中国红十字会首都办事处在南京正式设立，秘书长庞京周任办事处主任。

10月16日，上海国际红十字委员会正式接受中国红十字会授权，并正式定名为中国红十字会上海国际委员会，简称上海国际红十字会，设会址于国际饭店内。

12月6日，总会在汉口成立临时救护委员会，决定组建救护总队部，聘请林可胜为总队长。

12月13日，南京沦陷后，日本侵略军进行了灭绝人性的血腥大屠杀。南京分会奋不顾身救护伤员、难民，掩埋死难者尸体，并设施粥站，向妇孺难民施粥。

12 月 13 日，国际红十字会南京委员会成立，美国圣公会牧师约翰·马吉为主席，德商西门子洋行南京办事处主任拉贝等 12 人为委员，旨在开展伤兵救护与难民救助工作。

12 月 20 日，第 23、第 7、第 39 医疗队在侯道之率领下乘车北上陕北，为八路军提供医疗救护服务。

1938 年

春，中国红十字会救护总队部在汉口正式成立，林可胜为总队长。救护总队部是中国红十字会“专负军事救护之机构”，它的成立，翻开了抗战救护新的一页。

5 月 28 日，70 多架日机狂轰广州城，投弹数百枚，6 月 6 日，日机再次空袭广州，造成 2000 多无辜平民伤亡。其间，红十字竭力救护。

6 月 20 日至 24 日，国际红十字第 16 届大会在英国伦敦举行，58 国代表出席。以王景春为团长的中国政府代表团和以林康侯为团长的中国红十字会代表团出席大会。

6 月，救护总队部由汉口迁长沙后，与卫生署合办战时卫生人员训练所，招收、培训医护人员。训练所由林可胜博士主持。

9 月 14 日，印度派遣以爱德（亚特）为领队的包括柯棣华在内的印度救护队抵达香港，受到中国红十字会、香港中华医学会的隆重欢迎。该救护队旋即开赴前线，为中国抗战服务。

11 月 6 日，救护总队及战时卫生人员训练所由长沙西迁祁阳。

1939 年

2 月，救护总队、战时卫生人员训练所辗转迁到贵阳图云关。图云关因此成为全国战区救护工作的指挥中心。

3 月，中国红十字会鉴于“外籍医生因同情我国抗战，仗义来华投效者为数颇多”，特制定《外籍医生服务办法》，对外籍医生年龄、待遇等做出明确规定。

4 月 1 日，总会总办事处在香港九龙柯士甸道 111 号成立，下设秘书处、干事部，前驻港办事处同时宣告撤销。

5 月 2 日，总会核定救护总队部的中西名称为：“中国红十字会总会救护委员会救护总队部”（Chinese Red Cross Medical Relief Corps，缩写 M. R. C）。

6 月 1 日，中国红十字会救护总队部图记及橡皮章正式启用。

8 月 29 日设立重庆时疫医院，加紧空袭救护及防疫工作。

9 月，第一次湘北会战，被救护总队视为模范大队的第九大队与部队同进退，治疗伤兵。

秋，国际援华医疗队陆续到达贵阳图云关中国红十字会救护总队部。20余人来自8个国家，因来华之前曾参加过西班牙内战救护，故被称为“西班牙大夫”。

12月4日，救护总队长林可胜由云南转赴香港，向临时救护委员会及总会报告要务。

1940年

1月1日，八路军第二兵院第三收容五所全体工作人员、休病伤员，特向第54救护队赠送荣誉锦旗一面，内绣文曰：“中国红十字总会第54队全体同志存念，‘不避艰苦，发挥了医人救国的热忱。’八路军二兵站院第三所工休人员敬赠”，并举行了隆重的献旗典礼，表达了对中国红十字会救护队全体救护人员的敬意。

1月30日，常务理监事会议讨论决定将总会迁往重庆，原重庆办事处并入总会，原上海总办事处改为驻沪办事处，总办事处仍设香港九龙。

4月1日，总会由沪迁重庆小龙坎梅园新村办公。内部组织因“事业开展较前扩大，共设三处”，第一处处长由主任秘书康承宗兼任，第二处处长由秘书冯子明兼任，第三处处长由秘书长潘小萼兼理。

5月1日起，救护总队部医疗、医护、医防、急救各队，一律改编为医务队，推进至野战区，开展医疗服务。

6月30日，上海南市难民区结束。从1937年11月9日开办以来，不到3年的时间，约30万生灵免遭涂炭，上海国际红十字会执行委员会副主席饶家驹功勋卓著，被誉为“难民之父”。

12月3日，中国红十字会第54次常务理监事会议通过《管理分会医院办法》，并于本月16日颁布施行。

1941年

1月1日至10日，举行第一届红十字周活动，以征求会员，筹措资金。征得会员20000余人，会费收入45029元。刘峙、李宗仁、张群等为荣誉会员，特别会员有孙科、周恩来等。

1月，中国红十字会总会创办《会务通讯》，以“检讨工作，增进会务”。至1945年1月，《会务通讯》共出版34期。

2月18日，总会召开第60次常议会，与赈济委员会协商沦陷区及游击区难民救济事宜。

5月9日，王正廷会长视察贵阳图云关救护总队部，并发表讲话，“要大家明了本身工作的价值”，为抗战救护事业贡献力量。

9月、12月两次湘北会战中第九大队随军进退，开展救护服务。

12 月 12 日，香港被日军攻陷，总办事处被迫停止工作，常务理事林康侯、理事刘瑞恒、颜惠庆及监事叶恭绰等遭日军软禁（旋释放），总会工作重心集中于重庆。

1942 年

3 月 22 日，林可胜率救护队由贵阳出发，赴缅甸为中国远征军服务。

4 月 10 日，总会派出第 17 医防服务队前往贵州镇远第二战俘收容所，担任 700 名战俘的医疗任务。

5 月 10 日，中国红十字会总会重庆医院举行盛大奠基典礼，社会各界 300 余人出席。重庆医院占地 72.89 公亩，这年秋天落成。

8 月 20 日，第 74 次理监事会议决议，救护总队部林可胜总队长辞职，准给假 6 个月，所有救护委员会总干事及总队长职务，由秘书长潘小萼兼任，另派汤蠡舟处长担任副总队长。

9 月 5 日，林可胜总队长再电辞职，定于 15 日移交，总会令救护总队副总队长汤蠡舟先行接收。

10 月 1 日，第二届红十字周在重庆新运模范区礼堂开幕，孔祥熙为征求队总队长。

12 月 19 日，救护总队部选派外籍医师陶维德、顾泰尔、孟乐克、杨固、富华德、白尔、何理经、柯理格、纪瑞德、傅拉都等 10 人赴印度为远征军服务，本日抵昆明，25 日专机飞印。

1943 年

1 月 15 日，总会开办“国际通讯”查人转信业务，“通讯本文不得超过二十五个字”。

1 月 26 日，总会改组，蒋梦麟为会长，副会长杜月笙、刘鸿生，胡兰生为秘书长。名誉会长蒋介石；名誉副会长宋美龄、戴季陶、孔祥熙、宋子文、吴铁城、虞洽卿；取消救护委员会，救护总队直接由总会指挥，由秘书长胡兰生兼任总队长。

4 月 1 日，国民政府颁布《红十字会战时组织条例》（1946 年 2 月 15 日明令废止），规定会长、副会长、理监事均由军事委员会委员长令派，卫生署长、军政部军医署长为当然理事；各战区救护队受战区司令长官指挥。国民政府将红会纳入军管体系。

5、6 月间，日军发动鄂西战役。中国红十字会救护总队第六医疗大队配合野战医院救护伤兵。

7 月 15 日，重庆医院开业，首任院长陈崇寿。

10 月 1 日，第三届红十字周在重庆新运服务所礼堂举行开幕典礼，卫生署长金宝善等百余人出席。

1944 年

4 月，救护总队第十大队随远征军到达前线，积极开展野战救护，改善部队环境卫生，防病治病。

5 月 23 日，蒋梦麟会长视察救护总队部并发表《认清大势加紧努力》演讲，勉励工作人员“提高服务热情，以期完成使命”。

5 月，第四次长沙会战爆发，救护总队第九大队人员通力合作，救治受伤官兵。

10 月 1 日，第四届红十字周如期举行。由于战局不稳定、百业凋敝以及基层组织数量有限等，四届红十字周，总计征求会员 42069 人，距离每届征求 10 万四届 40 万会员的预定目标相去甚远。

1945 年

6 月 20 日，前往美国出席太平洋学会会议的蒋梦麟会长事毕回国。旅美期间，他“曾向美国有关各方报告本会会务，颇获佳评”。

8 月 15 日，日本宣布无条件投降。中国人民经过艰苦卓绝的奋斗，终于取得抗日战争的伟大胜利。抗战中中国红十字会的战事救护成就辉煌，各界赞誉有加。

11 月 14 日至 16 日，胡兰生秘书长出席红十字会协会于巴黎召开的第八次理事会。中国红十字会会长蒋梦麟当选为红十字会国际联合会（红联）副会长之一（共五位），“本会自成立以来，国际地位推此时为最隆著。”

12 月 8 日，行政院公布《复员期间管理中华民国红十字会办法》，红十字会以行政院为主管官署，在业务上受社会部、卫生署和善后救济总署的指挥与监督。

12 月，救护总队部由贵阳图云关迁重庆，与总会同地办公，仍与行政院救济总署合作，办理民众医疗救济工作。

1946 年

1 月 1 日，行政院聘蒋梦麟为中国红十字会会会长，杜月笙、刘鸿生为副会长，胡兰生为秘书长。取消监事会，理事会为最高权力机构。

1 月 31 日，《红十字月刊》创刊（1948 年停刊，共出版 36 期）。

4、5 月间，总会工作人员全部返回首都南京。

5 月 5 日，国民政府发布政府令，对胡兰生、曾大钧、汤蠡舟等 27 名优秀红十字工作者，“各给予胜利勋章”。

6 月，救护总队部完成善后工作后宣告撤销。

7 月始，总会先后在南京、上海、广州等 7 个城市设立儿童营养站，扩大红会社会服务领域。

9 月 17 日，总会图书阅览室正式开幕，为大众免费提供“精神食粮”。

9 月，奉行政院令，总会负责接管东北及台湾赤十字社事业及资产。

10 月 1 日至 10 日，举行第五届红十字周。

10 月 12 日，中国红十字会在上海罗店举行苏克己、谢惠贤、刘中武、陈秀芳四烈士纪念碑揭幕仪式，上海市政府、医师公会等机关团体、上海各界代表及伞兵代表等数百人参加致祭。

12 月，中国红十字会原设上海、北平、汉口、广州、重庆 5 个区办事处，以复员工作完成而撤销，但上海方面，为便于国际联络，将上海区办事处改设为上海办事处。

1947 年

1 月 9 日，总会派视导于恩德赴东北，5 月 28 日在沈阳成立由 25 人组成的“接管东北敌伪赤十字社事业资产委员会”，办理接管事宜。

7 月，总会派于恩德前往台湾，联络当地人士，组织“接管台湾赤十字社资产事业委员会”，办理接管事宜。

10 月 1 日至 10 日，举行第六届红十字周。

11 月 28 日，台湾红十字分会在台北改组成立，蔡培火任会长，并制定了《台湾分会所属支会暂行组织规程》。

1948 年

1 月 29 日，理事谷正纲召集会章起草委员会，会同秘书长胡兰生、社会部参事黄友郢草拟完成《中华民国红十字会法（草案）》共八章 40 条。

1 月，成立以胡兰生秘书长为主任委员的红十字少年工作委员会，拟订规程方案，推动红十字少年工作的开展。

2 月 4 日，总会指定上海、南京、江都、武进四分会试办红十字少年会。

2 月 26 日，总会第三次常务理事会通过《中华民国红十字会法（草案）》，并呈请行政院依立法程序核准颁行。

5 月 5 日至 16 日，上海市分会派出救护队，为第七届全运会保驾护航。

10 月 1 日至 10 日，举行第七届红十字周。

11 月 27 日，立法院卫生委员会召开会议审议《中华民国红十字会法草案》。

12 月 23 日，总会通知各地分会在“服务社会，博爱人群”的宗旨下，“应适应社会的需要，积极参加当地之灾难救济工作，以减免人民的痛苦。”

1949 年

4 月 23 日南京解放后，中国红十字总会少数上层人士赴台，大部分留上海。留在南京的职工组织成立职工会。旋迁上海，与上海办事处合并。

5 月 28 日上海解放后，胡兰生秘书长令留守南京的红会工作人员全部迁往上海，与上海办事处合并。

5 月 30 日，中国红十字会总会鉴于全国大部分地区已经解放，特颁布《中华民国红十字会解放区分会目前会务注意要点》，表达了红会渴望向人民政府靠拢的一片赤诚之心。

8 月，总会迁上海办公。

10 月 1 日，中华人民共和国成立，总会在维持各分会机构的同时，集中全力于总会的改组、改造工作。

1950 年

3 月间，总会在沪召开工作检讨会，商讨中国红十字会的前途，决定派以胡兰生秘书长为首的红会代表团赴京，向中央人民政府陈情改组要求。

5 月，胡兰生秘书长再次进京商谈总会迁京和改组事宜，中国人民救济总会秘书长伍云甫接见胡兰生并告以：根据周总理指示，经卫生部、外交部商议，提出四点意见：（一）鉴于红十字会的特点及历史状况，采取改组方式而不是接管方式，将旧中国红十字会改组为中国红十字会；（二）总会迁北京，现有职工除不愿赴北京者外，全部留用；（三）总会所有资产妥善保管，不得随意处理；（四）将北京东城干面胡同 22 号作为总会迁京后的会址。

8 月 2 至 3 日，在京召开中国红十字会协商改组会议（新中国成立后的第一次全国代表大会），通过了新会章，选举李德全为会长，彭泽民、刘鸿生、熊瑾玎、胡兰生为副会长，胡兰生兼秘书长，林士笑、倪斐君为副秘书长。这次会议为中国红十字会走上新的征程，奠定了基础。

9 月 30 日，《新中国红十字》月刊创刊。

10 月 16 日至 21 日，以李德全会长为团长的中国红十字会代表团出席在摩纳哥举行的第 21 届国际红十字协会理事会，中国红十字会当选为协会执委。

12 月 30 日，政务院总理办公室发出通报，确定中国红十字会总会由政法委员会予以经常领导，红十字会业务中有关卫生部分，同时受中央卫生部的指导；有关外交事项，同时受中央外交部的指导。

1951 年

1 月 19 日，总会为响应“一定要把淮河治好”的号召而组编起来的第一医防服务大队由南京开赴皖北治淮工地，为民工和当地居民服务。

1 月 22 日，总会发出通知，组织志愿医疗服务队，赴抗美援朝前线开展医疗救护工作。

3月10日，中国红十字会总会和中国人民保卫世界和平反对美国侵略委员会（简称“中国和大”）等单位联合举行欢送大会，欢送即将赴朝的国际医防服务大队。3月17日，中国红十字会第一、第二国际医防服务大队登上赴朝列车，李德全会长及中国和大副主席陈叔通等前往火车站送行。

5月25日，由天津医务工作者组成的第三国际医防大队出发；第四、五、六、七国际医防大队分别于6月28日、7月11日和9月27日由北京、天津出发赴朝鲜战场。

9月30日，李德全会长代表红会全体会员上书毛主席祝贺国庆，报告一年来各项工作取得的成绩和做好今后工作的信心。毛主席阅后嘱中央办公厅秘书室函谢（10月6日）。

12月9日，红十字会协会执行委员会会议在日内瓦开幕，有包括中国在内的27国红十字会和红新月会的代表参加。中国红十字会会长李德全呼吁制止侵朝美军暴行。

1952年

2月28日，中国红十字会会长李德全发表声明，抗议美国侵略军在巨济岛疯狂屠杀我方被俘人员。

4月28日，中国红十字会会长李德全发出了给全世界红十字会会员们的一封公开信，揭发美国侵略者在朝鲜和中国进行细菌战的罪行，并呼吁一致行动起来制止这一罪行。

4月30日，中国红十字会总会工作改归中央卫生部直接指导。

6月19日，总会与苏联红十字会合作筹建的“苏联红十字医院”开工。

7月9日，中国红十字会总会与卫生部、内务部联合发出通知，要求各地分会与卫生部门合署办公。

7月26日，中国政府和中国红十字会两代表团出席在加拿大多伦多召开的第18届国际红十字大会，大会承认中国红十字会是中国唯一合法的全国性组织。这是新中国在国际组织中恢复的第一个合法席位。

12月19日，朝鲜驻华大使权五稷代表朝鲜最高人民会议常任委员会向中国红十字会第一、七国际医防服务队薛炳坤、张兴樵等30位模范工作者授予“朝鲜最高人民会议功劳章”。

1953年

3月5日，中国红十字会与日本红十字会、日本和平联络委员会、日本友好协会代表团，经多轮会谈，在京签订协助在华日侨回国之协议。3月20日至22日第一批1936名日侨由天津、秦皇岛、上海乘船回国。

5月19日至22日，国际红十字与红新月会协会第22届理事会在日内瓦召开。中国红十字会会长李德全率团参加。

6月5日，中国红十字会会长李德全参加在丹麦召开的世界妇女代表大会。

7月7日，我国牺牲在日本的抗日烈士遗骨560具由日轮“黑潮丸”护送回国。中国红十字会等团体在天津举行了隆重的迎灵和追悼仪式。

12月15日，李德全会长访问印度。

12月，第一、二医防服务大队集中河南开封市，改编为三个医防服务大队，分赴华北、西北、中南三个大区，为广大群众服务。

1954年

1月1日，归国日侨组成的“在华日侨归国者全国联络会”函致中国红十字会，对中国人民的深情厚谊表示感谢。

2月16日，苏联红十字医院在北京建成，彭真、吴玉章、李德全、伍修权、苏联驻华大使尤金等出席落成典礼。

8月4日，中国红十字会接到日本红十字会的正式邀请。从岛津忠承发出邀请到代表团的访日正式成行，经历了20个月，中间波折横出。

9月8日，中国红十字会成立50周年纪念大会在京举行，李德全、徐运北、胡兰生等及会员4000多人参加。邮电部发行纪念邮票一枚。

10月30日至11月12日，以李德全为团长、廖承志为副团长的中国红十字代表团应邀访日。这次访问揭开了中日关系史上新的一页。

1955年

4月24日，应中国红十字会总会的邀请前来我国参加“五一”劳动节观礼的捷克斯洛伐克红十字会代表团团长爱德华·图马一行乘飞机抵达北京。中国红十字会会长李德全、卫生部副部长崔义田等前往机场迎接。5月20日国务院副总理陈毅接见代表团一行。

6月8日至27日，应英国红十字会邀请，李德全率中国红十字会代表团一行四人访问英国。6月30日顺访日内瓦红十字会协会总部。

10月12日，国务院总理周恩来接见了应中国红十字会总会邀请来中国访问的苏联红十字会与红新月会联合会执行委员会主席格·阿·米捷列夫、乌克兰红十字会中央委员会主席瓦·阿·潘钦科和白俄罗斯红十字会中央委员会主席彼·伊·巴拉涅斯基。

本年，中国红十字会所属医院、诊所、护士学校、助产学校先后移交地方卫生部门。

1956 年

3 月 1 日，日本红十字会副会长率代表团应邀访问我国并去太原探视日本战俘，对战犯们所受到的人道待遇深表满意。

4 月 3 日，《新中国红十字》杂志改名为《中国红十字》复刊。

6 月 24 日，中国红十字会将免予起诉的 335 名日本战争犯罪分子移交给日本红十字会、日中友好协会、日本和平联络会三团体代表的仪式在天津举行。随后双方举行会谈，发表了联合公报并举行了签字仪式。

11 月 5 日，全国人民代表大会常务委员会正式批准加入 1949 年 8 月 12 日日内瓦四公约——《关于改善战地武装部队伤者病者境遇之日内瓦公约》《关于海上武装部队伤者病者及遇船难者境遇之日内瓦公约》《关于战俘待遇之日内瓦公约》《关于战时保护平民之日内瓦公约》，并对其中某些条款作了保留。

1957 年

3 月 12 日，苏联政府将北京苏联红十字医院（3 月 21 日改名为北京中苏友谊医院）的全部设备无偿赠送给我国。在移交仪式上，李德全会长代表周恩来总理一一给苏联专家佩戴了“中苏友谊万岁”纪念章。

4 月 3 日至 10 日，总会在北京召开工作会议，总结交流了基层组织建设的经验，确定了“有重点有计划稳步前进”的工作方针。

10 月 28 日至 11 月 7 日，第 19 届国际红十字大会在印度新德里召开，以潘自力为团长的中国政府代表团和以李德全为团长的中国红十字会代表团出席了会议，并挫败了国际反华势力制造“两个中国”的阴谋。

12 月 6 日，李德全、廖承志率中国红十字会代表团第二次访问日本。

本年，取消“分会”名称，改称省、市、县红十字会。

1958 年

4 月 15 日，在日本友好团体和中国红十字会的协助下，抗日战争期间被侵华日军抓去当劳工的山东高密县农民刘连仁在隐居山林 13 年后回到祖国。

6 月 18 日，国务院副总理兼外交部长陈毅接见了以波兰红十字会会长伊伦娜·杜曼斯卡夫人为团长的波兰红十字会代表团。中国红十字会会长李德全等接见时在座。

9 月 11 日至 10 月 24 日，以李德全会长为团长的中国红十字会代表团先后访问了波兰、民主德国、罗马尼亚三国。

10 月 11 日，中央宣传部批复将《中国红十字》（月刊）和《讲卫生》（月刊）合刊，改名为《爱国卫生》（半月刊），编辑方针明确规定以宣传爱国卫生运动为主。

1959 年

4 月 11 日，中国红十字会会长李德全率领代表团乘飞机去莫斯科，出席将在 13 日举行的苏联红十字会与红新月会全苏第四次代表大会。

4 月，周总理对红十字会工作批示："根据需要与可能适当发展"。

4 月，总会决定撤销基层委员会，以红十字卫生站为基层会员活动中心。

6 月 16 日，德意志民主共和国红十字会将一套急救站装备赠送给中国红十字会。中国红十字会会长李德全对德国人民和德国红十字会对中国红十字会的关怀表示感谢。

1960 年

3 月 8 日，李德全会长致电古巴红十字会会长努斯少校，抗议美帝国主义制造"勒库布尔号"轮船爆炸事件的罪行。

4 月 2 日，中央卫生部与中国红十字会总会联合发出《关于开展红十字工作的通知》，要求"各级红十字会组织应与各级爱国卫生运动委员会结合起来，共同拟定工作计划，开展工作"。

12 月 19 日，卫生部办公会议决定，中国红十字总会与卫生部有关部门合署办公，总会国际联络部与卫生部国际联络室合署办公，其他国内工作部门与爱委会合署办公。

1961 年

4 月 30 日，应中国红十字会邀请来我国访问的匈牙利红十字会代表团团长、匈牙利红十字会总书记卡尔帕提乘飞机到达北京。李德全会长会见了代表团一行。

5 月 24 日，中国红十字会会长李德全举行晚宴，热烈欢迎以大谷莹润为首的日本"中国殉难烈士名单捧持代表团"。中国亚非团结委员会主席廖承志出席了宴会。

9 月 30 日至 10 月 7 日，红十字会协会第 26 届理事会会议在布拉格举行。由林士笑率领的中国红十字会代表团出席了会议。

10 月 23 日至 27 日，中国红十字会在京召开第二次全国代表大会，选举李德全为会长，伍云甫、赵朴初、熊瑾玎为副会长，彭炎为秘书长，倪斐君为副秘书长。

1962 年

6 月 29 日，卫生部和中国红十字总会联合发出《关于加强开展群众性的爱国卫生运动和国防卫生救护训练，健全和建立红十字卫生站、队的紧急通知》，随文下发《中国红十字会红十字卫生队组织通则（草案）》，要求各地把经过训练的卫生员组织成队，以适应平时和战时的需要。

12 月 8 日，中国红十字会打电报通知印度红十字会，中国西藏地方边防部队将于

12 月 12 日和 13 日再次释放向我边防部队发动进攻而被俘的印军伤病人员 140 名，请印度红十字会届时派人到约定的地点与中国红十字会人员接洽办理交接手续。

1963 年

2 月 10 日，中国红十字会打电报通知印度红十字会，把向我边防部队发动进攻而被俘的印军官兵 915 人的名单，由北京航寄新德里。这是中国红十字会第六次寄给印度红十字会的被俘印军人员名单。

4 月 10 日至 5 月 25 日，中国红十字会协助在中印边界武装冲突中被俘的印度军人 3211 名回国。

10 月 28 日，北京市红十字会 1500 多名会员在天桥剧场举行集会，热烈欢迎由朝鲜红十字会中央委员会委员长朴信德率领的朝鲜红十字会代表团。11 月 8 日周恩来总理会见代表团一行。

1964 年

10 月，中国红十字会结束了自 1953 年开始的收集送还在华亡故的日本人遗骨工作，共向日本送还遗骨 14 批 3374 具和 14 个骨灰盒。

11 月 28 日，中国红十字会总会致电越南南方解放红十字会，向最近遭受水灾的越南南方人民表示亲切的慰问，并宣布捐助价值人民币 100 万元的物资。

本年，除西藏、青海、宁夏、甘肃、新疆、贵州六省（区）外，全国普遍建立了省级红十字会，市、县级红十字会达 300 多个，会员人数达 500 多万。

1965 年

4 月 5 日，中央批复中国红十字会领导机构的改选。钱信忠任会长，伍云甫、刘清扬、熊瑾玎、赵朴初、彭炎、孟谦任副会长，彭炎兼任秘书长。

9 月 26 日，中国红十字会发表声明，谴责国际红十字常设委员会不顾中国以及许多国家的政府和红十字会的抗议，在美国的操纵下坚持邀请台湾所谓红十字会代表团参加第 20 届国际红十字大会，制造“两个中国”的政治阴谋。声明宣布：中国红十字会决定不参加第 20 届国际红十字大会，并且断绝同常设委员会的一切关系。对于大会通过的一切决议，中国红十字会将不受其约束，也不承担任何义务。

1966 年

3 月 15 日，卫生部与中国红十字会总会联合发出《关于 1966 年地方红十字会工作意见》，要求继续抓好国防救护训练工作，做好街道红十字卫生站工作和农村卫生员训练的试点工作，做好献血宣传动员和组织工作。

4月11日至16日，总会在广西南宁召开水上救护训练经验交流会。

12月22日，中国红十字会总会复函河南省、上海市、长沙市等红十字会："当前无产阶级文化大革命运动正处于高潮，这个运动预计还会进行一个相当长的时期……红会如何开展工作当另行通知"。这是"文革"中总会向地方红十字会发出的最后一次"复函"。此后红会国内工作完全陷于停顿。

1967年

4月17日，卫生部与中国红十字会总会发出联合通知，要求把"红十字会工作中帝、资、修的东西彻底砸烂，红十字会所有会务工作一律停止"。

7月24日至26日，巴基斯坦卡拉奇连降暴雨造成水灾，灾民无家可归。中国红十字会决定捐款人民币5万元。

11月3日，中国驻马里大使馆临时代办刘和林会见马里红十字会主席多洛·索米内，转交中国红十字会10万元人民币现金捐款，以救济尼日尔河泛滥受灾的马里人民。

1968年

4月21日，中国红十字会向遭受水灾的索马里灾民提供1100多箱罐头食品。

7月19日，中国红十字会捐赠了10万卢比救济东巴基斯坦遭受水灾的难民。本日中国驻巴基斯坦大使馆临时代办徐英把这笔赠款送交巴基斯坦外交部。

10月4日，中国驻索马里大使馆临时代办郑佩堂拜会索马里总理埃加勒，转达中国红十字会对遭受水灾的索马里人民的关怀，并决定捐赠价值3万元人民币的物资。

1969年

4月7日，中国红十字会打电报给阿尔巴尼亚红十字会，向地震灾区人民致以亲切慰问，并汇去捐款人民币50万元。

9月6日至13日，第21届国际红十字大会在土耳其伊斯坦布尔举行。会议在美国操纵下公然邀请台湾出席，妄图制造"两个中国"。中国红十字会表示强烈反对并拒绝参加大会。

9月10日，中国红十字会向尼泊尔红十字会赠送牛痘疫苗和四联疫苗各100万人份。本日中国驻尼泊尔大使王泽代表把疫苗转交尼泊尔红十字会主席普林塞普·沙阿王妃。

1970年

5月21日，中国红十字会打电报给罗马尼亚红十字会，对最近罗马尼亚一些地区遭受严重水灾表示慰问，并且捐赠人民币 50 万元。

11 月 13 日，中国红十字会打电报给越南南方解放红十字会，对越南南方遭受严重风灾和水灾的五省人民表示亲切的慰问，并决定捐赠人民币 500 万元的物资。

本年，中国红十字会还向锡兰、阿尔及利亚、巴勒斯坦、苏丹、也门、秘鲁、菲律宾、匈牙利等国灾民提供人道援助。

1971 年

3 月 10 日，肯尼亚总统乔莫·肯雅塔在总统府接见了中国驻肯大使馆临时代办王惠民时，王惠民转交了中国红十字会的慰问电和 100 万元人民币捐款（包括 20 万元人民币现款和价值 80 万元人民币的粮食、食品和药品），用以救济肯尼亚灾民。

6 月 29 日，中国红十字会打电报给智利内政部长何塞·托亚并智利政府救灾专门委员会，对最近不幸遭受暴风雨雪的灾民表示慰问和关怀，并捐赠现款人民币 500 万元。

9 月 14 日至 25 日，红十字国际委员会主席纳维尔和夫人应邀对我国进行访问。

9 月 17 日，国务院副总理李先念会见由皮·库南比率领的坦桑尼亚红十字会代表团全体成员。

本年，中国红十字会还向索马里、土耳其、乍得、阿富汗、英国、越南、赞比亚等国灾民提供人道援助。

1972 年

3 月 20 日，中国红十字会打电报给秘鲁红十字会，对鲁伊卡、利马等几省发生严重水灾表示关注，并捐人民币 60 万元。

7 月 24 日，中国红十字会打电报给菲律宾红十字会，捐赠 100 万元人民币的物资，以救济菲律宾吕宋岛遭受台风袭击的灾民。

12 月 28 日，中国红十字会打电报给尼加拉瓜红十字会，慰问最近因严重地震受灾的尼加拉瓜人民，并捐赠价值人民币 50 万元的物资。

本年，中国红十字会还向阿尔及利亚、玻利维亚、伊朗、苏丹、斐济、缅甸等国提供了人道援助。

1973 年

11 月 2 日至 7 日和 11 月 8 日至 15 日，第 32 届红十字会协会理事会和第 22 届国际红十字大会在伊朗德黑兰举行，以驻伊朗大使陈辛仁为团长的 7 人政府代表团和以中国红十字会常务理事欧阳竞为团长的 5 人红会代表团出席了会议。在协会理事会会议上，中国红十字会当选为执行委员。

11 月 19 日至 29 日，以欧阳竞为团长的中国红十字会代表团对阿尔及利亚进行友好访问。

本年，中国红十字会向冰岛、阿富汗、毛里塔尼亚、马里、塞内加尔、乍得、巴基斯坦、埃塞俄比亚、牙买加、越南等国提供了人道援助。

1974 年

1 月 31 日和 2 月 5 日，中国红十字会根据日内瓦公约，协助遣返两批在西沙群岛自卫反击战中被俘的越南战俘 48 人和 1 名美国人。

10 月 24 至 26 日，红十字协会第 90 次执委会在日内瓦举行。中国红十字会秘书长王敏率代表团参加会议。

本年，中国红十字会向孟加拉国、塞浦路斯、缅甸、洪都拉斯、卢旺达、苏丹、菲律宾、索马里等国提供了人道援助。

1975 年

4 月 28 日，全国人大常委会副委员长李素文会见日本红十字会会长东龙太郎为团长的日本红十字会代表团。中国红十字会负责人钱信忠等会见时在座。

5 月 24 日，应中国红十字会的邀请，由巴尔博伊·康士坦察副会长率领的罗马尼亚红十字会代表团来华进行友好访问。5 月 28 日，全国人大常委会副委员长李素文会见了客人。

10 月 28 日至 11 月 1 日，红十字协会第 33 届理事会在日内瓦召开。以欧阳竞为团长的中国红十字会代表团与会。

1976 年

2 月 16、23 日，中国红十字会分别向危地马拉地震灾民、马达加斯加风灾灾民提供 5 万元、15 万元赈灾款。

10 月 6 日，党中央一举粉碎了“四人帮”，宣告 10 年“文化大革命”的结束。中国红十字事业迎来明媚的春天。10 年中，中国红十字会共向 138 个受灾国灾民提供了 169 次援助，款物合计达 1 亿多元人民币。

1977 年

3 月 9 日，中国红十字会致电罗马尼亚红十字会，对罗马尼亚地震灾区的人民表示深切的同情和慰问，并决定赠送药品 20 吨和人民币 50 万元。

3 月 10 日，中国红十字会打电报给莫桑比克政府，向莫桑比克遭受水灾的人民表示慰问，并赠送了 5000 吨粮食和 5 吨药品。

4 月 26 日，中国驻马达加斯加大使田志东代表中国红十字会将人民币 5 万元捐款交给马达加斯加外交部长拉科托马沃。

1978 年

1 月 27 日，中国红十字会向卫生部提交《关于国内工作和体制问题的意见》的报告，提出在对外开放的一些重点城市恢复红十字会国内工作。

3 月 29 日，卫生部与外交部联合向国务院呈送《关于恢复红十字会国内工作的报告》。

4 月 10 日，国务院以国发〔1978〕63 号文件向各省、自治区、直辖市和国务院各部委批转《关于恢复红十字会国内工作的报告》。

5 月 26 日，广州市红十字会恢复建会，成为全国最早恢复组织的城市。

11 月 24 日，国务院批转卫生部《关于加强输血工作的请示报告》，明确指出，“红十字会要积极协助卫生部门搞好输血和义务献血的宣传、动员、组织工作”。

本年底，广州、长沙、天津、北京、上海、杭州、武汉、南京、沈阳、西安、南宁等 11 个城市恢复了红十字会组织并开展活动。

1979 年

1 月 25 日到 2 月 3 日，钱信忠会长应邀率代表团访问日本。

2 月 20 日到 24 日，中国红十字会第三次全国代表大会在京举行。出席会议的代表 65 人；会议修改了章程，选出第三届领导人：会长钱信忠，副会长杨纯、沈其震、赵朴初、彭炎、熊天荆、龚普生、孟谦、王肇元、邓启修、魏龙骧、顾锦心、王仪、刘鹏飞、王敏，秘书长王敏（兼），副秘书长吴日承。

10 月 4 日至 6 日，第一届国际红十字会协会大会在日内瓦召开，杨纯副会长率团出席大会。

本年，中国红十字会积极协助我国政府安置印支难民，对难民进行慰问，做好医疗卫生、防疫工作。至年底，接待和安置被越南当局驱赶来华的难民 21 万余人。

1980 年

5 月 4 日，国务院副总理陈慕华会见了由恩里克·德拉玛塔会长率领的西班牙红十字会代表团。

5 月 9 日至 6 月 2 日，杨纯副会长率代表团应邀访美。这是新中国成立后中国红十字会首次访问美国。

6 月 13 日，国务院副总理姬鹏飞会见由阿尔及利亚红新月会会长贝拉万·穆卢德率领的阿尔及利亚红新月会代表团。

7 月 20 日，《中国红十字》杂志复刊。

8 月 5 日，国务院副总理陈慕华会见了以美国红十字会主席杰罗姆·霍兰博士为团长的美国红十字会代表团。

11 月 5 日，全国人大常委会副委员长廖承志会见了红十字国际委员会主席亚历山大·海一行。

1981 年

1 月 24 日，四川道孚县发生 6.9 级地震后，多国红十字组织表示慰问。至 27 日，中国红会已收到由国际红十字协会转来比利时、加拿大、丹麦等国红会捐赠的 173320 瑞士法郎（折合人民币约 14 万元）的救灾物资和款项。这是中国红十字会第一次接受国际救灾援助。

3 月 7 日，总会发出通知，要求各级红会积极投入“五讲四美三热爱”活动，为精神文明建设做贡献。

10 月 4 日，中国红十字会会长钱信忠发表谈话，表示愿意与台湾红十字会组织携手，为祖国和平统一大业尽力。

11 月 7 日至 14 日，第 24 届国际红十字大会和第二次红十字协会大会在菲律宾马尼拉举行。中国红十字会会长钱信忠率代表团参加会议。

1982 年

2 月 22 日，总会再次发出通知，要求各级红会积极投入“五讲四美”活动。

5 月 2 日至 23 日，由中国红十字会副会长、卫生部副部长杨纯率领的中国红十字会代表团访问阿尔及利亚、突尼斯、摩洛哥三国红新月会。

6 月 3 日，由德意志联邦共和国红十字会援助兴建的海南兴隆红十字医院扩建工程竣工，于本日举行剪彩仪式。

8 月 12 日至 19 日，首次中国红十字青少年夏令营在北京举行，116 名红十字青少年和 60 多名红十字工作者参加。

10 月至 11 月，副会长杨纯一行四人对南斯拉夫、瑞士、瑞典进行友好访问。

1983 年

3 月 7 日，红十字会志愿工作者第一次国际会议在墨西哥城开幕。由中国红十字会副会长顾锦心率领的中国红十字会代表团出席会议。

7 月 11 日，中国红十字会和中华护理学会在北京人民大会堂召开第 29 届南丁格尔奖章颁奖大会。全国政协主席邓颖超向王琇瑛颁发南丁格尔奖章和奖状。

7 月 25 日至 27 日，红十字协会主席德拉玛塔访华。

9月14日，全国人民代表大会常务委员会决定加入《1949年8月12日日内瓦四公约关于保护国际性武装冲突受难者的附加议定书》《1949年8月12日日内瓦四公约关于保护非国际性武装冲突受难者的附加议定书》两个附加议定书，对“引渡问题”提出保留。

10月8日至14日，杨纯副会长率代表团参加在日内瓦召开的红十字会协会第三届大会和国际红十字代表会议。会后对南斯拉夫、瑞士、瑞典三国进行了友好访问。

1984年

5月8日，北京市红十字会与北京市义务献血办公室首次开展无偿献血活动，有19人成为第一批献血者。

6月15日，中国红十字会在北京饭店隆重集会，庆祝中国红十字会成立八十周年，国务委员姬鹏飞、全国政协副主席赵朴初、外交部副部长温业湛、卫生部副部长郭子恒、北京市副市长白介夫、中国红十字会会长钱信忠等出席。

8月16日至26日，杨纯副会长率中国红十字会代表团访问朝鲜。

9月2日至7日，在芬兰和瑞典召开第二届世界红十字与红新月和平大会，中国红十字会顾锦心副会长率代表团参加。

1985年

3月28日，中国红十字会总会发出《关于为非洲灾民开展社会募捐的通知》。募捐的主题是“为了非洲的旱灾灾民”。这是自1950年以来第一次开展的全国性社会募捐活动。

5月31日至6月1日，中国红十字会第四次代表大会在京召开。大会讨论通过钱信忠会长代表三届理事会所作的工作报告和新的《中国红十字会章程》；选举产生四届理事会，推选朱学范、赵朴初、钱信忠为名誉会长，崔月犁为会长，谭云鹤、章明、沈辰、何理良、蔡壬癸为副会长，秘书长蔡壬癸（兼），副秘书长范雨田、曲折。

6月22日，中国红十字会总会在北京饭店举行第30届南丁格尔奖颁奖仪式，全国人大常委会副委员长朱学范向获奖的优秀红十字护理工作者司堃范、梁季华、杨必纯颁奖。

10月20日至24日，第四次红十字会与红新月协会大会在日内瓦举行。谭云鹤副会长率中国红十字会代表团与会并以最多票数当选为执行理事。

12月18日，总会和国家教委联合下发《关于在学校中积极开展红十字青少年活动的通知》。

1986年

1月16日，全国人大常委会副委员长陈丕显在人民大会堂会见由朝鲜最高人民会议副议长、朝鲜红十字会中央委员会委员长孙圣弼率领的朝鲜红十字会代表团。

5月18日至26日，中国红十字会代表团访问匈牙利红十字会，并参加国际红十字会在匈牙利尼古拉斯举办的第九届电影节，总会选送的电视剧《妈妈，你在哪里》获最高特别奖。

9月15日，总会训练中心大楼建成，中顾委副主任宋任穷，名誉会长赵朴初、钱信忠，卫生部副部长顾英奇，常务副会长谭云鹤，国际红十字会与红新月协会主席德拉马塔以及瑞典、芬兰、澳大利亚、德意志联邦共和国等国的来宾、外交使节参加了落成典礼。

9月16日，赵紫阳总理会见红十字会与红新月会协会主席德拉马塔。

10月23日至31日，以谭云鹤为团长的中国红十字会代表团参加了在日内瓦召开的第25届国际红十字大会。大会通过了新修改的国际红十字与红新月运动章程，将“国际红十字”这一称呼正式定名为“国际红十字与红新月运动”。

1987年

1月5日，经中宣部批准，《中国红十字报》在国内外公开发行。

2月20日，中国红十字会联合卫生部、公安部、铁道部、交通部、商业部、中国民航总局、国家旅游局发出了《关于开展群众性卫生救护训练的通知》，要求各地红十字会广泛开展卫生救护训练。

5月7日，总会与中国邮票博物馆联合举办为期5天的首届“国际红十字邮票展览”并发行首日封。中顾委副主任宋任穷等为开幕式剪彩。

5月11日至17日，由红十字国际委员会、红十字会与红新月会协会、美国红十字会协办、中国红十字会主办的首届国际人道主义法讲习班在京举行。政协副主席雷洁琼参加开学典礼并会见讲课专家。

6月12日，总会在人民大会堂举行南丁格尔奖授奖大会，乌兰夫、郝建秀、康克清、班禅额尔德尼·确吉坚赞、赵朴初、崔月犁等出席，并向荣获第31届南丁格尔奖章的优秀护理工作者陈路得、史美利、张云清颁奖。

11月23日至26日，谭云鹤副会长率团出席在巴西里约热内卢召开的红十字会与红新月会协会第6届大会。

1988年

1月7日，以人道主义为主题的“中国红十字首届美术、书法、摄影展览”，在中国美术馆正式展出。国务委员姬鹏飞为展览剪彩，政协副主席赵朴初为展览题写会标。

4月24日，总会与外交部、国家教委、国家体委等联合参加由英国发起的“88国际体育援助计划”活动拉开序幕。

6月，中国红十字会总会与国家教育委员会联合下发《学校红十字会工作暂行规程》（12条），要求大中小学校“把红十字会工作列入学校工作议事日程”。

9月19日至24日，受国际红十字组织委托，总会在京举办亚太地区红十字输血工作会议。

11月21日，总会与红十字国际委员会在京召开“国际人道主义法圆桌会议”研讨会。

12月20日，总会举行颁奖仪式，为荣获美国红十字会1988年国际人道主义服务奖的山东曲阜市红十字诊所所长姜健颁发了奖状。

1989年

1月21日，总会在郑州召开台湾事务服务工作研讨会，以适应海峡两岸形势和各地红十字会台湾事务服务工作的需要。

5月8日，国务委员李铁映发表电视讲话，纪念国际红十字与红新月运动125周年。

7月20日，中国红十字会总会在人民大会堂举行南丁格尔奖暨首届无偿献血金杯奖颁奖仪式。政协主席李先念为获得第32届南丁格尔奖章的优秀护理工作者林菊英、陆玉珍、周娴君、孙秀兰及金杯奖获得者刘光震、潘德全等7人颁奖。

9月1至13日，中国红十字青少年代表团赴意大利、瑞士参加国际超级夏令营。

10月15日，国际红十字会与红新月会协会第七届大会于日内瓦举行。谭云鹤副会长率代表团参加，并当选为协会副主席。这是新中国成立后中国红十字会第一次出任该协会副主席职务。

1990年

2月15日至17日，中国红十字会第五次全国代表大会在京举行，大会通过了谭云鹤代表四届理事会所作的报告和修改后的《中国红十字会章程》及《1990—1994年中国红十字会五年工作规划提要》；推举朱学范、赵朴初、钱信忠、崔月犁为名誉会长；谭云鹤为顾问；会长陈敏章，常务副会长顾英奇，副会长张德江、邹时炎、郝长元；专职副会长孙柏秋，秘书长韩长林，副秘书长曲折。国家主席杨尚昆、国务委员李铁映等接见了与会代表。

5月9日至24日，应美国国际援助公司的邀请，副会长孙柏秋率团访美。

5月24日至6月10日，台湾红十字会会长徐亨、副秘书长常松茂一行访问大陆，首开两岸红会组织直接接触的记录。

9月11日，总会与台湾红会在金门商谈，第二天达成双向遣返见证协议即著名的“金门协议”。

10 月 6 日至 15 日，以孙柏秋副会长为团长的中国红十字会代表团访问日本并与日本红十字会签订《中日红十字血液事业合作计划》。

10 月 8 日，首次在海峡两岸红十字组织的共同见证下，台湾遣返 55 名大陆私渡人员。

12 月 7 日至 10 日，首届中国红十字影视节在北京举行。

1991 年

1 月 28 日至 2 月 6 日，中国红十字会与德国红十字会在京联合举办国际急救技术讲习班。

5 月 7 日，总会与农工民主党、卫生部、全国妇联、中华全国总工会共同举办了歌颂和平、友爱、人道和爱的奉献大型纪念活动。中共中央政治局委员、国务委员李铁映等出席了纪念大会，全国人大常委会副委员长雷洁琼在会上讲了话。

7 月 2 日，全国第一所由中国红十字会命名的医院——中国红十字会华山医院揭牌命名仪式在上海举行。

7 月 4 日，“中国红十字会援外物资供应站”在上海成立。

7 月 18 日，第 33 届南丁格尔奖章暨第二届无偿献血金杯奖颁奖大会在中南海怀仁堂举行。万里、李铁映、钱正英等国家领导人出席。万里、李铁映为南丁格尔奖章获得者吴静芳和金杯奖获得者魏凤英等 34 人颁奖。

8 月 12 日，中国红十字会副秘书长曲折等一行赴台湾探视因“七二一”渔事纠纷而被台扣押的大陆 18 位渔民，几经周折，于 8 月 20 日抵达台北，作为期三天的访问。

9 月 20 日，国家副主席王震在人民大会堂会见以山本正淑会长为团长的日本红十字会代表团。

11 月 19 日至 23 日，以谭云鹤为团长的中国红十字会代表团出席在匈牙利布达佩斯举行的国际红十字会与红新月会第八届大会。

1992 年

3 月 14 日，中国红十字会在人民大会堂举行新闻发布会，郑重宣布，由中国红十字会牵头的中国非血缘关系供者骨髓移植工作从即日起正式开始。与此同时，“中国非血缘关系骨髓移植供者资料检索库”——“中华骨髓库”正式启动。

4 月 25 日，总会首次联合卫生部召开“全国无偿献血促进大会”。

6 月 23 日，常务副会长顾英奇为美国红十字会国际人道主义服务奖获得者张振坤颁奖。

7 月 30 日，国务委员李铁映会见美国红十字会 HLA 实验室主任、血液专家李政道。

9月11日，国务院总理李鹏在中南海紫光阁会见了来华访问的红十字国际委员会主席科纳里奥·索马鲁加，双方进行了亲切友好的交谈。

11月27日至12月1日，孙柏秋副会长率团参加首届亚洲红十字会与红新月会艾滋病研讨会。

1993年

1月29日至2月2日，中国红十字会五届四次理事扩大会议在广州召开。会议审议通过了《中国红十字会九十年代工作纲要》。

5月24日至29日，在北京召开红十字会与红新月会第四届亚太区域大会。60多个国家和地区的130多名代表和观察员出席会议。全国人大常务委员会委员长乔石、国务委员彭珮云、中国红十字会会长陈敏章、常务副会长顾英奇等参加开幕式，乔石委员长在开幕式上致词。江泽民主席给大会发来贺信。大会发表了《北京宣言》。

6月16日，中国红十字会在中南海怀仁堂隆重举行第34届南丁格尔奖章暨第三届无偿献血金杯奖颁奖大会。全国人大常委会委员长乔石、红十字会名誉会长赵朴初、国务委员彭珮云、卫生部部长兼红十会会长陈敏章向3名南丁格尔奖章获得者和50名无偿献血金杯奖获得者颁奖。

10月25日至28日，红十字会与红新月会联合会第九届大会在英国伯明翰市开幕，148个国家的红十字会与红新月会以及有关国际组织的代表出席了会议。中国红十字会代表团以常务副会长顾英奇为团长出席会议。中国红十字会再次当选为执行理事。

10月31日，江泽民签发中华人民共和国主席令第十四号：“《中华人民共和国红十字会法》已由中华人民共和国第八届全国人民代表大会常务委员会第四次会议于1993年10月31日通过，现予公布，自公布之日起施行。”它的颁布，标志着中国红十字会工作开始纳入法制化的轨道。这是中国红十字运动史上新的里程碑。

12月27日，中国红十字基金会经中国人民银行正式批准成立。

1994年

1月6日，孙柏秋副会长赴本溪参加中国红十字会本溪血液中心命名与授匾仪式。这是全国首家以中国红十字会名称命名的血液中心。

4月23日，中国红十字会第六次全国会员代表大会暨中国红十字会成立90周年纪念大会在北京怀仁堂隆重开幕。江泽民接见与会代表。会议聘请江泽民为中国红十字会名誉会长，这是新中国成立以来中国红十字会史上首位兼任名誉会长的国家元首。赵朴初、王光英、李沛瑶、钱信忠、崔月犁、陈敏章为名誉副会长。选举钱正英为会长，顾英奇为常务副会长，范宝俊、杨崇春、林炎志、孙柏秋（专职）、曲折（专职）为副会长，李长明为秘书长。

5 月 17 日至 20 日，中国红十字会首届无偿献血经验交流会暨研讨会在大连举行。

10 月 24 日至 31 日，以中国红十字会常务副会长顾英奇为团长的中国红十字会代表团一行 4 人赴日内瓦出席红十字国际委员会筹资委员会会议、国际联合会执行理事会第 34 次会议和红十字国际委员会委员同国际联合会执行理事会成员之间的交流会议。

11 月 29 日，中国红十字会常务副会长顾英奇亲切会见了红十字会与红新月会国际联合会主席维拉罗尔·兰德尔。

12 月 17 日，中国红十字会 1994 年赈灾工作汇报会在北京举行。中国红十字会名誉副会长王光英，中国红十字会会长钱正英及国家有关部委领导，香港红十字会、台湾红十字组织代表出席汇报会。

1995 年

4 月 3 日，钱正英会长在北京贵宾楼饭店亲切会见了以德国红会秘书长恩斯特·狄克曼为团长的德国红十字会访华团。

6 月 29 日，中国红十字会在人民大会堂隆重举行颁奖大会，国家主席、中国红十字会名誉会长江泽民向第 35 届南丁格尔奖章获得者孙静霞、邹瑞芳颁奖。

9 月 2 日，由中国红十字会总会主办的，以“妇女在人道主义救助事业中的作用”为主题的 NGO 非政府论坛研讨会，在第四次世界妇女大会非政府组织论坛北京怀柔会场举行。

10 月 24 日，第七届国际科学与和平周开幕，中国红十字会获“和平使者”奖。

10 月 23 日至 11 月 1 日，中国红十字会会长钱正英率团访问了韩国红十字会，签订了《中韩两国红十字会六年合作计划意向书》。

11 月 25 日至 12 月 8 日，由常务副会长顾英奇为团长的中国红十字会代表团出席在日内瓦召开的国际联合会第 36 届执行理事会、第 10 次联合会代表大会、国际红十字运动代表会议和第 26 届红十字与红新月国际大会。

11 月 29 日，由中国红十字会总会和卫生部举办的全国首届无偿献血先进城市奖励状、第四届无偿献血奖杯颁奖大会在人民大会堂隆重举行。国务委员彭珮云、中国红十字会会长钱正英、卫生部部长陈敏章等出席了会议并为 79 名无偿献血金杯奖获得者和 26 个无偿献血先进城市颁发了奖杯和奖励状。

1996 年

1 月 29 日，《中华人民共和国红十字标志使用办法》由国务院总理李鹏、中央军委主席江泽民以中华人民共和国国务院、中华人民共和国军事委员会第 194 号令发布施行。

4月17日，卫生部和中国红十字会总会向全国各省、自治区、直辖市卫生厅(局)、红十字会发出《关于开展无偿献血宣传周活动的通知》。通知决定从今年起，每年5月份第二个星期日至第三个星期日为全国无偿献血宣传周。

5月28日，钱正英会长在北京饭店亲切会见国际红十字会与红新月会联合会秘书长乔治·韦伯先生。

8月22日，泰国公主、泰国红十字会常务副会长诗琳通访问中国红十字会，受到钱正英会长的亲切接见。

8月22日，上海华山医院成功地为患白血病5年的杭州11岁男孩高天翀作了骨髓移植手术。这是全国首例非血缘关系供者外周血造血干细胞移植手术。

11月7日，根据中共中央组织部和国家人事部下达的《关于印发〈中国红十字会总会机关参照〈国家公务员暂行条例〉管理的实施方案〉的通知》精神，“各级红十字会机关参照《国家公务员暂行条例》进行管理”。

12月20日，在人民大会堂举行了中国红十字基金会成立大会，钱正英会长在大会上提出要齐心协力办好基金会，促进红十字事业的发展。

1997年

4月1日至4日，中国红十字会六届四次理事会在厦门召开。全国政协副主席、中国红十字会会长钱正英等出席会议。顾英奇常务副会长在工作报告中正式提出创建包括“生命工程”“救援工程”“爱心工程”的“红十字博爱系列工程”。

6月16日至18日，国际联合会亚太部在日内瓦召开旨在促进中国红十字会救灾备灾及通讯工作的圆桌会议。由孙柏秋副会长率领的中国红十字会代表团和多年来曾为中国红十字会积极提供援助的英国、法国、香港等国家及地区的红十字会代表团应邀与会。

7月1日，中国政府对香港恢复行使主权，香港红十字会即日起正式脱离英国红十字会加入中国红十字会，称“中国香港特别行政区红十字会”。

9月2日，中国红十字会在人民大会堂隆重举行南丁格尔奖颁奖大会。国家主席江泽民出席大会并为第36届南丁格尔奖章获得者汪赛进、关小瑛、陆冰、孔芙蓉、黎秀芳颁奖。全国政协副主席、中国红十字会会长钱正英主持大会。会上，国务委员彭珮云发表了题为《大力弘扬南丁格尔精神，推动卫生事业的改革与发展》的讲话。

10月28日，钱正英会长亲切会见由郑元植先生率领的韩国红十字会访华团。

10月9日，由中国人自己创建的第一所红十字会医院——上海华山医院，迎来建院90华诞。江泽民、李鹏分别为华山医院院庆题词。江泽民总书记的题词是：“发展医学科学技术，提高人民健康水平。”李鹏总理的题词是“发扬救死扶伤精神，全心全意为患者服务。”

11 月 18 日至 28 日，红十字会与红新月国际联合会第 11 届大会、理事会和代表会议在西班牙塞维利亚召开。常务副会长顾英奇率团参加。

1998 年

1 月 10 日，河北张家口地区发生 6.2 级强烈地震，造成重大生命财产损失。地震发生后，中国红十字会总会拨出第一笔急救款 10 万元，并向全国各省、自治区、直辖市红会发出了《关于向张家口市地震灾区提供紧急救援的通知》。

1 月 24 日至 25 日，受江泽民总书记、李鹏总理委托，国务院副总理姜春云到张家口地震灾区察看灾情，慰问灾区军民。中国红十字会副会长孙柏秋随同慰问。

4 月 15 日，卫生部下发《关于启用医疗卫生机构统一标志的通知》，结束了长期以来滥用红十字标志的历史。

7 月 10 日至 12 日，中国红十字会、红十字会与红新月会国际联合会组成联合考察组，赴江西、福建灾区考察灾情，慰问灾民。

8 月 16 日晚，中央电视台、中国红十字会总会、中华慈善总会主办的’98 抗洪赈灾义演“我们万众一心”大型文艺晚会牵动亿万人心。

10 月 1 日，中国红十字会参与修订的《中华人民共和国献血法》正式颁布实施。

11 月 5 日，总会与全国人大教科文卫委员会在京联合举行纪念《中华人民共和国红十字会法》颁布实施五周年大会。全国人大常委会副委员长彭珮云和全国人大常委会副委员长、中国红十字会名誉副会长何鲁丽出席纪念大会。

12 月 2 日，中国红十字会在全国政协礼堂举行“’98 抗洪抗震救灾总结表彰大会”，来自红十字系统的 700 多名代表出席大会。

1999 年

2 月 2 日，中国红十字会总会开始实施春节送温暖救灾特别行动。这次行动由总会领导分别带领 5 个慰问组到在 1998 年水灾中受灾较重的省、自治区进行为期 10 天的慰问。

5 月 9 日，中国红十字会就以美国为首的北约用导弹袭击中国驻南联盟大使馆事件发表声明，严正谴责以美国为首的北约公然违背国际人道法的野蛮行径。

6 月 14 日，第 37 届南丁格尔奖章颁奖仪式在北京人民大会堂隆重举行，国家主席、中国红十字会名誉会长江泽民和国务院副总理李岚清等接见了获奖的优秀护理工作者，并出席大会为获奖者曾熙媛、王桂英、秦力君颁奖。

10 月 11 日至 13 日，中国红十字会第七届全国会员代表大会在北京人民大会堂召开。国家主席、中国红十字会名誉会长江泽民，国家副主席胡锦涛，国务院副总理李岚清会见了全体与会代表。

10月13日，第七届理事会第一次会议在京召开。国家主席江泽民继续担任中国红十字会名誉会长；聘请赵朴初、王光英、何鲁丽、钱信忠、钱正英、张文康为名誉副会长；选举彭珮云为会长，王立忠为常务副会长，孙爱明为副会长；根据彭珮云会长的提名苏菊香为秘书长，汤声闻为副秘书长。

10月23日至11月6日，红十字会与红新月会国际联合会第12届大会、第27届国际红十字大会在瑞士日内瓦举行，以常务副会长王立忠为团长的中国红十字会代表团和以乔宗淮为团长的中国政府代表团出席大会。

12月20日，澳门红十字会正式脱离葡萄牙红十字会成为中国澳门特别行政区红十字会，成为中国红十字会大家庭的一员。

2000年

1月13日，总会转发中央机构编制委员会办公室1999年12月29日《关于理顺中国红十字会总会管理体制的通知》（中编办字〔1999〕136号）。通知中将中国红十字会由“卫生部代管”改由国务院领导联系。

2月15日至17日，红十字会与红新月会国际联合会在北京召开中国、朝鲜、韩国、日本、蒙古5国红十字会秘书长会议。

3月1日，国务院确定由李岚清副总理分管中国红十字会工作。

5月15日至21日，彭珮云会长率中国红十字会代表团对韩国进行了正式友好访问。郑元植会长向彭会长赠授了代表韩国红十字会最高荣誉的“红十字会太极勋章”。

5月31日至6月5日，日本红十字会会长藤森昭一一行三人访华。两会会长签订了《2001—2006年合作协议》。

8月26日至9月1日，苏菊香秘书长赴日内瓦参加红十字会与红新月会国际联合会第十三届卫生和社区服务委员会会议。

10月18至22日，首届中国金鹰电视艺术节在湖南长沙举行，总会与中国电视艺术家协会联合摄制的大型文献纪录片《中国红十字》获金鹰奖。

12月8日，中国红十字会网站开通仪式新闻通报会在钓鱼台国宾馆举行。人大常委会副委员长彭珮云亲自点击开通按键。

2001年

1月18日至21日，中国红十字会总会、红十字会与红新月会国际联合会、香港特别行政区红十字会联合组成灾情考察团，赴内蒙古考察雪灾灾情。

4月16日，全国人大常委会副委员长、中国红十字会会长彭珮云接见红十字会与红新月会国际联合会主席海贝格一行。

4月23日，“中国造血干细胞捐献者资料库”（中华骨髓库）重新启动。

6月8日，中国造血干细胞捐献者资料库“爱心大使”命名仪式在京举行，全国人大常委会副委员长、中国红十字会会长彭珮云亲自授予李宁、姜昆、黄格选“爱心大使”称号。

6月26日，第38届南丁格尔奖章颁奖大会在人民大会堂隆重举行。国家主席、中国红十字会名誉会长江泽民出席大会并为获奖者吴景华、王雅屏、李秋洁颁奖。中共中央政治局常委、国务院副总理李岚清在颁奖大会上发表讲话。全国人大常委会副委员长、中国红十字会会长彭珮云出席大会并讲话。

8月24日，中国红十字会总会与教育部等联合下发《关于印发〈中国红十字会关于广泛深入开展救护工作的意见〉的通知》。

10月1日至6日，全国人大常委会副委员长、中国红十字会会长彭珮云应邀赴瑞士对红十字会与红新月会国际联合会、红十字国际委员会总部进行正式访问。

11月6日至14日，以王立忠常务副会长为团长的中国红十字会代表团出席在瑞士日内瓦召开的红十字会与红新月会国际联合会第13届大会和在大会之后举行的代表会议。

2002年

1月24日，中国红十字会总会2002年“红十字博爱送万家”送温暖活动启动仪式在北京贵宾楼饭店前举行。全国人大常委会副委员长、中国红十字会会长彭珮云，全国政协副主席、中国红十字会名誉副会长钱正英，全国政协副主席万国权等出席。

2月21日，中国红十字会总会和教育部联合下发了《关于印发〈学校红十字会工作规则〉的通知》，要求各地结合素质教育的实施，因地因校制宜，在大、中、小学校施行。

5月7日，以“红十字在行动——关爱生命”为主题的纪念“五八”世界红十字日大型宣传活动在西单图书大厦门前举行。全国人大常委会副委员长、中国红十字会会长彭珮云、常务副会长王立忠等参加。

5月24日至6月7日，应澳大利亚、新西兰红十字会的邀请，全国人大常委会副委员长、中国红十字会会长彭珮云率中国红十字会代表团对两国红十字会进行了工作访问。

8月31日，中国平安保险公司向中国红十字会捐赠38辆“平安采血车”（价值1000万元人民币），并在中华世纪坛举行了捐赠仪式。彭珮云会长出席捐赠仪式。

11月27日，国家主席、中国红十字会名誉会长江泽民在中南海会见红十字国际委员会主席雅各布·克伦贝格尔。

11月28日，全国人大常委会副委员长、中国红十字会会长彭珮云会见了红十字国际委员会主席雅各布·克伦贝格尔一行。

12月16日，中国红十字会总会和国家民政部联合发出《关于开展社区红十字服务工作的通知》，要求各地红十字会开展多种形式的符合红十字会宗旨的社区红十字服务活动。

2003年

2月24日，新疆发生6.8级地震，总会紧急向新疆维吾尔自治区红十字会拨25万元救灾款并呼吁社会各界伸出援助之手，得到社会各界的积极响应。

5月3日，中国红十字会总会、民政部、卫生部和中华慈善总会共收到防治非典型性肺炎防治捐赠款物折合人民币2.11亿元。

5月12日，全国人大常委会副委员长、中国红十字会会长彭珮云和常务副会长王立忠等到解放军小汤山医院慰问战斗在抗非典一线的医护人员，并送去捐赠款物。

8月5日，第39届南丁格尔奖章颁奖大会在人民大会堂隆重召开。中共中央总书记、国家主席胡锦涛出席大会并为获奖者叶欣（已殉职）、钟华荪、李淑君、姜云燕、苏雅香、巴桑邓珠、章金媛、梅玉文、李琦、陈东颁奖。中共中央政治局委员、国务院副总理吴仪及中国红十字会会长彭珮云在大会上讲话。

10月9日至13日，中国红十字会会长、全国妇联名誉主席彭珮云在美国华盛顿出席“妇女事务部长特别会议”之后，应美国红十字会邀请，率团对美国红十字会进行正式访问。

11月28日，以王立忠常务副会长为团长的中国红十字会代表团在瑞士日内瓦出席了红十字会与红新月会国际联合会第14届大会。

12月2日至6日，在日内瓦召开了第28届国际红十字大会，大会主题为“维护人类尊严”。以中国常驻日内瓦联合国机构和其他国际组织代表沙祖康大使为团长的中国政府代表团和以王立忠常务副会长为团长的中国红十字会代表团出席大会。

2004年

2月15日和19日，中国红十字会会长彭珮云应邀分别访问了香港、澳门特别行政区红十字会，听取了两会的工作情况介绍，并就其开展的特色项目进行了实地调研。

5月8日，中国红十字会建会100周年纪念大会在北京人民大会堂举行。国务院总理温家宝向大会发来贺词，国务院副总理吴仪到会并讲话。全国人大常委会副委员长何鲁丽，全国政协副主席周铁农，中国红十字会名誉副会长王光英、会长彭珮云出席会议。红十字会国际委员会、红十字会与红新月会国际联合会及有关国家红十字会的代表到会祝贺。

5月8日，中国人民银行发行“中国红十字百年纪念”套装银币。

5月8日至12日，为庆祝中国红十字会建会100周年，中国红十字会总会在人民大会堂举办了“百年红十字，博爱誉中华”展览。彭珮云会长为展览开幕剪彩。

5 月 24 日至 6 月 7 日，中国红十字会会长彭珮云率领中国红十字会代表团应邀对奥地利红十字会、约旦红新月会、荷兰红十字会进行友好访问。

10 月 27 日至 29 日，中国红十字会第八次全国会员代表大会暨八届一次理事会在北京召开。在开幕式上，中共中央总书记、国家主席、中央军委主席胡锦涛会见与会代表并发表讲话。中共中央政治局常委、国务院总理温家宝，中共中央政治局常委、国家副主席曾庆红参加会见。中共中央政治局委员、国务院副总理吴仪代表党中央、国务院致开幕词。大会审议通过了中国红十字会第七届理事会的《工作报告》《中国红十字事业 2005—2009 年发展规划》以及《中国红十字会章程修正案》等相关文件。选举产生了新一届领导班子，彭珮云再次当选为中国红十字会会长，江亦曼当选为中国红十字会常务副会长，朱庆生、姜力、赵沁平、肖捷、沈国放、苏菊香（专职）、郭长江（专职）当选为中国红十字会副会长。在八届一次理事会上，根据中国红十字会章程聘请国家主席胡锦涛为中国红十字会名誉会长，聘请全国人大常委会副委员长司马义·艾买提、何鲁丽、韩启德、傅铁山和全国政协副主席黄孟复、张怀西为中国红十字会名誉副会长。

11 月 26 日，国务院办公厅转发中国红十字会总会《关于进一步加强红十字会工作的意见》，要求各地“认真贯彻执行”。

附录二

中国红十字会历届会长、名誉会长

中华人民共和国成立前[①]			
届　次	年　份	会　长	名誉会长
第一届	1910	盛宣怀	—
第二届	1911	吕海寰	—
第三届	1912	吕海寰、汪大燮[②]	袁世凯[③]
第四届	1922	汪大燮	—
第五届	1924	颜惠庆	—
第六届	1933	王正廷	蒋介石
第七届	1943	蒋梦麟	蒋介石
第八届	1946	蒋梦麟	蒋介石

① 说明：1904 年 3 月 10 日，中英法德美 5 国联手发起成立的上海万国红十字会，标志着中国红十字会诞生。上海万国红十字会实行董事会制，不设会长。中西方共 45 名董事，其中西董 35 人，华董 10 人（不久追加 1 名）。这 46 名董事为中国红十字会的创始人群。而钦差大臣吕海寰、盛宣怀、吴重熹作为清政府官方代表，成为上海万国红十字会的领袖人物。又，1910 年盛宣怀出任会长后一度将中国红十字会改名大清红十字会，盛宣怀顺理成章成为大清红十字会会长。又，1933 年中国红十字会改称中华民国红十字会，简称中国红十字会。

② 鉴于吕海寰辞职，1920 年 10 月 3 日大总统令“派汪大燮充中国红十字会正会长。”

③ 时称中国红十字会名誉总裁。

（续表）

中华人民共和国成立后			
第一届	1950	李德全	—
第二届	1961	李德全、钱信忠①	—
第三届	1979	钱信忠	—
第四届	1985	崔月犁	朱学范、赵朴初、钱信忠
第五届	1990	陈敏章	朱学范、赵朴初、钱信忠、崔月犁
第六届	1994	钱正英	江泽民
第七届	1999	彭珮云	江泽民
第八届	2004	彭珮云	胡锦涛

① 1965年中国红十字会改选第二届领导人，钱信忠当选为会长。

主要参考文献

一、资料

[1] 中国红十字会总办事处．中国红十字会二十年大事纲目［M］．1924 年内部印行。

[2] 中国红十字会总办事处．中国红十字会二十周年纪念册［M］．1924 年编印。

[3] 中国红十字会总办事处．慈善近录［M］．1924 年编印。

[4] 中华民国红十字会编宣股．中华民国红十字会战时工作概况［M］．1942 年内部印行。

[5] 中华民国红十字会总会．中华民国红十字会战时工作概要［M］．1946 年内部印行。

[6] 中华民国红十字会总会．中华民国红十字会征募手册［M］．1946 年内部印行。

[7] 中华民国红十字会总会．复员期间中华民国红十字会法规辑要［M］．1946 年内部印行。

[8] 北京大学历史系近代史教研室．盛宣怀未刊信稿［M］．北京：中华书局，1960.

[9] 盛宣怀．愚斋存稿［M］．台北：文海出版社，1963.

[10] 中国史学会．辛亥革命［M］．上海：上海人民出版社，1981.

[11] 上海市档案馆．上海市各界抗敌后援会［M］．北京：档案出版社，1990.

[12] 中国红十字会总会．中国红十字会历史资料选编（1904—1949）［M］．南京：南京大学出版社，1993.

[13] 李文海，林文敦，周源，等．近代中国灾荒纪年续编［M］．长沙：湖南教育出版社 1993.

[14] 池子华，郝如一．中国红十字历史编年（1904—1949）［M］．合肥：安徽人民出版社，2005.

[15] 中国红十字会总会．中国红十字会历史资料选编（1950—2004）［M］．北京：民族出版社 2005.

[16] 贵阳市档案馆．战地红十字——中国红十字会救护总队抗战实录［M］．贵

阳：贵州人民出版社 2009.

［17］池子华，严晓凤，郝如一．《申报》上的红十字（4 卷本）［M］．合肥：安徽人民出版社，2011.

［18］池子华，傅亮，张丽萍，等．《大公报》上的红十字［M］．合肥：合肥工业大学出版社，2012.

［19］池子华，丁泽丽，傅亮．《新闻报》上的红十字［M］．合肥：合肥工业大学出版社，2014.

［20］池子华．中国红十字运动史料选编（第 1—16 辑）［M］．合肥：合肥工业大学出版社，2014—2022.

［21］马强，池子华．红十字在上海资料长编（1904—1949）［M］．北京：东方出版中心，2015.

［22］中国红十字年鉴编辑部．中国红十字会通志（1904—2015）［M］．北京：中华工商联合出版社，2016.

［23］中国第二历史档案馆档案，全宗号 476。

［24］上海市档案馆馆藏，档号 Q0—12—611。

［25］《申报》《大公报》《时务报》《中外日报》《盛京时报》《新闻报》《民立报》《时报》《民国日报》《人道指南》《中国红十字会杂志》《中国红十字会月刊》《会务通讯》《救护通讯》《红十字月刊》《东方杂志》《中华医学杂志》《新中国红十字》《中国红十字》《中国红十字报》《人民日报》《光明日报》。

二、专著

［26］茗水外史．沈敦和［M］．上海：集成图书公司，1911.

［27］庞京周．抗战与救护工作［M］．上海：商务印书馆，1938.

［28］尤德新．闪光的红十字［M］．武汉：湖北科学技术出版社，1992.

［29］中国红十字总会．中国红十字会的九十年［M］．北京：中国友谊出版公司，1994.

［30］曲折．中国红十字事业［M］．广州：广东经济出版社，1999.

［31］袁惠章，田永波．红十字理论与实践［M］．上海：上海医科大学出版社，2000.

［32］江苏省红十字会．江苏红十字运动 88 年［M］．南京：东南大学出版社，2001.

［33］蔡勤禹．国家、社会与弱势群体——民国时期的社会救济（1927—1949）［M］．天津：天津人民出版社，2003.

［34］彭珮云．奋进中的红十字事业［M］．北京：社会科学文献出版社，2004.

[35] 王立忠，江亦曼，孙隆椿．中国红十字会百年［M］．北京：新华出版社，2004.

[36] 池子华．红十字与近代中国［M］．合肥：安徽人民出版社，2004.

[37] 朱浒．地方性流动及其超越：晚清义赈与近代中国的新陈代谢［M］．北京：中国人民大学出版社，2006.

[38] 池子华，郝如一等．近代江苏红十字运动（1904—1949）［M］．合肥：安徽人民出版社，2007.

[39] 张建俅．中国红十字会初期发展之研究［M］．北京：中华书局，2007.

[40] 郝如一，池子华．红十字运动研究（2007 年卷）［M］．合肥：安徽人民出版社，2007.

[41] 郝如一，池子华．苏州红十字会志［M］．合肥：安徽人民出版社，2008.

[42] 周秋光．红十字会在中国（1904—1927）［M］．北京：人民出版社，2008.

[43] 池子华，郝如一．红十字运动与慈善文化［M］．桂林：广西师范大学出版社，2010.

[44] 中国红十字会总会．探本溯源——来自博爱论坛的声音［M］．北京：北京大学出版社，2010.

[45] 周秋光．近代中国慈善论稿［M］．北京：人民出版社，2010.

[46] 严晓凤，池子华，郝如一．苏州红十字会百年纪事［M］．合肥：安徽人民出版社，2011.

[47] 池子华，郝如一．中国红十字会百年往事［M］．合肥：合肥工业大学出版社，2011.

[48] 池子华，张丽萍，汪丽萍．中国红十字运动的区域研究［M］．合肥：合肥工业大学出版社，2012.

[49] 戴斌武．抗战时期中国红十字会救护总队研究［M］．天津：天津古籍出版社，2012.

[50] 戴斌武．中国红十字会救护总队与抗战救护［M］．合肥：合肥工业大学出版社，2012.

[51] 吴佩华．中国红十字外交（1949—2009）［M］．合肥：合肥工业大学出版社，2012.

[52] 池子华．红十字运动：历史与发展研究［M］．合肥：合肥工业大学出版社，2013.

[53] 池子华，曹金国，薛丽蓉．红十字：近代战争灾难中的人道主义［M］．合肥：合肥工业大学出版社，2013.

[54] 徐国普．新中国成立初期中国红十字会研究（1949—1956）［M］．北京：人

民出版社，2013.

[55] 池子华，郭进萍，邓通等．红十字：文化传播、危机管理与能力建设［M］．合肥：合肥工业大学出版社，2014.

[56] 马强，池子华．红十字在上海，1904—1949［M］．北京：东方出版中心，2014.

[57] 池子华．红十字运动：历史回顾与现实关怀［M］．合肥：合肥工业大学出版社，2015.

[58] 高鹏程．近代红十字会与红卍字会比较研究［M］．合肥：合肥工业大学出版社，2015.

[59] 代华．民族主义与人道主义——1923年日本关东大地震的中国响应［M］．合肥：合肥工业大学出版社，2015.

[60] 池子华．红十字运动：历史审视与现实思考［M］．合肥：合肥工业大学出版社，2016.

[61] 梁旻．人道的力量：中国红十字会救援江浙战争研究［M］．合肥：合肥工业大学出版社，2016.

[62] 池子华，王国忠．红十字青少年理论与实践［M］．合肥：合肥工业大学出版社，2016.

[63] 吴康丽，池子华．陆树藩：中国红十字运动的先驱［M］．合肥：合肥工业大学出版社，2017.

[64] 池子华．红十字运动：历史传承与当代发展［M］．合肥：合肥工业大学出版社，2018.

[65] 池子华．中国红十字运动通史［M］．合肥：合肥工业大学出版社，2018.

[66] 池子华．中国红十字运动知识丛书（第1辑）［M］．济南：山东画报出版社，2018.

[67] 池子华．晚清时期中国红十字运动研究［M］．北京：科学出版社，2019.

[68] 池子华．中国红十字运动史散论［M］．合肥：合肥工业大学出版社，2019.

[69] 宋双印，池子华．延安时期红十字运动研究［M］．合肥：合肥工业大学出版社，2019.

[70] 池子华，邓通．中国红十字历史编年（2015—2019）［M］．合肥：合肥工业大学出版社，2020.

[71] 池子华．红十字运动：穿越历史与回归现实［M］．合肥：合肥工业大学出版社，2020.

[72] 池子华．中国红十字运动知识丛书（第2辑）［M］．合肥：合肥工业大学出版社，2021.

[73] 池子华．江苏红十字运动百年史［M］．合肥：合肥工业大学出版社，2021.

[74] 池子华．红十字运动：历史与文化［M］．合肥：合肥工业大学出版社，2021.

三、论文

[75] 何克明．中国的红十字启蒙运动［J］．中国红十字，1991（11）.

[76] 陈民．抗日战争中救死扶伤的生理学家林可胜［J］．抗日战争研究，1992（2）.

[77] 何克明．中国红十字会创始人沈敦和先生事略［J］．博爱，1993（1）.

[78] 曹育．中国现代生理学奠基人林可胜博士［J］．中国科技史料，1998（1）.

[79] 李学智．1923 年中国人对日本震灾的赈救行动［J］．近代史研究，1998（3）.

[80] 周秋光．晚清时期的中国红十字会述论［J］．近代史研究，2000（3）.

[81] 周秋光．民国北京政府时期中国红十字会的慈善救护与赈济活动［J］．近代史研究，2000（6）.

[82] 池子华．吕海寰是中国红十字会的首任会长吗？［J］．河北大学学报，2002（2）.

[83] 池子华．抗战初期中国红十字会的战事救护［J］．江海学刊，2003（4）.

[84] 池子华．中国红十字会救援 1923 年日本震灾行动述略［J］．慈善，2003（4）.

[85] 池子华．1937 年中国红十字会淞沪会战救护简论［J］．徐州师范大学学报，2003（4）.

[86] 池子华．红十字的起源及其在中国的传播［J］．合肥学院学报，2004（1）.

[87] 池子华．中国红十字会辛亥战时救护行动［J］．民国档案，2004（1）.

[88] 池子华．辛亥革命中留日医学生的救护行动［J］．徐州师范大学学报，2004（2）.

[89] 池子华．张竹君与中国赤十字会［J］．上海市历史博物馆馆刊，2004（2）.

[90] 张建俅．中国红十字会经费问题浅析（1912—1937）［J］．近代史研究，2004（3）.

[91] 周秋光．民国北京政府时期中国红十字会的会内宣传与经费筹措［J］．湖南师范大学社会科学学报，2004（4）.

[92] 池子华．中国红十字会救护总队抗战救护的几个断面［J］．苏州大学学报，2004（4）.

[93] 朱浒，杨念群．现代国家理念与地方性实践交互影响下的医疗行为——中国

红十字会起源的双重历史渊源［J］．浙江社会科学，2004（5）．

［94］池子华，吕志茹．“复员时期”的中国红十字会［J］．河北大学学报，2004（6）．

［95］池子华．“军阀时期”中国红十字会的兵灾救护［J］．上海师范大学学报，2004（6）．

［96］张建俅．近代中国政府与社团关系的探讨——以中国红十字会为例［J］．中央研究院近代史研究生集刊，2005（47）．

［97］池子华．上海万国红十字会救济日俄战灾述论［J］．清史研究，2005（2）．

［98］池子华．从中国救济善会到上海万国红十字会［J］．史林，2005（2）．

［99］池子华．中国红十字会救助1928至1930年西北华北旱荒述略［J］．社会科学战线，2005（2）．

［100］池子华．孙中山与中国红十字运动［N］．光明日报，2006－01－06.

［101］周秋光，靳环宇．早期红十字会在中国的演变［N］．光明日报，2006－02－21.

［102］吕志茹，池子华．“复员时期”中国红十字青少年运动简论［J］．河北大学学报，2006（3）．

［103］池子华．略论孙中山对中国红十字运动的贡献［J］．民国档案，2006（4）．

［104］池子华．中国红十字会成立于一九一二年说质疑［N］．光明日报，2007－09－21.

［105］杨红星．抗击“非典”战役中中国红十字会慈善行动简论［J］．文化学刊，2007（6）．

［106］池子华．辛亥革命中红十字会的江苏战场救护［J］．史学月刊，2008（9）．

［107］吴佩华，池子华．从战地救护到社会服务——简论抗战后期中国红十字会的“复员”构想［J］．民国档案，2009（1）．

［108］杨红星，池子华．近年来中国红十字运动研究综述［J］．河北大学学报，2009（3）．

［109］徐国普，池子华．新中国成立后中国红十字会发展的历史轨迹［J］．江西社会科学，2009（9）．

［110］池子华．红十字会创建：中国慈善界“第一伟举”［N］．中国社会科学报，2010－07－20.

［111］戴斌武，池子华．抗战初期中国红十字会战地救护工作述论［J］．历史教学，2010（18）．

[112] 池子华．全面抗战时期中国红十字会的“内务”与“外交”[J]．民国研究，2010（02）．

[113] 池子华，代华．1923年日本关东大地震及其援救[J]．安徽师大学报，2011（4）．

[114] 代华，池子华．日本关东大地震与中国红十字会的人道救援[J]．福建论坛，2012（1）．

[115] 徐国普．二十世纪五十年代江苏红十字会的两次组织整顿[J]．中共党史研究，2012（2）．

[116] 池子华．民国肇建与中国红十字会的转型[J]．民国研究，2012（02）．

[117] 徐国普．新中国成立初期社团治理的范例——一九五〇年中国红十字会的协商改组[J]．中共党史研究，2013（2）．

[118] 池子华．〈博爱〉》杂志的前世今生——纪念〈博爱〉杂志创刊百周年[J]．博爱，2013（5）．

[119] 池子华．红十字何以在中国落地生根[N]．光明日报，2013－09－05.

[120] 池子华．中国红十字会诞生记[N]．中国红十字报，2014－04－01.

[121] 池子华，崔龙健．抗战时期红十字会战事救护研究述评[J]．民国档案，2014（2）．

[122] 池子华．孙中山：红十字文化中国化的先驱[N]．中国红十字报，2014－08－05.

[123] 池子华．她与“红十字”割不断的“缘”——宋庆龄对孙中山博爱精神的继承与弘扬[N]．中国红十字报，2014－09－5.

[124] 池子华，丁泽丽．中国红十字会华北救护委员会与抗战救护[J]．河北学刊，2014（6）．

[125] 池子华，李欣栩．改革开放以来孙中山博爱思想研究述评[J]．史学月刊，2014（12）．

[126] 崔龙健，池子华．抗战时期中国红十字运动研究述评[J]．民国档案，2015（2）．

[127] 徐国普．试析中国红十字会在海峡两岸关系发展中的作用（1979—1991）[J]．中共党史研究，2015（2）．

[128] 池子华，崔龙健．“华文的第一部关于红十字会的书籍”——孙中山译著〈红十字会救伤第一法〉述论[J]．江苏社会科学，2015（4）．

[129] 池子华．抗战中一支不能忽视的人道力量——中国红十字会战时救护行动概述[N]．光明日报，2015－09－05.

[130] 丁泽丽，池子华．“一·二八”事变与中国红十字会的沪战救护[J]．民国

研究，2015（01）.

[131] 崔家田. 民国前期中原地区红十字组织发展探赜（1912—1937）[J]. 江南大学学报，2015（6）.

[132] 池子华，阎智海. 全面抗战时期国际红十字组织对华人道援助述论 [J]. 史学月刊，2016（1）.

[133] 崔家田. 全面抗战时期中原地区红十字组织的社会救助——以会刊为中心 [J]. 理论月刊，2016（1）.

[134] 池子华. "中国红十字会"称谓的由来及其演变 [N]. 中国红十字报，2016－05－06.

[135] 池子华，樊翠花. 中国红十字会何以首先诞生于上海 [J]. 历史教学，2016（10）.

[136] 池子华. 1923 年日本关东大地震人道救援——中国红十字会援外行动的一个范例 [N]. 中国红十字报，2016－08－30.

[137] 池子华，刘思瀚. 民国前期红十字会皖北救援活动管窥 [J]. 安徽史学，2016（4）.

[138] 丁泽丽，池子华. 20 世纪 30 年代中国红十字会救灾机制的转变 [J]. 安徽师范大学学报，2016（5）.

[139] 池子华，傅亮. 中国红十字运动区域研究：理论与方法 [J]. 河北学刊，2016（6）.

[140] 池子华. 中国红十字运动的地方实践 [J]. 苏州大学学报，2016（6）.

[141] 池子华. 从〈红十字会条例〉到〈红十字会法〉——中国红十字事业的法制化进程 [N]. 中国红十字报，2017－02－28.

[142] 丁泽丽. 近代中国红十字会公共卫生事业的演进 [J]. 山西师大学报（社会科学版），2018（2）.

[143] 郭进萍. 江南慈善文化传统与中国红十字事业的兴起 [J]. 江南大学学报，2018（3）.

[144] 池子华. 庚子救援：成功背后的无奈与辛酸——陆树藩及其中国救济善会人道行动述论 [J]. 河北学刊，2018（3）.

[145] 丁泽丽. 公共性的建构：基于近代中国红十字会疫病防治的考察 [J]. 安徽师范大学学报，2018（5）.

[146] 池子华. 从合办到自立：中国红十字会的上海转型 [J]. 上海师范大学学报，2019（2）.

[147] 丁泽丽. 上海国际红十字会与难民收容所环境卫生治理 [J]. 日本侵华南京大屠杀研究，2020（1）.

［148］郭进萍．红十字运动与中国现代民族国家的建构［J］．海南师范大学学报，2020（3）．

［149］池子华．跨越国界的人道行动——中国红十字会的国际援助［N］．中国红十字报，2020—05—12.

［150］池子华．“三十年代青年的光辉榜样”——中共组织煤业救护队参与淞沪会战救护述论［J］．贵阳学院学报，2021（3）．

［151］丁泽丽．组织调整与力量整合：红十字会与战时难民疫病防治［J］．自然科学史研究，2021（4）．

［152］吴佩华，池子华．长津湖战役中的人道力量——中国红十字会国际医防服务队略记［N］．中国红十字报，2021—10—19.

［153］郭进萍．民国时期北京女界红十字会的人道救助实践［J］．北京档案，2021（10）．

［154］丁泽丽．组织调适与力量整合：战时红十字会与上海难民疫病防治［J］．自然科学史研究，40（4）．

［155］池子华．上海与中国红十字运动初期发展——纪念中国红十字会建会118周年［N］．中国红十字报，2022—03—08.

［156］池子华．从“签约”到被“承认”——中国红十字会国际合法席位的获得［N］．中国红十字报，2022—07—29.

［157］池子华．中国红会史研究的回顾与前瞻［N］．中国红十字报，2022—08—23.

［158］戴少刚．全面抗战中的湖北红会［N］．中国红十字报，2022—09—02.

［159］池子华．孙中山首次将红十字救护知识引进中国［J］．文史天地，2022（11）．

［160］池子华．〈申报〉与中国红十字运动启蒙——纪念中国红十字会建会119周年［N］．中国红十字报，2023—03—07.

后记

《百年红十字》三样校对完毕，总算可以松上一口气。本书从2000年1月正式启动，至今已3年多过去了，其间可谓甘苦备尝。

1999年，我曾贸然致函中国红十字会总会，建议强化会史的研究，并提出自己的构想。作为学者，本不敢奢望求得答复。令人感动的是，这封不起眼的小信，竟引起时任总会专职副会长的孙柏秋教授的高度重视，亲笔复函，表示支持。接信后，我立即打电话将这一喜讯告知安徽人民出版社汪鹏生社长，汪社长当即表示襄助。2000年1月13、14日，汪社长、周子瑞编辑、我与孙副会长、杨国堂先生在北京相聚，就编写出版《百年红十字》的必要性、可行性达成共识，并商定孙副会长筹措经费，本人负责资料的搜集整理和写作提纲的拟定。之后，我和几个研究生一道，广泛搜求红会史料，杨国堂先生也把自己珍藏的资料毫无保留地“奉献”出来，孙副会长更是多方协助，提供大量难得的材料。大家目标一致，心愿相同，只要能写出一本像样的专著，我们的合作就是愉快的、成功的，其他倒在其次。

2000年6月25日至27日，我们再次相聚于北京，对“写作提纲”逐章逐节反复推敲。同年8月12日，我们又一次在北京碰面，对写作提纲做了进一步的修正，开始进入分工写作阶段。经过一年半的努力，2001年年底，拿出初稿，由我先行进行全面修改。2002年5月28日至6月2日，我们在北京审稿。特别值得一提的是，孙柏秋教授虽然公务缠身，但对审稿、定稿，一丝不苟，还亲自来苏州与我磋商，就初校、二校、三校，不断提出补充、修改意见，这种严谨的作风，令人感佩。

这里要说明的是：首先，本书的架构出自我的安排；其次，内容的增删由我裁定；再次，孙柏秋教授屡次要求淡化本书涉及她本人的内容，我没有采纳，研究历史，贵在尊重历史，只有这样，才能再现历史的真实，这是史学工作者必具的品格。如果说，本书有什么“文责”或其他责任的话，理应由我承担，而与主编及本书其他作者无涉。这是我要特别声明的。

本书定稿的时间是2002年6月，对写作过程中以及此后红会工作情况，尽管我们做了补救性的补充，但疏漏之处，在所不免，希望读者尤其是红会工作者予以理解、谅解。不妥之处，作为主要撰稿人和辅助主编修改定稿的我，愿当此咎。

《百年红十字》就要与读者见面了，但我们对红会史的研究，不会因此而中止，这本书就算是“红十字书系”中的一种吧。希望有更多的学者参与其中。

本书在写作过程中，得到许多单位和个人的支持，主编已在“前言”中鸣谢。这里我还要感谢我的老朋友兼学兄的汪鹏生社长的鼓励与支持，他直接参与了本书的策划；同时，也由于他卓有成效的工作，本书被列入安徽省“十五”规划重点图书出版项目而受到资助。责任编辑周子瑞先生为本书的出版付出了许多心血，研究生王晚英帮助校对，在此一并感谢。

池子华

2003年2月26日

于苏州大学社会学院

后记之后

时光匆匆，《百年红十字》一书转眼间出版已近 20 年。作为第一部系统研究中国红十字运动百年史的学术著作，作为中国红十字会建会百年华诞的献礼书，其出版自然受到业界的广泛关注，同时也得到学界的认可。茅家琦先生在《〈百年红十字〉简评》（《历史教学》2004 年第 3 期）的评论文章中认为："作为首部系统研究中国红十字会百年史的著作，其出版意义重大，不仅弥补了相关研究的不足，而且对拓宽史学研究的领域，推动中国慈善事业的发展，都有着不可低估的借鉴价值。"王卫平、王晚英在《为中国慈善界放一异彩——〈百年红十字〉简评》（《红十字运动研究》2007 年卷）的评论文章中也指出："作为第一部系统研究中国红十字会百年史的力作，它的出版，意义重大，不仅填补了这一领域的学术研究空白，而且为中国红十字事业的可持续发展提供了有益的历史借鉴。我们有理由相信，本书的出版，为中国红十字会百年华诞献上一份厚礼，同时定会为中国慈善界放一异彩。"事实说明，出版近 20 年来，《百年红十字》经受住了时间的考验，并为中国红十字运动研究发挥了很大的推动作用，有着筚路蓝缕之功。

当然，《百年红十字》还有不能尽如人意之处。基于此，受孙柏秋教授之托，本书修订再版，在尽可能保持原貌的基础上，修订主要围绕如下几个方面展开：一是订正有些不够准确或错误的表述；二是对有些内容不够丰满及原来兼顾不到之处做了补充；三是篇幅所限删除《中华人民共和国红十字会法》《中华人民共和国红十字标志使用办法》《中国红十字会红十字标志标明性使用规定》《中国红十字会章程》《中国红十字会自然灾害和突发事件救助规则》《中国红十字会募捐和接受捐赠工作条例》《国际红十字与红新月运动章程》等附录；四是增加附录“中国红十字会历届会长、名誉会长”表和“主要参考文献”；五是删除或替换若干图片。

《百年红十字》的修订，由本人一力承担，疏漏之处敬请读者批评指正。对学界、业界朋友的支持鼓励，谨此深表谢意。

池子华

2023 年 5 月 20 日

于苏州大学红十字国际学院

图书在版编目(CIP)数据

百年红十字/孙柏秋,池子华主编;池子华等著.—修订本.—合肥:合肥工业大学出版社,2024.4

ISBN 978-7-5650-6740-2

Ⅰ.①百… Ⅱ.①孙… ②池… Ⅲ.①红十字会—概况—中国 Ⅳ.①D632.1

中国国家版本馆CIP数据核字(2024)第061031号

百年红十字(修订本)

(上下册)

孙柏秋 池子华 主编　　池子华 等著　　责任编辑 孙南洋

出　版	合肥工业大学出版社	版　次	2024年4月第1版
地　址	合肥市屯溪路193号	印　次	2024年4月第1次印刷
邮　编	230009	开　本	787毫米×1092毫米 1/16
电　话	人文社科出版中心:0551-62903200	总印张	34.75
	营销与储运管理中心:0551-62903198	总字数	700千字
网　址	press.hfut.edu.cn	印　刷	安徽联众印刷有限公司
E-mail	hfutpress@163.com	发　行	全国新华书店

ISBN 978-7-5650-6740-2　　总定价:168.00元(上下册)

如果有影响阅读的印装质量问题,请与出版社营销与储运管理中心联系调换。